宋人年譜叢刊

第四册

主編　吴洪澤　尹　波
主審　李文澤　刁忠民

四川大學出版社

全國高等學校古籍整理研究工作委員會規劃項目

全國古籍整理出版規劃項目

國家「211工程」重點學科項目

目録（第四册）

劉敞年譜

張尚英 編

劉敞（一〇一九—一〇六八），字原父，號公是先生，臨江軍新喻（今江西新餘）人。慶曆六年進士，通判蔡州，召試學士院，遷太子中允、直集賢院，判登聞鼓院、吏部南曹。權判三司開拆司，同修起居注。至和元年召試，遷右正言、知制誥。三年出知揚州，徙鄆州。召還，糾察在京刑獄。知嘉祐四年貢舉。乞外任，拜翰林侍讀學士，出知永興軍。八年召還，判三班院、太常寺。出知汝州。治平三年召還，以疾不能朝，改集賢院學士、判南京御史臺。熙寧元年卒，年五十。

劉敞學問淵博，通六經百氏、古今傳記、天文地理、卜醫數術、浮圖老莊之説，尤長于《春秋》學。爲文敏捷，嘗一日草追封皇子公主九人制詔，一揮數千言，文辭典雅，各得其體。其爲文不泥古，往往有獨特之見。著有《春秋傳》十五卷、《春秋權衡》十七卷、《春秋説例》二卷、《春秋文權》二卷、《春秋意林》五卷、《弟子記》五卷、《七經小傳》五卷及《公是先生集》七十五卷。文集至明代已佚，四庫館臣自《永樂大典》輯出詩文，重編爲《公是集》五十四卷，現存《四庫全書》本、武英殿聚珍版叢書本。事迹見劉攽《劉公行狀》（《彭城集》卷三四）、歐陽修《劉公墓誌銘》（《歐陽文忠公集》卷三五）、《宋史》卷三一九本傳。

本譜爲張尚英編，歷考文集、史傳，並參顔中其《劉攽年譜》（《資治通鑑叢論》，河南人民出版社一九八五年版），掇拾而成，詳於仕履、詩文繫年，可備參考。

宋真宗天禧三年己未，一歲。
敞爲劉立之第三子。立之時年三十五歲。
是年，伯父劉立言中進士。
是年，司馬光生。
是年，歐陽修十三歲，梅堯臣十八歲。

天禧五年辛酉，三歲。
是年，王安石生。

真宗乾興元年壬戌，四歲。
二月，眞宗崩，仁宗即位。
是年，父改太子中舍，自婺州金華縣移梓州中江縣（劉敞《先考益州府君行狀》）。

仁宗天聖元年癸亥，五歲。
弟攽生。

天聖二年甲子，六歲。
叔父劉立禮中宋郊榜進士。
劉敞少年老成。
劉攽《故朝散大夫給事中集賢院學士權判南京留司御史臺劉公行狀》（以下簡稱《行狀》）：天性明徹淵粹，自爲童子，有老成人量。

仁宗明道元年壬申，十四歲。
父仍知高郵軍（劉敞《先考益州府君行狀》）。

明道二年癸酉，十五歲。
天聖九年（一〇三一）三月，歐陽修至洛陽錢惟演幕下任推官，與尹洙嘗試古文寫作。景祐元年（一〇三四）五月，歐西京推官任滿，兩月後赴京，爲館閣校勘。習爲古文。
《行狀》：至年十五，乃更習爲古文。

仁宗景祐元年甲戌，十六歲。
在閩。
父劉立之除福建路提點刑獄。敞隨父入閩，識張宜（字太和，福建侯官人，時年四十餘），遂爲忘年交。

本集卷三五《送福州文學蜀人范宗韓序》言「吾嘗游福州，識張宜太和，詡詡老儒也」。卷三四《張氏雜義序》：「吾嘗與共讀詔令數事，時方立今王后。」

按：《宋史·仁宗本紀》，仁宗兩次立后，一次爲天聖二年（一〇二四）十一月乙巳，立皇后郭氏；一次爲景祐元年（一〇三四）九月甲辰，詔立皇后曹氏，十一月己丑，冊曹氏爲皇后。立郭皇后時，敞才六歲，所述「立今王后」當爲立曹皇后。又據《志雪》（詳下景祐四年），其在閩越三年，景祐四年赴京師。據此，其與張宜相識，當在是年。

景祐二年乙亥，十七歲。

已多有著述。

《行狀》：其十七歲所著撰，至今存者尚多。

據《公是集》卷四六載《疑禮》，明抄本、鮑本、傅校題下注：「時年十七。」

景祐三年丙子，十八歲。

弟攽作「彩選格」，敞爲之序（《劉攽年譜》）。

徐度《卻掃編》卷下：「彩選格」起于唐李郃，本朝踵之者有趙明遠、尹師魯。元豐官制行，有宋保國皆取一時官制爲之，至劉貢父獨因其法，取西漢官秩升黜次第爲之，又取本傳所以升黜之語注其下，局終遂可類次其語爲一傳，博戲中最爲雅馴。初，貢父之爲是書也，年甫十四五，方從其兄原父爲學，怪其數日程課稍稽，視其所爲，則得是書，大喜，因爲序冠之，而以爲己作。貢父晚年復稍增而自題其後，今其書盛行。

按：是書即爲目錄書所著錄《漢官儀》，或題敞作，或題攽作。

是年，蘇軾生。

景祐四年丁丑，十九歲。

在京師。

父劉立之轉司勳員外郎，入朝。御史中丞考天下提點刑獄，課爲第一，拜開封府判官。敞隨父入朝。

據本集卷五一《先考益州府君行狀》言其父在福建三年，再據景祐元年（一〇三四）在閩，其父當於是年入朝。

作《志雪》（本集卷四八），云：「閩越地濱海，氣緼薄多暘，余三年居之，未始見雪。明年丁丑來京師，秋即雪。」

十二月壬辰，知饒州范仲淹改知潤州，有《聞范饒州移疾》詩（本集卷二四）。

叔父劉立禮除湖南轉運使，以母老辭，歸館供職。

本集卷三五《送湖南運使慎學士序》：景祐四年七月，詔以某叔父爲湖南轉運使。明日詣閤門，疏曰：「……而臣母老，不可往，惟陛下哀憐。」未報，又上奏曰：「臣不敢憚遠，恐羈縻南方，以爲老母憂，則死有餘恨。臣本三司判官，今誠得罷所領，獨校讎祕閣，資以其暇奉親，不勝幸甚。」制曰可。更以慎公爲湖南轉運使。……故於公之行，語所可頌者，爲來者法焉。

《長編》卷一二〇：（七月）甲子，許新判湖南路轉運使兵部員外郎、集賢校理劉立禮歸館供職。以母老自請也。

仁宗寶元元年戊寅，二十歲。

在京。作《不舉賢良爲非議》（本集卷四一）。

《不舉賢良爲非議》序曰：「景祐四年，詔舉賢良方正之士，至者數十人。明年，有司試其藝，獨二人應科。於是宰相議以賢良猥衆，多名少實，欲一切罷之。余在京師，作此議也。」由此可見，敞時在京，作本文。

父除荆湖北路轉運使，丁太夫人憂，解官。

寶元二年己卯，二十一歲。

在淮南。作《逐伯強文》（本集卷三，鮑校作詞并序）。

序曰：寶元二年，予羈旅淮南。醫來言曰：今茲歲多疾疫。予因作文，以逐伯強。伯強，厲也，能爲疫者，故逐之。

作《送劉初平序》（本集卷三五）。

序云：「行矣，入於越，誠將見范公，願以告曰：『斯道也將亡矣，苟相天下也，而能勿興此乎？』」范公指范仲淹，據《范文正公年譜》，其於去年十一月徙知越州，明年三月改知永興軍，既言入越見范公，姑繫於此。

仁宗康定元年庚辰，二十二歲。

五月十二日，母王氏卒（劉敞《先考益州府君行狀》）。

父劉立之除服，寄居毗陵。張詁爲河南澠池令，鞫獄故不實，流嶺南。父嘗薦之，亦坐免。

是年，作《諭客》（本集卷四八）。

序云：「仁宗寶元、康定之間，元昊畔，詔書求才謀之士，於是言事自薦者甚衆，輒下近臣問狀，高者除部從事，其次補掾史，且數百人。時予方遊吳中，客有相哀者。作《諭客》。」

八月（庚戌），陝西經略安撫副使范仲淹兼知延州（《長編》卷一二八），敞作《賀龍圖兼知延安》（本集卷五）。

是年，長子定國生。

劉攽《兄子定國墓誌銘》：「不幸短命，十八而卒。」其卒於嘉祐二年，溯之，當爲是年。

仁宗慶曆元年辛巳，二十三歲。

次子奉世生。

父復召爲比部員外郎、知漣水軍。作大浦牐，通淮潮城中，以便往來。詔書褒美，蘇舜欽刻石記之（劉敞《先考益州府君行狀》）。

舅王洙招敞入太學，不從。

慶曆初，有司更正貢士，令士不從學官者，州郡勿舉。舅氏王源叔以書招公來太學，公答不可。曰：「焉有伯夷、孟軻、段干木之儔，而自致博士弟子乎？」其後此令亦廢閣不用（《行狀》）。

慶曆二年壬午，二十四歲。

作《聞徙關中兵備河東》（本集卷二〇，題下注「壬午歲」）。

作《烽火》（本集卷二二）。

自注：壬午歲自關中、河北至青州皆設之，於是烽火通齊、秦矣。

是年，弟劉放生（放，字儀父）。

劉攽《季弟青溪縣丞墓誌銘》：「七歲，以先公歿，遺表恩補太廟齋郎。」（《彭城集》卷三八）

按：其父劉立之亡於慶曆八年，上推七年，當爲是年。

慶曆三年癸未，二十五歲。

四月甲辰，以陝西四路馬步軍都部署兼經略安撫招討等使韓琦、范仲淹並爲樞密副使，駐軍涇州（《長編》卷一四一），敞作《聞韓范移軍涇原兼督關中四路》

（本集卷二六，題下自注「癸未」）。

十一月，爲堂弟和在蕭山所建歲寒堂作記，是爲《歲寒堂記》，幷作《寄題蕭山歲寒堂》，又作《送蕭山和弟》詩、《瑞木頌》。頌云「慶曆三年，澧州獻瑞木」、「自元昊犯邊，中國疲病，於今五年矣」，而《宋史》卷十《仁宗本紀二》載寶元元年十一月丙寅，鄜延路言趙元昊反，據此，此文當作於是年。

又有《蕭山舍弟將發南都以詩候之》諸作，當作於是時。《得蕭山書言吏民頗相信又言湘湖之奇及生子名湘戲作此詩》，有「吾家千里駒，氣與齒俱壯。去年射策雄東堂，今年調官在越上。指揮小吏遣簿書，笑語不廢才有餘」，疑爲其弟和作，且其弟可能在慶曆二年及第。

是年，作《新年》（本集卷七）一詩，有「流光無停期，二十忽復五」之句。

是年，父立之復爲湖北轉運按察使（劉敞《先考益州府君行狀》）。

是年，編《張氏雜義》一卷。

《張氏雜義序》：「因記憶所言《詩》《書》雜義，歲久頗不存，得其十事，爲一卷，以傳之其徒，以達執事者，庶幾於宜有所發云。」（本集卷三四）

按：《公是集》卷四八《志雪》有「閩越地濱海，氣竄薄多暘，余三年居之，未始見雪。明年丁丑來京師，秋即雪」，其於景祐四年（一〇三七）赴京師，而《張氏雜義序》中又有「自吾與宜別而遊於上國，且七年矣」，從景祐四年後推七年，當爲是年。

慶曆四年甲申，二十六歲。

作《聞范參政巡西邊》（本集卷二三）詩。

《長編》卷一五〇：（慶曆四年六月）壬子，參知政事范仲淹爲陝西河東路宣撫使。

八月，作《九日》（本集卷二一）詩。

自注：「時保州軍亂，殺守尉，河北置烽火，夏臺未平，關中防秋。」

按：《宋史》卷十一《仁宗本紀三》載慶曆四年八月「保州雲翼軍殺官吏，據城叛」，「九月辛酉，保州平」；《長編》卷一五一「八月甲午」有詳細記載。則此詩當作於八月。

有《遷南行》（本集卷一六）詩。

自注：「甲申十二月，桂陽叛蠻平，遷其種於京西諸郡。」據《長編》卷一五二：「（十月）癸丑，以蠻酋鄧文志、黃文晟、黃士元並爲三班奉職。」又《宋史》卷一一《仁宗本紀三》載慶曆四年冬十月癸丑，桂陽蠻降，授蠻酋三人奉職。則此詩當作於是年。

慶曆五年乙酉，二十七歲。

在京。

父立之復拜司勳員外郎。

作《送梅聖俞序》（本集卷三五）。

據元張師曾作《宛陵先生年譜》，是歲梅堯臣簽署許州忠武軍節度判官。梅詩題稱：「乙酉六月二十一日，予應辟許昌，京師內外之親，則有刁氏昆弟、蔡氏子、予之二季，友人則胥平叔、宋中道、裴如晦，各攜殽酒送我於王氏之園，盡懽而去。明日，予作詩以寄焉。」（《宛陵先生集》卷二五）而敞序中有「今聖俞應聘許昌，某以事留京師，不得偕行也」，與此相符，也可證此時敞在京。

慶曆六年丙戌，二十八歲。

三月御試，與弟攽同中賈黯榜進士。授大

理評事，通判蔡州事。時吳育爲守。

《行狀》：公舉進士，慶曆六年三月御試，選爲第一。會内兄翰林學士承旨王公堯臣時爲編排官，以嫌自列。編排者，用考試官所定等第，受成事而甲乙之耳，誠無預於與奪，可無嫌也，王公固辭之。上不得已，以爲第二，拜大理評事，通判蔡州事。

王銍《默記》卷中：劉原父就省試，時父立之爲湖北轉運使。按部至鄂州，與郡守王山民宴于黄鶴樓，數日不發，謂守曰：「吾且止此樓，以候殿榜，兒子決須魁天下。」守心不平，且曰：「四海多士，雖令似才俊，豈可預料？」立之曰：「縱使程試不得志，亦須作第二人。」來日，殿榜到州，原父果第二名。繼得家書云：「初考爲狀元，賦中小誤，遂以賈黯爲魁。」立之即以書示郡守而行。所謂「知子莫若父」也。

按：時父爲判三司度支勾院、鹽鐵判官，王氏所記有誤。

《雜律賦自序》：「予始不願爲進士，其後遂勉爲進士，豈自謂能之哉？」（本集卷首，傅增湘校本）

弟爲鳳翔府節度推官。

《御試戎祀國之大事賦》（本集卷二）當作於此時。

是年，父立之判三司度支勾院、鹽鐵判官。

是年，爲俞獻卿作墓誌銘（本集卷五三）。

慶曆七年丁亥，二十九歲。

通判蔡州。與知州吳育相處甚歡，并初顯其政治才能。

上《論折變當隨土地之宜疏》（本集卷三二）。

《行狀》：吳正肅公育舊聞公之賢，傾遲

之。及罷政事守蔡，得公歡甚，事無大小皆聽公，州以清靜。與公日賦詩飲酒爲樂，蔡人傳以爲盛事。蔡州十縣，五居高仰地，轉運使符郡，變民諸穀，悉以粳糯充賦，皆市於旁縣以輸官，民益困急。會詔書問可以寬民力者，公上疏陳其弊，因言方今用不足，盡如古難，宜敕轉運使，必不得已折變，毋變其所無與不可得，則民雖病不困，事頗施行。

是年八月，父出使契丹。

《長編》卷一百六十一：（八月）丙辰，……鹽鐵判官司勳員外郎劉立之爲契丹正旦使，內殿崇班李中祐副之。

有《鼓角樓宴集》、《夏日上府公》、《和府公多葉榴花》、《至日宴水上嘔吐先醉上府公》（並見本集卷二四）、《觀冲卿所試詩賦賀府君》（本集卷二五）諸詩，當作於蔡州。

慶曆八年戊子，三十歲。

通判蔡州。

閏正月，作《閏月朔日寄府公給事二首》（本集卷二〇），有「良閏百年逢」句，自注：「自周廣順至今，再閏正月。」故此詩應作於是年。

五月，父劉立之改主客郎中、益州路轉運使。十一月二十六日，卒於位。敞丁憂去官，赴蜀。

父赴蜀時，弟攽隨侍入蜀，敞作《寄貢甫時隨侍入蜀》（本集卷九）。

在蔡州日，嘗作《蔡州秋賽祝文》（本集卷五〇）。

仁宗皇祐元年己丑，三十一歲。

與弟攽自蜀奉父喪歸京師，居潁州守喪。

弟攽有《潁州始居》（《彭城集》卷六）詩。

皇祐二年庚寅，三十二歲。

居潁州守喪。

皇祐三年辛卯，三十三歲。

居潁州。二月，服除。還爲大理評事。召試學士院，擢太子中允、直集賢院。

《行狀》：是時方議定大樂，天子使中貴人參其事。公諫以謂：「王事莫重於樂，今材學滿朝，辯論有餘，足以增朝廷之光，而顧使若趙談者居間，臣恐爲袁盎笑也。」

九月，上《論修商胡口疏》（本集卷三一）。

《宋史》卷九一《河渠志》：八年六月癸酉，河決商胡埽，決口廣五百五十七步，乃命使行視河堤。皇祐元年三月，河合永濟渠注乾寧軍。二年七月辛酉，河復決大名府館陶縣之郭固。

十月，上《乞闊略唐介之罪疏》（本集卷三二）。

《長編》卷一七一：丁酉，殿中侍御史裏行唐介責授春州別駕。

十二月，爲陳耿作墓誌銘（本集卷五三《朝散大夫殿中丞知汝州葉縣騎都尉陳君墓誌銘》）。

《秦昭和鐘賦》（本集卷一），題「直集賢院作」，姑附此。

有《送和弟通判陝府》（本集卷二一），自注「予與和今年皆三十餘歲」，姑附此。

皇祐四年壬辰，三十四歲。

同判登聞鼓院，改判吏部南曹。三上疏論夏竦謚，仁宗納之，改夏竦謚「文正」爲「文莊」。

《行狀》：南曹兼考功事，於是夏丞相薨，將葬，故事考功當請謚太常，集百官議之。上以舊恩，特賜竦謚曰文正，不復闕有司。公上奏，請收還詔書，更屬有司，得以公議之。因陳「竦備位將相，無正直聲，陛下不當侵臣等官，而假人以寵。」書三上，上嘉公守正，爲改謚曰文莊。

歐陽修《墓誌銘》：於是夏英公既薨，天子賜謚曰「文正」。公曰：「此吾職也。」即上疏言：「謚者，有司之事也，且竦行不應法。今百司各得守其職，而陛下侵臣官。」疏凡三上。天子嘉其守，爲更謚曰「文莊」。公曰：「姑可以止矣。」

《三日同景仁鄰幾濟川晦叔景口呂秘校劉判官會南曹飲五君皆尚書外郎劉呂修唐書官》（本集卷一二）詩有「秋氣迎節至」句，自注「立秋前一日」，當作於此年。

八月，權判三司開拆司，仍兼南曹。

九月，儂智高叛亂，樞密副使狄青宣撫，就應否置副事，上仁宗《論狄青宣撫當置副使疏》（本集卷三二）。

上仁宗《論城古渭州有四不可疏》（本集卷三二），獨請棄之。

上《論天久不雨疏》（本集卷三一）。

《宋史》卷六六：皇祐元年五月丁未，遣官祈雨。三年，恩、冀諸州旱。三月，分遣朝臣詣天下名山大川祠廟祈雨。

作《張忠定謚議》（本集卷四一），其首句爲「太常禮院謚故禮部尚書張公曰忠定，太子中允、直集賢院，同判吏部尚書〔南〕曹劉敞覆議」，故附於此。

是年，前夫人倫氏卒。

《行狀》：前夫人先公十七年卒。

皇祐五年癸巳，三十五歲。

四月，遷權三司度支判官，始解南曹，賜緋衣銀魚。

作《救日論》三篇（本集卷三九）。《行狀》：自皇祐末有日食之變，公嘗獻《救日論》三篇，備言所以防姦禦變之術。〔狄〕青見而惡之，謂所親曰：「劉舍人以此洗滌青邪？」公之建言，或以爲過計，及後乃大服云。

是年作《讀聖俞我今五十二詩感之》（本集卷八）。

梅堯臣生於宋眞宗咸平五年壬寅，是年五十二。

仁宗至和元年甲午，三十六歲。

正月，張貴妃薨，追號溫成皇后，有獻議求爲立忌日，禮官請對不許，敞上《論溫成立忌疏》諫之（本集卷三二）。略曰：且自太祖以來，后廟四室，皆陛下之妣也，猶不立忌，奈何以溫成私昵之愛，變古越禮，則貴妾于妣，尊孽于嫡，上無以事宗廟，下無以教後嗣，恐祖宗神靈不樂于此，非陛下奉先思孝之意也。

八月，同修起居注。

九月召試，超拜右正言、知制誥，賜紫金魚袋，權同判吏部流內銓。作《謝知制誥啓》（本集卷四五）。

《長編》卷一七七：甲子，起居舍人、直集賢院、同修起居注吳奎爲兵部員外郎，太子中允、直集賢院、同修起居注劉敞，並知制誥，仍以敞爲右正言。陳執中言奎、敞修注未一月，不應驟遷，上不聽，曰：「此豈計官資日月耶？」謝日，上面諭以「外間事不便，有聞，當一一語朕也」。

十月，上《奔喪議》（本集卷四一）、《乞聽百官服親喪三年奏》（《長編》卷一七七）。

《長編》卷一七七：先是都官員外郎燕度建議川峽選人遭父母喪，須代者至然後聽去官。知制誥、同判流内銓劉敞言此非所以全人子之孝也。敞上《奔喪議》主三年之喪，并言「臣往見丁憂者，家貧無食，乞丐餬口，其皇皇傷孝子之心，非所以化民成俗也。臣以謂文官兩制、武官自諸司使以上，與給全俸，其餘京朝官、班行使臣，與給半俸，以明朝廷篤於禮而厚於教也。」辛丑詔下，從敞議。敞又上《乞聽百官服親喪三年奏》：「陛下幸加恩令諸近臣得爲親服三年，又不奪其俸，以救人子匍匐之哀，至仁至惠，不可尚矣，然常參京朝官、班行使臣猶不用此令。臣以爲名位不同，尊親一也。苟取周急，不宜分別。」

十一月壬午，入内押班石全斌爲入内副都知，敞封還詞頭，并上《論石全斌不當除入内副都知狀》（本集卷三三）。

歐陽修《墓誌銘》：宦者石全彬以勞遷宮苑使、領觀察使，意不滿，退而慍有言。居三日，正除觀察使，公封還辭頭不草制，其命遂止。

上《論吳充不當以譴責禮生被逐疏》、兩上《論大臣不當排言者疏》（本集卷三二）。

《行狀》：無幾何，朝廷從禮院有所詢問，禮生擅發印狀以報，禮官莫知。知禮院事吳充謫罰禮生，而坐以出官。公奏以爲朝廷久安，吏習因循，百司庶府，苟且已甚。稍激厲振職，未知如何而使充以此得罪，豈不傷事害政也！請追止前命。已而修起居注馮京復以言事奪職。公因奏事，上謂公曰：「吳充乃是振職，馮京意亦無他，中書惡其太直，不與含容耳。」公奏言：「自古唯有人主不能容受直言，或致竄謫臣下。今則不然，上意慈仁好諫，而中書不務將順聖德之美，排逐言者，乃是蔽君之明，止君之善，必且感動陰陽，有風霧日食地震之異。」居五日，地果震鎭戎軍，而都下雪，後累日昏霾，太陽色黄濁，略皆如公言。

至和二年乙未，三十七歲。

作《晏公挽詞三首》（本集卷二二）。

據《宋史》卷十二《仁宗本紀四》（至和二年春正月）丁亥，晏殊薨。故附於此。

四月，上《論孔宗願襲文宣公疏》（本集卷三二）。又上《論水旱之本疏》（本集卷三二），疏中有「今天氣當暑反寒，率多常風，雨澤愆候，秋成不可必」之語，故其應作於夏。又云：「臣伏見城中近日流民甚多，皆扶老攜幼，無復生意。」

據《長編》卷一七九：「四月乙卯，詔三司出米京城諸門，裁其價以濟流民。」故繫此。

六月，上《論邪正疏》（本集卷三一）。

《長編》卷一八〇：六月己丑，翰林學士歐陽修爲翰林侍讀學士知蔡州，知制誥賈黯知荆南，皆從所乞也。

《行狀》：二年，兩制諸公多求補郡者。公上疏論邪臣正臣進退之分：「正臣常難進而易退，邪臣常易進而難退，願陛下參伍觀之。呂溱、蔡襄、歐陽修、賈黯、韓絳，皆有直質，無流心，論議不阿執政，有益當世者，誠不宜許其外補，使四方有以窺朝廷，啓姦幸之心。」上悟，乃留歐陽修等不行。

七月，上《遷官降官不宜單用敕牒奏》（《宋會要輯稿》職官七一之二七）、《論外官親戚相代劄子》(《宋會要輯稿》職官六三之三)。

八月，假翰林學士、右諫議大夫、充北朝皇太后生辰國信使。

《長編》卷一八〇：辛丑，翰林學士、吏部郎中、知制誥、史館修撰歐陽修爲契丹國母生辰使，四方館使、果州團練使向傳範副之；右正言、知制誥劉敞爲契丹生辰使，文思副使竇舜卿副之；起居舍人、直祕閣、知諫院范鎮爲契丹國母正旦使，內殿承制、閤門祗候王光祖副之；權度支判官、刑部員外郎李復圭爲契丹正旦使，內殿崇班、閤門祗候李克忠副之。時朝廷未知契丹主已卒，故……甲寅，改命劉敞、竇舜卿爲契丹國母生辰使，戶部副使、工部郎中張掞爲契丹生辰使，西染院副使兼閤門通事舍人王道恭副之。

指斥契丹使者故意繞道而行，且識異獸，遼使服其博學。

《行狀》：八月，假翰林學士、右諫議大夫、充北朝皇太后生辰國信使。契丹遣其臣馬祐來迓。行自幽州，東北入古北口，更長與白隰山路，詰曲繚繞，或折而西南。行千餘里，乃出山，至柳河。公問祐曰：「自松亭直北趨柳河徑易，不數日至中京，何不行此？」敵人本欲以山路迂回，使中國信其阻遠，常祕諱之，不使漢使知。及得公問，驚謝曰：「實然。然自通好以來，置驛如此，不敢改也。」祐復問：「順州山中有異獸如馬，食虎豹，人以爲山神，此何名也？」公曰：「以某所聞，駮也。其狀如白馬，黑尾鋸牙，音如鼓。洀桓，迎日而馳。」

爲誦《山海經》、《管子》書曉之。祐釋然相視，喜曰：「眞是也。」前此者漢使往，或以輕肆不爲敵人所重，又有畏懦，拘守約束，惴惴不敢蹉跌者。獨公坦懷，意氣自若，敵人畏服加禮焉。

《宋史》本傳：奉使契丹，素習知山川道徑，契丹導之行，自古北口至柳河，回屈殆千里，欲夸示險遠。敞質譯人曰：「自松亭趨柳河，甚徑且易，不數日可抵中京，何爲故道此？」譯相顧駭愧曰：「實然。」但通好以來，置驛如是，不敢變也。」順州山中有異獸，如馬而食虎豹，契丹不能識，問敞。敞曰：「此所謂駮也。」爲說其音聲形狀，且誦《山海經》、《管子》書曉之，契丹益歎服。

王應麟《困學紀聞》卷八：劉原父之識六駮，可謂善讀《爾雅》矣。

奉使時有《檀州》（本集卷一九）、《出山》、《陰山》、《山暖》（本集卷二一）、《鐵漿館》、《金山館》、《題天池館二首》（本集卷二三）諸詩。

《檀州》云：「冠帶才通漢，山川更入遼。春風解冰雪，最覺馬蹄驕。」題下注「正月二日」，說明至和三年初，敞還在契丹。《出山》自注：「自檀州東北入山，到鐵漿館出山，凡八程。」

有《河之水》（本集卷三）詩，其序曰：自河決商胡，八年於茲矣。用事者議，塞之與勿塞，至今未決，而河頗爲害。予至河北，問河之曲折，作《河之水》二章，以告病。

按：《宋史》卷九一《河渠志》載慶曆八年六月癸酉，商胡決。從慶曆八年到是年，剛好八年，且是年敞出使，能「至河北」，故附於此。

有《寄永叔》（本集卷一三）一詩，自注：「永叔後予數日使北。」

按：《長編》卷一八〇（八月）癸丑，改命歐陽修、向傳範爲賀契丹登寶位使，故此詩當作於是年。

《觀兒童逐兎輒失之戲呈希元二首》，有「碧眼兒童誇絕倫，競馳奔兎躄飛塵」之句，《持禮北庭回示希元幷寄之翰彥猷當世》（本集卷二五），有「肅承朝命謁穹廬，卻卧空床涕滿裾」之句，亦出使途中所作。

十一月十一日，王道恭過古北口。敞作《寄王閣使》（本集卷二八）。

《寄王閣使》，題十月十一日冀州相別，十一月十一日聞過古北口。又有《聞張給事倍道兼程已過古北戲作七言》（本集卷二九），王道恭爲張掞之副，二人可能同行，故附此。

十二月二十七日，作《柳河》（本集卷二八）。

《柳河》，明抄本題作「十二月二十七日宿柳河，聞永叔是日宿松山，作七言寄之。自柳河直路趨松山不過三百里，然虜諱不肯言。漢使常自東道，更白隰長興，折行西北，屈曲千餘里乃與直路合。自此稍西南出古北口矣。」

除夕，作《古北口守歲二首》（本集卷二七）。

《楊無敵廟》（題下自注「在古北口」）及《古北口》（本集卷二八）詩，亦當作於此前後。

是年，看詳王訟《春秋通義》。

洪邁《容齋三筆》卷一二《侍從兩制》：予家藏王訟《春秋通義》一書，至和元年，鄧州繳進，二年有旨送兩制看詳，於是具奏者十二人皆列名銜：學士七人，曰學士承旨、禮部侍郎楊察，翰林學士、中書舍人趙槩、楊偉，刑部郎中胡宿，吏部郎中歐陽修，起居舍人呂溱，禮部郎中王洙；知制誥五人，曰起居舍人王珪，右司諫賈黯，兵部員外郎韓絳，起居舍人吳奎，右正言劉敞。而他官弗預，此可見也。

至和三年九月改嘉祐元年**丙申，三十八歲。**

正月初一，初入燕境，發古北口。

《元日發古北中寄禹玉直孺昌言三閣老》（本集卷二五），題下自注：「初入燕境。」《初出古北口大風》（本集卷二九），當作於是時。

正月初七，始從契丹南歸。

有《次韵和永叔歲旦對雪見寄時某于上源驛典護契丹朝正使人日當歸前一日始得此詩》（本集卷二三）。《過中京走馬上平安奏狀》（本集卷二四），其首句「載驅冬歲極河源」下自注「北廷在潢水北，自云天潢也」，又有「目斷白雲浮魏闕，心先飛騎向中原」、「猶使匈奴戴黃屋，南歸慚弔陸生魂」之句。《過中京後寄和貢兩弟》（本集卷二五）云「歸鞍蹀躞弄輕塵，滿眼韶光破宿雲」。《冀州正月十六日飲席》（本集卷二四）云「漁陽鼓節尤悲壯，知我新從萬里歸」，並當爲歸途中作。

閏三月，王堯臣參知政事，敞以親嫌，求知揚州。

歐陽修《墓誌銘》：三年使還，以親嫌求知揚州。

《長編》卷一八二：閏三月癸未朔，樞密副使、給事中王堯臣爲戶部侍郎、參知政事，程戡爲戶部侍郎、樞密使，以與文彦博姻家故也。辛卯，翰林學士王洙爲翰林侍讀學士兼侍講學士，知制誥劉敞知揚州。敞，王堯臣姑子；洙，堯臣從父。堯臣執政，兩人皆避親也。

《宋史》本傳：使還，求知揚州。

按：《行狀》云「二年三月，王文安公遷參知政事，公自列親嫌，求知揚州，詔許之」，「二年」當爲「三年」之誤。

將赴揚州時，請出狄青。至後，仍議此事。

《行狀》：初，狄青自南伐歸，爲樞密使。京城小民聞青驟貴，相與推說，誦詠其材武。青每出入，輒聚觀之，至壅路不得行。上自正月不豫，青益爲都人所指目，公憂之。會將赴揚州，辭行見上，因言：「陛下愛青，不如出之以全始終。今外說紛紛，雖不足信，要當使無後憂，寧負青，無使負國家。」上頷之，曰：「可語中書。」公過見三丞相謂曰：「向者天下有可大憂者，又有可大疑者。今上體復平，大憂去矣，而大疑者尚存。」具以青事告之，丞相應對唯唯。唯公既至官拜表，又徧遺公卿書：「汲黯之忠，不難於淮陽，而眷眷於李息。」朝廷皆知爲青發也。

至揚州，作《揚州謝上表》（本集卷三四）、《揚州到任謝上啓》（本集卷四五）。

在揚州，以寬簡治民。還民雷塘田。

《行狀》：揚州雷塘，即漢江都之雷陂也。舊屬民，自唐以來，耕種其中。往數十歲，官取蓄水以備漕運，舊田主二十六家皆奪業失職，官始議以他田償之，竟無與也。然塘亦破決不修，漕運未嘗賴此。發運使因以假揚州種稻，而舊田主二百餘口皆饑寒，縣官莫省。及公至，持太和年契書詣府自訟，公即判還之。發運使猶以漕運事動朝廷靳留之，公用種稻事證明其無用，朝廷乃聽公。杜公丞相衍致仕，居南都，聞之喜曰：「眞良太守矣。」

《雷陂勸耕作雜言》（本集卷一七）詩，自注：「此陂蓋江都宮之地，吳王釣臺在其旁。先時民三十家耕其中，後強爲吏所奪，廢不耕者十餘年矣。予按地籍，悉召還耕者，使縣大夫授之地，如其舊。」

上《請罷五溪之征疏》（本集卷三三）。

《長編》卷一八三：（八月）戊寅，詔湖北鈐轄司，下溪州刺史彭士羲擾邊境，爲患不已，其相度招安之。

《長編》卷一八四：（九月）己亥，詔知荆南魏瓘、湖北轉運使王綽、知辰州竇舜卿所奏，彭士羲遣衙門指揮使覃師明欲歸款，須令自齎降表至澧，始行撫納之。

按：《請罷五溪之征疏》中有「今武溪諸彭，父子結怨，而邊臣輕發兵，爲子討父，得無非春秋王霸之略乎」之言，可見此時還未招安彭氏，此疏最晚作於八月，故附於此。

九月，改元嘉祐，進朝散大夫，封宣縣開國男。

在揚時，嘗薦孫侔。

《行狀》：天長富人陳乙殺人，捕得，賕縣吏脫己，而以誣王甲。甲貧弱不能自明，遂受誣，囚至府。公察之，心知其冤，而囚畏吏，不敢言。公以委戶曹杜誘，使精意鞫之。誘不能有所反，而獄益傅致證左，牢不可破。將論囚，公親訊之。因得公語言，知其能爲己直也，乃敢告冤，果陳氏殺人，遠近傳以爲神。

作《揚州賽廟文》（本集卷五〇），文中有「乃十二月晦，某以自冬無雪，愆陽爲災，大恐害歲事，以乏上下之祀，用乞靈於爾有神」。

十一月甲子，舅王沖以疾終（劉敞《尚書屯田郎中提舉兗州仙源縣景靈宫王公墓誌銘》）。

作《宿州道中逢聖俞入京》（本集卷一一）。

按：元張師曾作《宛陵先生年譜》，嘉祐元年丙申，與劉原父相遇，酬唱至京，故附於此。

是年，與杜衍相識，是時，杜衍已致仕。《杜祁公挽詞二首》（本集卷二三）「千金論一字，永慨袖中書」句下自注：「某去年方與公相識，後累得公書，皆草書親筆，勁媚可愛。」

按：杜衍亡於嘉祐二年二月，溯之，二人相識於是年。

是年，作《登揚州城北門予昔侍親寓居此城下驛舍十八年矣愴然感動》（本集卷二一）詩，有「昔釣城下水，今來十八年」之句。

仁宗嘉祐二年丁酉，三十九歲。

五月，作《乞置獄官奏》（《長編》卷一八五）。

《長編》卷一八五：癸未，命樞密副使田況提舉殿前馬步軍司編敕，知制誥劉敞言（原注：此時敞在揚州，三年十月乃自鄆州召還）：臣伏聞朝廷選官刪定殿前馬步軍等司編敕條貫，誠爲要務，臣以謂科律雖詳，執而用之者吏也，若不審則獄容有濫。今殿前等所以統諸軍刑罰不少，而鞫訊論決一委胥吏……每司置獄官一員，專典鞫獄，令流内銓選補如左右軍巡判官例。如此，獄可使不冤，刑可使不誤，庶幾上副朝廷欽恤之意，愈於專修編敕而已。

郭恩戰死，敞作《丁酉五月郭守恩戰歿武戡走入壁守恩勇將有智略》（本集卷二二）。

《宋史》卷一二《仁宗本紀》四：（嘉祐二年）五月庚辰，管勾麟府軍馬公事郭恩爲夏人所襲，歿於斷道塢。《長編》卷一八五：（五月）庚辰，崇儀使并代鈐轄管勾麟府軍馬郭恩與夏人戰於斷道塢，死之。

十二月，上《請諸州各辟教官疏》（本集卷三二）。

作《時會堂詩序》（本集卷三四），末題：「嘉祐二年十二月，右正言、知制誥、知揚州軍州事劉某題辭。」又有《時會堂二首》（本集卷二九）。

是年有《李覯以太學助教召曾鞏以進士及第歸俱會郡下素聞兩人之賢留飲涵虛閣》（本集卷一三）。

按：曾鞏嘉祐二年中進士，故附於此。

作《杜祁公挽詞二首》（本集卷二二）。

是年，長子劉定國亡。

劉攽《兄子定國墓誌銘》（《彭城集》卷三八）：「其卒，仲兄時爲知制誥、知揚州事。後十二年，仲兄棄世。」敞亡於熙寧元年，上推十二年，當爲是年。

嘉祐三年戊戌，四十歲。

正月，作《伯父寶書閣記》（本集卷三六），末題「嘉祐三年正月，右正言、知制誥、知揚州軍州事某記」。

二月，沈康知常州。敞作《送沈康學士知常州》（本集卷二四），題下自注：「沈自博士出郡，某少時客居此州甚久。」詩有「曾是倦游羈旅地，送行曾羨兩朱輪」之句。

《長編》卷一八七：（三月）丙辰，詔新提點江南東路刑獄沈康知常州，知常州王安石提點江南東路刑獄。

四月，遷起居舍人、知鄆州兼京東西路安撫使。

按：《行狀》記爲嘉祐二年，但劉敞《時會堂詩序》末題「嘉祐二年十二月，右正言、知制誥、知揚州軍事劉某題辭」，是年正月所作《伯父寶書閣記》仍題知揚州軍事，說明其除知鄆州當是三年四月。

六月，至鄆。有《鄆州謝兩府啓》（本集卷四四）。又有《自淮南移東平兼西路安撫使六月五日初入東界得快雨是時齊魯久旱欣然作小詩示攽奉世等聊志一時意耳》（本集卷二八）詩。

啓云：「右，某啓：四月十六日，蒙恩授起居舍人、知鄆州事兼西路安撫使，已於某月日到任上訖。」

在鄆有治績。

《行狀》：及至鄆，鄆比易守，政事不治，市邑攘奪，公行不禁，訟或累月不決。公撥遺簿書，決平獄訟，不數日則已無事。乃更約束，明賞罰，下吏奔走承命。月餘，境內正清，盗賊屏息。使客行壽張道中，遺錢一囊，人不敢取，以告耆長，長爲守視，頃之客還，取得之。又有暮遺物市中者，且往取，故在其所。先是西路久旱，麥不登，鄆州尤多蝗蟲。公入境而雨，至州數日，蝗自出境亡去，歲以有年。

作《鄆州謁廟文》、《鄆州禱雨文》（本集卷五〇)。

在鄆州日，造東平樂郊池亭。本集卷三六《東平樂郊池亭記》曰：「鄆故有負城之園，其廢蓋久，士大夫無所於游，四方之賓客賢者無所於觀，吏民無所於樂，殆失《車鄰》、《駟驖》、《有駜》之美，而況於《蟋蟀》、《山樞》之陋。敞以謂非敦詩書、節禮樂之意也。據舊造新，築之鑿之，增之擴之，營之闢之。」（本集卷三六）

在鄆，屢遊樂郊，作《樂郊陳漁臺下柏林中結茅作小亭命曰幽素本懿臣刑部之書也謝且戲之》（本集卷七）、《鄆州樂郊陳漁臺下作幽素亭銘其石柱》（本集卷四九），又有《九月三日遊樂郊作五言贈同遊》（本集卷一三），梅堯臣有和詩（《宛陵先生集》卷五八《次韻和劉原甫遊樂郊贈同遊》）。

又作《自淮南遷東平移后土廟瓊花植于濯纓亭此花天下獨一株爾永叔爲揚州作無雙亭以賞之彼人别號八仙花也或云李衛公所賦玉蕊花即此聊以小詩記其所從來》（本集卷二九）詩。

八月，上《諫仁宗節游觀疏》。

十月，詔于景靈宫建郭皇后影殿，敞上《論景靈宫不當建郭后影殿疏》。

有《寄東平侍讀叔平侍郎》（本集卷二九）。

《長編》卷一八八：（十月）翰林學士兼侍讀學士趙槩同繼隆提舉諸司庫務，繼隆既被劾，槩亦爲御史所彈。庚申，槩罰銅三十斤。時槩已罷翰林學士出知鄆州，未行也。

十一月，召還朝，糾察在京刑獄，充宗正司修玉牒官。

《行狀》：居鄆五月，召還朝，糾察在京刑獄，充宗正司修玉牒官。

《兩宋名賢小集·公是集》中有詩題爲《丙申閏月領揚州與京師諸公別戊戌十一月受詔還閣首尾僅三年爾然原叔伯庸隱甫子奇公南清卿之翰昌言八人者皆已徂謝感之愴然作七言寄滑州正臣密學給事》。

十二月，受詔與胡宿詳定官制。兩上《辭不受詳定官制劄子》（本集卷三三），不允，上《乞先條官制數事與中書門下更加商量劄子》、《條上詳定官制事件劄子》（本集卷三三）。

《長編》卷一八八：辛亥，光祿卿、直祕閣張子憲爲祕書監罷職。翰林學士韓絳言：「……本朝故事，名臣遺範無所傳錄，請依《周禮》、《唐六典》著爲一書。」詔翰林學士胡宿、知制誥劉敞詳定以聞。敞等條上改正裁損申明十事。

《行狀》：翰林學士韓絳上言：「國朝官制未立，如中書門下爲宰相職號令，乃以近臣兼判兩省，例已重。諸如此類，宜加裁定，正其名體，他官典領，一用舊例。百司常務，多闕二府，請擇重輕，移付於下。走吏章服與公卿不殊，宜著爲等級。臺閣省寺無所傳錄，可依倣《周禮》、《唐六典》，著爲一書。」天子以爲可行，召公與翰林胡宿受詔同詳定。公以謂「此帝王能事，朝廷大務，必將損益沿革，成一朝之制，不獨空言而已。當得其人，乃能成事。前日朝廷欲正大樂，先定律呂，自景祐至今近三十年，而功不就。今之所爲，又重於樂，自非周召管蕭之才，恐雖三十年亦未可望也。」凡再辭，不許。既受命，公乃奏請，未至局，先條可改正裁損申明數事，送中書門下參詳可否，然後删定。詔許焉。

是月，再遊會靈觀，作《辛卯十二月同持國游會靈觀各曾賦詩後一年會靈燒高下俱盡天子爲先朝所爲不忍廢復治集禧略放渭陽帝祠制度五嶽同宇毋乏事而已不能如向之鉅麗也戊戌十二月以事過謁祠下作七言寄持國》（本集卷二九）。

閏十二月己卯，詔明年正旦日食，其自丁亥避正殿，減常膳，燕契丹使無作樂，敞上《論元日合朔避寢太早劄子》（本集卷三一）。

甲申，受詔視眞宗廟室。《長編》卷一八八：甲申，宗正寺言眞宗廟室牆壞，詔修玉牒官劉敞相視，擇日修築之。

是年，作《答令狐司封使君舟中見寄》（本集卷二四）詩，末注：「某戊子春與使君會汝南，到今適十年。」

嘉祐四年己亥，四十一歲。

正月丙申朔，日有食之，遣官祭社，敞上《論日食用牲於社非禮疏》（本集卷三二）。

同權知貢舉。得帝「稽古」之贊。《行狀》：四年正月，同權知貢舉。是歲始更貢士令，奏名者才二百人。其罷黜者雖多，莫有不服者，至有爲賦以頌得人。上例賜近臣墨字，公得稽古二字，時論榮之。

敞作《詔賜御書稽古兩字作口號示子弟》（本集卷二九）詩。末注：「於時予知貢舉，又糾察刑獄。」

二月，從敞之請，減罷鄆、齊等州管界巡檢及駐兵。

《長編》卷一八九：丙戌，減罷京東西路鄆、齊等七州軍管界巡檢及駐泊兵士，以知制誥劉敞之言，而本路安撫轉運司相度以爲便也。

三月，韓絳奏趣詳定官制，敞與胡宿詣政事堂，言其不可。

《行狀》：明年三月，韓再奏趣行之。公乃與胡公詣政事堂，略條一二事，諮丞相曰：「國家必欲興修官制，勒成一經，爲後世法，則宜先簡別條貫，澄清流品，使事事有法。不然者，虛列官府，徒作空文，無用也。今且以數事言之。如樞密院，五代以來，始與中書對掌機務。名體不正，無甚於此。尙書二十四司，今爲虛名，官冗員衆，蠹財害政。即欲改正官制，則當罷樞密院，廢三司省郎官不治事者，以前資散官處之，可乎？審刑院、審官院、群牧司、提舉司、糾察司，駢衍於官，皆當省，還屬尙書九卿。此裁損者也，可乎？唐制，諫官、史官，隨宰相入立仗下。唐制，中書出制敕，門下審之，而後尙書出告身。唐制，學士下領外職，舍人分判六曹，皆美政也。必欲申明官制，無先於此者，可乎？當開元時，官有定員，職有常守，故李林甫之爲《六典》也易，然猶僅成一書耳，卒之不能行也。本朝隨事建官，取便事而已，有司奉法守職可矣。苟不能爾，恐雖成書，猶且復廢。宇文之《周官》，唐之《六典》是也。」丞相久之，度不能行，曰：「然。此誠難事，業已行，姑徐徐爲之。」居月餘，韓以中丞言事，出知蔡州。又數月，公帥長安，然胡公猶在朝，而朝廷亦不復問官制云。

四月壬辰，御崇政殿錄繫囚，雜犯死罪以下遞降一等，徒以下釋之，敞上《論皇女生疏決賜予疏》（《長編》卷一八九）。

《容齋四筆》卷六《洗兒金錢》條：劉原甫在嘉祐中，因論無故疏決云：……偉哉劉公之論，其勁切如此。歐陽公銘墓，略而不書。予爲國史，亦不知載於本傳，比方讀其奏章，故敬紀之。

六月己巳，宰臣富弼等請加尊號曰「大仁至治」，敞上《乞固辭徽號疏》（本集卷三二），仁宗納之，詔不許加尊號。

《長編》卷一八九：己巳，宰臣富弼等請加尊號曰「大仁至治」，詔不許。……敞時兼領禮部名表，當撰表辭，先勸弼以不宜爾，弼憮然曰：「適已奏聞，乃是上意欲爾，不可止也。」敞不得已爲撰五表，仍密奏三疏罷之。

《行狀》：是歲天子將親大祫于太廟，丞相欲加上尊號。公以禮部兼領名表，丞相請譔表辭。公止之曰：「陛下自寶元以來不受徽號，至今且二十年，天下之人，咸知天子持盈好謙。今復加數字，既不足盡聖德，而前美並棄，誠亦可惜，願加深思。」富丞相不怡，曰：「適已奏聞，乃是上意，欲爾不可止也。」公曰諾。退謂子弟曰：「吾備位近臣，當獻可替否，寧得罪權門，豈可使主上受虛名而棄實美耶？」遂上疏曰：「陛下尊號，既已云體天法道、欽文聰武、聖神孝德，盡善極美矣。復加大仁，不足增光，而曰至治，有若自矜。今百姓多困，倉廩不實，風俗未清，賢不肖混淆，獄訟繁多，盜賊群輩，水旱繼有，四夷雖粗定，然本以重賂厚利羈縻之，非畏威慕義也，未可謂至治。然則讓而不居，於聖德彌高矣。臣謂陛下永執至道，以當天心，必有一謙四益之報。增加數字，未必發揚光輝，而反累二十年昭升之美。又入今歲以來，頗有災異，日食地震，雨雷大雪，飛蝗涌水，傷害廣遠。以理論之，陛下寅畏天命，正當深自抑損，豈可於此時加上尊號？昔伊尹戒商王曰：『有言逆於汝心，必求諸道；有言遜於汝志，必求諸非道。』誠望陛下求諸道而已。」章凡四上。天子得公奏，顧侍臣曰：「我意本謂當如此。」遂斷章表不受。於是忤時相（《長編》言奏三疏，《行狀》言章凡四上，不知孰是）。

七月，上《論京師刑獄當委糾察司澄審狀》、《論糾察司劄子》。

《長編》卷一九〇：庚申……裴卸營卒桑達數十人酗酒鬭呼，指斥乘輿，有司不之覺，皇城使以旨捕送開封府推鞫，案成，棄達市。糾察刑獄劉敞移府問所以不經審訊之由，府報曰：「近例凡聖旨、中書門下、樞密院所鞫獄，皆不慮問。」敞曰：「此豈可行耶？」遂奏請自今一準定格。樞密使以開封府有例，不復論可否進呈，報敞不行，敞爭之。

《行狀》：裴卸營卒桑達等數十人酗酒鬭呼，指斥乘輿，有司不之覺，皇城使以旨捕送開封府推鞫。案成，棄達市。公移府問所以不經審訊之由，府報曰：「近例，凡聖旨、中書門下、樞密院所鞫獄，皆不慮問。」公曰：「此豈可行耶！」遂奏請自今一準定格。樞密使以開封府有例，不復論可否進呈，報公不行。公爭之曰：「先帝仁聖欽恤，以京師刑獄最煩，故建糾察一司，證審眞僞。自邇以來，每有大辟，倍加精慎。此則先帝不敢兼於庶獄庶慎，惟有司之任。今乃曲忤聖旨，中書門下、樞密院所鞫公事，不復審察，未見所以尊朝廷愼刑罰，而適足啓府縣弛慢獄卒，侵侮罪人，銜冤不得告訴之弊。又朝廷舊法，不許用例破條。今顧於刑獄極慎，人命至重之際，而廢條用例，此臣所不喻也。」天子乃以公章下開封府，著爲令。

八月甲戌，上《論郭后不當祔廟疏》，張洞上疏駁之，劉敞又上《再論郭后不當祔廟兼駁張洞疏》（《歷代名臣奏議》卷一九）。

《行狀》：初，郭后既以廢薨，天子加恩，追復其號，而不許謚與祔廟，且二十餘年。至是禮官乃倡議，請依禮祔郭后於廟，朝議將許之。公疏爭曰：「昔春秋之義，夫人不薨於寢，不赴於同盟，不反哭於廟，不言夫人，不稱小君。徒以禮不足，故名號闕然。郭后之廢，雖云無大罪，然亦既廢矣。及其追復也，許其號而不許其禮，且二十餘年。今一旦欲治以嫡后之儀，致之於廟，恐其未安於春秋也。春秋之夫人，於彼三者一不備，則不正其稱。而郭后於三者無一焉，而欲正其禮，恐其未安於義也。且《傳》曰：『不有廢也，君何以興？』廢興之間，固必有正不正之禮存焉。今欲扶所廢以爲正，必將抑所興以爲不正。古者不二嫡，萬世之後，宗廟之禮，豈臣子所當擅輕重哉？謹案景祐詔書，本不許郭氏祔廟，議已決矣，無爲復紛紛以亂大禮，宜令諸儒極其論難。」有詔並張洞奏狀重議。洞論景祐詔書，以謂追復郭后，是人主意。停止廟謚，則執政所爲。公以議不同，不連章。已而丞相召太常趣定議，將以祫前升祔。公聞之，又上奏曰：「臣觀洞之言，乃是曼辭飾說，苟蔽前失。以追復郭后則出於天子，以停止廟謚則出於大臣。共一詔書也，而論之異同。若不幸而此言傳於後，且歸過君父，虧損聖德，此其一也。且臣前奏最要切者，以爲廢興不兩立，而人君無二嫡，備萬世之後，禮分不明也。洞既不以此爲辭，若不幸朝廷過聽之，是雖自以能訐上起廢爲功，而猶且陰逼母后，妄瀆正禮，此其二也。願并下臣章，令兩制詳議。」有詔是公，議者乃止。

八月癸未，上《論龍昌期學術乖僻疏》（本集卷三二）。

《長編》卷一九〇：癸未，賜殿中丞致仕龍昌期五品服、絹百匹。……翰林學士歐陽修、知制誥劉敞等劾昌期異端害道，當伏少正卯之誅，不宜推奬。同知通進銀臺司兼門下封駁事何郯亦封還詔書。乃追奪昌期所賜，遣歸。

《行狀》：蜀人龍昌期者，著書傳經，以詭僻炫衆，至詆毁周公，雜用佛說。擁弟子十數人至都，文丞相薦諸朝，以所著書示兩制。公與同列並奏昌期非聖不經，請下益州毁棄板本。事未行而昌期用薦賜五品服，帛百匹，中外疑駭。公拜疏曰：「臣按昌期之書，違古畔道，所謂言僞而辨，學非而博，是王制之不聽而誅者也。陛下哀其衰老，未使服少正卯之刑，則幸矣，又何賞焉？昔孔子作《孝經》，非聖人者無法，而朝廷顧多昌期之毀周公，臣所不曉也。且陛下使臣等議之，臣等不敢不盡忠。今置臣等之言而不用，縱昌期之妄而不誅，乃反褒以命服，厚以重幣，是非貿亂，沮勸顚倒，使迷國之計行於側，而非聖人之俗倡於下，臣竊爲陛下不取也。伏乞追還詔書，毋使有識之士窺朝廷淺深。」詞極切直，昌期亦惶懼不敢受賜。

與孫抃、胡宿等上《論孝惠四后祫祭合食疏》（《長編》卷一九〇）。

《行狀》：於是祫祭有日，禮官建白，請以孝章皇后以下四主享於別廟，不升合食。上重其事，有詔兩制集議。公與胡宿等共上議曰：「案《春秋》傳曰：『大祫，未毀廟之主皆升，合食於太祖。』國朝事宗廟，且百有餘年，至祫之日，別廟后主，皆升合食，遵用以爲典制。此皆祖宗制節，垂法以貽子孫者也，未易輕改。且行之已久，祝嘏宗史，既守以爲常，一旦輕議損益，恐神靈不安，亦未必當先帝意也。《傳》曰『祭從先祖』，如其故便。」公以論列未盡，又特上奏曰：「九經所載祫祭制度，最明備者莫如《春秋公羊傳》。自漢以下，皆引爲證。所謂未毀廟者，豈有帝后之限哉？此乃國朝所以依緣循守，行之且百年者也。命群臣不務推原春秋之法，而獨引後儒疑近之說，不務講求本朝之故，而專倡異代難通之制，不務將順主上廣孝之心，而輕議宗廟久行之儀，欲擯隔四后，使億萬斯年，永不得合食於先帝，臣竊恨之。昔貢禹議罷園廟，匡衡議遷郊兆，群臣和之者非一，自以爲周公、孔子復生，不可得變。元帝、成帝信之，然而通人未以爲當。既而皆悔之，則無及矣。夫宗廟之禮，神明之位，豈可使舉措數有後悔哉？此自陛下所當留聖思也。」初，上春秋高，朝議或有恐上勞拜起者，而禮官承旨，遂造此議。上微聞之，又得公章，謂近臣曰：「朕初謂禮當然，苟以拜起爲煩，吾猶能之，何憚也？」遂手詔罷議。

九月，撰《呂溱落職分司制》（《宋大詔令集》卷二〇五）。

《長編》卷一九〇：（九月）癸丑，翰林侍讀學士、禮部郎中、知和州呂溱落職，分司西京。溱既奪兩官，降知和州，李參等猶窮治溱在眞定事，收捕指使張宗惠自殺。參等因言溱與宗惠共爲姦利，前貶太輕。權御史中丞韓絳及知諫院唐介等又交論不已。翰林學士歐陽修等言溱所犯法重情輕，宜在未減。絳曰：「兩制有罪，兩制營救，則天下之法屈於貴者矣。」臺諫遂幷劾修等。執政憐溱以忤監司意抵峻法，卒從輕坐。知制誥劉敞草溱謫辭，有「簡直好節，推誠不疑」等語。臺諫又引胡旦、李昌齡故事，乞加敞罪。不報。

《行狀》：初，翰林侍讀學士呂溱自眞定府召還，監司積與溱不平，捕溱親吏，按驗窮治，得溱嘗借官麴作酒，及以私貨往河東交易二罪。溱先謫知舒州，而後獄具。大理寺約法，溱乃未嘗受推，法不當蔽罪。自溱事起，外議紛紛，言溱有死罪十。獨天子素知溱薄過，不致於理，奪溱侍讀，分司南京而已。公行制書，具道上所以待溱意，許溱自新。上恩如此，詔詞理當爾，非有所左右也。

而自中丞、知雜、諫官、御史，爭上言溱罪大責輕，公制詞不直。天子察公無過，以其章示公。既而言溱者終不息，上厭甚，不得已爲不用赦，再削一官。他舍人命詞，與公無異，言者乃止。

十月，上《論景靈宮不當建郭后影殿疏》（本集卷三二）。

仁宗親祫祭太廟，禮畢，劉敞加恩上騎都尉，進封開國子。

是月，爲舅王沖撰《尚書屯田郎中提舉兗州仙源縣景靈宮王公墓誌銘》（本集卷五三）。又作《翰林學士吳君前夫人趙氏墓誌銘》（本集卷五三）。

十一月，與范鎮同看詳諸州編配罪人（《長編》卷一九〇）。

十二月，上《論讓官疏》（本集卷三三）。

《長編》卷一九〇：丁亥，……宰相富弼自祫享禮成，以母老累章求退，上不許，一封仍斷來章。弼又上劄子，一留中，一封還。又稱疾卧家。上遣中使召出之，乃復視事。……敞以爲此皆挾僞求名，要上迷衆，其漸不可長，乃奏此疏。

《行狀》：是時士大夫稍矜虚名，每得官輒讓，衆亦予其恬退之稱。讓不失始利，而得名益高。讓端無窮，或四五讓，至七八讓，天子嘗優容之。下至布衣福州陳烈等，初除吏亦讓，賜之粟帛亦讓。公以爲此皆挾僞求名，要上迷衆，其漸不可長。乃建言諸讓官，或一讓，或再讓，或不得讓，宜一以故事舊典爲準，以防未亂。

《讓箴》序：「資政富公始讓樞密直學士，又讓翰林學士，又讓樞密副使。凡三讓，所讓益尊，所守益堅，粲然有古

人之遺風。故作《讓箴》，以矯世厲俗云。」（本集卷四九）

是年，上《論孟陽河公事劄子》（本集卷三一）。

《行狀》：楊佐判都水監，請鑿京北孟陽河，盛冬興役，死者數百人。又壞民廬舍，發掘丘墓，百五十餘所，而河訖不成。百姓遮宰相自訴，執政乃收檢計工役官匠屬吏，囚呼冤不承，獄久不決。公奏理之曰：「佐始相度此河，使生者勞斂，死者暴露，百姓怨痛，謗議沸騰，皆佐爲之。今置佐不問，而專罪餘人，不合人情。」求以佐爲首。會有詔疏獄，一概解縱不問。

御史吳中復薦鄭叔熊，敞譏之，被讒。

《行狀》：御史吳中復嘗薦文學鄭叔熊於朝。故事，御史薦士，無特授官者。前數年，觀文殿學士王公舉正嘗薦叔熊，既不行矣。已而執政以中復故，乃更追用舉正前章，除叔熊以官。叔熊實以醫自名，爲中復治嬖妾有功，中復故稱之。公刺譏中復，中復聞之，恨甚，又憾前詆欺不遂。而公潔廉無私，無可加誣者。公前議郭后廟，有語云：「上之廢郭后，慮在宗廟社稷之際，不得不然耳。」中復即深文排詆，析言搆語，云此欲開導人主廢后，是許敬宗之倫。中復既唱其端，隨者翕然。執政諸公雖知其不直，然亦惡公數正言異己，欲因事擠之。以御史章上，將開陳其端緒，冀人主意動，則擬之矣。而上輒曰：「此豈可行？」敕封去之。每上輒然，至十餘章。後日有御史復上殿，上逆謂之曰：「是又將言劉某耶？」此御史實自欲言他事，皇懼甚，退更相告言。諫官、御史，本亦承望上旨，雖數妄作，不能不反顧己患，既揣知上意，即噤齘不復言。當是時，非人主素知公，公幾不免。

上《論睦親宅不當建神御殿疏》（本集卷三二）、《論災變宜使儒臣據經義以言疏》（本集卷三二）。

是年作《出城》一詩。自序曰：「東積水如江湖，壞田甚多。居民捕魚、種蓮芡自給，從丙申已來四年矣。」又作《雜咏》（本集卷九）一詩，有「今年四十一，發白牙齒脱」之句。

嘉祐五年庚子，四十二歲。

正月，刁約知越州，敞作《送刁越州》，有「笑持符印下瀛州，眞得千巖萬壑游」（本集卷二四）。

《北宋經撫年表》卷四：正月，刁約知越州。

三月丁巳，上《論茶法疏》（《歷代名臣奏議》卷二六四）。

《長編》卷一九一：丁巳，詔書既弛茶禁，論者猶謂朝廷志於便人，欲省刑罰，其意良善，然茶戶困於輸錢而商賈利薄，販鬻者少，州縣征稅日蹙，經費不充。知制誥劉敞、翰林學士歐陽修頗論其事。

是年四月，梅堯臣卒，有《同永叔哭聖俞》（本集卷一八）。

歐陽修作梅堯臣《墓誌銘》云：「嘉祐五年，京師大疫。四月乙亥，聖俞得疾，卧城東汴陽坊。明日，朝之賢士大夫往問疾者，騶呼屬路不絶。城東之人，市者廢，行者不得往來，咸驚顧相語曰：『兹坊所居大人誰耶？何致客之多也！』居八日癸未，聖俞卒。」此詩當作於四月或之後。有《聖俞挽詞》（本集卷二二）。自注：「聖俞預修《唐書》，書成未上而亡。議者欲請於朝，賜一子官，以追寵之。」據宋敏求《春明退朝錄》云：「（慶曆）五年夏，命四判館、二修撰刊修，……將卒業而梅聖俞入局，修《方鎮百官表》。嘉祐五年六月成書，……聖俞先一月餘卒，詔官其一子。」此挽詞作於《唐書》修成之後，即六月或六月以後。

五月，好友江休復卒，有《鄰幾挽詞二首》（本集卷二二）、《祭江休復文》（本集卷五〇）。

歐陽修《江鄰幾墓誌銘》：「君以嘉祐五年四月乙亥以疾終於京師，即以其年六月庚申葬於某所，君享年五十有六。」（《歐陽文忠公集》卷三三）

七月，題自書《秋水》篇，其文曰：「每讀《南華》，至《秋水》篇，輒三復不能已。因得聖從所遺蜀烏絲欄自書之，至『夔憐蚿』以下不錄，聊取所賞適云。嘉祐庚子秋七月廿九日劉敞原父題。」（《清河書畫舫》卷七）

是月，爲杜惟則作墓誌銘（本集卷五三《故尚書虞部員外郎分司南京贈光禄卿杜君墓誌銘》）。

九月，除翰林侍讀學士、知永興軍。上《謝加學士表》（本集卷三四）。

《長編》卷一九二：九月丁亥朔。翰林學士歐陽修兼侍讀學士。起居舍人、知制誥劉敞爲翰林侍讀學士、知永興軍。初，臺諫劾敞行呂溱責官制詞不直，又前議郭后祔廟，嘗云上之廢后，慮在宗廟社稷，不得不然，是欲道人主廢后也。章十數上，敞不自安。會永興闕守，遂請行。詔從之。

歐陽修《墓誌銘》：公既驟屈廷臣之議，議者已多仄目，既而又論呂溱過輕而責重，與臺諫異，由是言事者亟攻之。公知不容于時矣，會永興闕守，因自請行，即拜翰林侍讀學士、充永興軍路安撫使、兼知永興軍府事。

《行狀》：公在西垣七年，詔誥典重，褒貶有體，不可增損一字。爲上尊號表，時凡五請一謝，不移時即具。又嘗一日有詔，追封皇子公主九人，宰相得旨，即日待進，公將上馬，遂不解帶，援筆書之，凡數千言，詞意皆不同，吏謄白不暇。往反才食頃，執政皆驚視，以爲所未嘗見。吏有竊言曰：「公乃以此見忌耳。」故事，舍人遷翰林者，皆以久次。執政不欲公在內，每有闕，輒置不用。會永興軍闕守，公自請治之。執政喜公之去，疏奏，即除翰林侍讀學士、知永興軍府事。公謝曰：「臣本求永興，不望侍讀，不敢受。」詔不許。既行六日，學士闕，遂越用范鎮，衆人爲公惘然。……公前後拜官，未嘗輒讓，唯初拜侍讀及除諫議辭之。其誠心以謂所不宜處，則不欲苟受之，非以邀名也。

十月，爲皇室作十一篇墓誌銘（本集卷五三）和十四篇石記（本集卷五四）。

將赴揚州，上《論邊臣劄子》、《論張茂實劄子》（本集卷三一）。

《行狀》：公之辭行，面陳用將之術，且言：「頃來邊吏頗以飲食傭役得罪，即今武吏，多不願臨邊。如孫沔、呂溱，貴重有功名，猶以此見廢，設復有孟舒、魏尚之徒，臣固知議者之不能容。此乃馮唐所以疑漢文帝不能用頗、牧也。臣願陛下容邊臣，闊略細過，無督以微法。」又言：「馬軍都指揮使張茂實，本周王乳母子，嘗養宮中，往年市人以狂言動茂實，近者御史中丞韓絳，又以傾宰相，重搖人心。臣謂要令兩善，莫若解茂實兵權，處以外郡，於茂實不失富貴，而朝廷得遠嫌疑。」上皆然之，是後邊將遂無以酒食坐者，茂實頃之（嘉祐六年五月己亥，《長編》卷一九三），亦出知曹州。

十二月，到永興任。上《論孫琳打量均稅事奏》（《長編》卷一九二）。作《永興到任謝鄰路啓》（本集卷四五）與《永興到任謝宋承旨啓》（本集卷四三）。

《行狀》：公以十二月至雍部。先是關中比歲不登，百姓流移，長安尤甚。公開倉廩，賑乏絕，寬賦斂，止逋責，省徭役，緩期會，約束豪右，毋敢固糴。民苦大錢數變法疑惑，公使官吏俸錢，一皆中給，民因知官不復變法矣。事必當請者，請而行之，其餘則皆以便宜厝置。視事三日，大雪盈尺。雍人喜曰：「此公賜我。」數月，流民稍自歸。明年大豐熟。是時，朝廷遣使均田，欲以等貧富，以致頌聲。上因公之西，敕至部徐訪利害以聞。於是孫琳主均河中府及耀州，召聚吏民，暴露田間。百姓相傳縣官且增賦稅，所在斫伐桑柘，關中囂然。公遽上言：「方今災傷流移，恐未可以均田。願且召還孫琳，別俟豐歲，以安民心。」

《長編》卷一九二：先是知永興劉敞朝辭

日言「關中歲比不登，民多流移，請發倉賑之」，又言均田擾民。上令於所部徐訪利害以聞。及敞至永興（原注：敞以九月丁亥朔除侍讀、知永興，十二月初始到任，今附此），具奏孫琳在河中府用方田法打量均稅。

王素自成都遷知開封，過長安，敞作《京尹仲議侍讀自成都赴闕將過長安先寄》（本集卷二三）。

《北宋經撫年表》卷五：「嘉祐四年王素知成都，五年十二月，呂公弼代王素。」十二月，敞已到永興任，此詩當作於十二月。

嘉祐六年辛丑，四十三歲。

在永興任。

三月，次子劉奉世中王俊民榜進士。

是年，伯父劉立言卒，有《伯父挽詞》（本集卷二三）。

爲張沔作墓誌銘（本集卷五三《故朝散大夫尚書刑部郎中致仕上柱國賜紫金魚袋張公墓誌銘》）。

嘉祐七年壬寅，四十四歲。

在永興任。

四月，遷禮部郎中。

九月，大饗明堂，進封彭城郡開國侯。

《行狀》：公與歐陽公永叔相厚，及歐陽參知政事，嘗爲丞相韓公言公所爲，不如謗者之言也。久之，韓公謝曰：「雖失之東隅，可以收之桑榆乎？」歐陽曰：「公能如是，大善。」將還公爲翰林學士，會上不豫，事且寢。

嘉祐八年癸卯，四十五歲。

三月辛未，仁宗崩。作《挽仁宗皇帝歌四首》（本集卷二二）。

四月，英宗即位，進吏部郎中。八月，召赴闕，勾當三班院，徙判太常寺，兼禮儀事。

《行狀》：公在雍三年，治聲四出，巴蜀人皆願得公爲守，引領冀望，或相與至界上，問使客劉公何時來。是年，公以疾自請。八月，召赴闕，勾當三班院、徙判太常寺、兼禮儀事。

爲英宗進讀《史記》。

《行狀》：上初即位，有疾，皇太后嘗臨朝。上疾愈，乃歸政，適有小人言二宮不歡，諫者或訐而過直。公以謂當以義理從容感諷，不可以口舌爭也。是時方進讀《史記》，至堯授舜以天下。公因陳前說，曰：「舜至側微也，堯越四岳，禪之以位，天地享之，百姓戴之，非有他道，惟其孝友之德，光於上下。何謂孝友？善父母爲孝，善兄弟爲友。」辭氣明暢，上竦體改容，知其以諷諫也。左右屬聽者，無不嗟喜動色，即日傳其語於外。既退，王翰林謂公曰：「公直言至此乎？」慈壽聞之，亦大喜。

歐陽修《墓誌銘》：及侍英宗講讀，不專章句解詁，而指事據經因以諷諫，每見聽納，故尤奇其材。

《自陝到闕感而成咏》（本集卷二三），有「茂陵病久迷朝序，宣室人疏懾帝暉」句，而《行狀》「公以疾自請」，此詩當作於是年赴闕時。

《病中口占七言奉送前成都尹呂寶臣龍圖還朝》（本集卷二五），有「開遠故城長樂坡，三年重此送君過」句，按呂公弼嘉祐五年十二月知成都府，八年召還，時間爲三年，敞知永興的時間與之差不多，故敞在永興兩送呂公弼。

是年弟劉放調河陰縣主簿。

劉攽《季弟青溪縣丞某丞墓誌銘》：「年二十二，調河陰縣主簿。」劉放生於慶曆二年，下推二十二年，即爲是年。

英宗治平元年甲辰，四十六歲。

四月，敞得驚眩疾，求便郡養疾。

《行狀》：治平元年四月，公得驚眩疾，數月不朝，告且滿百日，公求便郡養疾。上謂執政曰：「劉某器識才學，朝廷未見其比者，雖病，固當留。」乃復賜告。嘗一日講畢，上謂學士諸公曰：「曾見劉某否，病今何如？可往省之。」於是，王、范兩學士來見公，道上語。會內苑橙實初熟，上使中貴人以五十枚賜公，面問公起居，所以慰撫甚厚。公拜表謝，而病亦少間，因自陳家貧，復求補外，上愴然許之。

九月，除知衛州，改汝州。

《行狀》：九月，除知衛州，換汝州。郡久廢不治，公召曹吏謂曰：「吾以病來此，汝無以吾病故，習前態。謾欺分毫，黥罰汝。」吏人素聞威名，戰栗不敢犯。已而更以吏事委屬僚，時時更改判畫，舉大綱而已。其所以賑饑窮，省徭役，誅鋤黠惡，方略如舊。吏皆竊言：「公病猶爾，況不病耶！」

《長編》卷二〇二：九月辛巳……翰林學士劉敞以疾告，滿百日，求便郡。上謂執政曰：「如劉敞，豈易得也。」復賜告。每燕見諸學士，問敞疾少間否，賜以新橙。慰撫甚厚。癸未，命敞知衛州，未行，改汝州。三司言敞再得告例，不當給俸。詔令特給。

劉跂《暇日記》：劉原父晚年病，不復識字。日月兒女，皆不能認。人言永興中多發冢墓求古物致此。

葉夢得《避暑錄話》卷上：忽記劉原甫詩云：「涼風響高樹，清露墜明河。雖復夏夜短，已覺秋氣多。」若爲余言者。……然詩末云「艷膚麗華燭，皓齒揚清歌。臨觴不作意，奈此粲者何」，則與吾異。此詩當是在長安時作，恨此一病未除也。

《侯鯖錄》卷八：劉原父晚守長安，眷官妓蔡嬌，所謂添酥者也。其召還，作詩別之曰：「玳筵銀燭徹宵明，白玉佳人唱渭城。更盡一杯須起舞，關河秋月不勝情。」（《永樂大典》卷二四〇五載此詩，詩名為《贈別長安妓蔡嬌》）

吳曾《能改齋漫錄》卷一一：「涼風響高樹，清露墜明河。誰謂夏夜短，已覺秋意多，艷膚麗華燭，皓齒揚清歌。臨觴不作意，奈此粲者何？」翰林侍讀學士劉敞原父，在永興軍所作詩也。葉少蘊《避暑錄話》嘗載之，且云：「恨原父此病未除也。」予後讀國史原父本傳載：「原父在永興，惑官妓，得驚瞀病。」乃知前詩故不徒作也。

英宗治平二年乙巳，四十七歲。

在汝州。

十一月，上郊，進封開國公。

英宗治平三年丙午，四十八歲。

在汝州。

四月，遷右諫議大夫。不久，召還闕。

《行狀》：三年四月，遷右諫議大夫。公謝曰：「臣久病苟祿，已無愧恥，誠不敢復望遷秩，重招譏議。」詔不許。公前後拜官，未嘗輒讓，唯初拜侍讀及除諫議辭之。其誠心以謂所不宜處，則不欲苟受之，非以邀名也。居無何，召還闕。

十一月，改集賢院學士、權判南京留司御史臺。

《行狀》：公自陳病篤，不能朝，願罷學士，治南臺，許焉。

英宗治平四年丁未，四十九歲。

正月，英宗崩，神宗嗣位，改給事中。

神宗熙寧元年戊申，五十歲。

四月八日，薨於位。享年五十。

《行狀》：明年四月八日，薨於位，享年五十。所著《春秋傳》十五卷、《春秋權衡》十七卷、《春秋説例》二卷、《春秋文權》二卷、《春秋意林》五卷、《弟子記》五卷、《七經小傳》五卷，皆成書。《易外傳》二十卷、《元滋》九篇、《通古》五卷、《古風》五卷，皆未就。文集若干卷。公學問廣博，無書不通，自浮屠老子，以及山經、地志、陰陽、卜筮、醫藥、天文，略皆究知大略，求其意義合於聖人者。……及病累年，嘗使子弟誦書其側，時閲古器以自適。嘗歎曰：「我所著書，皆聖人微旨，而不及盡有成，豈非天哉！……公兩娶武威倫氏，皆侍御史贈某官程之女。前夫人先公十七年卒。繼以女妹，累封河南郡君。子男四人：長定國，郊社掌座，早死。次奉世，進士及第，大理寺丞。次當時，大理評事。少子安上，太常寺太祝。女子三人，長嫁大理評事韓宗直，二尙幼。

橫渠先生年譜

（清）歸曾祁　編

吴洪澤校點

孔教會雜志第一卷第六號

張載（一〇二〇—一〇七七），字子厚，先世大梁（今河南開封）人，徙鳳翔郿縣（今陝西眉縣）横渠鎮。嘉祐二年進士，爲祁州司法參軍，調丹州雲巖縣令，遷著作佐郎、簽書渭州軍事判官公事。熙寧二年，召對，除崇文院校書。次年移疾。十年春，復召還館，同知太常禮院。謁告西歸，行次臨潼，卒于館舍，年五十八。

張載是北宋著名的理學家，爲關學學派宗師，人稱横渠先生。其學推尊孔孟，闡揚儒學傳統，爲宋代理學創始人之一。其《西銘》、《正蒙》等對後世頗具影響。著有《崇文集》十卷、《正蒙書》十卷、《經學理窟》一卷、《西銘集解》一卷，久已散佚。明萬曆中沈自彰始輯其遺文編爲《張子全書》十五卷，中華書局一九八七年出版有章錫琛點校本《張載集》。事跡見吕大臨《横渠先生行狀》（《張子全書》卷一五附）、《宋史》卷四二七本傳。

清武澄編有《張子年譜》一卷，附録於道光二十二年刻本《張子全書》。今人陳正榮編有《張載譜略》，收入《張載傳記資料》（一）（臺北天一出版社一九八一年）。本書所收年譜爲清歸曾祁撰，成於宣統年間，較簡略。今據一九一三年《孔教會雜志》所載年譜點校，惟此譜以事繫年，無事之年則闕之，而民國間四惜堂排印本則無事之年亦紀年歲。

橫渠先生年譜

常熟歸曾祁小宋譔集

先生諱載，字子厚，世大梁人。曾祖某，生唐末，歷五代不仕，以子貴，贈禮部侍郎。祖復，仕眞宗朝爲給事中、集賢院學士，贈司空。父迪，仕仁宗朝，終于殿中丞、知涪州事，今四川重慶府涪州。贈尙書都官郎中。涪州卒于西官，諸孤皆幼，不克歸，僑寓于鳳翔郿縣今陝西鳳翔府郿縣。橫渠鎮之南大振谷口，因徙而家焉。

先生娶南陽郭氏，有子曰因。呂氏大臨《張子行狀》。

曾祁案：《郿縣志》，張氏宗子在郿世系，一世迪，二世載、戩，三世因，四世炎，五世彔，六世晉，晉自郿徙郿，復邑於灤，遂爲灤人。

張子名載，字子厚，其先宋人，世居大梁。父迪，仕仁宗朝，終于殿中丞、知涪州事，贈尙書都官郎中。涪州卒，諸孤皆幼，不克歸，僑居于鳳翔郿縣橫渠鎮之南大振谷口，因家焉。朱子《伊洛淵源録》。

載學古力行，爲關中士人宗師，世稱橫渠先生。著《正蒙》、《東西銘》行于世。朱子《綱目》。

載學古力行，爲關中士人宗師，世稱爲橫渠先生。著書號《正蒙》，又作《西銘》。《宋史》四百二十七本傳。

宋眞宗天禧四年庚申，一歲。

曾祁案：朱子《伊洛淵源錄》，先生生于眞宗天禧四年庚申之歲，僅知生年月日，時無可考。吳氏榮光《歷代名人年譜》張子厚一作生于天聖九年辛未，年四十七。此係先生之弟戩，非先生也。且戩生于天聖八年，亦非九年，詳下。

乾興八年庚午，十一歲。

先生弟戩字天祺生。

曾祁案：《張子全書·弟戩壙志》，卒於熙寧九年，年四十七，則生于是年也。

康定元年庚辰，二十一歲。

先生上書謁范文正公。公勸之讀《中庸》。

曾祁案：先生年二十一，謁范文正公。呂氏《張子行狀》：康定用兵，時先生年十八，慨然以功名自許，上書謁范文正公。葉氏《分類近思錄集解》及《文正年譜》引行狀，作年十八。孫氏《理學宗傳》、劉氏《理學宗傳辨正》、黃氏全氏《宋元學案》、《祁州志》均作年十八。朱子《伊洛淵源錄》：「先生生于眞宗天禧四年庚申之歲，仁宗康定元年庚辰，年二十，嘗以書謁范文正公。」《綱目》亦作年二十。《宋史》本傳：「年二十一歲，以書謁范文正公。」熊氏《學統》：「先生年十八，慨然以功名自許，欲結客取洮西之地。年二十一，上書謁范文正公。」《鳳翔府志·人物》亦作年二十一。《行狀》、《淵源錄》、《綱目》皆誤。以生年甲子考之，庚申至庚辰，正二十一年，《宋史》、《學統》、《府志》是也。《學統》于先生年十八上云「當康定用兵時」，則又非也。茅氏星來《近思錄集註》首列《淵源錄》，與下原列《行狀》一作二十，一作十八，未深攷也。江氏永《近思錄集註》同。

慶曆二年壬午，二十三歲。

著《慶州大順城記》。

曾祁案：《記》：「慶曆二年某月日，經略元帥范公仲淹鎮役總若干，建城於柔遠塞東北四十里故大順川。越某月日城成，汴人張載謹次其事，爲之文，以記其功。」

嘉祐元年丙申，三十七歲。

先生初至京師。

曾祁案：呂氏《行狀》：嘉祐初，見洛陽程伯淳、正叔昆弟于京師，共語道學之要。先生渙然自信曰：「吾道自足，何事旁求？」乃盡棄異學，淳如也。《二程外書》：橫渠昔在京師，坐虎皮，說《周易》，聽從甚衆。一夕，二程先生至，論《易》。次日，橫渠撤去虎皮，曰：「吾平日爲諸公說者皆亂道。有二程近到，深明《易》道，吾所弗及，汝輩可師之。」原注：逐日虎皮出，是日更不出虎皮也。橫渠乃歸陝西。朱子《張子像贊》：勇撤皐比，一變至道。熊氏《學統》引廣平游氏曰：「子厚少時，自喜其才，故從之游者多能道邊事。既而得聞先生明道論議，乃歸謝其徒，盡棄其舊學，以從事于道。其視先生，雖外兄弟之子，而虛心求益之意懇懇如不及。逮先生之官，猶以書抵扈，以定性未能不動致問，先生爲破其疑，使內外動靜道通爲一，讀其書可攷而知也。」孫氏《理學宗傳》：嘉祐初至京師。

二年丁酉，三十八歲。

先生成進士，授祁州司法參軍，遷雲巖令。

曾祁案：呂氏《行狀》：嘉祐二年登進士第，始仕祁州今直隸保定府祁州。司法參軍，遷丹州雲巖縣令。今陝西延安府宜川縣。又其在雲巖，大抵以敦本善俗爲先，每以月吉具酒食，召鄉人高年會于縣庭，親爲勸酬，使人知養老事長之義。因問民疾苦，及告以訓誡子弟之意。有所告教，常患文檄之出，不能盡達于民，每召鄉長于庭，諄諄口諭，使往告其里閭間。有民因事至庭，或行遇于道，必問某時命某告某事聞否，聞已，否則罪其受命者。故一言之出，雖愚夫孺子無不預聞。

李氏燾《續資治通鑑長編》：嘉祐二年，賜進士章衡等及第出身，共三百八十八人。《鳳翔府志·選舉》：嘉祐二年，章衡榜登進士第。《陝西通志》同。

神宗熙寧元年戊申，四十九歲。

遷著作佐郎，簽書渭州軍事判官。著《與蔡帥邊事畫一》、《（經）〔涇〕原路經略司論邊事狀》、《經略司畫一》。

曾祁案：先生遷著作佐郎，簽書渭州今甘肅平涼府平涼縣。軍事判官。渭帥蔡子正特所尊禮，軍府之事，大小咨之。先生夙夜從事，所以贊助之力爲多。《理學宗傳》、《宗傳辨正》、《理學學統》。

二年己酉，五十歲。

先生爲崇文院校書。

曾祁案：吳氏《歷代名人年譜》，此條列在冬十二月，非。

弟戩爲監察御史裏行。呂氏《張戩行狀》、《宋史》。

閏十一月，先生案獄浙東。

曾祁案：《明道文集·論遣張載按獄》注熙寧二年閏十一月上，時爲監察御史裏行。

曾祁案：呂氏《行狀》：熙寧二年，被召入對，除崇文院校書。又既命校書崇文，先生辭未得謝，復命案獄浙東。或有爲之言曰：「張載以道德進，不宜使之治獄。」執政曰：「淑問如皋陶猶且讞囚，此庸何傷？」

《宋史》：熙寧初，御史中丞呂公著言其有古學。神宗方一新百度，思得才哲士謀之，召見問治道，對曰：「爲政不法三代者，終苟道也。」帝悅，以爲崇文院校書。他日見王安石，安石問以新政，載曰：「公與人爲善，則人以善歸公；如教玉人琢玉，則宜有不受命者矣。」明州今浙江寧波府。苗振獄起，往治之，末殺其罪。

劉氏《理學宗傳辨正》：以呂公著薦，被召入對，除崇文院校書。辭未得遂，命按獄浙東。明道程子爭之曰：「載以經術德義進，而使之按獄，非朝廷所以待賢之意也。」安石曰：「淑問如皋陶猶讞囚，此何傷？」命竟下，實疏之也。

三年庚戌，五十一歲。

先生移疾歸橫渠。

曾祁案：《行狀》於二年下云「明年移疾」，則是年移疾歸也。又獄成還朝，會弟天祺以言得罪，《二程外書》、《邵氏聞見録》：伯淳先生嘗曰：「熙寧初，王介甫行新法，張天祺以御史面折介甫被責。」先生益不安，乃謁告西歸，居于橫渠，遂移疾不起。橫渠至僻陋，有田數百畝，以供歲計，約而不足。人不堪其憂，而先生處之益安。終日危坐一室，左右簡編，俯而讀，仰而思，有得則識之，或中夜起坐，取燭以書。其志道精思，未始須臾息，亦未嘗須臾忘也。

劉氏《理學宗傳辨正》：會先生弟戩與明

道同爲御史裏行，並以論新法得罪，同時補外。先生按獄還，明道等已出，乃謁告西歸，屛居終南山下。《郿縣志》引《通典》「郿有終南山」，又引《元和郡縣志》「山在郿縣南三十里」。斂衣疏食，危坐一室，俯而讀，仰而思，有得則識之，或中夜起，取燭以書。其志道精思，未嘗須臾息也。

又案張子《經學理窟》：《宋元學案》作《橫渠理窟》。「某既閑居橫渠，說此義理，自有橫渠，未嘗如此。」則《經學理窟》、《正蒙》等書，皆成于橫渠之時。《正蒙》見下。

四年辛亥，五十二歲。

居橫渠。

五年壬子，五十三歲。

居橫渠。

六年癸丑，五十四歲。

居橫渠。

七年甲寅，五十五歲。

居橫渠。

八年乙卯，五十六歲。

居橫渠。有《老大》詩一首云：「老大心思久退消，個中終日面岩嶢。六年無限詩書樂，一種難忘是本朝。」

曾祁案：先生詩不多作，集中祇十餘首。除《別館中諸公》一首外，大抵皆居橫渠時作，無年月可分錄。惟《老大》一首中有「六年」句，先生自居橫渠，至是正六年，當是是年作。

九年丙辰，五十七歲。

三月丙辰朔，弟戩暴疾卒，年四十七歲。張子《弟戩壙志》、呂氏《張戩行狀》、《宋史》、《宋元學案》。

曾祁案：《行狀》：「既冠，登進士第。」則戩登進士，當在皇祐時。而

《陝西通志》、《鳳翔府志·選舉》皆作寧宗慶元二年鄒應龍榜張戩登進士，豈別有一張戩耶？抑紀年之誤耶？劉氏長華《歷代同姓名錄》二張戩：一唐表清河文琮子，江州刺史；一宋道學載弟，字天祺，官監察御史裏行，知公安縣。今湖北荆州府公安縣。是則宋祇一張戩也。

秋，先生感異夢。

曾祁案：《行狀》：熙寧九年秋，先生感異夢，忽以書屬門人，乃集所立言，謂之《正蒙》。示門人曰：「此書予歷年致思所得，其言殆于前聖合，與大凡發端示人而已。其觸類廣之，則吾將有待于學者。正如老木之株，枝別固多，所少者潤澤華葉爾。」

《二程外書》：張橫渠著《正蒙》時，處處置筆硯，得意即書。伯淳云：「子厚卻如此不熟。」

朱子曰：「橫渠教人道，夜間自不合睡，只爲無可應接。他人皆睡了，己不得不睡。他做《正蒙》時，或夜裏默坐徹曉。他直是恁地勇，方做得。」

十年丁巳，五十八歲。

春，知太常禮院。冬十一月，再移病西歸。乙亥，卒于臨潼館舍。

曾祁案：《行狀》：十年春，復召還館，同知太常禮院。是年冬，謁告西歸。十有二月乙亥，行次臨潼，今陝西西安府臨潼縣。卒于館舍，享年五十有八。是月以其喪歸于家。卜以元豐元年八月癸酉葬于涪州墓南之兆。《郿縣志》：橫渠鎮在郿縣五十里，張子故宅及墓祠皆在焉。又歿之日，惟一甥在側，囊中索然。明日，門人之在長安者繼來奔哭之，賻襚始克斂，遂奉柩歸殯以葬。張氏舜民《乞追贈張載疏》：「熙寧末年，再至闕下，神宗方將任用，使行其所言，其疾再作，謁告西歸，死于道路。」孫氏《理學宗傳》、劉氏《理學宗傳辨正》、黄氏全氏《宋元學案》皆云「九年，以吕大防薦，召知太常禮院」。《辨正》又云：「冬十一月，至潼關，沐浴更衣而寢。比旦視之，則卒矣。」九年誤，十一月是也。李氏《長編》：十一月戊申朔，十二月丁丑朔。以戊申下推之，二十八日乙亥，二十九日丙子，十二月朔丁丑，乙亥日明在十一月也。且吳氏《歷代名人年譜》「十年十一月，同知太常禮院張載卒，年五十八」，亦作十年十一月。是則九年及十二月皆非也。

又案《邵氏聞見錄》：横渠再移疾西歸，過洛見二程先生，曰：「載病不起，尚可及長安也。」行至臨潼，沐俗更衣而寢。及旦視之，亡矣。門人衰絰挽車以葬。

《二程遺書》：張子厚罷太常禮院，歸關中，過洛而見程子。子曰：「比太常禮院所議，可得聞乎？」子厚曰：「大事皆爲禮房檢正所奪，所議惟小事爾。」子曰：「小事謂何？」子厚曰：「如定謚及龍女衣冠。」子曰：「龍女衣冠如何？」子厚曰：「當依夫人品秩。」蓋龍女本封善濟夫人，子曰：「某則不然。既曰龍，則不當被人衣冠。矧大河之塞，本上天降祐，宗廟之靈，朝廷之德，而吏士之勞也。龍何功之有？又聞龍有五十三廟，皆曰三娘子。一龍耶？五十三龍耶？一龍則不當有五十三廟，五十三龍則不應盡爲三娘子也。」子厚默然。又子厚言：「今日之往來俱無益，不如閑居，與學者講論，資養後生，卻成得事。」正叔言：「何必然！義當來則來，當往則往爾。」

《二程外書》：正叔謂子厚在禮院所定龍女衣冠，使封號夫人品秩爲準。正叔語其非，此事合理會。夫大河之塞，莫非上天降鑒之靈，官吏勤職，士卒效命。彼龍水獸也，何力焉？今最宜與他正人畜之分，不宜使畜產而用人之衣冠服。

又案：先生嘗以禮教人，此行本擬可以有爲。所以有吾是行也，不敢以疾辭，庶幾有遇焉之語。及議行冠婚喪祭之禮不決，正郊廟之禮而衆莫之助，鬱鬱以疾卒于館舍，惜哉！明道哭以詩曰：「（歎）〔歎〕息斯文約共修，如何夫子便長休。東山無復蒼生望，西土誰供後學求。千古聲名聯棣萼，二年零落去山丘。寢門慟哭知何限，豈獨交親念舊遊。」

又案《宋史》：寧宗嘉定十二年，賜謚明公。理宗淳祐元年，封郿伯，從祀孔子廟庭。

《宋元學案》：嘉定中，賜謚。淳祐初，追封郿伯，從祀學宮。原注：太常初擬曰達，衆論未叶。再擬曰誠，又擬曰明，俱未用。最後定謚曰獻。

《學統》：嘉定中，賜謚曰明。淳祐初，追封郿伯，從祀孔子廟庭。明嘉靖中，祀稱先儒張子。

《東華錄》：雍正二年，先生父迪從祀夫子廟，稱先儒張氏。

曾祁讀《西銘》，既以註說集録一編，名曰《西銘彙纂》，又將先生行狀及《宋史》本傳等，按年分注，成年譜一卷。惜事跡少而著述又無年月可稽，寥寥數紙，不足盡先生萬一，願有道者鑒正焉。宣統辛亥首夏，歸曾祁謹記于金陵小南强室。

蘇頌年表

顔中其 編

據《蘇魏公文集》附録校訂

蘇頌（一〇二〇—一一〇一），字子容，泉州同安（今福建厦門）人，後徙丹陽（今屬江蘇），蘇紳子。慶曆二年進士，歷知江寧縣，皇祐中爲南京留守推官，爲歐陽修所稱，除館閣校勘，同知太常禮院，出知潁州。英宗朝爲三司度支判官。神宗時擢知制誥，以拒草李定除監察御史裏行制，出知婺州，徙亳州、應天府、杭州。召修國史，進諫議大夫。元豐元年，權知開封府，出知濠州、滄州。召判尚書吏部、同詳定官制。元祐初遷吏部尚書兼侍讀，改翰林學士承旨。五年，拜尚書左丞。七年，拜尚書右僕射兼中書侍郎。八年，出知揚州。紹聖四年致仕。建中靖國元年卒，年八十二。

蘇頌博學洽聞，通陰陽星曆，自然科學方面的成就顯著，嘗奉詔校訂多種醫典，撰成《嘉祐補注神農本草》、《本草圖經》等醫學名著。還研制水運儀象臺以觀測天象，撰有《新儀象法要》，被李約瑟譽爲「中國古代和中世紀最偉大的博物學家和科學家」（《中國科學技術史》）。編有《華戎魯衛信録》二百五十卷，著有《蘇魏公文集》七十二卷。中華書局一九八八年出版顔中其校點《蘇魏公文集》。事迹見曾肇《贈司空蘇公墓誌銘》（《曲阜集》卷三）、《宋史》卷三四〇本傳。

本譜爲今人顔中其編，較簡明，原附於校點本《蘇魏公集》後。一九九一年，管學成、楊榮垓又編有《蘇頌簡明年譜》，收入《蘇頌與新儀象法研究》（吉林文史出版社）。

天禧三年己未

蘇氏舊譜牒自稱出帝高陽之後，昆吾之子封於蘇，子孫因以爲氏。蘇忿生在周爲司寇。其後蘇建、蘇武父子，蘇純、蘇章祖孫俱顯於漢。蘇章後十有三世，蘇綽、蘇威復顯於周隋。又三世，蘇環、蘇頲相唐，聲烈益大。蘇環世家武功（屬今陝西）。元和中，曾孫蘇奕卒於光州（州治在今河南光山）刺史，始家固始（屬今河南）。又四世孫蘇益隨王潮入閩，生光誨，仕閩爲漳州（州治在今福建漳浦）刺史，居泉州同安（今屬廈門市），遂爲同安人。

曾祖蘇佑圖，字良謀，光誨之子，官任漳州行軍大司馬，後遷御史大夫。贈司空、代國公。曾祖妣張氏，封代國太夫人。

祖蘇仲昌，爲佑圖長子，歷閤門祗候、左屯衛將軍，後任復州（州治在今湖北天門）太守。贈太子少師、太師、福國公。祖妣劉氏、翁氏，封隨國、徐國太夫人。

父蘇紳，字儀甫，初名慶民。

母陳氏，龍圖閣直學士陳從易之女。

是年，父二十一歲，中進士，授宜州（州治在今廣西宜山）推官。

天禧四年庚申，**一歲**。

蘇頌字子容，生於泉州同安蘆山堂故居。

父二十二歲，爲宜州軍事推官。

宋真宗天禧五年辛酉，**二歲**。

父二十三歲，爲宜州軍事推官。

乾興元年壬戌，**三歲**。

性警敏，甫能言，應對不類常兒。

父二十四歲，爲宜州軍事推官。

天聖元年癸亥，**四歲**。

父二十五歲，爲安州（州治在今湖北安陸）

軍事推官。

宋仁宗天聖二年甲子，五歲。

父口授《孝經》、古今詩賦，皆成誦。

父二十六歲，爲安州軍事推官。

天聖三年乙丑，六歲。

父二十七歲，爲安州軍事推官。

天聖四年丙寅，七歲。

與蔡濬沖、休文兄弟同筆硯，習文史。

父二十八歲，爲復州（治所在今湖北天門）軍事推官，改大理寺丞。

天聖五年丁卯，八歲。

父又令從諸父蘇繹教學，不數年而誦《五經》，習《爾雅》，知聲律。

父二十九歲，丁楚國太夫人喪，寓揚州。

知州盛度（公量）以文學自負，見紳文，驚服，自以爲不及，紳由是知名。

天聖六年戊辰，九歲。

父三十歲，寓揚州服太夫人喪。

天聖七年己巳，十歲。

父三十一歲，外除自揚州赴調。適值外祖龍圖陳公出守餘杭，以久別，邀母同行。子容遂獨侍父入都。

盛度在翰林，薦父於文館。子容爲寫裝進卷，及接待賓客。時盛仲模學士座中試子容以省題詩，即時賦成，尤見激賞。

天聖八年庚午，十一歲。

父三十二歲，在京待調官。

天聖九年辛未，十二歲。

父三十三歲，爲無錫（今屬江蘇）宰。

子容與華直溫、直清游，接硯席，初爲舉業，早暮不得息。日抄誦書，行詞賦歌詩雜文，如是者幾二年，因得通經術，知古今。

明道元年壬申，十三歲。

父三十四歲，爲無錫宰，即縣廳西圃開學舍，延華直溫、閔從先輩數人同結課。子容與從叔蘇緘（宣甫）、蘇結（山甫）同硯席，預課試。

明道二年癸酉，十四歲。

父三十五歲，爲無錫宰。滿任，年底入都，再遷太常博士。

景祐元年甲戌，十五歲。

父三十六歲，六月舉賢良方正科，擢尚書祠部員外郎、通判洪州（州治在今江西南昌）。

父延鄉先生萬君特講書，子容與諸父及臨川蔡元道、元翰昆弟皆同聽學。李覯（泰伯）贊文謁父，亦留館齋中，因得切磋蒙益。

劉立之與父同爲府推官，其子敞（原父）、攽（貢父）與子容聚學。

子容沈酣《六經》，深研百氏。父手寫《中庸》一篇令熟讀誦之，可以見性命之理。

景祐二年乙亥，十六歲。

父三十七歲，通判洪州。

父命作《夏正建寅賦》，賦成，父曰：「夏正建寅無遺事矣，汝異時當以博學知名也。」

景祐三年丙子，十七歲。

父三十八歲，通判洪州。滿任調徙揚州。

景祐四年丁丑，十八歲。

父三十九歲，歸朝，上《十議》。進直史館，爲開封府推官、三司鹽鐵判官。

子容未冠，出舉進士，輒據上游。是時其父方處顯，子容深自刻勵，敝衣徒步，所交皆當世豪俊。與呂公著（晦叔）相得於場屋。

預開封府試，主司吳育（春卿）頗以博學

識題稱奬，許以遠到。自此士大夫稍稍稱道。

寶元元年戊寅，十九歲。

父四十歲，直史館，爲開封府推官、三司鹽鐵判官。

子容省試，以犯聲病格被黜。自爾遂刻意音訓之學，頗知字書。

從叔蘇緘中舉，調廣州南海主簿。

孔文仲（經父）、韓忠彥（師朴）生。

寶元二年己卯，二十歲。

父四十一歲，直史館，爲開封府推官、三司鹽鐵判官。

閏十二月，父除史館修撰。

康定元年庚辰，二十一歲。

父四十二歲，任中書舍人。

乾元節推恩任子，父欲奏薦，子容乞且應舉。父初不悅，既而大稱許，勉以勤篤。又延黄晞（景微）先生數公置門下，子容與王回（深父）、王向（子直），劉敞、劉攽，蔡元道、元翰兄弟同硯席，又與吕夏卿（縉叔）、曾公孚切磋琢磨，雅志自奮。

父擢知制誥。八月，父爲契丹國母生辰使。

慶曆元年辛巳，二十二歲。

父四十三歲，任翰林學士。

子容與陳繹（和叔）同游場屋，又與楊立之相遇。

范祖禹（淳甫）生。

慶曆二年壬午，二十三歲。

父四十四歲，任翰林學士。

春，聶冠卿權知貢舉，歐陽修爲同考官，父亦爲同考官。子容再試，以親嫌爲别頭試第一，遂中舉。調漢陽軍判官，不赴。改宿州（州治在今安徽宿縣）觀察推官。

陸佃（農師）生。

慶曆三年癸未，二十四歲。

父四十五歲，爲翰林學士，再遷尚書禮部郎中。除御史中丞，固辭不拜。七月，以舉御史馬端非其人，改龍圖閣學士、知揚州，辭不赴。

子容爲宿州觀察推官。

冬，祖仲昌卒，父奔喪復州，歸葬於閩。

呂夷簡（坦夫）卒。

慶曆四年甲申，二十五歲。

父四十六歲，持服寓金陵。

朝廷特移子容知江寧縣（今南京市）。

慶曆五年乙酉，二十六歲。

父四十七歲，持服寓金陵。

子容知江寧縣，有能名。時監司王鼎、王綽、楊紘於部吏少許可，及覩子容設施，大嘆服，以爲不及。

十一月，父除服返朝，復爲翰林學士、史館修撰、權判尚書省。

慶曆六年丙戌，二十七歲。

父四十八歲，復入翰林未三月，正月以吏部郎中改侍讀學士、集賢殿修撰、知河陽（治所在今河南孟縣西）。

徙河中（治所在今山西永濟縣蒲州鎮），未行感疾，爲醫者藥所誤，已而卒。

慶曆七年丁亥，二十八歲。

服父喪。

父遺命以泉州鄉里道遠不可歸，令於昇州（州治在今南京市）、常州間卜葬謀居。既於丹陽擇得墳地，自此徙居其地，即占丹陽爲鄉里。

曾肇（子開）生。

慶曆八年戊子，二十九歲。

服父喪，居丹陽。

皇祐元年己丑，三十歲。

父喪期滿。祖母、母夫人在堂，及諸姑弟妹未婚嫁，家素無資，不暇擇祿，急趨銓調，授南京（治所在今河南商丘市南）留守推官。向傳範爲南京留守。

李公麟（伯時）生。

皇祐二年庚寅，三十一歲。

爲南京留守推官。

七月，歐陽修知應天府（府治在當時南京）兼南京留守司，政事一以倚之，府賴以治。

時故相杜衍（世昌）以太子少師致仕，退居南京，見而深器之，被遇尤異。

皇祐三年辛卯，三十二歲。

南京留守推官滿任，轉大理寺丞、知廣德縣（治所在今安徽廣德），未赴。因趙槩（叔平）、孫抃（夢得）等人薦舉，於京師待試館職。

皇祐四年壬辰，三十三歲。

於京師待試館職。

七月，儂智高圍廣州，從叔蘇緘知英州（州治在今廣東英德），募集壯勇數千人，夜行赴難。與戰，摧傷甚衆，有功。八月，換供備庫副使、廣東都監。

范仲淹（希文）卒。

皇祐五年癸巳，三十四歲。

召試，除館閣校勘。寓西岡。

正月，大將陳曙與儂智高戰，潰於崑崙關，主帥狄青（漢臣）以失律斬之。三月，蘇緘亦貶房州（州治在今湖北房縣）司馬。

蘇緘遷謫過都寄詩，子容作《次韻和宣甫叔父遷謫過都見寄》。

至和元年甲午，三十五歲。

爲館閣校勘。

十一月，同知太常禮院。

至和二年乙未，三十六歲。

爲館閣校勘、同知太常禮院。

正月，晏殊（同叔）卒，爲撰《司空侍中臨淄公晏殊謚元獻狀》。

文彦博爲相，請建家廟，事下太常。上《立家廟議》。

嘉祐元年丙申，三十七歲。

爲館閣校勘、同知太常禮院。

閏三月，程琳（天球）卒，作《中書令程文簡挽詞》三首。

五月，王貽永（季長）卒，撰《駙馬都尉贈右僕射王貽永謚康靖狀》。

九月，恭謝天地於大慶殿，大赦。代宰相劉沆作《恭謝慶成詩十韵》。

嘉祐二年丁酉，三十八歲。

遷殿中丞、館閣校勘、同知太常禮院。

二月，杜衍卒，作《司徒侍中杜正獻公挽詞》五首，有「几杖初來宅次睢，孤生從此被深知」之句。

同月，狄青卒。

四月，黄晞卒，即日往哭其尸，爲買棺就殮，且謀寄骨郊寺。

八月，樞密使韓琦（稚圭）言，請諸道賜錢合藥，以救民疾；又言請擇知醫書儒臣與太醫參定醫書。乃詔即編修院置校正醫書局，命頌與掌禹錫（唐卿）、林億、張洞（仲通）等人并爲校正醫書官。

是年春，蘇軾（子瞻）、蘇轍（子由）兄弟同時中舉，旋因母喪返蜀。

嘉祐三年戊戌，三十九歲。

爲殿中丞、館閣校勘、同知太常禮院。

與掌禹錫、林儀、張洞，幷醫官秦宗古、朱有章等共同校正《本草》，補注藥品功狀，漸有次第。

吳育（春卿）卒。

嘉祐四年己亥，四十歲。

校正醫書。

二月，遷集賢校理，與蔡抗（子直）、陳襄（述古）、陳繹同爲館閣編定書籍官。

三月殿試，爲覆考官。

七月，詔禮院議立故郭皇后神御殿於景靈宮。八月，禮官張洞駁知制誥劉敞議，子容亦上疏言：「郭后本不當廢，宜祔廟以成追復之道。」

家貧俸薄，不暇募傭書傳寫秘閣書籍。每日記二千言，歸即書於方冊。後藏書數萬卷，秘閣所傳者居多。

嘉祐五年庚子，四十一歲。

爲太常博士、集賢校理、編定書籍官。

二月，蘇洵（明允）、蘇軾、蘇轍父子自蜀返京師，亦寓於西岡，子容與叙宗盟。

受知二宋（宋庠、宋祁）。

八月，《補注本草》成書，上之。

在館九年不遷，秋後懇求外補，宰相富弼（彥國）獨爲奏陳，差知潁州（州治在今安徽阜陽）。

劉沆（冲之）卒。

嘉祐六年辛丑，四十二歲。

以朝奉郎、太常博士充集賢校理差知潁州，三月五日到任。

九月，上《圖經本草》二十卷、《目錄》一卷，爲作序。

與王回、王向兄弟、辛成之、王山民（隱甫）游。

宋祁（子京）卒。

嘉祐七年壬寅，四十三歲。

知潁州。

王向卒，撰《祭王祕校文》。

嘉祐八年癸卯，四十四歲。

知潁州。

三月，仁宗卒，建山陵，調發倉卒，度土產有無，高估緩期，官自爲市，民不知擾。

英宗即位，召提點開封府界諸縣鎮公事。

上《奏乞京畿諸縣分屯禁軍狀》，建議增西北諸縣屯兵，以備非常。

又請以獲盜多寡爲縣令殿最法。

治平元年甲辰，四十五歲。

提點開封府界諸縣鎮公事。

上《奏乞專差官開修府界至京溝河狀》，建請浚自盟、白溝、圭、刀四河，以疏畿內積水。

入三司爲度支判官，與李肅之（公儀）同曹共事。

治平二年乙巳，四十六歲。

爲三司度支判官。

六月，王回卒。

七月，賈昌朝（子明）卒，作《司徒侍中賈魏公挽詞》二首。

宋英宗治平三年丙午，四十七歲。

爲三司度支判官。

四月，蘇洵病逝於京師，作《蘇明允宗丈挽辭》二首。

蘇軾、蘇轍護父喪回蜀。

七月，孫抃葬，爲撰《太子少傅致仕贈太子太保孫公墓誌銘》。

宋庠（公序）卒。

治平四年丁未，四十八歲。

爲三司度支判官。

正月，英宗卒，子趙頊即位，年二十，是爲神宗。

冬，送伴契丹使。作《前使遼詩》。

蔡襄（君謨）、胡宿（武平）卒。

熙寧元年戊申，四十九歲。

送契丹使回，入奏，特蒙神宗訪問北遼事，稱善久之。命爲淮南轉運使。

到淮南才五月，召還修起居注。

擢知制誥。

掌禹錫八月葬，爲撰《工部侍郎致仕掌公禹錫墓誌銘》。

劉敞卒。

年底，蘇軾、蘇轍除喪自蜀返京師。

熙寧二年己酉，五十歲。

知制誥、知通進銀臺司、知審刑院。

二月，以富弼爲相，王安石參知政事。陳升之、王安石同創置三司條例，議行新法。

時知金州（州治在今陝西西城）張仲宣坐枉法贓罪至死，杖脊黥配海島。子容上疏言「古者刑不上大夫」，遂免杖黥。

蘇軾以殿中丞、直史館、判官告院。上書極論新法不便。

熙寧三年庚戌，五十一歲。

知制誥、知通進銀臺司、知審刑院。

正月，知禮部貢舉。三月，奏陸佃爲第一。

變法與反變法鬬爭趨於激烈，反變法派以司馬光爲首，光不與王安石合作，辭樞密副使。

四月、五月，因執奏李定不當除監察御史裏行，先後封回詞頭凡五次。與李大臨（才元）、宋敏求（次道）並落知制誥，歸工部郎中班。天下稱爲「三舍人」。

十二月，韓絳（子華）、王安石（介甫）並

相，王珪（禹玉）參知政事。

蘇軾以直史館權開封府推官，再上書神宗，反對新法。

熙寧四年辛亥，五十二歲。

歸工部郎中班，寓京師，日奉朝請，雖風雨寒暑未嘗移疾。

九月，得知婺州（州治在今浙東金華）。子嘉罷舉從行。

蘇軾因受劾請求外補，通判杭州。

熙寧五年壬子，五十三歲。

赴婺州任，年初過杭，與蘇軾唱和，作《次韻蘇子瞻學士臘日游西湖》詩。

二月十二日過桐廬縣漏港灘失舟，母陳夫人得救，妹張君夫人蘇氏、甥璋老暨子穎士，同日而亡。

二月二十四日到任，撰《婺州謝上表》。

八月，歐陽修卒於潁州，作《歐陽文忠公挽辭》二首。

熙寧六年癸丑，五十四歲。

春，罷婺州守。

徙亳州（州治在今安徽亳縣），於三月二十七日到任，撰《亳州謝上表》。

熙寧七年甲寅，五十五歲。

知亳州。

五月還朝，勾當三班院。

十二月，加集賢院學士。上《謝集賢院學士表》。

向傳範（仲模）卒。

熙寧八年乙卯，五十六歲。

出知應天府。辟劉摯爲簽判。

撰《南京謝上表》。

十月，復召爲三班院、知銀臺司。

時更三赦，李大臨已復從官，而用事者抑子容，止授秘書監。

初冬，蘇軾自密州（州治在今山東諸城）致書子容，賀已新拜命。

十二月，交趾圍邕州（州治在今廣西南寧市），從叔蘇緘爲知州，募死士與逆戰，前後殺傷萬五千餘人，城中人心堅固。

韓琦卒。

熙寧九年丙辰，五十七歲。

爲祕書監、知通進銀臺司。

正月辛酉，蘇緘遣使詣桂州（州治在今廣西桂林市）請救，又告急於提點刑獄宋球。庚辰，交人陷邕州，蘇緘死節。

會吳越饑，選知杭州。陛辭，神宗首及蘇緘忠義。

四月初四日到任，撰《杭州謝上表》。

補敗救荒，恩意戶至，釋逋市易緡錢者。

熙寧十年丁巳，五十八歲。

知杭州。

五月，入爲史官，修仁宗、英宗兩朝正史。提舉中太一宮，轉右諫議大夫。

十月，充遼主生辰國信使，西上閤門使、英州刺史姚麟（君瑞）副之。

十一月冬至日至北帳，與論冬至節氣。

作《後使遼詩》。

年末撰《隴干姚將軍神道碑銘》。

從叔蘇繹卒，年七十二。刁約（景純）卒。

元豐元年戊午，五十九歲。

正月二十八日使遼回，入對契丹山川、人情向背。

閏正月，權知開封府。再辟劉摯爲府推官。

聽決精敏，神宗以爲能。

有僧犯法，事連祥符令孫純，置不治。

六月，鞫陳世儒獄。

御史舒亶（信道）奏子容與孫純連姻，不可以失論，貶秘書監、知濠州（州治在今安徽鳳陽）。

曾公亮（明仲）卒。

元豐二年己未，六十歲。

知濠州。

九月，以陳世儒獄赴鞫御史臺。時蘇軾自湖州太守追赴臺，爲李定、何正臣、舒亶等劾嘗爲歌詩，譏諷新法。子容晝居三院東閣，蘇軾在知雜南廡，才隔一垣，不得通音息。因作詩四篇，有「詩人囁嚅常多難，儒者悽悽久諱窮」之句。季子攜，年十五，隨至京師訴冤。事得白，同列猶以爲嘗泄獄情，罷郡。

年末，蘇軾結案，貶謫黄州（州治在今湖北黄岡）。

宋敏求卒。

元豐三年庚申，六十一歲。

罷郡歸班。歲中，起知河陽，復爲御史舒亶所言。十二月，改知滄州（州治在今河北滄縣）。入辭，神宗曰：「卿直道，久而自明。」又從容訪問爲學之道，並命以往時所論典禮一二事奏進，因上《家廟》、《承重》二議。

元豐四年辛酉，六十二歲。

知滄州，正月二十六日到任，撰《滄州謝上表》。

五月，復太中大夫，召判尚書吏部，同詳定官制。

於銓叙官吏，文武一歸吏部。行尚書左選（主管中級文官）、尚書右選（主管中級武官）、侍郎左選（主管初級文官）、侍郎右選（主管初級武官）「四選法」。

陛對，神宗以契丹通好八十餘年，盟誓、聘使、禮幣、儀式，皆無所考據，因命修書。

元豐五年壬戌，六十三歲。

同詳定官制。

爲契丹賀正館伴使。

四月，官制行，進通議大夫、守吏部侍郎，仍詔管左曹。

六月，修仁宗、英宗兩朝正史成，與修史官黃履（安中）、林希（子中）等各受賜銀絹有差。

議修《元豐新禮》，不及行。

元豐六年癸亥，六十四歲。

爲通議大夫、吏部侍郎。

九月，修書成，上《華戎魯衛信錄》二百二十九卷，事目五卷，總二百冊。

以詳定勞及車駕視省恩，特授光祿大夫，加上護軍，進封武功郡開國侯，食邑四百戶。母疾在告，神宗遣使就問，趨出視事。

趙槩、富弼、曾鞏（子固）卒。

元豐七年甲子，六十五歲。

爲光祿大夫、禮部侍郎。

六月，遭母陳夫人喪，神宗遣中貴人唁勞，法賻外賜白金千兩，勅州縣應接其喪事。

於京口（今江蘇鎮江市）居憂。

九月，蘇軾從黃州量移汝州（今河南臨汝）途中，自儀眞（今江蘇儀徵）渡江至京口來弔陳夫人之喪，作《陳夫人挽詞》。

蔡承禧（景繁）卒。

元豐八年乙丑，六十六歲。

丁憂，寓揚州。

三月，神宗卒。哲宗即皇帝位，年十歲。太皇太后高氏攝政，召用呂公著、司馬光，廢王安石所行新法。

年底，蘇軾、蘇轍等相繼召回。

王珪卒。

元祐元年丙寅，六十七歲。

丁憂，寓揚州。

七月，除喪，授刑部尙書。

九月，司馬光卒。

十一月，兼詳定重修敕令。

又詔定奪新舊渾儀，因命提舉。以吏部令史韓公廉曉算術，有巧思，奏用之。説與張衡、一行、梁令瓚、張思訓法式大綱，令其依仿製造。韓公廉撰到《九章鉤股測驗渾天書》一卷，並造到木樣機輪一坐。遂具奏陳乞先創木樣進呈，差官試驗，如候天有准，即別造銅器。

改吏部尙書。

孫永（曼叔）卒，撰《致政侍讀孫曼叔挽辭》二首。

蘇軾爲中書舍人、翰林學士，蘇轍爲起居舍人。

元祐二年丁卯，六十八歲。

爲吏部尙書，兼侍讀。充實錄院修撰。

提舉渾儀，八月十六日奉詔置局。遂奏鄭州原武縣主簿充壽州州學教授王沇之，充專監造作，兼管勾收支官物。太史局夏官正周日嚴、（秘）〔秋〕官正于太古、冬官正張仲宣等，與韓公廉同充制度官。局生袁惟幾、苗景、張端，節級劉仲景，學生侯永和、于湯臣，測驗晷景刻漏等，都作人員尹清部轄指畫工作。

上《謝賜御筵並御書詩》。

作《次韻蘇子瞻題李公麟畫馬圖》詩。

蘇軾爲翰林學士兼侍讀，蘇轍爲戶部侍郎，劉摯爲尙書左丞。

朝廷有洛黨、蜀黨、朔黨之爭。洛黨以程頤爲首，而朱光庭、賈易爲輔；蜀黨以蘇軾爲首，而呂陶等爲輔；朔黨以劉摯、梁燾、王巖叟、劉安世爲首，而輔之者尤衆。

元祐三年戊辰，六十九歲。

爲吏部尚書兼侍讀，提舉渾儀。

爲廷試詳定文字。

三月，韓絳卒，作《司空贈太傅康國韓公挽詞》五首。

五月，渾儀造成小樣，自後造大木樣，至十二月工畢。閏十二月二日具劄子取稟安立去處，得旨置於集英殿。

新製備二器而通三用，謂之渾天。爲臺三層，上設渾儀，中設渾象，下設司辰，貫以一機，激水轉輪，不假人力。時至刻臨，則司辰出告。星辰躔度所次，占候測驗，不差晷刻，晝夜晦明，皆可推見，前此未有。

閏十二月，范鎭卒，作《蜀公范景仁忠文公挽詞》四首。

呂公著爲司空同平章軍國事，呂大防、范純仁爲相，蘇軾爲翰林學士、知制誥兼侍讀。

元祐四年己巳，七十歲。

爲光祿大夫、吏部尚書兼侍讀。

正月，乞致仕，不許。

二月，呂公著卒，作《司空平章軍國事贈太師開國正獻呂公挽辭》五首，云：「自嘆羈屯世少同，平生知己莫如公。」

三月，詔以銅造水運渾儀，仍以「元祐渾天儀象」爲名。

五月，遷翰林學士承旨。上《謝翰林學士承旨》。

陳繹上年卒，本年葬，撰《太中大夫陳公繹墓誌銘》。

蘇軾知杭州。

劉攽卒。

元祐五年庚午，七十一歲。

爲翰林學士承旨、光祿大夫、知制誥兼侍讀。

二月爲右光祿大夫，守尙書左丞。累辭免，不准。

九月，詔議郊祀合祭，百官所論不同。子容與鄭雍言：「古者人君嗣位之初，必郊見天地。今皇帝初郊而不祀地，恐未合古。」

楊畏（子安）爲監察御史。

元祐六年辛未，七十二歲。

爲右光祿大夫，守尙書左丞。

孫象先蒙恩賜第，至是五世登科。

十一月，傅堯俞（欽之）卒，撰《中書侍郎贈銀青光祿大夫傅欽之挽辭》三首。

撰《中書舍人孔公文仲（經父）墓誌銘》。

十二月，張方平（安道）卒。

蘇轍爲尙書右丞，蘇軾知潁州。

元祐七年壬申，七十三歲。

爲右光祿大夫，守尙書左丞。

正月，撰皇帝納后冊文並書。

四月，攝太尉，充發冊使。

同月，詔撰《渾天象銘》。

六月，元祐渾天儀象成，詔三省樞密院官閲之。

同月，拜左光祿大夫，守尙書右僕射兼中書侍郎。

呂大防爲左僕射兼門下侍郎，蘇轍爲太中大夫守門下侍郎，梁燾爲尙書左丞，鄭雍爲尙書右丞，范祖禹爲翰林侍讀學士。

元祐八年癸酉，七十四歲。

爲右僕射兼中書侍郎。

史稱其爲相論議持平，務循故事，避遠權寵，不立黨援。進退人材，弗專主己，理有未當，亦不苟從。

三月，以御史楊畏、來之邵（祖德）劾稽留賈易授官制命，拜章待罪，固辭老病。罷爲觀文殿大學士、集禧觀使。

九月，出知揚州。

同月，高太后卒，哲宗親政。

紹聖元年甲戌，七十五歲。

以觀文殿大學士、集禧觀使知揚州。除知河南府（府治在今河南洛陽市），力辭行。

六月，奉聖旨依舊知揚州。

本年，呂大防罷相。哲宗起用新黨章惇爲相，以「紹述」爲名，貶逐舊黨，追奪司馬光、呂公著等贈謚，毁所立碑。蘇軾自定州（州治在今河北定縣）貶謫惠州（州治在今廣東惠州市）。

馮京（當世）、鄧潤甫（温伯）卒。

紹聖二年乙亥，七十六歲。

以觀文殿大學士、集禧觀使仍知揚州。三上書還政。特授中太一宫使，許任便居住，遂住潤州（州治在今江蘇鎮江市）。

紹聖三年丙子，七十七歲。

以中太一宫使居潤州。營居處。與刁約（景純）萬松嶺爲鄰，以「門第高華，可畏而不可恃」爲子孫戒。得樂安亭山，葬亡室於彼。

紹聖四年丁丑，七十八歲。

以中太一宫使居潤州。再乞致仕。

九月，以太子少師致仕。

呂大防、劉摯、梁燾、范純仁等人再貶官奪恩。蘇轍謫雷州（州治在今廣東海康），蘇軾自惠州遷謫儋州（州治在今海南島儋縣）。

元符元年戊寅，七十九歲。

以太子少師致仕居潤州。

以責貶元祐故臣，遭御史周秩劾。哲宗曰：「頌知君臣之義，無輕議此老。」

元符二年己卯，八十歲。

以太子少師致仕居潤州。

元符三年庚辰，八十一歲。

以太子少師致仕居潤州。

正月，哲宗卒。皇太后向氏立神宗第十一子端王趙佶爲皇嗣，即位，年十九歲，是爲徽宗。皇太后權同處分軍國事。韓忠彥爲相。

進太子太保，爵累趙郡公。

五月大赦，追復文彥博、王珪、司馬光、呂公著、呂大防、劉摯等人官職，蘇軾、蘇轍等人內徙。

九月，章惇罷相，隨貶武昌軍節度副使潭州（州治在今湖南長沙市）安置。

宋徽宗建中靖國元年辛巳，八十二歲。

以太子太保致仕居潤州。

夏至，自草《遺表》。

明日庚午卒，年八十二。

詔輟視朝二日，贈司空。走中使，賻恤其家，葬事官給。

蘇軾從嶺南北返，六月十二日渡江過潤州，十三日命幼子過奔赴子容喪，召僧徒薦之，作功德疏。十四日，子容外孫李㑶與子容諸孫回謝，蘇軾因病泣臥不能起。七月卒於常州。

子容器局閎遠，以禮法自持。雖貴，奉養如寒士。自書契以來，經史九流百家之說，至於圖緯、律呂、算法、山經、本草，無所不通，尤明典故。讀書記事有法，當時學者以爲不及。平生無玩好，不信命術。最重釋氏《四十二章經》，喜禪宗。善談《易》，喜讀《莊子》、元（稹）劉（禹錫）詩、晏（殊）歐陽（修）詞。留意節儉，尤愛惜紙墨。弈棋，品格甚高，間喜鼓琴。飲酒絕少，而喜啜茶。常云人生在勤，嘗書《戒》云：「非學何立，非書何習。終以不倦，聖賢可及。」

正室凌氏，吴國夫人，屯田郎中景陽女。繼娶辛氏，韓國夫人，駕部員外郎有則女。

六子：熹、嘉，朝奉郎；駉，朝散郎；詒，承議郎；京，奉議郎；攜，通直郎。

三女：二前卒，左朝議大夫李孝鼎、朝散郎劉琯、襄州錄事參軍賈收，皆其壻。

孫男十九：象先，奉議郎；處厚，承事郎；德輿、行冲、季輔，皆承奉郎；某、某未仕。

孫女十二，嫁者六人。

曾孫男女十三人。

理宗朝賜謚正簡。

呂陶年譜

王智勇 編

據《宋代文化研究》第七輯增訂

呂陶（一〇二七—一一〇三），字元鈞，號浄德，其先彭山（今屬四川）人，後徙成都（今屬四川）。皇祐四年進士，歷銅梁、壽陽知縣，太原府簽判，熙寧三年應制科入等，以攻新法，僅得通判蜀州，後知彭州。元豐間知廣安軍，召爲司門郎中。元祐初擢殿中侍御史，遷左諫議大夫，歷梓州、淮西、成都府路轉運副使，召爲起居舍人，遷中書舍人，進給事中。哲宗親政，出知陳、河陽、潞州，後被貶奉祠，元符間差知邛州，改梓州。崇寧二年卒，年七十七。

呂陶作爲北宋反變法派及洛蜀黨争中蜀黨的重要人物，以政績卓著，議論讜直見稱。其所作文章也以奏議見長，識慮深遠，有賈誼之風。所著《呂陶集》六十卷，原集已佚，四庫館臣自《永樂大典》輯出詩文，編爲《浄德集》三十八卷。事迹見《東都事略》卷九四、《宋史》卷三四六本傳。

由於呂陶遺令不作碑志，因而鈎考其履歷行實有一定難度。本譜爲王智勇所編，據《續資治通鑑長編》、《宋會要輯稿》及《宋史》本傳等史籍，結合《浄德集》中詩文，以考述呂陶行歷爲主綫，兼爲詩文等繫年，記載了呂陶在熙豐、元祐政壇的浮沉及其政治主張，以及呂陶在洛蜀黨争中的作用等等，爲進一步研究呂陶提供了必要的資料綫索。本譜原載四川大學古籍所編《宋代文化研究》第七輯，本書收録時，略有增訂。

在風雲變幻的北宋政治舞臺上，吕陶以其敢於直言、政績顯著、仕途坎坷而引人注目，在經濟上他反對政府禁榷川茶，提出了一定程度的自由通商的原則；在政治上他反對熙、豐新法但不全面否定，特别是元祐時期的洛、朔、蜀黨争中，吕陶與蘇軾、蘇轍兄弟作爲蜀黨的代表人物而備受關注。但如此重要的一個歷史人物，其一生行迹却有許多隱晦不明之處。據馬騏《净德集》序云，吕陶「遺令不作碑志，休影滅跡」。筆者不揣淺陋，試圖據現存史籍特别是吕陶《净德集》所載之文，勾畫出吕陶仕途軌迹、社會交際、作品繫年等，其有不當謬誤之處，懇請碩識通人有以正之。編者識。

呂陶，字元鈞，號淨德，其先眉州彭山人，後徙居成都。祖呂懷玉，父呂公立（《全蜀藝文志》卷五三《呂氏族譜》、《東都事略》卷九四《呂陶傳》）。母陳氏，爲眉州眉山之大族（《淨德集》卷二三《朝散大夫致仕陳公墓誌銘》）。有兄弟數人，《淨德集》卷一〇載有《與十弟書》，可證。

仁宗天聖五年，呂陶生於成都。

按：宋人無陶之行狀、碑銘傳世，《宋史·呂陶傳》及《東都事略》本傳均未明言其生年，考《淨德集》卷五《乞別給致仕敕狀》云：「右，臣任受上件差遣，于建中靖國元年正月十七日到任，爲年及七十五歲。」自建中靖國元年上推七十五年，即爲天聖五年。

慶曆三年，十七歲。

六月，蔣堂入蜀，遂興學。

《咸淳臨安志》卷四六：慶曆三年「六月丁巳，〔蔣〕堂除樞密直學士、知益州。」《宋史·蔣堂傳》：「以樞密直學士知益州。慶曆初，詔天下建學。漢文翁石室在孔子廟中，堂因廣其舍爲學宮，選屬官以教諸生，士人翕然稱之。」《景文集》卷四七《宋樞密直學士知益州蔣堂字希魯贊》：「侯始興學，紹文之餘，百堵增增，大度厥居。髦俊聿來，晝經夜史，盎然西南，號多君子。」《淨德集》卷三〇《奉和胡右丞視學所賦》：「成都學最古，肇自西漢時。寥寥千餘載，間或有盛衰。慶曆始下詔，四方如響隨。良哉樂安伯（原注：蔣公自謂，蓋從郡望與封爵也），治體由本基。遠模類文翁，故事循魯僖。課試月爲度，講解日有規。

教育猶父兄，片言不遹遺。學子五百人，絃誦何儀儀。陶成禮義俗，大變西南維。」

入成都石室學，始識常珙等。

《淨德集》卷二二《朝請大夫知邛州常君墓誌銘》：「自慶曆中，天下興學，君爲石室生，予亦肄業其間，始與君相從。」

爲蔣堂所激賞。

《宋史·呂陶傳》：「蔣堂守蜀，延多士入學，親程其文，嘗得陶論，集諸生誦之，曰：『此賈誼之文也。』陶時年十三，一坐皆驚。由是禮諸賓筵。一日，同遊僧舍，共讀寺碑，酒闌，堂索筆書碑十紙，行斷句闕，以示陶曰：『老夫不能盡憶，子爲我足之。』陶書以獻，不繆一字。」

按：此云呂陶時年僅十三當誤，但陶爲蔣堂所器重卻是事實。《淨德集》卷三〇《送蔣熙州》云：「昔登蔣公門，忽忽五十載，于今見猶子，省記似前代。」呂陶於此詩後注云：「慶曆中，蔣公希魯侍郎守成都，某蒙賴數載，今五十年矣。」

皇祐二年，二十四歲。

十一月，知益州田況赴闕，作詩送之。

《淨德集》卷一三《送田（況）密學元鈞赴闕詩序》云：「某儒衣非好佞者，耳目公之仁治久矣。會公以王命歸涖宰府。……敢次第其言，爲古詩一章，贈公之行。」

皇祐四年，二十六歲。

三月，中進士第。

《淨德集》卷二五《秭歸縣令李君墓誌銘》：「予與君，皆皇祐四年進士，成都同籍凡十一人。」同卷《光祿寺丞致仕何君墓誌銘》：「生三子：大章，皇祐四年中進士第，五遷太常博士。……某與博士君同進士籍，且爲姻家。」卷二四《朝散郎費君墓誌銘》：「君與予同郡，又同爲皇祐中進士。」

按：嘉慶《四川通志》卷一二三云陶爲皇祐元年馮京榜進士，當誤。

爲綿谷縣主簿。

《東都事略·呂陶傳》：「舉進士，爲綿谷簿。」

按：陶中進士後仕迹，史籍均語焉未詳，疑皇祐末至嘉祐初均任職綿谷縣。

至和二年，二十九歲。

爲綿谷主簿。利州新城成，作記。

《淨德集》卷一三《利州修城記》：「利據蜀之四達，古號控扼地。……起甲午仲冬，至乙未四月而新城成。」

嘉祐二年，三十一歲。

十二月，利州重建永安廟成，作記。

《淨德集》卷一三《利州重建永安廟記》云：「嘉祐二年冬十月，郡守張侯遵按祀典，追懷神烈，嚴其像而屋之。於是明靈以安，薦獻以位，歲時致報，不黷而肅。」

嘉祐三年，三十二歲。

調銅梁令，有政績。

《大元一統志》卷一〇：「呂陶，嘉祐中爲銅梁令，建學舍，勤於政理。」《宋史》本傳：「調銅梁令。民龐氏姊妹三人冒隱弟田，弟壯，愬官不得直，貧至庸奴於人。及是又愬。陶一問，三人服罪，弟泣拜，願以田半作佛事以報。陶曉之曰：『三姊皆汝同氣，方汝幼時，適爲汝主之爾。不然，亦爲他人所欺。與其捐半供佛，曷若遺姊，復爲兄弟，顧不美乎？』弟又拜聽命。」

按：陶任銅梁令具體年代不詳，《大元一統志》、光緒《銅梁縣志》卷五等均僅云嘉祐中，今訂爲三年，俟考。

十二月，代呂公弼作《重修成都西樓記》。

英宗治平元年，三十八歲。

二月，作《集眞觀記》。

是年，知太原府壽陽縣。

《宋史》本傳：「知太原壽陽縣。」

按：陶知壽陽縣具體時間不詳，今訂爲治平元年，更俟考之。

治平二年，三十九歲。

五月，知太原陳升之任樞密副使，被召還闕，作序送之。

《淨德集》卷一三《送幷帥陳（升之）公還闕序》云：「上嗣位之二年，念公之賢，不當久於外，乃詔以歸，將付之鉅任，所以塞天下之望，而仰成重德也。」

唐介知太原府。

《宋史·唐介傳》：「明年，（唐介）以龍圖閣學士知太原府。」

與唐介書。

《淨德集》卷一二《賀太原帥啓》云：「四國于蕃，邦家所以示強幹弱枝之勢；一麾出守，州部所以致承流宣化之勞。……顧惟陋邑，爰屬提封，常引領於門庭，敢薦名於竿牘。」

唐介辟呂陶爲簽書判官。

《宋史》本傳：「知太原壽陽縣。府帥唐介辟簽書判官，暇日促膝晤語，告以立朝事君大節，曰：『君，廊廟人也。』」

唐介等采呂陶之言以應直言之詔。

《淨德集》卷一〇《應制舉上諸公書》：

「治平中，知者謂可塞天子之直言之詔，采而聞諸朝。」

治平三年，四十歲。

與唐介子唐淑問相識。

《凈德集》卷一〇《與唐士憲書》：「前年冬，執事以寧親來晉，獲承下風，雖不數相見，第議論每依於道德。」

按：陶與唐淑問此書具體年代不詳，但二人相識在治平中無疑，今訂爲三年，更俟考。

治平四年，四十一歲。

九月，唐介被召還朝，作序送之。

《凈德集》卷一三《送唐子方序》：「上嗣位之九月，親勵聽斷，遠猷庶政，究索講舉，元臣舊德，簡擢信任。念公之賢，不當久於外，乃詔以歸，而付之大計。……此姑述公之行爾。」

神宗熙寧二年，四十三歲。

年初，在蜀，知成都府張燾離任，作詩送之。

《凈德集》卷三三《送張燾景元》序云：「今明公臨部未幾，惻然有撫恤之心。……既而上召公以副大計，士有惜公之去之速，而謂吾蜀不能深被其賜者。……某敢第其說以爲序，而繼之詩。」

作《送張子公》詩。

詩云：「康定用兵日，府谷尤孤危，屬當治安久，多事盡廢隳。……于今三十年，功勳書鼎彝。」

寓居開封，御史中丞呂誨罷知鄧州，作詩送之。

《宋史·神宗紀》：熙寧二年五月「癸卯，翰林學士鄭獬罷知杭州，宣徽北院使王拱辰罷判應天府，知制誥錢公輔罷知江寧府。」「六月丁巳，右諫議大夫、御史中丞呂誨以論王安石，罷知鄧州。」《淨德集》卷二九《三黜》詩注云：「己酉歲送呂公出守南陽也。」序云：「某今年寓闕下，一日聞除書：宣猷王公守南都，翰林鄭公餘杭，紫微錢公金陵。又聞法有殊議，度歲未能決。又聞狂人上書，語及宗黨，群論匈匈，咸以爲非是，獨公懇到爲上言，疏至八九，條剖十失。既而出治鄧。士大夫相顧失色，深惜其去。公三黜也，視古人何愧耶！某用是爲詩以述公行。」

熙寧三年，四十四歲。

唐介薦呂陶應熙寧制科。

《宋史》本傳：「以介薦，應熙寧制科。」

與唐介書謝薦舉。

《淨德集》卷一一《謝薦舉啓》：「伏遇某官……待之以簿書之外，納之於名教之中。」又云：「幸而進趨屬部，寢沐清庥。……仰晞獎遇，妄修遲牘，僭上品題。」

又作《答諸官謝薦舉啓》。

兩作應制舉上諸公書。

《淨德集》卷一〇《應制舉上諸公書》：「聖人之所謂道者，以簡易爲宗，以該天下之理；以仁義爲用，以成天下之務。非幽遠而難明，闊疏而難施，汗漫而不可考信。……陶固不足被長育之賜，亦庶乎先民之詢者矣。惟閣下一與之進，幸甚幸甚。」《又應制舉上諸公書》：「惟明公亮其言之不苟，而亦與之進，則亦庶幾治朝詢於芻蕘，而君子樂育人材之道歟！」

九月二十四日，神宗御殿試策。

《宋會要》選舉一一之二二：「上御崇政殿，試賢良方正直言極諫太常博士呂陶、殿中丞錢勰……制策曰」云云。

呂陶上對策，多論王安石新法之非。

《宋史》本傳：「時王安石從政，改新法，陶對策枚數其過。大略謂：『賢良之旨，貴犯不貴隱。……願不惑理財之說，不聞老成之謀，不興疆埸之事。』」

司馬光等上呂陶等論。

《宋會要》選舉一一之二二：「光等上呂陶、錢勰、孔文仲、張繪論各六首。」

司馬光等贊呂陶論對。

《宋史》本傳云：「及奏第，神宗顧安石取卷讀，讀未半，神色頗沮。神宗覺之，使馮京竟讀，謂其言有理。司馬光、范鎮見陶，皆曰：『自安石用事，吾輩言不復效，不意君及此，平生聞望，在茲一舉矣。』」

入賢良方正等科四等，通判蜀州。

《長編》卷二一五熙寧三年九月壬子條：「詔賢良方正等科、太常博士、通判蜀州呂陶陞一任，與堂除。」《東都事略》本傳：「策入四等，安石頗不悅，乃以爲通判蜀州。」《宋史》本傳：「安石既怒孔文仲，科亦隨罷，陶雖入等，纔通判蜀州。」

作《謝登制科啓》。

熙寧四年，四十五歲。

通判蜀州。

五月，作《巡撫謝公畫像記》。

十二月，作《府學經史閣落成記》。

熙寧五年，四十六歲。

論永康軍不可廢。

《東都事略》本傳：「時議廢永康軍，陶

以永康在西山六州隘口，不可廢。」

按：《宋史》卷八九《地理志》載永康軍於是年廢爲砦。

三月，作《成都新建備武堂記》。

十一月，作《薛文恭公尚書真像記》。

作李平墓誌銘。

《淨德集》卷二六《隴西李君墓誌銘》云：「予早從度支閣公禹學，公材高識明，於人物少許可。常器獎承之。予因與之交，承之有文而敏於政，君子也。將葬其親，來求銘，予其敢辭？」

作《奉和胡右丞視學所賦》詩。

詩云：「成都學最古，肇自西漢時。……慶曆始下詔，四方如響隨。……距此已一世，繼者賢其誰。」

熙寧六年，四十七歲。

知彭州。

《東都事略》本傳：「知彭州。」

按：陶知彭州具體年代不詳，當是六年或七年，今訂爲六年，更俟考。

熙寧七年，四十八歲。

知彭州。

宋廷遣三司幹當公事李杞入蜀榷茶。

《宋史·食貨志下》六：「七年，始遣三司幹當公事李杞入蜀經畫買茶，於秦鳳、熙河博馬。」

熙寧八年，四十九歲。

知彭州。

四月，作《蜀州新堰記》。

六月，作《文與可（同）畫墨竹枯木記》。

九月，作《鹿鳴燕詩序》。

爲同年進士何大章之父何敏作墓誌銘。

《淨德集》卷二五《光祿寺丞致仕何府君（敏）墓誌銘》：「某與博士君同進士籍，

且爲姻家，君之葬也，敢誌而銘？」

爲同年進士張復之父張惟德作墓表。

《淨德集》卷二八《贈大理評事張府君（惟德）墓表》：「太博君擢進士第，與予同時，乃求予文表諸墓。」

作《長樂馮先生墓誌銘》。

熙寧九年，五十歲。

四月，論交趾寇廣西事。

《長編》卷二七四熙寧九年四月丙子：「屯田員外郎知彭州呂陶言：『交趾寇廣西，若外結南詔爲黨，深可憂慮。』」

奏乞朝廷選差官兵。

《長編》卷二七四熙寧九年四月辛亥注：「知彭州呂陶四月十九日奏乞自朝廷選差兵官云：『成都駐泊有武勇，曾經戰陣，惟只是劉珪、王慶、孫青三人近日行軍，皆已陷沒。』」

知成都蔡延慶改知渭州，作詩送之。

《淨德集》卷三三《送蔡（延慶）帥赴平涼》：「劍外開三蜀，回中宿萬兵。召還宜北覲，賜鉞又西征。」

十月，論劾王中正。

《長編》卷二七九：「又據呂陶十月二十二日奏云：『朝廷發兵處置，經今半年，泊至分屯之後，才及數日，邊釁復起。王中正久留遠方，無益於事，伏乞召還，只委本路帥臣任責，自可了當。』」《宋史》本傳：「王中正爲將，蜀道畏事之甚謹，而其所施悉謬盭，陶奏召還之。」

知成都馮京遷知院，離蜀，作詩送之。

《淨德集》卷三三《送馮（京）樞密》：「帥領來全蜀，掄魁祇一人。原注：由進士狀元鎭蜀者，惟公一人。」

熙寧十年，五十一歲。

知彭州。

二月，上《奏乞放免寬剩役錢狀》。

《宋史》卷一七七《食貨志》上五：「十年，知彭州呂陶奏：『……自熙寧六年施行役法，至今四年，臣本州四縣，已有寬剩錢四萬八千七百餘貫，今歲又須科納一萬餘貫。……歲歲如此，泉幣絕乏，貨法不通，商旅農夫，最受其弊。臣恐朝廷不知免役錢外有此寬剩數目，乞契勘見在約支幾歲不至闕乏，霈發德音，特免數年；或逐年限定，不得過十分之一，所貴民不重困。』不報。」

作《尚書屯田郎中致仕常公墓誌銘》。

三月八日，上《奏具置場買茶旋行出賣遠方不便事狀》。

《淨德集》卷一載狀云：「今具本路置場買茶，往熙河博賣，並盡榷諸州茶貨入官，便收三分利息，旋行出賣，致令細民失業，枉陷刑憲，大於遠方不便。……臣竊見熙寧七年朝廷遣李杞、蒲宗閔入川，相度買茶往熙河博馬等事。當時使者急於進用，不察事體，遂認定逐年息錢四十萬貫。……乞以臣此奏下本路安撫轉運提刑司相度利害，特賜施行。」

三月十八日，上《奏爲茶園戶暗折三分價錢令客旅納官充息乞檢會前奏早賜改更事狀》。

四月二十四日，上《奏爲官場買茶虧損園戶致有詞訴喧鬧事狀》。

五月，爲榷茶事上府帥幷二司奏狀。

《淨德集》卷一一《申府帥幷二司狀》：「乞自六月一日以後權住收買，放令衷私交易，所貴園戶留得晚茶一二分，盡價賣與客旅，稍助生計，亦遺秉滯穗與民之義。」

宋廷以呂陶等奏，罷榷茶取息三分。

《長編》卷二八三熙寧十年五月庚午：「知彭州呂陶亦言：官場買茶虧損園戶，有致詞訴及生喧鬧。詔：川中茶場今後不得虧損官司，其取凈利三分指揮更不施行。」

七月壬子，以論榷茶事衝替，責監懷安商稅。

《長編》卷二八三：「詔提舉成都府等路茶場都官郎劉佐、知彭州屯田員外郎呂陶並衝替，令轉運司劾罪。佐坐買茶措置乖方，陶不即聽受堋口茶園戶訟也。」《宋史·食貨志下》六：呂陶「因奏劉佐、李杞、蒲宗閔等苟希進用，必欲出息三分，致茶戶被害。始詔息止收十之一，

佐坐措置乖方罷，以國子博士李稷代之，而陶亦得罪。」《宋史》本傳：「（蒲）宗閔怒，劾其沮敗新法，責監懷安商稅。或往弔之，陶曰：『吾欲假外郡之虛名，救蜀民百萬之實禍，幸而言行，所濟多矣，敢有榮辱進退之念哉！』」

劉庠上疏辯呂陶無罪。

《凈德集》卷二一《樞密劉（庠）公墓誌銘》：「某既罪廢，公又累疏辨之，知我可謂厚矣。」

按：有關此次榷茶始末，《容齋三筆》卷一四有詳細記載，玆錄於下：「蜀道諸司，惟茶馬一臺，最爲富盛，茶之課利多寡與夫民間利疚，他邦無由可知。……初，熙寧七年，遣三司幹當公事李杞經畫買茶，以蒲宗閔同領其事。蜀之茶園不殖五穀，惟宜種茶，

賦稅一例折輸，錢三百折絹一匹，三百二十折紬一匹，十錢折綿一兩，二錢折草一圍，凡稅額總三十萬。杞創設官場，歲增息爲四十萬。其輸受之際，往往壓其斤重，侵其加直。杞以疾去，都官郎中劉佐體量，多其條畫。於是宗閔乃議民茶息收十之三，盡賣於官場，蜀茶盡榷，民始病矣。知彭州呂陶言：『天下茶法既通，蜀中獨行禁榷。况川峽四路所出茶貨，比方東南諸處，十不及一。諸路既許通商，兩川卻爲禁地，虧損治體，莫甚於斯。且盡榷民茶，隨買隨賣，或今日買十千，明日即作十三千賣之，比至歲終，不可勝算，豈止三分而已。佐、杞、宗閔作爲斂法，以困西南生聚。』佐坐罷去，以國子博士李稷代之，陶亦得罪。侍御史周尹復極論榷茶爲害，罷爲湖北提點刑獄。利路漕臣張宗諤、張升卿，復建議廢茶場司，依舊通商。稷劾其疏謬，皆坐貶秩。茶場司行劄子督綿州彰明縣，知縣宋大章繳奏，以爲非所當用，稷又詆其賣直釣奇，坐衝替。一歲之間，通課利及息耗至七十六萬緡有奇。詔錄李杞前勞而官其子。後稷死於永樂城，其代陸師閔言其治茶五年，獲淨息四百二十八萬緡，詔賜田十頃。凡上所書，皆見於國史。」

元豐元年，五十二歲。

監懷安商稅。

九月，作《聖興寺僧文爽壽塔記》。

十月，作《眉州醴泉寺善慶堂記》。

作李彤墓誌銘。

《浄德集》卷二五《李彤太博墓誌銘》：「予少從君遊，泊官晉陽，又與之同。……覲來請銘，敢爲銘？」

作《送杜翁車行》。

詩云：「我爲懷安官，君作什邡令。封疆苦不遠，音驛稍頻併。……方從文字樂，忽爾報成政。秋風飄行色，萬里去意迴。」

作《著作佐郎致仕宋府君墓誌銘》。

元豐二年，五十三歲。

監懷安商稅。

三月，劉庠知秦州，充秦鳳經略安撫使，作詩送之。

《浄德集》卷二九《送劉希道龍圖赴秦亭》：「方將秦川命，又仗元帥鉞。」

作趙薦墓誌銘。

《浄德集》卷二四《都官員外郎趙薦君墓誌銘》：「某與君進士同時，既銘其墓，乃請於太常吳公爲之書。」

與楊宗惠相識。

《浄德集》卷二二《朝奉大夫知洋州楊宗惠府君墓誌銘》：「元豐初，予始識君。」

作詩答任師中。

《浄德集》卷三〇《答任師中》注云：「時蘇子瞻以詩得罪，貶黃州。」

元豐六年，五十七歲。

知廣安軍。

《宋史》本傳：「起知廣安軍。」

按：陶知廣安軍在元豐六年前，但具體年代不詳。更俟考之。

作《太中大夫武昌程公（濬）墓誌銘》。

元豐七年，五十八歲。

知廣安軍。

作《朝請大夫知邛州常君墓誌銘》。

作《吳府君墓誌銘》。

元豐八年，五十九歲。

知廣安軍。

同年進士李愼思卒於嘉祐八年，是年二月葬於新津，作《秭歸縣令李（愼思）君墓誌銘》。

春，與劉庠相見於秦州。

《淨德集》卷二一《樞密劉公墓誌銘》：「後八年，見公於渭，從容語議，慨然有憂天下之心。」

作《朝散大夫致仕陳公墓誌銘》。

《淨德集》卷一三《陳傳正退居類稿序》：「予嘗誌中表陳公傳正之墓而銘焉，其行、其學、政事概可見矣。後十二年，謫居衡陽，遇公之子綬，始得公漢南《退居類藁》二十卷，讀之，信乎誌銘不妄與也。」

十二月戊寅，任司門郎中。

《長編》卷三六三：「朝請郎呂陶爲司門郎中。」《宋史》本傳：「召爲司門郎中。」

哲宗元祐元年，六十歲。

閏二月甲午，任殿中侍御史。

《長編》卷三六八：「朝請郎、司門郎中呂陶爲殿中侍御史，從御史中丞黃履、侍御史劉摯所舉也。」

作《辭免殿中侍御史劄子》。

作《辭免殿中侍御史表》。

作《答慶帥賀右史啓》。

按：啓云：「叨被詔音，誤陞柱史，名非實稱，幸與愧幷。」則此啓當爲陶始任殿中侍御史時作。

論范子淵。

《蘇軾文集》卷二七《繳進范子淵詞頭

狀》：「元祐元年，（閏）二月八日，朝奉郎試中書舍人蘇軾狀奏：今月八日準吏房送到詞頭一道，司農少卿范子淵知兖州者。右，臣謹按子淵見爲殿中侍御史呂陶彈奏，爲修堤開河，靡費巨萬，及護堤壓埽之人溺死無數，自元豐六年興役至七年，功用不成，其罪甚於吳居厚、蹇周輔，乞行廢放。今來差知兖州，臣欲作責詞，又緣呂陶奏狀已進呈訖，別無行遣。」《宋史》卷九二《河渠志》：「元祐元年，子淵已改司農少卿，御史呂陶劾其……功用不成，乞行廢放。於是黜知兖州，尋降知峽州。」

論蜀茶事。

《長編》卷三六八：「司門郎中呂陶言：『初，熙寧十年，朝廷依李杞、蒲宗閔、劉佐等起請盡數榷買川茶，收息出賣，遠方不便。……臣嘗三具論列，已蒙施行。……近聞遣使入川按察。所有臣昔年奏狀幷今來條析利害，伏乞詳酌指揮。』詔劄與黃廉。」《宋史·食貨志下》六：「呂陶亦條上利害，詔付黃廉體量。」

庚戌，以開封府勘小阿賈殺人事論劾蔡京等。

《長編》卷三六九：「如京輕易徇情，豈可帥領一道，深慮因而生事。京荒唐浮薄，士論所鄙，緣其弟卞爲王安石婿，牽挽忝冒，得至從官。……憑恃勢力，習慣恣横，豈可更領邊帥之任？伏乞追改施行。」

上奏論三事。

《長編》卷三七〇：「殿中侍御史呂陶言：『……推原其情，蓋有三說：一曰先帝之法，豈可遽改？……二曰國家用度至廣，非取於民何以足？……三曰司馬光老且疾，將不能終其事。萌此心者，蔡確、韓縝、章惇、張璪是也，安燾、李清臣則依阿其間。……』」

又論福建、江西、湖南等路鹽法之弊。

《長編》卷三七〇載陶奏云：「伏望聖慈一就根究施行，仍乞改正京東、河北鹽法。」《宋史·食貨志》：呂陶「論湖南、江西運賣廣鹽添額之害」。

又論差除之法弊端。

《長編》卷三七〇載陶奏：「伏望朝廷詳察，早設防禁。……」「三月十四日詔：自今堂差，不得衝吏部已注受人。蓋從陶議也。」

三月甲子，與劉摯、孫升論安燾知樞密院不當。

《長編》卷三七一載陶等奏云：「乞付有司論罪，以正朝廷紀綱，謹具彈劾以聞。」

三月丙寅，與劉摯、孫升再論安燾除命不當。

《長編》卷三七一載陶等奏云：「臣等近以安燾除命未當，及因給事中封駁，遂不令書讀行下，累具論列，并彈劾門下、尚書省經歷官司，至今未蒙追改施行。……伏望檢會前後累狀付外施行。」

三月辛未，再論安燾除命。

《長編》卷三七一：「殿中侍御史呂陶言：『伏見安壽之命不送給事中書讀，大於法非便，臣與劉摯等已嘗論奏。……願陛下權其輕重而行。』」

三月乙亥，進對論帥臣。

《長編》卷三七二：「御史中丞劉摯、殿

中侍御史呂陶進對，因論及帥臣。……又曰：『近除胡宗愈、蘇軾如何？』摯等對曰：『甚合公議。』」

上《奏乞放坊場欠錢狀》。

按：此奏不得其時，據《長編》卷三七六、《宋會要》食貨一三之二四元祐元年四月云：「先是，陶屢奏疏論差役利害及坊場城郭等事。」則此狀當在四月前，今置於此，更俟考。

四月己丑，劾范子奇、李南公。

《長編》卷三七四：「殿中侍御史呂陶言：『向者，知澶州王令圖輒有論奏，欲於迎陽埽開濬舊河，使水東注。……今緣令圖所言，遽欲興役，開舊塞新，及朝廷遣使按視，具見其實。……願付有司劾治子奇、南公之罪，以戒欺慢。』」詔范子奇、李南公各罰銅十斤，展二年磨勘。」

奏劾張誠一、李定。

《長編》卷三七六：「殿中侍御史呂陶、中丞劉摯等相繼皆有章，乞明正二人典刑。乃詔開封府并京西提刑司限十日根究誠一詣實事狀，及淮南提刑司根究定不持母服端的因由，仍就便移文問定，結罪保明以聞。」

宋廷令呂陶往成都府路與轉運司議定役法。

《長編》卷三七六：「詔殿中侍御史呂陶往成都府路與轉運司議定役法。先是，陶屢奏疏論差役利害及坊場坊郭等事，因陶謁告取家，即有是命。」《宋史·食貨志上》六：「殿中侍御史呂陶謁告歸成都，因令與轉運司議定役法。」

五月庚申，論劾張璪。

《長編》卷三七七：「殿中侍御史呂陶

言：『伏見文彥博降麻後辭免次，其子及除右司郎中；韓維授門下侍郎，未供職間，其姪宗師除直秘閣。士論喧沸，皆謂張璪佞邪巧媚，不爲陛下惜重名器，欲結文彥博，故任及以都司；欲附韓維，故遷宗師以美職。……若此除果出於璪之意，則私曲附會，不復忌憚借陛下官爵，交大臣之父子，甚可駭也。』」

論劾李琮。

《長編》卷三七七：「殿中侍御史呂陶言：琮材日短慮暗，不知治體。」《宋史·李琮傳》：「御史呂陶又言巴蜀科折已重，琮復強民輸稅，且無得以奇數併合，人尤咨怨。」

五月二十五日，論劾王子韶。

《長編》卷三七八：「御史呂陶言子韶猥陋不謹。罷之，改主客郎中。」

五月壬午，奏蘇子元換武官。

《長編》卷三七八：「殿中侍御史呂陶言：『皇城使蘇緘忠義死節，其子子元近任朝奉郎，……乞下樞密院除荊南極邊差遣。』從之。」

論役法。

《長編》卷三八三載陶奏云：「伏望聖慈特降指揮截自某月某日，應役人除衙前許招幷使院職級弓手節級許存留曹司庫子欄頭之類充投名人外，其餘役人如敢尙支雇錢者，並以故違條制論罪。……庶幾役法早得成就。」

九月，蘇軾爲翰林學士，作啓賀之。

《淨德集》卷二一《賀蘇內翰啓》：「伏審光膺制命，進直禁林。……深被中宸之遇，延登內相之崇。」

十月，從蜀還，上奏論役法。

《淨德集》卷五《上殿劄子》：「臣昨準朝旨往成都路計度轉運司，諭以更改差役大意，同共定議。見得本路人戶貧富等第高下不均，蓋諸縣大半以稅錢多少立爲戶等，……則富者常幸，貧者常不幸。又緣中等人戶絶少，……若不頻差上戶，則無以寬中下之家。須相度立法，其戶多處以十二年、戶少處以九年爲率，分作三次，總計合役之數均匀定差。……仍令私自雇人祗應，……伏乞降臣此奏付詳定役法所照會，候本路文字到日，相度可否施行。」

上《奉使回奏十事狀》。

按：此奏不得其時，考《長編》卷三九〇元祐元年十月癸丑注，言陶十月必還朝，此奏當在十月或稍後，今繫於此，更俟考。

上《請罷國子司業黃隱職任狀》。

十一月，論劾蒲宗閔。

《長編》卷三九一：「殿中侍御史呂陶奏：『伏見利州路轉運副使蒲宗閔始附會李稷，以賣茶爲名興販諸物，貪息冒賞，累次遷官。……伏望早賜責降。』詔蒲宗閔等先次放罷，仍令本路提刑司體量詣實聞奏。」

十一月戊寅，論劾曾肇。

《長編》卷三九二載陶奏云：「伏見起居舍人曾肇操履偏陂，藝文淺浮，當呂惠卿用事時，肇兄弟亦任要路，表裏專縱，公爲私徇，臣僚承迎風旨，薦肇充學官。既進所業，中書考爲第一，緣此朋比，遂除館職。晚因張璪汲引，備位左司，會史職有闕，乃以次補。且仕宦不歷民政而領都司，學問不知本統而遷右司，……今乃擢居西掖，尤駭群聽。」

十一月庚辰，上《奏乞寬保甲等第并災傷免冬教事狀》。

《宋史·兵志》六：「十一月，詔府界、三路保甲人戶五等已下、地土不及二十畝者，雖三丁以上，並免教。從殿中侍御史呂陶之請也。」

十一月癸未，再論差役之法。

《長編》卷三九二載陶奏云：「今推行差法將及一年，其約束條貫猶未頒下四方郡縣，愚夫俗吏意謂朝廷務行寬大之政，既許差役，則其他細故不及檢察，坐視役者已萌貪心，委使將迎，動涉侵擾，若不早立憲度，力行禁約，則農民漸見受弊。伏請申命有司嚴責期限，不候諸路役帳齊足，疾速裁定私使役人條制，先次頒行，以成差役之法。」

論陳安石。

《長編》卷三九三載陶奏云：「伏見陳安石望不足以服人，材不足以治劇，年已七十，未謀退休，彊勉從政，多有不逮。」

按：此奏原繫十二月壬寅曾孝寬與陳安石兩易其任事後，今繫於此，更俟考。

十二月壬寅，朱光庭、王巖叟等論蘇軾策題之罪，陶爲蘇軾辯之，黨爭起。

《長編》卷三九三：「左司諫朱光庭言：『……今來學士院考試不識大體，以仁祖難名之盛德，神考有爲之善志，反以媮刻爲議論，獨稱漢文宣帝之全美，以謂仁祖神考不足以師法，不忠莫大焉。伏望聖慈察臣之言，特奮睿斷，正考試官之罪，以戒人臣之不忠者。』策題，蘇軾文也，詔特放罪。光庭又言：軾罪不當放，其言攻軾愈峻，且稱軾嘗罵司馬光及程頤，軾聞而自辯。……詔追回放罪指揮。或傳朝廷謂光庭所言非是，將逐去之，御史中丞傅堯俞、侍御史王巖叟相與言：朝廷命令反覆，是非顛倒，不可不辯。又恐遂逐光庭，則所損益大，因欲於未逐前早救之，乃各上疏，論軾不當置祖宗於議論之間，猶未顯斥其有譏諷意也。疏入，不報。巖叟言：『……仰乞聖慈早正軾罪，以解中外之惑。貼黃：軾之此罪若不正之，則於朝廷事體終爲不順，上下議論終爲不允。』……殿中侍御史呂陶言：『……今蘇軾所策題，蓋設此問以觀其答，非謂仁宗不如漢文、神考不如漢宣也。朱光庭指以爲非，亦太甚矣。假使光庭直徇己見，不爲愛憎而發，則雖不中理，義猶可恕；或爲愛憎而發，則於朝廷事體所損不細。今士大夫皆曰程頤與朱光庭有親，而軾嘗戲薄程頤，所以光庭爲程頤報怨，而屢攻蘇軾。審如所聞，則光庭固已失之，軾亦未爲得也。且軾薦王鞏爲不知人，戲頤爲不謹言，舉此二者而罪之則當也；若指其策問爲譏議二聖而欲深中之，以報親友之私怨，誠亦過矣。況御史上官均近嘗論奏爲政之道有寬猛兩端，大概與蘇軾策題同意。陛下謂其言可取，著於法令，頒於天下。夫上官均之奏、蘇軾之策題，二人之言皆是講明治道，一則頒以爲法，一則指以爲罪，何輕重取舍之異哉！……臣與蘇軾皆蜀人，而不避鄉曲之嫌，極論本末，既備位臺職，而輒糾諫官之失當，二罪皆不可勝誅。

然喋喋不敢自默者，非獨爲一蘇軾，蓋爲朝廷救朋黨之弊也。』」

奏《又上殿劄子》。

按：此奏不得其時，考文中云：「臣奉使遠方，察知民間疾苦及官政未安凡一十事。」則當奉使四川返回朝廷後所上，今附於此，更俟考。

元祐二年，六十一歲。

在朝任殿中侍御史。

正月辛酉，論坊場之害。

《淨德集》卷二《奏乞相度逐界坊場放免欠錢狀》云：「惟坊場一事，根株深固，條約交紊，猶有餘弊，未盡蠲除。……應第一第二界現欠者，並與除放；其第三第四界亦乞量立分數蠲免。」

正月辛未，再論劾黃隱。

《長編》卷三九四：「殿中侍御史呂陶言：『近曾彈奏國子司業黃隱問學寡陋，操尙邪詖，行不知義，事不徇公，教化之地，非所宜處，伏請罷隱職任，未蒙施行。臣謹按隱叨冒學職，無以訓導諸生，私枉之迹，衆所不伏，嘲誚姗笑，諠聞庠序。……伏乞檢會臣前章及今所奏早賜降出，以允公論。……』」久之，乃左遷隱爲鴻臚少卿。」

二月乙未，再劾郭茂恂，上《奏乞罷郭茂恂工部郎中狀》。

上《奏乞降詔舉郡守狀》。

按：《長編》卷三九六、《宋會要》選舉二八之二〇、《宋史》卷一六〇《選舉志》載此狀在三月朝廷詔後，云此詔爲陶奏而下，今繫於二月，更俟考。

三月庚辰，劾奏呂和卿。

《長編》卷三九六：「殿中侍御史呂陶

奏：蔡碩案內有考功員外郎呂和卿，令其子借軍器監官錢興販事，乞特行責降。詔和卿通判袁州。」

四月癸巳，論劾童政。

《長編》卷三九八載陶奏：「童政等沿路逢人即殺，約殺三四千人，多是平民，及有全家被殺者。百姓訴冤，至今不已。請誅童政以舒冤憤。」詔童政令提點江南西路刑獄鄒極於虔州置院按罪以聞。

四月丁酉，以旱赴刑部決獄。

《宋會要》瑞異二之二二、《長編》卷三九八：以旱詔群臣決獄，令梁燾、范純仁、呂陶赴刑部決獄。

五月，傅堯俞、梁燾、王巖叟等以張舜民事，劾呂陶。

《宋史·韓川傳》：「張舜民論西夏事，乞停封冊，朝廷以爲開邊隙，罷其御史，梁燾等爲舜民爭之。（韓）川與呂陶、上官均謂舜民之言，實不可行。」《長編》卷四〇〇：「朱光庭、王覿、御史孫川論張舜民不當罷御史，累奏不絕。庚申，詔三省。……堯俞等皆不受命，退而奏疏言。……又請對延和殿言：『臣等伏見殿中侍御史呂陶、監察御史上官均初皆稱罷監察御史張舜民不協公議，各曾有章疏論列，陶嘗於理檢院衆坐間自舉疏中語。……並謂四月二十五日進入，……竊睹今月九日內批聖旨，召臣堯俞、臣燾、臣巖叟、臣光庭、臣覿、臣升臣、臣川等七人赴都堂宣諭，而惟陶及均不預召。按御史自來言事，不關白長官，臣等非強陶等論列，自是陶等對臣堯俞、臣巖叟言有奏章，今都堂之召既不預數，方疑陶、均未嘗有言如此，乃是公肆面歎。……伏望令勘會。』……詔陶、均分析。陶狀云：『……自後反覆子細思忖，張舜民自入臺以來，言數事大率疏略，不可施行。……蓋舜民是堯俞、巖叟薦爲御史，今恥其不稱職，力欲率衆救之。緣臣是遠方寒士，在朝孤立，自辨明朱光庭彈奏蘇軾策題後來，堯俞、巖叟常懷恨怒，並不與臣論議。近日又爲講筵臣僚，欲於別殿說書，臣獨論奏，堯俞自此相見，不交一談。數人者，或在臺中、或於幕次多是囁嚅耳語，臣皆不得預聞。……』御批云云。」

劾李元輔侵損民力。

《宋會要》職官六六之三七：「知絳州李元輔轉官、減年磨勘各追奪一半。元輔初以轉易川陝錢物有勞遷官。至是御史呂陶言其侵漁冒賞，故有是命。」

五月丁卯，任左司諫。

《長編》卷四〇一：「朝請郎、殿中侍御史呂陶爲左司諫。」《宋史》本傳：「陶與同列論張舜民事不合，傅堯俞、王巖叟攻之，太皇太后不納，遷陶左諫議。」

六月，上《辭免左司諫表》。

六月辛丑，上《奏乞罷開樂宴狀》。

六月己酉，論劾謝景溫等。

《長編》卷四〇二載陶奏云：「近者差謝景溫知成都府，乃以老病求免，其意非他，蓋重內而輕外，好近而惡遠，避難而就易，且有所待也。」又言：「呂公孺、曾孝寬相繼辭秦州，必於不行，陳侗辭梓州，亦遂得免，皆此類也。」

作劉庠墓誌銘。

《淨德集》卷二一《樞密劉公墓誌銘》：「蜀茶之初禁，某知彭州，輒條其害以聞，朝廷委公與部使審議，公以某言爲然。某既罪廢，公又累疏辯之，知我可謂厚矣。」

七月，論劾沈季長。

《長編》卷四〇三：「孔文仲言：季長本無學問技能，止是王安石門婿，鼓倡王氏經義。……左司諫呂陶亦以爲言。詔罷季長少府少監、知秀州。」

論劾韓維。

《長編》卷四〇三：「先是，左司諫呂陶累章論（韓）維怙勢任情，陰竊威柄。……及是，又言：『伏聞有旨差韓維知鄧州。……然曾肇敢封還詞頭者，蓋肇向忝中書舍人，累有臣僚彈奏，維素喜肇，力主張之。今日肇以此報德耳。臣又風聞肇與韓族議爲婚姻，若果如此，聖明更賜審察。』」《蘇軾文集》卷二九《乞郡劄子》：「而諫官呂陶又論（韓）維專權用事，臣本蜀人，與此兩人實是知舊，因此韓氏之黨一例疾臣，指爲川黨。」

七月乙丑，任京西轉運副使。

《長編》卷四〇三：「左司諫呂陶爲京西轉運副使，殿中侍御使上官均爲比部員外郎。先是，侍御史杜純、右司諫賈易等緣張舜民事劾陶、均面欺同列，而陶亦自請補外，上疏論朋黨曰：『……其一則賈易爲程頤報怨也，其一則杜純籍此以悅韓維也。韓縝誤神宗之政事，韓宗師忝祕閣之除命，韓宗儒醜穢之迹，郭茂恂贓貪之罪，臣累嘗彈劾，則維之憾臣亦深也。……彼杜純者，……荷德於韓氏，豈肯不報？……今二人者不知何辭以罪臣也，謂臣已嘗出言，欲救舜民，既而不救，有反覆之罪乎？是不許臣深思而欲臣苟合也。……』易凡五狀言呂陶，其略云：『呂陶不自引咎，尚敢毀誣忠良，以爲強橫逼使言事。……』及是，陶與均罷言職，陶外補，而均內徙。」

八月甲辰，改任梓州路轉運副使。

《長編》卷四〇四：「新京西轉運副使呂陶改梓州路。陶初有京西之命，引嫌辭避，復上疏曰：……於是詔陶與梓州路轉運判官陳鵬兩易其任，蓋從陶請云。」

作《謝梓州路轉運副使表》、《又謝梓州路轉運副使表》。

作《賀新知成都李寶文啓》。

按：李寶文即李之純，據《北宋經撫年表》卷五，之純知成都府在是年十月，此啓當在十月後不久，今繫於是年末。

元祐三年，六十二歲。

權梓州路轉運副使。

作《承事王府君墓誌銘》。

《淨德集》卷二三《知渝州王叔重墓誌銘》：「元祐戊辰歲，予嘗銘王君承事仲符之墓，述其性質之粹、履尚之安、問學之正。」

作《謝成都知府李寶文啓》。

按：《淨德集》卷一二所載文云：「誤被詔除，就遷漕事。」則是陶任梓州路轉運使時作，今繫元祐三年初，更俟考。

元祐四年，六十三歲。

權梓州路轉運副使。

十一月壬辰，徙任淮南路轉運副使。

《長編》卷四三五：「權梓州路轉運副

使、朝奉大夫呂陶徙淮南路。」

元祐五年，六十四歲。

正月二十八日，改任成都府路轉運副使。

《長編》卷四三五：「尋改成都府路。」（改成都在五年正月二十八日）

作《上謝成都府路轉運副使表》、《又謝成都府路轉運副使表》。

六月，蘇轍薦陶等爲諫官。

《長編》卷四四四：「御史中丞蘇轍言：『臣今月二十四日面奏：司馬康久病，諫官闕人，乞早賜選擇除授。……竊見前左司諫呂陶、右司諫吳安詩昔任言責，知無不言，雖各曾罷去，並不緣過惡，同時臺諫已斥復用者迨今已遍，惟陶以言韓維不公，韓氏黨與強盛，爲衆所疾。……乞更加採察，特賜錄用。』」

八月己丑，賈易劾蘇轍、蘇軾結呂陶等爲黨與。

《長編》卷四六三載賈易言：「謹按尚書右丞蘇轍厚貌深情，險於山川，詖言殄行，甚於蛇豕，……任中書舍人日，因呂陶挾邪觀望，面欺同列，罷左司諫。轍當命辭，則密召呂陶至西省示之，相與出力，謀爲排陷正直之計，人皆嫉之，……原軾、轍之心，必欲兄弟專國，盡納蜀人，分據要路，復聚群小，俾害忠良。」

元祐六年，六十五歲。

十一月壬寅，任右司郎中。

《長編》卷四六八：「左朝奉大夫，成都府路轉運副使呂陶爲右司郎中。」

元祐七年，六十六歲。

十月辛酉，任起居舍人。

《長編》卷四七八：「右司郎中呂陶爲起

居舍人。」
作《辭免起居舍人狀》。
十二月，上奏論臣僚奏請事。
《宋會要》職官二之一四、《長編》卷四七九：「起居舍人呂陶言：『……伏望……今後講讀罷，有臣僚再留奏請，並許記注官侍立，所貴操筆不敢闕略。』從之。」
上《進郊祀禮成詩表》。
按：此詩原無繫年，考《文獻通考》卷七二、《宋史·哲宗紀》載，哲宗在位十五年，行南郊禮凡二次，一在元祐七年十一月十四日，一在元符元年十一月二十日，今考文中有云：「運席重熙，勤色養於三宮。」故今繫此文於此。
蘇軾來呂陶家，見文同畫，有贊。
《蘇軾文集》卷二一《文與可畫贊》：「友人文與可既歿十四年，見其遺墨於呂元鈞之家，嗟歎之餘，輒贊之云云。」
作《奉議郎何君墓誌銘》。
是年，見蔣堂之子蔣熙州，有詩贈之。
《淨德集》卷三〇《送蔣熙州》：「昔登蔣公門，忽忽五十載，於今見猶子，省記似前代。」詩後注云：「慶曆中，蔣公希魯侍郎守成都，某蒙賴數載，今五十年矣。觀熙州之爲人，彊裕清敏，蓋得其家法云。」

元祐八年，六十七歲。

三月戊子，范百祿引用呂陶等川人，黃慶基論劾之。
《長編》卷四八二：「按百祿自執政以來，引呂陶爲起居舍人，岑象求爲諸王位說書，皆川人也，陶爲右司郎中、象求爲戶部郎中各不及半年。……至如以宋炤知鳳州，扈充知利州，亦皆川人也。」

作《李夫人墓誌銘》。

五月壬辰，三省進呈黃敦逸四狀，中有論蘇軾與呂陶之交。

《長編》卷四八四引其文云：「軾與呂陶交結至厚，昨者薦陶自代，遂除爲起居舍人。」

六月甲寅，任中書舍人。

《長編》卷四八四：「起居郎兼權給事中姚勔、起居舍人呂陶並爲中書舍人。」

上《辭免中書舍人表》。

上《謝中書舍人表》、《又謝中書舍人表》。

上《謝入伏早出表》。

按：此表原無繫年，考文中有云「伏遇太皇太后陛下」之語，則在元祐年間無疑，今繫於此，俟考。

上《坤成節賀表》、《又坤成節賀表》。

按：此表原無年月，原書前後兩表均在元祐八年，故今繫此，更俟考。

九月二十二日，假龍圖閣直學士爲大行太皇太后遺留北朝國信使。

《宋會要》禮三三之七：「中書舍人呂陶假龍圖閣直學士、爲大行太皇太后遺留北朝國信使，左藏庫使郝惟立假西上閤門使副之。」

作《奉使契丹回上殿劄子》、《又奉使契丹回上殿劄子》。

作《中大夫致仕石公墓誌銘》。

十一月，任給事中。

《東都事略》本傳：「使契丹還，拜給事中。」

按：《淨德集》卷六《辭免給事中表》

注云：元祐八年十一月，今據此繫之。

作《辭免給事中表》。

上《謝給事中表》。

紹聖元年，六十八歲。

上《奏乞察小人邪妄之言狀》。

三月二日，除集賢院學士知陳州。

《宋會要》選舉三三之一九：「給事中呂陶除集賢院學士知陳州。」

《宋會要》職官五一之五：「三月八日，給事中呂陶等言：『具析到昨充宣仁聖烈皇后遺留使副于北界遇朔望，依元豐八年王震故例、用治平四年、嘉祐八年不赴宴會例。』……詔呂陶除集賢院學士、知陳州。于是詔張舜民等到北界，因語及呂陶事，即答云：『昨宣仁聖烈皇后上僊，朔望日別無禮制，聞陶等誤用故例，妄有移牒及請移宴日。舜民等比在路中，已聞陶等降黜。』」

《東都事略》本傳：「始，陶奉使，以宣仁后梓宮在殯，辭虜中宴設，西府奏陶不先取旨，除集賢院學士知陳州。」

四月一日，到陳州任。

《淨德集》卷七《謝知陳州到任表》：「臣伏奉告命，差知陳州，已於四月一日到任者。」

五月十日，改知河陽。

《淨德集》卷七《謝知河陽州到任表》：「臣伏奉敕命，就差知河陽軍州事，已於今月十日到任者。出麾近甸，即席未溫，易地專城，疏恩過厚。……晚蒙異遇，稍涉華塗……既煩宥罪，猶許牧民。京輔奥區，纔布二旬之政；河津巨鎮，又同千騎之行。」

知潞州。

《淨德集》卷七《謝知潞州到任表》：「臣伏奉敕命，差知潞州，已於今月四日到任者。引嫌以請，遂霑雨露之恩；受命而行，敢憚道塗之役。……俄以出疆之罪，遽膺守土之行，僅及一時，已更三郡。承流宣化，愧職業之未修；送故迎新，幸封圻之密邇。」

紹聖二年，六十九歲。

知潞州。

作《朝請郎新知嘉州家府君墓誌銘》。

作任伯雨之母呂氏墓誌銘。

《淨德集》卷二七《夫人呂氏墓誌銘》：「夫人呂氏，眉州眉山之著姓。……子一人，伯雨學有本原，彊明重氣節，擢進士第，今爲宣德郎某王宮教授。」

改職名，特授朝散大夫、充集賢殿修撰。

《淨德集》卷七《謝改職名表》：「臣準都進奏院遞到敕一道，伏蒙聖慈，特授臣朝散大夫、充集賢殿修撰，已祗受者。」

紹聖三年，七十歲。

知潞州。

七月二十八日，落職差監潭州南嶽廟。

《宋會要》職官六七之一四：「集賢殿修撰、知潞州呂陶落職，差監潭州南嶽廟。」

作《謝責降南嶽表》：

《淨德集》卷七載謝表云：「壞法容私，義當顯戮，謫官領局，恩許自新。……以七十之羸軀，盡八千之去路。」

在衡陽見陳綬，作《陳傳正退居類稿序》。

《淨德集》卷一三《陳傳正退居類稿序》云：「予嘗誌中表陳公傳正之墓而銘焉，……後十二年，謫居衡陽，遇公之子綬，始得公《漢南退居類稿》二十卷，讀之，信乎誌銘之不妄與也。」

作《長安縣君祝氏墓誌銘》。

在衡陽，常爲溫益侵困。

《宋史·溫益傳》：「紹聖中，（溫益）出知福州，徙潭州。……他逐臣在其境内，若范純仁、劉奉世、韓川、呂希純、呂陶，率爲所侵困，用事者悦之。」

紹聖四年，七十一歲。

監譚州南嶽廟。

閏二月，貶庫部員外郎、分司。

《淨德集》卷七《謝責分司表》原注云：「紹聖四年閏二月。」

作《謝責分司表》。

作《朝議大夫黎公墓誌銘》。

元符三年，七十四歲。

三月二十六日，提舉成都府玉局觀、鼎州團練副使、筠州安置。

《宋會要》職官七六之三二：「呂陶爲朝散大夫、提舉成都府玉局觀、鼎州團練副使、筠州安置。」

四月，落分司、差提舉成都玉局觀。

《淨德集》卷七《謝授再知梓州表》：「臣先以罪分司南京、衡州居住，于元符三年四月，準告落分司，差提舉成都府玉局觀。」

五月，差知邛州。

《淨德集》卷七《謝知邛州表》：「臣五月二十日，準進奏院遞到敕一道至衡州，伏蒙聖恩，就差臣知邛州軍州兼管内勸農事，臣即時祗受訖者。」又《謝再授知州表》：「至五月内，準敕就差知邛州。」

作《回邛州知郡陳大夫啓》。

《淨德集》卷一二載啓云：「比者祗命易

麾，深慚異數，及兹受代，愧繼前良。……重加禮意，曲示牋修，拜惠何堪，瞻風愈切。」

上表乞致仕。

《淨德集》卷七《乞致仕表》：「伏望聖慈念臣今已七十四歲，舊感瘴癘，間或病作，心力昏耗，難以釐務，伏乞特降指揮，許臣守本官致仕。」

徽宗建中靖國元年，七十五歲。

二月，充集賢殿修撰、改差知梓州。

《淨德集》卷七《謝授再知梓州表》：「至今年二月七日，到綿州羅江縣，又準告充集賢殿修撰，改差知梓州。……九殞之餘，忽逢再造，一年之內，輒易三遷。初備位于祠官，旋領麾於鄉郡，繼忝集仙之命，仍分左蜀之符，併出異恩，悉還舊物。」《東都事略》、《宋史》本傳：「徽宗立，復集賢殿修撰、知梓州。」

上《謝授再知梓州表》。

三月十七日，到知梓州任，作表謝之。

《淨德集》卷七《謝知梓州到任表》：「臣近準告命，伏蒙聖恩，除臣依前朝請大夫、充集賢殿修撰、知梓州軍州事，已於三月十七日到任訖。」

上《謝兩府啓》。

《淨德集》卷一二載啓云：「自梓易淮，方引車而就道；由楚得蜀，遽委轡以滋官。釋萬里奔走之勞，享一旦里閭之便。」

致仕。

《淨德集》卷七《謝致仕表》：「齒髮衰殘，義當告老，綸論煥赫，恩許歸休。」

作《謝梓州路提舉常平薛寺丞啓》。

《淨德集》卷一二載啓云：「起於謫放，賁以寵光，還書殿之美名，領潼川之優寄。……某息肩故里，引領下風，行遂參承，併伸感抃。」

作《答簡州知郡楊朝請啓》。

《淨德集》卷一二載啓云：「比者起於廢放，賁以寵光，得郡還家，難稱邦人之徯望；騰牋講好，過煩才哲之撫存。」

作《賀簡州知郡楊朝請啓》。

作《謝諸公賀致仕啓》。

崇寧元年，七十六歲。

致仕在家。

作《回成都監司啓》。

《淨德集》卷一二載啓云：「方幸退藏于里巷，末由趨集於賓除，嚮望實勤，叙揚奚望。」

作《代賀范相公啓》。

崇寧二年，七十七歲，卒。

作杜誨求墓誌銘。

《淨德集》卷二四《朝請郎潼川府路提點刑獄杜誨求公墓誌銘》：「吾友杜公誨求，字趣翁。……予從公最久，知公最詳。……予於公既吊而又傷之，哭於寢門之外，而又銘之。」

作《賀新知成都胡資政啓》。

按：《北宋經撫年表》卷五，崇寧元年知成都爲呂嘉問，三年爲虞策，二年闕，疑胡資政於是年知成都，更俟考之，今繫此啓于此。

作《答家朝請謝轉官啓》。

九月，入元祐黨籍。

《宋會要》職官六八之九：「臣僚上言，乞具列姦黨姓名下外路州軍監司廳立石刊記，以示萬世，從之。御史臺錄列下項元祐姦黨，……呂陶。」

九月二十九日，罷職。

《宋會要》職官六八之九：「集賢殿修撰、致仕呂陶並罷職，與宮觀差遣。內係宮觀即依舊。以言者論……陶元祐中嘗自諫垣而歷中書舍人、給事中，終始附會，詭計實多。……故有是責。」

卒。

《宋史》、《東都事略》本傳：「卒，年七十七。」

按：《全蜀藝文志》卷五三《呂氏族譜》載：陶有三子：「傳嗣、延嗣、緣嗣。緣嗣坐黨人子不達，終右通直郎。」

陶著有《淨德集》，今存輯本。

馬騏《淨德集序》：「諸孫出其家集，使著于世云。成都馬騏序。」

《宋史》卷二〇八《藝文志七》：「《呂陶集》六十卷。」

《文淵閣書目》卷九：呂元鈞《淨德文集》一部十冊，全。

《四庫全書總目》卷一五三：「《淨德集》三十八卷，永樂大典本。……《宋史·藝文志》載陶集六十卷，久無傳本。其得見於世者，僅《宋文鑑》所載《請罷黃隱》一疏。今就《永樂大典》各韻內採掇裒輯，分類編次，釐爲三十八卷。雖以史傳相較，其奏疏諸篇或載或闕，其《應制科策》一首不可復考，未必盡還舊觀，然已什得其七八，所闕者固無幾也。」

章楶年譜

黃錦君 編

據《宋代文化研究》第四輯增訂

章楶（一〇二七—一一〇二），字質夫，浦城（今屬福建）人。以叔得象蔭，爲孟州司户參軍。治平二年舉進士，擢知陳留縣。歷提舉陝西常平、京東轉運判官、提點湖北刑獄。元祐元年，爲成都府路轉運使。入爲考功、吏部、右司員外郎。知慶州，召權户部侍郎。明年，出知同州。紹聖初，知應天府，徙知廣州，爲江淮發運使。知渭州，屢有邊功。徽宗即位，徙知河南府。入見，拜同知樞密院事。崇寧元年罷爲中太一宫使，卒，謚莊簡。

章楶以詩詞見稱于世，尤以《水龍吟》一詞爲蘇軾稱賞，後人評價也極高。任成都轉運使日，嘗賦《運司園亭十咏》詩，記載蜀中景致，收入《兩宋名賢小集》。所編《成都古今詩集》六卷（《宋史·藝文志》八），今已佚。《全宋詞》存其詞二首，《全宋詩》收其詩十首，《全宋文》輯其文爲五卷。事蹟見《東都事略》卷九七、《宋史》三二八本傳。

本譜依據史傳及宋人文集等，考述章楶生平事蹟及其祖頻、叔得象等親屬歷官情況，可資研究宋代章氏家族者參考。

章氏即鄣國之後也，姜姓，齊太公子孫封於鄣，去邑爲章氏，望出豫章，後徙建安。南唐時，章氏有諱谷者，以文辭舉進士第一，而官不顯。江南國除，其子孫以儒學大其家。於是宰相郇公（章得象）、申公（章惇）、樞密秦公（章楶）仍世爲將相，高牙巨轂，尊顯三朝，百餘年間，章氏之有籍於朝廷者或以文章擅天下，或以才能任事於時，比比有爲。

章楶，字質夫。祖頻，景德進士，自試秘書省校書郎、知南昌縣，改大理寺丞、知九隴縣，遷殿中丞。天禧初，擢監察御史，詔鞫邛州牙校訟鹽井事。皇城使劉美依倚后家受賕，使人市其獄，頻請捕繫，眞宗以后故不問。忤旨，出知宣州，改殿中侍御史，遷侍御史。乾興元年，坐丁謂黨左遷尙書比部員外郎、監饒州酒。起知信州。

天聖五年，章楶生。

天聖六年，二歲。

頻知福州，奏免官莊民欠。

《續資治通鑑長編》卷一〇六，十月奏王氏據福州時，有田謂之官莊，期盡未償者十二萬八千餘緡。上曰，遠方民貧而官司督責甚苦，其悉除之。

天聖七年，三歲。

頻同上任。

天聖八年，四歲。

頻徙知潭州，改廣西轉運使（《宋史》卷三〇一本傳）。

天聖九年，五歲。

六月，頻謫知饒州。

頻先謫宜州守貪暴不法，既罷去，反訟頻子許嘗抵徒刑而冒奏爲校書郎，頻故坐謫（《續資治通鑑長編》卷一一〇、《宋史》卷三〇一本傳）。

明道元年，六歲。

頻入爲度支判官，遷刑部郎中（《宋史》卷三〇一本傳）。

明道二年，七歲。

三月，章獻明肅皇太后崩。仁宗親政，裁抑僥倖，中外大悅。八月，頻隨丁度等使契丹，卒。契丹盛禮送其喪至白溝。子訪奉詔迎柩。

《續資治通鑑長編》卷一一三云，八月戊午，命丁度、王繼凝爲契丹國母生辰使，李紘、李繼一爲國主生辰使，章頻、李遵懿爲國母正旦使。《宋史》卷三〇一本傳云：「使契丹，至紫濛館卒。契丹遣內侍就館奠祭，命接伴副使吳克荷護其喪，以錦車駕橐駝載至中京，歛以銀飾棺，又具鼓吹羽葆，吏士持甲兵衛送至白溝。詔遣其子訪乘傳扈其柩以歸。訪官三班奉職，即許也。」訪，楶父。

後，頻、訪因楶受到追贈。

《道鄉集》卷一七《章楶追贈祖父制》曰：「才高氣勁，望著臺端。有志在時，至孫而達。入陪宥密，與議歸之。越從憲部之崇，進秩儲宮之峻。用昭爾祉，以對天休。」《章楶追贈父制》曰：「自昔言孝，有曰立身揚名以顯父母。夫爲人子者，孰不有是心哉。惟二三輔弼勛與位稱，然後足以極其顯親之榮。具官介於使聯，陰自殖德，命有所制，志不獲伸。篤生賢英，擢總樞極，肆厥謀猷之助，亟成夷夏之安。推原所從，褒錫敢後？冠宮師之峻秩，正一品之崇階。茲謂異恩，往告子弟。」

景祐二年，九歲。

章惇生。

景祐三年，十歲。

十二月，族叔章得象同知樞密院事。

得象字希言，咸平五年進士，爲人莊重，度量宏廓。在翰林十二年，章獻太后臨朝，宦官橫熾，太后每遣内侍至學士院，得象必正色待之，或不交一言，議者以此稱焉（《續資治通鑑長編》卷一一九、《宰輔編年録》卷四）。

寶元元年，十二歲。

三月，得象自同知樞密院事加同中書門下平章事、集賢殿大學士。

入謝，上謂曰：「往者太后臨朝，群臣邪正，朕皆嘿識。惟卿清忠無所附，且未嘗有干請，今日用卿由此也。」（《宋史》卷三一一本傳、《宰輔編年録》卷四）

寶元二年，十三歲。

得象同上任。

康定元年，十四歲。

得象同上任。

慶曆二年，十六歲。

七月，得象兼樞密使（《續資治通鑑長編》卷一三七）。

慶曆五年，十九歲。

四月戊申，工部尚書、平章事兼樞密使章得象罷爲鎮安軍節度使、同平章事，判陳州。

得象在中書八年，畏遠名勢，宗黨親戚一切抑而不進。方陝西用兵，上鋭意天下事，進用韓琦、范仲淹、富弼，使同得象經畫當世急務，得象無所建明，琦等皆去，得象居位自若，監察御史裏行孫抗數以爲言，而得象亦十二章請罷，上不得已，乃許之（《續資治通鑑長編》卷一五五）。

慶曆七年，二十一歲。

十二月，得象封郇國公。

慶曆八年，二十二歲。

三月，得象守司空致仕。六月，卒，年七十一。

故事，致仕官乘輿不臨奠，帝特往奠之，贈太尉兼侍中，謚文憲（皇祐中改謚文簡）。進二子一孫官，推叙宗婭者六人（《續資治通鑑長編》卷一六四、一七一、《宋史》卷三一一本傳、《景文集》卷五九《文憲章公墓誌銘》）。

章楶蔭補孟州司戶參軍。

《宋史》卷三二八《章楶傳》云：「楶以叔得象蔭，爲孟州司戶參軍。」楶當爲「推叙宗婭者六人」之一。

皇祐四年，二十六歲。

楶由慶曆八年至是年已五年爲司戶參軍。

按《宋史·職官九》「判、司、簿、尉無出身兩任五考」，當轉官進職，但據現有材料，楶至進士及第前這一段暫闕。

至和元年，二十八歲。

長子綷生，綷，字伯成。

妻和氏，年二十八歲。

《鴻慶居士集》卷三十三綷墓誌銘云：「政和元年復故官，提點成都府路刑獄，以母秦國太夫人和氏年八十五丐近地。」

嘉祐二年，三十一歲。

族侄章衡舉進士第一。

衡，字子平，累官集賢學士，復以待制知潁州。有《編年通載》（《宋史》卷三四七本傳）。

嘉祐七年，三十六歲。

三子綡生。

綡，字子上，通亮英敏。《鴻慶居士集》卷三三有墓誌銘。

嘉祐八年，三十七歲。

三月，仁宗崩。四月，英宗嗣皇帝位。

治平元年，三十八歲。

應舉入京，聞父對獄于魏，棄不就試，馳往直其冤（《宋史》卷三二八本傳）。

治平二年，三十九歲。

還，試禮部第一，擢知陳留縣（《宋史》卷三二八本傳）。

嘉靖《建寧縣志》卷一五：治平二年乙巳彭汝礪榜，省元。

治平三年，四十歲。

知陳留縣。

治平四年，四十一歲。

楶同上任。正月英宗崩，神宗即皇帝位。

熙寧元年，四十二歲。

楶同上任。

熙寧二年，四十三歲。

秘書丞。

熙寧三年，四十四歲。

爲秘書丞。六月，奉詔驗視作坊物料庫官選買箭材，果非良材，吏皆抵罪（《續資治通鑑長編》卷二一二）。

九月十二日，以崔台符、朱溫、曾布并赴錫慶院考試法官，楊淵、吳安度巡鋪，董倚監門，秘書丞章楶封彌（《宋會要輯稿》選舉一三之一四）。

熙寧四年，四十五歲。

楶同上任。

熙寧五年，四十六歲。

楶知陳留縣。推行新法，隨民之便。

《續資治通鑑長編》卷二三五熙寧五年七月己亥條：「安石曰，聞知陳留縣章楶云，陳留縣只有兩戶不肯保狀，然亦未嘗強之。」

熙寧六年，四十七歲。

楶同上任。長子綍入太學，文藝燦然最其列。

熙寧七年，四十八歲。

爲太常博士，提舉永興軍路常平等事，奉詔賑濟災民。

《續資治通鑑長編》卷二五四熙寧七年七月戊午條：詔提舉永興軍路常平等事、太常博士章楶體視環慶路災傷，相度賑濟以聞。

十一月二十二日，與趙抃、皮公弼、毋沆等登西安慈恩塔（《金石萃編》卷一三三）。

熙寧八年，四十九歲。

楶同上任。

二月，以措置流民乖方罰銅三十斤。閏四月奏知延州趙高舍流民以空營，募壯者築城濬壕，人不乏食而城池皆葺，詔獎之（《續資治通鑑長編》卷二六〇、二六三）。

熙寧九年，五十歲。

楶同上任。

長子綍進士及第，調衛州汲縣主簿。

熙寧十年，五十一歲。

楶同上任。

蘇東坡作《章質夫寄惠崔徽眞》詩云：「玉釵半脫雲垂耳，亭亭美蓉在秋水。當時薄命一酸辛，千古華堂奉君子。水邊何處無麗人，近前試看丞相嗔。不如丹青不解語，世間言語原非眞。知君被惱更愁絶，卷贈老夫驚老拙。爲君援筆賦梅花，未害廣平心似鐵。」（《施註蘇詩》卷一三）崔徽：唐倡女，裴敬中以興元幕使河中，與之相從者累月，敬中使還，徽不能從，情懷怨抑。徽乃託人寫眞，寄語敬中曰：「崔徽一旦不及卷中人，徽且乃爲君死也。」是年蘇軾年四十二，離密州任，將赴徐州，與子由相約赴彭城住百餘日，此詩即在彭城時作。

宗神宗元豐元年，五十二歲。

楶爲京東轉運判官（《宋史》卷三二八本傳）。

蘇軾任徐州，爲章楶之築思堂撰《思堂記》（《東坡全集》卷三六）。

元豐二年，五十三歲。

楶同上任。

元豐三年，五十四歲。

楶坐保明修永興洪口不當展磨勘三年（《續資治通鑑長編》卷三〇六）。

章惇二月以翰林學士參知政事（《宋史》卷一六）。

元豐四年，五十五歲。

楶提點荆湖北路刑獄（《續資治通鑑長編》卷三一二，又《宋史》卷三二八）。

章惇三月罷知蔡州（《宋史》卷一六）。

元豐五年，五十六歲。

楶同上任。

章惇四月爲門下侍郎（《宋史》卷一六）。

元豐六年，五十七歲。

楶同上任。

元豐七年，五十八歲。

楶同上任。

元豐八年，五十九歲。

權成都府路轉運副使。三月神宗崩，哲宗

即位，太皇太后權同處分軍國事。章惇五月知樞密院（《宋史》卷一七）。

元祐元年，六十歲。

權成都府路轉運副使。四月，乞量加擢任，以呂大防言詔改權成都府路轉運使（《續資治通鑑長編》卷三七六）。

楶任成都時，作《運司園亭十詠》。

元祐二年，六十一歲。

楶正月以朝奉大夫爲吏部郎中，御史孫升論其任荆湖北路提刑時冤濫不法，乞賜罷黜，四月出知越州（《續資治通鑑長編》卷三九四、三九九）。

《新除吏部郎中章楶可知越州制》曰：「出宣使指，入居郎臺。朝廷之選二者偕重，而東南之邦會稽爲大。督輸財賦，平治獄訟，使閭里無歎聲，農桑得其職，長民之所寄，又宜擇焉。吾不以重外爲嫌，而忽共治之意。以是命汝，往惟欽哉！」（《彭城集》卷二一）

其第三子綡試國子監中第一。調河南府洛陽縣主簿，時范忠宣公尹洛，一見待以國士賓禮。

元祐三年，六十二歲。

八月，爲考功郎中（《續資治通鑑長編》卷四一三）。

六月，刊刻族侄章衡《編年通載》，并爲之撰序。

序略云：是書也，甲寅歲嘗進御於神宗皇帝，備乙夜之覽，當時頗蒙稱獎，子平祕而不以示人。予病近時儒者篤於窮經，而未遑及傳記簡策之學，間有從事於斯者，如前之云云。因募工鏤板以廣其傳，庶幾讀之者，用力甚少而收功彌博。

長子縡以薦改左宣德郎知邠州三泉縣。

元祐四年，六十三歲。

楶四月權發遣陝西路轉運副使(《續資治通鑑長編》卷四二五)。縡以嫌自列，改知越州蕭山公治縣。

元祐五年，六十四歲。

任陝西路轉運使。五月，召爲右司郎中(《續資治通鑑長編》卷四四二)，除左司郎中。

元祐六年，六十五歲。

二月，左司郎中章楶除直龍圖閣，權知慶州(《續資治通鑑長編》卷四五五)。時朝廷戢兵，戒邊吏勿妄動，且捐葭蘆、安疆等四砦予夏，使歸其永樂之人，夏得砦益驕。九月十四日，楶奏禦邊淺攻之策，有云：「蕃寇小入，使城砦及諸將各據地分，驅逐剪除之，出疆而後已。舉國入寇，則堅壁清野，勿當其鋒，俟其引退，審查前車已遠，遣將據要害便利之處，分頭討擊之，或翦其尾，或邀其歸路。一路被寇，諸路皆出兵策應牽制，彼豈能枝梧哉！此備禦之策。夫夷狄無城郭之固，無營衛之兵，嘯聚則爲用，既散則難集。雖沿邊有土番守禦之人，每處衆不滿百。謂宜乘間擣虛，擾耕踐稼，勿限其常，爲淺攻之計。」九月，爲環慶路經略使，乞並存華池寨與華池鎮(《續資治通鑑長編》卷四六五元祐六年九月壬申條)。

元祐七年，六十六歲。

在慶州。正月二十日，楶上破賊伐謀策。進一步條陳淺攻之計：「伺賊衆嘯聚未集之時，攻擣虛處，或兵馬已散之後，掩其不備。討擊鈔掠，皆委主將隨宜措置，旬日之間，即令還塞。一路之師既歸，少使休養，他路趁間伺隙，更迭復出，終歲之間，苟能且令三路出師，諸路兼行淺攻擾耕之策，則小國腹背受敵之不暇，彼將有俘虜滅亡之憂，豈復能大舉而入境哉！」又倡進築之議：「夏國之先本非強盛，自靈武失守，奄有横山之地，其俗獷悍，其民勇鷙，長於弓馬，馳騁山嶺谿谷之間，如踐平地，此其能取勝於漢兵也。自元昊舉兵逆命，敢以猖狂妄行者，横山之衆良有助焉。又其地巇險，其土饒衍，西賊所恃以爲固，所仰以爲生者，皆横山也。横山之北，沙漠隔限，今若磨以歲月，乘其衆怨，徐議進築堡柵，據要害，擅地利，因其歸附之衆，使之耕墾，招置漢蕃弓箭手數千人以壯屏蔽，然後戍兵可省，糧饋之費可損。横山幅員千里，彼見我盡得形勢，皆不敢安居耕作。非徒横山不安也，靈夏豈無憂懼哉？進築之議，臣今且開其端，候出兵有效，夏國力屈，然後方敢圖上方略，以聽朝廷采擇。」

二月八日，奏措置堅壁清野。

曰：「諸將次等兵馬分擘在諸鎮城寨充守禦，將精鋭人馬出戰，差定將官統領。如遇西賊入寇，即將出戰，將官帶領人馬出城，亦不使便當賊鋒，令逐將與使臣蕃官分領人馬擇利駐劄高險遠望，即不聚一處。賊馬追逐，又令引避，使賊知官軍戰兵在外。欲戰則或引避，或據險，而不與之爭鋒……此蓋正慮賊以大兵入寇，衆寡不敵，所以須合令戰兵分布在外，使彼深入吾地，戰則不能，攻則不敢，鈔掠則無獲，不過三兩日自當引去。」貼黄又云：「堅壁清野，蓋自古良將禦戎之策，然不可以只循一軌，使賊知我無通變之路，反爲賊所制。」

三月三日，奏議以遠人攻遠人，即以邈川、塔坦攻擾夏國，使之三處被患，腹背受敵。三月十一日奏差第二將折可適統領兵馬出界攻擾，所到之處，如行無人之境，蕃衆無人敢近官軍。

六月，乞進築灰家觜及修復安疆寨。

十月十二日，夏人大舉攻圍環州等，凡七日乃解去。楶以精兵萬餘，統以二將，示敵以怯，誘敵深入，寘毒牛圈瀦水，賊圍環數日，無所獲而歸。

折可適挫敵，楶奏上其功。

折可適屯師洪德城，賊過，識其母梁氏旗幟，城中鼓譟而出，馳突躪轢，賊大敗而去，斬首千餘級，獲牛馬橐駝鎧仗以萬計。過牛圈，飲其水且盡，人馬被毒而奔迸蹂藉墮塹谷而死，重傷而歸者不可勝記。梁氏幾不得脱，盡棄其供帳襜褕之物而逃（《續資治通鑑長編》卷四七八）。《宋史》卷二五三《折可適傳》云：「羌、夏十萬入寇，可適先得其守烽卒姓名，詐爲首領行視，呼出盡斬之，烽不傳，因卷甲疾趨，大破之于尾丁鎧。回次聖楊溝，正午駐營，分騎據西山，曰：『彼若躡吾後，腹背受敵，必敗。』果舉軍來，可適所部纔八千，轉戰至高嶺，乃從間道趣洪德，設伏邀其歸路。敵至，伏發衝之，其國母踰山而遁，焚棄輜重，雖帷帳首飾之屬亦不返，衆相蹈藉，赴厓澗死者如積。論前後功，至皇城使、成州團練使、知岷蘭州鎮戎官。」楶奏報折可適邀擊夏人之奇功，又奏涇原、鄜延兵將冒大寒、趨險道、晝夜兼程、前來會合，所補不細，乞特賜等第、以激忠義。又奏總管李浩以二萬之師襲敵十萬之衆，尾擊追殺，致敵狼狽遠遁，并是詣實（《續資治通鑑長編》卷四六六、四六七、四六九、四七〇、四七一、四七四、四七八、四七九）。

元祐八年，六十七歲。

正月，知慶州、直龍圖閣、左朝散大夫章楶權戶部侍郎。三月，出知同州。

言者論楶環州之役所上失亡數不實，又縱賊使全而歸，戶部侍郎非楶能任，故改知同州。李清臣與知定州許將小簡云：「夏羌圍環州……章帥以兵將間道邀擊之，獲級四百、得橐駝幾千頭，馬四百八十四，羌衆遁去，朝廷遣使有所賜。章質夫臨老乃有戰多矣，茲亦怪事。」又與范純粹云：「質夫竟坐失亡減數、縱賊使全而歸，抑亦命也。」（同上書卷四八〇、四八二）

太皇太后九月崩，哲宗親政。

紹聖元年，六十八歲。

楶知同州。有《觀褚書聖教序碑題名》。

題「元祐甲戌中和節後一日」。按二月初一爲中和節，哲宗改元在四月癸丑（《金石萃編》卷一三七）。

改知應天府（《宋史》卷三二八本傳）。

章惇四月以資政殿學士爲尚書左僕射兼門下侍郎。

惇元豐八年哲宗即位時知樞密院事，宣仁聽政，劉摯、蘇轍、王覿等交章擊之，黜知汝州。哲宗親政，有復熙寧、元豐之意，首起章惇。

紹聖二年，六十九歲。

三月十二日，直龍圖閣章楶爲集賢殿修撰知廣州（《宋會要輯稿》選舉三三之九）。時蘇軾在惠州，有《章質夫送酒六壺書至而酒不達戲作小詩問之》：「白衣送酒舞淵明，急掃風軒洗破觥。豈意青州六從事，化爲烏有一先生。空煩左手持新蟹，漫繞東籬嗅落英。南海使君今北海，定分百榼餉春耕。」（《施注蘇詩》卷三六）

紹聖三年，七十歲。

楶同上任。有《廣州府移學記》云：「余始領職，即以庠序爲先，思與學士講論六經之言，修飭五典之教，明人倫、親小民，以風示境內。顧學舍在中城之西，與尼寺相北，迫近市廛，喧嘩冗雜，殆非絃頌之所。度地辨方，又不合古制。……乃揆日聚土，且辟且築，募工分領而新之，規募無所變更也，廣輪無所損益也，先之以夫子之殿，次之以義道之堂，兩廡及門，先後有序。……以乙亥十一月丁巳鳩工，明年六月辛巳告成。」且告諭諸生云：「君子之所以異於衆人者，以其存心，心之所存，四端而已。不誠其意不足以正心，不正其心不足以修身，不修其身，不足以齊家。至於治國平天下之道，一本諸心而已矣，諸生其勉焉。」徙江淮發運使（《宋史》卷三二八本傳）。

冬，詔知渭州，爲涇原路經略使。

紹聖四年，七十一歲。

楶正月初八到渭州任。至渭之八日即上言：「葫蘆河川濱水路，乃寇出入道，東帶興靈，西趣天都，可蓄牧耕稼且居形勝地，今往城之，平夏國可歲月幾也。」帝悉從之。楶陰具畚鍤、轉芻糧、治樓櫓械器，凡戰守之用兩月而備，且告師期，願下諸路練將出討者皆張虛聲以形之，惟涇原隱然爲守計，寇不能測，專備他路。三月二十三日，及熙河、秦鳳、環慶四路之師出葫蘆河川，築二城于石門峽之口、好水河之陰，凡二旬有二日而畢。先是，楶預分兵扼其險要，比興役，寇衆嘯聚，我軍敗之，斬首千八百級。奏至，帝大嘉賞，諭輔臣曰：「章楶到未一旬，即畫此策，不八旬而成功，諸路因此可舉矣。」既而環慶、鄜延、河東、熙河皆植城堞，屹然并立，夏人愕視不敢動，諸路之城戎地實自涇原始也。

四月甲辰，章楶自朝散大夫、集賢殿修撰除左朝議大夫、樞密直學士。

詔賜新建城寨名爲平夏城、靈平寨（《續資治通鑑長編》卷四八六）。朝廷欲再舉進築，章楶奏乞緩進築，略云：「兩城初建，百事草創，深入賊境，未敢耕牧，道路梗澀，籬落不完，東西兩山，賊路數條，抄掠之患，朝夕必有。」況且進築地理不明、本路兵馬疲弊，夏人兵力尤強等等（同上書卷四八五）。五月六日奏：「後石門、褊江川兩處形勢所繫利害尤重，控扼好水、西山諸谷賊馬來路，占據得要害之處，比趨九羊谷、白草原尤爲快便，俯逼天都巢穴，平夏、靈平所占耕地，遂免抄掠之患，與葫蘆河川東西形勢相爲表裏。」擬於後石門川下建六百步城一所，於創迪章建六百步寨一所，於舊褊東城下上建六百步或四百步寨一所（同上書卷四八七）。

九月丁丑，章楶爲失點檢結勘折可適不當，特罰金二十斤（可適兵敗在四月十一日）。

《宋史》卷二五三《折可適傳》云：「渭帥章楶合熙、秦、慶三道兵築好水川，命總管王文振統之，而可適將軍爲副。熙州兵千人失道盡死，文振歸罪於可適，楶即之吏，宰相章惇欲按軍法，哲宗不許，猶削十三官而罷。楶請留以責效，乃以權第十一將。」是日星變，下詔求直言，奉議郎權通判通遠軍李深上書，劾「今章楶爲涇原帥，乃用其婿劉何攝事，又使人專應付涇原軍需，前日進築平夏城爲賊所抄而奏報不到朝廷。」（《續資治通鑑長編》卷四九一）

十二月，奏論投換之弊（同上書卷四九三）。

元符元年，七十二歲。

楶同上任。正月詔熙河、秦鳳、涇原三路兵馬同共會合出塞進築，詔章楶候軍興即以經略安撫都總管司職事駐平夏城應援諸軍。二月二十六日將兵出塞破土進築九羊谷等處。三月，奏乞進築後石門、創迪章。

時朝廷以九羊谷已建城寨，此二處便不須進築，當更築他處，楶云：「若不築堡子，不惟軍人百姓往來道路梗澀，兼縱招刺得弓箭手，無敢耕者，則是所築之城寨空費財用，所拓之地土徒有虛名而無實利。臣所以區區，竊欲補全籬落，保全人民，使荒土變爲良田，戍守之兵資藉耕者，如此則國用可省，兵力可強。……伏乞朝廷先罷臣職任，然後選委侍從或親信官按視體量，如原有繆妄，乞賜重行貶黜，以戒將帥。臣見候進築九羊欲了當，分屯軍馬，起發往渭州聽候指揮。」黄貼子又云：「到官八日，遂建進築石門、前後峽、好水河、古高平、褊江等處，幸託陛下威靈，僅能集事。但新開疆土自熙寧寨以北至平夏城僅四十里，自古高平西至鎮羌寨五十餘里，自懷遠北至九羊谷約六十里，自九羊谷東至葫蘆河岸僅五十里。新開疆土所築城寨，直北有大山限隔，賊之來路不過五六處。至于自葫蘆河岸至古高平，正當十川及懷遠至九羊谷六十里間，賊之來路甚多，若不相度要害，增築堡寨，則將來必有抄掠之患。客旅往來有害，而二寨聲援不接，空以透漏之法繩將寨官地分，巡檢雖日行誅責，欲其不透漏不可也。而議者以臣爲老怯，臣年齒七十有二，思慮顛倒，怯害之譏所不敢辭，唯乞陛下選擇不怯者代臣，庶幾邊事早得允當。」疏上，詔章楶奏報輕易，特降充龍圖閣直學士，後三日又詔章楶申請進築措置般運不當特降一官。三月癸酉，奏進築九羊谷寨畢工，詔賜名九羊寨。又奏修築石門峽東塔子觜堡畢工，詔賜名石門堡。甲戌，又詔章楶候農事稍空進築沒煙前峽（同上書卷四九四、四九五、四九六）。

五月壬戌，是日章惇遣涇原書寫機宜章綡謁曾布。

布語綡曰：「沒煙前峽若果無草及大暑旱災，未可進築，但奏來不妨。」綡曰：「若丞相（指章惇）則不容其如此。」布又曰：「質夫左遷，但以奏報偶有不當，不足介意。朝廷方倚以邊事，有可論列，不可蓄縮。若所陳有理，亦何敢不從。若五月未可進築，即七、八月。」綜又言：「父老歲月間欲求去，不知邊事如何是了時。」布曰：「涇原但了取天都，則質夫可以求去矣。若丞相之意則不然，必欲覆興靈而後已。」

癸亥，詔涇原委是久旱，未可進築，即相度奏聞。乙丑，章楶奏已出師於沒煙前峽等處進築城寨。

六月辛卯，進築沒煙前後峽兩寨畢工，詔沒煙前峽以通峽寨、後峽以蕩羌寨爲名，章楶以下第賜物有差。

七月甲寅，以進築沒煙前峽後峽兩寨畢工，龍圖閣直學士知渭州章楶復樞密直學士、馬軍都虞候（同上書卷四九八、四九九、五〇〇）。

九月庚申，涇原路落蕃兵士歸報羌人點集百五十萬欲入漢界。十月己卯，是日西人攻圍平夏城，凡十三日乃退。己亥，楶奏：「西賊犯塞，從靈平寨分布人馬，數十里間，約三十萬，專意攻平夏城，凡十三日。逐處將寨官曉夕捍御，遂保無虞。」

詔特除章楶龍圖閣學士、左中散大夫，遣中使勞以璽書，加賜茶藥銀絹等。

十二月初，楶承朝旨措置進築邊面。以爲欲涇原、熙河兩路邊面通接，即合於正原、灑水平、鼐摩會等處建築城寨，進築須合熙河、秦鳳、環慶、涇原四路兵馬之力，進築處皆西人要害地分，當大著人馬以防敵人死力相爭等。詔從之，令逐路選差精鋭堪出戰人馬準備應副。

十二月丙申，以擒獲威明阿邁、穆賚多卜，宰臣率百官賀於紫宸殿。楶以涇原路經略安撫使、龍圖閣學士、左中散大夫爲太中大夫，仍賜銀絹等。其獲級重傷等將士賜袍帶、錦襖子、器械銀椀有差（同上書卷五〇二、五〇三、五〇四）。《宋史》卷三二八章楶本傳云：「方興役時，夏以其衆來乘，楶迎擊敗之。既而環慶、鄜延、河東、熙河皆相繼築城，進拓其境，夏人愕視不敢動。夏主遂奉其母合將數十萬兵圍平夏，疾攻十餘日，建高車臨城，塡塹而進，不能克，一夕遁去。夏統軍嵬名阿埋、西壽監軍妹勒都逋皆勇悍善戰，楶諜其弛備，遣折可適、郭成輕騎夜襲，直入其帳執之，盡俘其家，虜馘三千餘、牛羊十萬，夏主震駭。哲宗爲御紫宸殿受賀，累擢楶樞密直學士、龍圖閣端明殿學士，進階大中大夫。」

元符二年，七十三歲。

楶同上任。請罷進築以休兵息民。樞密院劄子令環慶、涇原、秦鳳、熙河路選精鋭人馬於正月半已後，各至黄河討蕩。楶正月庚戌奏：「右臣伏詳前項朝旨，欲會四路兵馬出塞討蕩，本爲將來本路進築之時，慮賊人前以重兵對壘，別以輕騎邀我糧道，欲致般運梗澀，於版築有害，或來沿邊抄掠，亦費枝梧，不若先發以制，其命此獻計者，爲涇原舉動之本意，固臣之所願爲」。但楶又云，體問得兵馬所到去處，例皆闕草，般運前去，聲勢已大，不單兵力疲乏，敵人已望風而藏匿，討蕩必無所獲。「不若且令逐路乘機伺間，更出迭入，以迫脅討蕩，困擾西人，不致甚勞人馬，可保全勝。」丁巳，奏云：「伏望陛下候將來進築天都了當，便務翦截邊事，休息兵民久遠之利。若聽邊臣及好大喜功之人紛紛論議，更務向前進築，深恐邊事無有結絕之期，耗蠹國家財用，及使邊民常食貴物，大非治安長久之計。」黃帖子云：「臣聞夷狄天之一氣，從古無滅絕之理。爲今之計，但當練兵理財修飾邊備，使中國形勢常強，四夷不敢侵侮，畏威聽命，乃是治安之策。若欲深窮巢穴，掃蕩覆滅，亦恐民力殫屈，財用匱竭，因之以水旱，他日雖悔無及。惟望聖慈深思遠慮，斷自淵衷，天下幸甚。」

甲子，詔章楶擅違朝旨、前後奏報異同（威明阿邁、穆賚多卜免木檻赴闕事），特罰銅三十餘斤。

楶謝表云：「羌酋就縛，宜加桎梏之防；幾事難言，妄瀆冕旒之聽。」

二月辛卯，朝旨令章楶相度鼐摩會外灑水平或秋葦川進築城寨。三月甲辰，奏乞差秦鳳幷岷州第四等以下保甲應副進築城寨。四月癸酉，奏已尅定四月十日破土興工。幷乞秦鳳路不置經略使或只置安撫使，秦鳳路舊額正兵、蕃漢弓箭手、馬步人那撥一萬三千人屯戍新建州及新建兩寨等，意在惜民力，省財用。四月二十四日奏：「臣準朝旨，會四路人馬出塞，進築內秋葦川、灑水平兩寨，已是畢工，移兵前去鼐摩會修築。……約度鼐摩會工役，只是十日或十二日了當。……勘會鼐摩會已奏朝廷乞建置作州，秋葦川、灑水平只合作寨，上件三處，皆是兩路襟喉之地，川原廣闊，形勢雄壯，若非宿以重兵，未易彈壓西賊。」本路人馬已無可抽那，乞秦鳳兵馬漸次移輟前來應付（《續資治通鑑長編》卷五〇五、五〇六、五〇七、五〇八）。

五月甲子，龍圖閣直學士、涇原路經略安撫使兼知渭州章楶充端明殿學士。

先是章楶求去，執政謂新邊方就經營輯理，未可闕人，但原已許楶天都了令去，上曰：「更俟來春，然事了當進何職？」衆曰：「端明殿學士。」

六月乙未，詔熙河只築會州及北楞摩兩處城寨，仍依前減地步，且打繩川且爲烽臺堡鋪遮護，候來春進築。

章楶以書抵曾布，言熙河財用不足，民力疲敝，乞罷築會州。布具白上，故降此詔。

七月，楶上奏議陝西錢法。

八月乙丑，楶奏乞致仕，詔候來春取旨。

閏九月丁亥，楶降中大夫，餘如故。

蔡卞以楶稽留朝命不即修置烽臺，白上亟責之。閏九月二十一日，奏乞現管敢勇內射弓淺軟、事藝生疏人減罷。

十月二十六日，令涇原發兵五千赴熙河，十一月二日，楶又請罷進築以休兵息民。奏云：「伏見興師以來，陝西府庫倉廩儲蓄內外一空，前後那內藏庫金帛不知其幾千萬數，而陝西目今處處無不闕乏糧草，轉運司計亦無所出，惟是行移公文指空畫空，郡縣差衙前往指定處般運，多是空回。臣竊恐內藏庫金帛數亦有限，苟遷延歲月，亦慮支那將盡。今日收復青唐等處，大興工役，繕全城郭，恐非陛下本意，必有大臣誤陛下者。況諸路進兵攻討，建築城寨，彌漫於夏賊境中，賊心恐懼，款塞請和。臣竊觀祖宗以來能制遠方之命，使之束手破膽，未有如今日，則陛下聖功神德可以夸示萬世。今來正是休兵息民清心省事之時，惟望陛下深察愚臣之言，斷之宸衷，裁決此事。」又奏：「自紹聖四年以後，諸路興兵進討，更出迭入，修築城寨，未嘗休息。臣不能盡知他路事體，且以本路今年言之。開春即經營進築，三月末調發兵馬，四月初築西安州天都、臨羌等寨，至五月半間分屯，六月又調發兵馬進築定戎寨，七月初下手工役未了間，又移兵應副進築會州，至八月二十間方回。其間空闕月日，又修置正原等處堡子。及日近添築烽臺、移置堡鋪，拍立界候，連綿興役，未嘗休息，今又差發五千人赴熙河救援。臣勘會每一出師，士卒病患死傷及將帶衣甲逃走數目不少。」末云：「萬一西賊張聲欲擊鄯湟，卻來本路作過，臣曉夕憂之。」（同上書卷五一○、五一一、五一二、五一三、五一四、五一六、五一八）

元符三年，七十四歲。

徽宗立。請老，徙河南。

正月己卯，哲宗崩，皇太后諭遺制，立弟端王即位于柩前，皇太后權同處分軍國事，七月罷同聽政。楶在涇原四年，凡創州一、城砦九，薦拔偏裨，不間廝役，至于夏降人折可適、李忠傑、朱智用，咸受其馭。夏自平夏之敗，不復能軍，屢請命乞和，哲宗亦爲之寢兵。楶之邊功，爲西方最。時章惇用事，楶與惇同宗，其得興事，頗爲世所疑（《宋史》卷三二八本傳）。

三月八日，罷提舉弓箭手司，從章楶之請也（《宋會要輯稿》職官四四之五三、兵四之一）。

建中靖國元年，七十五歲。

秋七月辛巳，自端明殿學士、通議大夫、提舉中太一宮兼集禧觀使除同知樞密院。

制曰：「朕惟天下治安之本，實在二府。故文武雖若異任，而眷注未嘗不均。必求其人，以贊樞密。具官章楶，受知哲廟，擢付帥權。既生致于酋豪，且廣恢于境土。屢形捷奏，數被褒嘉。眷宥密之須才，越班聯而登用。蔽自朕志，寵示殊恩。惟不忍肝腦之涂郊原，故能愛重人命；惟備見飛輓之耗帑廩，故能愼惜邦財。事在變通，爾知之矣。勉思所以善其後者，以副朕躋民仁壽之意。」（《道鄉集》卷一七）

俾其子綡爲開封府推官以便養（《宋史》卷三二八）。

崇寧元年，七十六歲。

七月二十六日，通議大夫、同知樞密院事章楶罷爲資政殿學士充太一宮使（《宋會要輯稿》職官七八之三〇）。

制曰：「陳力不能，義所當止；知足不辱，道莫與京。維時弼臣，乃國俊老。深明出處之大致，用示終始之至恩。具官章楶，直亮而剛明，忠勤而壯毅。能守正而不膠于變，善畫策而不詭于經。頃者節制一方。威名萬里。生擒黠虜，坐解重圍。非徒月三捷之來，抑亦日百里之辟。屬元祐朋奸之復作，嗟熙寧成算之至危。大肆邦誣，幾開邊隙。逮延登於樞筦，因助振於國威。方資經制之良，遽奏節宣之適。章屢卻而復上，志愈堅而不回。祈即便安，務從和理。陞華秘殿，授節祠宮。亦既完難進易退之風，行且致勿藥有喜之慶。將安將樂，永介壽康。言旋言歸，尚副虛佇。」楶自建中靖國元年七月除同知樞密院事，至是年七月罷。執政僅一年（《宰輔編年録》卷一一）。

旋卒。八月一日，上幸資政殿學士、中太一宮使章楶第臨奠。賻賜優厚，謚莊簡，贈右銀青光祿大夫（《宋會要輯稿》禮四一之二〇、禮四四之一七、禮五八之九二、儀制一一之五）。追贈三代，夫人和氏封秦國夫人。

楶七子：縡、綜、綡、綰、綖、縯、縝。

縡（一〇五四—一一一九）字伯成，熙寧九年進士，調衛州汲縣主簿，升堆州防禦推官，知恩州錄事參軍，元祐三年，用舉者改左宣德郎知邠州三泉縣。秦公爲陝西轉運使，以嫌自列，改知越州蕭山公治縣。紹聖三年，調高密郡王大小學教授，遷宗正丞。徽宗即位，提舉江南東路常平，奏對稱旨，留爲開封府推官，以秦公薨去位，卒喪除尚書祠部員外郎，俄遷戶部郎中，出爲提點淮南東路刑獄、權知揚州兼提舉香鹽事。時方鑄崇寧大錢，令下，市區晝閉，人持錢買物，至日旰，皇皇無有售。縡飭市易務致百貨，以小錢收之；且檄倉使糶米，以大錢予之，盡十日止，民心遂安。未幾，新鈔法行，舊鈔盡廢，一時商賈束手，或自殺。縡得訴者所持舊鈔，爲錢以千計者三十萬，上疏言鈔法誤民，請如約以示大信。上怒，罷縡，降兩官。政和元年復故官，提點成都府路刑獄，以母秦國太夫人和氏年八十五丐近地，詔徙京東東路。明年丁母憂，憂除，提點江州太平觀。秩滿，再爲杭州洞霄宮，有文集三十卷，官至朝奉大夫。妻何氏，屯田員外郎何辟非之女，二男五女（《鴻慶居士集》卷三三《宋故左朝奉大夫提點杭州洞霄宮章公墓誌銘》、《宋史》卷三二八）。

綜，歷通判常州，蔡京復相，興制獄，傾章氏，竄綜秀州（《宋史》卷三二八）。

綡（一〇六二—一一二五）字子上，一字子京，元祐二年試國子監第一，調河南府洛陽縣主簿，除京兆府府學教授。秦公帥涇原，充主管機宜文字，用舉者改宣德郎。徽宗御極，推恩遷奉議郎，通判鎭戎軍。秦公守邊四年，幕府簿尺籍伍符檄書請奏皆自綡手。秦公薨，上臨其喪，勅中貴人錄嘗爲機宜者姓名以進。免喪召對，除秘書省校書郎，歷陝西運判，入爲戶部員外郎。以得罪蔡京，出知湖州，言者不已，差主管西京崇福宮。未幾，以弟綖誣竄溫州。大觀三年，復故官通判秀州。已而又坐陝西漕事奪三官，綡移書當路詆京曰：「黨朋交譽，相謂伊周，愆直不平，斥爲莽草。」天下聞而壯之。四年，復召爲校書郎，遷倉部員外郎，再遷起居舍人。政和四年，守本官致仕，八年落致仕。方臘亂，進直龍圖閣知越州。宣和七年卒，年六十四。娶王氏，文康公王曙之曾孫。四子一女，女嫁晉陵孫覿。綡尊王氏學，著書三十卷，醇深雅奧，發明經術（《鴻慶居士集》卷三三《宋故左朝請大夫直龍圖閣章公墓誌銘》、《宋史》卷三二八，《宋元學案補遺》卷九八）。

縡，歷官知丹徒縣，蔡京復相，興制獄，

傾章氏，竄縮睦州（《宋史》卷三二八）。

綖，字君逶，簽判西安州。蔡京復用，諷御史誣奏綖盜鑄爲奸利，時綖居蘇州，詔遣李孝壽、張茂直、沈畸、蕭服更往鞫之，連繫數百人，累月卒無實，獄多死者。京大怒，別遣孫傑鞫之，傅致如章，綖刺面配沙門島，追毁出身以來文字，除名勒停，籍入其家。兄弟皆坐，章氏一網盡矣。張商英入相，始辨其獄，綖移常州，頃之，改内殿崇班（同上）。

績，簽判蘇州，坐綖誣竄永州，張商英入相，復官（同上，又《鴻慶居士集》卷三三《宋故左朝請大夫直龍圖閣章公墓誌銘》）。

縝：事迹暫闕。

楶孫茇、盡等俱列仕顯。

婿劉逵，字公路，隨州隨縣人，進士高第，調越州觀察判官。入爲太學、太常博士，禮部、考功員外郎，國子司業。崇寧中，連擢秘書少監、太常少卿、中書舍人、給事中、戶部侍郎。使高麗，遷尚書。繇兵部同知樞密院，拜中書侍郎。逵初以附蔡京躐進。京以彗星見去相，而逵貳中書，首勸徽宗碎元祐黨碑，寬上書邪籍之禁；凡京所行悖理虐民事，稍稍澄正。京復用，言者論庇其婦兄綖盜鑄，罷知亳州，再責鎮江軍節度副使、安州居住。京再以星變去，稍起知杭州，加資政殿學士，以醴泉觀使召，及都而卒，年五十，贈光祿大夫（《宋史》卷三五一本傳、《乾道臨安志》卷三、《咸淳臨安志》卷四六）。

婿劉何，秦鳳路提點刑獄，後爲淮南江浙發運使、集賢殿修撰（《續資治通鑑長編》卷四九一、四九四，《宋史》卷九六，《擒文堂集》卷五）。

章楶一生，早以蔭補官，三十九歲試禮部第一，文采風流，與東坡、許將等人詩酒過從。臨老守邊，多有戰事，克敵制勝，功績卓著，亦一時良將，平夏大捷，足洩永樂之憤矣。不幸身後諸子卻被奸臣蔡京構陷誣枉，章氏一網盡矣，悲乎！

宋孫莘老先生年譜

（清）茆泮林 編
曹清華 校點

清道光二十五年高郵甘雨亭刊本

孫覺（一〇二八—一〇九〇），字莘老，高郵（今屬江蘇）人。皇祐元年進士，歷合肥主簿、館閣校勘。神宗朝爲右正言，知諫院，以忤王安石出知廣德軍，歷知湖、廬、潤、蘇、福、亳、揚、徐州、應天府，召爲太常少卿，改秘書少監。哲宗即位，遷右諫議大夫，擢御史中丞。元祐五年卒，年六十三。

孫覺早從胡瑗學，善於論議，尤長于《春秋》，著有《春秋經社要義》六卷、《春秋經解》十五卷、《春秋學纂》十二卷、文集四十卷、《奏議》十二卷、《外集》十卷、《荔枝唱和詩》一卷。今存《春秋經解》十五卷、《孫莘老先生奏議事略》一卷、《補遺》一卷。事蹟見《東都事略》卷九二、《宋史》卷三四四本傳。

此譜爲高郵茆泮林編，編者自稱「惓惓於鄉之賢人君子」，乃「表揚先哲」之作，成於清道光年間。是譜依據史傳所載，博引群書，正誤考異，於譜主仕歷、交游、學術、政績等均有考述，可補史傳之不足。

高郵地介揚楚，有宋之世爲南北要區，魏公瞻衮之堂、忠武駐兵之地、蘄王復築之城，赫然在人耳目。其間人材輩出，著者莫如孫龍圖莘老、秦學士少游。秦氏《淮海集》盛傳於世，龍圖始終大槩見於《宋史》本傳，其書則《春秋傳》十五卷僅存，所稱《文集》、《奏議》六十卷，今已不可得見。夫君子爲善於鄉，宣力於國，後之人得其遺聞軼事於簡斷編殘之餘，猶慨慕焉，弗能置。矧先生德量淵涵，樹立閎遠，爲一代偉人哉！文學茆君雩水，郵之後進也。垂老一衿，家徒四壁，中年迭遭困頓，遂日以著述爲樂。嘗輯十種古逸書，儀徵相國序而行之。曩余續脩《郵志》，得君甓社餘聞，備採擇焉。兹編《莘老先生年譜》，旁徵博引，辨析詳明，於先生出處大節、立朝風軌，以至一交際、一游歷，視史傳加詳，俾覽者按年可稽也。茆君齒近七十，閉户研書，不求聞達，獨惓惓於鄉之賢人君子，其景行可知矣。秦郵文獻之邦，代有傳人，如茆君者，固當世不可多得哉。余故亟梓之，以爲深心好古者勸。道光二十有五年歲在乙巳夏五月天中節，湘鄉左暉春並書于震澤縣衙之詠史精廬。

宋孫莘老先生年譜

高郵後學茆泮林纂

宋仁宗天聖六年戊辰，先生生。

姓孫氏，名覺，字莘老。先世江都人，徙居高郵。曾祖諱公誠。祖諱再忻。父諱億，太常寺奉禮郎。母元氏。

案：先生先世名諱、有無官秩，《宋史》本傳不詳，兹據宋畢仲游《西臺集·孫公傳師墓志銘》載入。「父贈銀青光祿大夫，母贈河東郡太君」，不知在何年，附此存攷。

天聖七年己巳

天聖八年庚午

天聖九年辛未

明道元年壬申，五歲。

始入學。

宋人入學，男子多用五歲或七歲，見趙與時《賓退錄》。案《邑志》，先生嘗從鄉先生喬竦學。喬竦字立之，臨澤人，以鄉先生教授州里，倡明孔孟之教，從遊者多以文行知名，一時淮南數千里間，其視高郵若齊魯。孫龍圖覺亦其徒也。竦卒，先生撰墓銘。今未能確指從學何年，首載於此。

明道二年癸酉

景祐元年甲戌

景祐二年乙亥

景祐三年丙子

景祐四年丁丑

寶元元年戊寅

寶元二年己卯

康定元年庚辰

慶曆元年辛巳

慶曆二年壬午，十五歲。

通《易》、《書》、《春秋經》大義。

慶曆三年癸未

慶曆四年甲申

慶曆五年乙酉

慶曆六年丙戌，十九歲。

娶某氏。

案：宋秦少游《淮海集》與先生簡云：「前書聞姨婆縣君服藥甚久，徐氏弟兄及妻子皆憂撓，不知所爲。」疑是娶於徐氏。

慶曆七年丁亥，二十歲。

從海陵胡瑗游，入經社。

《宋史·孫覺傳》：「覺甫冠，從胡翼之游。」

案：《宋史》作胡瑗，《國史傳》作胡翼之，載先生《春秋經解》書前。以下凡與《宋史》小異者，俱參《國史》本傳。

慶曆八年戊子，二十一歲。

《春秋經社要義》成。

宋陳振孫《直齋書錄解題》：「《春秋經社要義》，龍圖閣學士孫覺莘老撰。覺從胡安定游，門弟子以千數，別其老成者爲經社。覺年最少，儼然列其間，衆所推服。」此殆其時所作也。

是歲，歐陽修知揚州，先生往謁。

宋蘇軾《東坡集》：「頃歲，孫莘老嘗請益於歐陽公。公曰：『此無他術，唯勤讀書而多爲之，自工。世人患作文字少，又懶讀書，每一篇出，即求過人，如此少有至者。疵病不必待人指摘，多作自見之。』孫書於座右。」

宋周煇《清波雜志》亦載。

皇祐元年己丑，二十二歲。

登馮京榜進士第，爲河南縣主簿。

《宋史·李常傳》：「常與孫覺齊名，俱受知於呂公著。」

案：先生登第後爲河南縣主簿，《宋史》本傳不載，兹據邵伯溫《聞見錄》纂入。詳後。

是歲，甓社湖珠見。

宋邵伯溫《聞見錄》：「孫覺龍圖未第時，家高郵，與士大夫講學於郊館別墅。一夕晦夜，忽月光入窗隙。孫異之，與同舍望光所在行二十里餘，見大珠浮遊湖面上，其光屬天，旁照遠近。有崔伯易者作《感珠賦》記之。熙甯二字邵《録》誤也。初，孫登科爲河南縣主簿，自云。」

宋龐元英《文昌雜錄》：「禮部李侍郎說：『祕書少監孫莘老莊居在高郵新開湖邊。嘗一夕陰晦，莊客報湖中珠見。與數同人行小草徑中，至水際，見微有光彩，俄而光明如月，陰霧中人面相睹。忽見蚌蛤如蘆蓆大，一殼浮水上，一殼如張帆狀，其疾如風。舟子飛小艇逐之，終不可及，既遠乃沒。』」

案：宋沈（适）〔括〕《夢溪筆談》載此事在嘉祐中，不言莘老。今不錄。明隆慶《高郵州志》稱：「嘉祐甓社湖神珠見。是年，莘老登第。」蓋沿《筆談》之誤。沈《談》又以此珠色不類月，熒熒有芒燄，殆類日光。與前二說亦異，存攷。崔伯易《賦》載《高郵舊志》。

皇祐二年庚寅，二十三歲。

簿河南。

案：宋時選人七階，初階不到任。主簿乃七階之一。先生登第後爲河南簿，當是初階空銜。是年或由初階得調，未可定。今因先生合肥滿秩，當在至和，故此仍以簿河南繫之。

皇祐三年辛卯，二十四歲。

調合肥主簿。

《宋史·孫覺傳》：「調合肥主簿。歲旱，州課民捕蝗輸之官，覺言：『民方艱食，難督以威刑，若以米易之，必盡力，是爲除害而享利也。』守悅，推其說下之他縣。」

案：先生調合肥簿不詳何年。《通鑑綱目》：「皇祐三年秋八月，京東淮浙饑。諫官言：『近歲以來，水不潤下。』」合肥屬淮南道，今據作皇祐三年。

皇祐四年壬辰，二十五歲。

在合肥。

皇祐五年癸巳，二十六歲。

在合肥。

至和元年甲午，二十七歲。

合肥簿滿秩，入都注令。

宋王安石《荆公集·別孫莘老》詩，李壁箋注云：「莘老嘗爲宣州太平縣令。此是合肥簿滿秩，入都注令時也。」

改官爲太平令，呂同從學。

宋王闢之《澠水燕談錄》：「孫莘老初爲太平令，有呂同者學於孫。一夕，夢試南宮中高選，主文孫也，衣緋魚。覺以告孫，孫曰：『子學已充，料不日取高第，而某方任州縣，何事文衡？況朱衣豈主文服耶？』」熙甯初，呂赴禮部試。孫以記注知諫院同知貢舉，尙衣緋。呂大喜，必在高等。俄又被黜，大悵恨，自放江湖，無復宦意。元豐初，呂以五舉免解，再赴禮部。孫以祕書少監知舉，尚衣五品服。榜出，呂預高薦。」

案：先生爲太平令，《宋史》本傳不載，兹據補。時王令與先生素親厚，竊意先生寄詩逢原，欲招致官舍，故《廣陵集》答先生詩云：「高門鞍馬日光榮，勢力紛紛起共爭。偶以不能聊自便，敢於兹世獨求清。生無人愧甯非樂，死有天知豈待名。客食官居同是苟，何須稱別異平生。」玩王詩起句，當是先生新爲縣令時也。

至和二年乙未，二十八歲。

在太平。

案：王令《廣陵集》寄先生詩云：「默默不自得，勞勞非所任。不與君子逢，誰復明此心？偶客來自南，口有千里音。知無木索勤，頗復山水吟。對之爲一笑，欣如獲千金。宣城風物佳，古語昔已忱。太平在其右，道途邈幽深。溪流渺彎環，山勢屹抱臨。況復寂寞人，黄綬事陸沈。公田秫既收，客席酒屢斟。悔予昔南浮，不往一就尋。波濤忘日月，疾病廢古今。歸來就羈銜，外慮日已侵。適時愧非材，對客輒自瘖。譬如火炙膚，暫忍久莫禁。唯思百畝田，爲可足釜鬵。投身脱世籍，斂足蹈古箴。寄言所同懷，相期在中林。」此詩未能確指何年寄，然定是先生在太平時也，引次於此。

嘉祐元年丙申，二十九歲。

在太平。

嘉祐二年丁酉，三十歲。

在太平。

嘉祐三年戊戌，三十一歲。

在太平。

案：《王荆公集·度麾嶺寄莘老》詩云：「區區隨傳換冬春，夜半懸崖託此身。豈慕王尊能許國，直緣毛義欲私親。施爲已壞平生學，夢想猶歸寂寞濱。風月一歌勞者事，能明吾意可無人。」是詩歲月無攷，惟集中《寄沈鄱陽》詩云「夜過麾嶺月明中」，荆公自注：「時爲江東提刑。」攷《宋史》，故知在嘉祐三年也。又案《别莘老》詩李壁箋注：「介甫自群牧出憲江東，莘老時猶在太平。介甫集有《與莘老》一書，論朋友切磨及鹽秤子事，可見二公情分，其始事未嘗不同也。」《王臨川文集·與孫莘老書》：「某昨日相見，殊匆匆。所示及信獄事，深思如此難處，足下試思其方，因書示及。今世人相見，誠未有切磋琢磨如古之朋友者，蓋能受善言者少。幸而其人有善人之意，而與游者猶以爲陽，不信也，此風甚可患。如某之不肖，雖不爲有道許，足下猶當以善言處我，而未嘗有善言見賜，豈以爲不足語乎？足下尚如此，復何望於今世人也！某爲是事，雖亦多復辨論，非敢自強蔽以所職，直以爲不如是，則亦有所未悟，彼此之理不盡。在他人，或以不能敬受其說，而欲是者因而遂已；在足下聰明，想宜知鄙心，要當往復窮究道理耳。古之人，未有不須友以成者。蓋無朋友，則不聞其過，最患之大者。況某之不肖，所學者非世之所可用，而所任者非身之所能爲，忍心拂性，苟取衣食，而冒人之寄（厲）〔屬〕，其太過宜日日有，方理稽求，可以自脫，冀足下時見諭也。鹽秤子騷擾事，幸疏示其詳，不敢作足下文字施行，要約束今後耳。足下既受人民社稷於上官，勢亦不得有所避，避太過，則其事將不直，而職事亦何由理也！如鹽秤子事，悉望疏示，自足下職事，然某不敢漏露也。《至麾嶺鄉》詩，奉寄一覽也。秋冷，自愛。」

讀此書，益見二公當時情分。

嘉祐四年己亥，三十二歲。

正月，詔編校昭文館書籍，在京師。

《宋史·孫覺傳》：「仁宗擇名士編校昭文書籍，覺首預選，進館閣校勘。」王安石《臨川文集·奏舉人編校昭文館書籍孫覺著作佐郎制》：「先帝置校讎之官，所取皆天下望士。爾惇行力學，爲時俊傑；治民有紀，稱者衆多。會課進遷，往共厥服。可。」

案：本傳不詳何年，據宋程俱《麟臺故事》：「嘉祐四年正月，三館祕閣各置官編校書籍。」故知先生被召，當在是年也。《玉海》作「四年二月」。

又案：《廣陵集》附注先生《呈逢原雜詩》云：「鴻雁最知時，未逃羅與網。不能忘稻粱，千里安得往。鳴蜩腹空虛，見啄因其響。丹鳳穴九霄，虞人常夢想。」逢原效先生體云：「魚蝦無所能，動輒困人得。蛟龍能則乖，覆舟取人食。龜鱉雖謂殊，刳剝同一劇。龍不入網羅，亦不爲人識。」又云：「犬羊養於人，壯則人食之。猛虎嗜人肉，終昧獵者機。豺狼與狗同，爲害豈必威。封狐能爲人，還作行子妻。」先生呈逢原及逢原效先生詩，今未能確指何年作，玩其語意，疑是同時以名士被召也。逢原是年六月卒。

嘉祐五年庚子，三十三歲。

在京師。

嘉祐六年辛丑，三十四歲。

自京師歸高郵。黄庭堅來謁，以女許嫁庭堅。

宋黄庭堅《山谷年譜》：「嘉祐六年，庭堅年十七。從李公擇學，始識孫公，得聞言行之要。啓迪勸獎，使知向道之方，孫公爲多。孫公憐其少立，以女歸之。」

案陳《書目》錄曾鞏《序》：「是年八月，有與詔校讎陳、梁等書之役。」而山谷詩《和答莘老見贈》云：「往歲在辛丑，拜公古邘溝。」故知先生自京師歸高郵。

嘉祐七年壬寅，三十五歲。

在漣水軍。俞澹、黄庭堅從學。

宋葉夢得《避暑錄話》：「俞澹字清老，揚州人。與魯直同從孫莘老學於漣水軍。魯直時年十七、八，自稱清風客。」

嘉祐八年癸卯，三十六歲。

在京師。七月，與趙彥若、孫洙、曾鞏等校定《陳書》，上之。

案陳《書目》錄《序》：「嘉祐六年八月，始詔校讎宋、魏、梁、齊等書，而臣等言梁、陳等書缺，愿詔京師及州縣藏書之家悉上之。至七年冬，稍稍始集，臣等以相校。至八年七月，《陳書》三十六篇始定。」《序》末稱「臣某某等謹叙目錄，冒死上」，據此則受詔在六年，校定在八年，故七年先生得在漣水也。

英宗治平元年甲辰，三十七歲。

在京師。

宋劉延世《孫公談圃》：「滕達道、錢醇老、孫莘老、孫巨源，治平初仝在館中。花時，人各歷數京師花最盛處。滕曰不足道，約旬休日率同舍遊。三人者如其言，達道前行，出封丘門，入一小巷中，行數步至一門，陋甚。又數步至大門，特壯麗。造廳下馬。主人戴道帽，衣紫半臂，徐步而出。達道素識之，因曰：『今日風埃。』主人曰：『此中不覺，諸公宜往小廳下。』則雜花盛開，雕欄畫楯，樓觀甚麗，水陸畢陳，皆京師所未嘗見。主人曰：『此未足佳。』頤指開後堂門，坐上已聞樂聲矣。時在諒闇中，莘老辭之，衆遂去。莘老嘗語人：『平生看花只此一處。』」

治平二年乙巳，三十八歲。

在京師。先生弟傳師先生覽登彭汝（勵）〔礪〕榜，與邑中孫君孚升、喬希聖執中同進士第。

《談圃》：「黃魯直得洪都解頭赴省試，孫君孚、喬希聖數人待榜。相傳魯直爲省元，同舍置酒，有僕自門被髮大呼而入，舉三指，問之，乃君孚與同舍三人，魯直不與。坐上數人皆散去，至有流涕者。魯直飲酒自若，飲罷，與君孚同看榜，不少見於顏色。公嘗爲其婦翁孫莘老言，甚重之。」案：「公嘗爲」云云，疑非當時言。傳師登第時，先生似已不在京師，或當有出爲縣令之役，亦未可定。

治平三年丙午，三十九歲。

爲吴江令，修垂虹橋。

宋范成大《吴郡志》：「垂虹橋，慶曆八年縣尉王庭堅建。治平三年，縣令孫覺重修，以木爲之。」

治平四年丁未，四十歲。

復在京師，直集賢院，擢右正言。

《宋史·孫覺傳》：「神宗即位，覺直集賢院，爲昌王記室。王問終身之戒，爲陳諸侯之孝，作《富》、《貴》二箴。擢右正言。」

案《宋史·英宗紀》：「四年正月，崩。太子頊即位，是爲神宗。」先生爲右正言。本傳叙在神宗將革弊政之前，故編入治平四年。

神宗熙甯元年戊申，四十一歲。

正月，詔修《英宗實録》，與曾鞏充檢討官。

宋晁公武《讀書志》：「熙甯元年，詔修《英宗實録》。曾公亮提舉，吕公著、韓維修撰，孫覺、曾鞏檢討。」

神宗將大革弊政，先生上言。

《宋史·孫覺傳》：「神宗將大革積弊。覺上言：『弊政固不可不革，革之而當，其悔乃亡。』神宗稱其知理。嘗從容語及知人之難，覺曰：『堯以知人爲難，而終享其易。蓋知人之要，在於知言。而人主用臣之道，曰任賢使能而已。賢能之分既殊，任使之方亦異。至於所知有限量，所能有彼此，是功用之士也；可以處外而不可以處内，可以責之事功而不可責之言議。陛下欲與太平之治，而所奬拔數十人者，多有口才而無實行。臣恐日浸（日）（月）長，彙征牆進，充滿朝廷之上，則賢人日去，正人日遠，其爲禍患，尙可以一二言之哉。願觀之《詩》、《書》之所任使，無速於小利近功，則王道可成矣。』」

案《宋史》：「熙甯元年正月朔，日食，帝不受朝，詔宰臣極言闕失，謂文彦博曰：『天下弊事至多，不可不革。』」故知先生上言在此時也。

疏論邵亢，奪官兩級，判越州。

《宋史·孫覺傳》：「邵亢在樞府，無所建明。神宗語覺，欲出之，而用陳升之以代。覺退，即奏疏如所言，神宗以爲希旨，奪官兩級。執政曰：『諫官有出外，無降官之理。』神宗曰：『但降官，自不能住。』覺連章丐去，云：『去歲有罰金御史，今茲有貶秩諫官，未聞罰金貶秩，而猶可居位者。』乃通判越州。」

案《通鑑綱目》：「熙甯元年十二月，邵亢罷。」

復右正言，旋罷。《宋史·孫覺傳》。

案：《綱目》稱先生爲右正言，以言事忤帝意，罷去。此當是復右正言時事，與疏邵亢希旨固當另是一事。

徙知通州。

《通州志》：孫覺《過掘港營寨》詩云：「海口來屯數百兵，貔貅嚴衛號精明。馳驅每列長蛇陣，駐劄無殊細柳營。千里旌旗驚遠寇，四圍戈戟比重城。遐陬未解將軍令，石礮聲疑辟歷聲。」

熙甯二年己酉，四十二歲。

自通州召還，知諫院，同修起居注。《宋史·孫覺傳》。

以記注知諫院，同知貢舉。

案：先生知貢舉，《宋史》本傳不載，茲據《燕談錄》纂入。詳見前。

改知審官院。

《宋史·孫覺傳》：「王安石蚤與覺善，驟引用之，將援以爲助。時呂惠卿用事，神宗詢於覺，對曰：『惠卿辯而有才，過於人數等，特以爲利之故，屈身於安石，安石不悟，臣竊以爲憂。』神宗曰：『朕亦疑之。』其後王、呂果交惡。」

疏論滕甫。

案：先生論滕元發，《宋史》本傳不載。《東坡集·滕公墓志》稱「唐淑問、孫覺言滕公短，上不信」，當即此事。《通鑑綱目》：「滕甫熙甯二年罷知開封府。」墓志叙事，在罷開封府之後，故附此。

熙甯三年庚戌，四十三歲。

知審官院。二月，韓琦請罷新法，爲王安石所沮。先生疏論，不聽，貶知廣德軍。

宋李燾《續通鑑長編》：「熙甯三年，呂公著在言職。上諭執政，以公著自貢院出，上殿言朝廷摧沮韓琦太甚，將興晉陽之甲，以除君側之惡，王安石怨公著叛己，因此用爲公著罪。孫覺嘗言：『今藩鎮大臣如此論列，而遭挫辱，若唐末五代之際，必有興晉陽之甲，以除君側之惡者矣。』上誤記以爲公著也。」原注：「公著《家傳》云：三月十一日壬寅，諫官孫覺見上論青苗事，且言條例司駁韓琦疏，鏤板行下，非陛下所以待動舊大臣之意。後二日甲辰，公著見上，復極論青苗事，然未嘗及琦也。已而，上謂執政曰：『呂公著、孫覺皆極言青苗不便，且云駁難韓琦非是。』因面詰王安石、韓絳，不當鏤板，初無罪覺意。覺既被黜，執政遂以覺語加公著。及公著黜，覺猶艤舟城東，未赴廣德，乃謂人曰：『韓琦事，獨覺言及之耳。』然後人知公著未嘗言琦。」

案邵博《聞見後録》：「申公素謹密，實無此言。或云孫覺莘老嘗爲上言，上已忘其人，但記美鬚，誤以爲申公。」

《宋史·孫覺傳》：青苗法行，首議者謂《周官》泉府，民之貸者，至輸息二十而五，國事之材用取具焉。覺奏條其妄曰：「成周賒貸，特以備民之緩急，不可徒予也，故以國服爲之息。然國服之息，說者不明，鄭康成釋經，乃以王莽計贏受息，無過歲十一爲據，不應周公取息，重於莽時。况載師所任地，漆林之征特重，所以抑末作也。今以農民乏絕，將補耕助斂，顧比末作而征之，可乎？國家取具，蓋謂泉府所領，若市之不售，貨之滯於民用，有買有予，幷賒貸之法而舉之焉。倘專取具於泉府，則冢宰九賦，將安用耶？聖王宜講求先王之法，不當取疑文虛說以圖治。今老臣疏外而不見聽，輔臣遷延而不就職，門下執（政）〔下〕而不行，諫官請罪而求去。臣誠恐奸邪之人，結黨連伍，乘衆情之洶洶，動搖朝廷，釣直干譽，非國家之福也。」安石覽之，怒，覺適以事詣中書，安石以語動之曰：「不意學士亦如此！」始有逐覺意。會曾公亮言畿縣散常平錢，有追呼抑配之擾，覺亦上言府界諸縣此下至「出知廣德軍」參魏泰《東軒筆録》補入。百姓率不願請，往往追呼抑配，深爲民害。安石因請遣覺行視虛實。主上俾覺同府界提點，往諸縣體量有無追呼抑配之事。覺既受命，面奏曰：「敢不虔奉詔旨，即日治行。」既而，復上疏曰：「臣聞古者有言之者，有行之者，故言者不責其必行，行者不責其能言。臣備員諫省，以言語爲官矣，又能一二而行之乎？且如陳留一縣，前後曉示，情愿請錢，卒無一人至者，故陳留不散一錢。以此見民實不愿與官相交。所有同體量指揮，望賜寢罷。」遂以覺爲反覆，落同修起居注，出知廣德軍。

案：先生出京，盧桐來餞。《談圃》：「盧桐，昭州人。蔡挺薦爲國子直講。爲人樸質，不修人事。至京，杜門，以故皆疏之，唯孫莘老與之善。莘老見桐看《易》，詰其義，皆非今世所學，得京房歷數之說。莘老出京，桐夜半餞之，言莘老禍福，無不中者。」

在廣德軍，張戩與臺官王子韶論新法不便，乞首召還先生，不聽。《宋史·孫覺傳》。

在廣德軍。

熙甯四年辛亥，四十四歲。

十二月，移知湖州。

《宋史·孫覺傳》：覺徙湖州，適大水，歲饑，百姓相率亡去。覺賑以倉廩，躬自撫循，所活不可勝計。嘗因松江隄沒，參《國史傳》補入。易築石隄以禦湖水，隄高丈餘，長百里，參《國史傳》補入。隄下化爲良田。民甚德之。

案：先生自廣德軍徙湖州，適大水，《宋史》本傳不詳何年，茲據蘇東坡《墨妙亭記》所識年月編入。

爲屯田郎中俞汝尚作墓表。

宋蘇軾《東坡詩集》施宿注：「汝尚，字退翁。第進士，以屯田郎中致仕。遂年，忽告其妻黃《談圃》作袁。曰：『人生七十者稀，吾與夫人皆以過之，可往矣。』黃曰：『我先去。』退翁曰：『善。』後三日，黃沐浴化去。退翁明日召諸子告曰：『吾亦行矣。』俄隱几而終。孫莘老以爲事類龐公，表其墓，秦少游爲書之。」

案《宋史·隱逸傳》：「汝尚以屯田郎中致仕。先生與兩蘇公及李公擇皆賦詩文歎美之。」唯卒後作墓表事不載，茲故據《蘇詩》施注，攷《宋史》傳，本出《國史》。周必大《益公題跋》：「《四朝國史》於《遺逸》中立《俞退翁傳》，大槩用孫莘老所作墓表。唯自西川召爲御史，力辭不拜，墓表但云『以（關）〔闕〕員召』。」據此，則先生志墓之文可見。竝知《宋史》不載先生墓表之由，蓋其文已采入傳也。

又案《淮海年譜》元案，時少游蓋在先生幕府也。以下引《蘇詩》及《蘇詩注》，多依《東坡年譜》，引少游詩文亦多依《年譜》及《文集》。

《春秋經解》成，先生自序。

《春秋》者，魯國之史，孔子老而後成之書也。孔子曰：「吾自衛反魯，然後樂正，雅、頌各得其所。」又曰：「加我數年，五十以學《易》，可以無大過矣。」是刪《詩》、《書》，定《禮》、《樂》，在於反魯之年，而贊《易》在於五十之後也。《春秋》止於獲麟，而孔子止於沒麟之後二歲耳，是孔子於未沒之前猶記《春秋》之事。則《春秋》之於六經，最爲深義也。孔子於未老之前不作《春秋》，必其老而後作者，蓋孔子尚壯，猶冀當時之君有能感悟而用之者矣。奈何周旋天下，至於窮老，而一丘之地不可得，一旅之民不可有。孔子之年益老，而天下之亂不止，至於臣弒君，子弒父，而天子不加誅，方伯不致討，三綱五常埽地俱盡。孔子於是因魯之史，以載天子之事，二帝三王之法，於是乎在。《春秋》之所善，王法之所與也；《春秋》之所惡，王法之所棄也。至於修身、正家、理國、治天下之道，君臣、父子、兄弟、夫婦之法，莫不大備。故前史云：「爲人臣而不知《春秋》，必蒙首惡之名；爲人子而不知《春秋》，必陷大逆之罪。」故學者不可以不務也。《春秋》之作，蓋以天下無主，而孔子以王法正之。誅罰褒賞者，天子之事也，故孔子曰：「知我者其惟《春秋》乎，罪我者其惟《春秋》乎！」作傳者既不解孔子所以作《春秋》之意，而杜預、何休之徒，又妄爲之說。如杜預之說，則曰：「周德既衰，官失其序，諸所記注多違舊章。仲尼因魯史，策書成文，考其眞僞，而志其典禮，其教之所存，文之所害，則刊而正之，其餘則皆用舊史。」若如其說，則孔子乃一史官耳。《春秋》既曰作之，又徒因其記注即用舊史，則聖人何用苟爲書也？何休之說曰：「《春秋》將以黜周、王魯。」孔子爲天下無王，乃作《春秋》，何得云黜周、王魯？如《經》書「王正月」者，大一統也；先王人者，卑諸侯也；不書王戰者，以見天下莫之敵也；書王而加「天」者，別乎楚之僭僞也。《春秋》尊王如此，安得謂之黜周乎？作傳者既不解孔子所以作《春秋》

之意，而注釋者又妄爲之說。至今好怪之徒，更增引血書、端門諸讖緯之說以解《春秋》，此啖氏所謂「宏綱既失，萬目從而失去」者也。故自孔子之沒，能深知孔子之所以作與《春秋》之所以存者，孟子耳。孟子曰：「王者之迹熄而《詩》亡，《詩》亡然後《春秋》作。」孟子之意，以謂王者號令尚行於天下，而於號令之中有過差失謬，則詩人得以刺規而正之。至其大亂，而王道板蕩，號令不行，天子名存而已，則孔子作《春秋》，以代其賞罰也。《春秋》既成，孔子不久而沒，又其書刺譏誅絕，多病當時之人，不可顯傳於世，故門弟子受業《春秋》者，無聞焉。其後遂有《春秋》五傳，鄒氏、夾氏久已不傳，而《左傳》、《公》、《穀》代興於漢。然其祖習傳受，傳記不明，如習《左傳》者，即託爲丘明，言與孔子同其好惡，又身爲國史，所載皆得其眞。然左氏之書，時亦失謬，此亦黨左氏之言也。習《公》、《穀》者，又言孔子經成，獨傳子夏，公羊高、穀梁赤皆子夏門人。若二子同出子夏之門，不應傳有同異，此亦黨《公》、《穀》之言也。三《傳》之出既已訛謬，諸儒之說不可依據，但當取其是而舍其非耳。《春秋》之名，說者亦衆，如左氏說韓宣子適魯，見《易象》與《春秋》。又孟子亦曰：「晉謂之乘，楚謂之檮杌，魯謂之春秋，其實一也。」是孔子於未作之前，已名《春秋》，孔子因之不改也。杜預曰：「史之所記，必表年以首事。年有四時，故錯綜以爲所記之名也。」《孝經》亦曰：「春秋祭祀以時思之。」是言春、秋可以舉四時，杜預之說亦得矣。三《傳》之作，既未可質其後先，但《左傳》多說事迹，而《公羊》亦存梗槩，陸淳以謂斷義，即皆不如《穀梁》之精。今以三家之說較其當否，而《穀梁》最爲精深。且以《穀梁》爲本，其說是非褒貶，則雜取三《傳》及歷代諸儒，唐啖、趙、陸氏之說，長者從之，其所未聞，即以所聞安定先生之說解之云。

案《宋史·神宗紀》：「是年三月，更定科舉法。從王安石議，專以經義、策論取士。既而請廢《春秋經》。」《書錄解題》云：「初，荆公欲釋《春秋》，以行於天下。而先生之書已出，一見而忌之，自知不復能出其右，遂詆聖經而廢之，曰：『此斷爛朝報也。』不列於學官，不用於貢舉云。」故附此。

熙甯五年壬子，四十五歲。

在湖州，輯《吳興詩集》。

《書錄解題》：「《吳興詩》一卷。熙甯中，知湖州孫氏集。」而不著名，以其時攷之，蓋孫覺莘老也。

作張氏《十咏圖序》。

宋周密《齊東野語》：先生《序》云：「富貴而壽考者，人情之所甚慕；貧賤而夭短者，人情之所甚哀。然有得於此者，必遺於彼，故甯處康強之貧、壽考之賤，不願多藏而病憂、顯榮而夭短也。贈尙書刑部侍郎張公諱維，吳興人。少年讀書，貧不能卒業，去而躬耕以爲養，善教其子，至於有成。平居好詩，以吟咏自娛，浮游閭里，上下於谿湖山谷之間，遇物發興，率然成章。不事雕琢之巧，采繪之華，而雅意自得，徜徉閑肆，往往與異時處士者爲輩。蓋非無憂於中，無求於世，其言不能若是也。公不出仕，而以子封至正四品，亦可謂貴。不治職而受祿養，以終其身，亦可謂富。行年九十有一，可謂壽考。夫享人情之所甚慕，而違其所哀，無憂無求，而見之吟咏，則其自得而無怨懟之辭，蕭然而有（哀）〔沉〕澹之思，其然宜哉。公卒十八年，公子尚書都官郎（中）先亦致仕。家居，取公平生所自愛詩十首，寫之縑素，號《十咏圖》，傳示子孫，而以序見屬。余既愛侍郎之壽、都官之孝，爲之序而不辭。都官字子野，蓋其年八十有二云。」陳振孫《跋》云：「子野爲《十咏圖》，當治平甲辰。又後八年，孫莘老爲太守，爲之作《序》，當熙甯壬子也。」

作墨妙亭。

《東坡詩集·孫莘老求墨妙亭》詩：《蘭亭》繭紙入昭陵，世間遺跡猶龍騰。顔公變法出新意，細筋入骨如秋鷹。徐家父子亦秀絕，字外出力中藏稜。嶧山傳刻典型在，千秋筆法留陽冰。杜陵評書貴瘦硬，此論未公吾不憑。短長肥瘦各有態，玉環飛燕誰敢憎？吴興太守眞好古，購買斷缺揮縑繒。龜趺入坐螭隱壁，空齋晝靜聞登登。奇蹤散出走吴越，勝事傳說誇友朋。書來乞詩要自寫，爲把栗尾書溪藤。後來視今猶視昔，過眼百世如風燈。他年劉郎憶賀監，還道同時須服膺。

蘇子由《欒城集·孫莘老墨妙亭詩次東坡韻》：高岸爲谷谷爲陵，一時豪傑空飛騰。身隨造化不復返，忽若野雀逢蒼鷹。當年碑刻最深固，風吹土蝕銷無稜。遺文漫滅雨中綠，翠石斷裂春後冰。古墳欲毀古廟廢，行人不去征鞍憑。書生耽翫立風雪，饑驢厭苦疲奴憎。愛之欲取恨無力，旋揮翠墨濡黃繒。不如好事孫太守，牛車徙置黃堂登。繞牆羅列耀圭璧，罷宴起讀娛賓朋。卻思遺跡本安在，原隰處處荒榛藤。田夫野老誰復顧，鬼火夜照來寒燈。廢興聚散一如此，反使涕泗沾人膺。

宋曾子固《元豐類稿·孫莘老墨妙亭》詩：隆名盛位知難久，壯宇豐碑亦易亡。棗木已非眞篆刻，色絲空喜好文章。峴山漢水成虛擲，大廈深簷且祕藏。好事今推霅溪守，故開新館集琳瑯。

《東坡文集·墨妙亭記》：熙甯四年十二月，高郵縣孫莘老自廣德移守吳興。其明年二月，作墨妙亭於府第之北、逍遙堂之東，取凡境內自漢以來古文遺刻以實之。吳興自東晉爲善地，號爲山水清遠，其民足於魚稻蒲蓮之利，寡求而不爭，賓客非特有事於其地者不至焉。故凡守郡者，率以風流嘯咏、投壺飲酒爲事。自莘老之至，而歲適大水，上田皆不登，湖人大饑，將相率亡去。莘老大振廩勸（公）〔分〕，躬自撫循勞來，出於至誠，富有餘者皆爭出穀以佐官，所活至不可勝計。當是時，朝廷方更化立法，使者旁午，以爲莘老當日夜治文書赴期會，不能復雍容自得如故事，而莘老益喜賓客，賦詩飲酒爲樂。又以其餘暇，網羅遺逸，得前人賦咏數百篇，爲《吳興新集》。其刻畫尙存，而僵仆斷缺於荒陂野草之間者，又皆集於此亭。是歲十二月，余以事至湖，周覽歎息，而莘老求文爲記。或以謂余，凡有物必歸於盡，而恃形以爲固者，尤不可長。雖金石之堅，俄而變壞，至於功名、文章，其傳世垂後猶爲差久。今乃以此託於彼，是久存者，反求助於速壞。此既古人之惑，而莘老又將深簷大屋以錮留之，推是意也，其毋乃幾於不知命也夫！余以爲知命者，必盡人事，然後理足而無憾。物之有成必有壞，譬如人之有生必有死，而國之有興必有亡也。雖知其然，而君子之養生也，凡可以久生而緩死者無不用，其治國也，凡可以存存而救亡者無不爲，至於不可奈何而後已，此之謂知命。是亭之作否，無足辨者，而其理則不可以不辨，故具載其說，而列其名物於左。

案：先生知湖州，搜聚境內遺刻凡三十二通，其名物不可詳攷。東坡、南豐兩詩紀叙外，唯《東坡集》、《米海岳集》、陳直齋《書錄解題》間載一二，王象之《輿地碑目》載亦不全，徐獻忠《吳興掌故集》最備。

十二月，判杭州，蘇軾來遇。

案：東坡將之湖州，戲贈莘老有詩，又贈莘老七絕六首，載《東坡集》。蘇軾《烏臺詩案》：「任杭州通判日，轉運司差往湖州相度隄岸利害，因與知湖州孫覺相見，作詩與之。某是時約孫覺竝坐客，如有言及時事者，罰一大盞。」

黃魯直庭堅、邵茂誠迎來。

案《東坡集》蘇公寄先生詩云：「江

夏無雙應未去，恨無文字相娛嬉。」蘇公自注：「黄庭堅，莘老婿，能文。」時魯直蓋從先生在湖州也。又東坡《邵茂誠詩集序》云：「茂誠與余同年登進士第。十有五年，而見之於吳興孫莘老座上。」攷《東坡年譜》：「嘉祐二年，中進士乙科。」順數至十五年，當在熙甯四年，而蘇公以四年十一月初到杭，先生以十二月移守吳興，不當有到湖州與茂誠相見事。故附此。又案：是年七夕，東坡有寄先生詩。蘇詩卷六《元日次韻張先子野見和》、《七夕寄莘老》之作，編年在熙甯壬子以後，蓋次韻子野在六年，而寄先生在五年也。又蘇公宿餘杭法喜寺後綠野堂，望吳興諸山，有懷先生詩，俱載《東坡集》。又晤吳僧文捷。《談圃》：「吳僧文捷，戒律精至。孫莘老知湖州日，問呂吉甫如何，吉甫在潤州持服，捷曰：『只三年，便在官家。左右更有一人白而肥，一人美髯而長。』後三年，吉甫果參大政，同列韓子華、馮當世，皆如捷所言。」

熙甯六年癸丑，四十六歲。

在湖州葺天慶觀，作歸雁亭。

明徐獻忠《吳興掌故集》：「歸雁亭，孫莘老作。道士乞名於東坡，以歸雁名之。」

案蘇詩目，先生葺天慶觀，小園有亭北向，道士山宗說乞名與詩於東坡，即其事也。

春，由吳興移知廬州。

宋蘇軾《東坡詩》施宿注。

案東坡《次韻孫莘老見贈》：「時莘老

移廬州，因以別之。」有詩載《東坡集》，蘇公自注：「莘老見稱政事與書。而莘老書至，不工。」

四月，與傅欽之晤劉攽於廣陵。

宋劉攽《揚州芍藥譜序》：「熙甯六年，攽罷海陵。至廣陵，正四月花時，會友傅欽之、孫莘老偕行，相與歷覽人家園圃及佛舍所種，凡三萬餘株。」

案：宋時四至八到，由湖州之廬州，蓋宜有路經廣陵之役。

熙甯七年甲寅，四十七歲。

在廬州。以祖母喪，求解官，不可。《宋史·孫覺傳》。

熙甯八年乙卯，四十八歲。

改右司諫，直集賢院。十月，旋詔知潤州，已持喪。

《長編》：「熙甯八年十月辛亥，前右司諫、直集賢院孫覺知潤州。初，覺知廬州，喪祖母，以嫡孫解官持服。而覺有叔父在，有司以新令『嫡子死，無衆子，然後嫡孫承重』，覺不當爲祖父解官，故有是命。而覺已去廬州，亦不赴潤州也。」

案：《宋史》本傳，先生由知廬州改右司諫。《長編》亦云「前右司諫直集賢院」，自是另有遷除，故秦少游《淮海集》、僧道潛《參寥子集》皆有《懷莘老司諫》詩。其事或在七年，亦未可定。但緣何詔入，不能確攷。兹惟據《長編》纂入。

熙甯九年丙辰，四十九歲。

在高郵。八月，訪漳南道人昭慶於湯泉。

《經六合西門水亭懷裴博士》詩云：「昔同裴博士，酌酒俯庭柯。晚岫潭潭碧，纓，故超世而不避世。槃礴於蝸牛之宮，徑行於羊豕之隧。斞甓社以爲樽兮，舉海門以爲戫。觴豆於無味之味，從衲子以卒歲。儻然以寓其不得已，是謂無累之累。何用窮山幽谷爲，獨安往而非寄？寄吾老於簪紱，岌高位之疾顛。春秋以旅力去矣，奉腆祿而彫年。寄吾老於孫息，厭群雛之嗸嗸。眘火宅之無安，甯執枯而俱焦。寄吾老於友朋，未沫平生之言。人壽不能金石，忽相望於鬼伯之阡。伊漢上之龐禪，空諸有以爲宅。沈貨泉以棄責，聊生涯於緯竹。維衡岳之懶叟，獨金玉其言音，踞燒木以燠寒，投鼻涕而無寸陰。相彼宛童，寓於柏松。自干青雲，束縛舍翁。主人不承澤，螻蟻爲宮。薪者斧焉，賓主禍同。無意以爲智維此意，而夭夭申申從人以嬉。寡婦之茨，高明之榱。相與社而稷之，訖無累於去來。養生者諱盈，術竅者天門不開，此其是邪非乎！窮於外者反於家，困乎智者歸愚。伊未嘗一用其智，對萬世而德不孤。若而人者其在斯乎！託軒冕而鶉居，無德色之可鉏，殆其肆志於江湖。翁乎強爲我著書，無促駕青牛之車。」

《山谷年譜》，此賦爲元祐三年作。（云）〔元〕按：「有此賦眞蹟跋，云『庵在歷陽之溫湯』，『莘老來索此文』。雖莫詳年月，因前詩請外，故附此。」

今案：《年譜》元案亦未能遽定之辭也，不從。秦少游亦有《寄老庵賦》，見《淮海集》。

作《寶林禪院記》。

案：《淮海集·錄寶林事實》：「寶林

禪院，熙甯十年八月一夕火。十月，集賢程公來領州事，郡之人陳請修復故寺，具其事以聞，賜號寶林禪院。遂以明年三月興工，未再期工成。程公以前日賜號，革爲十方，集賢孫公旣爲之記。今棟宇垂備，將乞文於集賢林公，蓋摭實以請。」少游錄其事，稱「前日賜號」云云，然則孫公作記時蓋在熙甯十年也。

元豐元年戊午，五十一歲。

在高郵。

《山谷年譜》：王立之《直方詩話》云：「元豐初，山谷過下邳淮陰侯廟，作詩示孫莘老。莘老言其太過，無含蓄，遂改今詩。」

案：謂《山谷集·韓信詩》。

服除。《宋史·孫覺傳》。

案東坡詩目，先生有《與施大夫賞花》詩。李公擇過高郵見之，憶去歲與蘇公彭門折花餽筍故事，作詩贈蘇公。蘇公依韻奉答，中有「寂寞兩詩人，殘紅對櫻筍」之句。《蘇詩》王注：「兩詩人指莘老、施大夫也。」施注編年在己未守吳興時，先生詩當是己未前，在高郵作也。

元豐二年己未，五十二歲。

起官知蘇州。《宋史·孫覺傳》。

案：先生官蘇州，《宋史》不詳何年，唯蘇詩次韻和先生云：「去國光陰春雪消，還家蹤跡野雲飄。功名正自妨行樂，迎送纔堪博早朝。雖去友朋親吏卒，卻辭讒謗得風謠。今年我亦江南去，不問繁雄與寂寥。」攷《東坡年譜》，唯元豐二年三月，蘇公自徐州移知湖州，宜有「我亦江南去」之句，讀此可知先生已起官蘇州矣。其起官，或在元年之後半年，亦未可定。

自高郵之蘇州，過邵伯堰，留詩斗野亭。

詩云：「淮海無林丘，曠澤千里平。一渠間防潴，物色故不清。老僧喜穿築，北戶延朱甍。簷楯斗杓落，簾幃河漢傾。平湖杳無涯，湛湛春波生。結纜嗟已晚，不見芙蓉城。尙想紫芡盤，明珠出新烹。平生有微尙，一舟聊寄行。遇勝輒偃蹇，霜鬢刷澄明。可待齒牙豁，歸與謝浮榮。」

案：先生《斗野亭》詩，和者甚夥，俱非一時作。《山谷集》和先生詩題云：「外舅孫莘老守蘇州，留詩斗野亭。庚申十月，庭堅和。」庚申爲元豐三年，據此，則和作山谷最先，少游次之，蓋即於庚申歲莫得魯直和詩次韻。餘如兩蘇公次韻，依施注，當在元豐八年。

守蘇州，案治鄭仮。

《宋史·孫覺傳》：「覺知蘇州，監倉官鄭仮倚宰臣爲姦，覺以仮屬吏按治，不少貸。」

七月，坐蘇軾詩獄，徙知福州。《長編》。

十二月，復坐罰銅。

《長編》：「元豐二年十二月庚申，知福州孫覺罰銅二十觔，坐御史舒亶言收受蘇軾譏諷朝政文字也。」

馮應榴《蘇詩合注長編·詩案》中：孫莘老知福州，未知何時赴閩。案：《淮海集·越州請立程給事祠堂狀》云：「公以元豐二年還朝，越人謀立祠。去年冬，福州太守孫公嘗道於此，具見其事。今祠堂成。」所云今者，元豐三年也，則知赴閩在二年冬。

元豐三年庚申，五十三歲。

在福州。裁閩俗昏喪費，定爲中制。

《宋史·孫覺傳》：「閩俗昏喪費無藝，覺裁爲中制，使資裝無得過百千。令下（明日），嫁娶以百數，葬埋之費〔亦〕率減什伍。」

募償市易錢。

《宋史·孫覺傳》：福州民有欠市易錢者，此下參《談圃》載入。繫獄甚衆。適有富人出錢五百萬葺佛殿，請於覺。覺徐曰：「汝輩所以施錢者，何也？」衆曰：「愿得福耳。」覺曰：「佛殿未甚壞，佛又無露坐者，孰若以其錢爲獄囚償官逋？使數百人釋枷鎖之苦，其得福豈不多乎！」富人不得已，諾之。即日輸錢，囹圄遂空。

案：秦少游是年有寄先生書。《淮海集·與孫莘老學士簡》：「某頓首司諫學士丈丈。屢奉所賜教，誨慰殷勤，雖父兄之於子弟，無以過此。仰荷盛意，不復勝言，幸甚幸甚。比日伏惟鎮撫餘暇，尊候萬福。某自入夏得中暑疾，去之不時，至秋遂大作。伏枕餘月，今雖少間，而疲頓非常，氣息僅屬，人事殆廢，起居之問，曠然不進於下塵，職此之故。前書聞姨婆縣君服藥甚久，徐氏弟兄及妻子，皆憂撓不知所爲。近聞得僧法賓者調治已平，可勝忻慰。南方險遠，風氣固非人所安，然丈丈行已二年，北歸之期甚近，更喜調護數月，即達中州矣。越州祖父得書甚安。頃蒙教，以先至會稽迎侍祖父還家，家叔徑入都，甚荷留意，已封所賜教，取稟於越州矣。蘇黃州雖不得書，然昨蘇子由著作過此，及南來士大夫具云在黃甚能自處，了不以遷謫介意，但杜門蔬食，誦經讀書而已。昔之論者，嘗患其才高太鋭，今日之事，尤足以成其盛德也。前日辱齒及亂道，誨諭尤詳，某雖不肖，請終身誦之矣。自越歸後，頗無事，幸不廢所學。但久去門下，日益昏塞，雖復區區，卒無所得耳。詩文數篇，漫錄呈左右，因風更乞指誨教育之賜，幸甚幸甚。」

又案：參寥寄先生有詩。《參寥子集·寄福州太守孫莘老》詩云：「公子自淮海，弱不猶群兒。良哉白玉質，炯炯無磷淄。澡身以道德，餘業爲文詞。端能處庠序，邈有鸞鳳姿。一朝擅高名，卓然動京師。餘輝耀天末，煜煜如斗箕。校讎芸閣中，精義無參差。同時鵷鷺行，半已翔鳳池。兩登諫官職，抗疏犯天威。揚舲去江海，曠歲成流離。朱輪擁苕霅，五馬從合肥。編氓仰遺愛，墮淚存豐碑。歸來遘風樹，憔悴不展眉。藉苫一室中，四壁無重幃。南鄰有古剎，而我方棲遲。杖藜時過公，泣血聞嗟咨。從容勸我坐，一飯常共爲。蒸蒸沸古鼎，欻欻投園葵。客來慵應門，客去知爲誰。禮喪事云既，始領吳門麾。瓶盂走梁苑，恨不相追隨。秋風亟東下，旌旆俄已睽。浮川與遵陸，多病亦多疲。七閩富名山，空翠相逶迤。在昔慕仁智，於今慰遨嬉。棠陰想初坐，吏案紛交馳。庖刀一爲解，往往無孑遺。麥秋薦丹實，梅雨裁纖絺。黄金燕佳客，柔指鳴哀絲。萬事不芥蔕，羨公能自怡。」

又案：先生是年當爲越州作《程給事祠堂記》。秦少游《淮海集·越州請立程給事祠堂狀》：「元豐二年，公還朝，越人謂：『吾州更饑歉札癘之後，公實撫養而教誨之。去年冬，福州太守司諫孫公嘗道於此，具見其事。今祠堂成有日矣，謀爲記，宜莫如孫公者。聞子與孫公鄉里，且門人也，盍摭厥實以爲我請乎！』」據《長編》，先生以元豐二年由蘇州徙知福州，道經越，則知越人之請記於先生，在三年也。

先生夫人壽安君卒。

《淮海集·與參寥大師簡》：「莘老壽安君卒，子實遂丁憂。」

六月，傳師先生以知尉氏縣改司農寺主簿。

《長編》元豐三年六月壬辰朔丁未：御史滿中行言：「〔知〕尉氏縣孫覽被召赴闕，議者皆以覽能彈壓將叛卒，（得）〔將〕見擢用。而中外之言以爲間者尉氏軍中本結連實狀，止緣本縣都監與將官不協，多以好語姑息，意在中傷，幸小有言，又復張大其事，陰（被）〔報〕知縣，掠爲己功。今將官既非次替罷，而覽又召對，將被賞擢，恐自今將官軍政無以振舉，而邑令之好利者皆有僥倖萬一意。詔覽歸任。覽，覺弟也。先是，尉氏將官御下苛酷，軍士謀就大閱殺將官以叛。及期，將官不敢出。覽聞之亟往，既至，軍士猶族語，不顧。覽徐諭之曰：「將官暴虐，誠有罪，然汝曹衣食縣官，縣官顧負汝耶，何敢爲滅族計？」衆皆感悟就列。二將伺閒徐至，皆衷甲從子弟自衛。覽面責之，命吏(卒)〔趣〕具奏，衆遂貼服。上聞而嘉之，故欲召見也。尋以覽爲司農寺主簿。

元豐四年辛酉，五十四歲。

徙知亳州，辭不赴。《宋史·孫覺傳》。

案本傳，先生知福州，後連徙亳、揚、徐，不詳何年，今分注。案：附上年少游作書云：「丈丈行已二年，北歸之期甚近，更喜調護數月，即達中州矣。」蓋其時已聞移亳之命。

又徙知揚州，辭不赴。

《淮海集·與蘇先生簡》：「子駿以保任不當罷去，莘老復固辭不來。此亦是無聊一事也。」

案《宋史》及《東都事略》：鮮于侁字子駿，元豐二年爲揚州守。三年，命教授馬希孟作《揚州集》。四年，命少游作序。今云罷去，自是指揚州而言，先生復固辭不來，亦是指揚州言明矣。又案：先生是年有寄東坡書，《淮海集·與蘇先生簡》中稱：「莘老云有兩書託公擇寄去，不知曾有書去否？渠云非求答，但欲知達否爾。」據少游叙事，當在是年，故附此。

徙知徐州。

案：先生徙徐州，道經揚州。《淮海集·與蘇先生簡》：「昨過此不多日，然相聚甚款，無一日未嘗不數十次及公昆仲也。雖不求揚州爲公作黃樓主人，亦是吾黨中一段佳事。某來歲東歸時，庶幾到徐見之也。」

六月，傳師先生以司農寺主簿提舉利州路常平等事，尋詔改將作監主簿。

《長編》元豐四年六月丙辰朔辛未：「宣德郎、司農寺主簿孫覽爲通直郎、提舉利州路常平等〔事〕。判司農寺（因）舒亶言，詔改覽將作監主簿。亶兼知諫院，嗜排擊，欲引覽以自助，覽不從，亶劾覽不置，遂改命。」

元豐五年壬戌，五十五歲。

在徐州，釋候門盜不誅，爲例。

《宋史·孫覺傳》：覺在徐州，「徐多盜，捕得殺人者五，（而乙）〔其一〕僅勝衣，疑而訊之，曰：『我耕於野，與甲遇，強以梃畀我，半夜挾我東，使候諸門，不知其它也。』問吏：『法如何？』曰：『死。』覺止誅其首，後遂爲例。」

李成季昭玘教授徐州，先生禮之。

《宋史·列傳》：「李昭玘字成季，濟南人。少與晁補之齊名，爲蘇軾所知。擢進士第，徐州教授。守孫覺深禮之。每從容講學，及古人行己處世之要，相得甚歡。」

七月，請修城及官舍。

《長編》元豐五年七月丁亥：「賜徐州度僧牒五十修城及官舍，從知州孫覺請也。」

詔知應天府。《宋史·孫覺傳》。

張芸叟舜民來遇。

《清波雜志》：「張芸叟遷流遠適，歷寺三，涉水六，過州十有五，自汴抵郴，所至流連。南京孫莘老、揚州孔周翰、泗州蔣穎叔、江甯王介甫、黃州蘇子瞻、衡州劉貢父皆相遇談詩覓勝，無復行役之勞。」

案《蘇詩》施注：「張舜民字芸叟。元豐辛酉，爲環慶帥屬。明年，謫監郴州酒稅。」宋應天府屬南京，故知是年先生有與芸叟相遇事。

元豐六年癸亥，五十六歲。

在應天府。十月，請修外城門及西橋等。

《長編》元豐六年十月癸巳：「賜應天府度僧牒四十，修外城門及西橋等，從知府孫覺請也。」

入爲太常少卿，易祕書少監。《宋史·孫覺傳》。

宋程俱《麟臺故事》：「孫覺入爲太常少卿，時元豐官制行，會李常爲禮部侍郎，覺與李有親（隙）〔嫌〕，易爲祕書少監。」

案：《宋史》本傳不詳何年，茲據《長編》纂入。

秦少游、參寥寄先生有詩。

《淮海集·寄孫莘老少監》云：「一出承明七換麾，君恩復許上彤墀。白衣蒼狗無常態，璞玉渾金有定姿。天上圖書森似舊，人間歲月浪如馳。鼇頭只在蓬山畔，行赴蟠桃熟後期。」《參寥子集·寄莘老》云：「十年手把使君麾，一日歸來踐赤墀。偶爾夢中成故事，凜然霜後見奇姿。枯荄在昔嘗叨蔭，微蚋於今賴附馳。況有雲庵闚深谷，他時香火與君期。」

十月，傳師先生權京西路轉運判官，更以京西提舉官試右司員外郎。

《長編》：十月癸酉朔辛巳，孫覽權西京路轉運判官。己丑，遣京西提舉官孫覽覆度湖南元議官修建堡寨等事，即以覽試右司員外郎。

元豐七年甲子，五十七歲。

在祕書少監任。

案：先生爲祕書少監，有寄墨蘇公事。《東坡集·孫莘老寄墨》有詩。

七月，傳師先生爲河東轉運使。

宋龎元英《文昌雜錄》：「七月，左丞王安禮罷，以右司員外郎孫覽爲河東轉運使。」

案：《文昌雜錄》不詳何年，攷《宋史》，王安禮罷在元豐七年七月，先生爲河東轉運使，《雜錄》繫於安禮既罷之後，亦當在七年無疑。

九月，與葉祖洽、王仲脩、錢長卿、韓宗古、趙彥若校定《算經》上之。

案：《孫子算經》三卷，《五曹算經》五卷，《張丘建算經》三卷，王孝通《緝古算經》一卷，後識年月職名皆「元豐七年九月日校定。降授宣德郎、祕書省校書郎葉祖洽，承議郎、行祕書省校書郎王仲脩，朝奉郎、行祕書省校書郎錢長卿，奉議郎、守祕書丞韓宗古，朝請郎、試祕書少監孫覽，降授朝散郎、試祕書監趙彥若上進」。

元豐八年乙丑，五十八歲。

三月，詔立延安郡王爲皇太子，宮僚以司馬光、呂公著及先生作之。

宋王鞏《聞見近錄》：「元豐八年三月，神宗詔立延安郡王爲皇太子，以出閤當議宮僚，謂司馬光、呂公著、孫覺俱可作之。未幾，神宗棄天下。」

案邑志載神宗《賜新除試御史丞孫覺辭免恩命不允詔》，據《長編》，先生在神宗朝無作御史丞事。宋《（秩）〔職〕官志》有御史中丞，無御史丞。疑是贋作，兹不敢採。

以祕書少監權知貢舉。

《長編》元豐八年三月己未：祕書少監孫覺權知貢舉。

案：先生以祕書少監知舉，有呂同被薦事，載《燕談錄》。詳見前。

四月，兼侍講。

《長編》：「四月丁丑，朝奉郎祕書少監孫覺兼侍講。」

案：先生官侍講，復寄墨東坡。宋李之儀《姑溪集》：「莘老作字至不工，每得佳墨，必悵然思見東坡。方時初入講筵，例有所賜，乃以爲寄。」《蘇詩》施注引《姑溪集》在先生爲祕書少監時，查慎行云：「詩中明云歸天祿，非講筵也。哲宗朝始兼侍講耳。」茲輯故前據《蘇詩》，此據《姑溪集》載入。

七月，詔爲右諫議大夫，賜三品服。

《長編》：「七月戊戌，朝奉大夫、守祕書少監兼侍講孫覺爲右諫議大夫兼侍講，仍賜三品服。」

案：是時，先生雖遷諫大夫，尙未離少監任。《長編》注：覺有劄子，九月始供諫職。《山谷集·和莘老病起寄同舍》詩云：「西風挽不來，殘暑推不去。出門厭靴帽，稅駕喜巾履。道山鄰日月，清樾深牖戶。同舍多望郎，閒官無窘步。少監巖壑姿，宿昔廊廟具。行趨補袞職，黼黻我王度。歸休飲熱客，觴豆愆調護。浩然養靈根，勿藥有神助。寄聲舊僚屬，訓詁及匕箸。尙憐費諫紙，玉唾灑新句。北焙碾元璧，谷簾煮甘露。何時臨書几，錄芡談至暮。」玩山谷詩，情事正合。

又案：周益公《跋孫端帖》：「元豐八年七月，孫覺莘老自祕書少監遷諫議大夫。是月，山谷以校書郎召。夏秋間到京」云云。據此，知山谷和先生詩當在是時，故附此。

九月，供諫職。

請申《唐六典》及天禧詔書，凡未便，諫官得奏陳。從之。

《宋史·孫覺傳》：「時諫官、御史論事有分限，毋得越職。覺請申《唐六典》及天禧詔書，凡發令奏事之未便皆得奏陳。」

《長編》九月一作八月癸未：「右諫議大夫孫覺言：『乞依天禧元年手詔言事，勘會制事目格字，左右諫議大夫、左右補闕拾遺（遺）凡發令舉事有不便於時，不合於道，大則廷議，小則上封。若賢良之遺滯於下，忠孝之不聞於上，則條其事而薦言。』詔依此申明行下。」

疏論賜謚。

《長編》九月：「孫覺言謚法當責任有司，人主不可自親其文，應乞賜者，宜一切不許。從之。」

十一月，奏御史察官言事，乞令中丞等察舉可言事者以聞。從之。

《長編》十一月丁巳：「右諫議大夫孫覺奏：『朝廷近降指揮，御史、察官并許言事。臣聞朝廷初置察官，止令察省寺稽違，恐其間有不可任言職者，乞令中丞、侍御史更加察舉，某可言事，某可罷，如不足，即令舉可以言事者以聞。』從之。」

哲宗元祐元年丙寅，五十九歲。

正月，上《災變乞罷宰相議》。

《長編》：元祐元年正月庚寅朔戊午，右諫議大夫孫覺言：「竊見漢陳平對文帝曰：『陛下使待罪宰相，宰相者，上佐天子理陰陽順四時，下遂萬化之宜，外鎮撫四夷，內親附百姓，使卿大夫各得其職也。』丙吉見牛喘，問之掾吏，謂：『丞相失問。』吉曰：『方春少陽用事，未可大熱。三公典調和陰陽，職當憂，是以問之。』兩漢大災異免宰相者，以其責在燮理之地。太宗朝李昉以霖霪百餘日、陰陽乖戾罷；仁宗朝王曾以昭應宮災罷；梁適以苛慝并作、變異重仍罷。水旱過常爲大災變，爲宰相者當任其責。宰相不以爲任，誰當任之？今自皇帝陛下、太皇太后陛下親政以來，所以便安元元有所更易者，其事不一，至閭巷小人、山海殊絕之處，莫不謳歌而鼓舞。然而陰陽未和，旱氣太甚，經冬無雪，春又不雨，彌數千里，粟麥失種，此其爲憂不一日二日而已也。將恐編氓乏食，盜賊群起，良民受害，浸爲遠近之憂。皇帝陛下、太皇太后陛下親出祈禱，憂勤切至，徧走群望，未嘗一日而忘其憂。而蔡確、韓縝視之眇然，若不任其責者，未有閉門引咎，上章謝罪，引故事乞賜罷免。天意有可知者，前後雨雪少降而輒止，陰雲稍合而復散，意者揆務不勝其任，和氣不格其應乎！爲宰相而無體國憂念之心、愛民惻怛之意，晏然自處，若其事非己憂者，臣以爲此非大臣之道也。伏乞依兩漢故事，循祖宗舊例，各賜黜罷，以警百官。」

二月，疏論蔡確、韓縝。

《長編》：二月甲申，右諫議大夫孫覺

言：「臣竊見左僕射蔡確、右僕射韓縝，兩人皆非以德進者也。或以典治獄事，或以分畫邊界，而至執政官。臣不敢論其小節細行，以瀆天聽，直以其進身本末爲陛下一一言之，可以知曲折矣。蔡確案潘川獄，知制誥判司農寺熊本奪職，確即遷知制誥，判司農寺；案御史中丞鄧溫伯治相州獄，溫伯罷知撫州，〔確〕即遷御史中丞；案參知政事元絳太學獄，絳罷知潁州，確即遷參知政事。此三獄者，士大夫多以爲冤，確皆批其頰、拉其背而奪之位。未幾，先朝更定官制，確即爲左僕射。所謂大臣以道事君難進而易退者，其若是乎！今確在朝立百辟之上，士大夫相與歎息，以其廉隅不修，有甚於市人也。永裕陵禮畢，宜避位以去，今已五月矣，而遲遲不決，雖請不堅，尙冀聖恩之復留也。韓縝不學無術，士大夫不以輔相期之。先朝嘗以北敵爭地事付之，衆謂縝必辱命，已而果然，無故割地，其長七百餘里，以遺北敵。邊民怨之切骨，以爲奪我祖宗之地棄之敵人。非獨惜其地也，又歸怨於朝廷，敵人得地日益桀傲。今縝爲右僕射，臣見北使來朝，問知其官，各相顧微笑，意以爲中國無人，乃使是人爲相也。蓋有輕中國之心，每輒驕慢。漢王商爲相，單于仰視商貌，大畏之，天子聞而歎曰：『此眞漢相矣。』伏乞皇帝陛下、太皇太后陛下以災異之故罷免確、縝，別選有德有言、衆所畏服者，使稱其位。外足以鎭撫四夷，內足以悚動天下，以懷徠桀驁不軌之心，不勝幸甚。」

蔡確自陳有功，先生復疏論之。

《長編》：覺言：「臣聞蔡確已遷出東位，上章求去。見傳報表草，方更自陳功勞，頗更矜伐。其詞曰『請收拔當世之耆艾，以培輔王室』，若如其言，則是司馬光、呂公著之徒，今位在執政，皆其所引也；『蠲省有司之煩碎，以安慰民心』，若如其言，則自皇帝陛下、太皇太后陛下親政以來，所以便安百姓、省減諸色誅求者，皆其所陳也。《洪範》曰：『惟辟作福，惟辟作威，惟辟玉食。』臣無有作福、作威、玉食，如確之言是作福也。『嚴邊衛以杜二敵之窺覦』，人臣在相位，不以鎮撫四夷爲心，則焉用彼相矣？今北敵盟好八、九十年，非確所能爲也。假令西人納款入貢如他時，祖宗威靈所致，確亦何功之有？『走軺傳以察遠方之疲瘵』，如張汝賢、陳次升往福建、江西，以陛下即位以來，上書言利害者多遣往案之，非確所建也。就令建之，豈可自言乎？『明法令之美意以揚先帝之惠澤』，惠澤在人，人豈忘之，不待確而後明也。『厲公平之一道，以合衆志之異同』，人心異同亦何足恤，在上者以道揆之可也。異者是耶，不以其異而卻之；同者非耶，不以其同而取之，顧吾所設施合於道與否爾。確之表幾百言，其尤甚者此六句爾，大抵欲自明有功無罪，以言攻之者爲非也。《尚書》曰：『爾有嘉謨嘉猷，則入告爾后於內，爾乃順之於外。曰：斯謨斯猷，惟我后之德。』此大臣之任賢者之事也。今確爲左僕射，上章求去，宜曰『久典政機，何補毫末？冬愆陽而無雪，春不雨而害農』，引咎自陳，庶幾可免。今乃厚自矜伐若市道然，非《尚書》所謂『斯謀斯猷，惟我后之德』也。臣聞《禮記》曰：『善則稱君，過則稱己，則民作忠。』今確爲左僕射，人臣無二矣。朝廷政事有害於民，不引以爲己過；至於更改之際，乃皇帝陛下、太皇太后陛下圖民疾苦，有所更張，確乃以爲功。人臣操心若此，可乎？確雖避位求去，陛下未賜詔可，確更遲遲有欲留之心。伏願蚤賜罷免，如韓縝非才，士論所駭，臺諫雖聞有所彈擊，縝方偃然自居，未有引去之意。伏願以臺諫臣僚所上章疏，悉以示縝，幷令罷去。如此則確雖去位，不敢更懷快快不平之心。伏願聖慈，蚤賜睿斷。」

閏二月，詔與劉摯看詳元豐八年命官諸色人赦狀。

《長編》：閏二月己丑朔壬辰，三省言：「元豐八年三月六日赦恩以前，命官諸色人被罪，今來進狀訴理。據案已依常法，慮其間有情可矜恕，或事涉冤抑合從寬減者，欲委官看詳奏。」詔御史中丞劉摯、右諫議大夫孫覺看詳以聞。

復疏論韓縝。

《長編》：覺言：「臣竊見右僕射韓縝素無德望，稔有愆惡，百揆之任，非縝所宜。前後臺諫臣僚章疏不一，未聞縝有避位之心，臣不勝憤懣。以爲朝廷今日四夷窺測之時，天下延頸之際，必得重德偉望、才謀出世之人以爲輔相，則敵人不敢外侮，姦雄不敢生心。自縝在位，敵使見之，相顧失笑，適足以遺朝廷之羞，增邊陲之氣。唐宰相裴度功名震四夷，使外國者，其君長必問度年今幾何，狀貌孰似，天子用否。其威名德業比郭汾陽，而用不用常爲天下重輕。今者皇帝陛下春秋方幼，太皇太后陛下垂簾聽政，此宜旁求遴選有德有望、內足以操制姦雄、外足以厭服邊境，與司馬光同心一德，佐佑聖政，維持紀綱，天下幸甚。韓縝物情不歸，人望不屬，言者紛紜，久煩聖聽，遲遲不急免罷，深恐爲朝廷生事。」

遷給事中，先生疏辭，乞留諫職。

《長編》：右諫議大夫兼侍講孫覺爲給事中。覺言：「臣竊聞有旨除臣給事中，聖恩深厚，所不敢當。然臣伏見前後執政大臣，每臺諫臣僚言有及之者，多遷官以寵之，使罷言職。尋復令人剔伐微細過失，逐之使去，以報其私忿。今言事官不顧大臣之威，斥言其罪，乞行黜免者，所以報主上之恩，行言守之責也。至有人言未絕於口，而身已擯於外。不惟人主威福移於大臣之家，又使上爲朝廷、不顧忌諱、直節敢言之士，慄慄畏懼，不保其身，豈不可爲朝廷惜哉！臣近因御史翟思在神宗朝論韓縝受人私饋馬，先朝不爲施行，擢思爲國子司業。思進神宗挽詞誤落韻，亦小過，且言者及之，謫臨江軍。御史黃降言縝爲相非才，即遷降國子司業，罷其言職。臣見仁宗朝言事臣僚爲國盡忠，於大臣無所忌避者，仁宗終始保全之。故言者敢直言以報國恩，一時名臣多由此出。如臣微渺，流落於外十有五年，神宗晚歲始賜召還。皇帝陛下、太皇太后陛下臨政之始，首蒙擢置經筵，去年九月中始供諫職。如臣愚賤，前後言事不合聖意者不可勝數，宜在斥逐之日久矣。今日蒙恩遷給事中，於臣之私，極爲榮幸。然臣前後論縝，未蒙施行，一日去職，使縝得挾怨中傷，臣實未知死所。今日在得言之地，尚可布露本末，爲陛下言之。一日去職，怨嫌已成，恐如翟思、黃降，臣雖欲自辨不可得也。伏望聖慈特賜指揮，收還給事中新命，使臣且供諫職，他日韓縝去位之後，別有差遣，臣不敢辭。」

復疏論韓縝及章惇、張璪。

《長編》：覺言：「竊見已降制除司馬光左僕射，中外歡慶，以爲得人。然臣見光論役法，文字頗或疏略。尋有聖旨，更差韓維等四人專切詳定，立法推行，可以永久矣。光之學業行義，群臣莫與比者，如再得忠亮篤實、才識敏明之人相與左右揆度，則萬務無不舉矣。今韓縝人品汙下，才薄望輕，先朝以爲樞密院都承旨，本以輔相期之，陛下臨御未幾，擢爲右僕射，士大夫無不失望。今左相之位以處司馬光，論者以爲得矣。韓縝尚爲右相，則賢不肖混淆，人材雜處，所謂冰炭同器也。伏願聖慈罷縝相位，別求賢材，使與司馬光協心共濟，則天下不難治矣。惇雖小有才，而爲性強愎，操心不公，廟堂之上以惡言相加，所謂具瞻之地，若此可乎？張璪闒繆荒疏，尤非所處。若惇與璪可竝罷去，乞別賜推選有德有言、堪其任者擢以代之。」

御史孫升奏請先生以給事中看詳元豐八年以來斷配人罪狀。《長編》。

詔復爲右諫議大夫。

《長編》：二十六日甲寅，詔復爲右諫議

大夫。

傳師先生改權河北路轉運使。

《長編》：朝請郎、權發遣河北路轉運使李南公，朝奉郎、權發遣河東路轉運副使孫覽兩易其任。

疏論安燾。

《長編》：乙卯，右諫議大夫孫覺言：「臣竊聞有旨，安燾除知樞密院，權給事中王巖叟封還不下。臣以爲安燾材識未有過人者，臣嘗論執政數人皆當罷黜，燾其一也。臣以言韓縝未效，未敢論列。今陛下乃以燾知樞密院，則是燾已遷矣，臣安得晏然而已乎！若燾之材能，不爲士大夫所稱，徒以舉進士名在第三，因緣以至館職。先朝逐去言事臣僚過多，無人可用，故燾得備位於朝。已而遣使高麗，以燾爲使者，不以海道爲辭，亦人臣之常事耳，遂稍擢至戶部尚書、同知樞密院事。燾之才品，中人以下。臣竊以皇帝陛下、太皇太后陛下進退大臣以新庶政，若燾在所先罷者也。不謂陛下因惇之罷拔范純仁。純仁立朝本末，習知邊事，非燾之比也。朝議以爲陛下於安燾未忍即有所去，則亦以爲同知院事，令與純仁同列而處其上可也，何遽遷之乎？臣以爲巖叟封還，稍爲舉職，伏乞特留聖念。」

三月，復疏論安燾。

《長編》：辛未，右諫議大夫孫覺等言：「臣等伏見朝廷差安燾知樞密院，給事中以爲不當，駁正封還。陛下未信其言，遂不送本官書讀施行，臣等竊爲朝廷惜之。夫安燾之才不才，差除之當與否，自有天下之公論，臣皆置而未議，所惜者朝廷之法度耳。且三省之設，事相表裏，勢相終始。凡命令之出，先自中書省，一人宣之，一人奉之，一人行之；次由門下省，一人讀之，一人省之，一人審之。苟有未當，則許駁正，然後由尙書省受付施行。紀綱程式，其密如此，蓋以出命令而尊國體也。或闕其一，則於制敕爲不全，中外難以取信。近日除呂公著爲門下侍郎，不由本省而下，給事中范純仁力辭其事是也。夫國家所以維持四海，而傳之萬世者，惟守法度而已。況當陛下諒闇之日、簾聽之時，正宜謹守法度，不可毫釐差失。今安燾之命不送給事中書讀施行，乃是封駁一職，遂爲虛設。制敕不全，命令不重，而法度不存矣。斜封授官，恐漸起於此，臣等所以爲朝廷深惜也。臣等竊度聖意必謂已行之命，難於追改，且失序遷，則是一舉而兩失之矣。爲安燾者，豈可受不全之制敕，而處具瞻之地哉！莫若因其辭免，寢罷新命，則君臣之際，授受皆得其宜，而法度不廢也。況朝廷差除，因臣下辭免或臺諫論奏而罷與免者多矣，豈得於燾獨不追改？伏望聖慈，追還安燾告命，及詳覽臣等論列安燾文字，別降指揮施行。陛下遷（推）〔進〕大臣若合公道，何故不令給事中依條書讀？臣等所論乃是國體，若陛下不賜改正，臣等須至再三論奏，不敢自已。」

奏請刊定元豐編敕。

《長編》：己卯，右諫議大夫孫覺言：「臣竊聞中外之議，以爲今日之患切於人情者，莫甚於元豐編敕，細碎煩多，難以檢用，而因事立法不可通行者，其間不一。雖有老於爲吏、習於用法者，亦或莫能通曉。至有一條分爲四、五，緩急不相照會，其細碎如此，豈所謂王者之法如江河，使人易避而難犯也。臣愚竊以謂今者朝廷務爲簡易，使就寬平，法當使人人通曉，不難了知，累朝編敕是也。至於引用斷罪，先據律文，後乃鋪編敕格令。今敕條如律，即是律可廢也。伏乞聖慈特置一修敕局，格令式附之，擇取臣僚中曉經術義理、法律詳明不至深刻者五七人，依故事大臣典領，應省寺修敕令格式者竝付之，事有損益即可施行者先次行之。如此，則朝廷仁厚愛育之意可以宣布四方，而刻薄之風寖以衰息矣。」於是有刊定修立之命。

安燾免。先生疏謝，復乞罷韓縝。

《長編》：右諫議大夫孫覺言：「臣近有劄（字）〔子〕，論門下省封駁安燾知樞密院事，去除『同』字不爲過，乞賜聽從，又同本省諫官具疏論列。十四日，同右正言王覿上殿再三口陳，未蒙垂允。十五日，聞有聖旨令范純仁告送門下省書讀，安燾告更不降出。臣不勝歡忭踴躍，與諸諫官竊相頌歎，以爲陛下開廣諫道，容受直言，不憚追改已行之命，使臣等得以鋪寫所知，指陳得失，有補萬分，真臣等遭逢際遇、諫行言聽之日。幸甚，幸甚！臣竊不量其力，不勝愚忠，前後爲陛下開陳右僕射韓縝不可用爲相，論說不一，略說愚臣所聞所見者凡十有二，實封而上進者八九，登殿而口陳者再。雖蒙聖慈面賜褒奬，而臣所言猶未效見於事，臣竊疑之。以爲先帝之臣不欲遽去，則蔡確、章惇亦先帝所擢用也；以爲陛下即位之後擢以爲相，未及久試，不欲罷之，則安燾之命出才數日，而言者及之，即爲追寢。反復求之，不識陛下之意將安在耶？今安燾之命收還不下，中外臣僚莫不慶陛下從諫弗咈，有古聖王之風。臣愚妄意陛下終將聽臣之言，賜縝罷免。而臣愚無知，妄自疑外，有如握管窺天，豈足以識大造之高明、見天倪之博大哉！」

四月，疏請賑濟淮浙災傷。

《長編》：四月辛卯，右諫議大夫孫覺言：「淮浙災傷，米穀踴貴，盜賊因緣而起。乞差官體量，廣行賑濟，徧下諸路轉運、提刑司，災傷各以實言，不實者坐之。災傷雖小，而言涉過當者不問，如此則諸路不敢不言。朝廷隨災傷之大小賑濟而防虞之，則四海之內無倉卒之憂矣。」時災傷至甚，轉運等司并無奏報及宿、亳州，詔令發運司體量災傷州縣闕食處，仍令宿、亳州分析并不申奏災傷次第，及具見斛斗價例，各疾置以聞。

詔爲給事中兼侍講。

《長編》：壬辰，右諫議大夫孫覺爲給事中，依舊兼侍講。韓縝既罷，覺乃以遷。

疏請看詳囚徒，減降區斷。

《長編》：戊戌，右諫議大夫孫覺言：「去冬以來，天久亢旱，無大雨澤，麥已不收，春種失時，人方闕食。陛下側躬卹災，無所不至，親御便殿，慮問囚徒，所犯（所）〔非〕死，例從寬減，憂勞之至，而聖澤未至浹洽者或有所在。減降之恩雖出自聖意，然獄吏治囚根究未見本末，或會問在遠州縣，候事畢議法，始引減降，得從輕坐。臣以爲在京左右軍巡司錄乞差兩制官一員，畿內諸縣差諫官一員，分視獄囚，已殺人及重傷守辜外，皆酌情約法，減降區斷。應照證驗未圓、會問未到者，幷許召保押出知其在，以稱聖恩蕩滌之意。」詔在京幷開封府界諸縣見禁罪人內有根究未見本末，或會問結絕未得者，在京差左司諫王巖叟，開封府界諸縣差監察御史孫升，親往逐處分視巡囚，與當職官同看詳，已殺人及重傷守辜外，餘幷酌情約法，一面區斷。內府界諸縣徒罪已下不該刺配者，亦許一面斷遣訖奏。應照證驗未圓、會問未到者，幷召保知在，聽候斷遣。

五月，詔與顧臨、程頤看詳修立太學條制。

《長編》：五月戊辰，詔給事中兼侍講孫覺、祕書少監顧臨、充崇政殿説書程頤，同國子監長貳看詳修立國子監太學生條制。

六月，疏論將兵戍諸路。

《長編》：六月庚子，右諫議大夫孫覺言：「將兵之禁宜可少解，而責之所在守臣與州郡兵官。可乘此時令所在廣行召募，稍補前日之額。循祖宗之法，使屯駐三邊及川、廣、〔福〕建諸道州軍。往來道路，足以習其勞苦；南北番屯，足以均其勞佚。」詔陝西、河東、廣南將兵不輪戍他路，河北輪近裏一將赴河東界。諸路隊將與不隷將兵幷更互差發，出戍別路。赴三路者差全將或半將，餘路聽全指揮分差，仍不過半將。如本州軍闕人，安撫、鈐轄司相度合銷人數移那，亦不得過半將。具軍分人數申樞密院，半年一替。因出戍別路而住營處闕人者，本路安撫、鈐轄司那移應副，不足即奏取旨。東南、川峽闕人路分，樞密院相度添戍兵。諸路將在州駐劄，不係路分兵官，知州幷州鈐轄兼充者，幷差將官一員兼本州都監，卻減罷本處鈐轄〔一員〕，止一員者不減，其本單將駐劄處勿復差兼。

與胡宗愈、蘇軾、范百祿疏留劉攽。

《宋史·劉攽傳》：「哲宗初，祕書少監劉攽以疾求去。給事中孫覺、胡宗愈，中書舍人蘇軾、范百祿言：『攽博記能文章，政事侔古循吏，身兼數器，守道不回，宜優賜留政事。』」

案《長編》：六月甲辰，給事中孫覺、胡宗愈，中書舍人蘇軾、范百祿奏疏留中不報，不詳疏奏何事。署銜與此正同，故不復錄。

與蘇軾表薦鄭俠爲泉州教授。

《宋史·鄭俠傳》：俠徙英州。哲宗立，得歸。蘇軾、孫覺表言之，以爲泉州教授。

與范祖禹、胡宗愈交章薦張舉。

《宋史·隱逸傳》：元祐，孫覺、胡宗愈、范祖禹交章言張舉且死草萊，後世必以爲朝廷失士。詔拜祕書省校書郎，敕郡縣致禮敦遣，竟不出。

七月，進吏部侍郎。

《長編》：七月丙辰朔戊辰，給事中孫覺爲吏部侍郎。

十一月，呂公著言中書侍郎未補人，先生及呂大防、李常等皆可用，上然之。

《長編》十一月乙卯朔丙辰：自張璪罷，中書侍郎久未補人。呂公著言呂大防可任大事，又言孫覺、李常、胡宗愈皆可用。上深以爲然。

是年，王安石卒，作文誄之。《宋史·孫覺傳》。

《尚書解義》成。

案：晁公武《讀書志》：孫覺仕元祐，謂康王以喪服見諸侯爲非禮。朱彝尊《經義攷》引之。今未能確指是書成於何年，姑因晁氏仕元祐之説附此。

元祐二年丁卯，六十歲。

三月，以吏部侍郎初領右選，尋改左選，勘定選人額數。

《長編》元祐二年三月戊戌：吏部選人改官，每歲以百人爲限，從侍郎孫覺請也。覺在吏部幾二年，初領右選。右選萬五千員，而闕不滿六千，有三年不得調者。覺請自軍功保甲進者補指使，宗室（祖）〔祖〕免親從員外置，一日得闕數千。改主左選，於是復磨勘員。《宋史》字句小異。

四月，與鄧溫伯、蘇軾、李常、王存、胡宗愈疏留顧臨於朝，不報。

《長編》：夏四月癸巳，給事中顧臨爲天章閣待制、河北路都轉運使，朝議大夫、直龍圖閣、新河北路都轉運使范子奇爲陝西路轉運使，翰林學士承旨鄧溫伯、翰林學士蘇軾、戶部尚書李常、兵部尚書王存、吏部侍郎孫覺、胡宗愈等言：「顧臨資性方正，學有根本，慷慨中立，無所阿撓。自供職以來，封駁議論，凜然有古人之風，僥倖之流側目畏憚。近聞除天章閣待制，充河北都轉運使，遠去朝廷，衆所嗟惜。方今二聖臨御，肅正紀綱，如臨等輩正當寘之左右，以補闕遺。或者謂緣黃河擬臨幹治，臨之所學，實有大於治河，治河之才，固有出臨之上者。欲望朝廷選深知河事者以使河北，且留臨在朝廷，以盡忠亮補益之節。」

《宋史·顧臨傳》：元祐初，給事

中臨以朝廷方事回河，時河決商胡，賈昌朝欲開橫壠故道，回河使東，故云[二]。拜天章閣待制、河北路都轉運使，孫覺、蘇軾、李常、王古、鄧溫伯、胡宗愈言臨宜留寘左右。不報。

與蘇軾、傅堯俞疏薦陳師道爲徐州州學教授。

《長編》：己巳，徐州布衣陳師道爲亳州司戶參軍充徐州州學教授。先是，蘇軾、傅堯俞、孫覺等言：「師道文詞高古，度越流輩，安貧守道，若將終身，苟非其人，義不往見。過壯未仕，實爲遺才。欲望聖慈特賜錄用，以奬士類。」《宋史·陳師道傳》：蘇軾、傅堯俞、孫覺薦師道文行於朝。

案：《蘇詩》施注：元祐初，公與傅欽之堯俞、孫莘老覺薦其文行，起家爲徐州教授。公守杭，履常以知己之義求郡檄送行，守不聽，以疾謁告，別於南京。馮應榴《蘇詩合注》案：施注所云「守不聽」，指孫莘老也，時守徐州。今案《東坡年譜》，公由翰林學士出守杭在元祐四年，先生安得有守徐事？

傅師先生直龍圖閣，權知秦州。

《長編》：乙亥，朝奉郎、右司員外郎孫覽爲直龍圖閣，權知秦州。

十一月，疏令御史糾舉四方使者以聞，詔從之。

《長編》：十一月庚申，吏部侍郎孫覺言：「歷代相承，每遣使者以行黜陟。今天下萬里，使者不爲少矣。然自陛下即位以來，使四方者有能推行陛下保養元元之意，不使暴政侵漁，慢吏姑息，如唐陸贄之說，能以五術省風俗，八計聽吏治，三科登俊乂，四賦輕財費，六聽保罷瘵，五要簡官事，如是者雖有其人，不以聞不可也；無其人，不求其人尤不可也。伏乞皇帝陛下、太皇太后陛下詔大臣立法，專令御史臺糾舉以聞。設若下吏貪贓犯法與弛慢不才及才賢過人，使者宜詳知之。一或不知猶可，至二三人焉，則使者爲不職矣。乞以臣言降付三省，委御史臺糾察，仍降詔諸路使預知此意。」貼黃稱：「臣訪聞四方使者，以陛下即位以來，罷行青苗、免役及市易等事，以爲朝廷專務姑息，雖有貪贓不法之吏，莫敢誰何，以故民受其弊。臣故敢乞令御史臺彈奏，若黜一人歸吏部，則天下莫不悚動矣。」詔劄與諸路及府界監司，仍令御史臺常切覺察。

元祐三年戊辰，六十一歲。

春正月，詔與蘇軾、孔文仲同知貢舉。

《長編》：元祐三年正月乙丑，翰林學士蘇軾權知禮部貢舉，吏部侍郎孫覺、中書舍人孔文仲同知貢舉。

宋黄庭堅《山谷題跋》：正月乙丑鎖太學，試禮部進士四千七百三十二人。三月戊申，奏號進士五百人、宗室二人。子瞻、莘老、經父知舉，熙叔、元輿、彥衡、魯直、子明參詳，君貺、希古、履中、器之、成季、明略、無咎、堯文、元忠、遐叔、子發、君時、天啓、志完點檢試卷。

三月[二]，與蘇軾、孔文仲疏，乞去冗官之害。

《長編》：三月乙巳，權知貢舉蘇軾同孫覺、孔文仲言：「臣等伏見從來天下之患無過官冗，人人能言其弊，而不能去其害。唯往年韓琦、富弼等獨能裁減任子及展年磨勘。發議之初，士大夫相顧莫敢以身當之者，以爲必致謗議。而琦等不顧，既立成法，天下肅然，無一人非之者，何則？私欲不可以勝公義故也。流弊之極，至於今日，一官之闕率四五人守之，爭奪紛紜，廉耻道盡。中材小官，闕遠食貧，到官之後，求取漁利，靡所不爲，而民病矣。今日之弊，譬如羸病之人負千鈞之重，縱未能分減，豈忍更添！臣等自入貢院，四方免解舉人投狀稱，今來是龍飛榜，乞爲敷奏法外推恩者不可勝數，臣等一切不行。兼不（注）〔住〕有經朝省下狀，蒙送下本院，只是坐條告近準聖旨，依逐舉體量下第舉人，各以舉數特奏名，已約計四百五十人。今日又準尚書省劄子，取前來聖旨特奏名外遞減一舉人數。若依此數，則又添數百人，雖未知朝廷作何行遣，不當先事建言，但恐朝命已行，即論奏不及。臣等伏見恩榜得官之人，布在州縣，例皆垂老，別無進望，惟務黷貨，以爲歸計。貪冒不職，十人而九。朝廷所放恩榜幾千人矣，何曾見一人能自奮勵有聞於時？而殘民敗官者不可勝數，以此知其有損無益，不言可知。今之議者不過謂即位之初宜廣恩澤，苟以悅此僥倖無厭數百人者，而不知吏部以有限之官待無窮之吏，戶部以有限之財祿無用之人，而所至州縣舉罷其害。乃即位之初，有所過舉，謂之恩澤，非臣所識也。伏乞斷自聖意，明敕大臣，特奏名舉人只依近日聖旨指揮，仍詔殿試考官精加攷校，量取一二十人，委有學問、詞理優長者即許出官，其餘皆補文學、長史之類，不列選限，免積弊之極，增重不已。臣等非不知言出怨生，既忝近臣，理難緘默。」貼黃稱：「臣覺見備員吏部，親見其害，闕每一出，爭之至一二十人。雖川、廣、福建煙瘴之地，不問月日遠近，唯欲爭先注授。臣竊怪之，陰加訪問，以爲授官之後，即請雇錢，多者至五、七十千。又既授遠闕，許先借料錢，遠者許借三月，又得四十餘千。以貪惏無厭之人，又以衰老，到官之後，望其持廉奉法，盡公治民，不可得也。」

四月，擢御史中丞。

《長編》：四月壬午，吏部侍郎兼侍講孫覺爲御史中丞。

案：秦少游賀先生啓見《淮海集》。又案：先生爲御史中丞有語傳楫事。《宋史》列傳稱：楫字元通，興化軍仙游人。少從孫覺、陳襄學，第進士，調揚州司户參軍，攝天長令，轉福清丞，知龍泉縣。孫覺爲御史中丞，語之曰：「朝廷欲用君，盍少留？」楫曰：「仕宦所樂居中者，免外臺督責耳。今俯首權門，與外臺奚擇？且外官已所當得也。」遂去不顧。道除太學博士，居四年未嘗一躓大臣門。

疏舉歐陽棐自代。

《長編》：五月丙午朔丁巳，歐陽棐爲集賢校理、權判登聞鼓院，右正言劉安世言：「棐以庸材，因緣傅會，造爲虛名，遂至呂公著薦充史館。孫覺舉以自代。伏願罷棐館職，以慰搢紳之望。」節録。

案《宋史》：棐字叔弼，歐陽修仲子。

本傳稱其不附魏泰，卒坐黨籍，豈以庸材造爲虚名者所能？先生舉其人自代，定非漫然。

五月，疏論胡宗愈。

《長編》注：五月甲戌，右正言劉安世言：「胡宗愈除尚書右丞，不協，御史中丞孫覺乃宗愈之故人，見其改節，今已彈奏。伏望罷免宗愈，斷之不疑，實天下之幸。」節録。

六月，疏請黄杲卿、黄穎除教導官，從之。

《長編》：六月丙子朔丁亥，詔經明行修黄杲卿、黄穎，竝特與應天府助教。以被舉不至，御史中丞孫覺請合就除一官，教導後進，故有是命。

九月，詔與蘇轍、彭汝（勵）〔礪〕、張績考試應賢良方正能直言極諫科舉人。

《長編》：九月辛亥，御史中丞孫覺、戶部侍郎蘇轍、中書舍人彭汝礪、祕書省正字張績，考試應賢良方正能（極）〔直〕言（直）〔極〕諫科舉人。

先生子子實端應制科，登進士。

案邑志：子實，先生子，爲宋制科進士。攷《宋史》，元祐二年復制科，三年應試，故附此。子實名端，邑志以爲即《淮海集》「北海尉孫誠之」。陸佃《陶山集·依韻和孫勉教授》詩元注：「莘老最稱重誠之。」誠之乃孫勉也。與莘老伯仲，邑志之説非也。

先生引疾求罷，詔爲龍圖閣直學士，提舉醴泉觀兼侍講。

《長編》：乙未，御史中丞孫覺爲龍圖閣直學士，提舉醴泉觀兼侍講。覺引疾求罷，故有是命。

宋劉攽《彭城集·御史中丞孫覺可龍圖閣

直學士提舉醴泉觀依舊兼侍講制》：「吾以風憲齊邦法，而用經藝求多聞，儒臣之任是者，異事而同功。此皆有益於朝者也。具官某資性樸茂，學問該達，有子政之博識，兼叔向之遺直。近者擢置中司，以從民望。未得聞生之奇論，乃因以疾而求解。知其不欺，在所從欲。擢龍馬之峻秩，仍虎門之詔徵，兼總殊庭之事，增重講闈之寵。祗服休命，毋怠初心。」

案《山谷年譜》：九月，莘老以御史中丞提舉醴泉觀。魯直送天壇靈壽杖，有詩。李公擇在宣城，寄草元筆。

《周易傳》成。

游酢《序》云：「《易》之爲書，該括萬有，而以一言蔽之，則順性命而已。陰陽之有消長，剛柔之有進退，仁義之有隆汙，三極之道，皆原於《易》而會於理。其所遭者時也，其所託者義也，其所致者用也。知斯三者，而天下之理得矣。仰則著於天文，俯則形於地理，中則隱於人心，而民之迷日久，不能以自得也，冥行於利害之域，而莫知所向。聖人有憂之，此《易》之所爲作也。伏羲象之而八卦成，文王重之而六爻具，周公繫之辭，仲尼訓其義。自伏羲至於仲尼，則《易》之書，不遺餘旨矣。蓋將領天下於中正之途，而要於時措之宜也。居則觀象而玩辭，動則觀變而玩占，以研心則慮精，以應物則事舉。天且助之，人且與之，而何凶咎之有？故曰是興神物以前民用，又曰因貳以濟民行，此四君子之用心也。孫公莘老，少而好《易》，常以是行己，亦以是立朝，或進或退，或語或默，或從或違，皆占於《易》而後行也。晚而成書，詞約而旨明，義直而事核。又將於學者共之，蓋亦先聖之所期，豈徒爲章句以自名家而已！此先生傳《易》之意也，學者宜以是觀之。」

案：是書未能確指成於何年，唯因定夫有晚而成書之説。姑附於此。

元祐四年己巳，六十二歲。

春正月，詔免侍講，依舊提舉醴泉觀，免朝參。

《長編》：元祐四年春正月壬申朔癸巳，龍圖閣直學士、提舉醴泉觀兼侍講孫覺免侍講，依舊提舉醴泉觀，免朝參。

五月，傳師先生爲江淮荆浙等路發運副使。

《長編》：庚寅，新兩浙轉運使、朝散郎、直龍圖閣孫覽爲江淮荆浙等路發運副使。

先生請罷，以龍圖閣學士提舉醴泉觀，求舒州靈仙觀以歸。《宋史·孫覺傳》。

案：先生罷歸，有詩贈少游，少游次韻。《淮海集·次韻莘老》：「妙齡隨計日，紺髮度關年。較藝先豪俊，飛聲動眇綿。祕書窺甲乙，密室指溫宣。已叶半千運，仍親尺五天。御香春晚灶，宮蠟夜深然。漢殿螭頭筆，岐藩幕下蓮。孔鸞人共貴，蘭蕙世皆憐。附尾方暌若，提刀獨耆然。皀囊封細札，青簡續遺編。璧府深難造，龍媒雋莫先。大農參奏計，宗伯與興賢。玉鉉行眞即，金甌忽浪傳。兩輪苕上駕，百丈剡中牽。荏苒馮唐老，淹回賈傅還。星霜俄九換，金竹遽三遷。鼓吹吳雲外，旌旛淮水壖。經綸殊未倦，憂患復相連。惡草空搖毒，群蝸漫汙涎。松筠終不易，雨露竟無偏。憔悴千株橘，荒涼二頃田。幾書借船帖，屢廣絕交篇。禪譽推龐蘊，親評主閔騫。懶因閒處極，樂向靜中全。歲月黃塵裏，鶯花白髮前。冰臺清照底，玉海湛無邊。身世尤飛隼，功名眇蛻蟬。蕉心難固待，楮葉漫勞鐫。佇續清都夢，還隨濁世緣。泉虬淹已久，風翮去應便。預想朝元處，簪裾立萬仙。」黃魯直亦有詩。《山谷集·答孫莘老見贈》：「往歲在辛丑，從師海瀕州。外家有行役，拜公古邗溝。兒童被鑑賞，許以綜九流。仍許歸息女，采蘋助春秋。斯文開津梁，盛德見虛舟。離合略十年，每見仰清修。久次不進遷，天祿勤校讎。文武修衮職，諫垣始登收。身趨鄴公城，逐臣既南浮。變彼丞中饋，家庭供百羞。堂堂來問寢，忽爲雲霧休。遺玩猶在篋，汝水遶墳邱。南箕與北斗，日月行置郵。相逢輦轂下，存沒可言愁。當年小兒女，生子欲勝裘。甌越委琴瑟，江湖共松楸。持節轉七郡，治功無全牛。還朝蒙嗟識，明月豈暗投。抱被直延閣，疏簾近奎鉤。三生石上夢，記是復疑不。隱几付天籟，閱人如海鷗。襟懷俯萬物，顏鬢與百憂。長歌可當泣，短生等蜉蝣。悲歡令人老，萬世略同流。軒冕來逼身，白蘋晚滄洲。履拂知道肥，淨室見天遊。小人樂蛙井，癡甚顧虎頭。世緣眞嚼蠟，骨相謝封侯。松根養茯苓，歲晏望華輈。」魯直《又呈莘老》：「九陌黃塵烏帽底，五湖春水白鷗前。扁舟不爲鱸魚去，收取聲名四十年。」「甓社湖中有明月，淮南草木借光輝。故應剖蚌登王府，不若行沙弄夕暉。」

十一月，傳師先生權知桂州。

《長編》：十一月丁卯朔甲申，江淮荆浙發運副使、直龍圖閣孫覽權知桂州。

案：傳師先生守桂，嘗因宋顔延年讀書巖創爲堂軒，榜曰「五詠堂」，且爲記云：「桂林爲郡，千山環秀，而井邑之内一山峙立，狀如冠冕，凡州堂臺亭榭，開戶相倚，清輝可掬，玩之無斁，游者忘歸，名曰獨秀山。山復有巖，可容十許人，蕭爽虛涼，坐卻煩暑。宋顔延年出守是邦，來游巖間，讀書爲文以自娛，名曰讀書巖。蓋紀於圖志者，其略如此。歷大曆中，李昌巙爲桂管觀察使，因建學其下。建元間，御史裹行鄭叔齊爲之記，脱落顔延年事，而獨載昌巙之事。景平、建元相去，視今爲未久，不應頓失其傳。觀叔齊文字猥陋，非愛奇博古之流，亦不能考尋前載也。余元祐五年被命承乏於此，視事累月，聞斯巖名，嘉顔延年好尙不凡，訪求古迹，而荒崖斷石，榛莽蕪穢，始不可見。乃命寺僧芰夷營葺之，創爲堂軒，以面巖曲，而唐人名刻猶有存者，因鑱其旁曰『顔公讀書巖』。延年才高性偏，放蕩不羈，前後見斥於徐羨之、劉湛輩，不能無怨，嘗著《五君詠》，旨味閑淡，推重一時。然亦以此取怨當路，故又榜其上曰『五詠堂』。五詠雖非延年在桂所爲，乃其平日自況也，并刻之左右。嗚乎！士之負才不羈，而趨世尤疏者，其大足以殺身滅宗，次或流離困挫不能自保者，踵相躡也。如延年文釆，江左以來蓋一二數，少與謝靈運齊名，辭氣軒揚，凌傲當世，亦略相似。靈運竟以僇死，而延年獲免，蓋幸矣。後之來者遊其巖，觀其詩，足以想見其平生大槩云。」

元祐五年庚申，六十三歲。

哲宗遣使存勞。《宋史·孫覺傳》。

二月丙申朔戊戌，先生卒。

《長編》：元祐五年二月丙申朔戊戌，龍圖閣直學士、左朝散大夫、提舉靈仙觀孫覺卒。

《宋史·李常傳》：「常與孫覺齊名，其死先後一夕。」宋陸游《老學庵筆記》：「李公擇、孫莘老平時至相親厚，皆終於御史中丞。元祐五年二月二日，公擇卒，三日莘老卒，先後纔一日。」案：東坡《次韻林子中王彥祖唱酬》詩云「蚤知身寄一漚中，晚節尤驚落葉風」，即謂此也。

先生子子實端時爲郢州長壽縣主簿，遂丁憂。

三月，詔賜先生家錢五百緡，給葬事。

《長編》：三月丙寅朔丁卯，詔賜故龍圖閣直學士孫覺家錢五百緡，令所屬給葬事及借官舍。御史中丞梁燾爲之請也。

案秦少游挽先生有詩。《淮海集·孫莘老挽詞》：「同功一體盡調元，獨抱沈痾返故園。壺遂暮年非不遇，人生到此可忘言。青春芸閣妙文詞，進讀金華鬢若絲。轉守七州多異政，奉常處處有房祠。月旦常居第一評，立朝風釆照公卿。門生故吏知多少，盡向碑陰刻姓名。華屋邱山可奈何，百年光景一投梭。故人惟有羊曇在，慟哭西州不忍歌。」

先生子子實端歸葬先生於廣陵。《江南通志》、《郡志》：「宋學士孫覺墓在府善應鄉。」

紹聖四年丁丑

詔追奪官秩。《宋史》。

徽宗崇甯元年

詔立黨人碑於端禮門外。《宋史》。

崇甯五年丙戌

詔毁黨人碑，無問存沒。復其官。《宋史》。

〔一〕此注係編者誤記。賈昌朝議回河事在宋仁宗景祐年間，昌朝卒於治平二年。元祐間議回河者爲張問、王令圖等。參見《宋史》卷九一、九二《河渠志》，卷二八五《賈昌朝傳》。

〔二〕三月：據《長編》卷四〇八，上疏在是年二月。下引文同。

孫公莘老年譜書後

湘鄉左青峙刺史權牧吾鄉，時茆君雩水方纂《孫公莘老年譜》成。蓋取史策所載爲之綱，博攷群書爲之證，瞭如秩如，歸於體要。刺史賞雩水用力之勤，以爲大有功於其鄉先生，思有以傳之也而未暇。適移任震澤，攜譜稿去。歲餘，一函一艇來，則刺史已加弁言簡端，剞劂蕆事，命與使者共載矣。自來游宦所經，或視如傳舍，刺史惓惓於吾邑鄉先生出處大節，不束閣其書，汲汲焉捐奉鳩工，俾得壽世而歸諸吾邑，古誼高風，可端笏拜也。宋紹熙中，陽羨邵公輯知高郵軍，鐫莘老《春秋經解》十五卷，藏郡齋。莘老先生著述多散佚，《經解》獨傳，賴此舉也。余以爲刺史與邵公後先繼美，皆當勿諼於無窮云。道光二十五年十月既望，邑後學王敬之拜手書後。

孫莘老先生年譜題識

高郵先賢孫莘老先生，宋代偉人也。其品節、政事、文章具《宋史》本傳，然史文約而不詳，其軼往往散見他説。泮林平生景仰，遇先生事蹟隨手輒錄，仿紀年之例，編次成帙，其不可以年次者，則以軼事別紙記之。是編始輯於道光戊戌孟冬，至辛丑夏初乃克纂成。嗚乎！吾鄉碩彥宋時首推孫、秦，少游《淮海年譜》行世已久，而先生舊無譜錄，殊爲闕事。泮林生龍學七百年後，望古茫茫，又以鄉曲見聞，學植蕪淺，不足當表揚先哲之責。比年從王君寬甫游，常有所請益，而寬甫亦搜討不厭。余不敢攘善，因樂道其始末如此。邑後學茆泮林識。

宋徐節孝先生年譜

邑人段朝端蔗叟纂

宋仁宗天聖六年戊辰，先生生。

先生諱積，字仲車，姓徐氏，世爲楚州山陽人。

曾祖崇，祖爽，皆不仕。父石，神童出身，知融州羅城縣事。王資深《行狀》。

端按：先生母王氏。按先生《江甯府句容縣廳壁記》：「前代縣令治行名跡見於吏民者，晉之劉超、宋之孫謙、齊之周洽之〔輩〕是也。景德中，我外父太常〔博士〕王公實紹厥後。」據此，先生之母蓋王氏。

歸侍太夫人與二叔父。居無何，二叔父議析居。先生涕泣止之，不可，於是請二叔父先取所欲，餘書十篋、敝屋數椽而已，先生怡然受之。二叔父沒，家事替，先生事叔母、送死無不備。《行狀》。據此，是先生有叔父也，蓋羅城君之弟。先生自陝奉以歸，《行狀》敘於從安定學之後，初猶同爨，至既冠從海陵歸，叔父始議析居耳。

天聖七年己巳，二歲。

天聖八年庚午，三歲。

是年，羅城君卒。

先生自爲兒童，不爲嬉戲，寡言笑，莊毅如成人。羅城君卒，先生始三歲，晨昏匍匐求其父甚哀。太夫人一日使讀《孝經》，輒流涕不能止。是時太夫人攜先生育於陝右外家，事其母篤孝，朝夕冠帶問起居。一日，幞頭晨省，外氏諸婦大笑之。翌日復如是，笑不已。被笑旬日，彌恪。自是至老不廢，居家必冠帶，當暑，絺綌必重。《行狀》。

端按：冠帶起居，非孩嬰所能。以意揣之，三歲喪父，太夫人攜之外家，稍長即知孝敬，此皆十五歲以前事，姑連類繫此。

天聖九年辛未，四歲。

明道元年壬申，五歲。

明道二年癸酉，六歲。

景祐元年甲戌，七歲。

景祐二年乙亥，八歲。

景祐三年丙子，九歲。

景祐四年丁丑，十歲。

寶元元年戊寅，十一歲。

寶元二年己卯，十二歲。

康定元年庚辰，十三歲。

慶曆元年辛巳，十四歲。

少喜鼓琴弈棋，皆絕人。射百步外發必中，能馳惡馬。嘗乘醉入華山，逢巨寇，視之若無人，寇不敢害。《行狀》。

端按：此亦十五歲以前事，不能定爲何年，姑繫於此。

慶曆二年壬午，十五歲。

自陝右歸。

十五歲，奉母自陝右歸楚。晝治生，夜讀書達旦。太夫人憂其疲，夜戒使休，乃就枕。伺太夫人寐，讀書如故。《行狀》。

慶曆三年癸未，十六歲。

慶曆四年甲申，十七歲。

慶曆五年乙酉，十八歲。

慶曆六年丙戌，十九歲。

治六經，喜難注疏，有不合者，輒加點竄。嘗恨康成不同時，與之對辯。諸子百家誦一週不忘。《行狀》。

端按：此十五歲以後事，不能定爲何年，姑繫於此。

慶曆七年丁亥，二十歲。

從安定學。

既冠，徒步從安定先生學。安定門下踰千人，獨以別室處之，遣婢視飲食澣濯。盛寒惟一衲裘，以米飯投漿甕中，日食數塊而已。安定使其徒饋之食，不受。將還，受一飯而行，曰：「先生之命，終不可違。」嘗曰：「吾於安定之門所得多矣。言之在耳，一字不違也。」《行狀》。

仲車先生初從安定胡先生學，潛心力行，不復仕進。其學以至誠爲本，積思六經而喜文詞，老而不衰。先生自言，初見安定先生退，頭容稍偏，安定厲聲曰：「頭容直！」積因自思：不獨頭容直，心亦要直，至是不敢有邪心。《呂氏童蒙訓》。

了翁嘗問先生：「佛氏有悟門，儒者有之否？」先生曰：「有之。」問先生悟門云何，曰：「積昔從安定先生學，先生晚蓄二侍姬，諸弟子莫見。一日，因延食中堂，二女子侍側。食已，積請安定先生曰：『門人或問見侍女否，何以告之？』安定曰：『莫安排。』積由是有得，此積之悟門也。」《安定言行録》。

慶曆八年戊子，二十一歲。

皇祐元年己丑，二十二歲。

皇祐二年庚寅，二十三歲。

皇祐三年辛卯，二十四歲。

皇祐四年壬辰，二十五歲。

皇祐五年癸巳，二十六歲。

至和元年甲午，二十七歲。

是年秋九月，有《書鄭緊傳》文一首。《文集》。

至和二年乙未，二十八歲。

嘉祐元年丙申，二十九歲。

嘉祐二年丁酉，三十歲。

嘉祐三年戊戌，三十一歲。

嘉祐四年己亥，三十二歲。

是年，有《代愼郎中遺表》一首。《文集》。

嘉祐五年庚子，三十三歲。

嘉祐六年辛丑，三十四歲。

嘉祐七年壬寅，三十五歲。

嘉祐八年癸卯，三十六歲。

英宗治平元年甲辰，三十七歲。

治平二年乙巳，三十八歲。

治平三年丙午，三十九歲。

治平四年丁未，四十歲。

中許安（國）〔世〕榜，敕同進士出身。

應舉貢禮部，不忍一日去其親，遂徒步載母西入京師。一日借書冊，經夕還，人知其必不校，乃誣曰冊中有金葉。先生遜謝，賣衣償金。聞者皆不平，強使還金，先生終不受。平居日未嘗事聲律，及試有司，亦以賦中第。同榜第一人許安（國）〔世〕率同年數十人拜太夫人於堂上，仍以百千爲太夫人壽。數往返，先生終拒之。一時儒宗巨人與先生文字相贈答，不敢以學行加公，若有所畏焉。《行狀》。

年四十，不昏不仕。不昏者，恐異姓不能盡心於母也；不仕者，恐一日去其親也。鄉人勉之就舉，遂偕母之京師。《東都事略》。

始舉進士，以治平四年賜出身。始赴舉時，不忍一日離其親，推車載母，暴露道途，有重聽之疾。知楚州蹇公奏乞改官狀。

神宗熙甯元年戊申，四十一歲。

熙甯二年己酉，四十二歲。

《東都事略·卓行傳》謂：「既登第，未

調官而母亡。」
端按：《宋史·選舉志》凡進士出身當年改官，賜同進士（同）〔出〕身則次年改官。然則先生母亡當在戊申、己酉之間。

熙甯三年庚戌，四十三歲。

熙甯四年辛亥，四十四歲。

熙甯五年壬子，四十五歲。

端謹本《行狀》、《事略》推考，疑庚戌、辛亥、壬子正先生廬墓之年。

熙甯六年癸丑，四十六歲。

《行狀》：先生居州序三十年，未嘗一日絕緣。

又，元祐七年，知楚州蹇公奏乞改官，謂：「今積賜第二十有六年，在任將書七考。」

端按：先生卒於崇甯二年，年七十六歲。《行狀》所云「居州序三十年」，是先生四十五即「居州序」。距今歲癸丑二十載，蹇公云「在任將書七考」。曰「將」者，正見尚未至廿一年，疑先生廬墓三年畢，太守迎致州序，或正是年也。

熙甯七年甲寅，四十七歲。

熙甯八年乙卯，四十八歲。

熙甯九年丙辰，四十九歲。

熙甯十年丁巳，五十歲。

元豐元年戊午，五十一歲。

是年，有《和揚掾月蝕篇》詩。《文集》。

元豐二年己未，五十二歲。

元豐三年庚申，五十三歲。

元豐四年辛酉，五十四歲。

是年，山陽大水。見《文集·璽書長句詩序》。

元豐五年壬戌，五十五歲。

元豐六年癸亥，五十六歲。

是年，有《送李守》詩。《文集》。

元豐七年甲子，五十七歲。

先生始受知神宗皇帝，數召對，而先生以耳疾不能從仕，故元豐七年屢有粟帛之賜。《行狀》。

元豐八年乙丑，五十八歲。

是年，有《贈愼叔良》詩、《神宗皇帝挽詞》。蘇軾赴登州任，過淮見先生。並《文集》。

哲宗元祐元年丙寅，五十九歲。

除揚州司戶參軍，特差充楚州州學教授。

臣寮奏乞判官充教授：「臣伏見楚州勑同進士出身徐積，經明行修，事親至孝。家雖窮窶，必以甘旨養其母。及居母喪，徒跣廬墓，日自執爨具膳如生，三年無違，僅不滅性。無田可耕，無屋可居，而收養孤甥，教之養之，甚於己子，一方之人服其道義節行。自爲布衣時，已延至州學，相與師事。既登第，監司郡守屢徇人之請，優令在學。自元豐推行學制，以郡守兼領教授，自是引避，無復廩祿之賴矣。今年過五十，其窮益甚，而淸苦自守，終不妄干於人。但不幸有聵疾，以此不可出仕。然其安窮好學，訓道諸生，應酬士大夫，問難質正，雖窮不廢。朝廷近下兩省臣寮舉中外學官，如積之賢，固不易得。伏望聖恩置其疾苦，錄其所長，特除以判司官，差充楚州，仍實三年理爲一任，使積遂霑俸給，伏望敕旨。」四月十八日，三省同奉聖旨，徐積除揚州司戶參軍，特差充楚州州學教授。

吏部符充楚州教授。準尙書吏部符，今

月廿五日卯時，受勑中書省。臣寮上言：「竊以古之聖帝明王，必崇獎幽素盛德之士者，以其風化之所繫也。臣伏見楚州進士及第徐積，養親以孝著，居鄉以廉聞，其道義文章顯於東南者垂三十年。久處鄉校，以教育爲事，秉德純一，士民歸仰。今安窮好古之志，老而益堅。臣愚以爲積雖不從仕，若朝廷特與改官，優加廩俸，使天下之人知朝廷貴德獎善之意，足以敦厚風俗，實有補於聖化。伏望聖慈詳酌施行。」內黄帖子：「風俗偷薄，民未勸善。如積之賢，若蒙旌別，庶幾四方之人知所矜式。伏候敕旨。」四月十八日，三省同奉聖旨，徐積特除楚州州學教授。《事實》。

元祐二年丁卯，六十歲。

是年，有《謝李自明詩並序》。《文集》。

元祐三年戊辰，六十一歲。

是年，有《上天章公顧子敦大河》詩。《文集》。

元祐四年己巳，六十二歲。

是年，蘇軾赴杭州任，過淮見先生。

元祐五年庚午，六十三歲。

是年，有《贈盧君常》詩。《文集》。

元祐六年辛未，六十四歲。

是年，有《送趙守》詩。《文集》。

元祐七年壬申，六十五歲。

知楚州蹇序辰奏乞改官：「伏見楚州州學教授徐積，孝友之性，發於誠心，義理之文，資以學術。其居鄉則安處窮約，雖敝衣糲食，一介不取；其事親則躬執勞苦，雖嚴霜烈日，終身不渝。交游託以死生，宗族均其俸廩，潔己刻意，踰四十年。平居杜門，未嘗求聞於人，故學士大夫知其人者，常或稱其文，或道其行，至於究知物情，推見天變，通政之體，識兵之機，練習古今，而智足以知當世取舍，慨然有尊主庇民之心，雖素所從學者有不知也。積始舉進士，以治平四年賜出身。始赴舉時，不忍一日離其親，推車載母，暴露道塗，有重聽之疾，由是不肯從仕。元祐元年，緣近臣薦舉，即就除爲學官。一方之人知所矜式，庠序學者彬彬加多，至有革頑立懦，勇於爲義。序辰竊謂爵祿慶賞所以助治，然而不必徧加於天下而民自勸。天下之眞賢實廉蓋鮮矣，果得一二而序諸位，褒異寵奬，以風四方，則人懷慕心，衆樂遷善。今積賜第已廿有六年，在任將書七考，國子祭酒、司業及監司守貳薦者十數人。其行實資望，殆難與比。自布衣擢居學校者分較錙銖，同議輕重，若必論年理任事應格法始與之改一官，是以衆人遇積，恐非朝廷褒德進賢、養廉恥、息貪競之意。向使積早自貶損，與俗浮沈，甘屈首於勢利之域，宜已自致顯位，其下猶不失爲郎。乃能用心剛明，以義勝欲，仕不苟進，默與道游，既未超拔佐時，宜有以旌別勵世。伏望聖慈更賜考積經行，優加錄用，勿限資格，特與改官，依舊充本州州學教授，仍許不理任數，以優養其身而寵異之，庶幾顯示中外，敦厚風俗。已具錄奏聞外，具申轉運衙，伏乞更賜敷奏施行。謹狀。元祐七年十二月二十七日。」

發運蔣公奏乞改官：「臣竊見楚州同進士出身徐積，少孤，事母至孝，得於天性。初以進士貢有司，不忍去其母，遂徒步攜載，至羈旅以入京師。母死，水漿不入口者十日，廬於墓側，食粥三年，瘠毁之貌，見於形色。逮終喪至今，猶設几筵，溫凊告面，如事其生。按自治平中登科，以耳疾不仕，寓居佛寺，閉門不出。一布袍二十餘年，饘粥不繼，而不改其樂。有所饋遺，皆卻而不受。今居本州州學，見充教授，月得供給，自奉甚薄，而斥其餘以周親舊之不給者。臣久在本州，察其所得，出於至誠，古之所謂孝廉者未能遠過。至於讀書爲文，長於理趣，辯論慷慨，壯而不屈。楚俗本薄，今乃近厚，實積化之。近楚州嘗據衆狀敷奏，以應赦書之求。伏蒙聖慈憐其節行，加賜粟帛，然猶未盡旌賁之義。況積已係進士出身，偶以病廢，其學行足以爲四方表率。欲望朝廷特賜考察，與改官充本州州學教授，使得微祿，以終其身。如此，庶幾下以助四方敦風礪俗之方，上以見朝廷表賢顯善之意。」《事實》。

是年有《寄崔汝弼》詩。《文集》。

蘇軾由潁州移知揚州，過淮見先生。

元祐八年癸酉，六十六歲。

知江甯府曾公奏乞處以太學官：「臣待罪從官，職在薦士，有所聞見，不敢以中外爲間。臣伏睹楚州州學教授徐積，居今之世，行古之道，安窮守約，垂四十年。其稱于天下，不止一善，而於事親，最爲篤至。力行之外，讀書爲文，雖處閭閻，有志世務。察其所存，蓋非山林之士沉溺枯槁者之所爲也。不幸耳疾，不能出仕朝廷。昨用舉者，處以學官，一州之人賴其矜式。然臣竊謂，如積之賢，不獨可教一州，宜置之太學，使太學諸生朝夕親炙而則傚之，自然四方承風，遠近知勸。其於補助教化，成就人才，得積一人，所補多矣。伏望聖慈因臣之言，詢訪近臣。如臣言不妄，乞優加官秩，授以太學職事。然尚恐積安於鄉里，未易輕致，乞敕本路監司守長敦遣就道，量給裝錢，及具人船，送至闕下。如此，則朝廷待遇之禮已周，積自無名辭避者。昔唐用陽城爲國子司業，而諸生歸養者，一日至二十餘人；得一何蓄爲太學生，而六館之士不從亂。蓋賢者所在，必有宏益。況今風俗陵遲，士節不勵，如此等人，尤在崇獎。此臣所以惓惓懇懇爲朝廷言之，忘其身之疏遠也。臣與積皆治平四年進士，雖知其名，初未識面。昨過楚州，入境，道積之賢者，衆口一辭。既見其貌，聽其言，與衆人之所稱者同，惜乎尚滯一州掾。如太學風化之地，最其所宜，而未有以上聞者，輒冒昧以言。仰瀆天聽，臣無任戰汗隕越之至。伏候敕旨。元祐八年九月初三日。」《事實》。

紹聖元年甲戌，六十七歲。

諸司公舉奏乞異寵：「具位臣王宗望等，伏見揚州司戶參軍充楚州州學教授徐積，事母至孝，卓異之行，遠追古人。其餘事讀書著文，博贍淸奧，足以爲學者宗師。不幸以耳疾廢居里閈，教導生徒，取給而止。蓋其名節暴著，尤見於幽閒窮約之間。陛下即位之初，宗望以從官論薦，起除州學教授，歲滿復留，殆書八考。前後從官、國子長貳、監司、守臣列其行而聞於朝者非一，而積行年六十有七，分老教官，而秩卑祿薄，不離掾屬，未副朝廷所以褒美德行、砥礪風俗之意，論者惜之。臣等伏見昨者朝廷以福州教授陳烈年老就任，改宣德郎，俾食其祿而久其任，以終其身。今徐積年已庶幾，重以疾廢，而宜在所禮。況盛德高行，不在陳烈之下，使積萬一無疾，幸遭聖世，不知朝廷處以何官，爲稱公義？而退居鄉校，已可惻然，況復限以資格，與衆無異。臣等竊懷區區，不敢苟默。欲望朝廷特賜異寵，使善類興起，其勸必速。臣等無任屏營激切之至。謹錄奏聞，伏候勅旨。元祐〔九〕年正月一日狀。」《事實》。

紹聖二年乙亥，六十八歲。

紹聖三年丙子，六十九歲。

特授和州防禦推官。

紹聖四年丁丑，七十歲。

是年，有《贈袁評事》詩。《文集》。

元符元年戊寅，七十一歲。

元符二年己卯，七十二歲。

元符三年庚辰，七十三歲。

是年，有《贈呂公侍講》詩。

《呂公童蒙訓》：元符三年，滎陽呂公自和州謫居起知單州。道山陽，出過市橋，橋壞墮水，而不傷焉。仲車先生年幾七十矣，作《我敬》詩贈公。

端按：公時年七十三，云幾七十者誤。

徽宗建中靖國元年辛巳，七十四歲。

特改宣德郎。

今上即位，特改宣德郎。《行狀》。

改官告詞：敕和州防禦推官、知壽州壽春縣事、新差充楚州州學教授徐積：無常產而有恆心，惟士爲能。古之爲士者好德自修，豈待爵祿而後勸哉？然先王以此鼓舞天下，爲勸沮之術，則亦未嘗廢也。爾行潔而德茂，學博而志恬，晦跡無求，鄉閭之子弟以爲矜式。近臣交薦，名達予聞。特遷文階，俾視京秩，殊恩不次，非獨息奔競之風，亦以勸無求之士。往承異寵，益懋遠猷。可特授宣德郎，差遣如故。《事實》。

是年，有《謝呂帥寄書詩并序》。《文集》。

崇甯元年壬午，七十五歲。

崇甯二年癸未，七十六歲。

特除西京嵩山中岳廟。

朝廷特除西京嵩山中岳廟，逾月，終於舍，實五月一日也。臨終，門人至卧内問起居，遽以衣覆其首，曰：「不巾不敢延坐。」又謂其子曰：「君子命在須臾恍惚之間，然而不敢少忘禮義。」并舉曾子易簀之事，因誦《檀弓》一篇，誦畢而化。前此二十年間，一日枕書卧，既覺，忽册間大書「五月榴花不敢開，直候徐郎來」，筆蹤奇異，不類人書。臨終之日，所居震動移時，若百餘人曳車以往，鐘鼓之音，喧然閭（卷）〔巷〕。一愚婦死而復蘇，曰：「適道旁見大宅，扁高門，榜曰徐先生宅。」後數日先生卒，以六月十三日葬於東郊。是日，門人會葬者蓋千人，夾道擁觀，無不流涕。道人徐神翁在泰州，每寄聲問先生，呼先生爲兄。先生既歿，長女與其夫王仲穎詣海陵見翁，問先生何之，遽答曰仙去也。《行狀》。

先生初娶李氏，尚書郎紳之女，再娶亦李氏，越州新昌令景先之女。《行狀》。

子四人：安道，將樂尉；曰安叟；曰思

遠；曰思正。《徐氏譜》。

女四人，長適王仲穎。《行狀》。

女弟適張六子莊孤甥老老。《本集》。

政和六年賜謚節孝處士，官其一子。《宋史》本傳。

端按：長子官將樂尉，見楊時詩簡跋，即由蔭所得，在紹興二年。

【附】開封尹王革奏請賜謚：「革伏覩故楚州教授徐積孝行之美，比跡古人；經術之純，見推學者。自頃擢第，不復進仕，操守堅正，始末不渝。昨崇甯初，朝廷方興學校之制，革以本路提舉學事蔡觀之命，委以計議。首至楚州，與徐積討論，究觀條畫，皆有法度。既而有司大比，淮南一路之學，楚州選首。今積不幸沒，故不獲親見聖朝學制之大成。竊以本州士人具以昨來興學勤事之功，請於部使者，援張塈體制，乞賜追謚。部使者既已聞於朝矣。按積行誼，不在張塈之下，如蒙朝廷特賜考察，節惠易名，賁及泉壤，不獨慰積之平生，風於四方，足以表勸。革待罪輦轂，不當僭越，緣往者推行學政，與積共事，今淮人之情，實藉以爲言，故敢冒昧干懇朝聽，不勝下情惶恐之甚。」《事實》。

賜謚告詞：「敕宣德郎徐積：天下有道，士知所守，進則功業見於世，退而節義信於人，其趨一也。爾學求諸己，仕弗競榮，操履得古人之純，孝弟爲縉紳之表。使者言狀，朕甚嘉之。夫生有封秩之崇，則沒有節惠之典。倘克修於天爵，亦無吝於德名。庶幾有知，尚克歆受。可特授節孝處士。」

按：事在政和六年。

徐節孝年譜跋

右《節孝徐先生年譜》，山陽詩人段蔗叟所編葺。先生以卓行聞今古，而生平事蹟頗少流傳。叟乃於先生文集中鉤稽剔抉，並旁采博證，以得其梗槩，其用力可謂勤矣。顧孝臧尤心折其於邪説恣肆、彝教淪胥之時，獨孳孳崇昔賢、發潛德爲急務，使人人用心如叟，斯世其有望乎！謹識欽遲，益深慨歎。宣統丁巳冬十一月長至日，歸安朱孝臧跋。原名祖謀。

王令年譜

沈文倬 編

《王令集》附録

王令（一〇三二—一〇五九），初字鍾美，後改字逢原。原籍元城（今河北大名），年幼喪父，隨叔祖父王乙徙于官所，遂爲廣陵（今江蘇揚州）人。少時尚意氣，後折節讀書，不求仕進，以教授生徒爲業，往來於瓜州、天長、高郵、潤州等地。至和元年，以《南山之田》詩受王安石賞識。後主高郵州學，未幾辭去，遷居潤州。卒于嘉祐四年，年二十八。

王令雖早卒，却以詩文頗負盛名。其詩受韓愈影響，磅礴奥衍，而能直擊現實，劉克莊稱其「骨氣蒼老，識度高遠」（《後村詩話》前集卷二）。著有《廣陵集》二十卷，有明抄本、《四庫全書》本、民國劉氏嘉業堂刊本。今人沈文倬有校點本《王令集》（上海古籍出版社一九八〇年）。事迹見王安石《王逢原墓志銘》、劉發《廣陵先生傳》、《廣陵先生行實》（均見《廣陵集》附録）。

《王令集》後附沈文倬所編《王令年譜》，是譜考述世系、親友、行歷、交遊、朝政大事、詩文創作等，有疑問處，即加「辨證」予以考釋，對於理解王令詩文創作的歷程及其得享盛名之緣由，頗有裨益。

王令，初字鍾美，更字逢原。周世宗時有閤門通事舍人王安者，居魏郡元城縣（今河北省大名縣），不知其始遷者。其子庭溫，入宋爲泰寧軍節度副使，即令之高祖也。曾祖奉諲，右班殿直，卒贈左武衛大將軍；祖珙，大理評事；父世倫，鄭州管城縣主簿。事迹並無考。叔祖乙，字次公，珙之弟也。舉進士輒罷，以獻祕書得官，屢上書言事，多切中時弊。累官至淮南西路都巡檢使，以左領軍衛將軍致仕。令五歲而孤，育于乙以長，以是悉乙之行事獨詳而爲撰行狀，于己之父若祖反無所述焉。乙少遊江、淮間，家于揚，令故占籍揚州廣陵郡（今江蘇省揚州市）。少時落拓不檢，未爲鄉里所重，里中滿執中子權爲令所畏服者，誚其所爲爲非是，遂折節讀書，學得以成。詩文骨氣蒼老，識度高遠，江、淮間文學之士多與之遊。絕意仕進，不應進士舉，授徒以食。臨川王安石由舒州被召入京，道出淮南，令投書論交，遂成莫逆。安石重其文行，「以爲可以任世之重而有功於天下者」，而令以腳氣病死，年僅二十有八。娶于吳，江寧府錄事參軍金谿吳蕡之女，安石妻吳氏之從妹也。遺腹一女，後嫁錢塘吳師禮，生子說，師禮、說並有聲于時。說編令之詩若文爲《廣陵先生文集》二十卷、附錄一卷。

附世系：

安—庭溫—奉諲—┬珙—世倫—令
　　　　　　　　└乙—┬子建
　　　　　　　　　　　├越石
　　　　　　　　　　　└仁傑

宋仁宗明道元年

三月，江、淮旱。是歲，京東、淮南、江東饑。

令生。

【辨證】令父世倫官鄭州管城縣主簿不知在何年，故令生于何地亦不詳。

二年

七月，右司諫范仲淹請遣使按視江、淮、京東水災。又上疏云：「今東南漕米歲六百萬石，至于府庫財帛，皆出于民，加之饑年，艱食如此。江、淮、兩浙諸路，歲有饋糧，於租稅外復又入糴，計東南數路不下二三百萬石，故雖豐年，穀價亦高。」

十月，殿中侍御史龐籍言：「今螽螟爲災，民憂轉死，當惜國費以徇民意。」時頻歲蝗旱，仁宗下詔罪己，宰臣張士遜等請各降官一級，君臣緣飾以自解，足徵被災之重。

令二歲。

景祐元年

二月，權減江、淮漕米二百萬石，候歲豐補之。

三月，開封府判官謝絳言：「蝗亘田野，坌入郛郭，跳躑官寺，井匽皆滿，而使者數出，府縣監捕驅逐，蹂踐田舍，民不聊生。」

六月，給陳州、揚州學田三頃。

八月，南京留守推官石介致書宰臣王曾云：「主上漸有失德，自七、八月來，倡優婦人，朋淫宮內，飲樂無時。」

令三歲。

三年

令五歲。父世倫卒，依叔祖乙于揚州。

【辨證】王安石撰《王逢原墓誌銘》（《臨川集》卷九十七）云：「五歲而孤，二十八而卒，卒之九十三日，嘉祐四年九月丙申葬于常州。」以此推算，世倫卒于是年。劉發撰《廣陵先生傳》（以下簡稱劉發撰《傳》）云：「叔祖父乙居廣陵，先生幼育於乙，故遂爲廣陵人。」

按：《謝束丈見贈》（本集卷三）（凡不著撰人名者，係令之作。下同。）云：「賤生不自辰，親沒身孤零。」父沒而育于叔祖，其母已前卒可知。

慶曆三年

五月，江、淮歲漕不給，京師乏軍儲，擢國子博士許元爲江、淮、兩浙、荆湖制置發運判官，元曰：「以六路七十二州之粟不能足京師者，吾不信也。」至則悉發瀕江州縣藏粟，所在留三月糧，遠近以次相補，引千餘艘轉運而西，京師足食而江、淮匱乏益甚，仁宗猶斥爲「誅求疲民以希進」，其專以聚斂刻剝爲能可知也。

令十二歲。畢《詩》、《書》羣經。

【辨證】劉發撰《傳》云：「年十數歲，晝從羣兒嬉，夜獨誦書，往往達旦不眠，率以是爲常。《壬辰三月二十一日讀李翰林墓銘云少以任俠爲事因激素志示杜子長》并序（本集卷七）云：「成童始就學，數歲通《書》、《詩》。」

六年

五月，京師雨雹地震。

六月，久旱，民多暍死。

令十五歲。好任俠，鄉里畏而服之。從滿建中粹翁學，建中弟執中誚其所爲爲非是，遂折節讀書。

【辨證】劉發撰《傳》云：「年稍長，倜儻不羈束，周鄉里之急，爲不義者，面加毀折無所避，人皆畏而服之。里人滿執中，謹厚人也。一日先生過之，執中以先生所爲爲非是，先生因自悔，更閉門讀書。」《壬辰示杜子長》云：「十五尙意氣，自待固不卑。嘗謂富貴易，有如塗上泥。苟意欲上進，足至則履之。」詩所云與劉發所述合。王安石撰《揚州進士滿夫人楊氏墓誌銘》（《臨川集》卷九十九）云：「揚州進士滿涇之夫人楊氏者，著作元賓之女也。有子七人：建中、居中、執中、存中、方中、閎中、求中，皆嚮學。」《送黃莘任道赴揚學序》（本集卷十五）云：「昔令嘗居揚矣，進而視其禮、退而復其言者，三年而後盡信之。故令嘗師處之，而粹翁許我則友也。」《謝李常伯》（本集卷三）云：「憶初從粹翁，睡耳忽得提，震驚破百昏，寐覺悼前迷。」令師事建中不知在何年，姑繫于此。與滿氏兄弟遊最久，可證本年以前在揚州，即《魯子思哀詞》（本集卷十九）所云「令居揚之日久」是也。

七年

三月，樞密使、工部侍郎、平章事賈昌朝，樞密副使、右諫議大夫吳育罷，以河陽三城節度、同平章事、判大名府夏竦依前官充樞密使，以文彥博爲右諫議大夫、樞密副使，旋改參知政事，以高若訥爲樞密副使。

張奎知揚州（據《宋史》本傳及金鎮纂康熙《揚州府志》）。

令十六歲。隨從叔在瓜洲。

【辨證】令爲袁康撰墓誌銘凡二，其一題

《右班殿直袁君墓銘》并序（本集卷二十）云：「巡檢揚之銅城鎮，坐免以歸，君亦適老矣。退居揚之尹婁河上，其地蓋君嘗官而樂之也。既居二年，令侍叔父以官來，令方少，得君之子，相歡也。二子，翼、軫。」後更撰其二題《前左班殿直袁君墓誌銘》（本集卷二十）云：「坐免，歸老于揚州之瓜洲。」然則袁康歸老居瓜洲，令適隨從叔來此，得與其子翼、軫爲友也。所稱叔父，殆指乙之長子越石。《與東伯仁手書》一（本集卷十八）云：「《藏芝賦》稿草尚在瓜洲，蓋託袁君錄之。」此袁君即「得君之子相歡」者，此書嘉祐二年在潤州所寄，可見本年令在瓜洲而以後與袁氏二子過從甚密。

八年

閏正月，文彥博同中書門下平章事。

四月，參知政事丁度罷，以明鎬參知政事。

五月，夏竦罷，以宋庠爲樞密使，龐籍參知政事。

八月，河北、京東、西水災。

九月，詔以今年江、淮漕米二百萬斛轉給河北州軍。

十二月，霖雨爲災，詔明年改元。

歐陽修知揚州，建平山堂。

令十七歲。姊寡，貧無以自存，令離乙別居，自謀衣食，迎姊歸，遂家于瓜洲。

【辨證】令自五歲育于叔祖乙，至何時離乙自謀衣食，《誌》、《傳》均無記載。按《壬辰示杜子長》云：「二十忽自笑，學乃謀寒飢。」時年二十一，固已授徒餬口有年矣。集中有《寄姊夫焦韞叔兼簡三姊》（卷七）、《山陽思歸書寄女兄》（卷五）二詩，雖作年無考，以詩有「念我兄弟寡，商參各殊州，十年不一逢，會合何所繇」之句，蓋言久離而復會。據《再上邵不疑書》（本集卷十七）有「有姊以貧而不嫁」語，時姊已來歸，邵不疑必聘令爲高郵軍學官在至和二年，是書應在二年以前所上，則所云「十年不一逢」必更在其前。《謝東丈見贈》云：「祖死不反骨，姊寡歸攜甥。」《答黄藪富道》（本集卷四）云：「年來事窮蹙，露暴無自依，姊寡不能嫁，兒孤牽我啼。」則久離復會者，乃其姊以夫死而攜子女投其弟，則其時令必離乙別居、自謀衣食，始能奉其姊也。令五歲別姊依乙，至是姊寡復歸，適符十年不逢之語。據以上諸證推斷，令離乙自謀衣食，當在十六、七歲時。《前左班殿直袁君墓誌銘》云：「君既退居，令始與君子游，後七年而君卒。」《右班殿直袁君墓銘》并序云：「居無何而令去，聞君亦卒矣。」令居瓜洲不得少于六年。但本年即至山陽，翌年至天長，意者，令隨從叔至瓜洲，姊寡來歸即家于是矣。前引《與束伯仁手書》所云「《藏芝賦》稿草尚在瓜洲」者，即稿存家中，袁君故得就近錄之。然則以後令至山陽，至天長，至高郵，至潤州，俱係隻身旅食，家實未遷；至嘉祐二年始盡室遷江陰，居瓜洲實有七年左右，故《臨別瓜洲》（本集卷十一）云：「十年來往常依依，此日復去來何時。」十年舉成數言耳。

至山陽某氏家塾聚學。

【辨證】《山陽思歸書寄女兒》云：「主人仁且賢，憐我羈旅愁。晨粳玉炊香，暮酒金注甌。盤蔬羅春青，豆脯兼魚鱐。睡足爲食豈不美，義咽不下喉，要當歸子同，不半菽飽亦優。」蓋其時受聘于山陽某氏，來教其二姊弟情篤，感主人之盛饌而思姊氏豆菽半飽之食也。劉發撰《傳》云：「其姊寡居，貧無以自存，乃聚徒天長。」以姊寡繫于此時是也，授徒天長則應自翌年始。山陽授徒時甚暫，劉氏或所未知也。

皇祐元年

八月，工部侍郎、平章事陳執中罷，以宋庠同中書門下平章事，龐籍爲樞密使，高若訥參知政事，梁適爲樞密副使。

柳植知揚州（據《宋史》本傳及康熙《揚州府志》）。

令十八歲。在天長縣束氏家塾聚學。

【辨證】《謝束丈見贈》云：「妄承西來招，喜色轉以觧。非惟迹脫死，始有心期生。風窗敞清虛，飽腹摩膨脝。睡足起有書，案几交堆盈。自喜主人仁，不我賢而悍。」此蓋受束丈之招，來教其二子熙之、徽之者。《謝束丈》二（本集卷十八）云：「令不肖，無一能，又少孤，以故不容當世。迫以飢餓，不能不濫，思其西來，以所聞學欺紿童子，以貿易旦夕之餓。」束氏二子外復有他姓子弟附讀，似係假束氏家塾聚學者。《謝束丈》（本集卷十）云：「喜赴西招足屢蹉，自慚愚鄙取無他。能終末學生何幸，得活諸孤賜最多。」《寄洪與權》（本集卷三）云：「貪驢不知久，歲律忽移再。予飢奔先西，餓色面留菜。」束氏居于天長，據《元豐九域志》，揚州廣陵郡屬縣有三，天長其一也。「至道三年，仍廢天長軍爲縣」，「天長，州西一百一十里」。天長在揚州之西，亦在瓜洲之西，故屢云：「西招」「西來」。又據《與束伯仁手書》，其一云：「向託任道奉書，得否？」其二云：「久不得報，中間，令亦自揚往還，求不得便者久之，固無以爲問。任道歸後，亦相見否？縣中諸事何如？」黄莘任天長主簿而主揚學，見下皇祐五年。作是書時令旅于潤州，曾至揚，以寄書不得便，適黄莘返天長，故託其致書于束。其七云：「令以兩家叔歸，輒至揚省之，往還復四日，相去甚近，令以足病，不便乘馬，以故不可上謁。」至揚本應便道至天長相見，以足病不果。其八云：「已從常人之招，且夕當遷。既定居，且相近。」令由江陰遷常州，與天長相近矣。凡此均束氏居天長之證。令與束氏交最深，以貧甚而卻高郵知軍邵必之贐，然于束氏，不特屢有干求，且賴彼之助以嫁寡姊。集中與束氏父子贈答之詩凡二十章，書牘十二通，可據以得其彼時之踪跡也。束氏二子年似與令相若而學亦甚優，故令不敢居師位。《答束孝先》（本集卷三）云：「君家兄弟賢，我見始驚夥。文章露光芒，藏蘊包叢脞。關門當自足，何暇更待我？固知仁人心，姑欲恤窮餓。苟論才不才，自合棄如唾。」令固撝謙，實亦束丈憐其貧而招以伴讀耳。

二年

叔祖乙卒于海州。卒年據王安石撰《右領軍衛將軍致仕王君墓誌銘》（《臨川集》卷九十八）。

令十九歲。在天長縣束氏家塾聚學。

【辨證】令育于叔祖乙以長，然集中無一

詩及乙。爲乙撰行狀，述言行甚詳，而贊之不過稱其嚴與直耳。狀云「居家慈，其族多賴其養」，而不及己之就育，卒少愛慕之情。王安石稱令「不以銖忽妄售於人」，受束氏之惠而稱道不衰，蓋非澆薄寡情者。然而令無一言稱頌及乙者，豈乙遇之甚薄耶？

三年

三月，宋庠罷，以劉沆參知政事。

十月，殿中侍御史唐介以論張堯佐不當除宣徽使，又劾宰相文彥博知益州時造金奇錦賂張貴妃以得執政，觸仁宗怒，責授英州別駕。文彥博罷，以龐籍同中書門下平章事，參知政事高若訥以本官充樞密使，梁適參知政事，王堯臣爲樞密副使。

江、淮連年荒歉。

四月，以文彥博之薦，召殿中丞、知鄞縣王安石赴京師，候試畢別授，安石辭，旋改舒州通判。

令二十歲。在天長縣束氏家塾聚學。作《唐介》詩。

【辨證】《唐介》詩并序（本集卷八）云：「唐介以言事得罪，人多詩之。僕亦欲詩之。」即《宋史·唐介傳》所謂「梅堯臣、李師中皆賦詩激美」。詩云「天子怒叱大臣詬，衆笏交抵佯戈揮」，即《傳》所謂「帝怒，卻其奏不視，且言將遠竄」，「帝怒益甚，梁適叱介使下殿」。詩云「即日議下得遠斥，中使臨遣監妻兒」，即《傳》所謂「帝又慮介或道死，有殺直臣名，命中使護之」。詩又云：「然今天子甚明聖，雖暫盛怒終復歸。」《傳》云：「數月，起監郴州稅，通判潭州，知復州，召爲殿中侍御史」，實爲翌年二月以後事，蓋詩作于本年十一、二月間，故不及知也。

四年

正月，王堯臣、王守忠、陳旭等校慶曆、皇祐總四年天下財賦出入，凡金幣絲纊薪芻之類，皆在其數，參相耗登，皇祐元年入一億二千六百二十五萬有奇，而所出無餘。

十月，以諸路饑疫並征徭科調之煩，令轉運使、提點刑獄親民官條陳救恤之術以聞。

令二十一歲。在天長縣束氏家塾聚學。不應進士舉。

【辨證】《壬辰示杜子長并序》云：「皇祐壬辰歲，天子詔天下興賢者，予以故不預。」又云：「杜子長秀才，喜我者也，亦可預進士舉，因以勉之。」按以後丙申、戊戌薦進士俱未應舉；王安石與《吳司錄書》言其「雖貧不應試」，則此云以故者，其實乃終不預也。

作《送窮文》。

【辨證】《送窮文》（本集卷十九）作于皇祐四年十二月三十日，其文云：「自我之生，迄于于今，拘前迫後，失險墮深。舉頭礙天，伸足無地，重上小下，卒莫安置！刻瘠不肥，骨出見皮，冬燠常寒，晝短猶飢。」其窮如此，可證自乙死後，乙家雖歲時亦不復資助于令矣。此文雖係仿作，然意境識度，實出于韓愈之文之上。

五年

五月，高若訥罷，以狄青爲樞密使，孫沔爲樞密副使。

閏七月，龐籍罷，以陳執中為吏部尚書、平章事，梁適為吏部侍郎、平章事。

十月，詔以蝗旱，令監司諭親民官上民間利害。

令二十二歲。在天長縣束氏家塾聚學。

【辨證】劉摯撰《朝奉郎致仕黃君墓誌銘》（《忠肅集》卷十四）云：「黃莘字任道，舒之太湖人。皇祐五年，為揚州天長縣主簿。」《送黃莘任道赴揚學序》云：「前日，稍稍聞揚官有學議，既而起縣主簿黃任道先生以主之。」蓋以屬縣之主簿兼理州學，令喜得其人而為文送之。云「起縣主簿」，則其時令尚在天長。

至和元年

正月，京師大寒，多凍餒死者。

三月，孫沔罷，以田況為樞密副使。樞密使、同平章事王貽永罷，以王德用為樞密使。

七月，以程戡參知政事。梁適罷。

八月，以劉沆同中書門下平章事。許元知揚州。

召殿中丞、舒州通判王安石試館職，到京後不願就試，乞除一在外差遣。既而除集賢校理，仍以家貧口衆，難住京師，辭不受，凡四上狀。歐陽修上言：羣牧司領內外坊監判司，比他司俸優。遂于九月除羣牧司判官。

令二十三歲。在高郵軍聚學。

【辨證】《令既有高郵之行而束孝先兄弟索予詩云》（本集卷四）當作于此時，蓋去天長束氏而至高郵聚學也。《再贈束孝先》（本集卷四）云：「去去終我身，兩兩無相忘。縱予道路憂，骨尚付子藏。」

雖去束氏而猶有依戀之情，豈束氏兄弟齒學俱長而他生徒漸少，令耿介而覓他就矣。

王安石被召入京，道出淮南，過高郵，令投書並贈《南山之田》詩，實爲定交之始。

【辨證】令與安石至契，初相見于何年何地，劉發撰《傳》云：「是時丞相荆國公赴召，道由淮南，先生賦《南山之田》詩往見之。」記載不詳。宋李壁《王荆文公詩》卷三《寄朱昌叔》箋註云：「楚公有三女，皆公女弟也。次適朱明之，仕至大理少卿，昌叔其字也。」又卷八《寄朱氏妹》箋註云：「朱明之也。」而詩云：「昔來高郵居，我始得朱子。」安石初仕簽書淮南判官，以妹妻明之，可證明之家于高郵。令有《送朱明之昌叔赴尉山陽》（本集卷六）云：「朱侯拜書天上回，去以身試百里障。」蓋在高郵送明之去山陽也。然則令之受知于安石，雖未可遽斷出于明之之先容，爲之延譽，或亦有之。王安石撰《右領軍衛將軍致仕王君墓誌銘》云：「君王氏，諱乙，字次公。余嘗爲君僚而與其子越石同年進士也。」安石與王乙父子素相識，長于令十一歲，此時猶未貴顯，令欽其文行，投書贈詩，固所宜也。按王安石撰《辭集賢校理狀》（《臨川集》卷四十）凡四，其一云：「伏念臣頃者再蒙聖恩召試。臣以先臣未葬，二妹當嫁，家貧口衆，難住京師，乞且終滿外任，比蒙矜允，獲畢所圖。而門衰祚薄，祖母二兄一嫂相繼喪亡，奉養昏嫁葬送之窘，比於向時爲甚。所以今茲纔至闕下，即乞除一在外差遣，不願就試。」所謂再蒙召試者，以文彥博之薦，于皇祐三年已曾召試館職也。彼時上《乞免就試狀》，以「祖母年老、先臣未葬、弟妹當嫁」，乞特寢就試，遂由知鄞縣改通判舒州，雖奉召而實未至京。今以歐陽修之薦，奉召自舒州到京，故令得于其過高郵時投書求見也。又按令與安石書，集中僅存三通，而集末附錄所收安石致令書則有十二（《臨川集》收其八，見校記），則令書有亡佚。書牘俱無年月可考，究以何者爲初交之往復，《上王介甫書》（本集卷十六）云：「今座下入爲天子用，而令適在路隅，因自奮飾以來，希匄教命，且償其素心耳。」皆求見之詞。末云「《南山之田》詩一首，輒敢歸賦從者。」與劉發所述吻合。《臨川集》卷七十五《與王逢原書》二爲安石復書，其文有云：「讀所辱書辭，見足下之材，浩乎沛然，非某之所能及；問諸諸邑人，知足下之行，學爲君子而方不已者也。」亦初次通函語氣。下云「不得求足下所稱滿君者而見之」者，令書中未及，殆見時所言也。蔡上翔《王荆公年譜考略》別定第一書者，蓋誤。安石有《與崔伯易書》（《臨川集》卷七十四）云：「然見逢原所學所爲日進，而比在高郵見之，遂若不可企及。」崔公度，高郵人，伯易其字也。亦安石之舊友。據此可證安石與令初相見實在高郵。

令之傑作《原蝗》、《夢蝗》二詩作于是年。

【辨證】《夢蝗》（本集卷二）首句「至和改元之一年」，此次淮南蝗災當在秋末，史失載者，連年蝗旱不勝記，詩可補史矣。

從孫覺遊。

【辨證】《宋史》本傳云：「孫覺，字莘老，高郵人。甫冠從胡瑗受學。瑗之弟子千數，別其老成者爲經社，覺年最少，儼然居其間，衆皆推服。」令與覺善，但不知初相見在何年。據《留孫莘老教授書》（本集卷十八），似此時覺任高郵軍學官。覺生于天聖六年（一〇二八），雖長于令僅四歲，而《納孫莘老教授拜書》（本集卷十八）有「況於所師」之語，《贈孫莘老》（本集卷九）又稱「沒身得不去門牆」，實以師禮事之。覺後任合肥縣主簿、太平縣令，《寄孫莘老》（本集卷六）云：「宣城風物佳，古語昔已忱。太平又其右，道塗邈幽深。」又《和孫莘老將赴太平》（本集卷九）云：「何日山林遂歸計，《南風》追講五絃琴。」猶有盼其歸田相從之意。

二年

二月，以邵必知高郵軍，提點淮南刑獄。

三月，京畿旱。

六月，陳執中罷，以文彥博爲吏部尚書、同中書門下平章事，富弼爲戶部侍郎、同中書門下平章事。

令二十四歲。在高郵軍任學官，不久即辭去。知軍邵必憐其貧，饋以贐，卻不受。必又舉其節行薦于朝廷，不報。

【辨證】《周伯玉字元韞序》（本集卷十五）云：「至和二年，高郵之學成，後三月而令來，因盡得高郵之士。」令任高郵學官，與崔公度、朱元弼、周伯玉相知，集中有唱和投贈之作。劉發撰《傳》云：「既而徙高郵，太守邵公必延請主學，先生辭不獲已，強應之，尋亦辭去。」可證先在高郵，邵必蒞任，始延請教授。《離高郵答謝朱元弼兼簡崔伯易》（本集卷五）云：「昔來何悠悠，今去亦泛泛。」辭學官後即離高郵。按集中有與邵必書五通，贈詩一首。其《上邵不疑書》（本集卷十六）云：「伏惟閣下之德，其聞有日矣。始也迫窮餓之役，願從事於左右而無由；今則少間以來也，幸閣下憐進之。」乃初次投書，用是受聘爲學官。又有《講罷謝邵牧不疑書》（本集卷十八）云：「是皆僕僕事人之道，而令方有所學，力不足使令，令不敢辱執事，亦不敢拜，以是伏惟閣下加亮焉。」則辭去之書焉。而《謝邵牧不疑》（同上）云：「伏承學士明公哀令之窮，特有饋贐，感愧之素，何能已已！雖然，令之所學有不安者，輒敢以辭。……人固各有志，令方志在貧賤，願閣下憐其有志，全之而不強；假爲無志，則閣下之門亦無所用之。」殆既去高郵之後，邵必憐其貧而有所饋贈，令以志在貧賤卻之。集末附錄收《淮南部使者邵必奏狀》云：「臣伏見揚州布衣王令，文學德行，俱出人右。奉寡姊如嚴父，教孤甥如愛子，寒飢窮困，不改其守。求之士人，未見其比。臣叨列職司，見賢不舉，實臣之罪。」此狀當上于本年，特不知在令任學官時抑既去高郵之後也。

仍歸天長縣束氏家塾聚學。

【辨證】《謝束丈》一云：「不肖無所用於人，因緣于此，去而復來，苟得食以自延，其於丈人有賜素厚也。居自念之，卒無足酬報者，迫於莩餓，又不得自引以去，其慚於旦暮不忘也。」

閏三月，以王堯臣參知政事，程戡爲樞密副使。

嘉祐元年

京師自五月大雨不止，水冒安上門，門關折，壞官私廬舍數萬區。諸路言江河決溢，河北尤甚，民多流亡。

八月，狄青罷，以韓琦爲樞密使。

十一月，王德用罷，以賈昌朝爲樞密使。

十二月，劉沆罷，以曾公亮參知政事。

劉敞知揚州。

以建安黄晞爲太學助教致仕，受命，一夕卒。

羣牧司判官王安石提點開封府界諸縣鎮公事。

令二十五歲。在天長縣東氏家塾聚學。

【辨證】《藏芝賦幷序》（本集卷一）云：「丙申歲，自四月至六月大雨。而余之所客天長縣，東北皆瀕湖澤，地浸以下，頗以水爲患，傷草木多死。」然則本年六月以前令仍客天長。劉發撰《傳》云：「乃聚徒天長，已而積薪之中得芝之葉，先生有感焉，乃著《藏芝賦》。」按劉氏列聚徒天長著《藏芝賦》于任高郵軍學官之前，然任高郵軍學官在至和二年，著《藏芝賦》在嘉祐元年，俱有令撰之文爲證，劉氏所述蓋誤。

秋後至潤州（今江蘇省鎮江市），與潤之學者不相得。

【辨證】劉發撰《傳》云：「先生既喜退隱，思江南山水之勝，乃遷居潤，賦《江上》、《山中》之詞。居頃之，熟於潤之山川道里，又著《遊山記》以寓其意。」《與東伯仁手書》云：「令即此已與學朋會，頗自謂學疑謬多矣，無從考正，奈何！」與學朋會而無從考正，令在潤州，固未得相知如揚州之滿建中、執中兄弟，高郵之孫覺、崔公度，天長之束熙之、徽之兄弟也。又云：「近頗作詩，亦不能得嘉思，唯《山中詞》、《江上詞》作非苟然，雖未爲工，然其素心也。」按《潤州遊山記》（本集卷十五）云：「自余之喜遊，上下江、淮之間，七年之中，凡九至其上，下憩於頭陀朝陽之巖，去而每思之。」令固喜山水，然其至潤州斷非出于思慕江南勝景；以聚徒教授餬口，此時恐係天長失館，遂來潤謀食，事久未成，故匆匆翌年復至江陰也。劉說未審。王安石改行畿縣，令作詩送之。

【辨證】《送介甫行畿縣》（本集拾遺）云：「廐牧三年厭苦頻，況令持斧似行春。民氓墮窳懷寬政，吏士因循倚近親。想被水田疇思貸種，徑冬鰥寡待周貧。想今愈有江湖興，亦欲同君一釣綸。」按李燾撰《續資治通鑑長編》（卷一百八十四）云：「嘉祐元年十二月己未，羣牧判官、太常博士王安石提點開封府界諸縣鎮公事。」與詩所云者合。王安石《上執政書》（《臨川集》卷七十四）云：「某得以此時備使畿內，在廷二年，所求郡以十數。」又《知常州上監司啓》（《臨川集》卷八十）云：「來佐羣牧，甫更二年；數求州符，就更畿縣。」言二年者，至和元年九月除羣牧，至今冬提點畿縣，恰足兩年；令言三年，首尾跨三年也。安石數求外郡，得此臨時差遣，實已去羣牧矣。

作詩寄贈黃晞。

【辨證】據《宋史隱逸傳》，黃晞字景微，自號聱隅子，著《歔欷瑣微論》十卷，乃當時負盛譽之學者。高尚不仕，故令引爲同道。集中有《寄聱隅先生》、《上聱隅先生》（卷九）、《送聱隅黃先生》（卷十）詩三首，有云：「夫子儒門傑，心誠行亦醇。玉金精粹美，椒桂性芬辛。一入隨邦計，咸期利國賓。生民待儒效，天意屬人倫。蜀犬爭驚日，郯人不識麟。窮途千古淚，白髮四方塵。」極致傾倒之忱。贈詩不知作于何年，要在本年以前，姑繫于此。

二年

二月，淮水溢。

五月，羣牧司判官王安石改太常博士、知常州。

令二十六歲。在潤州。旋即移家江陰暨陽，聚徒講學。

【辨證】劉發撰《傳》云：「居無何，以江陰幽僻，乃去潤遷江陰。」集中有《暨陽居四首》（卷五），暨陽在江陰軍東四十里，所云遷江陰者實遷暨陽也。詩云「朝出從人居，《詩》《書》講前修」，天長失館後至此時始得在江陰復聚徒教授；「暮從兒子嬉，歡笑何所憂」，自慶曆八年家于瓜洲，旅食于山陽、天長、高郵、潤州，至此時始偕寡姊諸甥遷江陰暨陽；「家無田食儲，雀鼠非我仇」，一貧如洗，衣食艱難；「自吾暨陽居，已見月四周」，作詩時已近夏末。

在江陰、常州時，曾爲諸生講《論語》、《孟子》，成《論語解》十卷、《孟子解》五卷。

【辨證】王安石《題王逢原講孟子後》（《臨川集》卷七十一）云：「逢原在常、江陰時，學者有問以《孟子》，而逢原爲之論説。」又二書均著録于陳振孫《直齋書録解題》。

寡姊再醮于某氏。

【辨證】《再上邵不疑書》云：「閣下以令有姊，以貧而不嫁，過時，將捐金幣以資之，時適無可親者，則止矣。」時在至和二年。《與束伯仁手書》四云：「令以女兄之故，殊思遠遷，恐後難相遇也。此事不欲人傳，幸祕之！」此在嘉祐二年寓潤州時，將遷江陰，距天長遠，故云恐難相遇。所謂不欲人傳者，蓋指寡姊再醮事，以貧而不得不然也。又五云：「前人回，令已在舟中，當日遂行。到江陰又已經月。令以女兄親期甚迫，

太平之遺已到，自計猶有未足，輒以書奉于尊丈，薄有所假，宜亦見哀。」太平指孫覺莘老，時爲宣州太平縣令。其寡姊將嫁乏貲，稱貸于孫覺，不足，更乞束丈資助。然則寡姊再醮當于此時。

曾來常州依王安石。

【辨證】《誌》、《傳》俱不載，今補，舉證辨之如下：一、《與束伯仁手書》五云：「介甫到常必興學，此亦稀闊之遇，果來從之，大好，尤須爲長久之計爾！」此乃勵其弟子來從安石，可見令對安石知常州期望甚殷。以二人相知之深，常州與江陰近在咫尺，令豈有不來常州相依之理。二、安石奉使畿縣，令有詩送之云「想今愈有江湖興，亦欲同君一釣綸」，今來常州，同君釣綸之願克踐矣。三、王安石《送張卿致仕》（《臨川集》

卷二十四）有「操几何知此地逢」「竊食一官慚未艾」之句，乃知常州時所作，令亦有《代人送常州致仕張待制》、《代人送常州張卿掛冠》（本集卷九）二詩，足見其時令在常州。四、王安石《與吳司錄議王逢原姻事書》一云「見留他來此修學」，書首句云「仲冬嚴寒」，則其時來依安石無疑。

初議婚于吳氏。

【辨證】按令于《山陽思歸書寄女兄》云：「吾將亦娶婦，力以石臼求。」時年十八，甫去乙聚學課徒以自食，奉寡姊，育孤甥，以貧久不克諧，至此時而安石始議以其妻之從妹歸之。王安石《與舅氏吳司錄議王逢原姻事書》一（《臨川集》卷七十四）云：「王令秀才，近見文學才智行義皆高過人，見留他來此修學，雖貧不應舉，爲人亦通，不至大段苦節過當。」舅氏者，吳蕡也。金谿吳氏與臨川王氏世爲婚媾（據《宋史・地理志》：「江南東路撫州臨川郡，縣五：臨川、金谿。」自注：「開寶五年，升金谿場為縣。」）安石之母爲金谿處士吳畋之女，畋兄敏有子四人：芮、蕡、蕃、蒙。安石娶芮之女，議歸令者，蕡之女也。

三年

六月，文彥博、賈昌朝罷，以樞密使、工部尚書韓琦依本官平章事，以宋庠、田況並爲樞密使，以張昪爲樞密副使。

自冬雨雪不止，民飢寒，死道路甚衆。

二月，王安石自知常州移提點江南東路刑獄公事。

令二十七歲。在江陰暨陽聚徒講學。再議婚于吳氏。

【辨證】王安石《與舅氏吳司錄議王逢原姻事書》二云：「新正，伏惟二舅都曹尊體動止萬福。向曾上狀，不審得達左右否？王令秀才，見在江陰聚學，文學智識，與其性行，誠爲豪傑之士。近日人從之學者甚衆，亦不至絕貧乏。況其家口寡，亦易爲贍足。雖然不應舉，以某計之，今應舉者未必及第，雖及第未必不困窮。更請斟酌。此人但恐久遠非終困窮者也。雖終困窮，其畜妻子，當亦不至失所也。渠卻望二舅有信來，決知親事終如何，幸一賜報也。」

王安石提點江東刑獄，被命即行，按臨鄱陽，臨發要令至丹陽相見。

【辨證】王安石于何時移江東提刑，宋詹太和《王荊文公年譜》繫于五年，令《答王介甫書》問「但不知提刑司亦治此否」，已知安石任提刑。令死于四年六月，則詹《譜》之誤固不待辯矣。清顧棟高《王荊國文公年譜》繫于四年，謂「《謝提刑啓》云：『叨備一官，甫更三歲，不時罷廢，實賴生全，遭會使事，按臨州部。』所云叨備一官者，蓋指常州而言。公以二年丁酉抵常州任，歷三年，四年爲更三歲也。公提點刑獄確在四年無疑。」按王安石《與王逢原書》六（《臨川集》卷七十五）云：「某昨到金陵，忽忽遂歸番，冬末須一到金陵，不知逢原此行以何時到江陰？」令東歸江陰不久遷常州，爲三年秋冬間事，其時安石已按臨鄱陽，則非四年始任甚明。顧《譜》亦誤。清蔡上翔《王荊公年譜考略》于三年云：「李注，介甫是年二月自常州移提點江東刑獄。」又于二年引安石《上曾參政書》而考釋之云：「據其書，似是由羣牧判官初移提點江東刑獄。然史傳及諸書所載，年月多參差不合，故漫錄於此。」未作判斷，自不足據。今按：李燾撰《續資治通鑑長編》（卷一百八十七）云：「嘉祐三年二月丙辰，詔知常州王安石提點江南東路刑獄。」與《宋史》本傳云「請知常州，移提點江東刑獄，入爲度支判官，時嘉祐三年也」，亦合，當從之。至《謝提刑啓》所云「叨備一官，甫更三歲」，一官當屬泛詞，未必實指知常州。知常州據《上歐陽修書》始于二年七月，即如顧棟高所考至四年初卸任，仍不足二年，況考其實際，知常州首尾不過半年，豈容虛稱三歲？然則所謂甫更三歲實指舒州被召入都以後歷羣牧至知常州而言。又王安石《與王逢原書》四（《臨川集》卷七十五）云：「被命使江東按刑獄事，明日遂行，欲至揚州宿留，別乞一差遣。切欲一見逢原，幸枉駕見追，只於丹陽奉候，切勿以事爲解也。它須面陳，此不詳悉，乞見過。」據《上曾參政書》（《臨川集》卷七十四）云「閤下必欲使之察一道之吏而寄之以刑獄之事」，使安石提刑江東者，參知政事曾公亮也。又云「且某之材固不足以任使事矣，慨然以鄙樸之辭自通於閤下之前，欲得其所求」，蓋即別乞一差遣之意而殊不欲就提刑之職焉。今有《答王介甫書》（本集卷十九）論請郡與爲使之得失云：「承見示諸君之論，以謂不宜自求便安，數溷朝廷，此似不量爲使與請郡輕重者也。使要不可爲，則請郡雖煩，有不避也。」

爲使指提刑，則其意與安石合，故安石切欲一見逢原而議論其事焉。令至丹陽相會否不可知。

四月，至蘄州蘄春郡（今湖北省蘄春縣）娶婦。時吳夫人年二十四歲。

【辨證】《與束伯仁手書》六云：「四月南航，比今方還。」「宗魯安否？嘗許其子名序，在蘄嘗錯鄙意。」可證此行至蘄州。王安石撰《吳錄事墓誌》（《臨川集》卷九十八）云：「君諱蕡，字成之，世爲撫州金谿人。父敏，尚書都官員外郎。君以蔭入官，任吉州太和、袁州萍鄉縣主簿，尉蘄州石橋茶場，廬州司理，亳、壽州、江寧府錄事參軍。二女子，歸晏修睦、王令，季有特操如令。」是時蕡官蘄州尉。古州郡置都尉，故安石、令俱稱蕡爲都曹。蕡女隨任在蘄州，故令到彼親迎。

六月，至鄱陽安石處停留，上書吳司錄定吳夫人並納幣。

【辨證】《定吳夫人書》（本集卷十七）云：「令啓：昔者，聞門中之淑，而士大夫言宜之。令始放意以及，且不自實，宜乃謂得請耶？已辱來命，切羞其非當，雖然，何辭及矣。秋初，熱尚於前，惟尊候安否？比近何如？伏惟萬福。輒有末幣，聞在別紙。七月初九日。不宣。令再拜丈人都曹坐前。」自正月安石再致書吳蕡，至是時始得俞允，然則令首塗時不過「宜乃謂得請」，至此時獲來命始得納幣也。集中有《蘄口道中》三首（卷六）云：「離家日逾百，行路忽已千。昔與燕俱來，今見北雁還。」蓋四月中就道，至八月初到蘄口。蘄口鎮在蘄春縣西三十里。詩又云：「誰能倒長江，奔瀉暫西傾。」證詩作于去程途中。舟行如此之緩，其間必在鄱陽停留。《寄東伯仁》（本集卷九）云：「身逐南舟去不迴，匡廬留滯得裴回。」又有《贈廬山山老居訥》、《旅次寄寶覺訥師》（本集卷六）二詩，詩有「小雨破宿暑」，時在六、七月間。而王安石于令歿後作《思逢原》三首（《臨川集》卷二十）有云：「廬山南墮當書案，湓水東來入酒巵。」凡此俱屬曾在鄱陽停留之證。集末附錄安石《與王逢原書》五云：「舟但乘至蘄陽，當無人呵問，兼是吳舅法所當得，亦何嫌不自駕之，以往還就載官物可也。」令到蘄陽，安石知之甚稔，而《蘄口道中》又云：「回首失匡廬，雲霏暮方上。」此行由江陰至鄱陽，議婚克諧，遂由鄱赴蘄矣。

十一月，偕吳夫人還暨陽，十二月遷常州。

【辨證】《答王介甫書》（本集卷十九）云：「令已至眞，東歸不過三五日耳。令以足疾，不樂南方，竊欲於潤謀一息肩之地，不知果得否也。人情不易遽去，既至家，當遲留至春初。」此蘄州東歸至眞州所寄書，時在十一月初，欲歸江陰後謀遷潤州。王安石《與王逢原書》六（《臨川集》卷七十五）云：「不知逢原此行以何時到江陰，今必與吳親同舟而濟，但到金陵，莫須求客舟以往否？近制船難爲謀，自金陵至潤只一兩程，到潤則求舫至江陰亦易矣。」又五云：「伏計已達暨陽，今此介往，幸喻動止之詳，以慰思渴也。居江陰，果可以徙否？」此二書先後所寄，與令眞州所寄書同時，因不知行李所在，故來往相左而問答不相應也。《與王介甫書》（本集卷十九）云：「舟行濡滯，以十一月到家，十二月遷常，久不得行李所在，殊竊怪之。」則遷潤之計已打消矣。所以不依前書所云「遲留至春初」者，殆腳氣病漸劇，如劉發撰《傳》所云：「江陰地下濕，得疾，苦足弱，因復遷常」也。王安石《與王逢原書》七云：「但不謀潤居何也？江陰豈不可留乎？若在潤，則相遇尤易耳。」此復前遷常之書，令不遷潤而遷常者，據其《與束伯仁手書》八云：「令既至家，已冬至，復以生用之窘，已從常人之招，旦夕當遷。」本欲於潤謀息肩之地而不得，既得常人之招，遂遷常也。

四年

令二十八歲。

在常州聚徒講學。至揚州省二從叔，遊平山堂，作詩寄歐陽修。

【辨證】《平山堂寄歐陽公》（本集卷十一）云：「知公白玉堂中夢，未負當時壯觀心。」《平山堂》（本集拾遺）云：「謝公已去人懷想，向此還留召伯名。」皆去後懷思之作。歐陽修知揚州在慶曆八年，令年十七，固未得晉接也。據《與束伯仁手書》七云：「既遞書，奉候三日，疑足下終不來。令以兩家叔歸，輒至揚省之。」還常後曾至揚州，遊平山堂而作詩寄歐陽修，當在此時。

腳氣病轉劇。

【辨證】《與束伯仁手書》六云：「道路濡滯，連經疾苦。抵眞復病。」「令腳疾不已，以病中伏枕遺此。」《與王介甫書》

云：「足疾之餘，心虛善忘，恍惚無聊。」實腳氣轉危之象。劉發撰《傳》以爲「江陰地下濕，得疾」，據《與束伯仁手書》五云：「自入夏病作，與去年無異，可怪！」此書寄于江陰，則得疾于元年居天長時。以後時發時愈，三年往蘄州親迎，舟車勞頓，疾遂轉劇。劉氏謂得疾于江陰，蓋誤。

六月初二日，令卒。王安石爲撰墓誌銘，屢作詩哭之。

【辨證】劉發撰《傳》云：「未幾，以足疾終。天下士大夫無論識不識皆痛惜之。荆國公爲誌其墓，又哀思之，著於詩，多至十數篇。」王安石《題王逢原講孟子後》（《臨川集》卷七十一）云：「其卒時年二十八，嗚呼惜哉！逢原卒於嘉祐己亥六月。」又《與崔伯易書》（《臨川集》卷七十四）云：「逢原遽如此，痛念之無窮，特爲之作銘，因吳特起去奉呈，此於平生爲銘最爲無媿。惜也如此人而年止如此！」又《與王深父書》二（《臨川集》卷七十二）云：「有王逢原者，卓犖可駭，忽得報死矣。天於善人君子如此，可歎可歎！」又《哭逢原》云：「行藏已許終身共，生死那知半路分。」又《思逢原》云：「妙質不爲平世得，微言唯有故人知。」又云：「自吾失逢原，觸事輒愁思。豈獨爲故人，撫心良自悲！我善孰相我，孰知我瑕疵。我思誰能謀，我語聽者誰？」

九月初四日，葬于常州武進縣懷德南鄉薛村之原（據王安石撰《王逢原墓誌銘》）

吳夫人年二十五，嫁不及一年而令卒，於是方娠，旅常貧無以自存，歸撫州金谿依其母兄。後生一女。喪除，母兄欲其再醮，不允。後別居于唐州泌陽縣，墾治廢陂，力田以食，晚歲竟致鉅富。

【辨證】《王逢原墓誌銘》云：「夫人吳氏，亦有賢行。於是方娠也，未知其子之男女。」《思逢原》云：「婉婉婦且少，煢煢一口嫠。高義動閭里，尙能致財貲。嗟我衣冠朝，略能具饘糜。葬祭無所助，衰顏亦何施？聞婦欲北返，跂予常望之。寒汴已閉口，此行又參差。又說當產子，產子知何時？」王雲撰《節婦夫人吳氏墓碣銘》（本集附録）云：「夫人吳氏，撫州臨川人。廣陵先生元城王公之妻。先生年二十八而卒。夫人抱始生之孤，往歸母兄，喪除，議所適，雪涕自誓。家始來唐，唐多曠土，夫人闢污萊，均灌漑，身任其勞，築環隄以瀦水，疏斗門以洩水，壤化膏腴，民飫秔稻，而其家貲亦累鉅萬。遺腹舉一女，嫁錢塘吳師禮。」

崇寧四年

令女遷令之柩來唐州，與吳氏合葬于唐州桐柏縣淮源鄉。

【辨證】《吳氏墓碣銘》又云：「夫人得疾卒，年五十九，實元祐八年十二月二十七日。兄豪，奇士也。夫人既卒二年，以先生葬常州，躬護柩北來，道病亦卒。後十年，乃克合窆于唐州桐柏縣之淮源鄉。」

沈括事蹟年表

胡道静 編

《夢溪筆談校證》附録

沈括（一○三一—一○九五），字存中，錢塘（今浙江杭州）人。沈周子，以父蔭爲沭陽主簿。嘉祐八年舉進士，授揚州司理參軍，歷館閣校勘，删定三司條例，遷太子中允，檢正中書刑房，提舉司天監，參與王安石變法。熙寧六年，察訪兩浙農田水利。擢知制誥，兼通進銀臺司。七年，爲河北西路察訪使。出使契丹，察其山川形勢，撰爲《使契丹圖》奏上。遷翰林學士、權三司使。爲蔡確劾罷，出知宣州。歷鄜延路經略安撫使、知延州。以徐禧失陷永樂城，坐謫均州團練副使。晚年居潤州夢溪園，紹聖二年卒，年六十五。

沈括博學多才，通天文、地理、律曆、音樂、醫藥、術數、朝廷典章、錢糧貿易等，著述近四十種。所著《夢溪筆談》被英國著名學者李約瑟譽爲「中國科技史上的坐標」。又擅長作文，詩文多通達。著有文集《長興集》四十一卷（《直齋書録解題》卷一七），南宋時收入《沈氏三先生集》，今已有闕佚，現存十九卷（或為十六卷），有明覆宋刊本（《四部叢刊》三編影印）。事迹見《宋史》卷三三一本傳。

張蔭麟編有《沈括編年事輯》（《清華學報》第十一卷，一九三六年四月），搜羅資料弘富，考訂精細，但定沈括生於康定元年，誤差一年。今人胡道靜有《沈括事蹟年表》，張家駒有《沈括事迹編年》（《沈括傳》附，一九六二年上海人民出版社）。本譜爲胡道靜所編，編者多年從事中國科學史研究，曾校注《夢溪筆談》（一九五七年中華書局出版）。本譜附於《夢溪筆談校證》（一九五六年上海出版公司出版），對張《譜》有所訂正，較爲簡明。表中「資料出處」欄，原注「見於《校證》第幾條第幾注」，今檢原書補爲出處。

張蔭麟先生於廿載前撰集《沈括編年事輯》一文（載於《清華學報》十一卷第二期），蒐集甚富，考訂精詳，多有發明。然猶不免疏舛者，如辨證沈存中生卒年實差一年；繫其知延州及經略鄜延路於元豐二年，並謂「終元豐世括未嘗在朝」，皆不實；又以存中到秀州任爲元祐元年，則尚沿《宋史》之誤是也。今校錄羣書中沈氏事蹟，一一附載於《筆談》有關各條之注文間，以便參證。更編《事蹟年表》一帙，簡叙生平，繫其資料出處，以備尋檢之助云爾。

年份	公元	年齡	事蹟	資料出處	有關時事
宋仁宗天聖九年	一〇三一	一歲	沈括生。是年父沈周年五十四，母許氏年四十六。	張蔭麟《沈括編年事輯》	
康定元年	一〇四〇	十歲	父爲泉州守。隨父到閩中。	《四庫全書總目提要》卷七十史部地理類三	
皇祐二年	一〇五〇	二十歲	父自請得明州。	王安石《臨川先生文集》卷九八《太常少卿分司南京沈公墓誌銘》	
皇祐三年	一〇五一	廿一歲	八月，父以太常寺少卿分司南京歸第。十一月庚申（十二月十八日）卒，年七十四。	王安石《臨川先生文集》卷九八《太常少卿分司南京沈公墓誌銘》	
皇祐四年	一〇五二	廿二歲	十月甲戌（十月廿七日）葬父於錢塘龍居里。	王安石《臨川先生文集》卷九八《太常少卿分司南京沈公墓誌銘》	

至和元年	一〇五四	廿四歲	是年終父喪，其初仕爲沭陽縣主簿，當去此不久。	《宋史》卷三三一本傳	
至和二年	一〇五五	廿五歲	攝東海縣令。	沈括《長興集》卷二一《蒼梧臺記》	
嘉祐六年	一〇六一	卅一歲	官宣州寧國縣令。　眺衆獨任，力治鞠湖萬春圩。上書歐陽修獻《樂論》。	沈括《長興集》卷二一《萬春圩圖記》、卷一九《上歐陽參政書》、《宋史》卷二〇二《藝文志經類·樂類》	歐陽修參知政事。
嘉祐七年	一〇六二	卅二歲	官於宛丘。	《蘇沈良方》卷四《服茯苓賦引》	
嘉祐八年	一〇六三	卅三歲	舉進士第。	范成大《吳郡志》卷二八《進士題名》	
宋英宗治平元年	一〇六四	卅四歲	舉進士第後爲揚州司理參軍。	《宋史》卷三三一本傳	
宋神宗熙寧元年	一〇六八	卅八歲	括繼妻之祖父張牧卒，括撰墓誌銘，自稱爲「校書郎沈某」，其轉官昭文館校勘，當在是年以前。　館職甚暇逸，括於此時，研究天文。奉詔考禮沿革爲《南郊式》。八月丁巳（九月十六日），母許氏卒於京師，年八十三。	《東都事略》卷八六本傳、《宋史》卷三三一本傳、張蔭麟《沈括編年事輯》、《長興集》卷二五《張中允墓誌銘》、《宋史》二〇四《藝文志·儀注類》、卷三三一本傳、曾鞏《南豐先生元豐類稿》卷四五《壽昌縣太君許氏墓誌銘》	

熙寧二年	一〇六九	卅九歲	八月，葬母於錢塘。	曾鞏《南豐先生元豐類稿》卷四五《壽昌縣太君許氏墓誌銘》	二月，王安石參知政事。次年十二月，王安石同中書門下平章事。
熙寧四年	一〇七一	四一歲	十一月丙戌（十一月廿九日），檢正中書刑房公事。	《續資治通鑑長編》卷二二八、葉夢得《石林燕語》卷九	王韶主洮河安撫使事。
熙寧五年	一〇七二	四二歲	五月戊子（五月廿九日），言淮南衛朴精於曆術，乞令赴司天監參校新曆，從之。 七月己亥（八月八日），充史館檢討。 九月壬子（十月二十日），出使按行汴梁。	《續資治通鑑長編》卷二六三 《宋史》卷三三一本傳 《續資治通鑑長編》卷二三八	
熙寧六年	一〇七三	四三歲	三月乙丑（五月一日），爲集賢校理。 五月甲寅（六月十九日），奉詔詳定三司令敕。 六月戊子（七月廿三日），相度兩浙路農田、水利、差役等事，兼察訪。		王韶取吐蕃四城

熙寧七年　一〇七四　四四歲	三月壬戌(四月廿三日)，同修起居注。還朝當在此以前。	《續資治通鑑長編》卷二五二	王安石罷知江寧府，韓絳相，呂惠卿參政。遼使人來議疆事。
	四月，察訪浙東温、台等州。		
	七月。《宋史·天文志》謂括在是月上《渾儀》第三議，張蔭麟考應在本年以前。	《宋史》卷四八《天文志》、張蔭麟《沈括編年事輯》	
	七月，以括爲右正言。	《宋史》卷四八《律曆志》	
	八月丙戌(九月十四日)，代章惇爲河北西路察訪使。	《續資治通鑑長編》卷二五五	
	九月丙辰(十月十四日)，兼判軍器監。	《續資治通鑑長編》卷二五六	
	十一月庚子(十一月廿七日)，以李承之爲河北西路察訪使，將遣括使遼，故有是命。	《續資治通鑑長編》卷二五八	
熙寧八年　一〇七五　四五歲	括還朝當在是年二月中旬以前。此次察訪河北西邊，講修邊備，易其舊政者數十事。	《續資治通鑑長編》卷二六七	二月，王安石復相。
	二月戊寅(三月五日)，重詳定九軍陣法。	《長興集》逸文《自誌》、《續資治通鑑長編》卷二六〇	
	三月己酉(四月五日)，軍器監上所編修《城法式條約》。	《直齋書録解題》卷七《法令類》、《續資治通鑑長編》卷二六一	
	三月癸丑(四月九日)，爲回謝遼國使。	《續資治通鑑長編》卷二六一	

熙寧八年	一〇七五	四五歲	三月辛酉（四月十七日），召沈括對資政殿，括於樞密院閱案牘，表論契丹爭地之無據，神宗喜愕，自以筆畫圖示敵使，敵議乃屈。上遣中貴人賜括銀千兩。	《宋史》卷三三一本傳 《續資治通鑑長編》卷二六一
			閏四月癸巳（五月十九日），提舉河北西路保甲。	《長興集》逸文《自誌》、《續資治通鑑長編》卷二六三
			閏四月壬寅（五月廿八日），上《熙寧奉元曆》，詔進括一官。	《續資治通鑑長編》卷二六三、《宋史》卷二〇七《藝文志·曆算類》
			閏四月中旬，起程赴遼。	《續資治通鑑長編》卷二六三
			五月乙酉（七月十日），至北庭。凡六會，敵人環而聽者千輩，無以奪其議，大獲外交上之勝利而歸。	《宋史》卷三三一本傳 沈括《乙卯入國奏請》、《續資治通鑑長編》卷二六五
			五月丁亥（七月十二日），神宗與王安石論沈括。	《續資治通鑑長編》卷二六四
			六月乙未（七月二十日），起離契丹歸朝。在道圖其山川險易迂直，爲《使契丹圖》鈔上之。	《宋史》卷三三一本傳 《續資治通鑑長編》卷二六五
			七月壬午（九月五日），爲淮南兩浙災傷體量安撫使。	《續資治通鑑長編》卷二六六
			八月，大閱，神宗御延和殿親按軍器監沈括、章惇所考製之兵車。	《夢溪筆談》補編卷二

熙寧八年	一〇七五	四五歲	十月庚子(十一月廿三日)權發遣三司使。時行至鍾離，召還。	《續資治通鑑長編》卷二六九	
熙寧九年	一〇七六	四六歲	八月辛卯(九月八日)，奉旨編修《天下州縣圖》。	葉夢得《石林燕語》卷七	十月，王安石罷判江寧府。
熙寧十年	一〇七七	四七歲	二月，括在三司使任内改革鹽法。 七月。括爲御史蔡確誣劾，罷三司使，出知宣州。	《長興集》逸文《自誌》 魏泰《東軒筆録》卷六	
元豐元年	一〇七八	四八歲	八月壬子(九月十九日)，以括爲知制誥，知潭州；蔡確復言括不當「復之太速」。詔罷括知制誥，依舊知宣州。	《續資治通鑑長編》卷二九一	
元豐二年	一〇七九	四九歲	七月丁丑(八月十日)，復龍圖閣待制。	《續資治通鑑長編》卷二九九	
元豐三年	一〇八〇	五〇歲	五月甲申(六月十二日)，知審官西院。丙戌(十四日)，知青州。後七日(二十一日)，改知延州。 六月丁未(七月二日)，詔鄜延路經略使沈括結絶前經略使呂惠卿措置四路邊防未了事。	《續資治通鑑長編》卷三〇四 《續資治通鑑長編》卷三〇五	

元豐四年	一〇八一	五一歲	春，西夏引兵擾邊，詔有司發諸道兵西征。鄜延路師出上郡，破党項之衆七萬於圁上。宋師得浮圖城、吴堡、義合三壘，闢土東屬銀夏。	《長興集》卷二二《延州重修嘉嶺英烈王廟碑文》、《續資治通鑑長編》卷三一九	王珪、蔡確、章惇相。
元豐五年	一〇八二	五二歲	二月丙寅（三月十六日），括出兵守安疆界有勞，由龍圖閣待制，爲龍圖閣直學士。 八月丙辰（九月二日）徐禧專擅，築永樂城。九月丁亥（十月三日），西夏軍三十萬圍永樂，又以八萬衆南襲綏德。沈括時僅有卒萬人，奉詔力保綏德，弗救永樂。九月戊戌（十月十四日），永樂城陷，漢、蕃官二百三十人，兵萬二千三百人皆没。十月甲寅（十月三十日），知延州沈括以「措置乖方」，責授均州團練副使，隨州安置。	《續資治通鑑長編》卷三三三 《長興集》逸文《自誌》、《東都事略》卷八六本傳 《宋史》卷一六《神宗本紀》	
元豐八年	一〇八五	五五歲	冬，徙秀州團練副使，本州安置。	《長興集》卷一六《秀州謝表》、《宋史》卷三三一本傳	
宋哲宗元祐元年	一〇八六	五六歲	道京口（潤州），登元豐初所置之圃，恍然乃壯年時夢遊之地，	《長興集》逸文《自誌》	蔡確有罪免。

元祐元年 一〇八六 五六歲	因築室爲夢溪園。		王安石卒 呂惠卿有罪安置。
元祐二年 一〇八七 五七歲	熙寧九年奉詔編修之《天下州縣圖》，經十二載後，迄是完成。二月十八日（廿五日），尚書省批狀，許令投進。	《長興集》卷一六《進守令圖表》	禁科舉用王氏經義。
元祐三年 一〇八八 五八歲	投進《天下州縣圖》（守令圖）了畢。八月丙子（八月廿一日）得旨，賜絹一百疋，仍許任便居住。張蔭麟謂：「括之遷居京口夢溪，必在是年奉旨許任便居住後。」《夢溪筆談》乃括隱居夢溪以後所作。	《長興集》卷一六《謝進守令圖賜絹表》、《玉海》卷一四《地理圖》 張蔭麟《沈括編年事輯》 《夢溪筆談自序》	
元祐六年 一〇九一 六一歲	括居夢溪四年而病，涉歲而益羸，瀕槁木矣。	《長興集》逸文《自誌》	
元祐間	居潤州時，奉旨授左朝散郎守光祿少卿，分司南京，許於外州軍任便居住。	《長興集》卷一六《謝分司南京表》	
紹聖初	復官，領宮祠。妻張氏病死。	朱彧《萍州可談》卷三	紹聖元年，章惇相。
紹聖二年 一〇九五 六五歲	居潤八年卒。	張蔭麟《沈括編年事輯》	

劉恕年譜

李裕民 編

《山西大學學報》一九七八年二期

劉恕（一〇三二—一〇七八），字道原，筠州高安（今屬江西）人，劉涣子。皇祐元年進士，歷鉅鹿主簿、和川縣令。治平中，司馬光修《資治通鑑》，辟爲局僚，主修魏、晋以後史事。嘗對王安石面陳新法之失。求監南康酒税。元豐元年卒，年四十七。

劉恕博通古今，精於史學，擬著《十國紀年》四十二卷、《資治通鑑外紀》十卷、《疑年譜》一卷、《年略譜》一卷，完稿者僅《十國紀年》一種。南宋咸淳間其裔孫劉元高掇拾劉涣、劉恕、劉羲仲三人詩文，編爲《三劉家集》一卷，有《四庫全書》本。事蹟見黄庭堅《劉道原墓誌銘》（《豫章先生文集》卷二三）、《宋史》卷四四四本傳。

是譜爲李裕民編，前述世系，兼譜其子羲仲、和叔、秤及弟恪事迹，叙事至光宗紹熙二年（一一九一）止，對譜主生平事迹、友人生卒及《資治通鑑》的編刻情況，臚述詳悉。編者稱，此譜一九六三年作於杭州，一九七八年改於太原並發表於《山西大學學報》，後收入所著《宋史新探》（陝西師範大學出版社一九九九年版），又作了較大的修改補充。此次重刊，除依全書體例作了修改外，又訂正了個别疏誤。

劉恕（一〇三二—一〇七八）是北宋著名史學家，司馬光主編的史學名著《資治通鑑》，便是在劉恕和劉攽、范祖禹的協作下寫成的，劉恕實際上是全書副主編。《通鑑》的體例是他和司馬光共同商定的（司馬光説「討論編次多出於恕」），全書分量最大、最難處理的魏晋南北朝、隋和五代部分的長編，也是劉恕編寫的，司馬光説「非恕精博，他人莫能整治」，「史事之紛錯難治者則以諉之，光蒙成而已」。

劉恕治學態度十分嚴謹，他注意廣泛搜集材料，正史之外，「閭里所采，私記雜説，無所不覽」，「上下數千載間，細大之事如指掌」。他還重視調查實物資料，用新發現的碑文，「正舊史之失」。他的史學見解也有獨到之處，如舊史記載武丁夢求賢相傅説的故事，他認爲武丁不是「徒以夢取」的糊涂蟲，武丁深知傅説有才，但出身低賤，一旦提拔爲相，阻力很大，這才托夢求人，「如天所授，群臣莫之疑懼，而傅之道得行也」（《通鑑外紀》卷二）這一切，使得他成爲當時史學界中出類拔萃的人物，難怪司馬光對宋英宗説：「館閣文學之士誠多，至於專精史學，惟劉恕一人而已。」

劉恕的生平事迹，人們很少知道，今特搜集材料，作《劉恕年譜》。其子羲仲，也是能繼承家學的史學家，事蹟一并附入。

本文初稿經鄧廣銘師、徐規師審訂教正，謹致謝意。

劉恕，字道原，其先京兆萬年人。自言源出劉向、劉歆。六世祖度，唐末明經及第，爲江西臨川令，卒官。其家人遇亂不能歸，遂葬之高安，因家焉。

按：北宋以高安爲筠州，南宋理宗寶慶間始更名爲瑞州。李燾《續資治通鑑長編》卷二〇八曰：「（劉）恕，均州人。」均當爲筠之誤。

南宋劉元高編《三劉家集》云：「今州南三十里新豐鄉（舊名垂拱鄉）銘山里，故居也。」

高祖盈，仕南唐爲筠州鎮遏使。

曾祖顗。

祖約，贈兵部侍郎。祖母謝氏（李常《尚書屯田員外郎致仕劉凝之府君墓誌銘》，《文史》十七輯）。

父渙，字凝之，少有高志，精詳史學，天聖八年進士，年五十，爲潁上（安徽潁上縣）令，後棄官隱居。母錢氏，吳越王元瓘之女孫，內殿崇班穆之女。初以凝之恩封壽光縣君，後以子恕恩封壽安縣君。

生二子，長即劉恕，次名恪。

按：蘇軾《與鮮于子駿書》（《東坡全集·續集》卷五）、《三劉家集》、曾鞏《壽安縣君錢氏墓誌銘》（《元豐類稿》卷四五）、黃庭堅《贈劉道純》詩（見史容《山谷外集詩注》卷四）均作格。惟同治《星子縣志》卷十作恪，當以恪爲是。蓋恕亦從心，名恪，字道純，其義亦相應。

字道純（《星子縣志》誤作道紀），鄉貢進士。二女：其一適給事中黃廉（黃庭堅之叔），封楚國夫人（《永樂大典》卷七六五一袁絜齋《黃犖行狀》)，一適臨淮徐彥伯（《宋元學案補遺》卷一）。

其世系表列如下：

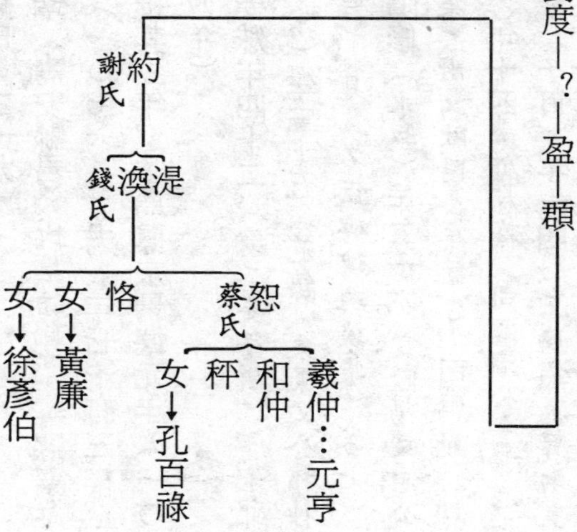

宋仁宗明道元年壬申，劉恕生。

司馬光《十國紀年序》：「元豐元年（一〇七八年）九月戊戌終……年止四十七。」（《温國文正司馬公文集》卷六五）范祖禹《秘書丞劉君墓碣》（《范太史集》卷三八）、黃庭堅《劉道原墓誌銘》（《豫章黃先生文集》卷二三）、王稱《東都事略》本傳、《宋史》本傳均作四十七。獨南宋晁公武《郡齋讀書志》作四十九，九當爲七之誤。上推其生年，應爲明道元年。

恕父渙，三十三歲。

蘇轍《劉凝之屯田哀辭序》：「元豐三年（一〇八〇年）九月辛未廬山隱居劉凝之卒。」（見《欒城集》卷十八）又張耒《冰玉堂記》：「凝之年八十一卒。」上推其生年，當爲眞宗咸平三年（一〇〇〇年）。

恕母錢氏，二十九歲。

曾鞏《壽安縣君錢氏墓誌銘》：「熙寧九年（一〇七六年）夫人年七十有三卒。」上推其生年，當爲眞宗景德元年（一〇〇四年）。

是年晏殊年四十二（《二晏年譜》）、宋祁（子京）年三十五（范鎮《宋景文公祁神道碑》，見《名臣碑傳琬琰集》卷七）、歐陽修（永叔）年二十六（《歐陽文忠公文集》附《歐陽公年譜》）、司馬光（君實）年十四（顧棟高《司馬温公年譜》）、曾鞏（子固）年十四（王煥鑣《曾南豐先生年譜》）、劉敞（原父）年十四（《宋史》本傳）、宋敏求（次道）年十四（范鎮《宋諫議敏求墓誌銘》，見《名臣碑傳琬琰集》卷十六）、王安石（介甫）年十二（蔡上翔《王荆公年譜考略》）、劉攽（貢父）年十（《宋史》本傳）、李常年九（《蘇魏公文集》卷五五）。

景祐二年乙亥，四歲。

恕幼穎悟俊拔，讀書過目能成誦。年四歲，坐客有言孔子無兄弟者，恕應聲曰：「以其兄之子妻之。」一坐驚異。

按范祖禹《秘書丞劉君墓碣》、《三劉家集》、《東都事略》本傳均繫此事於四歲，《宋史》本傳作八歲。

景祐三年丙子，五歲。

七月，工侍部郎王軫上《五朝春秋》二十五卷（托始於吴越）；集賢學士孫沖上《五代紀》七十七卷（均見王應麟《玉海》卷四七）。十二月十九日，蘇軾（子瞻）生（王宗稷《東坡先生年譜》）。

寶元六年戊寅，七歲。

司馬光舉進士（顧棟高《司馬温公年譜》）。

寶元二年己卯，八歲。

蘇轍（子由、一字同叔）生（孫汝聽《蘇潁濱年表》）。

慶曆元年辛巳，十歲。

十二月己丑，翰林學士王堯臣等上新修《崇文總目》六十卷。所錄書凡三〇六六九卷（李燾《續資治通鑑長編》卷一三四。以下簡稱《長編》）。

按：是書程俱《麟臺故事》亦作六十卷；馬端臨《文獻通考》作六十四卷；《中興書目》、鄭樵《通志·藝文略》、《宋史·藝文志》作六十六卷；江少虞《事實類苑》作六十七卷；《郡齋讀書志》作一卷。原書久佚，清朝修《四庫全書》時，從《永樂大典》中輯爲十二卷。

是年，范祖禹（淳甫、一字夢得）生（《名臣碑傳琬琰集·范直講祖禹傳》）。

慶曆二年壬午，十一歲。

王安石舉進士（《王荆公年譜考略》）。

慶曆四年甲申，十三歲

年十三，欲應制科，從人假漢、唐書，閱月，皆歸之（《宋史》本傳）。

監修國史章得象上新修《國朝會要》一五〇卷，凡十四年始成（《長編》卷一四八）。

按：《玉海》卷五一、《通志》卷六五、《文獻通考》卷二〇一、《羣書考索前集》卷一七、《決科古今源流至論前集》卷四、《麟臺故事》均作一五〇卷。《直齋書錄解題》卷五作八五卷。

慶曆六年丙戌，十五歲。

七月丁亥，參知政事宋庠上所撰《紀年通

譜》十二卷（《宋會要輯稿》崇儒五之二三、《長編》卷一五九、《通志・藝文略》）。

慶曆七年丁亥，十六歲。

父渙爲潁上令。恕詣前丞相知潁州晏殊，問以事，反覆詰難，殊不能對。

按：渙於皇祐二年以潁上令致仕，其初任應在今年或明年初。晏殊於慶曆三年爲相，四年九月出知潁州，八年三月移陳州。恕隨父而行，惟有今年或明年春有機會見晏殊，今暫置於今年。《三劉家集》以爲十歲時事，范祖禹《秘書丞劉君墓碣》作十二三，《宋史》本傳作十三歲，均失之過早。

與劉攽定交。

劉攽《寄劉道原秘丞》詩云「念昔始相從，子少予壯令。定交自傾蓋，結好深鶺鴒。……後會十五年，見子雲龍廷。官書職讎校，舊簡同編硎。」（《彭城集》卷六）按仁宗嘉祐六年（一〇六一年）詔三館秘閣校史書。恕、劉攽均參與之，十五年前結交，當爲慶曆七年事。

皇祐元年己丑，十八歲。

是年，劉恕中馮京榜進士（同治《高安縣志》卷一〇），再應詔試經義說書，皆第一（《三劉家集》）。始與司馬光相識。

司馬光《十國紀年序》：「皇祐初，光爲貢院屬官，時有詔：『士能講解經義者聽別奏名。』應詔者數十人。趙周翰爲侍講知貢舉，問以《春秋》、《禮記》大義，其中一人所對最精詳，先具注疏，次引先儒異說，末以己意論而斷之。凡二十問，所對皆然，主司驚異，擢爲第一。及發糊名，乃進士劉恕，年十八矣。光以是慕重之，始與相識，道原乃其字也。道原是歲賦詩論策亦入高等，殿試不中格，更下國子監試講經，復第一。」劉敞有詩相贈。詩云：「關東少年西入都，諸老先生驚不如。射策遂爲天下選，限年卻就里中居。豫章因起秋毫末，千里方從跬步初。會見高陽成偉器，不憂絳、灌毀新書。」（《公是集》卷二三、《高安縣志》卷二六）

皇祐二年庚寅，十九歲。

父涣，年五十一，爲潁上令，持正不阿，以忤上官，歸隱廬山，以太子中允致仕。同年進士歐陽修作《廬山高》詩以美之（見《歐陽文忠公集》卷五《廬山高贈劉中允涣歸南康》）。劉敞亦有《送劉中允》詩相贈（見《公是集》卷二五）。

《十國紀年序》、《秘書丞劉君墓碣》、《宋史》本傳作年五十，歐陽修詩及《三劉家集》作年五十二，均誤。此從李常撰劉涣墓誌。

司馬康（公休）生（《范太史集》卷四一《直集賢院提舉西京嵩山崇福宮司馬君墓誌銘》）。

皇祐三年辛卯，二十歲。

釋褐爲邢州鉅鹿主簿。

吏部有限年之法，至冠方任官，其爲主簿應爲二十歲。

七月己巳，知制誥王洙、直集賢院掌禹錫上《皇祐方域圖志》五十卷（《長編》卷一七〇）。

按：《宋史·藝文志》作《皇祐方域圖紀》三十卷，《要覽》一卷。十月，觀文殿學士丁度等上《前後漢書節義》，賜名曰《前史精要》（《長編》卷一七一)。

皇祐五年癸巳，二十二歲。

陳師道（後山）生（《宋史·陳師道傳》、魏衍《彭城先生集紀》）。

至和元年甲午，二十三歲。

高陽帥陳升之召至府，重禮之，使講《春秋》，晏殊親率官屬往聽（《范太史集》卷三八、《三朝名臣言行録》卷一四）。

按：陳升之帥高陽在今年二月至嘉祐元年，晏殊卒於至和二年，恕任鉅鹿主簿，至今年滿任，故置上件事於今年。

遷晉州和川（今山西安澤縣）令。

《宋史》本傳：「恕（為）……和川令，發強擿伏，一時能吏自以爲不及。恕爲人重意義，急然諾。郡守得罪被劾，屬吏皆連坐下獄，恕獨恤其妻子，如己骨肉，又面數轉運使深文峻詆。」

《十國紀年序》：「在和川，嘗以公事適野，見劉聰太宰劉雄碑，知嘉平五年始改建元，正舊史之失。」

十二月庚子，翰林學士王洙、太常少卿直集賢院王（據《長編》卷一七〇王當作掌）禹錫上《皇祐方域續圖》（《長編》卷一七七）。

是年，張耒（文潛）生（《余嘉錫論學雜著·疑年録稽疑》）。

嘉祐二年丁酉，二十六歲。

正月己亥，天章閣待制兼侍讀孫甫（之翰）卒，年六十，著《唐史記》七十五卷，詔藏秘閣。

陳振孫《直齋書録解題》：「甫以《唐書》煩冗遺略，多失體法，乃修爲唐史，用編年體，自康定元年逮嘉祐元年，成書七十五卷，爲論九十二首。甫沒，朝廷取其書留禁中，……今惟諸論存焉。」《宋史·藝文志》有《唐史論斷》二卷。《書錄解題》作三卷。

是年，蘇軾、蘇轍舉進士（王宗稷《東坡先生年譜》、孫汝聽《蘇潁濱年表》）。

嘉祐三年戊戌，二十七歲。

司馬光遷開封府推官。

嘉祐四年己亥，二十八歲。

子羲仲（壯輿）生。

《三劉家集》：「羲仲年幾四十，始爲濟州巨野簿。」時紹聖四年（一〇九七年）也（陳師道《劉道原畫象贊》，見《後山集》卷一七）。姑以三十九歲推之，約生於是年。

晁說之（以道）生（《嵩山文集·跋尾》）。

嘉祐五年庚子，二十九歲

七月戊戌，翰林學士歐陽修、宋祁等上所修《新唐書》二五〇卷，凡十有七年始成（《長編》卷一九二，《歐陽文忠公文集》卷首《歐陽公年譜》）。

嘉祐六年辛丑，三十歲。

五月丁酉，宋祁卒，年六十四（范鎮《宋景文公祁神道碑》）。

六月，司馬光遷起居舍人，同知諫院。

八月庚申，詔三館秘閣校宋、齊、梁、陳、後魏、後周、北齊七史書（《長編》卷一九四、《宋會要輯稿》崇儒四之一九）。劉恕與劉攽、范祖禹等負責校《後魏書》（晁說之《讀魏書》，見《嵩山文集》卷一二，晁公武《郡齋讀書志》）。

與蘇轍相識。

蘇轍曰：「始於（當作予）自蜀游京師，識凝之長子恕道原。博學強識，能通

《三墳》、《五典》、春秋戰國歷代史記，下至五代分裂，皆能言其治亂得失，紀其歲月，辨其氏族而正其同異，上下數千歲，如指諸左右。其爲人剛中少容，是是非非，未嘗以語假人，人多疾之。」（《劉凝之屯田哀辭叙》，見《欒城集》卷一八）。

按：《蘇潁濱年表》云，轍於嘉祐五年自蜀赴京應才識兼茂明於體用科，六年至京，治平二年離京外任，與道原相識當在此期間，今姑置於此年。

嘉祐八年癸卯，三十二歲。

三月，仁宗崩。四月，英宗即位。劉恕至宋敏求家觀書。

《十國紀年序》：「宋次道知亳州，家多書，道原枉道就借觀之。次道日具酒饌爲主人禮，道原曰：『此非吾所爲來也，殊廢吾事，願悉撤去。』獨閉閣晝夜讀且抄，留旬日，盡其書而去，目爲之翳。道原致疾，亦由學之苦邪？」

按：范鎮《宋諫議敏求墓誌銘》云：「英宗踐祚，進兵部，墮馬傷足，得請亳州，召還，充仁宗實錄院檢討官。」英宗即位於嘉祐八年四月，宋敏求充檢討官在是年十二月，故知敏求知亳州爲嘉祐八年事。

與司馬光論撰編年史事。

劉恕《資治通鑑外紀後序》：「嘉祐中，公（司馬光）嘗謂恕曰：『《春秋》之後，迄今千餘年，《史記》至《五代史》一千五百卷，諸生歷年莫能竟其篇第，畢世不暇舉其大略，厭煩趨易，行將泯絕。予欲托始於周威烈王命韓、魏、趙爲諸侯，下迄五代，因丘明編年之體，仿荀悅簡要之文，網羅衆說，成一家書。』恕曰：『司馬遷以良史之才，叙黃帝至秦、漢興亡治亂，班固以下，世各名家，李延壽總八朝爲《南、北史》，而言詞卑弱，義例煩雜，書無表志，沿革不完。梁武帝《通史》、唐姚康復《統史》，世近亡軼，不足稱也。公欲以文章論議，成歷世大典。高勛美德，褒贊流於萬世；元凶宿姦，貶絀甚於誅殛。上可繼仲尼之經、丘明之傳，司馬遷安可比擬，荀悅何足道哉。』」

按：文中稱嘉祐中，未詳確年，姑置於今年。

七月，曾鞏校定《陳書》上之（《元豐類稿·陳書目録序》）。

是年，歐陽修作《集古録》（《歐陽文忠公文集》卷一三四）。

劉攽奉詔與錢藻等六人刊正《後漢書》（《玉海》卷四九）。

范祖禹舉進士（《琬琰集·范直講祖禹傳》）。

英宗治平元年甲辰，三十三歲。

六月，駕部郎中路綸獻其父振所撰《九國志》五十卷，詔以付史館（《長編》卷二○二，《宋會要輯稿》崇儒五之二五、《郡齋讀書志》）。

治平二年乙巳，三十四歲。

廣西轉運使知桂州陸詵（介夫），奏掌機宜（《十國紀年序》），遷翁源縣令（《三劉家集》）。

按：陸詵，治平元年十一月知桂州，至治平三年四月改知延州，以恕爲廣西經略安撫司勾當公事應在今年。

三月，與陸詵、余藻等會於伏波岩。

伏波岩題名云：「知桂州兼經略安撫陸

詵，提點刑獄公事余藻，……經略司勾當公事劉恕。治平二年立夏後二日會於此，藻題。」（《金石續編》卷一五）。

劉攽有《送劉長官桂府掌機宜》詩一首相贈（見《彭城集》卷一三）。

治平三年丙午，三十五歲。

四月十八日，司馬光進《通志》八卷（即今《資治通鑑》戰國至秦的八卷），詔命續成，自擇英才，且置局崇文院。光薦劉恕同編修，遷著作佐郎。

《長編》卷二〇八：「光奏曰：『紀傳之體，文字繁多，雖以衡門專學之士，往往讀之不能周浹，……欲上自戰國，下至五代，……凡關國家盛衰，繫生民之休戚，善可爲法，惡可爲戒（者），……略依左氏春秋傳體，爲編年一書，名曰《通志》，……其書上下貫穿數千載，固非愚臣所能獨修。伏見翁源縣令、廣南西路經略安撫司勾當公事劉恕，將作監主簿趙君錫，皆習史學，爲衆所推，欲望特差二人與臣同修，庶使早得成書，不至疏略。』詔從之，而令接所書八卷編集，俟書成，取旨賜名。其後君錫以父喪不赴，命太常博士國子監直講劉攽代之。」

按：《十國紀年序》：「英宗……謂光曰：『卿自擇館閣英才共修之。』光對曰：『館閣文學之士誠多，至於專精史學臣未得而知，所知者唯和川令劉恕一人而已。』」與上條所引恕爲翁源縣令稍異，蓋此處以舊職稱之耳。

劉恕精於史學，爲時人所推。

《十國紀年序》：「前世史……獨道原篤好之，爲人強記，紀傳之外，閭里所錄，私記雜說，無所不覽。坐聽其談，袞袞無窮，上下數千載間，細大之事如指掌，皆有稽據可考驗，令人不覺心服。」張耒《冰玉堂記》「其（指劉恕）學自書契以來以至於今，國家治亂，君臣世系，廣至於郡國山川之名物，詳至於歲月日時之後先，問焉必知，考焉必信，有疑焉必決，其言滔滔汩汩，如道其里閭族黨之事也。……當時司馬君實、歐陽文忠號通史學，貫串古今，亦自以不及而取正焉。」（見《張右史文集》卷四九）晁說之《九學論》：「（劉恕）博極群書，兼該百家，得六經之體要，而不爲章句，特以《春秋》之旨，正褒貶，辨邪正，篤名教，厲風節，賤功利，尊王道，其文玉雪、嶄然不可溷混者。史官之學也，劉道原是已。」（見《嵩山文集》卷一四）

劉恕實爲總攬全局之副手。司馬光自言：「與共修書凡數年，史事之紛錯難治者，則以諉之，光蒙成而已。」（《十國紀年序》）

與司馬光商論（《通鑑》）編修斷限。

《通鑑外紀後序》「治平三年，……恕蒙辟置史局，嘗請於公曰：『公之書不始於上古或堯、舜，何也？』光曰：『周平王以來，事包《春秋》，孔子經不可損益。』曰：『曷不始於獲麟之歲？』曰：『經不可續也。』恕乃知賢人著書避聖人書，如是，儒者可以法矣。」《通鑑》之書，先作叢目，次修長編，最後司馬光筆削成書。

李燾《進續資治通鑑長編表》：「臣竊聞司馬光之作《資治通鑑》也，使其寮屬采摭異聞，以年月日爲叢目，叢目既成，乃修長編。」

恕子羲仲《通鑑問疑》：「先人在書局，止類事迹，勒成長編，其是非予奪之際，一任君實筆削。」

劉恕初修魏晉南北朝隋、劉攽修兩漢部分（參見晁説之《嵩山文集·送王性之序》）。

是年，劉攽成《東漢刊誤》四卷，奏上之（《郡齋讀書志》）。

治平四年丁未，三十六歲。

正月八日，英宗崩，神宗即位。

十月甲寅，司馬光初赴經筵讀《通志》，神宗賜名《資治通鑑》，又賜潁邸舊書二四〇二卷（《長編拾補》卷二）。

《玉海》卷四七：「甲寅二十三日，初進讀，賜名《資治通鑑》，神宗親製序面賜光，序略云：『此亦古人述作造端立意之所繇也，其所載明君良臣切磨治通議論之精語、德刑之善制、天人相與之際、良將之方略、循吏之條教，斷以邪正，要以治忽，辭令淵厚之體，箴諫深切之義，良謂備焉。凡十六代，博而得其要，簡而周於目，是亦典型之總會，冊牘之淵林矣。』」《三朝名臣言行錄》卷七引《日錄》云：「上自書《資治通鑑序》以授光，光受讀降再拜，讀三家爲諸侯論，上顧（王）禹玉等稱美久之。」

劉恕等上所述校《後魏書》。

晁公武《郡齋讀書志》卷二上：「治平中（曾）鞏校定南齊、梁、陳三書上之，劉恕等上《後魏書》，王安國上《周書》，政和中皆頒之學宮。」按曾鞏上南齊、梁書在治平四年，劉恕上書恐亦在是年。恕等有叙目錄一文（見恕等所校《後魏書》）。

略云：隋……魏澹……更撰《後魏書》九十二卷，唐……又有張大素《後魏書》一百卷，裴安時《元魏書》三十卷，今皆不傳。稱魏書者惟以魏收書爲主焉……其書亡逸不完者無慮三十篇，今各疏於逐篇之末……臣攽、臣恕、臣燾、臣祖禹謹叙目錄。

馮夢禎云：《元魏書》顛末，范祖禹等序之詳矣。時魏收原書已缺三十餘卷，乃雜采李延壽《北史》、《修文御覽》、《高氏小史》等書綴成之（見《魏書》目録考證）。

是年，司馬光上《資治通鑑·漢紀》前漢部分三十卷。

據所繫銜，前漢紀三十卷，乃司馬光官翰林學士時所成，光爲此官，在治平四年（見《司馬温公年譜》），又司馬光治平四年四月十三日《辭免翰林學士第三上殿劄子》云：「近方欲具所修《前漢紀》三十卷，先次進呈。」（《温國文正司馬公集》卷三五）則此書當成於今年四月前。

神宗熙寧元年戊申，三十七歲。

在汴京修《通鑑》。

是年，劉敞卒（《宋史》本傳）。

熙寧二年己酉，三十八歲。

二月，參知政事王安石創制置三司條例司，議行新法。王安石與之有舊，深愛其才，欲引道原修三司條例，恕固辭以不習金穀，因言「天子方屬公以政事，宜恢張堯、舜之道以佐明主，不應以財用爲先」。安石不能用（《十國紀年序》）。六月，呂誨因反對變法出知鄧州。「劉恕往見安石曰：『公所以致人言，蓋亦有所

未思。』因爲條陳所更法令不合衆心者，宜復其舊，則議論自息。安石怒，遂與之絕。」（《東都事略》本傳）

《秘書丞劉君墓碣》「當是時，其（指王安石）權震天下，人不敢忤，而道原憤憤欲與之校，面語侵之，至變色勃怒，而道原不少屈。（或）稠人廣坐，抗言其失，聞者縮頸，而道原意氣自若。」

范沖《范太史遺事》：「先公（范祖禹）言：荆公笑劉道原耽史而不窮經，相見必戲之曰：『道原，讀到漢八年未？』而道原力詆荆公之學，士子有談新經義者，道原怒形於色曰：『此人口出妖言，面帶妖氣。』」（見《三朝名臣言行録》卷一四）。

七月，曾公亮修《英宗實錄》三十卷成（《郡齋讀書志》）。

《揮麈第三錄》卷一：「《英宗實錄》……東坡先生嘗語劉壯輿羲仲云：此書詞簡而事備，文古而意明，爲國朝諸史之冠。」

與張耒相識。

張耒《冰玉堂記》：「熙寧中，余爲臨淮主簿，始得拜劉公道原於汴上。是時道原方修《資治通鑑》，而執政有素高其才者，欲用以爲屬，道原義不屈，遂與絕。」（見《張右史文集》卷四九）

熙寧三年庚戌，三十九歲。

在汴京修《通鑑》。

二月二十九日，翰林學士司馬光上疏乞罷制置三司條例司，反對變法。王安石說：與司馬光「朝夕所以切磋琢磨者乃劉攽、劉恕、蘇軾、蘇轍之徒」，於是神宗「欲罷光」（《宋會要輯稿》食貨四之二四）。

四月乙酉，館閣校勘劉攽外任，爲泰州通判（《宋史》本傳、《長編》卷二一〇、卷二二〇）。

六月戊寅，司馬光薦范祖禹同修《通鑑》，分掌唐史。

司馬光《薦范夢得狀》：「臣於熙寧三年奏祖禹自前知資州龍水縣事同修《資治通鑑》。」（《温國文正司馬公集》卷四五）

范祖禹《唐鑑序》：「臣祖禹與司馬光修《資治通鑑》，臣祖禹分職唐史。」

司馬光上《資治通鑑》後漢部分三十卷、曹魏部分十卷。

據所繫銜，後漢和魏代四十卷，乃司馬光官翰林學士兼侍讀學士時所成。當是熙寧三年九月出知永興軍前上。

九月癸丑，司馬光出知永興軍（《長編》卷二一五）。道原曰：「我以直道忤執政，今官長復去，我何以自安，且吾親老，不可久留京師。」即奏乞監南康軍酒，得之（《十國紀年序》）。詔許即官下編修，改秘書丞（《三劉家集》）。

《通鑑外紀後序》：「恕褊狷好議論，不敢居京師，請歸江東養親，公（指司馬光）以新書未成，不廢刊削，恕亦遙隸局中。」

蘇軾有《送劉道原歸覲南康》詩（見《東坡全集》卷二）。

詩云：「晏嬰不滿六尺長，高節萬仞陵首陽。青衫白髮不自嘆，富貴在天那得忙。十年閉戶樂幽獨，百金購書收散亡。揭來東觀弄丹墨，聊借舊史誅姦強。孔融不肯下曹操，汲黯本自輕張湯。雖無尺箠與寸刃，口吻排擊含風霜。自言靜中閱世俗，有似不飲觀酒狂。衣中狼籍叉屨舞，旁人大笑供千場。交朋翩翩去略盡，惟我與子猶徬惶。世人共棄君獨厚，豈敢自愛恐子傷。朝來告别驚何速，歸意已逐征鴻翔。匡廬先生古君子，挂冠兩紀鬢未蒼。定將文度置膝上，喜動鄰里烹豬羊。君歸爲我通姓名，幅君（一作巾）他日容登堂。」《三劉家集》注云：「此詩熙寧三年東坡在官告院時所作。」樓鑰《跋東坡送劉道原歸南康詩》云：「……所謂大君子即（劉）凝之也。司馬公《通鑑》一書賴道原爲多，其子壯輿亦奇士。」（《攻媿集》卷一一）

蘇轍亦有《送劉道原學士歸南康》詩（見《欒城集》卷三）。

詩云：「大川傾流萬物俱，根旋腳脱爭奔徂。流萍斷梗誰復數，長林巨石仍須臾。軒昂顛倒惟恐後，嗟子何獨強根株。三年一語未嘗屈，擬學文舉驚當涂。心知勢力非汝敵，獨恐清議無遺餘。扁舟歲晚告歸覲，家膳欲及羞蓴鱸。隱居高節世所尚，挂冠早歲還州閭。紛紜世事不着耳，得失豈復分錙銖。投身固已陷泥滓，獨立未免遭霑濡。君歸左右誰高趣，牛毛細數分賢愚。」《三劉家集》注云：「右送公歸南康之詩，惟此二詩可考。東坡云『歸意已逐征鴻翔』，欒城云『家膳欲及羞蓴鱸』，則溫公九月出後，公即去矣。」

是年，宋敏求編成《唐大詔令集》一三〇卷，目錄三卷。

按：敏求自序云，此書其父宋綬所著，敏求裒集成編（見《唐大詔令集》敏求自序）。

陳舜俞貶官南康（《長編拾補》卷七），與劉渙騎黃犢游，李伯時（名公麟）繪圖，傳誦於當時（《三劉家集》）。

熙寧四年辛亥，四十歲。

在南康軍酒監任內修《通鑑》。

擬作《通鑑前後紀》。

劉恕《通鑑外紀後序》：「嘗思司馬遷《史記》始於黃帝，而包犧、神農缺漏不錄，公爲歷代書而不及周威烈王之前，學者考古，當閲小說，取舍乖異，莫知適從。若魯隱之後，止據《左氏》、《國語》、《史記》、諸子，而增損不及《春秋》，則無與於聖人之經。包犧至未命三晉爲諸侯，比於後事，百無一二，可爲《前紀》。本朝一祖四宗一百八年，可請實錄、國史於朝廷爲《後紀》。昔何承天、樂資作《春秋前後傳》，亦其比也。將俟書成，請於公而爲之。」

是年，蘇軾有《答劉道原書》。

邵博《聞見後錄》卷二〇：「東坡倅錢唐日《答劉道原書》云：『道原要刻印七史固善，方新學經解紛然，日夜摹刻不暇，何力及此？近見京師經義題：國異政，家殊俗，國何以言異？家何以言殊？又有其善，喪厥善，其、厥不同，何也？又說《易·觀》卦本是老鸛，《詩》大小雅本是老鴉。似此類甚衆，大可痛駭。』」

按：熙寧四年四月，蘇軾除通判杭州，十一月到任（王宗稷《東坡先生年譜》及《長編》），《答劉道原書》當作於是年。由此書知劉恕嘗有刻印七史之議，印成與否，已難考見。

司馬光有《與劉道原書》（《溫國文正司馬

公集》卷六二)。

略云:「今因修南北朝通鑑方得細觀,乃知李延壽之書亦近世之佳史也。……叙事簡徑,比於南北正史無繁冗蕪穢之辭。竊謂陳壽之後,惟延壽可以亞之也。……但恨延壽不作志,使數代制度沿革皆沒不見。道原五代長編若不費功計,不日即成,若與將沈約、蕭子顯、魏收三志,依隋志篇目,删次補葺,另爲一書,與《南》、《北史》、《隋志》并行,則雖正史遺逸,不足患矣。不知道原肯有意否?」

按:司馬光熙寧四年始修南北朝通鑑,此書約寫於是年。

熙寧五年壬子,四十一歲。

在南康修《通鑑》。

正月,司馬光奏遷書局於洛陽(《司馬温公年譜》)。

閏七月庚午,歐陽修卒,年六十六。詔求其所撰《五代史記》,後與官修《五代史》并行(《宋會要輯稿》崇儒五之二六、吴充《歐陽公行狀》、《歐陽文忠公文集》附録卷五事迹)陳舜俞有《贈劉道原》詩。

略云:「三年江湖上,得友惟道原,少小負英特,讀書日萬言。長好史氏學,執筆以專門。廢興數千載,抵掌洪河翻。潔身比夷齊,見義勇育賁。惟不善玄解,惡佛如仇冤。……何不付國史,置子西掖垣。我語雖鄙賤,幾欲叫天閽。」(《都官集》卷一二、《三劉家集》)

按:陳舜俞前年貶官,始與劉涣、劉恕同游,詩云:「三年江湖上,得友唯道原。」則此詩當作於今年。

熙寧六年癸丑，四十二歲。

在南康修《通鑑》。

劉恕作《咏史》、《寄張師民》等詩寄贈蘇軾（詩已佚），蘇軾作《和道原見寄》、《和劉道原咏史》、《和劉道原寄張師民》三詩。

《和劉道原見寄》云：「敢問清時怨不容，直嗟吾道與君東。坐談足使淮南懼，歸去方知冀北空。獨鶴不須驚夜旦，群烏未可辨雌雄。廬山自古不到處，得與幽人子細窮。」

《和劉道原咏史》：「仲尼憂世接輿狂，臧谷雖殊竟兩亡。吳客漫陳豪士賦，桓侯初笑越人方。名高不朽終安用，日飲無何詩亦良。獨掩陳編吊興廢，窗前山雨夜浪浪。」（《蘇文忠詩合注》卷七、《三劉家集》）

《紀年錄》云：熙寧六年，東坡在杭州作（《三劉家集·和劉道原見寄詩注》）。

《烏臺詩案》：「熙寧六年，軾任杭州通判，有秘書劉恕字道原詩三首，軾依韵和。」

陳舜俞作《廬山記》五卷，劉渙爲作前、後序（《三劉家集》）。

熙寧七年甲寅，四十三歲。

春夏間，至京口（今鎮江）與蘇軾會面。

蘇軾作《和蘇州太守王規父侍太夫人觀燈之什，余時以劉道原見訪，滯留京口不及赴此會二首》（《蘇文忠公詩編注集成》卷一一）。

陳舜俞卒（《長編拾補》卷七）。

熙寧八年乙卯，四十四歲。

在南康修《通鑑》。

按：司馬光在明年將南北朝通鑑筆削

成書，則劉恕南北朝長編至遲在今年以前已修成，并交司馬光。至遲在今年，劉恕開始修五代十國長編。

熙寧九年丙辰，四十五歲。

至洛陽，與司馬光議修書事。

《十國紀年序》：「道原奏請身詣光議修書事，朝廷許之。道原水陸行數千里至洛陽，自言『比氣羸憊，必病且死，恐不復再見。』留數月而歸。」「在洛陽，與光偕如萬安山，道旁有碑，讀之，乃五代列將人所不稱道者，道原即能言行事始終，歸驗於舊史，信然。」

自熙寧四年至今年，司馬光編定《資治通鑑》晉、宋、齊、梁、陳、隋六代奏御。

《溫公與宋次道書》：「某自到洛以來，專以修《資治通鑑》爲事，至今八年，僅了得晉、宋、齊、梁、陳、隋六代以來奏御。唐文字尤多，……自前秋始刪……」（高似孫《緯略》卷一二）。

按：司馬光到洛，在熙寧四年四月，書云：「至今八年」，則是書當寫於元豐元年。又稱「唐文字」「自前秋始刪」，知晉至隋六代文字必在熙寧九年秋以前修成。

十月，自洛陽南歸。

《十國紀年序》：「道原家貧，至無以給旨甘，一毫不妄取於人。其自洛陽南歸也，時已十月，無寒具，光以衣襪一二事及舊貂褥賫之，固辭，強與之，行及潁州，悉封而反之。於光而不受，於他人可知矣。」

經淮南訪晁端彥，而後返廬山。

晁說之（端彥子）與劉壯輿書云：「每

念十五六時，在淮南，吾先君嘗令立侍先丈之側，蒙戒告：『無從妖學，無瀆妖言』，至今白首，奉之不忘，益覺其語有味可喜。」（《嵩山集》卷一五）按其時說之十八歲，此云十五六，乃記憶有誤。朱弁《曲洧舊聞》卷五：「劉道原自洛還廬阜時，過淮南見晁美叔（名端彥）。美叔呼諸子拜之。道原曰：『諸郎皆秀異，必有成立，無爲妖學，但自守家法，他日定有聞於世。妖學已爲今日患，後三十年橫流，其患有不可勝言者。恕與公老矣，諸郎皆自見之，勿忘吾言。』」

未至家，母壽安縣君錢氏卒（《十國紀年序》、范祖禹《秘書丞劉君墓碣》），年七十有七。曾鞏爲作《壽安縣君錢氏墓誌銘》（見《元豐類稿》卷四五）。銘云：「士不苟合，安於賤貧。其難其豫，繇媲有人。維不終窶，又壽以康。有續孔辰，既庶而臧。女迫而求，得優以取。世一以處，獨肆而有。士也則然，女實作十。考則錢媛，尚配於古。」

俄得風疾，抱病作《通鑑前紀》。《通鑑外紀後序》：「熙寧九年，恕罹家禍，悲哀憤鬱，遂中癱痹，右肢既廢，凡欲執筆，口授稚子羲仲書之。常自念平生事業，無一成就，史局十年，俛仰竊祿，因取諸書，以《國語》爲本，編《通鑑前紀》。」

元豐元年戊午，四十七歲。

抱病修《通鑑》。《十國紀年序》：「每呻吟之隙，輒取書修之，病益篤，乃束書歸之局中。」

八月，編定《資治通鑑前紀》，更曰《外紀》，共十卷（《中興館閣書目》、《通考》

卷一九三、《郡齋讀書志》），目錄三卷（《玉海》卷四七）。

按：《書録解題》、《通志·藝文略》、焦竑《國史經籍志》外紀之目錄皆作三卷，《宋史·藝文志》、《通考》無目錄，獨《四庫全書總目提要》及今通行本目錄作五卷，恐爲後人編定。

作《資治通鑑外紀前後序》及《通鑑外紀目錄序》。

《後序》云：「家貧書籍不具，南徼僻陋，士人家不藏書，卧病六百日，無一人語及文史，昏亂遺忘，煩簡不當，遠方不可得國書，絕意於《後紀》，乃更《前紀》曰《外紀》，如《國語》稱《春秋外傳》之義也。自周共和元年庚申至威烈王二十二年丁丑四百三十八年，見於《外紀》；自威烈王二十三年戊寅至周顯德六年己未一千三百六十二年載於《通鑑》，然後一千八百年之興廢大事坦然可明。」

《前序》云：「包犧前後逮周厲王，……疑年茫昧，借日名甲子以紀之。共和以後，則用歲陽歲名而著於上，示相別也。」

《四庫全書總目提要》：「凡包犧以來一卷，夏紀、商紀各一卷，周紀八卷，又目錄五卷，年經事緯，上列朔閏天象，下列《外紀》之卷數，悉與司馬光《通鑑目錄》例相同。金履祥作《通鑑前編》，詆其好奇。……然《外紀》於上古之事可信者大書，其異同舛誤，以及荒遠茫昧者，或分注，或細書，未嘗不具有別裁。《目錄》於共和以前，據《史記·年表》編年，共和以前，皆謂之疑年，不標歲陽歲陰之名，……亦特爲審愼」。張宗泰《所學集》跋是書云：「其書不引據經傳，惟以《國語》爲主，而雜采諸家說以附益之，於《國語》割幷翦裁有未愜人意者。」「《外紀》第一卷末，力辨三皇五帝之說出於後儒，持論謹嚴，乃其書駁雜舛錯，……又有前後失於參考處，……考劉道原得年僅四十七歲，此書爲編次未定之本，故不免多所舛誤耳。」

張須《通鑑學》：「（劉恕）其識力信有不可及者：如謂武丁出傳說于胥靡，恐衆駭懼，故托諸夢寐以服群臣；又因紂有『我不有命在天』之語，而謂命者所以杜無妄之求，中人安于擯棄，俟時而不竟，蓋聖人以此籠群愚而息爭端也。此等處皆有道原不拘舊說，自具心解。溫公愛重其人，而稱其明快，非無故也。」紹興中趙敦臨刻此書于越州。據《延祐四明志》卷四載，敦臨爲紹興五年進士，初爲蕭山縣主簿，校劉道原《外紀》，刻于越。

按：此爲《外紀》最早之刻本，已佚，今有元、明、清諸刻率行世，書中駁孟軻有關堯舜之謬說，《聞見後錄》卷一三摘引其說。

清朝嘉慶年間胡克家爲作《注補》。序云：「劉恕道原博極群書，深明史法，……晚年……編爲《通鑒外紀》一書，以備《前紀》之稿本。……所采自經說史傳諸子百家而外，旁及譜牒、讖緯、卜筮、占驗之書不下二百餘種，實足以囊括古今之事變，推明衆史之同异。其叙春秋二百四十二年之事，亦能賅而不縟，要而不繁，自可與經傳并行不悖。……孫淵如……曰：『……此史家不可少之矣。』……其每載一事，或諸書類同而其言小異者，則必左右采獲，包羅各家，錯綜條貫，以矜賅博，連綴比附，以成文章。……道原不載荒唐之說，不窮幽渺之辭，雖博引詳徵，而其旨必軌于正，因作《注補》，益識其用心之所在，決擇之從嚴焉。」

撰《十國紀年》四十二卷（《十國紀年序》）。

按：《郡齋讀書後志》、《通志·藝文略》、《宋史·藝文志》、明萬曆陳第《世善堂書目》卷上、明崇禎李鶚翀《得月樓書目》卷并同。《書錄解題》作四十卷，《玉海》云：「本四十二卷，今存僅四十卷。」薛季宣《叙十國紀年》：「劉恕吳史六卷，唐史六卷，蜀史七卷，後蜀史六卷，吳越史四卷，閩史三卷，漢史二卷，楚史三卷，荊南史一卷，北漢史二卷，凡《十國紀年》四十卷。……恕名有良史之才，留心著述，嘗從文正司馬公學，與修《資治通鑑》，納繹館殿，盡未閱之書。於是裒集衆家，參諸野記，纂修斤削，以就此書。……是書蓋一世奇作，其叙事微而贍，簡而詳，疏而有旨，質而不蕪，廣博辭文，賢於國史舊志遠甚。然牽於多愛，泛取兼收，瑣務中人，尚多記載。至其書發端，不竢後言而見。」（《浪語集》卷三〇）

此書係恕病卒前方定稿，司馬光作爲《劉道原十國紀年序》略云：「道原好讀書，志欲籠絡宇宙而無所遺，不幸早夭，其成者《十國紀年》四十二卷，包犧至周厲王《疑年譜》、共和至熙寧《年略譜》各一卷，《資治通鑑外紀》十卷，餘皆未成，其成者亦未以傳人，曰：『今柳芳《唐曆》本皆不同，由芳書未成而傳之故也。』期於瞑目然後傳，病亟，猶汲汲借人書以參校己之書，是正其失，氣垂盡，乃口授其子羲仲爲書屬光，使撰埋銘及《十國紀年序》，且曰：『始欲諸國各作百官及藩鎮表，未能就，幸於序中言之。』」

晁公武云：「溫公又題其後云：『世稱路氏《九國志》在五代之史中最佳，此書又過之。』以予考之，長於考異同而短於屬文。其書國朝事皆曰『宋』，而無所隱諱，意者各以其國爲主耳。」（《郡齋讀書後志》卷七）。

張耒以爲「《十國紀年》先成，世傳之。世以比遷、固、歆、向，公亦自以不愧，而自范曄以降不論也。」（《張右史文集》卷四九《冰玉堂記》）。

按：此書據司馬光《十國紀年序》係臨卒方定稿，張耒之語恐不確。此書其後羲仲曾作整理補充（參大觀二年條）。

《十國紀年》，《資治通鑑考異》中引證達八九十處，於研究五代十國史有重要價值，洪邁《容齋三筆》卷一〇《鄂州興唐寺鐘》條記鐘銘中有兩人官銜「御史大」「光祿大」，其下應有「夫」字，卻都缺載，誰也不知是何緣故，待到看了劉恕《十國紀年》的記載，原來是避吳王楊行密之父「怤」的諱，「怤」與夫同音。由此可見《十國紀年》有新、舊

《五代史》、《九國志》所不能取代的價值。

惜此書世罕流傳。明末錢謙益曾藏《十國紀年》，秘不示人，後焚於火（見倦叟《絳雲樓書目後序》）。民間在清末仍有抄本流傳。清末孫星村編福建陳徵芝蘭鄰《帶經堂書目》二載陳氏藏明抄本劉恕《十國紀年》四二卷，據陸心源跋，其藏書多已散出，而最秘之本別儲一樓，其子孫云已爲蟲所蝕盡。未知是書亦遭此厄運否。

撰《疑年譜》一卷、《年略譜》一卷（《十國紀年序》、《通考》卷一九三）。

按：《通志·藝文略》載《疑年譜》二卷，恐誤二者爲一。《中興館閣書目》、《玉海》、《宋史·藝文志》僅有《疑年譜》一卷，尤袤《遂初堂書目》無卷數。《秘書省續四庫書目》有《年略譜》一卷（見《宋史·藝文志·補·附編》）。

《玉海》：「恕有《疑年譜》一卷。恕謂先儒叙包犧、女媧下逮三代享國之歲，惟大庭至無懷氏無年而有年數，乃後世計堯、舜之年，衆說不同，《三統曆》次夏、商、西周與《汲冢紀年》及《商曆》差異，故載周厲王以前三千三百一十九年爲譜。」

《書録解題》：「先儒叙包犧女媧下逮三代享國之歲，衆說不同，懼後人以疑事爲信書，穿鑿滋甚，故周厲王以前三千五百一十九年爲《疑年譜》。而共和以下至元祐壬申一千九百一十八年爲《年略譜》。大略不取正閏之說，而從實紀之，四夷及寇賊僭紀名號附之於末。」

按：「元祐壬申」當爲「熙寧丁巳」之誤。共和元年（前八四一年）至熙寧丁巳爲一九一八年，如至元祐壬申則爲一九三二年，且劉恕卒於元豐元年，遠在元祐壬申之前，其書豈能編至元祐？

其後張栻（一一三三—一一八〇年）撰《經世紀年》二卷，其體例乃仿劉恕《疑年譜》爲之，故陳振孫《直齋書錄解題》以爲張氏之書乃「劉道原所謂疑年也」。

王應麟《困學紀聞》卷九：「劉道原恕《疑年譜》謂大庭至無懷氏無年而有總數，堯、舜之年，衆說不同，《三統曆》次夏、商、西周，與《汲冢紀年》及商歷差異，況開闢之初乎？」

九月戊戌（二十九日），劉恕卒（司馬光《十國紀年序》）。

按：范祖禹《秘書丞劉君墓碣》作「九月癸丑」，元豐元年九月無癸丑，范說誤。父渙葬道原於星子城西，以司馬光《十國紀年序》爲銘，紬諸壙中；范祖禹爲文碣於墓次（參黄庭堅《劉道原墓誌銘》）。

范祖禹《秘書丞劉君墓碣》銘曰：「嗚呼道原！博學強識。海涵地負，富有萬物。人所難能，不降色辭。中道而殞，鮮克知之，精明在上，體魄在下。刻詩墓前，以詔觀者。」

恕所著除上舉《通鑑外紀》、《十國紀年》、《疑年譜》、《年略譜》外，尚有《閩錄》、《閩書》以及「廣本」，卷數不詳（見《通鑑考異》）。

按：「廣本」確切地說并非書名，而

是劉恕所作五代長編的副本（《司馬文正公傳家集》卷六三，《答范夢得》）《通鑑考異》中引「廣本」者六七處，南宋羅泌《路史後紀》卷七羅蘋注云「『廣本』，黄氏見《語林》」。據此則「廣本」亦記氏姓源流。書既爲《路史》所稱引，則此書南宋孝宗時尚行於世。

《十國年表》二卷（《秘書省續四庫書目》）。

按：司馬光《十國紀年序》云：「（恕）始欲諸國各作百官及藩鎮表，未能就。」薛季宣《叙十國紀年》稱其作《十國百官方鎮年表》未成。此《十國年表》二卷疑即劉恕已修而未完成之《十國百官方鎮年表》之一部分。

《周禮記》（朱彝尊《經義考》卷一二二）。

按：宋永嘉王與之（次點）匯《周禮》五十家說，裒以己見，爲《訂義》八十卷，「序目編類姓氏有南康劉氏恕，字道原，間有數說。」（見《永樂大典》卷一〇四六、趙汝騰《王次點周禮訂義後序》）又元毛應龍《周禮集傳》引數十家說亦有劉恕，内容同上。據此劉恕《周禮記》似元時尚流行於世。

《澤畔集》十一卷（《通志·藝文略》、《國史經籍志》卷五）已佚。又有《題靈山寺》詩一首，收入《高安縣志》卷二六。《自嘲》一文收入《宋文鑑》卷一二七，著作年月不詳。

全文云：「平生有二十失：佻易卞急，遇事則發；狷介剛直，忿不思難；泥古非今，不達時變；疑滯少斷，勞而無功，高自標置，擬倫勝己；疾惡太甚，不恤怨怒；事上方簡，御下苛察；直語自信，不遠嫌疑；執守小節，堅確不移；求備於人，不恤咎怨；多言不中節，高談無畔岸；臧否品藻，不掩人過惡；立事迷衆，好更革應事；不揣己度德，過望無紀；交淺而言深，戲謔不知止；任性不避禍，論議多諷刺；臨事無機械，行止無規矩；人不忤己而隨衆毀譽；事非禍患而憂虞太過；以君子行義責望小人。非惟二十失，又有十八蔽：言大而智小，好謀而疏闊，劇談而不辨，慎密而漏言，尚風義而齷齪，樂善而不能行，與人和而好異議，不畏強御而無勇，不貪權利而好躁，儉嗇而徒費，欲速而遲鈍，闇識而強料事，非法家而深刻，樂放縱而拘小禮，易樂而多優，畏（一作好）動而惡靜，多思而處事乖忤，多疑而數爲人所欺。事往，未嘗不悔，他日復然，自咎自笑，亦不自知其所以然也。」

黄庭堅贊曰：「觀其言自攻其短，不舍秋毫，可謂君子之學矣。」（《劉道原墓誌銘》）

陳善《捫虱新話》卷一二亦贊美劉道原能自攻其過，且云予亦有此二十失十八蔽，「每以此自攻其過，亦如道原，遇事未嘗不悔，既悔復然，亦不知其所以然也。」

又《郡齋讀書志附志》載《國朝二百家名臣文粹》三〇〇卷，內收劉恕之文，書已佚。

今存有劉元高編《三劉家集》一卷，收劉渙、恕、羲仲三人的作品，有《四庫全書》本、道光刊本。

晁説之《九學論》：「博極群書，兼該百家，得六經之體要而不爲章句，特以春秋之旨正褒貶，辨邪正，篤名教，而厲風節，賤功利，尊王道，其文玉雪嶄嶄不可溷濁者，史官之學也，劉道原是也。」（《宋元學案補遺》卷八）

夫人蔡氏，職方郎中巽之女，亦有賢行。生一女嫁秀州司法參軍孔百祿。三男，長曰羲仲，字壯輿；次曰和叔，字咸臨；次曰秤。

按：《宋史·劉恕傳》、《嵩山集》卷一一和叔作和仲，《三劉家集》秤作羲叔，今從黃庭堅《劉道原墓誌銘》、《劉咸臨墓誌銘》。

羲仲，性慧敏，日能記五六千言（朱弁《曲洧舊聞》卷五），藏書萬卷，無所不讀，史學能世其家，平居厲節操，不以纖介丐於人。東坡過廬山，見而嘆曰：「家範也，其凜然乎！」（見《南康志》）。羲仲嘗序列歐陽子文章，集其行事，作《歐陽子列傳》（《三劉家集》）。

黃庭堅《書歐陽子傳後》：「高安劉羲仲壯輿序列歐陽文忠公文章，論次荀卿、揚子雲之後，又考其行事，爲《歐陽子列傳》。余三讀其書而告之曰：昔壯輿之先君子道原明習史事，撰《十國紀年》，自成一家。今壯輿富於春秋，筆端已有史氏風氣，它日當以不朽之事相傳也。」

劉和叔材器亦過人，著有《劉咸臨詩集》（《江西通志》卷一〇三），不幸早夭，黃庭堅爲作《劉咸臨墓誌銘》。略云：「劉咸臨有超軼絕群之材，諸公許以師匠琢磨可成君子之器，不幸年二十有五而卒……予觀其詩刻厲而思深，觀其文河漢而無極，使之言道德而要其終，法先王而知其統，則視古文何遠哉？」（見《豫章黃先生文集》卷二三）

蘇軾《跋劉咸臨墓誌》：「魯直事佛謹甚，作《劉咸臨墓誌》，咸臨不喜佛，而其父道原尤甚，道原之眞茹荼嚙雪竹折玉裂也，終身守之而不易，可不謂戒且定乎？」（《東坡題跋》卷一）

釋道潛《劉咸臨秀才挽詞》：「著書以愚名，綽欲慕前古。」則咸臨尚著有以「愚」命名的文集。又將他比作唐代詩人李賀云：「斯人君並駕，未易較先後。」（見《全宋詩》册一六，頁一〇七七八）

晁說之稱「原武小邢，廬山劉和仲，皆奇才也」（《嵩山集》卷一九）。

和叔嘗作《詩話》數十篇。

王直方《歸叟詩話》云：劉咸臨醉中嘗作《詩話》數十篇，既醒，書四句於後曰：「坐井而觀天，遂亦作天論。客問天方圓，低頭慚客問。」蓋悔其率爾也（《詩話總龜前集》卷八）。

按：《詩話總龜前集》卷九、《苕溪漁隱叢話前集》卷三四，引《王直方詩話》：《舒王集》中有《落星寺》詩，……劉咸臨嘗親見寺僧言，幼時目覩閬中章行道作此詩，其前六句皆同，其末云：「勝蒴詩人盡收拾，可憐蘇石不曾來。」疑此條本出劉咸臨《詩話》。

劉秤以篤行著稱，亦有文才，不幸早夭。黃庭堅曰：「子政（喻劉恕）諸兒喜文史，阿秤亦聞有筆端。」（史容《山谷外集詩注》卷四《送劉道純》詩）。

恕弟恪，字道純，蘇軾稱其「讀書強記辯博，文詞粲然可觀而立節強鯁，吏事亦健，君實頗（《永樂大典》卷一四六〇九引《秋浦新志》「頗」作「深」）知之。」（《蘇東坡集·續集》卷五《與鮮于子駿》）張耒稱其「學博而論正」（《張右史文集》卷四九《冰玉堂記》）。嘗爲銅陵簿，後棄官歸廬山，黃庭堅以詩送之（《山谷外集詩注·送劉道純》）。元豐中卒，名士皆惜之（《星子縣志》卷一〇）。

按：劉和叔、劉秤、劉恪均卒於恕卒後之十餘年間（參元祐八年條）。具體年代不詳，故一并附於恕卒之年。

元豐二年己未

四月甲辰，宋敏求卒（范鎮《宋諫議敏求墓誌銘》）。

元豐三年庚申

九月辛未，劉恕父渙卒於廬山之陽，年八十一。十月乙酉，葬於清泉鄉何村里（李常《劉凝之墓誌銘》、蘇轍《劉凝之屯田哀辭序》）。

按：朱熹云：劉渙墓在南康軍城西門外（《朱文公文集》卷八〇《壯節亭記》），而《大清一統志》卷三二五云：「劉渙墓在高安縣北五里，一云在星子縣西少府嶺。」後者與朱熹所記同。按劉渙墓係朱熹親自訪得，其說當較可靠。

蘇轍作《劉凝之屯田哀辭》，稱其「潔廉不撓，冰清而玉剛」，「凜乎非今世之士」（《欒城集》卷一八）。

十二月，黃庭堅作《祭劉凝之文》（《山谷全書》卷二九）。

文中稱其「智謀足以御困，剛毅足以行

可，獨清足以軌物，自勝足以立我。」又作《致政屯田劉公隱廬》詩。

按：史容《山谷外集詩注》卷九云崇寧元年作，此據黃㽦《山谷年譜》卷五。

元豐四年辛酉

八月辛巳，司馬光與趙彥若修成《百官公卿年表》十卷（《長編》卷三一五）。

九月己亥，王珪上增修《國朝會要》三〇〇卷。起自慶曆四年，止熙寧三年（《玉海》卷五一）。司馬光上《資治通鑑·唐紀》八十一卷。

溫公《與宋次道書》：「唐文字尤多，……自課三日刪一卷，有事故妨廢則追補。自前秋始刪，到今已二百餘卷，至大曆末年耳……更須三年，方可粗成編。」（高似孫《緯略》卷一二）

按：與宋次道書作於元豐元年（考詳熙寧九年條），司馬光預計三年後《唐紀》可粗成編，若再細刪，時間當更長。惟時人倡爲浮言，謂是書曠日持久，蓋貪錢帛之賜耳。於是司馬光嚴課程，省人事，促修成書。故胡寅曰：「唐及五代采取微冗。」（《文獻通考·經籍考》）據此推測《唐紀》約成於元豐四年。

元豐五年壬戌

六月甲寅，《仁宗英宗兩朝正史》修成，一二〇卷（《長編》卷三二七、《玉海》卷四六、《宋會要輯稿》職官一八之七九）。

是年，晁説之登進士（郭味蕖《宋元明清書畫家年表》）。

元豐六年癸亥

四月丙辰，曾鞏卒（《曾南豐先生年譜》）。

元豐七年甲子

十二月戊辰，端明殿學士司馬光上《資治通鑑·五代紀》三十卷。自治平三年置局，每修一代史畢上之，至是書成，總二九四卷，《目錄》、《考異》各三十卷（李攸《宋朝事實》卷三、《長編》卷三五〇、《宋史·神宗紀》）。

按：今本《通鑑》唐八一卷、五代二九卷，與此卷數略異，或係後來改定。司馬康告其友晁說之曰：「《資治通鑑》之成書，蓋得人焉，《史記》、前後漢則劉貢甫，自三國歷九朝而隋則劉道原，唐迄五代則范淳甫，此三公者皆天下之豪英也。」（《嵩山文集》卷一七《送王性之序》）按晁氏所記《通鑑》分工有小誤，五代十國乃劉恕所修，見司馬光《乞官劉恕一子劄子》（詳元豐元年條）。

上諭輔臣曰：「前代未嘗有此書，過荀悅《漢記》遠矣。」（《長編》卷三五〇）後光患本書浩大，又病《目錄》太簡，更爲《通鑑舉要曆》八十卷，又著《歷年圖》七卷，《稽古錄》二十卷（《玉海》卷四七、《文獻通考·經籍考》）。

元豐八年

九月，重校《通鑑》（獎諭詔書）。

哲宗元祐元年丙寅

二月，范祖禹上《唐鑑》二十卷，凡三六〇篇（《范太史集》卷三六《唐鑑序》）。

三月十九日，司馬光薦黃庭堅與范祖禹、司馬康同校《通鑑》（《宋會要輯稿》崇儒四之十）。

四月癸巳，王安石卒（《王荆公年譜考略》）。秘書少監劉攽等言：「先與故秘書丞劉恕同編修《資治通鑑》，恕於此書立功最多，及此書成，編修屬官皆蒙甄錄，惟恕身亡，其家獨未霑恩，子孫并無人食祿，授請黃鑑、梅堯臣例，除一子官。」（《長編》卷三八二）

六月，司馬光上《乞官劉恕一子劄子》。略云：「故秘書丞劉恕同編修《資治通鑑》，功力最多。……臣往歲初受敕編修《資治通鑑》，首先奏舉恕同修，恕博聞强記，尤精史學，舉世少及。臣修上件書，其討論編次多出於恕，至於十國五代之際，群雄競逐，九土分裂，傳記訛謬，簡編缺落，歲月交互，事迹差舛，非恕精博，它人莫能整治。……（恕）未死之前，未嘗一日舍書不修。……欲乞如攽等所奏，用黃鑑、梅堯臣例，除一子官，使其平生苦心竭力不爲虛設。」（《温國文正司馬公文集》卷五三）

七月辛酉，以恕子羲仲爲郊社齋郎（《長編》卷三八二、《宋史·哲宗本紀》、黃庭堅《劉道原墓誌銘》）。

羲仲有上劉攽啓，攽作《回劉齋郎啓》，云：「遠承芳訊，知拜新恩。」（《彭城集》卷三〇）知必作於羲仲初爲齋郎之時。

九月丙辰，司馬光卒（蘇軾《司馬文正公行狀》）。

十月十日四日國子監奉敕鏤刻《資治通鑑》於杭州。劉羲仲作《通鑑問疑》一卷。《直齋書錄解題》：「高安劉羲仲壯輿纂集其父道原與温公往復相難者，亦附修書帖後。」《四庫全書總目提要》：「所論皆三國至南北朝事也，凡所辨論皆極精核，史所稱（劉恕）『篤好史學，自太史公所記，下至周顯德末，私記雜說，無所不覽，上下數千載間鉅細之事，如指諸掌者』，殆非虛語。……末附羲仲與范祖禹書一篇，稱其父在書局，止類事迹，勒成長編，其是非予奪之際，一出君實筆削，而羲仲不及見君實，不備知凡例中是非予奪所以然之故。范淳父亦嘗預修《通鑑》，乃書所疑問焉，所舉凡八事。復載得祖禹答書，具爲剖析，乃深悔其詰難之誤。且自言恐復有以小言破言，小道害道，如己之所云者，故載之，使後世有考焉。其能顯先人之善而又不自迷其失，尤足見涑水之徒猶有先儒質直之遺也。」

按：是書稱「羲仲不及見君實，不備知凡例中是非予奪所以然之故。范淳父亦嘗修《通鑑》，乃書所疑問焉。」

蓋司馬光卒後方成此書，今姑置於此。

元祐四年己巳

三月乙亥，劉攽卒（《長編》卷四二三），所著有《五代春秋》一部，與劉敞、劉奉世合著《三劉漢書標注》六卷（《宋史·藝文志》）。

元祐五年庚午

六月丁酉，司馬康卒（見《范太史集》卷四〇所撰墓誌）。

元祐六年辛未

三月癸亥，史官范祖禹、趙彥若、黃庭堅上所編《神宗實錄》（《長編》卷四五六）。

元祐七年壬申

劉恕夫人蔡氏卒。羲仲時爲華容縣尉。

按：范祖禹元祐八年正月上《乞賜故修書官資治通鑑劄子》云：「恕子前

池州華容縣尉義仲見丁母憂。」則蔡氏之卒當在元祐七年左右。按華容屬岳州，此作池州當有誤。

是年，刻《資治通鑑》板，書成。詔諸路安撫鈐轄并西京、南京各賜《通鑑》一部（《玉海》卷五五）。

范祖禹有答劉道原子書。略云：「足下所寄《紀年》，留此甚久，京師殊苦少暇，方將寫本校正，蜀中求人刻板，猶須一二年乃可成。」（《范太史集》卷三六）據此，劉恕《十國紀年》曾擬在蜀刻板印行，事成與否，已無可考。范書言「近《資治通鑑》印本奏御」，是今年事，故繫於此。

元祐八年癸酉

劉羲仲以不被賜《通鑑》爲其先人之辱，求范祖禹奏請。

正月二十一日，范祖禹上《乞賜故修書官〈資治通鑑〉劄子》（見《范太史集》卷二四）。

詔書賜劉恕家，諸儒以爲寵（《劉道原墓誌銘》，見《豫章黄先生文集》卷二三）。

按：黄庭堅誤繫賜書事於去年，今從范氏劄子。

十一月，遷葬劉恕於江州德化縣之龍泉。

其子羲仲請黄庭堅作墓銘。

黄庭堅《劉道原墓誌銘》：「道原……博極群書，以史學擅名一代，年四十有七，卒於元豐元年九月。……後十餘年，劉氏少長相繼逝歿，惟道原一子羲仲在，論者歸咎葬非其所，故羲仲以元祐八年十有一月，遷葬道原於江州德化縣之龍泉，以《十國紀年叙》及墓碣義論撰其遺事，乞銘於豫章黄庭堅……叙……

曰：道原天機迅疾，覽天下記籍，文無美惡，過目成誦，書契以來，治亂成敗，人才之賢不肖，天文、地理、氏族之所自出，口談手畫，貫穿百家之記，皆可覆而不謬。……所著書五十四卷，皆有事實不空言。道原與王荆公善而忤王荆公，與陳鄘公善而忤鄘公，所爭皆國家之大計與大臣之節，故仕不合，以瀕於死而不悔。……道原才行之美尚多可傳，弗著，著其大者。」（《豫章黄先生文集》卷二三）

按：劉羲仲、晁說之對此銘頗感不滿。晁氏《與劉壯輿書》云：「竊有所恨者，魯直所作先丈志文，說之初讀之而未知所適，乃再讀之則疑，三四讀之而竟而不見振微攄藻之功，不知魯直何以不得竟於此作也。……又不知壯輿素謂魯直此文如何，果亦有不足於心者乎？先丈於學無所不窺，而精明知要，以邁往不群之識，辨先秦以來舉世積習之迷，可謂有功於孔子之門矣。且以三事論之，如六經無皇帝之目易宮室等三事，孔子闕疑而稱後世，聖人何其偉邪！使學者皆知出此，則釋氏不足辟，彼芟角反對互從之徒自當羞死矣。若魯直而在，固當以此事爭之，輒欲別得先丈行事之詳……爲先丈作一別傳。」（《嵩山文集》卷一五）

紹聖三年丙子

十一月，丁未，章惇上重修《神宗實錄》（《宋史·哲宗本紀》）。

紹聖四年丁丑

劉羲仲時爲鉅野主簿，家有道原畫像，陳

師道見而嘆曰：「晉人有云：廉、藺雖千載，凜凜有生氣，曹、李雖在，已如九泉下人，士雖後之，其何恨？」作《劉道原畫像贊》。

贊曰：「敦曲不伸，有亡有存。有一其得，曷校復前。其剛斯何？寧折不靡。其直斯何？正人如己。賢則過之，有張不弛。維利不嗜，不悔不畏。貌不逾中，氣蓋一世。維死不亡，子立特起。黃、范、司馬，既叙且銘。自足以達，况兹其人。千載之下，凜然其生。載之丹青，蓋永厥聞。」（《後山集》卷一七）。

羲仲築「是是亭」。陳師道爲作《是是亭記》（《後山集》卷一二）、張耒作《劉壯輿是是堂詩并序》（《張右史文集》卷一二）、晁補之作《是是堂賦》。

元符元年戊寅

范祖禹卒（《名臣琬琰集·范直講祖禹傳》）。

元符三年庚辰

羲仲爲德安簿，有《家書》一封。

略云：「頃遭家難，叔父，舍弟相繼不幸，迎侍老母赴官湖外（當指赴岳州任華容縣尉），行次臨湘，老母捐館，貧不能歸，寓居蘄春者數年乃歸，改葬老母於江州龍泉山，以二弟從焉。又改叔父、家嬸於南康軍，以弟妹從焉。一舉八喪，智力俱困。已而調官得巨野，去年之春，歸自巨野，巨野三年，道路阻遠，以此久不通問……今春，來赴德安……」（《三劉家集》）。

羲仲以鄉人名其祖渙故居之堂曰「冰玉」，屬張耒爲記。

張耒《冰玉堂記》：「元符中，余謫官廬陵，道原之子羲仲主簿於德安，叙其大父與父之事於予。……余曰：昔司馬談能推明孔子作《春秋》之意，欲爲史未成，以授其子遷，而遷遂能網羅三代放逸舊聞，馳騁上下數千載，成一家之意，與六經幷傳。疏廣、受於漢宣帝，有師傳恩，而父子一旦棄去，視舍富貴如棄塵垢，骨肉之際，風節同矣，而文學無傳焉。孰如君家父子（謂劉渙、劉恕），文學風節，煇焯幷著，名立於父而顯於子，千載之遠，四海之廣，而一家擅之。嗟乎！世固非嘗有也。……」（見《張右史文集》卷四九）

徽宗建中靖國元年辛巳

四月，蘇軾自海外歸，至南康軍，見羲仲，爲作《劉壯輿長官是是堂》詩（《東坡全集·後集》卷七）。

羲仲嘗作《文編》一書，蘇軾作跋。

跋曰：「今日晨起，減衣，得頭風病，然亦不甚也。取劉君壯輿《文編》讀之，失疾所在，曹公所云，信非虛語，然陳琳豈能及君耶？建中靖國元年四月十二日書。」（《東坡題跋》卷一）

羲仲又嘗摘歐陽修《五代史》誤，作《五代史糾繆》以示蘇軾（徐度《却掃編》卷中）。

蘇軾曰：「往歲歐公著此書初成，荆公謂余曰：『歐公修《五代史》而不修《三國志》非也，子盍爲之乎？』余固辭不敢當。夫爲史者網羅數千百載之事以成一書，其間豈無小得失邪？余以所不敢當荆公之托者，正如畏如公之徒掇拾於先後耳。」（《齊東野語》卷一九《著書之難》）

按：羲仲此書與范季方《五代史記正

誤》、吳縝《五代史纂誤》均爲正《五代史》誤之書，今惟吳書存。據《直齋書錄解題》，吳書宇文時中刻之，其板由吳興入國子監，故《宋史·藝文志》惟有吳書（參見俞正燮《癸巳存稿》卷八）。

王銍《默記》卷中：「東坡自海外歸，至南康軍，語羲（當作義）仲壯輿曰：『軾元豐中過金陵，見介甫論《三國志》。……介甫舊有意重修，……以此事付托軾，軾今以付壯輿也。』僕聞此於壯輿，故盡直記其舊言。」

七月丁亥，蘇軾卒，年六十六（《東坡先生年譜》）。

十二月二十九日，陳師道卒（《宋史·陳師道傳》、魏衍《彭城先生集記》）。

崇寧元年壬午

是年，劉羲仲自河東自免，還江南（《嵩山文集》卷一五《與劉壯輿書》）。

五月，與黃庭堅等同瞻永禪師塑像。

黃䇲《山谷年譜》：「崇寧元年五月……西林寺題壁云：『黃庭堅、弟叔豹、侄炳、子相及朱章，劉羲（當作義）仲、李彭同來瞻永禪師塑像。』」

崇寧四年乙酉

九月三十日，黃庭堅卒（《山谷年譜》卷一四）。

大觀二年戊子

正月十八日，晁說之作《與劉壯輿書》。略云：「說之於司馬公家及范淳甫家，見先丈《外紀》、《紀年》二書，嘆息大儒用心何其博哉。至其論著處，如聽上林之樂，鏗鏘闛鞳，洞心駭耳，不覺茫然自失。每觀《自序》一篇，則復歔欷佛郁，幾於涕泣。殊未喻，天既生之，天自厄之，安在其爲仁哉？惟是壯輿能順續先稿，使《紀年》完然成一書，則可無恨。君家上世同和君（按指北周劉璠）父子成《梁典》，已足以雪護都水使者父子異同之論矣，幸復見之今日。而壯輿成《紀年》又何酷似休徵之成《梁典》邪？」（見《嵩山文集》卷一五）

據此，知劉羲仲曾整理續成其父劉恕所作《十國紀年》一書。晁氏書中稱「去夏長子二十三歲一病不起」。考《文集》卷一五《嵩隱長子墓表》云「卒於丁亥六月」，即大觀元年，故知此書寫於今年。

羲仲自號漫浪翁，所居爲漫浪園，囑黄庭堅、張耒爲賦詩贊，又將黄贊寄晁補之。張耒詩題云：「漫浪翁劉壯輿年過壯，久不仕，嗜學著書，自名漫浪，所成之園林、堂室，皆以是名之，求予爲詩，因記之。」（《張右史文集》卷一一）晁補之《答劉壯輿書》云：「補之啓，示漫浪翁圖贊，并所以名堂與亭之意。」（《鷄肋集》卷五二）

按：羲仲自號漫浪翁之年，未見記載，考詩題之「年過壯」，而未言老，當在五十上下，久不仕，必距不仕之一一〇〇二年有數年，而晁補之卒於一一一年，作書必在此年之前，綜合以上因素，其自號當在今年左右，年約五十歲，距不仕之年爲六年。

《輿地紀勝》卷二五南康軍有「漫浪園，劉壯輿之居也。壯輿自號漫浪翁，故所居園林悉以是名，蘇、黄、晁、張諸公皆爲之賦咏」。

按：蘇卒於羲仲不仕以前，不可能賦咏漫浪園，《蘇軾詩集》也未收此類詩。

政和二年壬辰

十月三日蘇轍卒（《蘇潁濱年表》）。所著有《古史》六十卷、《龍川略志》十卷、《龍川別志》二卷等。

政和五年乙未

七月戊寅，晁說之應劉羲仲請，作《劉氏藏書記》。

略云：「道原少而日誦萬言，既長，苦心篤志，無所嗜好，晝夜以讀書爲娛，至於不慕榮利，忘去寒暑，司馬溫公稱其精博，宋次道稱其該贍，范淳甫稱其密致，則其所藏蘊崇而不計者歟？且嘗憤疾南方士人家不藏書矣，則於是蓋特加意焉者也。公之子羲仲壯輿，人視其邁往不群，而自處憚憚循約，惟恐前修之辱也。從仕四方，妻子不免饑寒，而敦然惟是之求索，甚於人之饑渴而赴飲食者，則其所得不特補其家之未足，而且有以振發國中之沈鬱也。即已踵成其父《十國紀年》，而身采周、秦之遺文，以爲《十二國史》，嘗論著《春秋》矣，而方且爲《周易》之學，則其藏書豈特充牣篋笥而夸緗帙如愚賈潤屋以舍珠邪？於是謹識其所得書之歲月先後以視子孫，其意爲不淺也。……」（見《嵩山文集》卷一六）

陸游《老學庵筆記》卷九：「劉道原、壯輿載世藏書甚富，壯輿死後，書錄於南康軍官庫。後數年，胡少伋過南豐訪之，已散落無餘矣。」

高似孫《史略》卷五：「劉壯輿家廬山

之陽，自其祖凝之以來，圖書亦多，有《藏書記》，今亦不存。」又周密《齊東野語》卷一二、魏了翁《跋尤氏遂初堂藏書目錄序後》（見《鶴山先生大全文集》卷六三、《説郛》卷二八），均盛稱壯輿藏書之富。

晁説之作《河中府古興寄劉壯輿》。詩云：「劉子長論議，方爲《十二史》。」（《嵩山文集》卷四）

按：此稱「方爲《十二史》」，應在《劉氏藏書記》「以爲《十二國史》」之前不久，姑附於此。

政和八年戊戌

羲仲爲唐州曹官（《嵩山文集》卷一八《題長編疑事》）。行前，李彭作《次劉壯輿將赴唐州儀曹》詩相贈（《日涉園集》卷八）。

九月，宋徽宗用蔡京言，修《道史》（《宋史》卷二一《徽宗紀》）。有薦羲仲才高學博，遂被召入，以宣教郎爲《道史》檢討官，與呂本中交往（《師友雜志》）。

宣和元年己亥

羲仲爲《道史》檢討官。自宰相以下并不造謁，但言：「朝廷有命，不知有薦，何以謁爲？」既忤蔡京，遂褰裳去曰：「吾但知有天子，不知有權臣。」因致仕歸廬山。朝之公卿賦詩郊餞，人仰其高焉（見《南康志》、《高安志》）。

翁挺有《送劉壯輿學士歸南康》詩相贈（《三劉家集》）。

李彭亦有《寄劉壯輿》詩。

宣和二年庚子

劉羲仲卒，年約六十餘。「世以配其父、祖，稱『三劉先生』」（《三劉家集》）。

宣和五年，晁說之《題長編疑事》：「壯輿政和戊戌爲唐州曹官，……今壯輿死已累年」（見《嵩山文集》卷一八），則羲仲約卒於宣和二年左右，又羲仲約生於嘉祐四年，卒年爲六十餘歲。

羲仲所著除上舉《通鑑問疑》、《五代史糾謬》、《歐陽子列傳》、《文編》外，尚有《十二國史》（參見政和五年條）、《太初曆》（《星子縣志》卷一〇）。

《高安縣志》卷一〇：「朝廷聞其《太初曆》甚精密，就其家索之。」

《漫浪野錄》，《遂初堂書目》小說類著錄，此應爲自號漫浪翁以後所作，書已佚，《皇宋書錄》中引二條，《悅生隨抄》（《說郛》卷一二）引一條，《南村輟耕錄》卷二〇引一條。

《晉太尉陶公侃贊》，朱熹《朱文公文集》卷二〇《乞加封陶威公狀》引其贊文。

又與晁補之書信往還，討論《國語》等事。羲仲書已佚，補之復書三通，見《鷄肋集》卷五二。

《孚亭泉銘》，又四銘（《永樂大典》卷六六九七引《江州志》）。

孝宗淳熙六年己亥

朱熹知南康軍，訪古今賢士居是邦者，得陶潛、劉渙、劉恕、陳瓘（字瑩中，一字了翁）、李常（公擇）五人，在府學東建五賢祠以祀之（《明一統志》卷五二、《大清一統志》卷三一七）。又訪得劉渙墓於南康城西門外，爲作壯節亭於其前，歲以仲春，率郡吏諸生祀焉（《朱文公文集》卷八〇《壯節亭記》）。又在南康北二十里建劉西磵祠（《大明一統志》卷五二）。朱熹撰有《謁李尚書劉屯田祠文》、

《祭屯田劉居士墓文》、《奉安五賢祠文》（見《朱文公文集》卷八六）。

光宗紹熙二年辛亥

南康太守曾致虛訪得劉渙故居，作冰玉堂，而繪劉渙、劉恕像於其上。朱熹爲作《冰玉堂記》（《朱文公文集》卷八〇）。

宋程純公年譜

（清）楊希閔　編
刁忠民校點

民國二十三年燕京大學圖書館排印本

程顥（一〇三二—一〇八五），字伯淳，世稱明道先生，河南（今河南洛陽）人。嘉祐二年進士，歷鄠縣、上元主簿，爲晋城令。熙寧二年，以吕公著薦，爲太子中允、監察御史裏行。與王安石不合，以言求去，簽書鎮寧軍判官。七年，監洛河竹木務。元豐元年，知扶溝縣。除判武學，被劾，責監汝州酒税。哲宗即位，召爲宗正寺丞，未行而卒，年五十四。嘉定中賜謚純公，淳祐元年封河南伯。

程顥博覽群書，出入六經，精研《易》學。嘗從周敦頤學，後講學洛陽，與弟頤同爲北宋理學奠基人。著有《明道集》四卷、《遺文》一卷，南宋時將程顥、程頤二人文集合編爲《河南程氏文集》十二卷，今人王孝魚有點校本《二程集》（中華書局一九八一年版）。事迹見韓維《程伯純墓志銘》（《名臣碑傳琬琰集》下卷二一）、《宋史》卷四二七本傳。

程頤年譜，有明代楊廉所編《明道先生年譜》一卷，未見傳本；又有唐伯元《明道年譜》一卷（清黄中訂補）、趙滂《明道先生年譜》一卷，據程頤《明道先生行狀》改編而成，均較簡略。清池生春、諸星杓編有《程子年譜》五卷，則較翔實。近人單丕編有《程明道年譜》一卷（《不厂叢稿》本），管道中有《明道年譜》（《二程研究》附，一九三七年中華書局）。本譜爲清楊希閔編，據《行狀》、史傳及宋人文集、《學案》等纂集而成，較爲簡明。

宋程純公年譜序

濂溪、伊川皆有年譜，獨明道無之。因據伊川所作《行狀》爲綱，緯以《宋史》、《學案》諸書，緝爲年譜一卷，而《語録》之粹者，節要附後。明道上元、晋城、扶溝之治，不愧古之循吏。而其立朝不事激訐，意在以誠感動君相，轉斡事機，尤是大儒作用。格君心之非，安社稷爲悦，不爲己名，不立意見。孔子曰：「苟有用我者，期月而已可也。三年有成。」孟子曰：「王如用予，則豈徒齊民安，天下之民舉安。」吾於明道彷彿見孔孟遺意焉。即其論學，言近指遠，人可持循，不立門户，亦無崖岸。酌於河海，挹之不盡。洙泗而後，此爲木鐸矣。獨可疑者，二程均從濂溪游，《太極通書》略未稱引。又曰：「汎濫諸家，反求諸六經而後得之。」又曰：「『天理』二字，却是自家體認得。」豈其時年學尚淺，濂溪未與深言耶？然明道天資殊絶，不應不領師旨，乃落落如是，斯疑實之難破者矣。光緒丁丑十一月之望，江右新城楊希閔鐵傭書。

宋程純公年譜引用書目

《二程遺書》、《語録》
《宋史》
《通鑑長編》
《續通鑑》 薛氏 畢氏
《通鑑輯覽》
《周濂溪集》
《楊龜山集》
《謝上蔡語録》
《朱子文集》、《語類》、《伊洛淵源録》
《吕成公集》
李氏《名臣言行録》
吕氏《童蒙訓》
孫氏《理學宗傳》
黄氏《明儒學案》

宋程純公年譜

江右新城楊希閔鐵傭編

宋仁宗明道元年壬申，公生。

公程氏，名顥，字伯淳，河南人。祖遹，贈開府儀同三司、吏部尚書。父珦，太中大夫致仕。母壽安縣君侯氏。兄弟二人，公居長。弟頤，字正叔，世稱伊川先生者也。

公生而神氣秀爽，異於常兒。未能言，叔祖母任氏太君抱之行，不覺釵墜，後數日方求之。公以手指示，隨其所指而往，果得釵，人皆驚異。數歲，誦《詩》、《書》，強記過人。參《行狀》。

二年癸酉，二歲。

景祐元年甲戌，三歲。

二年乙亥，四歲。

三年丙子，五歲。

四年丁丑，六歲。

寶元元年戊寅，七歲。

二年己卯，八歲。

康定元年庚辰，九歲。

慶曆元年辛巳，十歲。

十歲能爲詩賦。《行狀》。

二年壬午，十一歲。

三年癸未，十二歲。

四年甲申，十三歲。

十二三時，羣居庠序中，如老成人，見者無不愛重。故戶部侍郎彭公思永謝客到學舍，一見異之，許妻以女。《行狀》。

五年乙酉，十四歲。

六年丙戌，十五歲。

七年丁亥，十六歲。

十五六時，聞汝南周茂叔論道，遂厭科舉之業，慨然有求道之志。未知其要，汎濫諸家，出入於老釋者幾十年，反求諸六經而後得之。《行狀》。

公少好獵，既見周茂叔，自謂今無此好矣。茂叔曰：「何言之易也。但此心潛隱未發，一日萌動，復如前矣。」後十二年，暮歸田野間，見獵者，不覺有喜心。《語録》。

公受學於周茂叔時，周每令尋孔顏樂處所樂。又曰：自再見周茂叔歸，吟風弄月，有「吾與點也」之意。

閔案：二程爲濂溪弟子，今伊川爲公《行狀》，乃字之曰：「聞汝南周茂叔論道」，似在師友之間，非游、楊立雪者比。且果經濂溪講授，則《太極通書》源本斯在，何至「未得其要，汎濫諸家，反求諸六經而後得之」？然則初實未嘗有得於濂溪也。其表明道墓也，亦曰「得不傳之學於遺經」，並不及濂溪，此極可疑者。他日伊川爲父《太中公傳》，叙茂叔事，亦止云「視其氣貌非常人，與語，果爲學知道，因與爲友」云云，亦略不及令二子從學之事，豈雖嘗問學而年輕，尚未與深言耶？

八年戊子，十七歲。

皇祐元年己丑，十八歲。

二年庚寅，十九歲。

三年辛卯，二十歲。

四年壬辰，二十一歲。

是年，公丁母夫人侯氏憂。見伊川爲母夫人墓誌。

五年癸巳，二十二歲。

至和元年甲午，二十三歲。

二年乙未，二十四歲。

嘉祐元年丙申，二十五歲。

二年丁酉，二十六歲。

是年，舉進士（弟）〔第〕，除鄠縣主簿。

三年戊戌，二十七歲。

官鄠縣。

鄠縣有稅官，以賄播聞。然恬力文身，自號能殺人，衆皆憚之，雖監司、州將未敢發。公至，其人心不自安，輒爲言曰：「外人謂某自盜官錢，新主簿將發之，某勢窮必殺人。」言未訖，公笑曰：「人之爲言一至於此，足下食君之祿，詎肯爲盜，萬一有之，將救死不暇，安能殺人？」其人嘿不敢言。後亦私償其所盜，卒以善去。時嘉祐三年也。史傳。

鄠令以公年少，未之知。民有借其兄宅以居者，發地中藏錢，兄之子訴曰：「父所藏也。」令以無證佐難決。公問其人曰：「藏幾何時矣？」曰：「四十年矣。」曰：「借宅居幾何時？」曰：「二十年矣。」取錢視之，謂借宅者曰：「今官所鑄錢，不五六年，即遍天下，此錢皆前數十年所鑄，何也？」其人遂服，令大奇之。南山有石佛，歲傳其首放光，遠近男女聚觀，晝夜雜處，莫敢禁止。公戒寺僧曰：「俟復現必先白吾，不能往，當取其首就觀之。」自是不復有光。府境水害，倉卒興役，諸邑皆狼狽，獨公所部人不勞而事集。常謂人曰：「吾之董役，乃治軍法也。」參《行狀》。

當路者欲薦公，多問所欲。公曰：「薦士當以才之所堪，不當問所欲。」同上。

四年己亥，二十八歲。

官鄠縣。

五年庚子，二十九歲。

官鄠縣。

六年辛丑，三十歲。

調上元主簿。

七年壬寅，三十一歲。

官上元。

八年癸酉，三十二歲。

再主上元簿。

田稅不均，比他邑尤甚，蓋近府美田爲貴家富室以厚價薄其稅而買之。小民苟一時之利，久則不勝其弊。公爲令畫法，民不知擾，而一邑大均。其始，富者不便，多爲浮論，欲搖止其事，既而無一人敢不服者。後諸路行均稅法，邑官不足，益以他官。經歲歷時，文案山積而尚有訴不均者，計其力比上元不啻千百矣。《行狀》。

閔案：均畝欲不擾民而事集，大是難事，公爲令畫法，一邑大均。《行狀》未詳述如何畫法之處，令人缺然。大凡作史傳，作行狀、碑誌，遇有措置之方，當載其曲折大要，斯爲有益世道，未可簡而不明晰也。

會令罷去，公攝邑事。上元劇邑，訴訟日不下二百，爲政者疲於省覽，奚暇及治道。公處之有方，不閱月，民訟遂簡。

江南稻田賴陂塘以溉，盛夏塘堤大決，計非千夫不可塞。法當言之府，府稟於漕司，然後計功調役，非月餘不能興作。公曰：「比如是，苗槁久矣，民將何食？救民獲罪，所不辭也。」遂發民塞之，歲則大熟。

江甯當水運之衝，舟卒病者則留之，爲營以處，曰小營子，歲不下數百人，至者輒死。公察其由，蓋既留然後請於府，給券乃得食。比有司文具，則困於饑已數日矣。公白漕司，給米貯營中，至者與之食，自是生全者太半。措置於纖微之間，而人已受賜如此。公常云一命之士苟存心於愛物，於人必有所濟。

仁宗登遐，遺制：官吏成服三日而除。三日之朝，府尹率羣官將釋服。公進曰：「三日除服，遺詔所命，莫敢違也，請盡今日。若朝而除之，所服止二日爾。」尹怒，不從。公曰：「公自除之，某非至夜不敢釋也。」一府相視無敢除者。

茅山有龍池，其龍如蜴蜥而五色。祥符中，中使取二龍。至中途，中使奏一龍飛空而去。自昔嚴奉以爲神物，先生嘗捕而脯之，使人不惑。

始至邑，見人持竿道旁以黏飛鳥，取其竿折之，教之使勿爲。及罷官，艤舟郊外，有數人共語，自主簿折黏竿，鄉民子弟不敢畜禽鳥。不嚴而令行，大率如此。

並《行狀》。

當在上元。

英宗治平元年甲辰，三十三歲。

當在上元。

二年乙巳，三十四歲。

當在上元。

三年丙午，三十五歲。

當由上元移澤州晉城令。

四年丁未，三十六歲。

令晉城。

澤人淳厚，尤服公教命。民以事至邑者，必告之孝弟忠信。入所以事父兄，出所以事長上。度鄉村遠近爲伍保，使之力役相助，患難相恤，而姦僞無所容。凡孤煢殘廢者，責之親戚鄉黨，使無失所；行旅出於其塗者，疾病皆有所養。

諸鄉皆有校，暇時親至，召父老而與之語；兒童所讀書，親爲正句讀；教者不善，則爲易置。俗始甚野，不知爲學，公擇子弟之秀者，聚而教之。去邑纔十餘年，而服儒服者蓋數百人矣。鄉民爲社會，爲立科條，旌別善惡，使有勸有耻。邑幾萬室，三年之間無強盜及鬬死者。秩滿，代者且至，吏夜叩門，稱有殺人者。公曰：「吾邑安有此？誠有之，必某村某人也。」問之，果然。家人驚異，問何以知之，曰：「吾常疑此人惡少之弗革者也。」河東財賦窘迫，官外科買，歲爲民患。雖至賤之物，至官取之，則其價翔踴，多者至數十倍。公常度所需，使富家豫儲，定其價而出之，富室不失倍息，而鄉民所費比常歲十不過二三。民稅常移近邊，載往則道遠，就糴則價高。公擇富民之可任者，豫使購粟邊郡，所費大省，民力用紓。先時，民憚差役，役及則互相糾訴，鄉鄰遂爲仇讎。公盡知民業厚薄，第其先後，按籍而命之，無有辭者。河東義勇，農隙則教以武事，然應文備數而已。公至，晉城之民遂爲精兵。並《行狀》。

神宗熙甯元年戊申，三十七歲。

（今）〔令〕晉城。

公爲令，視民如子。欲辨事者，或不持牒，徑至庭下，陳其所以，公從容告語，諄諄不倦。在邑三年，百姓愛之如父母。去之日，哭聲振野。

用薦者改著作佐郎。並《行狀》。

二年己酉，三十八歲。

是年御史中丞呂公著薦爲太子中允，權監察御史裏行。神宗素知公名，召對之日，從容咨訪。比二三見，遂期以大用。每將退，必曰：「頻對來，欲常相見爾。」一日論議甚久，日官報午正，公遽求退，庭中中人相謂曰：「御史不知上未食邪？」前後進說甚多，大要以正心窒欲、求賢育材爲先。公不飾辭辨，獨以誠意感動人主。神宗嘗使推擇人才，公所薦者數十人，而以父表弟張載暨弟頤爲首。所上章疏，子孫不得窺其稿。嘗言人主當防未萌之欲，神宗俯身拱手曰：「當爲卿戒之。」及因論人才，曰：「陛下奈何輕天下士？」神宗曰：「朕何敢如是？」言之至於再三。時王荆公安石日益信用，公每進見，必爲神宗陳君道以至誠仁愛爲本，未嘗及功利。神宗始疑其迂，而禮貌不衰。嘗極陳治道，神宗曰：「此堯舜之事，朕何敢當？」公愀然曰：「陛下此言非天下之福也。」荆公浸行其說，公意多不合，事出必論列。數月之間章數十上，尤極論者，輔臣不同心，小臣與大計，公論不行，青苗取息，賣祠部牒，差提舉官，多非其人，及不經封駁，京東轉運司剝民希寵，不加黜責，興利之臣日進，尙德之風浸衰等十餘事。荆公與公雖道不同而嘗謂公忠信。公每與論事，心平氣和，荆公多爲之動，而言路好直者，必欲力攻取勝，由是與言者爲敵矣。公言既不行，懇求外補。神宗猶重其去，上章及面請至十數，不許，遂闔門待罪。神宗將黜諸言者，命執政除公監司，差權發遣京西路提點刑獄。復上章曰：「臣言是，願行之；如其妄言，當賜顯責。請罪而獲遷，刑賞混矣。」累請得罷。既而神宗手批暴白同列之罪，獨於公無責。《行狀》。

有《上殿劄子》，有《請修學校尊師儒取士劄子》，有《論十事劄子》，師傅、六官、經界、鄉黨、貢士、兵役、民食、四民、川澤、分數。又《論王霸劄子》。

朱子曰：「《王霸劄子》說得好，自古論王霸，至此無餘蘊矣。」

閔案：是年四月，從三司條例司之請，遣八人行諸路相度農田水利賦役利害。八人者：劉彝、謝卿材、侯叔獻、程顥、盧秉之、王汝翼、曾伉、王廣廉。當日明道在八人內，則亦當參謀議者，而《行狀》略而不載，殆諱言之也。

三年庚戌，三十九歲。

爲監察御史裏行。

有《諫新法疏》，再上疏，罷爲權發遣京西路提點刑獄，公力辭。並《行狀》。

判公初議改法，攻者至有肆罵，公獨以至誠開納君相。疏入，輒削藁。常曰：「揚己矜衆，吾所不爲。」

嘗曰：「熙寧初，介甫行新法，並用君子小人。君子正直不合，介甫以爲俗學，不通世務，斥去；小人苟容諂佞，介甫以爲有材能，知變通，用之。君子如君實不拜同知樞密院以去，范堯夫辭同修起居注得罪，張天祺以監察御史面折介甫被謫。介甫性狠愎，衆人皆以爲不可，則執之愈堅。君子既去，所用皆小人，爭爲刻薄，故害天下益深。使衆君子未用與之敵，俟其勢久自緩，委曲平章，尚有聽從之理，俾小人無隙以乘，其爲害不至如此之甚也。」天下以爲知言。

又云：「新政之改，亦是吾黨爭之太過。成就今日之事，塗炭天下，亦須兩分其罪可也。」當時介甫欲去，以數事上前卜去就。若青苗之議不行，則決其去。伯淳於上前與孫莘老同得上意，要了當此事。大抵上意不欲抑介甫，要得人擔當了，而介甫之意亦尚無必。伯淳嘗言管仲猶能言出令當如流水以順民心，今參政苦要做不順人心事，何耶？介甫之意，只恐始爲人所沮，其後行不得。伯淳卻道但做順人心事，人誰不願從也。介甫道此則感賢誠意。緣張天祺其日於中書大悖，由是介甫大怒，遂以死力爭於上前。上爲之一一聽用，從此黨分矣。莘老受約束而不肯行，遂坐貶。而伯淳遂待罪，既而除以京西提刑。伯淳復求對，見上，上言：「有甚文字？」伯淳云：「今咫尺天顏，尚不能少回天意，文字復何用？」欲去而上問者再四，伯淳每以陛下不宜輕用兵爲言，朝廷羣臣無能任陛下事者。並《言行録》。

四年辛亥，四十歲。

改差簽書鎮甯軍判官事(一)。

爲守者嚴刻多忌，通判而下莫敢與辯事。始意先生嘗任臺憲，必不盡力職事，而又慮其慢己。既而先生事之甚恭，雖筦庫細務無不盡心。事小未安，必與之辨，遂無不從者，相與甚歡。屢平反重獄，得不死者前後蓋十數。河清卒於法不他役，時中人程昉爲外都水丞，怙勢蔑視州郡，欲盡取諸埽兵治二股河，公以法拒之。昉請於朝，命以八百人與之。天方大寒，昉肆其虐用，衆逃而歸。州官晨集城門，吏報河清兵潰歸將入城，衆官相視，畏昉欲弗納。公曰：「此逃死自歸，弗納必爲亂。昉有言，某自當之。」即親往，開門撫諭，約歸休三日，復役。衆歡呼而入。具以事上聞，得不復遣。後昉奏事過州，見先生，言甘而氣懾。既而揚言於衆曰：「澶卒之潰，乃程中允誘之，吾必訴於上。」同列以告，公笑曰：「彼方憚我，何能爾也？」果不敢言。會曹村埽決，時公方救護小吳，相去百里。州帥劉公渙以事急告，公一夜馳至。帥俟於河橋，公謂帥曰：「曹村決，京城可虞。臣子之分，身可塞，亦爲之，請盡以廂兵見付。事或不集，公當親率禁兵以繼之。」帥義烈士，遂以本鎮印授公曰：「君自用之。」公得印，不暇入城省親，徑走決堤諭士卒曰：「朝廷養爾輩，正爲緩急爾，爾知曹村決，則注京城乎？吾與爾曹以身捍之！」衆皆感激自效。論者皆以爲勢不可塞，徒勞人爾。公命善泅者銜細繩以渡，決口水方奔注，達者百一。卒能引大索以濟衆，兩岸並進，晝夜不息，數日而合。其將合也，有大木自中流而下，公顧謂衆曰：「得彼巨木，横流入口，則吾事濟矣。」語纔已，木遂横，衆以爲至誠所致。其後曹村之下復決，遂久不塞，數路困擾，大爲朝廷憂。人以爲使公在職，安有是也。《行狀》。

五年壬子，四十一歲。

郊禮霈恩。公曰：「吾罪滌矣，可以去矣。」遂求監局以便親養，得罷歸。《行狀》。

五年，太中公告老而歸，公求折資監當以便養。歸洛歲餘，得監西京洛河竹木務。家素清窶，僦居洛城殆十餘年，與弟從容親庭，日以讀書講學爲事。士大夫從游者盈門。自是身益退，位益卑，而名益高於天下。《言行録》。

六年癸丑，四十二歲。

歸洛歲餘，得監西京洛河竹木務。薦者言其未嘗叙年勞，丐遷秩，特改太常丞。並《行狀》。

七年甲寅，四十三歲。

居洛。

八年乙卯，四十四歲。

十月彗星，求言，公上疏論朝政甚切。上欲召使修《三經義》，執政不可，既而手批與府界知縣，差知扶溝縣事。參《行狀》。

九年丙辰，四十五歲。

知扶溝。

先生爲治，專尚寛厚，以教化爲先。雖若甚迂，而民實風動。扶溝素多盜，雖樂歲強盜不減十餘發。公在官，無強盜者幾一年。

廣濟、蔡河出縣境，瀕河不逞之民，不復治生業，專以脇取舟人物爲事，歲必焚舟十數以立威。先生始至，捕得一人，使引其類，得數十人，不復根治舊惡，分地而處之，使以挽舟爲業，且察爲惡者，自是邑境無焚舟之患。

畿邑田稅重，朝廷歲常蠲除以爲惠澤。然而良善之民，憚督責而先輸負，獲除者皆頑民也。先生爲約，前料獲免者，今必如期而足，於是惠澤始均。

司農建言天下輸役錢達戶四等，而畿內獨止第三，請亦及第四。公力陳不可，司農奏其議，謂必獲罪，而神宗是之。畿邑皆得免。

先生爲政，常權穀價，不使至甚貴甚賤。會大旱，麥苗且枯，公教人掘井以溉。一井不過數工，而所灌數畝，闔境賴焉。水災，民饑，公請發粟貸之。鄰邑亦請。司農怒，遣使閱實，使至鄰邑而令遽自陳穀且登，無貸可也。使至，謂先生盍亦自陳，公不肯。使者遂言不當貸，公力言民饑，請貸不已，遂得穀六千石，饑者用濟。而司農益怒，視貸籍，戶同等而所貸不等，檄縣杖主吏。先生言濟饑當以口之衆寡，不當以戶之高下，且令實爲之，非吏罪，乃得已。

內侍都知王中正巡閱保甲，權寵至盛，所至凌慢縣官。諸邑供帳競務華鮮以悅奉之。主吏以請，公曰：「吾邑貧，安能傚他邑？且取於民，法所禁也。令有故青帳，可用之。」公在邑歲餘，中正往來境上，卒不入。

鄰邑有冤訴府，願得公決之者前後五六。有犯小盜者，公謂曰：「汝能改行，吾薄汝罪。」盜叩首願自新。後數月，復穿窬。捕吏及門，盜告其妻曰：「我與太丞約不復爲盜，今何面目見之邪？」遂自經。參《行狀》。

十年丁巳，四十六歲。

知扶溝。

元豐元年戊午，四十七歲。

知扶溝。

二年己未，四十八歲。

詔以公同判武學。右府同薦故。李定劾公爲御史沮論新法，罷復舊任。參《行狀》。

是年，諸賢修禊洛園。公席上賦詩，末云：「未須愁日暮，天際是輕陰。」龜山嘆其溫柔忠厚，聞之者自然感動。《言行録》。

三年庚申，四十九歲。

知扶溝。官制改，除奉議郎。《行狀》。

閔案：據史，元豐三年詳定官制。

四年辛酉，五十歲。

知扶溝。

五年壬戌，五十一歲。

知扶溝。

扶溝地卑，歲有水旱。公經畫溝洫之法，未興工而去官。公曰：「以扶溝之地盡爲溝洫，必數年乃成。吾爲經畫十里之間，開其端，後人知其利，必有繼之者矣。夫爲令必使境内之民凶年饑歲免於死亡，飽食逸居，有禮義之訓，然後爲盡。故吾於扶溝興設學校，聚邑人子弟教之，亦幾成而廢。夫百里之地至狹也，而道之廢興係焉。是數事皆不及成，豈非命哉？然知而不爲，徒責命之廢興則非矣，此吾所以不敢不盡心也。」

鄰邑民犯盜，繫縣獄而逸。既又遇赦，公坐是以特旨罷。邑人詣府及司農丐留者千數，得監汝州稅。並《言行録》。

朝廷遣官括牧地，民田當沒者千頃，往往持累世契券以自明，皆弗用。諸邑已定，而扶溝民獨不服，遂有朝旨改稅作租，不復加益，反聽賣易如私田。民既倦於追呼，又得不加賦，乃皆服。公以爲不可，括地官至，謂公曰：「民願服而君不許，何也？」公曰：「民徒知今日不加賦，而不知後日增租奪田，則失業無以生矣。」因爲言仁厚之道，其人感動，謝曰：「寧受責不敢違公。」遂去之他邑。不踰月，公罷去，其人復至，謂攝令者曰：「程奉議去矣，爾復何恃而敢稽違朝旨？」督責甚急，數日而事集。公盜逸罷任，邑人詣府及司農丐留者千數。去之日，不使人知，老穉數百追及境上，攀挽號泣，遣之不去。以親老求近鄉監局，得監汝州酒稅。《行狀》。

六年癸亥，五十二歲。

在汝州。

七年甲子，五十三歲。

在汝州。

八年乙丑，五十四歲。

召爲宗正寺丞[二]，未行以疾卒，六月十五日也。《行狀》。

三月，神宗升遐，會公以檄至府舉哀。既罷，留守韓康公之子宗師問朝廷之事如何，曰：「司馬君實、呂晦叔作相矣。」又問果作相當如何，曰：「當與元豐大臣同。若先分黨與，他日可憂。」宗師曰：「何憂？」曰：「元豐大臣皆嗜利者，使自變其已甚害民之法則善矣。不然，衣冠之禍未艾也。」二公果並相，以宗丞召公，未行而卒。

或問公於富鄭公，公曰：「伯淳無福，天下之人也無福。」並《言録行》。

夫人彭氏封仁和縣君，先一年卒。子曰端懿，蔡州汝陽縣主簿；曰端本，治進士業；女適假承務郎朱純之。

八年十月乙酉，葬於伊川先塋。《行狀》。

文潞公采衆論，表其墓曰「明道先生」。《學案》。

嘉定二年，賜謚曰「純」。

淳祐初，封河南伯，從祀孔庭。

[一]書：原作「諸」，據《宋史·程顥傳》改。

[二]正：原作「政」，據同上改。

遺事

明道先生曰：「吾學雖有所受，『天理』二字卻是自家體貼出來。」見《上蔡語録》。

常見伯淳所在臨政，便上下響應，到了人衆後便成風。成風則有所鼓動，天地間只是一箇風以動之也。見《程氏遺書》伊川先生語。明道作縣，常於坐右書「視民如傷」四字，云：「顥每日常有愧於此。」觀其用心，應是不到錯決撻了人。見《龜山語録》。

明道臨民，刑未嘗不用，亦嚴亦威，然至誠感人，而人化之。見《侯子雅言》。

謝師直尹洛時嘗談經，與鄙意不合，因曰：「伯淳亦然。」往在上元，景温説《春秋》，猶時見取。至言《易》，則皆曰非是。頤謂曰：「二君皆通《易》者也，監司談經而主簿乃曰非是，監司不怒，主簿敢言，非通《易》能如是乎？」

新（改）〔政〕之改，以今日之患觀之，猶是自家不善從容，至如青苗，且放過又何妨？伯淳當言職，大綱只是於上前說了。其他些小文字，只是備禮而已，大抵自仁祖朝優容諫官，當言職者必以詆訐而去爲賢，習以成風，惟恐人言不稱職，以去爲落便宜。昨來諸君蓋未免此，苟如是爲，則是爲己。尚有私意在，卻不在朝廷，不干事理。《聞見録》。

明道終日坐如泥塑人，然接人渾是一團和氣。所謂望之儼然，即之也溫。見《上蔡語録》。

明道先生善言詩，他又不會章解句釋，但優游玩味，吟哦上下，便使人有得處。又曰：伯淳談詩並不下一字訓詁，有時只轉一兩字，點平聲掇地念過，便教人省悟。又曰：古人所以貴親炙之也。

伊川與君實語，終日無一句相合；明道與語，直是道得下。

明道先生與門人講論，有不合者，則曰「更有商量」，伊川則直曰「不然」。見《外書》。

《語錄》：「富貴驕人固不善，學問驕人害亦不細。」「義理與客氣常相勝，又看消長分數多少，爲君子小人之別。義理所得漸多，則自然知得，客氣消散得漸少，消盡者是大賢。」「呂與叔嘗言患思慮多，不能驅除。此正如破屋中禦寇，東面一人來未逐得，西面又一人至矣。左右前後，驅逐不暇，蓋其四面空疏，盜固易入，無緣作得主定。又如虛器入水，水自然入，若以一器實之以水，置之水中，水何能入來？蓋中有主則實，實則外患不能入，自然無事。」「邢和叔言：『吾曹常須愛養精力，精力稍不足則倦。所以臨事皆勉強而無誠意，接賓客，語言尚可見，况臨大事乎？』」「治怒爲難，治懼亦難。克己可以治怒，明理可以治懼。」「子厚以禮教學者，最善。使學者先有所據守。」「人之於患難，只有一個處置，盡人謀之後，卻須泰然處之。有人遇一事，則心心念念不肯捨，畢竟何益？若不會處置了放下，便是無義無命也。」「人心作主不定，正如一個翻車，流轉動搖，無須臾停。」「所感萬端，若不做一個主，怎生奈何？張天祺昔常言：『自約數年，自上著牀便不得思量事。』不思量事後，須強把他這心來制縛，亦須寄寓在一個形象，皆非自然。君實自謂吾得術矣，只管念個中字。此則又爲中所繫縛，且中字亦何形象？有人胸中常若有兩人焉，欲爲善，如有惡以爲之間；欲爲不善，又若有羞惡之心者。本無二人，此正交戰之驗也。特其志使氣不能亂，此大可驗，要之聖賢必不害心疾。」「太山爲高矣，然太山頂上已不屬太山，雖堯舜之事亦只是如太虛中一點浮雲過目。」「懈意一生，便是自暴自棄。」

「不學便老而衰。」　謝上蔡曰：「學者先學文，鮮有能至道，至如博觀泛覽，亦自爲害。故明道先生教余曰：『賢讀書愼不要尋行數墨。』昔錄五經語作一册，伯淳見，謂曰：『玩物喪志。』」「昔受學於周茂叔，每令尋仲尼、顏子樂處所樂何事。」　「凡朋友講習，更莫如相觀而善工夫多。」　「論學便要明理，論治便要識體。」　「須是大其心使開闊，譬如爲九層之臺，須是大做腳始得。」　「性靜者可以爲學。」　「思無邪，毋不敬，只此二句循而行之，安得有差，有差者皆由不敬不正也。」　「毋不敬，可以對越上帝。」　「敬勝百邪。」　「某寫字時甚敬，非是要字好，只此是學。」　「敬以直內，義以方外，仁也。若以敬直內，則便不直矣。必有事焉而勿正，則直也。」　「職事不可以巧免。」　「居是邦，不非其大夫，此理最好。」　「克勤小物最難。」　「欲當大任，須是篤實。」　「凡立言，欲涵蓄意思，不使知德者厭，無德者惑。」　「人於外物奉身者，事事要好，只有自家一個身與心，卻不要好。苟得外面物好時，卻不知道自家身與心卻已先不好了。」　「邢恕云：『一日三點檢。』先生曰：『可哀也哉！其餘時理會甚事？蓋倣三省之說錯了，可見不曾用功。』」　「又多逐人面上說一般話，先生責之。邢曰：『無可說。』先生曰：『無可說便不得不說。』」　「人有語導氣者問先生曰：『君亦有術乎？』曰：『吾嘗夏葛而冬裘，饑食而渴飲，節嗜慾，定心氣，如斯而已矣。』」　「問：『神仙之說，有諸？』曰：『若說白日飛昇之類則無，若言居山林間保形煉氣以延年益壽則有之。譬如一爐火，置之風中，則易過；置之密室，則難過。有此理也。』又問：『楊子言聖人不師仙，厥術異也。聖人能爲此等事否？』曰：『此是天地間一賊，若非竊造化之機，安能延年，使聖人肯爲，周、孔爲之矣。』」「人心不得有所繫。」「所守不約，汎濫無功。」「敬勝百邪。」「毋不敬可以對越上帝。」「執事須是敬，又不可矜持太過。」「凡有氣莫非天，凡有形莫非地。」「觀天地生物氣象。」「心要在腔子裏。」

伊川《明道先生墓表》云：「先生名顥，字伯淳，葬於伊川。潞國太師題其墓曰『明道先生』，弟頤序其所以而刻之石。曰：『周公沒，聖人之道不行；孟軻死，聖人之學不傳。道不行，百世無善治；學不傳，千載無眞儒。無善治，士猶得以明夫善治之道以淑諸人，以傳諸後；無眞儒，天下貿貿焉莫知所之，人欲肆而天理滅矣。先生生千四百年之後，得不傳之學於遺經，志將以斯道覺斯民。天不憖遺，哲人早世，鄉人士大夫相與議曰：道之不明也久矣。先生出，倡聖學以示人，辨異端，闢邪説，開歷古之沈迷，聖人之道得先生而後明，爲功大矣。於是，帝師采衆議而爲之稱，以表其墓。學者之於道，知所嚮然後見斯人之爲功，知所至然後見斯名之稱情。山可夷，谷可湮，明道之名亘萬世而長存。勒石墓傍，以詔後人。』」元豐乙丑十月戊子書。」

劉立之曰：「自孟子沒，聖學失傳，先生傑然自立于千歲之後。芟闢榛穢，開示本原，聖人之庭戶曉然可入，學士大夫始知所向。」又曰：「先生德性充完，粹和之氣，盎於面背，樂易多恕，終日怡悅，未嘗見其忿厲之容。某問以臨民，曰：『使人各輸其情。』又問御吏，曰：『正己以格物。』」

范祖禹曰：「自孟子沒，中庸之學不傳。後世之士不循其本，而用心於末，故不可與入堯舜之道。先生以獨智自得，去聖人千有餘歲，發其關鍵，直睹堂奧，一天地之理，盡事物之變，眞學者之師也。」

朱光庭曰：「先生學以誠爲本，仰觀乎天，清明穹窿，日月之運行，陰陽之變化，所以然者誠而已；俯察乎地，廣博持載，山川之融結，草木之蕃殖，所以然者誠而已。人居天地之中，參合無間，純亦不已者，其在茲乎？先生得聖人之誠者也，才周萬物而不自以爲高。學際三才而不自以爲足，行貫神明而不自以爲異，識照古今而不自以爲得。至於六經之奧義，百家之異說，研窮披抉，判然胸中。天下之事雖萬變交於前，而燭之不失毫釐，權之不失輕重，貧賤富貴死生，皆不足以動其心。非所得之深，所養之厚，能至是乎？蓋其所知上極堯舜三代帝王之治，其所以包涵博大悠遠，纖悉上下，與天地同流，下至行師用兵戰陣之法，皆造其極。外之夷狄情狀，山川道路之險易，邊鄙防戍斥堠探帶之要，靡不究知。其吏事操決，文法簿書，又皆精密詳練，而所有不試其萬一。」

呂大臨曰：「先生負特立之才，知大學之要，博聞強記，躬行力究，察倫明物，極其所止，渙然心釋，洞見道體。其造於約也，雖事變之感不一，應之以是心而無窮。雖天下之理至衆，知反之吾身而自足，其致於一也。異端並立而不能移，聖人復起而不與易，其養之成也。和氣充浹，見于聲容，然望之崇深，不敢慢也。遇事優爲，從容不迫，然誠心懇惻，弗之措也。其自任之重，寧學聖人而未至，不欲以一善成名；寧以一物不被澤爲己病，不欲以一時之利爲己功。其自信之篤也，吾志可行，不苟潔其去就；吾義所安，雖小官有所不屑。」

朱子曰：「明道答橫渠《定性書》，直是條理不亂。」「《定性書》此篇大綱只在『廓然而大公，物來而順應』兩句。」「《定性書》自胸中瀉出云云。問曰：『此正所謂有造道之言。』曰：

『然。只是一篇之中都不見一個下手處。』問曰：『廓然而大公，物來而順應，這莫是下功處？』曰：『這是說已成處。』」「新法之行，諸公實共謀之，雖明道不以爲不是。蓋那時也是個合變時節。但後來人情洶洶，明道始勸之，以爲不可做逆人情底事。及王氏排衆議，行之甚力，而諸公始退散。」「或問：『新法之行，雖塗人皆知其害，何故明道不以爲非？』曰：『自若二程出來擔負，莫復別否？』曰：『若如明道十事，須還他全別方得。只看他當時薦章，謂其志節慷慨云云，則明道豈是循常蹈故，塊然自守底人。』」並朱子語。

伊川先生年譜

（宋）朱熹編
尹波校點

明嘉靖十一年刻本《晦庵先生朱文公文集》卷九八

程頤（一〇三三—一一〇七），字正叔，世稱伊川先生，河南（今河南洛陽）人。從周敦頤學，年十八，上書乞朝廷以王道爲心。嘉祐四年應試落第，遂不復試。元祐初，以薦除校書郎，授崇政殿説書。以洛、蜀黨争，出管勾西京國子監。紹聖中，謫居涪州。徽宗即位，徙峽州，復舊官。崇寧中又奪官致仕。大觀元年卒，年七十五。嘉定十三年，賜謚正公。淳祐元年，封伊陽伯，從祀孔子廟庭。

程頤與兄程顥同爲北宋理學的奠基者，開程朱理學一派。著有《易傳》六卷，《繫辭説》、《書説》、《詩説》、《春秋傳》、《大學説》、《論語説》、《孟説》各一卷，南宋時與程顥文集合編爲《河南程氏文集》十二卷，今人王孝魚有校點本《二程集》（中華書局一九八一年）。事迹見《東都事略》卷一一四、《宋史》卷四二七本傳。

程頤年譜，以宋朱熹所編爲最早。明唐伯元輯《二程類語》（萬曆十三年刊），附有《二程年譜》，係據朱譜改編，無所增益；趙滂《程朱闕里志》卷四收有《伊川先生年譜》（清雍正三年重刊），仍依朱譜改編，有所訂補，而略去出處。清池生春、諸星杓編《伊川先生年譜》七卷，則較翔實。近人單丕著《程伊川年譜》，有《不厂叢稿》本；姚名達纂《程伊川年譜》，搜羅資料弘富，訂正前譜之訛，價值較高，有一九三六年上海商務印書館排印《中國史學叢書》本（一九三七年再版）。本譜爲朱熹編，不按年歲繫事，與行狀無異，此次校點，則依年月分段，以便檢閲。

先生名頤，字正叔，明道先生之弟也。明道生於明道元年壬申，伊川生於明道二年癸酉。幼有高識，非禮不動。見《語録》。年十四五，與明道同受學於舂陵周茂叔先生。見哲宗、徽宗《實録》。

皇祐二年，年十八。

上書闕下，勸仁宗以王道爲心、生靈爲念，黜世俗之論，期非常之功。且乞召對，面陳所學，不報。間遊太學，時海陵胡翼之先生方主教導，嘗以《顏子所好何學論》試諸生，得先生所試，大驚，即延見，處以學職。見文集。

呂希哲原明與先生鄰齋，首以師禮事焉，既而四方之士從游者日益衆。見呂氏《童蒙訓》。

舉進士，嘉祐四年。

廷試報罷，遂不復試。太中公屢當得任子恩，輒推與族人。見《涪陵記（義）〔善〕録》。

治平、熙寧間

近臣屢薦，自以爲學不足，不願仕也。見文集。

又按：呂申公《家傳》云：「公判太學，命衆博士即先生之居敦請爲太學正，先生固辭，公即命駕過之。」又《雜記》：「治平三年九月，公知蔡州，將行，言曰：『伏見南省進士程頤年三十有四，特立之操，出群之姿。嘉祐四年已與殿試，自後絶意進取，往來太學，諸生願得以爲師。臣方領國子監，親往敦請，卒不能屈。臣嘗與之語，洞明經術，通古今治亂之要，實有經世濟物之才，非同迂士曲儒，徒有偏長。使在朝廷，必爲國器。伏望特以不次旌用。』〔二〕《明道行狀》云：「神宗嘗使推擇人材，先生擇人材薦數十人，以父表弟張載暨弟頤爲稱首。」

元豐八年

哲宗嗣位，門下侍郎司馬公光、尙書左丞呂公公著及西京留守韓公絳上其行義於朝。見哲宗、徽宗《實録》。

案，溫公集《與呂申公同薦劄子》曰：「臣等竊見河南處士程頤力學好古，家貧守節，言必忠信，動遵禮義。年踰五十，不求仕進。眞儒者之高蹈，聖世之逸民。伏望特加召命，擢以不次，足以矜式士類，裨益風化。」又按胡文定公文集云：「是時諫官朱光庭又言：『頤道德純備，學問淵博。材資勁正，有中立不倚之風；識慮明徹，至知幾其神之妙。言行相顧而無擇，仁義在躬而不矜。若用斯人，俾當勸講，必能輔養聖德，啓〔道〕〔迪〕天聽，一正君心，爲天下福。』又謂：『頤究先王之藴，達當世之務，乃天民之先覺，聖代之眞儒。俾之日侍經筵，足以發揚聖訓；兼掌學教，足以丕變斯文。又祖宗時起陳摶、种放，高風素節，聞於天下。揆頤之賢，摶、放未必能過之。頤之道則有摶、放所不及知者。觀其所學，眞得聖人之傳，致思力行，非一日之積。有經天緯地之才，有制禮作樂之具。乞訪問其至言正論〔三〕，所以平治天下之道。』又謂：『頤以言乎道，則貫徹三才，而無一毫之爲間；以言乎德，則幷包衆美，而無一善之或遺；以言乎學，則博通古今，而無一物之不知；以言乎才，則開物成務，而無一理之不總〔三〕。是以聖人之道至此而傳。况當天子進學之初，若俾眞儒得專經席，豈不盛哉！』」

十一月丁巳，授汝州團練推官、西京國子監教授。見《實録》。先生再辭，尋召赴闕。

元祐元年

三月，至京師。

王巖叟奏云：「伏見程頤學極聖人之精微，行全君子之純粹，早與其兄顥俱以德名顯於時。陛下復起頤而用之，頤趨召以來，待詔闕下。四方俊乂莫不翹首鄉風，以觀朝廷所以待之者如何，處之者當否而將議焉，則陛下此舉繫天下之心。臣願陛下加所以待之之禮，擇所以處之之方，而使高賢得爲陛下盡其用，則所得不獨頤一人而已，四海潛光隱德之士，皆將相招而爲朝廷出矣。」

除宣德郎、祕書省校書郎。先生辭曰：「祖宗時，布衣被召自有故事，今臣未得入見，未敢祗命。」

王巖叟奏云：「臣伏聞聖恩特除程頤京官，仍與校書郎，足以見陛下優禮高賢而使天下之人歸心於盛德也。然臣區區之誠尚有以爲陛下言者，願陛下一召見之，試以一言問爲國之要，陛下至明，遂可自觀其人。臣以頤抱道養德之日久，而潛神積慮之功深，靜而閱天下之義理者多，必有嘉言以新聖聽，此臣所以區區而進頤。然非爲頤也，欲成陛下之美耳。陛下一見而後命之以官，則頤當之而無愧，陛下與之而不悔。授受之間，兩得之矣。」

於是召對，太皇太后面喻，將以爲崇政殿說書。先生辭不獲，始受西監之命。且上奏論經筵三事，其一以上富於春秋，輔養爲急，宜選賢德以備講官，因使陪侍宿直，陳說道義，所以涵養氣質，薰陶德性。其二請上左右內侍之人皆選老成厚重之人，不使侈靡之物、淺俗之言接於耳目。仍置經筵祗應內臣十人，使伺上在宮中動息以語講官，其或小有違失，得以隨事規諫。其三請令講官坐講，以養人主尊儒重道之心，寅畏祗懼之德。而曰「若言可行，敢不就職；如不可用，願聽其辭。」劄子三道見文集。

又按，《劉忠肅公文集》有章疏，論先生辭卑居尊，未被命而先論事爲非，是蓋不知先生出處語默之際，其義固已精矣。

既而命下，以通直郎充崇政殿說書。見《實録》。先生再辭而後受命。

四月，例以暑熱罷講。先生奏言：「輔導少主不宜疏略如此，乞令講官以六參日上殿問起居，因得從容納誨，以輔上德。」見文集。

五月，差同孫覺、顧臨及國子監長貳看詳國子監條制。見《實録》。

先生所定大槩以爲學校禮義相先之地，而月使之爭，殊非教養之道，請改試爲課。有所未至，則學官召而教之，更不考定高下。制尊賢堂以延天下道德之士，鐫解額以去利誘，省繁文以專委任，勵行檢以厚風教，及置待賓、吏師齋，立觀光法，如是者亦數十條。見文集。

舊《實録》云：「禮部尚書胡宗愈謂先帝聚士以學，教人以經，三舍科條固已精密，宜一切仍舊。因是深詆先生，謂不宜使在朝廷。」

六月，上疏太皇太后，言今日至大至急、爲宗社生靈長久之計，惟是輔養上德。而輔養之道非徒涉書史、覽古今而已，要使跬步不離正人，乃可以涵養薰陶，成就聖德。今間日一講，解釋數行，爲益既少，又自四月罷講，直至中秋，不接儒臣，殆非古人旦夕承弼之意。請俟初秋即令講官輪日入侍，陳説義理。仍選臣僚家十一二歲子弟三人侍上習業。且以邇英迫隘暑熱，恐於上體非宜，而講日宰臣、史官皆入，使上不得舒泰悦懌，請自今一月再講於崇政殿，然後宰臣、史官入侍。餘日講於延和殿，則後楹垂簾，而太皇太后時一臨之。不惟省察主上進業，其於后德未必無補。且使講官欲有所言易以上達，所繫尤大。又講讀官例兼他職，請亦罷之，使得積誠意以感上心。皆不報。

八月，差兼判登聞鼓院。先生引前説，且言入談道德，出領訴訟，非用人之體，再辭不受。見文集。楊時曰：「仕道與祿仕不同。常夷甫以布衣入朝，神宗欲優其祿，令兼數局，如鼓院、染院之類(四)，夷甫一切受之。及伊川先生爲講官，朝廷亦欲使兼他職，則固辭。蓋前日所以不仕者，爲道也；則今日之仕，須其官足以行道乃可受。不然，是苟祿也。然後世道學不明，君子辭受取舍，人鮮知之。故常公之受人不以爲非，而先生之辭人亦不以爲是也。」

二年

又上疏論延和講讀垂簾事，且乞時召講官

至簾前問上進學次第。又奏邇英暑熱，乞就崇政、延和殿或他寬涼處講讀。給事中顧臨以殿上講讀爲不可，有旨修展邇英閣。先生復上疏，以爲「修展邇英，則臣所請遂矣。然祖宗以來並是殿上坐講，自仁宗始就邇英而講官立侍，蓋從一時之便耳，非若臨之意也。今臨之意不過以尊君爲說，而不知尊君之道。若以其言爲是，則誤主上知見。臣職當輔導，不得不辨。」

先生在經筵，每當進講，必宿齋豫戒，潛思存誠，冀以感動上意。見文集。而其爲說常於文義之外反復推明，歸之人主。一日當講「顏子不改其樂」章，門人或疑此章非有人君事也，將何以爲說？及講，既畢文義，乃復言曰：「陋巷之士仁義在躬，忘其貧賤。人主崇高，奉養備極。苟不知學，安能不爲富貴所移？且顏子，王佐之才也，而簞食瓢飲；季氏，魯國之蠹也，而富於周公。魯君用舍如此，非後世之監乎？」聞者歎服。見胡氏《論語詳說》。而哲宗亦嘗首肯之。見文集。不知者或誚其委曲已甚，先生曰：「不於此盡心竭力，而於何所乎？」上或服藥，即日就醫官問起居。見《語録》。然入侍之際，容貌極莊。

時文潞公以太師平章重事，或侍立終日不懈，上雖喻以少休不去也。人或以問先生曰：「君之嚴視潞公之恭，孰爲得失？」先生曰：「潞公四朝大臣，事幼主不得不恭。吾以布衣職輔導，亦不敢不自重也。」見《邵氏見聞録》。

嘗聞上在宮中起行漱水必避螻蟻，因請之曰：「有是乎？」上曰：「然，誠恐傷之爾。」先生曰：「願陛下推此心以及四海，則天下幸甚。」見《語録》。

一日講罷未退，上忽起憑檻，戲折柳枝。先生進曰：「方春發生，不可無故摧折。」上不悦。見馬永卿所編《劉諫議語録》，且云：「温公聞之亦不悦」，或云恐無此事。

所講書有「容」字，中人以黄覆之，曰上藩邸嫌名也。先生講罷進言曰：「人主之勢不患不尊，患臣下尊之過甚而驕心生爾。此皆近習輩養成之，不可以不戒。請自今舊名嫌名皆勿復避（五）。」見《語録》。

時神宗之喪未除，而百官以冬至表賀。先生言：「節序變遷，時思方切，請改賀爲慰。」及除喪，有司又將以開樂置宴。先生又奏，請罷宴，曰「除喪而用吉禮則因事用樂可矣。今特設宴，是喜之也。」見文集。

嘗聞後苑以金製水桶，問之，曰「崇慶宫物也。」先生曰：「若上所御，則吾不敢不諫。」在職累月不言禄，吏亦弗致。既而諸公知之，俾戶部特給焉。又不爲妻求邑封，或問之，先生曰：「某起於草萊，三辭不獲而後受命，今日乃爲妻求封乎？」見《語録》。

經筵承受張茂則嘗招諸講官啜茶觀畫，先生曰：「吾平生不啜茶，亦不識畫。」竟不往。見《龜山語録》。或云恐無此事。文潞公嘗與吕、范諸公入侍經筵，聞先生講説，退，相與歎曰：「眞侍講也。」一時人士歸其門者甚盛，而先生亦以天下自任，論議褒貶，無所顧避。由是同朝之士有以文章名世者疾之如讎，與其黨類巧爲謗詆。見《龜山語録》、王公《繫年録》、吕申公

《家傳》及先生之子端中所撰集序。

又按：蘇軾奏狀亦自云：「臣素疾程某之姦，未嘗假以辭色。」又按侍御史呂陶言，明堂降赦，臣寮稱賀訖，而兩省官欲往奠司馬光。是時程頤言曰：「子於是日哭，則不歌。豈可賀赦才了卻往弔喪？」坐客有難之曰：「子於是日哭則不歌，即不言歌則不哭。今已賀赦了卻往弔喪，於禮無害。」蘇軾遂以鄙語戲程頤，衆皆大笑。結怨之端，蓋自此始。又《語錄》云，國忌行香，伊川令供素饌，子瞻詰之曰：「正叔不好佛，胡爲食素？」先生曰：「禮居喪不飲酒、不食肉。忌日，喪之餘也。」子瞻令具肉食，曰：「爲劉氏者左袒。」於是范醇夫輩食素，秦黃輩食肉。又鮮于綽《傳信錄》云：「舊例，行香齋筵兩制以上及臺諫官設蔬饌(六)，然以粗糲，遂輪爲食會，皆用肉食矣。元祐初，崇政殿說書程正叔以食肉爲非是，議爲素食，衆多不從。一日，門人范醇夫當排食，遂具蔬饌。內翰蘇子瞻因以鄙語戲正叔。正叔門人朱公掞輩銜之，遂立敵矣。是後蔬饌亦不行。」又《語錄》云，時呂申公爲相，凡事有疑，必質于伊川。進退人才，二蘇疑伊川有力，故極詆之。又曰，朝廷欲以游酢爲某官，蘇右丞沮止，毀及伊川。宰相蘇子容曰：「公未可如此。頌觀過其門者無不肅也。」又按劉諫議《盡言集》亦有異論。劉非蘇黨，蓋不相知耳。

一日赴講會，上瘡疹，不坐已累日。先生

退詣宰臣，問：「上不御殿，知否？」曰：「不知。」先生曰：「二聖臨朝，上不御殿，太皇不當獨坐。且人主有疾而大臣不知，可乎？」翌日宰臣以先生言奏請問疾，由是大臣亦多不悅，而諫議大夫孔文仲因奏先生「汙下憸巧，素無鄉行。經筵陳説僭横忘分，遍謁貴臣，歷造臺諫，騰口間亂，以償恩讎，致市井目爲五鬼之魁。請放還田里，以示典刑。」

八月，差管勾西京國子監。見舊《實録》。

又《文仲傳》載呂申公之言曰，文仲爲蘇軾所誘脅，論事皆用軾意。又呂申公《家傳》亦載其與呂大防、劉摯、王存同駁文仲所論朱光庭事，語甚激切，且云文仲本以伉直稱，然惷不曉事，爲浮薄輩所使，以害忠良。晚乃自知爲小人所紿，憤鬱嘔血而死。按舊録固多妄，然此類不爲無據。新録皆刪之，失其實矣。又范太史《家傳》云，元祐九年奏曰：「臣伏見元祐之初陛下召程頤對便殿，自布衣除崇政殿説書，天下之士皆謂得人，實爲稀闊之美事。而纔及歲餘，即以人言罷之。頤之經術行誼天下共知，司馬光、呂公著皆與頤相知二十餘年，然後舉之。此二人者，非爲欺罔以誤聖聽也。頤在經筵，切於皇帝陛下進學，故其講説語常繁多。草茅之人一旦入朝，與人相接不爲關防，未習朝廷事體。而言者謂頤大佞大邪，貪黷請求，奔走交結。又謂頤欲以故舊傾大臣，以意氣役臺諫，其言皆誣罔非實也。蓋當時臺諫官王巖叟、朱光庭、賈易皆素推伏頤之經行，故不知者指以爲頤黨。陛下愼擇經筵之官，如頤之賢，乃足以輔導聖學〔七〕。至如臣輩叨備講職，實非敢望頤也。臣久欲爲頤一言，懷之累年，猶豫不果，使頤受誣罔之謗於公正之朝，臣每思之，不無愧也。今臣已乞去職，若復召頤勸講，必有補聖明。臣雖終老在外，無所憾矣。」

先生既就職，再上奏乞歸田里曰：「臣本布衣，因說書得朝官。今以罪罷，則所授官不當得。」

三年

又請，皆不報。乃乞致仕，至再，又不報。

五年

正月，丁太中公憂去官。

七年

服除，除直祕閣、判西京國子監。

王公《繫年錄》云：「元祐七年三月四日，延和奏事，三省進呈程頤服除，欲與館職、判檢院。簾中以其不靖，令只與西監，遂除直祕閣、判西京國子監。初，頤在經筵，歸其門者甚盛，而蘇軾在翰林，亦多附之者，遂有洛黨、蜀黨之論。二黨道不同，互相非毀，頤竟爲蜀黨所擠。今又適軾弟轍執政，財進稟便云「但恐不肯靖」，簾中入其說，故頤不復得召。

先生再辭，極論儒者進退之道。見文集。而監察御史董敦逸奏以爲有怨望輕躁語〔八〕。

五月，改授管勾崇福宮，見《舊録》。未拜，以疾尋醫。

元祐九年

哲宗初親政，申祕閣西監之命，先生再辭

不就。見文集。

紹聖間

以黨論放歸田里。

四年

十一月，送涪州編管。見《實録》。

門人謝良佐曰：「是行也良佐知之，乃族子公孫與邢恕之爲爾。」先生曰：「族子至愚不足責，故人情厚不敢疑。孟子既知天，焉用尤臧氏？」見《語録》。

元符二年

正月，《易傳》成而序之。

三年

正月，徽宗即位，移峽州。

四月，以赦復宣德郎，任便居住。制見《曲阜集》。

還洛。

《記善錄》云：先生歸自涪州，氣貌容色髭髪皆勝平昔。

十月，復通直郎、權西京國子監。先生既受命，即謁告，欲遷延爲尋醫計。既而供職，門人尹焞深疑之。先生曰：「上初即位，首被大恩，不如是則何以仰承德意？然吾之不能仕，蓋已決矣。受一月之俸焉，然後唯吾所欲爾。」見文集、語録。又劉忠肅公家私記云，此除乃李邦直、范彝叟之意。

建中靖國二年

五月，追所復官，依舊致仕。

前此未嘗致仕，而云「依舊致仕」，疑西監供職不久，即嘗致仕也。未詳。

崇寧二年

四月，言者論其本因姦黨論薦得官，雖嘗明正罪罰，而叙復過優，已追所復官，又云叙復過優，亦未詳。今復著書非毁朝政，於是有旨追毀出身以來文字，其所著書令監司覺察。

《語録》云：范致虚言，程某以邪説詖行惑亂衆聽，而尹焞（九）、張繹爲之羽翼。事下河南府體究，盡逐學徒，復隸黨籍。

先生於是遷居龍門之南，止四方學者曰：「尊所聞，行所知可矣，不必及吾門也。」見《語録》。

五年

復宣義郎致仕。見《實録》。

時《易傳》成書已久，學者莫得傳授，或以爲請，先生曰：「自量精力未衰，尚覬有少進耳。」其後寢疾，始以授尹焞、張繹。

尹焞曰：「先生踐履盡《易》，其作傳只是因而寫成，熟讀玩味即可見矣。」又云：「先生平生用意惟在《易傳》，求先生之學者，觀此足矣。《語録》之類出於學者所記，所見有淺深，故所記有工拙，蓋未能無失也。」見《語録》。

大觀元年

九月庚午，卒于家，年七十有五。見《實録》。

於疾革，門人進曰：「先生平日所學，正今日要用。」先生力疾微視曰：「道著用便不是。」其人未出寢門，而先生沒。見《語録》。一作門人郭忠孝。尹子云：非也。忠孝自黨事起，不與先生往來，及卒亦不致奠。

初，明道先生嘗謂先生曰：「異日能使尊嚴師道者，吾弟也。若接引後學，隨人材而成就之，則予不得讓焉。」見《語録》。

侯仲良曰：朱公掞見明道于汝州，踰月而歸。語人曰，「光庭在春風中坐了一月。」游定夫、楊中立來見伊川，一日，先生坐而瞑目，二子立侍不敢去。久之，先生乃顧曰：「二子猶在此乎？日暮矣，姑就舍。」二子者退，則門外雪深尺餘矣。其嚴厲如此。晚年接學者乃更平易，蓋其學已到至處，但於聖人氣象差少從容爾。明道則已從容，惜其蚤死，不及用也。使及用於元祐間，則不至有今日事矣。

先生既沒，昔之門人高第多已先亡，無有能形容其德美者。然先生嘗謂張繹曰：「我昔狀明道先生之行，我之道蓋與明道同，異時欲知我者求之於此文可也。」見集序。

尹焞曰：先生之學本於至誠，其於言動事爲之間處中有常，疏通簡易，不爲矯異，不爲狷介，寬猛合宜，莊重有體。或說匍匐以弔喪，誦《孝經》以追薦，皆無此事。衣雖紬素，冠襟必整，食雖簡儉，蔬飯必潔。太中年老，左右致養無違。以家事自任，悉力營辦，細事必親。贍給內外親族八十餘口。又曰，先生於書無所不讀，於事無所不能。謝良佐曰，伊川才大，以之處大事，必不動聲色指顧而集矣。或曰：「人謂伊川守正則盡，通變不足。子之言若是，何也？」謝子曰，陝右錢以鐵舊矣，有議更以銅者。已而會所鑄子不踰母，謂無利也，遂止。伊川先生聞之曰：「此乃國家之大利也。利多費省，私鑄者衆；費多利少，盜鑄者息。民不敢盜鑄，則權歸公上，非國家之大利乎？」又有議增解鹽之直者，伊川曰：「價平則鹽易泄，人人得食，無積而不售者，歲入必倍矣。增價則反是。」已而果然。司馬溫公既相，薦伊川而起之。伊川曰：「將累人矣。使韓、富當國時，吾猶可以有行也。」及溫公大變熙、豐，復祖宗之舊，伊川曰：「役法當討論，未可輕改也。」公不然之。既改，數年紛紛不能定。由是觀之，亦可以見其梗槩矣。

〔一〕迪：原作「道」，據《伊洛淵源録》改。
〔二〕言：原缺，據同上補。
〔三〕總：原作「聰」，據同上改。
〔四〕類：原作「數」，據同上改。
〔五〕嫌名：原缺，據宋浙本《文集》改。
〔六〕設：原作「破」，據《伊洛淵源録》改。
〔七〕足：原作「是」，據同上改。
〔八〕敦：原作「燉」，據宋浙本《文集》改。
〔九〕焞：原作「燉」，據同上改。

二程子年譜

（清）池生春　諸星杓　編
張尚英校點

清咸豐五年味經室刊本

程子年譜，包含程顥（一〇三二—一〇八五）與其弟程頤二人年譜。二程行年事蹟，已見前各譜，此不贅。二人文集自南宋時合爲《河南程氏文集》，又稱《二程文集》、《二程全書》，歷代均有刊刻，影響較大。而爲二程兄弟編譜，彙爲一編，此風昉自明代。明楊廉、唐伯元所編程顥、程頤年譜，即合稱《二程先生年表》、《二程年譜》，趙滂《程朱闕里志》卷四則存有所編《明道先生年譜》、《伊川先生年譜》各一卷。不過，總體而言，明人所爲年譜，則較簡略，至清人池生春、諸星杓所編《二程子年譜》，則翔實得多，其參考價值亦勝過前譜。

本譜含《明道年譜》五卷、《伊川年譜》七卷，卷首有《程氏世系圖》、《二程子年譜提綱》、《明道先生年譜目録》等，卷末有《商訂二程年譜手簡》。可見，二程年譜雖不屬合譜，但亦應視爲整體，因此《叢刊》未將二譜拆分。

本譜初稿、二稿本均流傳至今，爲上海圖書館收藏。此次校點，據咸豐五年味經室刊本爲底本。

二程子年譜後序

道光初年，稷辰與項潛園、諸恕齋同客德州文肅公邸。其時恕齋深向學，方與滇中池籥庭分輯《二程子年譜》，偏攷北宋史書、文集，補拾舊譜之所遺，特書其大事爲之綱，附書其事迹及文詞見於他籍者爲之目，積數年而後成。籥庭於侍直之暇，曾手爲訂定。迨籥庭下世，恕齋南歸，爲慈湖校官，續有所得，幾經增補，一決其去取於潛園，潛園遂爲之定其凡例。稷辰雖嘗見其爲是業，實未嘗能有所是正也。昨歲稷辰以憂歸，恕齋亦居憂，既各葬親，乃以所書定本示於雪廬，屬相參校。今夏曾携之登龍泉山，始卒讀焉。其别擇之精，旁證之確，收集之廣且贍，非愚者之所能加贊矣。而恕齋舊所屬序之師長，如陳蘭鄰、林少穆兩先生，皆許而未作。潛園以既爲例，辭不爲，於是謬以見屬，曰：「業是之初，子實先見之。今書成而子歸，其序言舍子誰任者？」雖重且鉅，弗敢謝也已。夫自宋至今，講學家多宗河南二賢，以爲最醇，而高明者或偏主純公，沈潛者或專主正公。其實兩賢如日月之並明，水火之交濟，非可執一以論也。顧學可不分，而譜則不容不析。讀譜者備識純公之廣大，而知無時不可爲聖賢；識正公之謹嚴，而知吾道幾微不容貶。統而觀之，孔、孟之矩，具在是矣。近時大崇漢學，而宋學不談，張儀封後，莫有刻程子書者。籥庭乃業之以終身，恕齋守此編，至垂老而不倦，其不以世尚爲趨嚮，不甚足多與？惜籥庭有志於學，而中道奄棄，不能偕恕齋以深造於道，而所成者唯此書。噫！過此以往，能業是書者，知更有何人以爲嗣音與？稷辰愧無以贊益其間而僭爲之序，良不勝慨然憂道之思也。道光戊申歲冬十有一月朔，宗稷辰謹書。

商定二程年譜體例書

承以《二程年譜》屬校，自維學識荒陋，捉筆懷慙，兼苦俗氛，致延累載，負歉良深。竊意譜例，取其徵信，故博採諸書，備註出處，以依文直録爲貴，不容有所增删。然亦難概從原文者，略有數端。如原文本無庸載，只須撮舉其事，則删繁就約，而於書名上添註「見」字以別之。記言之條與記事異，不能依原文直起，則於條首加「先生曰」三字以標之。所採書有史傳記集之不同，其稱謂亦各不同，或名或字，或稱子及先生，若照原文，頗形其雜。且輯而成譜，已攙入作譜人語氣，自宜概稱先生以一之。總之，不失本來，以昭信實，仍不妨小變以就體裁也。至末註出處，凡叙述紀聞及他人文集等書名上，宜註明某某，眉目方清。又玩所援引，似尚有可彼可此者，想出自兩書，宜擇其尤而專主之，庶無歧混。名達探討功疏，去取是非，不敢妄議，謹按體例，就鄙見所及，謬加籤注。恐其中錯誤滋多，尚乞高明裁定是荷。道光乙巳人日，梅侶項名達識。

二程子年譜緣起

道光己丑夏，數過籥庭直廬，相與讀濂、洛、關、閩之書。一日，星杓謂籥庭曰：「生乎今之世，尚論古人，則世宜知也。二程子以上智之資，繼往開來，前人表章備矣。惟其出處進退，士大夫視爲盛衰，即一言一行，亦莫非千百世羹墻之所在。今其書雖存，而平生梗概，無年譜以綱紀之，可乎？」籥庭欣然曰：「此予夙志也。昔李方子親炙紫陽，故所輯《朱子年譜》最詳，若度正之《周子年譜》，蒐采不遺餘力，猶多闕略，其時去周子未遠也。以今日上論程子之生平，更非易易。然就吾二人所知，互相訂正，其無可考者，則闕焉，寬以歲月之力，聞見漸多，當有所得。」於是偏采群書，與籥庭往復推勘，積四寒暑，稿初具，而籥庭視學粵西，星杓又南下，未遑卒業。癸甲以來，續有聞見，以次增編。方期就正籥庭，共商定本，詎籥庭疾終使院，夙志竟違。因念稿中采輯雖較備於前，體例終未畫一。爰本籥庭所商榷之意，斟定凡例若干，則復因是重加增改，始訂成編。卷雖無多，稿已屢易。追維始事，迄今幾二十年，而益傷是編之成，不克起籥庭於九京而一見之也，爲叙緣起若是。道光丁未歲仲冬，諸星杓謹識。

明道、伊川兩先生年譜，諸恕齋、池籥庭兩君同志編輯，年經月緯，綱舉目張，薈萃微言，旁搜穆行，信不朽之盛業也。籥庭視學粤西，早世，恕齋獨抱遺書，廣諮師友，歷十餘載，始謀付槧人。余受而讀之，竊媿半生汩没俗學，無所發明，猶思收斂身心，深以媮惰無成爲懼，况於高材樸學溯伊洛、達洙泗者乎？知守先待後，所津逮遠矣。咸豐壬子人日，會稽陶際堯謹跋。

凡例

一、明道程子事實尚有行狀可據，伊川程子之沒，門人高弟多已先亡，無能形容其德美者。然伊川嘗謂張繹曰：「我昔狀明道先生之行，我之道蓋與明道同，異日欲知我者，求之於此文可也。」朱子嘗謂：「伊川行事本末，當時無所論著。」因取《實錄》、文集等書次爲年譜，且云既不敢以意形容，又不能保無謬誤。夫以朱子所不自足者，豈後人敢有補於朱子之萬一？但朱子約舉大要，首尾自成一篇，名爲年譜，實猶行狀也。今欲取二程子行事，逐年分纂詳備，實難。然及此遺編僅存，不網羅考訂，安知更千百年不散佚殆盡，并此而莫可考乎？故本朱子意，輯爲年譜，使後之讀程子者，得所守以尋未墜之緒，得所據以擴未盡之傳。雖知僭妄，亦不敢已。

一、程子書存者，惟文集、《易傳》、《經說》、《遺書》、《外書》、《粹言》。文集乃程子自著；《易傳》別自成書；《經說》隨文解義；《遺書》門人所記，朱子編次之；《外書》亦門人所記，朱子又取他書程子語，補《遺書》所未備；《粹言》則楊龜山編次師說，變語錄而文之者也。今據程子書爲根柢，先文集，次《遺書》、《外書》，庶幾次第不紊。欲考程子書者，開卷瞭然矣。

一、程子繼絕學於千四百年無傳之後，其入處固由濂溪指受，而其深造自得，實無愧爲鄒魯正宗。考其著述，如《定性書》、《李仲通銘》、《程邵公誌》、《顏子好學論》、《易傳序》、

《春秋傳序》等篇，精義微言當與《四書》並讀，故譜中悉載全文。其餘若《游鄠山詩序》、《晉城縣令題名記》、《養魚記》之類，亦不苟作，並全載焉。

一、出處關時運之盛衰，言行實儒宗之準的，挈其大要，二者盡之。明道在言職，伊川爲講官，凡論列奏疏，皆純儒實學，眞際切於時務，立可施行。兹載明道《論王霸君道》、《請脩學校養賢十事》等疏，伊川《經筵三劄子》、《上太皇大后書》，皆格君輔治之大者，其文亦簡要易讀。他如一言一動，隨時著見，無非眞儒氣象，悉不敢略。

一、微言奥旨，散見於門人集錄，賴朱子搜逸訪遺，始克成編。其尤切於日用者，類爲《近思錄》；又自程子上溯濂溪，旁羅張、邵及各門人言行事實，纂爲《伊洛淵源錄》。今采二錄及朱子文集、《語類》足資疏通證明者，略註於下。至《遺書》中《性說》、《識仁論》，凡語理道之要，不能決知爲何年，則類附於各門人所錄之後，亦倣史傳例也。

一、世系爲年譜所不可缺，《程氏世系圖》伊川集中有目無文，乃元人譚善心所考，不知如何。今據歐陽文忠公所作《冀國公碑》及程文簡公所作《世錄》補之，迄於程子之孫者，從所及見也。

一、家事宜備載，苦於典籍無徵，非故略也。明道夫人，彭侍郎女，封仁安縣君，先明道一年卒，見行狀。伊川不爲妻請封，遂莫考其氏族，惟《遺書》范彝叟云「只爲正叔太執」註「一作姨夫」，意與彝叟爲友婿，今范集亦不可考。至於子女生卒，婚嫁亦不能詳悉，有因文附見者繫之。

一、門人記錄有淺深，伊川謂只有李籲得其意，朱子謂劉質夫所記雖簡約，然甚明切，呂與叔亦記得眞，惜乎早喪，使三人者在，於程門之道必有發明。蘇季明記洛陽議論，最在諸錄之前，雜有横渠語。若上蔡所記，多有激揚發越之意；游氏所記，則有溫純不決之意。龜山無錄，其子遵道有錄，伊川稱其好學。朱公掞所抄伊川謂「某在，何必讀是書」。張思叔錄，朱子謂其多作文，故有失本意。他若劉元承、唐彥思等錄，工拙具在。今各采其精要者編於譜，讀者當自得之。

一、自來年譜並無提綱之例。是譜之編，不難於比屬，而難於大綱，非確有證據以提其要，則事以遠而難稽，文以散而無統，今特書其大事爲之綱，附書其遺文爲之目，庶綱舉目張，便於檢閱。

一、以年繫事，以事繫人，以人繫言，此年譜通例也。有不可繫者，則倣宋胡仔《孔子編年》，必得其人與事與言之確有符合者，分年編次。凡所采諸書，備註出處，以便檢校。然有不能依原文直錄者，概稱「先生曰」以一之，從項梅侶訂定體例也。

一、徵引羣書，自周、程、張、邵、朱五子外，於宋史則采李氏燾《續通鑑長編》爲多，於北宋文集，則歐陽文忠公、范忠宣公、司馬溫公、楊龜山、尹和靖諸老全集及王氏存《元豐九域志》、《邵氏聞見錄》、《呂氏童蒙訓》、度氏《周子年譜》、《濂溪志》、李氏《道命錄》、《黄氏日抄》，備資搜討。於明人著述，則唐伯元《程子類語》、趙滂《程朱闕里志》並有《程子年譜》，不知孰創孰因，要皆疏略不備。國朝惟《李文貞公全集·遜齋道南講授》疏證特詳。最後得黃梨洲宗羲《宋儒學案》原稿，全謝山祖望補編，於程門授受統緒，援據尤多。其顯然訛舛處，亦隨註辨正，不敢沿誤苟徇。

一、道光丙戌，星杓與滇南池籥庭定交，己丑始議輯是譜。往復推勘，務求精核。嘗質蒲城相國王省厓師，謂講是學者，近鮮有聞，今得同志默而成之，道在是矣。癸巳，籥庭視學粵西，攜副本去，星杓亦南歸。過吳中，謁侯官林少穆先生，籥庭受知師也，以稾就正，深加獎勵，謂「探訂之精，足傳正學」，許爲作序。時閩縣陳蘭鄰師官秀州，留止郡齋，出藏書資參考，時有是正。籥庭手訂未竟，終於任，項泗舸收其稾以歸。丙申，屬項梅侶訂定體例。戊申，得宗滌甫序其大指。杜尺莊參補遺略。庚戌，訪姚樗寮於雲間，訂正脱訛，且謂先賢必不可少之書，亟勸付梓。辛亥，陶槎仙又爲校定字體。追念數十年來，師友贊成，獲益難數，今則大半成古人，可感也夫！敬誌簡端。闕略之病，知不能無，糾繆拾遺，以俟來哲。咸豐甲寅仲秋，會稽諸星杓惕生謹識。

程子年譜目録

卷六　紹聖元年甲戌起至徽宗建中靖國元年辛巳
卷七　崇甯元年壬午起至大觀元年丁亥九月庚午先生卒
卷終
　　商訂二程年譜小簡〔一〕

〔一〕原目下有《講論師友紀略》、《宋儒發明聖學會合先後攷》二條，今删。

程氏世系圖

此圖，伊川集中有目無文，今據歐陽文忠公所作《冀國公碑》及程文簡公所作《世録》補之，迄於二程之孫者，從所及見也。

程伯休父 周大司馬，曰喬伯，封於程。—嬰 程伯之後，仕晉，封忠誠君，宋封成信侯。—昱 仕魏，封安鄉侯，中山之程祖之。—元譚 仕東晉，爲新安太守，賜宅黄墩。—元祚 元譚六世孫，宋山陽内史。—茂 元譚九世孫，梁郢州長史。—督 茂子，梁祕書少監。—寶惠 督子，爲本郡儀曹。—靈洗 字元滌，寶惠子，元譚十二世孫。仕陳、梁，謚忠壯。—文季 靈洗子，爲超武將軍，封重安縣公。—嚮 文季子，襲父封。—大辨 靈洗五世孫，爲唐六合令，再徙中山博野。—秀 少師羽之祖。

秀之子：

諲 秀長子。

新 諲子，贈太師。

- 贊明 新長子，贈太師、中書令。
- 象明 新次子。

元白 贊明子，封冀國公。

琳 元白四子，同平章事。贈中書令。謚文簡。

- 嗣先 琳四子，呂公著幕官。
- 嗣弼 琳次子，賈昌朝婿。
- 嗣隆 琳長子，龐籍婿。
- 嗣恭 琳三子，王德用婿。
- 嗣宗 琳五子，嘉祐初令扶溝。

俶 秀次子，贈少監。

羽 字仲遠，俶子，大辨六世孫。始爲醴泉令，事宋太祖、太宗，累贈太子少師，賜第京師，始居河南。

希振 羽子，贈虞部員外郎。

- 遹 終黄陂令，贈開府。
- 適 右班殿直。
- 道 贈寺丞。

遹之子：

- 璠 遹次子。累遷比部郎中。
  - 顧 璠長子。
  - 頡 璠次子。
- 珦 遹長子。始黄陂尉，累遷太中大夫。
  - 韓奴 早亡。
  - 顥 明道先生。
  - 應昌 早亡。
  - 天錫 早亡。
  - 頤 伊川先生。
  - 蠻奴 早亡。
- 琉 遹三子。累遷朝奉
  - 頔 琉長子。
  - 顒 琉次子。

道之子：

瑜 道子。累遷殿丞。

- 預 瑜長子。
- 顗 瑜次子。
- 顓 瑜三子。

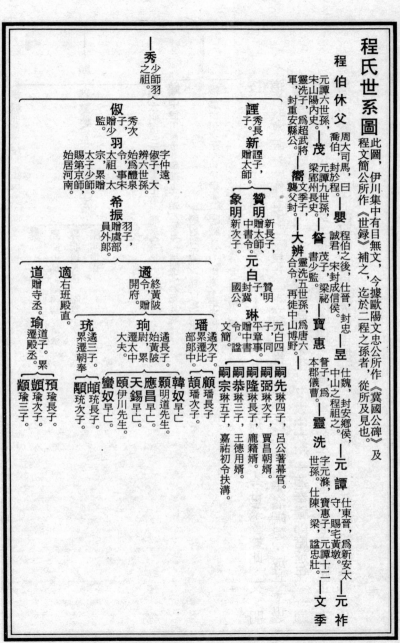

顥
- 端輔明道次子，早亡。
- 端懿明道長子，汝陽縣主簿。
  - 㮚
  - 昜伊川孫，紹興初分甯令。
  - 昪明道長孫，端懿子。
  - 昂明道孫
  - 昺
  - 旻
- 端本明道三子，舉進士第，醴泉令。

頤
- 端中伊川長子，舉進士，知六安軍，靖康之難死其官。
- 端彥伊川次子，司戶參軍。
  - 晟紹興元年召赴行在，伊川孫。
  - 晹端彥子，紹興十年補將仕郎。
  - 暐伊川孫，尹和靖壻，桐廬令。

按：太中年七十，自撰墓誌：男六人，孫男五人，曾孫六人，今世系圖據此。又《明道行狀》註「一作五子，三早卒」，文集《程邵公墓誌》：明道子名端慤，或其一也。端彥子晹，伊川孫。暐，太中撰墓誌時尚未生。又太中女：一適奉禮郎席延年，一適都官郎中李正臣。孫女：長適宣義郎李偲，次適假承務郎朱純之，次適安定席正，次爲李偲繼室，次適清河張敷，皆見太中自撰墓誌。伊川孫暐，見《宋儒學案》；晟，見《元祐黨案表》。

二程子年譜提綱

宋仁宗明道元年壬申，明道先生顥生。
二年癸酉，伊川先生頤生。
慶曆三年癸未，明道居庠序。
六年丙戌，二先生始事周子。
七年丁亥，伊川至醴泉。
皇祐四年壬辰，母侯夫人卒。
嘉祐元年丙申，二先生至京師，始居河南。伊川至醴泉。
二年丁酉，明道登進士第。伊川上書不報，遊太學。
三年戊戌，明道任鄠縣主簿。
四年己亥，伊川廷試報罷。
六年辛丑，明道調上元主簿。
七年壬寅，明道攝上元令。
英宗治平元年甲辰，明道罷上元任，至磁州。伊川至京師。呂公著請爲太學正。辭。
二年乙巳，明道移晉城令。
三年丙午九月，呂公著薦伊川。不召。

四年丁未，明道秩滿，改著作佐郎。二先生至漢州。

神宗熙甯二年己酉四月，明道爲農田水利使。八月，以呂公著薦授太子中允、權監察御史裏行。

三年庚戌四月，明道罷授京西提點刑獄，辭，改簽書鎮甯軍節度判官事。

四年辛亥，明道簽判鎮甯軍。

五年壬子，明道求監局養親罷歸，始僦居洛。　伊川至醴泉。

七年甲寅，明道監洛河竹木務，陳襄薦明道性行端醇，明於義理，可備風憲，不果用。　伊川在洛。

八年乙卯，詔明道修《三經義》，不果。十月，彗見翼、軫間，應詔上書。還朝，差知扶溝縣事，辭。復求監局。

九年丙辰十月，吳充薦明道，不報。

十年丁巳五月，明道以賈昌衡、李南公言，改太常丞。

元豐元年戊午，明道知扶溝縣。　伊川至扶溝。

二年己未二月，召明道判武學，以李定、何正臣論罷，復舊任。

三年庚申，明道除奉議郎，罷扶溝任，寓潁昌。　伊川至關中。

四年辛酉，二先生在潁昌。

五年壬戌，二先生在洛。

六年癸亥，明道監汝州酒稅。

七年甲子，明道彭夫人卒。

八年乙丑三月，哲宗即位。明道改承議郎。五月，召爲宗正寺丞。六月丁丑，卒。

九月，司馬光、呂公著同薦伊川。十一月，授汝州團練推官、充西京國子監教授，辭至再，召赴闕。以下《伊川年譜》。

哲宗元祐元年丙寅二月，至京師。除宣德郎、祕書省校書郎，辭不許。三月，除通直郎、充崇政殿説書。再辭，始受命。五月，命同修學制。六月，上疏論輔養君德。八月，差判登聞鼓院，再辭。

二年丁卯八月，罷説書，權管勾西京國子監。十一月，乞歸田里。十二月，乞歸田里。

三年戊辰正月，乞歸田里，皆不報。二月，乞致仕再，又不報。

四年己巳，判西監。

五年庚午正月，父太中卒於西監。四月，葬伊川塋。

六年辛未，至醴泉。改葬少師羽。

七年壬申三月，除左通直郎、直祕閣、權判西京國子監，再辭。五月，管勾崇福宮。八月，申河南府，乞尋醫。

八年癸酉九月，哲宗親政，申祕閣、西監之命，再辭。

紹聖四年丁丑二月，追毀出身文字，放歸田里。十一月，編管涪州。

元符元年戊寅，在涪。
二年己卯，在涪。序《周易傳》。
三年庚辰正月，徽宗即位。移峽州。四月，復宣德郎，還洛。十月，復通直郎、權判西京國子監。
徽宗建中靖國元年辛巳五月，追所復官。冬，居伊川。
崇甯元年壬午五月，入黨籍。
二年癸未四月，追毀出身文字。序《春秋傳》。七月，禁學術。十一月，遷居龍門之南，止四方學者。
五年丙戌，復承務郎。尋以通直郎致仕。
大觀元年丁亥九月庚午，卒於家。

程子年譜卷一

楚雄池生春籥庭
會稽諸星杓恕齋　輯

明道先生

宋仁宗明道元年壬申，先生生。

先生名顥，字伯淳，姓程氏。其先曰喬伯，爲周大司馬，封於程，後遂以爲氏。何楷《詩經世本古義》。按：喬伯休父當是一人，喬名而休字，豈亦取喬木休息之意與？先生五世而上，居中山之博野。高祖贈太子少師，諱羽，太宗朝以輔翊功顯，賜第京師。曾祖希振，尚書虞部員外郎。妣高密縣君崔氏。祖遹，贈開府儀同三司、吏部尚書。妣孝感縣太君張氏、長安縣太君張氏。疑即張子之姑。父珦，太中大夫。母壽安縣君侯氏。父道濟，潤州丹徒令，贈尚書比部員外郎。母福昌縣太君刁氏。曾祖而下葬河南。

先生生而神氣秀爽，異於常兒。未能言，叔祖母任氏殿丞瑜之母抱之行，不覺釵墜。後數日方求之，先生以手指示，隨其所指而往，果得釵，人皆驚異。《明道行狀》。

程氏之先，自重黎歷夏、商、周，而程伯休父始見於《詩》、《書》，其後世遠而分。至唐定世族，而程氏之望分爲七。中山之程，蓋出於魏安鄉侯昱之後也。唐末五代，天下亂於兵，程氏再世不仕。宋太平興國初，少師羽佐太宗，爲文明殿學士，官至兵部侍郎。子孫蕃昌，世族昭著，其所自來者遠矣。歐陽修撰《冀國公程元白碑》。按：《元白碑銘》「中山之程，出自靈洗」，靈洗者，梁將軍忠壯公，實昱之裔孫也。《程朱闕里志》，明方宏静見元祐諸公墨蹟，有明道先生「忠壯公裔」四字圖章。（凡引書直録原文，皆不加按；間有考訂，則以按字别之。）天聖中，洛人程公珦初任黄陂尉，秩滿不能去，遂家焉。以明道元年生先生。《朱子文集》。

《元豐九域志》：黄陂，屬淮南路黄州齊安郡。

按《太中家傳》：景德三年丙午，公生於京師賜第。開府終於黄陂，公年始冠，遂寓黄陂。後數歲，朝廷録舊臣後授郊社齋郎，不赴。文簡公爲請於朝，就注黄陂縣尉，任滿不能去。以明道元年生先生，時公年二十七。朱子文本此。

二年癸酉，二歲。

弟頤生。

景祐元年甲戌，三歲。

二年乙亥，四歲。

三年丙子，五歲。

四年丁丑，六歲。

寶元元年戊寅，七歲。

二年己卯，八歲。

康定元年庚辰，九歲。

慶曆元年辛巳，十歲。

嘗賦《酌貪泉》詩曰：「中心如自固，外物豈能遷？」當世先達許其志操。劉立之叙述。

二年壬午，十一歲。

三年癸未，十二歲。

先生居庠序中，如老成人，見者無不愛重。戶部侍郎彭公思永謝客到學舍，一見異之，許妻以女。《明道行狀》。

按：《太中家傳》、《彭侍郎行狀》，太中罷廬陵尉，調潤州觀察支使，彭公知常州，常、潤鄰郡。先生居庠序，彭公謝客到學，許妻以女，當在寓丹陽時。

四年甲申，十三歲。

五年乙酉，十四歲。

六年丙戌，十五歲。

始事周子。

太中在虔時，嘗假倅南安軍，獄掾周茂叔年甚少，年三十。不爲守所知，太中視其氣貌非常人，與語，果爲學知道者。因與爲友，《太中家傳》。且使其二子往受學焉。《濂溪事狀》。《呂氏童蒙訓》云：師友淵源必有所自，未有無因而然。如周茂叔先生官守南安軍，爲守所不禮，二程之父太中公自虔州差攝南安倅，與茂叔相善，力庇護之，其後二程皆師事茂叔。

先生自十五六時，聞汝南周茂叔論道，遂厭科舉之業，慨然有求道之志。《明道行狀》。

先生從汝南周茂叔問學，窮性命之理，率性會道，體道成德，出入孔孟，從容不勉。劉立之敘述。

先生嘗曰：「昔受學於周茂叔，每令尋顔子、仲尼樂處，所樂何事。《遺書·呂與叔東見録》。李安溪云：周、程授受第一義。周茂叔窗前草不除去，問之，云與自家意思一般。《遺書·謝顯道記》。

先生曰：觀天地生物氣象。註：周茂叔，看《遺書》卷六。先生書窗前有茂草覆砌，或勸之芟，先生曰：「不可。欲常見造物生意。」又置盆池畜小魚數尾，時時觀之。或問其故，曰：「欲觀萬物自得意。」張橫浦語。

按：此與周子意思同。又游定夫《懷先生》詩：記得程門秋草綠，至今遐想每馳情。

先生曰：吾學雖有所受，「天理」二字卻是自家體貼出來。《外書·上蔡語録》。黄東發云：《樂記》已有「滅天理而窮人欲」之語，至先生始發越，大明於天下。荀子云養心莫善於誠，周茂叔謂荀子元不識誠。先生曰：既誠矣，心焉用養耶？荀子不知誠。《外書·朱公掞録》。

二程十四五時，便鋭然欲學聖人。《張子語

錄》。《呂氏童蒙訓》云：二程先生自小刻勵，推明道要，以聖學爲己任。學者靡然從之，時謂之二程。濂溪在當時，人見其政事精絕，則以爲宦業過人；見其有山林之志，則以爲襟期灑落，有仙風道氣，無有知其學者。惟程太中知之，宜其生兩程子也。《朱子語類》。仲尼、顏子所樂，吟風弄月以歸，皆是口傳心受的當親切處。後來二先生舉似後學，亦不將作第二義看。然則《行狀》所謂反求之六經，而後得之者，特語夫用功之大全耳。至其入處，則自濂溪，不可誣也。《朱子文集》。

七年丁亥，十六歲。

八年戊子，十七歲。

皇祐元年己丑，十八歲。

二年庚寅，十九歲。

三年辛卯，二十歲。

四年壬辰，二十一歲。

母侯夫人卒。

夫人從太中官嶺外，遂中瘴癘。及北歸，道中病革，召醫視脈，曰：「可治。」謂二子曰：「紿爾也。」未終前一日，命頤曰：「今日百五，爲我祀父母，明年不復祀矣。」以二月二十八日，終於江甯。享年四十九。始封壽安縣君，追封上谷郡君。男六人：長應昌，次天錫，皆幼亡；次顥，即先生；次頤也；次韓奴，次蠻奴，皆幼亡。女四人：長幼亡，次適奉禮郎席延年，次幼亡，次適都官郎中李正臣。《上谷郡君太中家傳》。

按：太中自襲州代還，當在此時。

五年癸巳，二十二歲。

至和元年甲午，二十三歲。

二年乙未，二十四歲。

先生侍太中至鳳州。

按：先生之娶雖不可攷，然以周子作《彭推官詩序》推之，彭公以至和二年爲益州轉運使，而先生《行狀》云彭夫人事舅以孝稱，而不及姑，時太中正在鳳州，疑彭夫人之歸當在服闋後也。

嘉祐元年丙申，二十五歲。

至京師。

先生應書京師，聲望藹然，老儒宿學皆自以爲不及，莫不造門願交。劉立之叙述。

張子厚在京師，坐虎皮說《周易》，聽從甚衆。一夕，二程先生至，論《易》。次日，撤去虎皮，曰：「吾平日爲諸公說者，皆亂道，有二程近到，深明易道，吾所弗及，汝輩可師之。」《外書·尹和靖語》。

先生嘗與子厚在興國寺，講論終日，而曰：「不知舊日曾有甚人於此處講此事。」《遺書·呂與叔東見録》。

呂滎陽公希哲嘗言往與二程諸公遊，一日會相國寺，論事詳盡，先生忽歎曰：「不知自古至今，更曾有人來此地說此話耶？蓋此處氣象，自有合得如此人說此等話道理也。」《呂氏家傳》。《伊洛淵源録》：希哲，字原明，正獻公長子。首以師禮事伊川，亦從明道先生遊。官侍講，封滎陽郡公。

立之家與先生有累世之舊，先人早世，立之方數歲，先生兄弟取以歸教養，視子姪，卒立其門戶。劉立之叙述。《伊洛淵源録》：立之，字宗禮，河間人。娶先生叔父朝奉之女。郭雍稱其登門最早，精於吏事。

《太中家傳》：公遇伯母劉氏之族子於襄

邑，詢其宗系，知姻家也。未幾，劉生卒，其子立之纔七歲，公取歸教養，今登進士第，爲宣德郎矣。

按：立之稱從先生三十年，則嘉祐初方七歲。

始少師厭五代河北之多亂，徙葬少監俶於京兆之興平，將謀居醴泉。及貴，賜第於泰甯坊，遂再世居京師。嘉祐初，公太中卜葬祖考於伊川，始居河南。《太中家傳》。《元豐九域志》：興平、醴泉二縣，屬陝西路京兆府。《家世舊事》云：少師治醴泉，惠愛及人至深，遂謀居焉。

二年丁酉，二十六歲。

登進士第。

仁宗御殿親試，先生與張子、朱光庭同登第乙科，則呂大鈞與焉。《程朱闕里志》。

按：《蘇文忠集》：是年正月，詔歐陽修知貢舉，梅摯、王珪、范鎮、韓絳同權知禮部貢舉。三月八日，殿試進士《民監賦》、《鸞刀詩》、《重申巽命論》。十四日，賜進士，章衡第一，蘇軾、蘇轍、曾鞏等並登第。

有《南廟試佚道使民賦》、《九叙惟歌論策五道》。見《明道文集》。

先生嘗言：某自再見茂叔後，吟風弄月以歸，有吾與點也之意。《遺書·謝顯道記》。李安溪云：此是周、程授受之秘，即孔顏樂處。

按：《周子年譜》，是年在合州，有傳伯成《答周子書》云：執事以濟衆爲懷，神所勞賚，故得高士與施至術，而心朋遠寓名方，賤子聞之，弗勝喜蹈。《道國志》註「心朋指二程」，則再見周子當在合州。

三年戊戌，二十七歲。

任鄠縣主簿。令以其年少未知之，民有借其兄宅以居者，發地中藏錢，兄之子訴曰父所藏也，令曰：「此無證佐，何以決之？」先生曰：「此易辨爾。」問兄之子曰：「爾父藏錢幾何時矣？」曰：「四十年矣。」「彼借宅居幾何時矣？」曰：「二十年矣。」即遣吏取錢十千視之，謂借宅者曰：「今官所鑄錢，不五六年即遍天下，此錢皆爾未居前數十年所鑄，何也？」其人遂服。令大奇之。南山僧舍有石佛，歲傳其首放光，遠近男女聚觀，晝夜雜處，爲政者畏其神，莫敢禁止。先生始至，詰其僧曰：「吾聞石佛歲現光，有諸？」曰：「然。」戒曰：「俟復見，必先白，吾職事不能往，當取其首就觀之。」自是不復有光矣。府境水害，倉猝興役，諸邑率皆狼狽，惟先生所部飲食茇舍，無不安便。時盛暑，泄痢大行，死亡甚衆，獨鄠人無死者。所至治役，人不勞而事集。常謂人曰：「吾之董役，乃治軍法也。」當路者欲薦之，多問所欲，先生曰：「薦士當以才之所堪，不當問所欲。」《明道行狀》。《元豐九域志》：鄠縣，屬陝西路京兆府。

先生生有妙質，聞道甚早。年逾冠，明誠夫子張子厚友而師之。其視先生，雖外兄弟之子，而虛心求益之意懇懇如不及。逮先生之官，猶以書抵扈，以「定性未能不動」致問。先生爲破其疑，使外內動靜道通爲一。讀其書可考而知也。初至鄠，有監酒稅者以賄播聞，然怙力文身，自號能殺人，衆皆憚之，雖監司州將未敢發。先生至，將與之同事，其人心不自安，輒爲言曰：「外人謂某自盜官錢，新主簿將發之，某勢窮必殺人。」言未訖，先生笑曰：「人之爲言一至於此，足下食君之祿，詎肯爲盜，萬一有之，將救死不暇，安能殺人？」其人默不敢言，後亦私償其所盜，卒以善去。游酢《書行狀後》。

《答橫渠先生書》：承教，諭以定性未能不動，猶累於外物，此賢者慮之熟矣，尚何俟小子之言！然嘗思之矣，敢貢其說於左右。所謂定者，動亦定，靜亦定，無將迎，無內外。苟以外物爲外，牽己而從之，是以己性爲有內外也。且以性爲隨物於外，則當其在外時，何者爲在內？是有意於絶外誘，而不知性之無內外也。既以內外爲二本，則又烏可遽語定哉？夫天地之常，以其心普萬物而無心；聖人之常，以其情順萬事而無情。故君子之學，莫若廓然而大公，物來而順應。《易》曰：「貞吉悔亡。憧憧往來，朋從爾思。」苟規規於外誘之除，將見滅於東而生於西也。非惟日之不足，顧其端無窮，不可得而除也。人之情各有所蔽，故不能適道，大率患在於自私而用智。自私則不能以有爲爲應迹，用智則不能以明覺爲自然。今以惡外物之心，而求照無物之地，是反鑑而索照也。《易》曰：「艮其背，不獲其身，行其庭，不見其人。」孟氏亦曰：「所惡於智者，爲其鑿也。」與其非外而是內，不若內外之兩忘也。兩忘則澄然無事矣。無事則定，定則明，明則尚何應物之爲累哉？聖人之喜，以物之當喜；聖人之怒，以物之當怒。是聖人之喜怒，不繫於心而繫於物也。是則聖人豈不應於物哉？烏得以從外者爲非，而更求在內者爲是也？今以自私用智之喜怒，而視聖人喜怒之正爲何如哉？夫人之情，易發而難制者，惟怒爲甚。第能於怒時遽忘其怒，而觀理之是非，亦可見外誘之不足惡，而於道亦思過半矣。心之精微，口不能宣；加之素拙於文辭，又吏事悤悤，未能精慮，當否佇報。然舉大要，亦當近之矣。道近求遠，古人所非，惟聰明裁之！《明道文集》。朱子云：先生此書，自胸中瀉出，如有物在後逼逐他相似，所謂造道之言也。大綱在「廓然而大公，物來而順應」兩句，緊要在「怒時遽忘其怒，而觀理之是非」一句。遽忘其怒，便是廓然大公，觀理之是非，便是物來順應。先生言語渾淪，子細看，節節有條理。又云：《定性書》是正心誠意以後事。劉蕺山云：此先生發明主靜立極之說，最爲詳盡而無遺也。主靜之說，本千古祕密藏，即橫渠得之不能無疑，向微先生發明至此，幾令千古長夜矣。

按：朱子云，先生十四五便學聖人，二十及第出去做官，一向長進。《定性書》是二十二三時作，蓋大約言之。

四年己亥，二十八歲。

在鄠。

先生在長安倉中閑坐，後見長廊柱，以意數之，已尚不疑，再數之不合，不免令人一一聲言而數之，乃與初數者無差，則知越著心把捉越不定。《遺書·吕與叔東見録》。《延平答問》云：吾輩立志已定，若看文字，心慮一澄然之時，略綽一見，與心會處便是正理。若更生疑，即恐滯礙。明道在倉中，坐見廊柱多，因默數之，疑以爲未定，屢數愈差，遂令一人敲柱數之，乃與初默數之數合，正謂此也。

在鄠有詩云：雲淡風輕近午天，傍花隨柳

過前川。時人不識予心樂，將謂偷閑學少年。看他胸懷直是好，與曾點底事一般。《上蔡語録》。

《戲題》：曾是去年賞春日，春光過了又逡巡。卻是去年春自去，我心依舊去年春。

《題淮南寺》：南去北來休便休，白蘋吹盡楚江秋。道人不是悲秋客，一任晚山相對愁。《明道文集》。《延平答問》云：録示明道二絶句，便是吟風弄月，有吾與點也之氣味。某尚疑此詩，若是初見周茂叔歸時之句，即可，此後所發之語，恐又不然也。

按：延平所云，疑即此詩。

五年庚子，二十九歲。

在鄠。

先生《遊鄠山詩序》云：僕自幼時，已聞秦山多奇古有扈者，尤復秀出，常憾遊賞無便。嘉祐二年，始應舉得官，遂請於天官氏，願主簿書於是邑，謂厭飫雲山以償素志。今到官幾二年矣，中間被符移奔走外幹者，三居其二，其一則簿書期會，倉廥出入，固無暇息。惟白雲特在山面最爲近邑，常乘閒兩至，其餘佳處都未得往。變化初心，孤負泉石。五年二月初吉，聞貳車晁公來遊諸山。先是晁公見約同往，會探吏失期。二日早，晁公以書見命，始知車騎已留草堂。走白邑大夫張君，寺丞興宗。時民產有在山麓者，以罪沒官，府符方命量其租入之數，因請以往。鞭馬至山，而晁公已由高觀登紫閣，還憩下院，見待已久，遂奉陪西遊。經李氏五花莊，息駕池上，夜宿白雲精舍。詰旦，晁公西首，僕復並山東遊紫閣，登南山，望仙掌，回抵高觀谷，探石穴，窺石潭，因周視所定田，徜徉於花林水竹間，夜止草堂。是晚雨氣自西山來，始慮不得遍詣諸境，一霎遂霽。明旦，入太平谷，憩息於重雲下院。自入太平谷，山水益奇絶，殆非人境。石道甚巇，下視可悸，往往步亂石間。入長嘯洞，過虎溪，西南下至重雲閣。訪鳳池，觀雲頂、淩霄、羅漢三峰，登東嶺，望大頂積雪，復東北來雲際。下深澗，白石磷磷於水間，水聲淸泠可愛，坐石掬水，戀戀不能去者久之。遂宿大定寺。淩晨登上方，候日初上，西望藥山，北眺大頂，千峰萬巒，目極無際。下山緣東澗，渡橫橋，復憩於重雲下院。出谷，遊太平宮故基而歸。馬上率爾口語，往往成詩章。自入山至歸，凡四日，得長短詠共十二篇，姑存之以誌遊覽之次第云。《明道文集》。

按：《宋史》：晁無咎，字補之，宗慤之曾孫。嘉祐二年進士。又《蘇文忠集》有《送晁美叔端彦發運右司》詩。二晁皆先生同年，未知孰是貳車。

時朱公掞主萬年簿，張山甫主武功簿，與先生皆以才名稱關中，號爲三傑。《伊洛淵源録》。

六年辛丑，三十歲。

調上元縣主簿。

先生居鄠，再期以避親罷。再調江寧府上元縣主簿。田税不均，比他邑尤甚，蓋近府美田，爲貴家富室以厚價薄其税而買之，小民苟一時之利，久則不勝其弊。先生爲令畫法，民不知擾，而一邑大均。其始富者不便，多爲浮論，欲搖止其事，既而無一人敢不服者。後諸路行均税法，邑官不足，益以他官。經歲歷時，文案山積，而尙有訴不均者，計其力，比上元不啻百千矣。《明道行狀》。

按：《續通鑑長編》嘉祐六年冬十月，有陝西轉運使彭思永薦河中府進士南宮魯爲試將作監主簿一事，先生避親，疑即彭公也。又按先生爲令畫法，疑即李仲通均田税，事詳熙甯七年《李寺丞墓誌》。

先生主簿上元時，謝師直爲江東轉運判官，師宰來省其兄，嘗從先生假公僕掘桑白皮。先生問之曰：「漕司役卒甚多，何爲不使？」曰：「《本草》說桑白皮出土見日者，殺人。以伯淳所使人不欺，故假之爾。」師宰之相信如此。《家世舊事》，下同。《宋史》：謝師直，名景温。嘉祐間爲江東轉運判官。

謝師直尹洛時，嘗談經與鄙意不合，因曰：「伯淳亦然，往在上元，某說《春秋》猶時見取，至言《易》，則皆曰非是。」頤謂曰：「二君皆通《易》者也。」監司談經而主簿乃曰非是，監司不怒，主簿敢言，非通《易》能如是乎？

按：先生說《易》，雖無成書，而散見於《遺書》者，皆可考而知。觀橫渠稱先生深明《易》理，及以師直言《易》爲非，是所謂得不傳於遺經者，必有在矣。伊川嘗謂張繹曰：「我之道蓋與明道同」，則欲求先生之言《易》者，即求之《伊川易傳》可也。

獵，自謂今無此好，周茂叔曰：「何言之易也？但此心潛隱未發，一日萌動，復如前矣。」後十二年因見，果知未一云。先生年十六七時好田獵，十二年暮歸，在田野間見田獵者，不覺有喜心。

《遺書》卷七。朱子云：明道氣質如此，年至三十，猶不忘在我者，當益加操守，不可以此自恕。劉蕺山云：方未見時，不知此心閃在何處，知此可知未發之中。

九月庚戌，孝女生。見《伊川文集》。

七年壬寅，三十一歲。

攝上元令。

先生攝邑事，上元劇邑，訴訟日不下二百，爲政者疲於省覽，奚暇及治道？先生處之有方，不閲月，民訟遂簡。江南稻田，賴陂塘以溉。盛夏，塘隄大決，計非千夫不可塞，法當言之府，府稟於漕司，然後計功調役，非月餘不能興作。先生曰：「比如是，苗槁久矣，民將何食？救民獲罪，所不辭也。」遂發民塞之，歲則大熟。江甯當水運之衝，舟卒病者則留之，爲營以處，曰小營子。歲不下數百人，至者輒死。先生察其由，蓋既留然後請於府，給券乃得食，比有司文具，則困於飢已數日矣。先生白漕司，給米貯營中，至者與之食，自是生全者大半。措置於纖悉之間，而人已受賜，如此之比，所至多矣。先生嘗云：「一命之士，苟存心於愛物，於人必有所濟。」《明道行狀》。《元豐九域志》：上元，屬江南路江甯府。黄百家云：此即是欲立欲達之體。

三月十八日，先生叔父殿丞瑜卒於京師。見《明道文集》。叔父瑜，字叔寶。父道，贈寺丞。母，長壽縣太君任氏。歷官至殿中丞，終於京師。年四十三。

八年癸卯，三十二歲。

仁宗登遐，三月辛未。遺制：官吏成服，三日而除。三日之朝，府尹王贄率羣官將釋服，先生進曰：「三日除服，遺詔所命，莫敢違也，請盡今日。若朝而除之，所服止二日爾。」尹怒不從，先生曰：「公自除之，某非至夜不敢釋也。」一府相視，無敢除者。茅山有龍池，其龍如蜥蜴而五色。祥符中，中使取二龍。至中途，中使奏一龍飛空而去。自昔嚴奉以爲神物。先生嘗捕而脯之，使人不惑。其始至邑，見人持竿道旁以黏飛鳥，取其竿折之，教之使勿爲。及罷官艤舟郊外，有數人共語，自主簿折黏竿，鄉民子弟不敢畜禽鳥。不嚴而令行，大率如此。《明道行狀》。朱子《建康府學》、《明道先生祠記》：淳熙三年，資政建安劉公守建康，以屬邑上元，先生少日宦遊處也，均田塞隄，及民之政爲多；脯龍折竿，教民之意亦備。而兵革變故，風聲無復傳者，奉祀致意，願請文以記之。熹謂上元之政，於先生懼未足以稱揚也。然其言有曰「一命之士，苟存心於愛物，於人必有所濟」，則中之所存，又烏得以小大而議之哉？

先生守官南方，長吏使往茅山請龍，辭之謂：「祈請鬼神，當使信嚮者則有應，今先懷不信，便非義理。」既到茅山，品勑使人於水中捕得二龍，持之歸，並無他異，復爲小兒玩之致死。此只魚蝦之類，但形狀差異爾。《遺書·蘇季明録》。

英宗治平元年甲辰，三十三歲。

罷上元任。至磁州。

先生德性絶人，外和內剛，眉目清峻，語聲鏗然。恕早從先生之弟學，初見先生於磁州。其氣貌清明夷粹，其接人和以有容，其斷義剛而不犯，其思索妙造精義，其言近而測之益遠。恕蓋始恍然自失，而知天下有成德君子，所謂完人者，若先生是已。邢恕叙述。《元豐九域志》：磁州，屬河北路真定府。

按：邢恕，字和叔，陽武人。嘉祐初，

早從伊川學。治平初，初見先生於磁州。觀叙述所稱，蓋知尊先生者。惜乎其後極狼狽，伊川所謂「義理不勝利欲之心也」。

邢七云：「一日三點檢。」先生曰：「可哀也哉！其餘時多會甚事？」蓋倣三省之說錯了，可見不曾用功，又多逐人面上說一般話。先生責之。邢曰：「無可說。」先生曰：「無可說便不得不說。」《外書·上蔡語録》。

八月四日，子端愨生。見《明道文集》。

按太中自撰墓誌：孫端懿，汝陽縣主簿；端輔，早亡；端本，治進士業。皆先生子，無名端愨者。惟先生《行狀》一作五子，三早卒，端愨或其一也。時太中知磁州，先生至磁省親也。

二年乙巳，三十四歲。

移晋城。

先生居上元再期，就移澤州晋城令。澤人淳厚，尤服先生教命，民以事至邑者，必告之以孝弟忠信，入所以事父兄，出所以事長上。度鄉村遠近爲伍保，使之力役相助，患難相恤，而姦僞無所容。凡孤煢殘廢者，責之親戚鄉黨，使無失所。行旅出於其途者，疾病皆有所養。諸鄉皆有校，暇時親至，召父老而與之語，兒童所讀書親爲正句讀，教者不善則爲易置。俗始甚野，不知爲學，先生擇子弟之秀者，聚而教之。去邑纔十餘年，而服儒服者，蓋數百人矣。鄉民爲社會，爲立科條，旌別善惡，使有勸有恥。邑幾萬室，三年之間，無强盜及鬭死者。秩滿，代者且至，更夜叩門，稱有殺人者，先生曰：「吾邑安有此，誠有之，必某村某人也。」問之果然。家人驚異，問何以知之，曰：「吾常疑此人，惡少之弗革者也。」河東財賦窘迫，官所科買，歲爲民患，雖至賤之物，至官取之，則其價翔湧，多者至數十倍。先生常度所需，使富家預儲，定其價而出之，富室不失倍息，而鄉民所費，比常歲十不過二三。民稅常移近邊，載往則道遠，就糴則價高。先生擇富民之可任者，預使購粟邊郡，所費大省，民力用紓。縣庫有雜納錢數百千，常借以補助民力，部使者至，則告之曰：「此錢令自用，而不敢私，請一切不問。」使者屢更，無不從者。先時，民憚差役，役及則互相糾訴，鄉鄰遂爲仇讎。先生盡知民產厚薄，第其先後，按籍而命之，無有辭者。河東義勇，農隙則教以武事，然應文備數而已。先生至，晉城之民遂爲精兵。晉俗尚焚屍，雖孝子慈孫習以爲安。先生教諭禁止，民始信之。而先生去後，郡官有母死者，憚於遠，致以投烈火，愚俗視傚，先生之教遂廢，識者恨之。先生爲令，視民如子。欲辨事者，或不持牒徑至庭下，陳其所以，先生從容告語，諄諄不倦。在邑三年，百姓愛之如父母，去之日，哭聲振野。《明道行狀》

《元豐九域志》：晉城，屬河東路澤州。

有富民張氏子，其父死未幾，晨起有老父立於門外，問之，曰：「我汝父也，今來就汝居。」具陳其由，張氏子驚疑莫測，相與詣縣請辨之。老父曰：「業醫，遠出治疾，而妻生子，貧不能養，以與張氏。某年某月某日，某人抱去，某人某人見之。」先生謂曰：「歲久矣，爾何記之詳也？」老父曰：「某歸而知之，則書於藥法策後。」因懷中取策進之，其所記曰：「某年月日，某人抱兒與張三翁家。」先生問張氏子曰：「爾年幾何？」曰：「三十六矣。」「爾父而在，年幾何？」曰：「七十六矣。」謂老父曰：「是子之生，其父年纔四十，人已謂之三翁乎？」老父驚駭服罪。《家世舊事》。

晉城俗樸陋，民不知學，中間幾百年無登科者。先生擇其秀異，爲置學舍糧具，聚而教之，朝夕督厲誘進，學者風靡日盛。熙甯、元豐間，應書者至數百，登科者十餘人。先生爲政，條教精密，而主之以誠心。晉城之民被服先生之化，暴桀子弟至有恥不犯。迄先生去，三年間，編戶數萬衆，罪入極典者纔一人，然鄉閭猶以不遵教令爲深恥。熙甯七年，立之得官晉城，距先生去已十餘年，見民有聚口衆而不析異者，問其所以，云守程公之化也。其誠心感人如此。劉立之敘述。

先生《晉城縣令題名記》：古者諸侯之國，各有史記，一無「記」字。故其善惡皆見於後世。自秦罷侯置守令，則史亦從而廢矣。其後自非傑然有功德者，或記之循吏，與夫凶忍殘殺之極者，以酷見傳，其餘則泯然無聞矣。如漢、唐之有天下，皆數百年，其間郡縣之政，可書者宜亦多矣，然其見書者，率纔數十人。使賢者之政不幸而無傳，其不肖者復幸而得蓋其惡，斯一作「其」。與古史之意一作「事」。異矣。夫圖治於長久者，雖聖知爲之，且不能倉卒苟簡而就，蓋必本之人情而爲之法度，然後可使去惡而從善。則其紀綱條教，必審定而後下；其民之服循漸漬，亦必待久乃淳固而不變。今之爲吏，三歲而代者固已遲之矣。使皆知禮義者，能自始至即皇皇然圖所施設，亦教令未熟，民情未孚，而更書已至矣。儻後之人所志不同，復有甚者，欲新己之政，則盡其法而去之，其迹固無餘矣。而況因循不職者乎？噫！以易息之政，而復無以託其傳，則宜其去皆未幾，而善惡無聞焉。故欲聞古史之善而不可得，則因謂令有題前政之名氏以爲記者，尚爲近古。而斯邑無之，乃考之案牒，訪之吏民，纔得自李君而降二十一人，第其歲月之先後而記之，俾民觀其名而不忘其政，後之人得從而質其是非以爲師戒云耳。來者請嗣書其次。《明道文集》。

先生作縣，凡坐處皆書「視民如傷」四字，常曰：「某常愧此四字。」—《外書·龜山語録》。

三年丙午，三十五歲。

在晉城。

先生在澤州，嘗三次食韭黃，始食懷州韭，次食澤州，又次食幷州，則知數百里間氣候爭三月矣。若都以此差之，則須爭半歲，如是則有在此冬至，在彼夏至者。雖然，又沒此事，只是一般爲冬爲夏而已。《遺書·呂與叔東見録》。

晉祠之魚極多，先生嘗到水濱，魚可俯拾，然衆人不取，以神爲畏，而特不殘及此魚也。《外書》卷十。

四年丁未，三十六歲。

秩滿改著作佐郎。至漢州。

先生叔父珫年四十五，以太中恩補郊社齋

郎。見《伊川文集》。叔父琥，字季聰，太中季弟。幼孤。事母崇國太夫人能竭其力，事伯兄邱嫂如父母。年五十始有子，傷從兄無嗣，遂以繼之。太中六得任子恩，公與二子實居其三，長子頔，郊社齋郎，出繼從伯父後；次顒，太廟齋郎。女二：長適劉立之，次適王霖。詳《朝奉墓誌》。

先生與伊川隨侍太中知漢州，宿一僧寺。先生入門而右，從者皆隨之，伊川入門而左，獨行至法堂上相會。伊川自謂：「此是頤不及家兄處。」蓋先生和易，人皆親近，伊川嚴重，人不敢近也。《伊洛淵源録》。

程子年譜卷二

楚雄池生春籥庭
會稽諸星杓恕齋 輯

明道先生

神宗熙甯元年戊申，三十七歲。

五月十四日，子端慤卒。越三日，藏一作「葬」。於伊陽縣神陰鄉祖塋之東。先生誌其壙曰：邵公，其幼名也；端慤，其名也。生而有奇質，未滿歲而溫粹端重之態，完然可愛，聰明日發，而方厚淳美之氣益備。其始言也，或授之以詩，率未三四過，即已成誦矣，久亦不復忘去。雖警悟俊穎，若照徹內外，而出之從容，故敏於見知，而安於言動。坐立必莊謹，不妄瞻視，未嘗有戲慢之色。孝友信讓之性，蓋出於自然。與人言則溫然，及其有所不爲，則確乎其守也。大凡其心有所許，後雖以百事誘迫，終不復移矣。日視羣兒相與狎弄歡笑，跳梁於前，泊乎如不聞知，雖有喜相侵暴者，亦莫之敢侮。蓋厥生五年，而人不見其有喜怒好欲。是豈特異於常兒哉？皆老於學者之所難能也，而吾兒之資乃成於生之初。嗚呼！使其降年之永，則吾不知其所至也。吾弟頤亦以斯文爲己任，嘗意是兒當世吾兄弟之學。今則已矣，則吾之慟，亦不特以父子之親也。夫動靜者陰陽之本，况五氣交運，則益參差不齊矣。賦生之類，宜其雜糅者衆，而精一者間或值焉。以其間值之難，則其數或不能長，亦宜矣。吾兒其得氣之精一而數之局者歟？天理然矣，吾何言哉！以其葬日之迫，刊刻之不暇也，惟砂書於磚，以誌其壙。《明道文集》。朱子云：此一節，全用周子《太極圖說》及《通書》中意，蓋理則粹純至善，而氣則雜糅不齊。

二年己酉，三十八歲。

四月，爲農田水利使。八月，以呂公著薦授太子中允、權監察御史裏行。

四月，遣使察農田水利賦役於天下，時遣八人，先生與焉。《綱鑑》。

按：八人者，劉彝、侯叔獻、王汝翼、王廣廉、謝卿材、盧秉、曾伉與先生也。

八月辛酉，以御史中丞呂公著薦授太子中允、權監察御史裏行。神宗素知先生名，召對之日，從容咨訪，比二三見，遂期以大用。每將退，必曰：「頻求對來，欲常相見爾。」一日論議甚久，日官報午正，先生遽求退庭中，中人相謂曰：「御史不知上未食耶？」前後進說甚多，大要以正心窒欲、求賢育材爲先。先生不飾辭辯，獨以誠意感動人主。神宗嘗使推擇人才，先生所薦者數十人，而以父表弟張載暨弟頤爲首。所上章疏，子姪不得窺其稿。嘗言人主當防未萌之欲，神宗俯身拱手曰：「當爲卿戒之。」及因論人才，曰：「陛下奈何輕天下士？」神宗曰：「朕何敢如是？」言之至於再三。時王荆公安石日益信用，先生每進見，必爲神宗陳君道以至誠仁愛爲本，未嘗及功利，神宗始疑其迂，而禮貌不衰。嘗極陳治道，神宗曰：「此堯舜之事，朕何敢當？」先生愀然曰：「陛下此言非天下之福也。」《明道行狀》。《宋史》：吕公著，字晦叔，文靖公子。仕至右僕射。元祐初，與司馬光同心輔政。卒年七十二。贈申國公，謚正獻。

神宗召對，問所以爲御史，對曰：「使臣拾遺補闕，裨贊朝廷，則可；使臣掇拾臣下短長，以沽直名，則不能。」神宗歎賞，以爲得御史體。神宗勵精求治，王荆公執政，議法改令，言者攻之甚力，至有發憤肆駡，無所不至者。先生獨以至誠開納君相，疏入輒削稿，不以示子姪。常曰：「揚己矜衆，吾所不爲。」劉立之叙述。

擢爲御史，睿眷甚渥，亟承德音，所獻納必據經術。事常辨於早而戒於漸。一日，神宗縱言及於辭命，先生曰：「人主之學，惟當務爲急，辭命非所先也。」神宗爲之動顔。游酢《書行狀後》。

嘗論王霸疏曰：臣伏謂得天理之正，極人倫之至者，堯舜之道也；用其私心，依仁義之偏者，霸者之事也。王道如砥，本乎人情，出乎禮義，若履大路而行，無復回曲。霸者崎嶇反側於曲徑之中，而卒不可與入堯、舜之道。故誠心而王則王矣，假之而霸則霸矣，二者其道不同，在審其初而已。《易》所謂「差若毫釐，繆以千里」者，其初不可不審也。故治天下者，必先立其志，正志先立，則邪説不能移，異端不能惑，故力進於道而莫之禦也。苟以霸者之心而求王道之成，是衒石以爲玉也。故仲尼之徒無道桓、文之事，而曾西恥比管仲者，義所不由也。況下於霸者哉？陛下躬堯、舜之資，處堯、舜之位，必以堯、舜之心自任，然後爲能充其道。漢、唐之君，有可稱者，論其人則非先王之學，考其時則皆駁雜之政，乃以一曲之見，幸致小康。其創法垂統，非可繼於後世者，皆不足爲也。然欲行仁政而不素講其具，使其道大明而後行，則或出或入，終莫有所至也。夫事有大小，有先後。察其小，忽其大，先其所後，後其所先，皆不可以適治。且志不可慢，時不可失。惟陛下稽先聖之言，察人事之理，知堯、舜之道備於己，反身而誠之，推之以及四海，擇同心一德之臣，與之共成天下之務。《書》所謂「尹躬暨湯，咸有一德」，又曰「一哉王心」，言致一而後可以爲也。古者三公不必備，惟其人，誠以謂不得其人而居之，則不若闕之之愈也。蓋小人之事，君子所不能同；豈聖賢之事，而庸人可參之哉？欲爲聖賢之事，而使庸人參之，則其命亂矣。既任君子之謀，而又入小人之議，則聰明不專而志意惑矣。今將救千古深錮之弊，爲生民長久之計，非夫極聽覽之明，盡正邪之辨，致一而不二，其能勝之乎？或謂人君舉動，不可不慎，易於更張，則爲害大矣。臣獨以爲不然。所謂更張者，顧理所當耳。其動皆稽古質義而行，則爲慎莫大焉，豈若因循苟簡，卒致敗亂者哉？自古以來，何嘗有師聖人之言，法先王之治，將大有爲而反成禍患者乎？願陛下奮天錫之勇智，體乾剛而獨斷，沛然不疑，則萬世幸甚！《明道文集》，下同。朱子云：先生《王霸劄子》説得好，自古論王霸，至此無遺蘊矣。

《論君道疏》曰：臣伏謂君道之大，在乎稽古正學，明善惡之歸，辨忠邪之分，曉然趨道之正，故在乎君志先定，君志定而天下之治成矣。所謂定志者，一心誠意，擇善而固執之也。夫義理不先盡，則多聽而易惑；志意不先定，則守善而或移。惟在以聖人之訓爲必當從，先王之治爲必可法，不爲後世駁雜之政所牽制，一作「帶」。不爲流俗因循之論所遷惑，自知極於明，信道極於篤，任賢勿貳，去邪勿疑，必期致世如三代之隆而後已也。然天下之事，患常生於忽微，而志亦戒乎漸習。是故古之人君，雖出入從容閒燕，必有誦訓箴諫之臣，左右前後無非正人，所以成其德業。伏願陛下禮命老成賢儒，不必勞以職事，俾日親便座，講論道義，以輔養聖德；又擇天下賢俊，使得陪侍法從，朝夕延見，開陳善道，講磨治體，以廣聞聽。如是，則聖智益明，王猷允塞矣。今四海靡靡，日入偷薄，末俗嘵嘵，無復廉恥，蓋亦朝廷尊德樂道之風未孚，而篤誠忠厚之教尙鬱也。惟陛下稽聖人之訓，法先王之治，一一作「正」。心誠意，體乾剛健而力行之，則天下幸甚！朱子云：先生進說，只以聖人之說爲必可信，先王之道爲必可行，必期致天下如三代之世。如說與學者也，只得教他依聖人言語做去，待他做工夫有見處，自知得聖人確然恁地。

《請修學校尊師儒取士疏》曰：臣伏謂治天下以正風俗、得賢才爲本。宋興百餘年，而教化未大醇，人情未盡美，士人微謙退之節，鄉閭無廉恥之行，刑雖繁而奸不止，官雖冗而材不足者，此蓋學校之不修，師儒之不尊，無以風勸養勵之使然耳。竊以去聖久遠，師道不立，儒者之學幾於廢熄，惟朝廷崇尙教育之道，則不日而復。古者一道德以同俗，苟師學不正，則道德何從而一？方今人執私見，家爲異說，支離經訓，無復統一，道之不明不行，乃在於此。臣謂宜先禮命近侍賢儒，各以類舉，及百執事方岳州縣之吏，悉心推訪，凡有明先王之道，德業充備，足爲師表者，其次有篤志好學、材良行修者，皆以名聞。其高蹈之士，朝廷當厚禮延聘，其餘命州縣敦遣，萃於京師，館之寬閒之宇，豐其廩餼，卹其家之有無，以大臣之賢典領其事，俾羣儒朝夕相與講明正學。其道必本於人倫，明乎物理；其教自小學灑埽應對以往，修其孝悌忠信，周旋禮樂。其所以誘掖激勵漸摩成就之道，皆有節序，其要在於擇善修身，至於化成天下，自鄉人而可至於聖人之道。其學行皆中於是者爲成德。又其次取材識明達、可進於善者，使日受其業，稍久則舉其賢傑以備高任。擇其學業大明、德義可尊者，爲太學之師，次以分教天下之學，始自藩府，至於列郡。擇士之願學、民之俊秀者入學，皆優其廩給而蠲其身役。凡其有父母骨肉之養者，亦通其優游往來，以察其行。其大不率教者，斥之從役。漸自太學及州郡（郡）之學，擇其道業之成、可爲人師者，使教於學。縣之學，如州郡之制。異日則十室之鄉達於黨遂，皆當修其庠序之制，爲之立師，學者以次而察焉。縣令每歲與學之師，以鄉飲酒之禮，會其鄉老，學者衆推經明行修、材能可任之士，升於州之學，以觀其實。學荒行虧者罷歸而罪其吏（於）〔與〕師，其升於州而當者，復其家之役。郡守又歲與學之師，行鄉飲酒之禮，大會郡士，以經義、性行、材能三物賓興其士於太學，太學又聚而教之；其學不明、行不修與材之下者罷歸，以爲郡守、學師之罪。升於太學者，亦聽其以時還鄉里，復來於學。太學歲論其賢者能者於朝，謂之選士。朝廷問之經以考其言，試之職以觀其材，然後辨論其等差而命之秩。凡處郡縣之學與太學者，皆滿三歲，然後得充薦。其自州郡升於太學者，一歲而後薦。其有學行超卓、衆所信服者，雖不處於學，或處學而未久，亦得備數論薦。凡選士之法，皆以性行端潔，居家孝悌，有廉恥禮遜，通明學業，曉達治道者。在州縣之學，則先使其鄉里長老，次及學衆推之。在太學者，先使其同黨，次及博士推之。其學之師與州縣之長，無或專其私。苟不以實，其懷奸罔上者，師長皆除其仕籍，終身不齒。失者亦奪官二等，勿以赦及去職論。州縣之長，莅事未滿半歲者，皆不薦士，師皆取學者成否之分數爲之賞罰。凡公卿大夫之子弟皆入學，在京師者入太學。在外者各入其所在州之學，謂之國子。其有當補蔭者，並如舊制，惟不選於學者，不授以職。每歲，諸路別言一路國子之秀者升於太學，其升而不當者，罪其監司與州郡之師。太學歲論國子之有學行材能者於朝，其在學實興考試之法，皆如選士。國子自入學，中外通及七年，或太學五年，年及三十以上，所學不成者，辨而爲二等。上者聽授以筦庫之任，自非其後學業修進，中於論選，則不復使親民政。其下者罷歸之。雖歲滿願留學者，亦聽。其在外學七歲而不中升選者，皆論致太學而考察之，爲二等之法。國子之大不率教者，亦斥罷之。凡有職任之人，其學業材行應薦者，諸路及近侍以聞，處之太學，其論試亦如選士之法，取其賢能而進用之。凡國子之有官者，中選則增其秩。臣謂既一以道德仁義教養之，又專以行實材學升進之，去其聲律小碎、糊名謄錄、一切無義理之弊，不數年間，學者靡然丕變矣。豈惟得士浸廣，天下風俗將日入醇正，王化之本也。臣謂帝王之道，莫尚於此，願陛下特留宸意，爲萬世行之。　朱子云：先生所論學制，最爲有本。每讀其書，觀其論講學處，未嘗不慨然發歎，憾不生於彼時也。先生所言始終、本末、次序甚明。

《論十事疏》：一曰師傅，二曰六官，三曰經界，四曰鄉黨，五曰貢士，六曰兵役，七曰民食，八曰四民，九曰山澤，十曰分數。其言曰：聖人創法，皆本諸人情，極乎物理，雖二帝、三王不無隨時因革，踵事增損之制。然至乎爲治之大原，牧民之要道，則前聖後聖，豈不同條而共貫哉？蓋無古今，無治亂，如生民之理有窮，則聖王之法可改。後世能盡其道則大治，或用其偏則小康，此歷代彰灼著明之效也。苟或徒知泥古，而不能施之於今，姑欲循名而遂廢其實，此則陋儒之見，何足以論治道哉！然儻謂今人之情皆已異於古，先王之迹不可復於今，趣便目前，不務高遠，則亦恐非大有爲之論，而未足以濟當今之極弊也。謂如衣服飲食宮室器用之類，苟便於今而有法度者，豈亦遽當改革哉？惟其天理之不可易，人所賴以生，非有古今之異，聖人之所必爲者，固可概舉。然行之有先後，用之有緩速，若夫裁成運動，周旋曲當，則在朝廷講求設施如何耳。古者自天子達於庶人，必須師友以成就其德業，故舜、禹、文、武之聖，亦皆有所從學。今師傅之職不修，友臣之義未著，所以尊德樂善之風未成於天下，此非有古今之異者也。王者必奉天建官，故天地四時之職，歷二帝、三王未之或改，所以百度修而萬化理也。至唐，猶僅存其略。當其治時，尚得綱紀小正。今官秩淆亂，職業廢弛，太平之治所以未至，此亦非有古今之異者也。天生烝民，立之君使司牧之，必制其恆產，使之厚生，則經界不可不正，井地不可不均，此爲治之大本也。唐尚能有口分授田之制，今則蕩然無法，富者跨州縣而莫之止，貧者流離餓殍而莫之恤。幸民雖多，而衣食不足者，蓋無紀極。生齒日益繁，而不爲之制，則衣食日蹙，轉死日多，此乃治亂之機也，豈可不漸圖其制之之道哉？此亦非有古今之異者也。古者政教始乎鄉里，其法起於比閭族黨、州鄉酇遂，以相聯屬統治，故民相安而親睦，刑法鮮犯，廉恥易格，此亦人情之所自然，行之則效，亦非有古今之異者也。庠序之教，先王所以明人倫，化成天下。今師學廢而道德不一，鄉射亡而禮義不興，貢士不本於鄉里而行實不修，秀民不養於學校而人材多廢，此較然之事，亦非有古今之異者也。古者府史胥徒受祿公上，而兵農未始判也。今驕兵耗匱國力，亦已極矣。臣謂禁衛之外，不漸歸之於農，則將貽深慮；府史胥徒之役，毒遍天下，不更其制，則未免大患。此亦至明之理，非有古今之異者也。古者民必有九年之食，無三年之食者，以爲國非其國。臣觀天下耕之者少，食之者衆，地力不盡，人功不勤，雖富室強宗，鮮有餘積，況其貧弱者乎？或一州一縣有年歲之凶，即盜賊縱橫，饑羸滿路。如不幸有方三二千里之災，或連年之歉，則未知朝廷以何道處之，則其患不可勝言矣。豈可曰昔何久不至是，因以幸爲可恃也哉？固宜漸從古制，均田務農，公私交爲儲粟之法，以爲之備。此亦無古今之異者也。古者四民各有常職，而農者十居八九，故衣食易給，而民無所困苦。今京師浮民，數逾百萬，游手不可貲度。觀其窮蹙辛苦，孤貧疾病，變詐巧僞，以自求生，而常不足以生，日益歲滋，久將若何！事已窮極，非聖人能變而通之，則無以免患。豈可謂無可奈何而已哉？此在酌古變今，均多恤寡，漸爲之業，以救之耳。此亦非有古今之異者也。聖人奉天理物之道，在乎六府，六府之任，治於五官。山虞澤衡，各有常禁，故萬物阜豐，而財用不乏。今五官不修，六府不治，用之無節，取之不時。豈惟物失其性，林木所資，天下皆已童赭，斧斤焚蕩，尚且侵尋不禁，而川澤漁獵之繁，暴殄天物，亦已耗竭，則將若之何！此乃窮弊之極矣。惟修虞衡之職，使將養之，則有變通長久之勢。此亦非有古今之異者也。古者冠婚喪祭，車服器用，等差分別，莫敢踰僭，故財用易給，而民有恆心。今禮制未修，奢靡相尙，卿大夫之家莫能中禮，而商販之類或踰王公，禮制不足以檢飭人情，名數不足以旌別貴賤，既無定分，則奸詐攘奪，人人求厭其欲而後已，豈有止息者哉？此爭亂之道也。則先王之法，豈得不講求而損益哉？此亦非有古今之異者也。此十者特其端緒耳，臣特論其大端，以爲三代之法有必可施行之驗。如其綱條度數，施爲注措之道，則審行之，必也稽之經訓而合，施之人情而宜，此曉然之定理，豈徒若迂疏無用之說哉？惟聖明裁擇！黃百家云：先生所陳治法十事，按其時勢，悉中肯綮，無一語非本，此中之至誠流露也，此眞明體達用之言。

胡敬齋云：若依他做，三代之治可運之掌，惜乎神宗惑於王安石而不能用也。

《論養賢疏》曰：臣竊以議當代者，皆知

得賢則天下治，而未知所以致賢之道也。是雖衆論紛然，未極其要，朝廷亦以行之爲艱而不爲也。三代養賢，必本於學，而德化行焉，治道出焉。本朝踵循唐舊，而館閣淸選，止爲文字之職，名實未正，欲招賢養材以輔時贊化，將何從而致之也？臣歷觀古先哲王所以虛己求治，何嘗不盡天下之才以成己之德也。故曰：「大舜有大焉，善與人同，樂取於人以爲善。」今天下之大，豈爲乏賢？而朝廷無養賢之地以容之，徐察其器識高下而進退之也。臣今欲乞朝廷設延英院以待四方之賢，凡公論推薦及巖穴之賢，必招致優禮，視品給俸，而不可遽進以官，止以應詔命名。凡有政治則委之詳定，凡有典禮則委之討論，經畫得以奏陳，而治亂得以講究也。俾羣居切磨，日盡其材，行其志，使政府及近侍之臣，互與相接，陛下時賜召對，詢以治道，可觀其材識器能也。察以累歲，人品益分，然後使賢者就位，能者任職，或委付郡縣，或師表士儒。其德業尤異，漸進以帥臣職司之任，爲輔弼，爲公卿，無施之不稱也。若是，則引彙並進，野無遺賢，陛下尊賢待士之心，可謂無負於天下矣。取進止。

十一月，置諸路提舉官，王廣淵在京東，一等戶給十五千，等而下之，至五等猶給一千，民間喧然，廣淵入奏，謂民皆歡呼感德。先生論廣淵抑配掊克，迎朝廷旨意以困百姓。會河北轉運使劉庠不散青苗錢奏適至，王安石曰：「廣淵力主新法而遭劾，劉庠故壞新法而不問，舉事如此，安得人無向背？」故先生言不行。見《宋史》。《宋史》：劉庠，字希道，彭城人。乞罷新法。王廣淵，字叔本，魏郡人。温公論其奸邪。

閏十一月，張子被召入對，除崇文院校書，會令往勘苗振獄。先生上疏言：「張載經術德義，久爲士人師法，近侍之臣以其學行論薦，蒙陛下親加延問，屢形天奬，中外翕然知陛下崇尚儒學，優禮賢俊，爲善之人，孰不知勸？今朝廷必欲究觀其學業，詳試其器能，則事固有繫教化之本源，干政治之大體者。倘使之講求議論，則足以盡其所至。夫推按詔一作「訟」。獄，非謂儒者之不當爲，臣今所論者，朝廷待士之道爾。蓋治獄正可試諸能吏，非所以盡儒者之事業。徒使四方之人謂朝廷以儒術賢業進人，而以獄吏之事試之，則抱道修潔之士，益難自進矣。」執政曰：「淑問如皋陶，猶獻囚，此何傷？」竟命之往。《明道文集》。《邵氏聞見録》：知明州苗振，監司因觀望發其贓罪，朝廷遣崇文院校書張載往勘，悉平反之，罪止罰金。

先生見上稱介甫之學，對曰：「王安石之學不是。」上愕然問曰：「何故？」對曰：「臣不敢遠引，止以近事明之。臣嘗讀《詩》，言周公之德，云『公孫碩膚，赤舄几几』，周公盛德形容如是之盛。如王安石，其身猶不能自治，何足以及此？」又曰：「安石博學多聞則有之，守約則未也。」《遺書·吕與叔東見録》，下同。

先生嘗曰：「使人謂之啞御史猶可，且只是格君心。」

荆公嘗與先生論事不合，因謂先生曰：

「公之學如上壁。」言難行也。先生曰：「參政之學如捉風。」後來逐不附己者，而獨不怨先生，且曰：「此人雖未知道，亦忠信人也。」《遺書·楊遵道録》。

荆公置條例司，用先生爲屬。一日盛暑，荆公與先生對語，公子雱囚首跣足，攜婦人冠以出，問荆公曰：「所言何事？」荆公曰：「新法數爲人沮，與程君議。」雱箕踞以坐，大言曰：「梟韓琦、富弼之首於市，則新法行矣。」荆公遽曰：「兒誤矣。」先生正色曰：「方與參政論國事，子弟不可預，姑退。」雱不樂去。先生自此與荆公不合。《邵氏聞見録》。

御史俸薄，故臺中有「聚廳向火，分廳吃飯」之語。熙甯初，先生入臺爲裏行，則反之，遂「聚廳吃食，分廳向火」。先生爲予言。《外書·王彦輔記》。

三年庚戌，三十九歲。

罷授京西提點刑獄，辭，改簽書鎮甯軍節度判官事。

三月四日，先生與孫覺、呂公著、張戩、李常極論新法。不聽。見《宋史》。《宋史》：孫覺，字莘老，高郵人。仕至御史中丞、龍圖閣學士、兼侍講。李常，字公擇，建昌人。仕至御史中丞、兵部尚書。張戩，字天祺，横渠弟。爲御史。

《諫新法疏》曰：「臣近累上言，乞罷預俵青苗錢利息及汰去提舉官事，朝夕以覬，未蒙施行。臣竊謂明者見於未形，智者防於未亂。況今日事理顯白易知，若不因機亟決，持之愈堅，必貽後悔。悔而後改，則爲害已多。蓋安危之本在乎人情，治亂之機繫乎事始，衆心睽乖則有言不信，萬邦協和則所爲必成，固不可以威力取強，言語必勝。而近日所聞，尤爲未便。伏見制置條例司疏駁大臣之奏，舉劾不奉行之官，徒使中外物情，愈致驚駭，是乃舉一偏而盡沮公議，因小事而先失一作「動」。衆心。權其輕重，未見其可。臣竊謂陛下固已燭見事體，究知是非，在聖心非吝改張，由柄臣尚持固必，是致輿情大鬱，衆論益讙，若欲遂行，必難終濟。伏望陛下奮神明之威斷，審成敗之先機。與其遂一失而廢百爲，孰若沛大恩而新衆志？外汰使人之擾，亟推去息之仁。况糶糴之法兼行，則儲蓄之資自廣，在朝廷未失於舉措，使議論何名而沸騰？伏乞檢會臣所上言，早賜施行，則天下幸甚！」時爲監察御史裏行。

上語及程顥疏，安石曰：「顥至中書，臣略諭以方鎮沮毀朝廷法令，朝廷申明使知法意，不得謂之疏駁大臣章奏。顥乃言大臣論列事當包含，此言尤爲害理，若不申明法意，使中外具知，則是縱使邪說誣民，而令詔令本意更不明於天下。如此，則異議何由帖息？」《明道文集》下同。

四月十七日，再上疏曰：「臣聞天下之理，本諸簡易，而行之以順道，則事無不成。故曰：『智者若禹之行水，行其所無事也。』捨而之於險阻，則不足以言智矣。蓋自古興治，雖有專任獨決，能就事功者，未聞輔弼大臣人各有心，睽戾不一，致國政異出，名分不正，中外人情交謂不可，而能有爲者也。況於措置失宜，沮廢公議，一二小臣實與大計，用賤陵貴，以邪妨正者乎？凡此皆天下之理不宜有成，而智者之所不行也。設令由此僥倖，事小有成，而興利之臣日進，尙德之風浸衰，尤非朝廷之福。矧復天時未順，地震連年，四方人心日益搖動，此皆陛下所當仰測天意、俯察人事者也。臣奉職不肖，議論無補，望允前奏，早賜降責。時權監察御史裏行，由是罷爲權發遣京西路同提點刑獄。黄東發云：神宗初，明道疏乞定君志，用正人，次乞修學校尊師儒，次論王霸，皆根本之論。其要尤纖悉於養士養賢之節目，意者亦念人情之不古，伊欲變化士習，非徒法之能行，故先以君志而後及之歟。有曰「禁衛之外，不漸歸之農，則將貽深慮」，竊謂譬之於疾，此尤劇證，人主所宜力救者也。其乞留張載免按獄事云：「朝廷以儒術進人，而以獄吏之事試之，則抱道修潔之士，益難自進矣。」其諫新法二疏云：「與其遂一失而廢百爲，孰若沛大恩而新衆志。」又云：「設令僥倖小成，而興利之臣日進，尤非朝廷之福。」其議論得大體如此。

嘗被旨赴中堂議事，荆公方怒言者，厲色待之，先生徐曰：「天下之事，非一家私議，願公平氣以聽。」荆公爲之愧屈。劉立之敍述。

會同天節，四月，神宗生辰。宮嬪專獻奇巧爲天子壽。先生既言於朝，又顧謂執政戒之，執政曰：「宮嬪實爲，非上意也，庸何傷？」先生曰：「作淫巧以蕩上心，所傷多矣。公之言非是。」執政辭遂屈。是時，有同在臺列者，志未必同，然心慕其爲人，嘗語人曰：「他人之賢者，猶可得而議也，乃若伯淳，則如美玉然，反復視之，表裏洞徹，莫見疵瑕。」游酢《書行狀後》。

時荆公浸行其說，先生意多不合，事出必論列。數月之間，章數十上，尤極論者：輔臣不同心，小臣與大計，公論不行，青苗取息，賣祠部牒，差提舉官多非其人及不經封駮，京東轉運使剝民希寵不加黜責，興利之臣日進，尙德之風浸衰等十餘事。荆公與先生雖道不同，而嘗謂先生忠信，先生每與論事，心平氣和，荆公多爲之動，而言路好直者，必欲力攻取勝，由是與言者爲敵矣。先生言既不行，懇求外補，神宗猶重其去。上章及面請至十數不許，遂闔門待罪。神宗將黜諸言者，命執政除先生監司，差權發遣京西路提點刑獄。復上章曰：「臣言是，願行之；如其妄言，當賜顯責。請罪而獲遷，刑賞混矣。」累請得罷。既而神宗手批暴白同列之罪，獨於先生無責。改差簽書鎭甯軍節度判官事。《明道行狀》。

《辭京西提刑奏狀》曰：臣伏蒙聖恩，差權發遣京西路提點刑獄。已瀝懇誠，不敢祗受，願從竄謫，日冀允俞。不避煩瀆，輒再陳請。臣出自冗散，過蒙陛下拔擢，寘在言責。伏自供職已來，每有論列，惟知以憂國愛君爲心，不敢以揚己矜衆爲事。陛下亮其愚直，每加優容，故常指陳安危，辨析邪正。知人主不當自聖，則未嘗爲諂諛之言；知人臣（意）〔義〕無私交，則不忍爲阿黨之計。明則陛下，幽則鬼神，臣之微誠，實仰臨照。然臣學術寡陋，智識闊疎，徒有捧土之心，曾微回天之力。近以力陳時政之失，併論大臣之非，不能裨補聖明，是臣隳廢職業。既已抗章自劾，屏居俟命，豈意刑書未正，而恩典過頒。使臣粗知廉隅，必不敢蒙耻顧就。如其見利忘義，靦面受之，陛下有臣如此，亦將安用？

況臺諫之任，朝廷綱紀所憑，使不以言之是非，皆得進職而去，臣恐綱紀自此弛廢。臣雖無狀，敢以死請。伏望陛下開白日之照，厲嚴霜之刑，投諸荒陬，實所甘分。臣無任瀝血祈天之至！熙寧三年四月上。

上謂王安石曰：「人情如此紛紛，奈何？」安石曰：「陳襄、程顥專黨呂公著，都無助陛下爲治之實。今當邪説紛紛之時，乃用襄知制誥，顥提點刑獄，人稱其平正。此輩小人若附公著，得行其志，則天下之利皆歸之。既不得志，又不失陛下奬用，何爲肯退聽而不爲（善）〔姦〕？」乃以爲簽書鎮甯軍節度判官事。《明道文集》，下同。

《謝澶州簽判表》曰：論議無補，職業不修，國有典性質樸魯，學術空虛，志意粗修，智識無取。陛下講圖大政，博謀羣材，過聽侍臣之言，猥加風憲之任。臣既遭遇明聖，亦思誓竭疲駑，惟知直道以事君，豈忍曲學而阿世！屢進闊疎之論，愧非擊搏之才，徒嘗刳瀝肺肝，曾無裨補毫髮。既不能繩愆糾繆，固不願沽直買名。豈敢冒寵以居？惟是奉身而退。自劾之章繼上，闔門之請采堅。天意未回，憲章尙屈；更奉發中之詔，俾分提憲之權。不惟沮諍論之風，亦懼廢賞刑之實。力形奏述，恭俟誅夷。此蓋伏遇皇帝陛下極天清明，普日臨照，洞正邪之心迹，辨眞僞於幽微，察臣忠誠，恕臣狂直，不忍寘諸重辟，投之遠荒，解其察視之官，處以便安之地。生成之賜，義固等於乾坤；涵容之恩，重益逾於山嶽。臣敢不日新素學，力蹈所知，秉心不回，信道愈篤？顧狗小夫之志，不爲儒者之羞。或能自進於尋常，庶可仰酬於萬一！

按：先生以二年八月辛酉爲御史，三年四月己卯罷授提刑，癸未改鎮甯軍簽判。立朝九月，閲二百六十三日，章數十上，惜傳世者止十篇。

十一月二十六日，彭侍郎卒於金陵，先生祭文曰：「悠悠彼蒼，顧佑有常，如何不淑，殲時之良？胡不憖遺，以慰士大夫之望？嗚呼哀哉！昔我穉齒，爲公所器；教之誨之，實妻以子。二姓之歡，疇可倫擬？逾二十年，顧愛終始。我謫河北，公薨建康，義不得往，神魂飛翔。望南浦之蕭條，想丹旐之悠揚。淚如流水，不到公之堂；號聲動天，不徹公之喪。惟公德尊本朝，行高當世，爲四國之矜式，被三朝之注倚。風誼傳於後人，事業存乎國史。磊落明白，掀揭天地。縱綿百世之長，公爲不亡。雖竭無能之鄙辭，何足以增盛德之輝光？惟寓愚之誠兮，因遠致乎肴觴。公其來饗兮，慰余之悲傷！長言恩禮之厚兮，知何時之可忘？嗚呼哀哉！伏惟尚饗！」

上欲用溫公，召爲樞密，謂先生曰：「朕召司馬光，卿度光來否？」先生對曰：「陛下能用其言，光必來；不能用其言，光必不來。」帝曰：「未論用其言，如光者常在左右，人主自可無過。」公果辭召命。《邵氏聞見録》。

《續通鑑長編》：四年二月，光乞判西京留司御史臺，不報。又上章曰：「臣之不才，最出羣臣之下，先見不如呂誨，公直不如范純仁、程顥，乞致仕。」詔光移知許州，令過闕上殿，上謂御史程顥云云。此據伯溫《聞見錄》。按：三年四月，先生已罷御史，此時不在朝廷。蓋韓（琦）〔絳〕言光可代己爲樞密，神宗與絳語，而伯溫誤屬之先生也。

程子年譜卷三

楚雄池生春籥庭
會稽諸星杓恕齋輯

明道先生

四年辛亥，四十歲。

簽判鎮甯軍。

先生至鎮甯軍，爲守者嚴刻多忌，通判而下莫敢與辨事。始意先生嘗任臺憲，必不盡力職事，而又慮其慢己。既而先生事之甚恭，雖筦庫細務，無不盡心，事小未安，必與之辨，遂無不從者，相與甚歡。屢平反重獄，得不死者前後蓋十數。河清卒於法不他役，時中人程昉爲外都水丞，怙勢滅視州郡，欲盡取諸埽兵治二股河，先生以法拒之。昉請於朝，命以八百人與之。天方大寒，昉肆其虐，衆逃而歸。州官晨集，城門吏報河清兵潰歸，將入城，衆官相視，畏昉欲弗納。先生曰：「此逃死自歸，弗納必爲亂，昉有言某自當之。」即親往開門撫諭，約歸休三日復役，衆歡呼而入。具以事上聞，得不復遣。後昉奏事過州見先生，言甘而氣懾，既而揚言於衆曰：「澶卒之潰，乃程中允誘之，吾必訴於上。」同列以告，先生笑曰：「彼方憚我，何能爾也？」果不敢言。會曹村埽決，時先生方救護小吳，相去百里，州帥劉公渙以事急告，先生一夜馳至。帥俟於河橋，先生謂帥曰：「曹村決，京城可虞，臣子之分，身可塞亦爲之，請盡以廂兵見付，事或不集，公當親率禁兵以繼之。」帥，義烈士，遂以本鎮印授先生曰：「君自用之。」先生得印，不暇入城省親，徑走決隄，諭士卒曰：「朝廷養爾輩，正爲緩急爾，爾知曹村決，則注京城乎？吾與爾曹以身捍之。」衆皆感激自（勀）〔効〕。論者皆以爲勢不可塞，徒勞人爾。先生命善泅者運細繩以渡決口，水方奔注，達者百一，卒能引大索以濟衆。兩岸並進，晝夜不息，數日而合。其將合也，有大木自中流而下，先生顧謂衆曰：「得彼巨木，橫流入口，則吾事濟矣。」語纔已，木遂橫，衆以爲至誠所致。其後曹村之下復決，遂久不塞，數路困擾，大爲朝廷憂，人以爲使先生在職，安有是也。《明道行狀》。《元豐九域志》：澶州，澶淵軍、鎮甯軍節度，屬河北路。

《宋史》：熙甯四年二月，詔增漳河等役，從程昉議。八月，河溢澶州。十二月，朝廷令河北轉運使開修二股河上流，并修塞第五埽決口鎮甯。

《續通鑑長編》：四年五月，御史劉摯言内臣程昉於河北開修漳河功力浩大，所用九萬夫，所至淩侮官吏，監司畏昉之勢，不敢言其非。昉前後奏事欺妄要君，乞加貶竄。安石爲昉力辨，後覺其誕，疎之。九年，昉以憂死。劉涣，字仲章，四年五月知澶州。十一月，以工部尚書致仕。其後熙甯十年七月，河大決於澶淵曹村下埽。

按：先生治河，不暇入城省親，當是太中以四年乞祠歸，就養矣。

先生平生與人交無隱情，雖僮僕必託以忠信，故人亦不忍欺之。嘗自澶淵遣奴持金詣京師貿用物，計金之數可當二百千，奴無父母妻子，同列聞之莫不駭且誚。既而奴持物如期而歸，衆始歎服。先生少長親闈，視之如傷，又氣象清越，灑然如在塵外，宜不能勞苦。及遇事，則每與賤者同起居飲食，人不堪其難，而先生處之裕如也。嘗董役，雖祁寒烈日不擁裘，不御蓋，時所巡行，衆莫測其至，故人自致力，常先期畢事。異時夫伍中夜多譁，一夫或怖，萬夫競起，姦人乘虚爲盜者，不可勝數。先生以師律處之，遂訖去無譁者。及役罷夫散，部伍猶整肅如常。游酢《書行狀後》。

先生爲澶州幕官，歲餘罷歸。恕後過澶州，問村民，莫不稱先生，咨嗟歎息。蓋先生之從政，其視民如子，憂公如家，其誠心感人，雖爲郡僚佐，又止歲餘而去，至使田夫野人皆知其姓名，又稱歎其賢。使先生爲一郡，又如何哉？使先生行乎天下，又如何哉？邢恕叙述。

先生在澶州日，修橋少一長梁，曾博求之

民間，後因出入見林木之佳者，必起計度之心，因語以戒學者：「心不可有一事。」《遺書·謝顯道記》。

澶娘生。見《明道文集》，下同。

作《侍郎彭公行狀》。彭公，名思永，字季長，廬陵人。先生外舅也。生咸平三年庚子，終熙甯三年庚戌，年七十一。天聖五年進士。歷官南康軍判官，〔知〕廣州南海、洪州分甯縣，通判睦州、湖州、常州，爲御史，出守宣州，除〔荆湖〕北路轉運使，進工部郎中，升刑部，出爲益州路轉運使、權領成都府，遷兵部郎中、户部副使充陝西都轉運使，鎮高陽。治平中，升給事中、知江甯府，權御史中丞。神宗朝，以蔣之奇言大臣陰事扳公，降給事中、知黄州，徙太平州。郊祀恩復工部侍郎、知亳州，移揚州，遷户部侍郎致仕，徙居歷陽。疾，卒金陵。娶晏元憲之姪侍郎容之子。二男：衛、衍。五女：長適胡從，次適李伯英，次即先生室，次適田祐，次適齊域。公終之明年葬。先生作《行狀》，詳文集。

五年壬子，四十一歲。

求監局養親。罷歸，始僦居洛。

十二月郊祀霈恩，先生曰：「吾罪滌矣，可以去矣。」遂求監局，以便養親。得罷歸。《明道行狀》。

太中公得請領崇福，先生求折資監當以便養。歸洛，從容親庭，日以讀書勸學爲事。先生經術通明，義理精微，樂告不倦，士大夫從之講學者日夕盈門，虚往實歸，人得所欲。劉立之叙述。

按：先生講學友，所稱不雜者三人，張子厚、邵堯夫、司馬君實也。於李仲通，則稱其德性之粹；於孔周翰，則示以聖賢之學；於吕晦叔，則勸以好賢之勿替，歸上之勿疑；於韓持國，則語以性道之無二，克復之爲一；與張天祺，言心不可制縛；與吳師禮，言理須要明辨。他如談王介甫之學錯處，言謝師直之易非是，雖異己，猶服其忠信。富鄭公謂天下無福，文潞公稱之曰明道，雖先達尤折節敬禮。其見於唱和者，有若王安之、張子直、王求甫、陸子履、陳公廙；其見於遊從者，有若范堯夫、范彝叟、范淳夫、謝師宰、王彥霖、王參輔、韓宗道、杜孝錫，皆相與質疑問道者也。

先生以親老求爲閒官，居洛陽殆十餘年。與弟伊川先生講學於家，化行鄉黨。家貧，疏食或不繼，而事親務養其志，賙贍族人必盡其力。士之從學者不絕於館，有不遠千里而至者。范祖禹叙述。

按：先生門人劉立之、呂希哲在嘉祐初爲最早，劉絢與立之同時，李籲稍後於絢。蘇昺，熙甯十年橫渠卒後從學。呂大臨與兄大忠、大鈞皆從橫渠，元豐二年入洛見二先生卒業。謝良佐、游酢在元豐元年先生知扶溝時從學。楊時以師禮見先生於潁昌，在元豐四年。朱光庭見先生於汝，在元豐六年。侯仲良，華陰先生之孫，年輩後於諸公。他如田述古、周純明、邵伯溫皆在洛得聞緒論，不出熙甯間。而邢恕始見先生於磁州，在治平初，則又先於呂、謝、游、楊。此先生門人之可攷者也。又居洛講學，自熙甯五年壬子至十年丁巳，元豐三年庚申至七年甲子，前後十餘年。

六年癸丑，四十二歲。

居洛。

時醜正者競揚避新法之說。《明道行狀》。

先生居家不補久之。《程朱闕里志》。

六月七日，周子卒。《濂溪年表》：生於天禧元年丁巳，終於熙甯六年癸丑。年五十七。

濂溪先生殁，洛陽二程先生倡學於時，辨異端，闢邪說，自孟子而下，鮮所許可，獨以先生爲知道。云自聞道於先生，而其學益明。明道嘗自言：「吾再見周茂叔，吟風弄月而歸，得吾與點也之意。」伊川先生狀明道之行曰：「幼聞周茂叔論道，遂厭科舉之業，求諸六經而後得之。」其推尊如此，於是世方以道學歸之。《通書》即其所著也，始出於程門侯師聖，傳之荆門高元舉、朱子發。寬初得於高，後得於朱，又後得和靖尹先生所藏，亦云得之程氏，今之傳者是也。逮卜居九江，得舊本於其家，比前所見，無《太極圖》，或云圖乃手授二程，故程本附之卷末也。此書字不滿三千，道德性命、禮樂刑政悉舉其要，而又名之以通，其示人至矣。學者宜盡心焉。祁寬《通書後跋》。

寬，字居之，和靖門人。是跋題於紹興甲子，蓋和靖沒後二年也。

周子自少即以學行有聞於世，而莫或知其師傳之所自，獨以河南兩程夫子嘗受學焉，而得孔孟不傳之正統，則其淵源，因可概見。然所以指夫仲尼、顔子之樂，而發其吟風弄月之趣者，亦不可得而悉聞矣。所著《易通》與《太極圖說》，並出程氏以傳於世，程先生兄弟語及性命之際，亦未嘗不因其說。觀《通書》之《誠動》、《靜理》、《性命》等篇及程氏書《李仲通銘》、《程邵公誌》、《顔子好學》等篇，則可見矣。《朱子文集》。黄百家：按朱子云：元公不由師傳，默契道體，建圖屬書，根極領要，當時見而知之者有程氏，遂廣大而推明之。而周、孔、孟氏之傳涣然復明，此定論也。顧二程氏雖受學濂溪，而大程德性寬洪，規模闊廣，以光風霽月爲懷；二程氣質剛方，文理密察，以峭壁孤峰爲體。其道雖同，而造德自各有殊也。全謝山《周程學統論》：《明道先生傳》在《哲宗實録》中，乃范學士沖作；《伊川先生傳》在《徽宗實録》中，乃洪學士邁作，並云從學周子。兩朝史局所據，恐亦不祗吕芸閣《東見録》一書。觀明道之自言曰「自再見茂叔，吟風弄月以歸，有吾與點也之意」，則非於周子，竟無所得者。《明道行狀》雖謂其泛濫於諸家，出入於佛老者幾十年，反求諸六經而後得之，而要其慨然求道之志，得於茂叔之所聞者，亦不能没其自也。若《遺書》中直稱周子之字，則吾疑以爲門人之詞，蓋因其師平日有獨得遺經之言，故遂欲略周子而過之也。周子所得，其在聖門幾幾顔子之風。二程之所以未盡其藴者，蓋其問學在慶曆六年，周子即以是歲遷秩而去，追隨不甚久也。潘興嗣志墓，其不及二程子之從遊者，亦以此。陸世儀云：二程之學本於周子，或謂伊川作《明道行狀》言明道得不傳之學於遺經，不言周子，此不善讀書者也。明道自言見周茂叔後，吟風弄月以歸。《定性書》即周子定之，以仁義中正而主静之旨，至伊川《顔子所好何學論》，惟人得其秀而最靈，皆周子《太極圖》之言也。豈得云不本於周子？所謂得不傳之學於遺經者，大抵聖賢之人，一經指點，他自會去尋頭路讀書，終不然只守定這幾句師説，亦不善學者矣。

七年甲寅，四十三歲。

監洛河竹木務。陳襄薦明道性行端醇，明於義理，可備風憲。不果用。

先生家居歲餘，得監西京洛河竹木務。《明道行狀》。

先生既不用於朝廷，而以奉親之故，禄仕於筦庫以爲養，居洛幾十年。玩心於道德性命之際，有以自養，其渾浩沖融而必合乎規矩準繩，蓋眞顔氏之流，黄憲、劉迅之徒不足道也。洛實別都，乃士人之區藪，在仕者皆慕化之，從之質疑解惑。閭里士大夫皆高仰之，樂從之遊學；士皆宗師之，講道勸義。行李之往來過洛者，苟知名有識，必造其門，虛而往實而歸，莫不心醉斂衽而誠服。於是先生身益退，位益卑，而名益高於天下。邢恕敘述。

作《李寺丞墓誌銘》曰：予友李君仲通，諱敏之，世居北燕，高祖避亂南徙，今爲濮人。丞相文定公迪，乃其世父也。曾祖令珣，祖護，皆以丞相故贈太師、尚書令。考遜，用子貴，贈吏部尚書。仲通生而有賢資，端厚仁恕，見於孩提之時。舉動齊整，不妄言笑，燕居終日，泊然而無惰容，望之者皆知其君子人矣。與人言，無隱情，惟聞人之過則未嘗復出於口。安靖寡欲，居貧守約，裕如也。好古力學，博觀羣書，尤精於《春秋》、《詩》、《易》。其後所得，殊爲高深。方勇勵自進，不幸短命，惜夫未見其止也！死之年纔三十矣。仲通之德，蓋完於天成，孝友之性尤爲絕異。侍太夫人疾，衣不解帶者累月，及居喪，哀毀過甚。中外數百口，上愛下信，人無間言。羣從聚居，臧獲使令者衆，雖馭之過嚴，不能使之無犯。惟偶爲仲通所責，則其人必慚恨累日，痛自飭勵。及仲通之亡，濮之人無賢不肖，皆失聲痛惜，或爲隕涕。非至誠及物，其能有是乎？仲通外甚和易，遇物如恐傷之，雖家人未始見其喜怒。及其出辭氣，當事爲，則莊厲果斷，不可以非義回屈。始用蔭補郊社齋郎，調虔州瑞金縣主簿。會劇賊戴小八攻害數邑，朝廷患之，命御史督視。仲通時承尉乏，與其令謀曰：「劉右鶻、石門羅姓者，皆健賊，詔捕之累年矣。小八不能連二盜以自張，吾知其無能爲也。當說使自效，則賊爲不足破矣。」乃遣人諭二盜，皆曰：「我服李君仁信久矣，願爲之死。然召我亦有以爲信乎？」仲通即以其符詰與之，且約曰：「某日當以甲二百來見我於邑中。」衆皆恐懼，仲通曰：「彼欲爲惡，雖不召將至。且吾信於邑人，彼亦吾人也。何憚乎？」乃將二盜，與之周旋，卒得其死力，遂斬小八，盡平其黨。朝廷嘉之，遷衛尉寺丞，仍升一任。御史用間者言，將誅劉、羅二黨。仲通以爲失信不義，抗論甚力，久始見從。仲通又自言於朝，請因其立功，縻以冗職，可絶後患。書奏不報。其羅姓者，果復爲害。仲通宰江甯之上元，有古循吏之風。邑之舊田稅不均，貧弱受其弊，仲通爲法以平之。豪猾惡其害己，共爲謗語，借勢於上官以搖其事。人皆爲仲通危，仲通堅處不變，未滿歲而所均者萬七一作「二」。千室。事業雖百未一施，概是二節，則高明之見，剛勇之氣，發於事者，亦可知已。嗚呼！人非有古今之殊，特患夫忽近而慕遠耳。如吾仲通之材之美，古獨可以多乎哉？向若天假之年，成就其所學，自當無媿於古人，况使得與古之人並，而親炙於聖人之時乎？則吾知其果不後曾、閔之列矣。仲通以治平三年五月終於家，熙甯七年二月庚寅葬於濮州鄄城縣遺直鄉之先塋。夫人王氏祔焉。夫人，太子中舍杲之女，賢慧靖淑，雅有法度。及寡居，益自晦重，素衣一食以終身焉，蓋後仲通六年而亡。仲通嘗生二女，皆夭，卒無子，以兄之子孝和爲嗣。仲通平生相知之深者莫如予，故將葬，其家以誌文來屬，其可辭乎？銘曰：二氣交運兮，五行順施。剛柔雜糅兮，美惡不齊。稟生之類兮，偏駮其宜。有（種）〔鍾〕粹美一作純粹兮，會元之期。聖雖可學一作「作」。兮，所貴者資。便儇皎厲兮，去道遠而。展矣仲通兮，賦材特奇。進復甚勇兮，其造可知。德何完兮命何虧？秀而不實聖所悲。孰能使我無愧辭，欲後有考觀銘詩。《明道文集》。　朱子云：元氣會生聖賢，如歷家推朔旦、冬至、夜半、甲子。所謂元氣會，亦似此般模樣，自是難得遇也。

荆公之退也。熙甯七年，安石免，出知江甯府。

陳襄在講筵，薦司馬溫公以下三十三人。其薦明道云：「太子中允監西京洛河竹木務程某，性行端醇，明於義理，可備風憲。」神宗善之而不能用。《陳古靈集》。　《宋史》：陳襄，字述古，侯官人。有志傳道，學者稱古靈先生。謚忠文。

先生作洛河竹木務時，過一寺門，牆上有人題：「要不悶，守本分。」時田明之隨行，先生每過必曰：「好語！」一日，明之問之，先生曰：「只被人不守本分也。」《外書·尹和靖語》。　《宋儒學案》：田明之，名述古，安邱人。胡安定高弟。隱居講學。溫公、康節、二程先生居洛，皆從之游。

一日，二程先生侍太中公訪康節於天津之廬，康節攜酒飲月陂上，歡甚，語其平生學術出處之大致。明日，先生悵然謂門生周純明曰：「昨從堯夫先生遊，聽其論議，振古之豪傑也，惜其無所用於世。」純明曰：「所言何如？」先生曰：「内聖外王之道也。」是日，康節有詩，先生和之。《邵氏聞見録》。《宋儒學案》：周純明，字全伯，澶淵人。父長孺，師事康節，早卒。康節撫純明如子，因求昏於伊川，娶殿丞女。卒業伊川，登進士第。

《遊月陂》：月陂隄上四徘徊，北有中天百尺臺。萬物已隨秋氣改，一罇聊爲晚涼開。水心雲影閑相照，林下泉聲靜自來。世事無端何足計，但逢佳日約重陪。《明道文集》，下同。

《和邵堯夫打乖吟二首》：打乖非是要安身，道大方能混世塵。陋巷一生顔氏樂，清風千古伯夷貧。客求墨妙多攜卷，天爲詩豪剩借春。儘把笑談親俗子，德容猶足慰鄉人。聖賢事業本經綸，肯爲巢由繼後塵。三幣未回伊尹志，萬鍾難換子輿貧。且因經世藏千古，已占西軒度十春。時止時行皆有命，先生不是打乖人。

《和堯夫首尾吟》：先生非是愛吟詩，爲要形容至樂時。醉裏乾坤都寓物，閑來風月更輸誰？死生有命人何與，消長隨時我不悲。直到希夷無事處，先生非是愛吟詩。

《和堯夫西街之什二首》：先生相與賞西街，小子親攜几杖來。行次每容參劇論，坐隅還許侍餘盃。檻前流水心同樂，林外青山眼重開。時泰身閑難兩得，直須乘興數追陪。先生高蹈隱西街，風月猶牽賦詠才。暫到鄰家賞池館，便將佳句寫瓊瑰。壯圖已讓心先快，劇韻仍降字占挼。只有一條誇大甚，水邊曾未兩三盃。

《秋日偶成二首》：寥寥天氣已高秋，更倚淩虛百尺樓。世上利名羣蠛蠓，古來興廢幾浮漚。退居陋巷顔回樂，不見長安李白愁。兩事到頭須有得，我心處處自優游。閑來無事不從容，睡覺東窗日已紅。萬物靜觀皆自得，四時佳興與人同。道通天地有形外，思入風雲變態中。富貴不淫貧賤樂，男兒到此是豪雄。上蔡云：明道擺脱得開，爲他所過者化。朱子云：看他胸中，直是好與曾點底事一般。黄東發云：明道詩皆造化生意之妙。

按：《擊壤集》有熙甯七年春日，謝伯淳察院用「先生不是打乖人」，又《中秋後同程郎中父子月陂上閑步吟》，今並附此。

先生曰：某接人多矣，不雜者三人：張子厚、邵堯夫、司馬君實。《遺書·吕與叔東見録》，下同。

又曰：堯夫，豪傑之士，根本不帖帖地。

先生嘗戲以亂世之姦雄中道學之有所得者。堯夫之學，先從理上推意言象數，言天下之理須出於四者。推到理處曰：「我得此大者，則萬事由我，無有不定。」然未必有術，要之亦難以治天下國家。其爲人則直，是無禮不恭，惟是侮玩，雖天地亦爲之侮玩，如《無名公傳》言「問諸天地，天地不對，弄丸餘暇，時往時來」之類。堯夫詩雪月風花未品題，他便把這些事便與堯、舜三代一般。此等語，自孟子後無人曾敢如此言來，直是無端。又如言「文字呈上堯夫」，皆不恭之甚。「須信畫前元有《易》，自從刪後更無《詩》」，這箇意思古，元未有人道來。李安溪云：觀明道贊堯夫異於橫渠，贊橫渠又異於濂溪，銖兩不差，則知其淵源有自矣。「昔受學於周茂叔，吾學有所受」二語，源流何等分明也？

又曰：堯夫放曠。《遺書》卷六。

又曰：堯夫猶空中樓閣。《遺書》卷七。

堯夫詩云「梧桐月向懷中照，楊柳風來面上吹」，先生曰：「眞風流人豪也。」《外書·時紫芝集》。

八年乙卯，四十四歲。

詔修《三經義》不果。十月，彗見翼、軫間，應詔上書。還朝，差知扶溝縣事，辭，復求監局。

神宗猶念先生，會修《三經義》，六年三月，置經義局。嘗語執政曰：「程某可用。」執政不對。又嘗有登對者自洛至，問曰：「程某在彼否？」連言佳士。《明道行狀》，下同。

十月己未，彗見軫、翼間。己亥，詔求直言，先生應詔論朝政極切。還朝，執政屢進擬，神宗皆不許。既而手批與府界知縣，差知扶溝縣事。先生詣執政，復求監當，執政諭以上意不可改也。

按：《應詔論朝政奏疏》不見文集。

太中公告老而歸，家素淸窶，僦居洛城，先生以祿養。族大食衆，菽粟僅足，而老幼各盡其歡。中外幼孤窮無託者，皆收養之，撫育誨導，期於成人，嫁女娶婦，皆先孤遺而後及己子。食無重肉，衣無兼副，女長過期，至無貲以遣。劉立之敘述。

先生叔父璠卒於河南。見《明道文集》。叔父璠，字仲轀，太中仲弟。年十六，以族兄文簡公廕，試將作監主簿。始冠爲常州户曹掾，除明州司法，知壽州安豐，移公興元府西縣，改洪州豐城，知河南伊闕縣，簽書河東節度判官公事，知永安縣、兼陵臺令，通判和州、權領郡事，刑蔡之妖尼惠普，置神怪李洞元於法，復通判隰州。熙寧乙卯四月甲申，以疾終於河南，年五十七。官自衛尉丞，九遷爲比部郎中。二子：顥、頤。四女：長適國子博士張昭立，次早亡，其二未嫁。詳《程郎中墓誌》。

九年丙辰，四十五歲。吳充薦先生，不報。

時王安石罷相，以吳充、王珪同平章事。充與安石連姻，而心不善安石所爲，欲有變革，乞召還司馬光、呂公著、韓維、蘇頌，又薦孫覺、李常及先生。見《通鑑》。

《宋史》：吳充，字沖卿。熙寧九年九月，代安石爲相。元豐三年四月卒。王珪，字禹玉，成都人。與蔡確比而沮温公，議復靈武以固位。韓維，字持國，神宗宮邸舊臣。熙寧七年爲學士，勸帝廣求直言，罷青苗諸害。上命草詔行之，人情大悦。元祐初拜門下侍郎，以少師致仕。元符初卒，年八十二。蘇頌，字子容，丹陽人。第進士。知制誥，以駁李定除御史落職。熙寧八年，以集賢院學士爲祕書監。元祐七年，拜右僕射。紹聖四年，少師致仕。建中靖國元年卒，年八十二。

張天祺卒。先生嘗許誌其墓，今文集無之，疑未作也。《伊洛淵源録》註。

先生曰：張天祺昔嘗言：「自約數年，自上著牀便不得思量事，不思量事後須強把他這心來制縛，亦須寄寓在一箇形象。」皆非自然。君實自謂：「吾得術矣，只管念箇中字。」此則又爲中所繫縛，且中字亦何形象。有人胸中常若有兩人焉，欲爲善如有惡以爲之間，欲爲不善又若有羞惡之心者，本無二人，此正交戰之驗也。持其志，使氣不能亂，此大可驗。要之聖賢，必不害心疾。《遺書·呂與叔東見録》。

先生與吳師禮談介甫之學錯處，謂師禮曰：「爲我盡達諸介甫，我亦未敢自以爲是。如有説，願往復。此天下公理，無彼我，果能明辨，不有益於介甫，則必有益於我。」《遺書·李端伯記》。《宋儒學案》：吴師禮，字安仲，師仁弟，錢塘人。以上舍賜第，歷官右司員外郎。工翰墨，終直祕閣、知宿州。

正獻公既薦常秩，後差改節，嘗對先生有悔薦之意。先生曰：「願侍郎寗百受人欺，不可使好賢之心少替。」公敬納焉。《外書·吕氏童蒙訓》。《宋史》：常秩，字夷甫，汝陰人。隱居不仕，起在諫争，無所建明，聞望日損，爲時譏笑。自熙甯四年爲右正言，進侍講侍讀，九年還潁，十年卒。年五十九。

十年丁巳，四十六歲。

在洛。五月庚戌，改太常丞。

春，吕申公起知河陽，河南尹賈公昌衡率溫公及先生餞於福先寺上東院，康節以疾不赴。明日，先生語康節曰：「君實與晦叔席上各辨論出處不已，某以詩解之云云。」《邵氏聞見録》。《宋史》：賈昌衡，字子平，昌朝弟。舉進士。熙甯更法，數言利害，神宗獎其論奏忠益，召爲户部副使，增秩右諫議，加集賢殿修撰，知河南府。

司馬溫公既辭宥密之命，名冠一時，士無賢不肖，皆所歸重，而兩程先生、孫莘老、李公擇諸公尤推重正獻。已而二公同居洛中。熙甯末正獻起知河陽，先生以詩送行曰：「曉日都門颭旆旌，晚風鐃吹入三城。知公再爲蒼生起，不是尋常刺史行。」又與溫公同餞正獻，復有詩與溫公云：「二龍閑卧洛波清，此日都門獨餞行。願得賢人均出處，始知深意在蒼生。」蓋以二公出處無異，且恐溫公以不出爲高也。及正獻自河陽乞在京宮祠，神廟大喜，召還，遂登樞府。元豐元年九月乙酉。人或問二程以二公出處爲有優劣，二程先生曰：正不如此，呂公世臣也，不得不歸見上。司馬公爭臣也，不得不退處。」《呂氏童蒙訓》。胡文忠云：聖人志在天下國家，與常人志在功名全別。孟子傳聖人之道，故曰：「予豈若是小丈夫哉？」諫於其君而不受，則悻悻然見於其面。去則窮日之力，目看聖人氣象則別，先生却如此。元豐中，有詔起呂申公、司馬溫公，溫公不起，先生作詩送申公，又詩寄溫公，其意直是眷眷在天下國家。雖然如此，於去就又却分明不放過一步。

按：文忠合前後通論，故概稱元豐中。

《和花菴》：得意即爲適，種花非貴多。一區才丈席，滿目自雲蘿。靜聽禽聲樂，閑招月色過。期公在康濟，終奈此情何？《明道文集》，下同。

按：司馬溫公有《花菴獨坐》詩，先生和其韻。

《和諸公梅臺》：急須乘興賞春英，莫待空枝謾寄聲，淑景暖風前日事，淡雲微雨此時情。

後一日再和：常勸嬉遊須及辰，莫辭巾屨染埃塵。祗應風雨梅臺上，已減前時一半春。朱子云：龜山謂梅臺是說時事。

按：司馬溫公有《和君貺宴張氏明叔梅臺》。

《顔樂亭銘》：爲孔周翰作。天之生民，是爲物則，非學非師，孰覺孰識？聖賢之分，古難其明；有孔之遇，有顔之生，聖以道化，賢以學行，萬世心目，破昏爲醒。周爰闕里，惟顔舊止，巷汙於榛，井堙而圮。鄉閭蚩蚩，弗視弗履，有卓其誰，師門之嗣。追古念今，有惻其心，良賈善諭，發帑以金。巷治以闢，井渫而深，清泉澤物，佳木成陰。載基載落，亭曰顔樂。昔人有心，予忖予度。千載之上，顔惟孔學；百世之下，顔居孔作。盛德彌光，風流日長。道之無疆，古今所常。水不忍廢，地不忍荒。嗚呼正學，其何可忘！王剛仲云：程子師周子，每令尋顔子樂處，故於此亭，因孔顔之裔，而深有感於師友之契，揭聖賢之學以示人。有志斯道者，必將由辭以得其意，則庶幾乎？

按：《蘇詩註》：孔宗翰，字周翰，道輔子，孔子四十八世孫。熙甯十年守密州，得顔子故居陋巷，有井存焉，作亭其上，命曰「顔樂」，子瞻有詩，司馬君實有頌。

五月，改太常丞，以知河南府賈昌衡、西京北路轉運副使李南公等言程某博通古今，行誼修潔，改官八年，未嘗磨勘故也。《續通鑑長編》

康節嘗作《四賢吟》，云：彥國之言鋪陳，晦叔之言簡當，君實之言優游，伯淳之言條暢。四賢洛陽之望，是以在人之上。有宋熙甯之間，大爲一時之壯。《擊壤集》。《和王安之》五首。《小園》：「閑坊西曲奉常家，景物天然占一窪。恰似庾園基址小，全勝浥澗路途賒。知君陋巷心猶樂，比我僑居事已誇。且喜杖藜相過易，隔牆無用少游車。」白樂天有詩，戲盧中丞浥澗山居去城之遠。《野軒》：「誰憐大第多奇景，自愛貧家有古風。會向紅塵生野思，始知泉石在胸中。」《汙亭》：「強潔猶來眞有爲，好高安得是無心。汙亭妙旨君須會，物我何爭事莫侵。」《藥軒》：「囊中數味應千種，砌下栽苗過百名。好是微風入庭戶，清香交送滿檐楹。」《晚暉亭》：「亭下花光春正好，亭頭山色晚尤佳。欲知剩占清一作「春」。風處，思順街東第一家。」《明道文集》，下同。《范忠宣公集》：王安之，名尚恭，太常少卿致仕。又司馬溫公《耆英會序》：尚恭，少潞公一歲，年七十六。按：《擊壤集》：熙甯十年，並有此詩和章。

七月癸丑，邵堯夫先生卒。先生作《墓誌銘》曰：堯夫先生疾終於家。洛之人弔哭者，相屬於途，其尤親且舊者，又聚謀其所以葬。先生之子泣以告曰：「昔先人有言，誌於墓者，必以屬吾伯淳。」噫！先生知我者，以是命我，我何可辭？謹按：邵本姬姓，系出召公，故世爲燕人。大王父令進，以軍職逮事藝祖，始家衡漳。祖德新，父古，皆隱德不仕。母李氏，其繼楊氏。先生之幼，從父徙共城，晚遷河南，葬其親於伊川，遂爲河南人。先生生於祥符辛亥，至是蓋六十七年矣。雍，先生之名，而堯夫其字也。娶王氏。伯溫、仲良，其二子也。先生之官，初舉遺逸，試將作監主簿，後又以爲潁州團練推官，辭疾不赴。先生始學於百源，勤苦刻厲，冬不爐，夏不扇，夜不就席者數年，衛人賢之。先生歎曰：「昔人尚友千古，而吾未嘗及四方，遽可已乎？」於是走吳適楚，過一作「寓」。齊、魯，客梁、晉。久之而歸，曰：「道其在是矣。」蓋始有定居之意。先生少時，自雄其材，慷慨有大志。既學，力慕高遠，謂先王之事爲可必致。及其學益老，德益劭，玩心高明，觀於天地之運化，陰陽之消長，以達乎萬物之變，然後頹然其順，浩然其歸。在洛幾三十年，始至，蓬蓽環堵，不蔽風雨，躬爨以養其父母，居之裕如。講學於家，未嘗強以語人，而就問者日衆。鄉里化之，遠近尊之，士人之道洛者，有不之公府，而必之先生之廬。先生德器粹然，望之可知其賢，然不事表襮，不設防畛，正而不諒，通而不汙，清明坦夷，洞徹中外。接人無貴賤親疏之間，羣居燕飲，笑語終日，不取甚異於人，顧吾所樂何如耳。病畏寒暑，常以春秋時行遊城中，士大夫家聽其車音，倒屣迎致，雖兒童奴隸，皆知懽喜尊奉。其與人言，必依於孝弟忠信，樂道人之善，而未嘗及其惡，故賢者悅其德，不賢者服其化。所以厚風俗、成人材者，先生之功一有「爲」字。多矣。昔七十子學於仲尼，其傳可見者，惟曾子所以告子思，而子思所以授孟子者耳。其餘門人，各以其材之所宜一有「者」字。爲學，雖同尊聖人，所因而入者，門戶則衆矣。況後此千餘歲，師道不立，學者莫知其從來。獨先生之學爲有傳也。先生得之於李挺之，挺之得之於穆伯長，推其源流，遠有端緒。今穆、李之言及其行事，概可見矣。而先生淳一不雜，汪洋浩大，乃其所自得者多矣。然而名其學者，豈所謂門戶之衆，各有所因而入者歟？語成德者，昔難其居。若先生之道，就所至而論之，可謂安且成矣。先生有書六十二卷，命曰《皇極經世》；古律詩二千篇，題曰《擊壤集》。先生之葬，附於先塋，實其終之年孟冬丁酉也。銘曰：嗚呼先生，志豪力雄。闊步長趨，淩高厲空。探幽索隱，曲暢旁通。在古或難，先生從容。有《問》有《觀》，以飫以豐。天不慭遺，哲人之凶。鳴臯在南，伊流在東。

有甯一宮，先生所終。吕本中云：觀此誌文，明道所以處康節者，無餘藴矣。

堯夫家以墓誌屬，先生許之，太中、伊川不欲，因步月於庭，先生曰：「顥已得堯夫墓誌矣。堯夫之學，可謂安且成。」太中乃許。《外書·時紫芝集》。

先生云：「堯夫數欲傳與某兄弟，某兄弟那得工夫，要學須是二十年工夫。堯夫初學於李挺之，師禮甚嚴，雖在一野店，飯必爛，坐必拜。欲學堯夫，亦必如此。」伯淳聞說甚熟，一日因監試無事，以其說推算之，皆合。出謂堯夫曰：「堯夫之數，只是加一倍法，以此知太元都不濟事。」堯夫驚撫其背曰：「大哥你怎恁地聰明。」他日，伊川問先生加倍之數，曰：「都忘之矣。」因歎其心無偏繫如此。《伊洛淵源録》。《宋史》：李挺之，名子才，青州人。師事穆伯長。嘗爲共城令。造康節之廬，問曰：「子知科舉之外有義理之學、物理之學、性命之學乎？」康節於是始傳其學。

八月丙申，太中葬弟於河南伊川先塋，先生作《程殿丞墓誌銘》、《程郎中墓誌》。見《明道文集》，下同。

按：《程殿丞墓誌銘》云：「熙甯二年八月丙申，公之從兄司農葬公於河南府伊陽縣神陰鄉先塋之次，顥以父命得預役事，又擬公之官世行業而爲之誌。」攷《太中家傳》，自知漢州抗議指新法未便，乞祠得管勾崇福宮，當在熙甯四年，再任遷司農，當在八年。而墓誌已稱司農，合觀《程郎中墓誌》云「熙甯十年仲秋丙申，公兄司農葬公」云云，則殿丞與郎中同年月日而葬。「二年」、「二」字必係「十字」之訛。

《澶娘墓誌銘》同日葬先塋東。

橫渠先生過洛，與二先生議論。見《遺書》註。《續通鑑長編》：張子以三月戊午詔歸館供職，七月乙卯兼知太常禮院，議禮不合而歸。

子厚學成德尊，識者謂與孟子比，然猶祕其學，不多爲人講。先生謂之曰：「道之不明於天下久矣，人善其所習，自謂至足，必欲如孔門『不憤不啓，不悱不發』，則師資勢隔，而先王之道或幾乎熄矣。趣今之時，且當隨其資而誘之，雖識有明暗，志有淺深，亦各有得焉。而堯舜之道，庶可馴致。」子厚用其言，故關中學者躬行之，多與洛人並。推其所自，先生發之也。游酢《書行狀後》。

先生言：「邵堯夫病革，且言試與觀化一遭。」子厚言：「觀化他人，便觀得自家，又如何觀得化？嘗觀堯夫詩意，纔做得識道理，卻於儒術未見所得。」《遺書・蘇季明録洛陽議論》，下同。《伊洛淵源録》：季明，名昞，橫渠門人，後師二程。

子厚謂：「程卿夙興幹事，良由人氣清則勤，閑不得。」正叔謂：「不可。若此，則是專爲氣所使。」子厚謂：「此則自然也。」先生言：「雖自然，且欲凡事皆不恤，以恬養則好。」子厚謂：「此則在學者也。」

先生謂：「天下之士，亦有其志在朝廷而才不足，才可以爲而誠不足，今日正須才與誠合一，方有濟。」子厚謂：「才與誠須二物只是一物。」先生言：「才而不誠，猶不是也。若非至誠，雖有忠義功業，亦出於事爲浮氣，幾何時而不盡也。」

先生道：「君實之語，自謂如人參、甘草，

病未甚時可用也，病甚則非所能及。觀其自處，必是有救之之術。」子厚謂：「昔嘗謂伯淳優於正叔，今見之果然。其救世之志甚誠切，亦於今日天下之事儘記得熟。」

十二月乙亥，橫渠先生卒。門人欲謚爲明誠夫子，質於先生。先生疑之，訪於司馬溫公，以爲不可，有《論謚書》。見《龜山集》。吕大臨《橫渠先生行狀》：子厚諱載，父迪，仕仁宗朝，終於殿中丞、知涪州。卒於官，不克歸，僑寓鳳翔郿縣橫渠鎮之南，因家焉。先生嘉祐二年進士，始仕祁州司法參軍，遷雲巖令，又遷著作佐郎，簽書渭州軍事判官公事。熙甯二年，被召入對，除崇文院校書。明年，移疾。十年春，召還館，同知太常禮院。是年冬，謁告西歸。十二月乙亥，行次臨潼，卒於館舍，年五十八。殁之日，惟一甥在側。

《哭子厚先生》：歎息斯文約其修，如何夫子便長休。東山無復蒼生望，西土誰供後學求。千古聲名聯棣萼，二年零落去山邱。寢門慟哭知何限，豈獨交親念舊遊。《明道文集》。

按：九年三月朔，子厚弟天祺卒。十年十二月，子厚卒，故云「二年零落去山邱」。

橫渠先生作《訂頑》，先生曰：「《訂頑》之言極純無雜，秦漢以來學者所未到。」又曰：「《訂頑》一篇意極完備，乃仁之體也。學者其體此意，令有諸己。其地位已高，到此地位，自別有見處，不可窮高極遠，恐於道無補也。」《遺書·吕與叔東見録》，下同。

橫渠學堂雙牖，右書「訂頑」，左書「砭愚」。伊川曰：「是起爭端。」改之曰「東銘」、「西銘」。見《外書·時紫芝集》。

又曰：「《西銘》，某得此意，只是須得他子厚有如此筆力。他人無緣做得，孟子以後未有人及此。得此文字，省多少言語。要之，仁孝之理備於此，須臾而不於此，則便不仁不孝也。孟子而後，只有《原道》一篇，其間語固多病，然大要儘近理。若《西銘》則是《原道》之宗祖也。」又曰：「訂頑立心，便達得天德。」《遺書》卷五。

橫渠嘗言：「吾十五年學箇恭而安不成。」先生曰：「可知是學不成，有多少病在。」《外書·上蔡語録》，下同。

橫渠著《正蒙》時，處處置筆硯，得意即書。先生曰：「子厚卻如此不熟。」

伊川謂先生曰：「吾兄弟近日說話太多。」先生曰：「使見呂晦叔，則不得不少；見司馬君實，則不得不多。」《外書·晁氏客語》。

程子年譜卷四

楚雄池生春籥庭
會稽諸星杓恕齋　輯

明道先生

元豐元年戊午，四十七歲。

知扶溝縣。

先生爲治，專尚寬厚，以敎化爲先，雖若甚迂，而民實風動。扶溝素多盜，雖樂歲，強盜不減十餘發。先生在官，無強盜者幾二年。廣濟、蔡河出縣境，瀕河不逞之民不復治生業，專以脅取舟人物爲事，歲必焚舟十數以立威。先生始至，捕得一人，使引其類，得數十人，不復根治舊惡，分地而處，使以挽舟爲業，且察爲惡者。自是，邑境無焚舟之患。畿邑田稅重，朝廷歲常蠲除，以爲惠澤。然而良善之民，憚督責而先輸逋負，獲除者皆頑民也。先生爲約，前科獲免者，今必如期而足，於是惠澤始均。司農建言天下輸役錢達戶四等，而畿內獨止第三，請亦及第四，先生力陳不可。司農奏其議，謂必獲罪，而神宗是之，畿邑皆得免。先生爲政，常權穀價，不使至甚貴甚賤。會大旱，麥苗且枯，先生教人掘井以溉，一井不過數工，而所灌數畝，闔境賴焉。水災民饑，先生請發粟貸之，鄰邑亦請，司農怒，遣使閱實。使至鄰邑，而令遽自陳穀且登，無貸可也。先生力言民饑，請貸不已，遂得穀六千石。饑者用濟，而司農益怒，視貸籍，戶同等而所貸不等，檄縣杖主吏。先生言：「濟饑當以口之衆寡，不當以戶之高下，且令實爲之，非吏罪。」乃得已。內侍都知王中正巡閱保甲，權寵至盛，所至淩慢縣官，諸邑供帳，競務華鮮，以悅奉之。主吏以請，先生曰：「吾邑貧，安能效他邑，且取於民，法所禁也。令有故青帳，可用之。」先生在邑歲餘，中正往來境上，卒不入。鄰邑有冤訴府，願得先生決之者，前後五六。有犯小盜者，先生謂曰：「汝能改行，吾薄汝罪。」盜叩首願自新。後數月，復穿窬，捕吏及門，盜告其妻曰：「我與太丞約不復爲盜，今何面目見之耶？」遂自經。《明道行狀》。

《元豐九域志》：扶溝縣，屬東京開封府。《扶溝縣志》：先生宰扶溝，伊川奉太中至扶溝，居數月而還。《宋史》：王中正，元豐初提舉畿縣保甲，將兵捕盜，獻民兵五保法，請於村疃及縣，以時閱習，悉行其言。劉定之《扶溝縣署先生祠堂記》：余觀神宗，可謂有志之主，以復三代之治爲務，然所用乃安石。當先生知扶溝時，安石抱負籌策已施行矣，而畿甸近邑，盜賊之暴、宦侍之橫若是，略莫能弭。逮先生從容處置，不拘常法，不待聲色，而咸得其當。使其得位而施之，功效詎可量耶！致堂胡氏惜漢光武不以待公孫宏之位待董仲舒，古今一轍，可勝歎哉。

陪陸子履遊白石萬固。見《明道文集》，下同。

按：陸子履，名經。《續通鑑長編》二月戊辰，命州軍長吏禱雨名川靈祠。先生詩中云「我亦奉命來侯疆」，則先生曾奉命至陝禱雨矣。

下白徑嶺，先寄孔周翰郎中。

按蘇詩，元豐元年有《送孔郎中赴郏郊》，則自密移郏也。先生詩中云「飛雲猶認華山高」，疑指此。

謝顯道習舉業，已知名，往扶溝見先生受學，志甚篤。先生一日謂之曰：「爾輩在此相從，只知學某言語，故其學心口不相應，盍若行之？」請問焉，曰：「且靜坐。」尹和靖語。

先生初見謝子，語人曰：「此秀才展拓得開，將來可望。」每進語相契，先生必曰：「更須勉力。」《外書·上蔡語錄》，下同。

按：上蔡嘗言，昔在二先生之門，學者皆有語錄，惟某不曾錄，此蓋追憶云。朱子手訂《上蔡語錄》三卷，采入《外書》三十七條。嘗云：「某少時妄意於學，頗藉其言以發其趣。」則上蔡固朱子之先河也。攷上蔡以是年從學，故記精要語類繫於此。

謝顯道云：昔先生教誨，只管著他言語。先生曰：「與賢說話，卻似扶醉漢，救得一邊，倒了一邊，只怕人執著一邊。」

謝顯道云：學者先學文，鮮有能至道，至如博觀泛覽，亦自爲害。先生教余，嘗曰：「賢讀書愼不要尋行數墨。」

謝顯道云：吾嘗習忘以養生，先生曰：「施之養生則可，於道則有害。習忘可以養生者，以其不留情也，學道則異於是，必有事焉而勿正。何謂乎？且出入起居，寧無事者，正心待之，則先事而迎，忘則涉乎去念，助則近於留情，故聖人心如鑑。孟子所以異於釋氏，此也。」《延平答問》云：明道此語，於學者甚有力，蓋尋常於靜處體認下工夫，即於鬧處使不著，蓋不曾如此用功也。自非上蔡確實於日用處便下工夫，即恐明道此語亦未必引得出來。此語録所以極好玩索，近方看見如此意思顯然。

謝顯道云：先生善言《詩》，他又渾不曾章解句釋，但優游玩味，吟哦上下，便使人有得處。「瞻彼日月，悠悠我思」，「道之云遠，曷云能來」，思之切矣；終曰「百爾君子，不知德行，不忮不求，何用不臧」，歸於正也。又云：先生嘗談《詩》，並不下一字訓詁，有時只轉卻一兩字點掇地念過，便教人省悟，古人所以貴親炙之也。

先生終日坐如泥塑人，然接人渾是一團和氣，所謂望之儼然，即之也溫。

或問先生：「如何斯可謂之恕？」先生曰：「充擴得去則爲恕。」「心如何是充擴得去底氣象？」曰：「天地變化草木蕃。」「充擴不去時如何？」曰：「天地閉，賢人隱。」

人有四百四病，皆不由自家，則是心須教由自家。

病卧於牀，委之庸醫，比於不慈不孝，事親者不可不知醫。

先生教人，以忠信爲先。

賢只看某如此，某煞用工夫，見理後須放開，不放開只是守。

先生嘗語學者，如登山，平處孰不闊步，到峻處便住。惟顏子善學，故孔子有見其進未見其止之歎。

先生謂謝子雖少魯，直是誠篤，理會事有不透，其顙有泚，其憤悱如此。《侯子雅言》。

顯道云：吾從洛中學時，錄古人善行，別作一冊，先生見之云：「是玩物喪志。」《遺書》註鄭轂云。

顯道初以記聞爲學，自負賅博，對先生舉史書成篇，不遺一字。先生曰：「賢卻記得許多，可謂玩物喪志。」謝聞此語，汗流浹背，面發赤。及看先生讀史，又卻逐行看過，不遺一字，謝甚不服。後來省悟，卻將此事做話頭，接引博學之士。《胡氏傳家録》。

謝顯道嘗與先生切脈，坐間先生云：「切脈最可體仁。」《遺書·謝顯道記》，下同。

劉蕺山云：脈脈不斷正此仁，生生之理無間斷，故無痿痺，一斷便死了。

先生曰：「『鳶飛戾天，魚躍于淵』，言其上下察也。此一段，子思喫緊爲人處，與必有事焉而勿正心之意同活潑潑地，會得時活潑潑地，不會得時，只是弄精神。」

張子厚、邵堯夫，善自開大者也。

某寫字時甚敬，非是要字好，只此是學。

朱子銘之曰：握管濡毫，伸紙行墨。一在其中，點點畫畫。放意則荒，取妍則惑。必有事焉，神明厥德。

太山爲高矣，然太山頂上已不屬太山。雖堯舜之事，亦只如太虛中一點浮雲過目。李安溪云：太虛喻堯舜心體。

學者要學得不錯，須是學顏子。有準的。

滿腔子是惻隱之心。

禮樂只在進反之間，便得性情之正。

許渤在潤州，與范文正、胡宿、周茂叔游。《宋史》：范文正公，名仲淹，字希文，吴縣人，仁宗時參知政事。皇祐四年卒，年六十四，謚文正。胡宿，字武平，常州人，仁宗時樞密副使。治平四年卒，年七十二，謚文恭。常至潤州，與濂溪遊。《范忠宣公集》：許渤，字仲容，蒲城人。天禧三年進士第，累官至潤州觀察推官。范文正移潤，知其賢，薦於朝。慶曆七年卒，年七十。

按《太中家傳》，調潤州觀察支使當在慶曆三年明道居庠序時。范文正參知政事，先是知潤州，薦許渤。許渤官潤州觀察推官，疑與太中同時。《濂溪志》稱胡文恭常至潤州，與周茂叔遊，或謂同師潤州鶴林寺僧壽涯，雖屬附會，要之賢人星聚一方，流風餘韻，二程子少時猶及見之。又沈德潛《書范文正公手書伯夷頌後》云：「有明道題詠，蓋夙所景仰者，因追論以語上蔡。」故繫之。

許渤初起，問人天氣寒溫，加減衣服，一加減定，即終日不換。

先生知扶溝縣事，伊川侍行。先生兄弟方以倡明道學爲己任，設庠序，聚邑人子弟教之，召游定夫來職學事。游欣然往從之，得其微言，於是盡棄其學而學焉。《楊龜山集》。

按：龜山《游公墓誌銘》：「予昔在元豐中，受業於明道先生兄弟之門，有友二人焉，謝良佐顯道，公其一也。」龜山以師禮見明道於潁昌，在元豐四年，定夫與顯道在是年從學，則及門先於龜山矣。全謝山謂游文肅在程門鼎足謝、楊，而《遺書》獨不傳，其弟子亦不振。

先生曰：「安定之門人，往往知稽古愛民矣，則於爲政也何有？」《遺書·游定夫録》，下同。

責善之道，要使誠有餘而言不足，則於人有益，而在我者無辱矣。

人有語導氣者問先生曰：「君亦有術乎？」曰：「吾嘗夏葛而冬裘，饑食而渴飲，節嗜慾，定心氣，如斯而已矣。」

百官萬務，金革百萬之衆，飲水曲肱，樂在其中，萬變皆在人，其實無一事。《遺書》六卷。

二年己未，四十八歲。

二月，詔判武學，以李定、何正臣論罷，復舊任。

二月，先生自知扶溝縣召判武學，命下數日，李定、何正臣劾其學術迂闊，趨向僻異，且新法之初，首爲異論，復罷之。

呂公著上疏言：「方朝廷修改法度之初，凡在朝野，孰無論議？陛下兼包，豈悉記録？而小人賊害指目未已。如顥者，陛下早自知之，其立身行己素有本末。昔在言路，時有論列，皆辭意忠厚，不失臣子之體。兼所除武學，亦未爲仕宦要津，而小人斷斷，必以爲不可者，直欲深梗正路，其所措意，非特一二人而已。」疏奏不納，先生竟歸故官。《通鑑》。

《宋史》：李定，字資深，揚州人。受學安石。熙甯三年，召至京。李常問：「君從東南來，民謂青苗法何如？」對曰：「便之，無不喜者。」常曰：「舉朝方共争是事，願勿爲此言。」定竟往謁安石曰：「定但知據實而言，不知京師勿許。」安石大喜，謂曰：「君見上，盍爲道之？」立薦對，如曩言，於是言新法者皆不聽，即命爲太子中允、權監察御史裏行。宋敏求、蘇頌、李大臨封還制書，皆罷去。御史疏定不持生母仇氏服。元豐初爲御史中丞。何正臣，字君表，新淦人。元豐中，蔡確薦爲御史裏行。

按：《續通鑑長編》：二月丁未，詔太常丞程某判武學。十五日甲寅罷，才八日也。呂公著云云。

先生在御史，有南士游執政門者，方自南還，未至而附會之説先布都下，且其人素議虧闕，先生奏言其行。後先生被命判武學，其人已位通顯，懼先生復進，乃抗章言先生新法之初首爲異論。先生笑曰：「是豈誣我耶？」一復以便親乞汝州監局。劉立之敍述。

《陳公廙園修禊事席上賦》：盛集蘭亭舊，風流洛社今。坐中無俗客，水曲有清音。香篆來還去，花枝泛復沈。未須愁日暮，天際是輕陰。《明道文集》，下同。

按：公廙，名知儉，官殿丞。元豐元年始居洛，二年修禊，所會皆儒學之士。

《郊行即事》：芳原緑野恣行時，春入遥山碧四圍。興逐亂紅穿柳巷，困臨流水坐苔磯。莫辭盞酒十分醉，祇恐風花一片飛。况是清明好天氣，不妨游衍莫忘歸。

凡詩必使言之無罪，聞者知戒，所以尚譎諫也。先生詩云「未須愁日暮，天際是輕陰」，又曰「莫辭盞酒十分醉，只恐風花一片飛」，何其溫柔敦厚也，聞之者亦且自然感動矣。《龜山語録》。

呂與叔見先生。《伊洛淵源録》：呂大臨，字與叔，藍田人。學於橫渠先生之門，橫渠卒，乃入洛見先生。先生曰：「學者須先識仁，仁者渾然與物同體，義禮知信皆仁也。識得此理，以誠敬存之而已，不須防檢，不須窮索。若心懈則有防，心苟不懈，何防之有？理有未得，故須窮索，存久自明，安待窮索。此道與物無對，大不足以名之。天地之用，皆我之用，孟子言『萬物皆備於我』，須反身而誠，乃爲大樂。若反身未誠，則猶是二物有對，以己合彼，終未有之，又安得樂？《訂頑》意思，乃備言此體，以此意存之，更有何事？『必有事焉而勿正心，勿忘勿助長』，未嘗致纖毫之力，此其存之之道。若存得便合有得，蓋良知良能，元不喪失。以昔日習心未除，卻須存養此心，久則可奪舊習。此理至約，惟患不能守，既能體之而樂，亦不患不能守也。」《遺書·吕與叔東見録》，下同。　劉蕺山云：「此程子見道分明語也。」朱子謂：「《識仁篇》乃地位高者之事，故《近思録》遺之。然『誠敬存之』四字，自是中道而立。」黄梨洲云：「與叔深淳近道，而以防檢窮索爲學，明道語之以識仁，且以不須防檢、不須窮索開之。默識心契，豁如也。朱子於程門中最取與叔，以爲高於諸公，大段有筋骨，如天假之年，必理會得到。」

醫書言手足痿痹爲不仁，此言最善名狀。仁者以天地萬物爲一體，莫非己也，認得爲己，何所不至？若不有諸己，自不與己相干。如手足不仁，氣已不貫，皆不屬己。故博施濟衆，乃聖人之功用。仁至難言，故止曰：「己欲立而立人，己欲達而達人。能近取譬，可謂仁之方也。」己欲令如是觀仁，可以得仁之體。

孟子才高，學之無可依據，學者當學顔子，入聖人爲近，有用力處。

且省外事，但明乎善，惟進誠心，其文章雖不中不遠矣。所守不約，泛濫無功。

朱子云：這段是吕與叔自關中來初見二程時説話。

蓋橫渠多教人禮文制度之事，他學者用心不近裏，故以此説教之。然只可施之與叔諸人，若與龜山言，便不著地頭了。

學者識得仁體實有諸己，只要義理栽培，如求經義，皆栽培之意。

所見所期不可不遠且大，然行之亦須量力有漸。志大心勞，力小任重，恐終敗事。

朋友講習，更莫如相觀而善工夫多。

欲知得與不得，於心氣上驗之。思慮有得，中心悅豫，沛然有裕者，實得也；思慮有得，心氣勞耗者，實未得也，強揣度耳。嘗有人言比因學道，思慮心虛。曰：人之血氣固有虛實，疾病之來，聖賢所不免，然未聞自古聖賢，因學而致心疾者。

學者全體此心學，雖未盡，若事物之來，不可不應，但隨分限應之，雖不中，不遠矣。

居處恭，執事敬，與人忠，此是徹上徹下語，聖人元無二語。

學者不必遠求，近取諸身，只明人理，敬而已矣，便是約處。《易》之《乾》卦言聖人之學，《坤》卦言賢人之學，惟言敬以直內，義以方外，敬、義立而德不孤。至於聖人，亦止如是，更無別途，穿鑿繫累，自非道理。故有道有理，天人一也，更不分別。浩然之氣，乃吾氣也，養而不害，則塞乎天地。一爲私心所蔽，則欿然而餒，卻甚小也。「思無邪」、「無不敬」，只此二句，循而行之，安得有差。有差者，皆由不敬不正也。

劉蕺山云：「此無欲，學聖之旨。」李安溪云：《定性書》「廓然大公而戒夫自私之累，物來順應而惡夫用智之鑿」，即此章之意，然未直指用力之方，是故學者茫焉。此揭敬義爲「言無不敬則內直，思無邪則外方」，斯二者，傳心之要也。

今學者，敬而不自得又不安者，只是心生，亦是太以敬來做事得重。此恭而無禮，則勞也。恭者，私爲恭之恭也；禮者，非體之禮，是自然底道理也。只恭而不爲自然底道理，故不自在也，須是恭而安。今容貌必端，言語必正者，非是道獨善其身，要人道如何，只是天理合如此，本無私意，只是箇循理而已。今志於義理而心不安樂者，何也？此則正是剩一箇助之長，雖則心操之則存，舍之則亡，然而持之太甚，便是必有事焉而正之，也亦須且恁去。如此者，只是德孤，德不孤必有鄰，到德盛後，自無窒礙，左右逢其原也

敬而無失，便是喜怒哀樂未發之謂中也，敬不可謂之中，但敬而無失即所以中也。

胡安定在湖州置治道齋，學者有欲明治道者，講之於中，如治兵、治民、水利、算數之類，嘗言劉彝善治水利，後果爲政，皆興水利有功。《宋史》：劉彝，字執中，閩縣人。從學安定。仕至都水丞、知桂州。

凡立言，欲涵蓄意思，不使知德者厭，無德者惑。子厚以禮教學者最善，使學者先有所據守。

堯與舜更無優劣，及至湯、武便別。孟子言性之反之，自古無人如此說，只孟子分別出來，便知得堯、舜是生而知之，湯、武是學而能之，文王之德則似堯、舜，禹之德則似湯、武，要之皆是聖人。天下善惡皆天理，謂之惡者，非本惡，但或過或不及便如此，如楊、墨之類。

《大學》乃孔氏遺書，須從此學則不差。聖人用意深處，全在《繫辭》，《詩》、《書》乃格言。談經論道則有之，少有及治體者，如有用我者，正心以正身，正身以正家，正家以正朝廷百官至於天下，此其序也。其間則又繫用之淺深，臨時裁酌而應之，難執一意。

師不立，服不可立也。當以情之厚薄、事之大小處之，如顏、閔於孔子，雖斬衰三年可也。其成己之功，與君父並。其次各有淺深，稱其情而已。下至曲藝，莫不有師，豈可一概制服？

嘗有一朝士久不見，謂先生曰：「以伯淳如此聰明，因何許多時終不肯回頭來？」先生答以「蓋恐回頭後錯也」。

新政之改，亦是吾黨爭之有太過，成就今日之事，塗炭天下，亦須兩分其罪可也。當時天下，岌岌乎殆哉，介夫欲去數矣。其時介夫直以數事上前卜去就，若青苗之議不行，則決其去。某於上前，與孫莘老同得上意，要了當此事，大抵上意不欲抑介夫，要得人擔當了，而介夫之意尚亦無必。某嘗言：「管仲猶能言出令當如流水，以順人心，今參政須要做不順人心事，何故？介夫之意，只恐始爲人所沮，其後行不得。某卻道：「但做順人心事，人誰不願從也？」介夫道：「此則感賢誠意。」卻爲天祺其日於中書大悖，緣是介夫大怒，遂以死力爭於上前，上爲之一以聽用，從此黨分矣。莘老受約束而不肯行，遂坐貶，而某遂待罪，既而除以京西提刑，某復求對。遂見上，上言：「有甚文字？」某云：

「今咫尺天顔，尚不能少回天意，文字更復何用？」欲去，而上問者數四，某每以「陛下不宜輕用兵」爲言。朝廷羣臣無能任陛下事者，以今日之患觀之，猶是自家不善從容。至如青苗，且放過又且何妨？某當言職，苦不會使文字，大綱只是於上前説了，其他些小文字，只是備禮而已。大抵自仁祖朝，優容諫臣，當言職者必以詆訐而去爲賢，習以成風，惟恐人言不稱職，以去爲落便宜。昨來諸君蓋未免此。苟如是爲，則是爲己尚有私意在，卻不在朝廷，不干事理。朱子云：新法之行，諸公實共謀之，雖明道不以爲不是，蓋那時也是箇合變時節。但後來人情洶洶，明道始勸之，以爲不可做逆人情底事。及王氏排衆議，行之甚力，而諸公始退散。或問：「新法之行，雖塗人皆知其害，何故明道不以爲非？」曰：「自是王氏行得來有害，若使明道爲之，必不恁的狼狽。」又問：「若二程出來擔負，若復別否？」曰：「若如明道十事，須還他全別方得。只看他當時薦章，謂其志節慷慨云云。則明道豈是循常蹈故，塊然自守的人？」胡敬齋云：明道才大德盛，入朝建言，三代之治，可運於掌。當時神宗甚欲有爲，亦甚聰明，安石亦才高，故明道俱要格其心，已被明道感動。明道雖去，神宗猶眷眷懷之，安石亦感公盛意，被張天祺等攻激太過，遂不能從。故明道深惜此機會，以爲兩分其罪。

按：李安溪《程子遺書纂註》云：程子自呼名，門人記者以字代之，《録》中稱伯淳、正叔者，皆同，今概以某字代之。

今日朝廷所以特惡忌某者，以其可理會事，只是理會學，這裏動則於他輩有所不便也，故特惡之深。

按：先生自熙甯五年歸洛，從容親庭，日以講學論道爲事，士大夫皆慕化之，即所云「於他輩有所不便也」。以吾自處，猶是自家當初學未至，意未誠，其德尚薄，無以感動他天意，此自思則如此。然據今日許大氣燄，當時欲一二人動之，誠如河濱之人捧土以塞孟津，誠可笑也。據當時事勢，又至於今日，豈不是命？

介甫當初只是要行己志，恐天下有異同，故只去上心，上把得定，他人不能搖。以是拒絕言路，進用柔佞之人，使之奉行新法。今則是他已去，不知今日卻留下害事。

自古治亂相承亦常事，君子多而小人少則治，小人多而君子少則亂。然在古，亦須朝廷之中君子小人雜進，不似今日翦截得直是齊整，不惟不得進用，更直憔悴，善類略去，近道則須憔悴。舊日交遊，只改節者，便於世事差遂，此道理不知爲甚？正叔近病，人有言之曰：「在佗人則有追駮斥放，正叔無此等事，故只有病耳。」

介甫今日亦不必誅殺，人人靡然自從，蓋只消除盡在朝異己者。在古，雖大惡在上一面，誅殺亦斷不得人議論，今便都無異者。

六月，先生舅華陰侯先生卒。見《明道文集》。

三年庚申，四十九歲。

除奉議郎，罷扶溝任，寓潁昌。

二月，作《華陰侯先生墓誌銘》。見《明道文集》。侯先生，名可，字無可，華陰人。二程舅氏也。生景德四年丁未，終元豐二年己未，年七十三。先生以氣節自喜。從孫威敏征儂智高得官，知巴州化成縣，調耀州華原主簿，監慶州折博務，授儀州軍事判官。韓忠獻鎮長安，薦知涇陽縣，議復鄭白渠，召對便殿。熙河未開之時，爲韓忠獻馳諭渭源酋豪，開地八千頃。秦州舊苦蕃酋反覆，縶其親愛，先生謀釋而歸之，戎人感服。平生以勸學爲己任，主華學之教者幾二十年。官之所至，必治學舍，興絃誦。二子，孚、淳。三孫，尚幼。以終之明年仲春八日葬。先生作《墓誌銘》。

六月，官制改，除奉議郎。朝廷遣官括牧地，民田當沒者千頃，往往持累世契券以自明，皆弗用。諸邑已定，而扶溝民獨不服，遂有朝旨改稅作租，不復加益及聽賣易如私田，民既倦於追呼，又得不加賦，乃皆服。先生以爲不可，括地官至謂先生曰：「民願服，而君不許，何也？」先生曰：「民徒知今日不加賦，而不知後日增租奪田，則失業無以生矣。」因爲言仁厚之道，其人感動，謝曰：「甯受責，不敢違公。」遂去之他邑。不踰月，先生罷去，其人復至，謂攝令者曰：「程奉議去矣，爾復何恃而敢稽違朝旨？」督責甚急，數日而事集。鄰邑民犯盜繫縣獄而逸，既又遇赦，先生坐是，以特旨罷。邑人知先生且罷，詣府及司農丐留者千數。去之日不使人知，老穉數百追及境上，攀挽號泣，遣之不去。《明道行狀》。

扶溝地卑，歲有水旱，先生經畫溝洫之法以治之，未及興工，而先生去官，先生曰：「以扶溝之地盡爲溝洫，必數年乃成，吾爲經畫十里之間以開其端，後之人知其利，必有繼之者矣。夫爲令之職，必使境內之民凶年饑歲免於死亡，飽食逸居有禮義之訓，然後爲盡。故吾於扶溝興設學校，取邑人子弟教之，亦幾成而廢。夫百里之施至狹也，而道之興廢繫焉。是數事者，皆未及成，豈不有命與？然知而不爲，而責命之興廢，則非矣，此吾所以不敢不盡心也。」《外書·庭聞稿録》。

常見先生所在，臨政便上下響應，到了人衆後便成風，成風則有所鼓動。天地間只是一箇風以動之也。《遺書》卷十七。

先生爲邑，及民之事多衆人所謂法所拘者，然爲之未嘗大戾於法，衆亦不甚駭。謂之得伸其志則不可，求小補則過今之爲政者遠矣。人雖異之，不至指爲狂也，至謂之狂則大駭矣。盡誠爲之，不容而後去，又何嫌乎？《伊川文集》。

先生達於從政，以仁愛爲本，故所至民戴之如父母。立之嘗問先生以臨民，曰：「使民各得輸其情。」問御吏，曰：「正己以格物。」劉立之叙述。

先生臨民，刑未嘗不用，亦威亦嚴，然至誠感人而人化之。《伊洛淵源録》、《侯子雅言》。

先生與弟伊川侍太中遊壽安山，太中爲詩曰：「藏拙歸來已十年，身心世事不相關。洛陽山水尋須遍，更有何人似我閒。」顧謂二子曰：「遊山之樂猶不如靜坐，蓋亦非好也。」《太中家傳》。

按：太中以熙甯三年議新法未便，乞祠歸，至是十年。

四年辛酉，五十歲。

在潁昌。

先生之罷扶溝，貧無以家，至潁昌而寓止焉。大夫謂太中以清德退居，弟頤正叔一作正道樂道不仕，先生與正叔朝夕就養，無違志。閨門之内雍肅如禮，家無儋石之儲，而愉愉也。予方守潁昌，遂得從先生遊，先生不以老耄棄我，周旋啓告，所以爲益良厚。韓持國撰墓誌銘。《元豐九域志》：潁昌府許昌郡，屬京西路，元豐三年升府。

按《續通鑑長編》，韓維於元豐四年已稱知潁昌如故，五年八月詔維再任，六年三月，提舉崇福宮。則持國與二先生周旋，正在此三年中也。

先生嘗語韓持國曰：「如說妄說幻爲不好底性，則請別尋一箇好底性來換了此不好底性。著道即性也，若道外尋性，性外尋道，便不是聖賢論天德。蓋謂自家元是天然完全自足之物，若無所污壞，即當直而行之；若小有污壞，即敬以治之，使復如舊。所以能使如舊者，蓋謂自家本質元是完足之物，若合修治而修治之，是義也；若不消修治而不修治，亦是義也，故常簡易明白而易行。禪學者總是強生事，至如山河大地之說，是他山河大地，又干你何事？至如孔子道如日星之明，猶患門人未能盡曉，故曰：「予欲無言。」如顏子則便默識，其他未免疑問，故曰：「小人何述？」又曰：「天何言哉，四時行焉，百物生焉。」可謂明白矣。若能於此言上看得破，便信是會禪也。非是未盡得，蓋實是無去處說，此理本無二故也。《遺書·李端伯傳師說》，下同。

按：伊川稱語錄只有李籲得其意，不拘言語，無錯編者。元豐四年，韓持國守潁昌，與先生語師說，備記之。疑端伯在潁從二先生學，《呂與叔東見錄》亦有「端伯相聚不久」之語。故凡記語理道之要，悉附於此。

先生嘗論克己復禮，韓持國曰：「道上更有甚克，莫錯否？」曰：「如公之言，只是說道也，克己復禮乃所以爲道也，更無別處。」「克己復禮之爲道，亦何傷乎公之所爲道也？」「如公之言，即是一人自指其前一物曰：此道也，他本無可克者。若知道與己未嘗相離，則若不克己復禮，何以體道。道在己，不是與己各爲一物，可跳身而入者也。」「克己復禮非道而何至？」「如公言，克不是道亦是道也，實未嘗離得，故曰可離非道也，理甚分明。」又曰：「道無眞無假。」曰：「既無眞又無假，卻是都無物也，到底須是是者爲眞，不是者爲假，便是道大，小大分明。」

持國曰：「道家有三住：心住則氣住，氣住則神住，此所謂存三守一。」先生曰：「此三者，人終食之頃，未有不離者，其要只在收放心。」

持國常患在下者多欺，先生曰：「欺有三：有爲利而欺，則固可罪；有畏罪而欺者，在所恕；事有類欺者，在所察。」

王彥霖問立德進德先後，先生曰：「此有二：有立而後進，有進而至於立。立而後進，則是卓然定後有所進，立則是三十而立，進則是吾見其進也。有進而至於立，則進而至於立道處也。此進是可與適道者也，立則可與立者也。」《伊洛淵源錄》：王端明彥霖，名巖叟，大名人。本傳不及其學問源流，其《祭明道文》有「聞道於先生」之語。及伊川造朝，兩疏推挽甚力，蓋知尊先生者，恐未必在弟子之列也。

王彥霖以爲人之爲善，須是他自肯爲時，方有所得，亦難強。先生曰：「此言雖是，人須是自爲善，然又不可爲，如此卻都不管他，蓋有教焉。修道之謂教，豈可不修？」

王彥霖問：「道者一心也，有曰仁者不憂，有曰知者不惑，有曰勇者不懼，何也？」先生曰：「此只是名其德爾，其理一也。得此道而不憂者，仁者之事也，因其不憂，故曰此仁也。知、勇亦然，不成卻以不憂謂之知，不惑謂之仁也。凡名其德，千百皆然，但此三者，達道之大也。」

先生曰：天地生物各無不足之理，常思天下君臣、父子、兄弟、夫婦有多少不盡分處。

忠信所以進德。終日乾乾，君子當終日對越在天也。蓋上天之載，無聲無臭，其體則爲之易，其理則謂之道，其用則謂之神，其命於人則謂之性，率性則謂之道，修道則謂之教。孟子去其中，又發揮出浩然之氣，可謂盡矣。故說神如在其上，如在其左右大小。葉氏曰：大小猶多少也。大事而只曰「誠之不可揜如此夫」，徹上徹下不過如此。形而上爲道，形而下爲器，須著如此說。器亦道，道亦器，但得道在不繫今與後，己與人。劉蕺山云：此先生極力體貼出自家意思語。李安溪云：此條以誠爲主，忠信進德，即是對越上天。天之所以爲天者，誠而已矣。神不在道之外，氣亦不在性道之外。《中庸》言鬼神歸之於誠，則神氣與道之妙合也顯矣。程子又曰「無不敬可以對越上帝」，又曰「誠則無不敬」，未能誠，則必敬而後誠，然則事天以存誠爲本，而存誠以居敬爲先。

生之謂性。性即氣，氣即性，生之謂也。人生氣稟，理有善惡，然不是性中元有此兩物相對而生也，有自幼而善，有自幼而惡，是氣稟有然也。善固性也，然惡亦不可不謂之性也，蓋生之謂性。人生而靜以上不容說，才說性時便已不是性也。凡人說性，只是說繼之者善也，孟子言人性善是也。夫所謂繼之者善也者，猶水流而就下也。皆水也，有流而至海，終無所汚，此何煩人力之爲也？有流而未遠，固已漸濁，有出而甚遠，方有所濁，有濁之多者，有濁之少者，清濁雖不同，然不可以濁者不爲水也。如此，則人不可以不加澄治之功。故用力敏勇則疾清，用力緩怠則遲清。及其清也，則卻只是元初水也，亦不是將清來換卻濁，亦不是取出濁來置在一隅也。水之清則性善之謂也。故不是善與惡在性中爲兩物相對，各自出來。此理天命也，順而循之則道也，循此而修之，各得其分，則教也。自天命以至於教，我無加損焉。此舜有天下而不與焉者也。

劉蕺山云：生之謂性，告子未嘗差，惡亦是性，苟子未嘗差，但先生只是認得箇人生而靜者耳。

修辭立其誠，不可不子細理會。言能修省言辭，便是要立誠。若只是修飾言辭，爲心只是爲僞也。若修其言辭正爲立己之誠意，卻是體當自家，敬以直內，義以方外之實事。道之浩浩，何處下手？惟立誠才有可居之處，有可居之處則可以修業也。終日乾乾，大小大事，卻只是忠信，所以進德爲實下手處，修辭立其誠爲實修業處。

若不能存養，只是說話。

聖賢千言萬語，只是欲人將已放之心約之，使反復入身來，自能尋向上去，下學而上達也。劉蕺山云：識此意，方可言勿助勿忘。

籲問：「每常遇事，即能知操存之意，

無事時如何存養得熟？」先生曰：「古之人，耳之於樂，目之於禮，左右起居，盤盂几杖有銘有戒，動息皆有所養。今皆廢此，獨有理義之養心耳。但存此涵養意，久則自熟矣。敬以直內是涵養意。」

呂與叔嘗言患思慮多，不能驅除。先生曰：「此正如破屋中禦寇，東面一人來未逐得，西面又一人至矣，左右前後驅逐不暇。蓋其四面空踈，盜固易入，無緣作得主定。又如虛器入水，水自然入，若以一器實之以水，置之水中，水何能入來。蓋中有主則實，實則外患不能入，自然無事。」

義理與客氣常相勝，又看消長分數多少，爲君子小人之別。義理所得漸多，則自然知得，客氣消散得漸少，消盡者是大賢。

治怒爲難，治懼亦難，克己可以治怒，明理可以治懼。

先王之世，以道治天下，後世只是以法把持天下。

憂子弟之輕俊者，只教以經學念書，不得令作文字。子弟凡百玩好皆奪志，至於書札，於儒者事最近，然一向好著亦自喪志。如王、虞、顏、柳輩，誠爲好人則有之，曾見有善書者知道否？平生精力一用於此，非惟徒廢時日，於道便有妨處，足知喪志也。

富貴驕人固不善，學問驕人，害亦不細。

人以料事爲明，便駸駸入逆詐，億不信去也。

人於外物奉身者，事事要好，只有自家一箇身與心卻不要好。苟得外面物好時，卻不知道自家身與心卻已先不好了也。韓愈亦近世豪傑之士，如《原道》中言語雖有病，然自孟子而後能將許大見識尋求者，才見此人。至如斷曰「孟子醇乎醇」，又曰「荀與楊，擇焉而不精，語焉而不詳」，若不是他見得，豈千餘年後便能斷得如此分明？

二先生暇日與韓持國同遊西湖，先生《酬韓持國資政湖上獨酌見贈》詩：「對花酌酒公能樂，飯糗羹藜我自貧。若語至誠無内外，卻應分別更迷眞。」《明道文集》。韓詩云：「曲肱飲水程夫子，宴坐焚香范使君。愧我未能忘外樂，緑尊組芰對西曛。」又見《呂氏童蒙訓》，與此小異。

楊中立以師禮見先生於潁昌。見《龜山年譜》。

按《龜山集》：元豐辛酉，二十九歲。授徐州司法，不赴。自京師至潁，以書請見明道先生，遂以師禮事焉。略云：「師道廢久矣，後世之士不能望見古人之萬一者，豈不以此歟？某嘗悲夫世之人自蔽曲學，不求有道者正之，而又自悲其欲求有道者而未之得也。調官至京師，於朋遊間獲聞先生之緒言，鄙俗之心固已潛釋，於是慨然興起曰：『古之人，其相去甚遠矣，尚或誦其詩，讀其書，論其世，想見其爲人而師之，又况親逢其人哉？其往不可復矣。』此區區所以有今日之請也。先生其將哀其愚，憫其志而進之，使供灑埽於門下，則千萬幸甚。」時二程兄弟講孔孟絕學於河洛，及門皆西北士，最後中立與游定夫往從學。明道甚喜，每言楊君最會得容易。龜山從潁昌及門之後告歸，明年有寄書問

《春秋》，又有《寄游定夫》詩：「絳帷侍燕每從容，一聽微言萬慮空。卻媿猶懸三釜樂，未能終此挹清風。蕭條清潁一茅廬，魂夢長懷與子俱。五里橋西楊柳路，可能鞭馬復來無。」想見一時從遊之樂。

安溪李遜齋《道南講授》云：龜山文靖公承道南統緒，當日所得師傳儘有可考。胡文忠嘗言：據龜山所見，在《中庸》自明道先生所授。再按《龜山傳》，昔程純公嘗指喜怒哀樂未發之中，令龜山反求，渙然有覺。其後羅豫章、李延平遞相祖述，令學者靜中體認大本未發時氣象分明，所謂龜山門下相傳指訣者。觀此，則龜山之師承純公，俱在三十歲前。羅、李宗派已肇於此時矣。至卒業程明公，又在四十歲後。

先生在潁昌，楊中立尋醫調官京師，因往潁昌從學。先生甚喜，每言曰楊君最會得容易。及歸，送之出門，謂坐客曰：「吾道南矣。」先是，建安林志甯出入潞公門下求教，潞公云：「某此中無相益，有二程先生者，可往從之。」因使人送先生處。志甯乃語定夫及中立，中立謂不可不一見也，於是同行。時謝顯道亦在，謝爲人誠實，但聰悟不及中立，故先生每言楊君聰明，謝君如水投石，然亦未嘗不稱其善。《外書·龜山語録》，下同。

先生曰：必有《關雎》、《麟趾》之意，然後可行《周官》法度。

先生嘗言：學者不可以不看《詩》，看《詩》便使人長一格價。

范夷叟欲同二程去看斸地黃，先生率顯

道，顯道以前輩爲辭，先生云：「又何妨，一般是人。」《外書·上蔡語録》。《宋史》：范夷叟，名純禮，文正公三子。仕至尚書右丞。

程子年譜卷五

明道先生

楚雄池生春籥庭
會稽諸星杓恕齋輯

五年壬戌，五十一歲。

在洛。

先生曰：昨春邊事權罷，是皆李舜舉之力也。今不幸適喪，此人亦深足憐也，此等事皆是重不幸。《遺書·呂與叔東見録》，下同。《續通鑑長編》：元豐五年九月戊戌，永樂城陷，舜舉將死，裂衣草奏云：「臣死無所恨，願朝廷勿輕此敵。」舜舉資性安重，與人言未嘗及宫事，頗覽書傳。

按：九月永樂之役，内侍李舜舉與徐禧、李稷、大將高永能皆敗死。

李憲本意，佗只是要固蘭會，恐覆其功，必不肯主這下事。元豐四年取興靈事。《宋史》：李憲，神宗内侍。元豐四年九月入蘭州，詔趙靈武，而憲不前，高遵裕獨往而敗。

今許大西事，無一人敢議者。自古舉事，不能無可否是非，亦須有議論。如苻堅壽春之役，其朝廷宗室固多有言者，以至宮女有張夫人者，猶上書諫。西晉平吳，當取也，主之者惟張華一人而已，然當時雖羊叔子建議，而朝廷亦不能無言。又如唐師取蔡州，此則在中國，容其數十年恣睢，然當時以爲不宜取者，固無義理，然亦是有議論。今則廟堂之上，無一人言者，幾何不一言而喪邦也？元豐四年，用种諤、沈括之謀取西夏。《續通鑑長編》：元豐五年十月戊申朔，种諤、沈括奏永樂城陷，上涕泣悲憤，爲之不食，對輔臣慟哭，莫敢仰視。既而歎息曰：「永樂之舉，無一人言其不可者。」右丞蒲宗孟進曰：「臣嘗言之。」上正色曰：「何嘗有言，在内惟吕公著，在外惟趙卨嘗言用兵不是好事耳。」

今日西師，正惟事本不正，更説甚去就。君子於任事之際，須成敗之責在己，則自當生死以之。今致其身，使禍福死生利害由人處之，是不可也。如昨軍興，事繁務夥，是亦學也，但恐只了佗紛紛底，則又何益？如從軍者之行，必竟是爲利祿、爲功名，由今之舉，便使得人一城一國，又是甚功名？君子恥之。今日從宦，苟有軍事，不能免此，是復蹈前事也。然則既如此，曷爲而不已也。今日西事，要已亦不甚難，前事亦何足恥？只朝廷推一寬大天地之量，許之自新，莫須相從，然此恐未易。朝廷之意，今日不得已須著如此，但夏人更重所有，要以堅吾約，則邊患未已也。

徐禧，奴才也，善兵者有二萬人未必死，彼雖十萬人亦未必能勝二萬人。古者，以少擊衆而取勝者多，蓋兵多亦不足恃。昔者，袁紹以十萬阻官渡，而曹操只以萬卒取之。王莽百萬之衆，而光武昆陽之衆有八千，仍有在城中者，然則只是數千人取之。苻堅下淮百萬，而謝玄才二萬人，一麾而亂。以此觀之，兵衆則易老，適足以資敵人。一敗不支，則自相蹂踐，至如聞風聲鶴唳，皆以爲晉軍之至，則是自相殘也。譬之一人軀幹極大，一人輕捷，兩人相當，則擁腫者遲鈍，爲輕捷者出入左右之，則必困矣。自古師旅勝敗不能無之，然今日邊事，至號疎曠，前古未之聞也。其源在不任將帥，將帥不慎任人，閫外之事，將軍處之，一一中覆，皆受廟算，上下相徇，安得不如此。元豐五年永樂城事。《宋史》：徐禧，字德占，附安石行新法。永樂城陷，死之。

范希文前日西舉，以虛聲而走敵人，今日又不知誰能爲希文者？

仁祖時，北使進言：「高麗自來臣屬北朝，近來職貢全缺，殊失臣禮。今欲加兵，又聞臣屬南朝，今來報知。」仁祖不答，及將去也，召而前語之曰：「適議高麗事，朕思之，只是王子罪，不干百姓事。今既加兵，王子未必能誅得，且是屠戮百姓。」北使遂屈無答，不覺汗流浹背，俯伏於地，歸而寢兵。佗都不言彼兵事勢，只看這一箇天地之量，亦至誠有以格佗也。

楊中立有《寄先生問春秋書》。見《龜山文集》，下同。《龜山年譜》：元豐壬戌，三十歲。居鄉。《寄明道先生問春秋書》，略云：《春秋》之學不傳久矣，每以不得從容左右，親受指誨爲憾。鄙心所疑非止一二，但未敢縷陳，恐煩聽覽耳。惟先生不以鄙愚見棄，一一見教。幸甚！

先生嘗有語云：看《春秋》，若經不通則當求之傳，傳不通則當求之經。只如《左氏春秋》書「君氏卒」，君氏乃惠公繼室聲子也，而《公羊春秋》則書「尹氏」，《傳》云大夫也，然聲子而書曰尹氏，是何義？書當以「君氏」爲正。

冬，劉質夫見先生洛中。《遺書》卷十二。

按：《伊洛淵源錄》，李端伯作《劉博士墓誌銘》云：質夫自齠齔時，已有老成器，結髮即事明道先生程氏兄弟受學焉。明道嘗謂人曰：「他人之學敏則有之，未易保也。斯人之志，吾無疑焉。」元豐中，令潞之長子，富文忠語人曰：「劉絢，古縣令也。」《遺書·錄師訓》卷十一，在洛中，所聞前戌冬及亥八月、九月錄先生語，疑丁仁安縣君憂，居河南時也，今並類繫。全謝山謂程門弟子最著者，劉、李諸公，以早卒，故其源流未廣。

先生曰：萬物之生意最可觀，此元者善之長也，斯可謂仁也。《遺書·録師訓》，下同。

天地萬物之理，無獨必有對，皆自然而然，非有安排也。每中夜以思，不知手之舞之，足之蹈之也。劉蕺山云：分明是太極之理。

中者，天下之大本，天地之間，亭亭當當，直上直下之正理，出則不是，惟敬而無失最盡。

大抵學不言而自得者，乃自得也；有安排布置者，皆非自得也。視聽思慮動作皆天也，人但於其中要識得眞與妄爾。

忠信所以進德，修辭立其誠，所以居業者，乾道也。敬以直內，義以方外者，坤道也。天地設位而易行乎其中，只是敬也。敬則無間斷。

毋不敬可以對越上帝。

敬勝百邪。

敬以直內，義以方外，仁也。若以敬直內，則便不直矣，必有事焉而勿正則直也。

顏子默識，曾子篤信，得聖人之道者，二人也。

天人無間斷。

克勤小物最難。

欲當大任，須是篤實。

凡爲人言者，理勝則事明，氣忿則招怫。

純亦不已，天德也。造次必於是，顛沛必於是，三月不違仁之氣象也。又其次，則日月至焉者矣。《遺書·戌冬録》，下同。

民受天地之中以生。天命之謂性也，人之生也，直意亦如此。

顏子在陋巷，人不堪其憂，回也不改其樂。簞瓢陋巷非可樂，蓋自有其樂耳。「其」字當玩味，自有深意。

楊子出處，使人難說，孟子必不肯爲楊子事。

孔子與點，蓋與聖人之志同，便是堯、舜氣象也。誠異三子者之撰，特行有不揜焉者，眞所謂狂矣。子路等所見者小，子路只爲不達爲國以禮道理，所以爲夫子笑。若知爲國以禮之道，便卻是這氣象也。喜怒哀樂之未發謂之中，發而皆中節謂之和。中也者，天下之大本也；和也者，天下之達道也。致中和，天地位焉，萬物育焉。致與位字，非聖人不能言，子思蓋特傳之耳。

凡人才學便須知著力處，既學便須知得力處。

六年癸亥，五十二歲。

監汝州酒稅。

先生以親老求近鄉監局，得監汝州酒稅。《明道行狀》。《元豐九域志》：汝州，屬京西路。

八月，劉質夫見先生於洛。《遺書》卷十三。

先生曰：楊墨之害甚於申韓，佛老之害甚於楊墨。楊氏爲我疑於仁，墨氏兼愛疑於義，申韓則淺陋易見。故孟子則闢楊墨，爲其惑世之甚也。佛老其言近理，又非楊墨之比，此所以害尤甚。楊墨之害亦經孟子闢之，所以廓如也。《遺書·癸亥八月劉質夫録》，下同。

釋氏本怖死生爲利，豈是公道？唯務上達而無下學，然則其上達處豈有是也？元不相連屬，但有間斷，非道也。孟子曰「盡其心者，知其性也」，彼所謂識心見性是也，若存心養性一段事則無矣。彼固曰出家獨善，便於道體已非矣。或曰釋氏地獄之類，皆是爲下根之人設此怖，令爲善。先生曰：至誠貫天地，人尚有不化，豈有立僞教而人可化乎？

曾子易簀之意，心是理，理是心，聲爲律，身爲度也。

九月，劉質夫過汝。《遺書》卷十四。

絢問先生相別，求所以教，曰：人之相愛者相告戒，必曰凡事當善處，然只在仗忠信，只不忠信便是不善處也。《遺書·癸亥九月劉質夫録》，下同。

有人治園圃役，知力甚勞。先生曰：《蠱》之象，君子以振民育德。君子之事，惟有此二者，餘無他焉，二者爲己爲人之道也。

博學而篤志，切問而近思，何以言仁在其中矣？學者要思得之了此，便是徹上徹下之道。

佛氏不識陰陽、晝夜、死生、古今，安得謂形而上者，與聖人同乎？

子在川上曰：「逝者如斯夫，不舍晝夜。」自漢以來，儒者皆不識此義，此見聖人之心純亦不已也。純亦不已，此乃天德也，有天德便可語王道，其要只在慎獨。

人之學不進，只是不勇。

《易》中只是言反覆、往來、上下。

朱公掞來見先生於汝，歸謂人曰：「光庭在春風中坐了一箇月。」《外書·侯子雅言》。

按：伊川《祭朱公掞文》云：「自予兄弟，倡學之初，君時甚少，獨信不疑。」則從學早矣。范內翰稱其少從孫復受《春秋》，又學於安定，告以爲學之本在忠信，終身力行之。黄梨洲云：「後從二程子於洛，聞格致爲進道之門，誠正爲入德之方，深信不疑。及爲諫官，奮不顧身，以衛師門，遂名洛黨之魁。」蓋傑然自拔於流俗者也。」攷《邵氏易學解惑》記伊川同朱公掞訪康節，則熙甯間嘗從二先生遊矣。《呂與叔東見錄》又記公掞昨在洛書室牖一條，伊川稱此意甚好。此云「來汝坐春風中一箇月」，亦猶「再見茂叔以歸，有吾與點也之意」。公掞嘗記先生語，今不可攷，朱子拾其遺編入《外書》，茲並類繫。

先生曰：性靜者可以爲學。《外書·朱公掞録》，下同。

學始於不欺闇室。楊開沅云：先生處處提倡慎獨，不待蕺山也。

宏而不毅則無規矩，毅而不宏則隘陋。

知性善以忠信爲本，此先立其大者。

十一月，作《祭富鄭公文》云：維元豐六年歲次癸亥十一月壬寅朔十九日庚申，奉議郎、監汝州鹽酒稅、輕車都尉、賜緋魚袋程某，謹遣外甥張敷，以清酌庶羞之奠，敢昭告於太尉文忠公之靈。嗚呼！粤稽古昔，得全實難。惟夔、契出乎唐、虞之際，而姬、呂位乎文、武之間。其餘雖有鉅賢碩輔，僅或濟一時之險艱。眞儒大聖，多處非其位而孤騫。孰如我公，道行乎重熙累洽之運，而身享乎尊富安榮之完，事繫天下之重，位極人臣之班。生逢四世，皆上聖之主；時歷七紀，膺太平之安。勳業揭乎日月，聞望塞乎天淵，優游里第者猶十有三年。於人之職，可謂無負；在天之理，亦爲曲全。然而捐館之日，遠近聞之，孰不竇咨而涕漣？尙以公之沒也，爲有憾焉。嗚呼！世之常態，苟於自便，終始之節，艱於永肩。屏伏者以憂責不及而怠懈，休老者以血氣既衰而志遷。惟公年彌高而志愈厲，身久退而誠益堅。惟是愛君憂國之道，極晝夜之拳拳。迨乎瞑目之旦，屬纊之前，萬物已莫累乎心胸，而朝廷之念獨有進乎昔日之當權。宜乎易名之謚典，號爲摭實；祭冊之聖詔，極於哀憐。則士大夫以公之沒爲有憾者，蓋非偶然。某愚不肖，屬公禮遇，顧相期於義理，非見私於趨附。公薨於洛，賤居在汝，官守有制，欲往無路。斂不望棺，葬不臨墓，引領西風，悲慟何數！誠寓鄙文，禮陳菲具，恭祭道周，後期無所。嗚呼哀哉！伏維尙饗！《明道文集》。

或問先生於富韓公，公曰：伯淳無福，天下人也無福。《伊洛淵源録》。

楊中立有《與先生論春秋書》。見《龜山集》，下同。

《龜山年譜》：元豐癸亥，赴徐州司法任，與先生《論春秋書》略云：「某欲治《春秋》，讀之數卷，淺識未能窺其門户。遠去師席，疑無質問，中欲輟之，又惜其初心之勤，惓惓不能自已。誦習之餘，每妄有所憶，然未知聖人之旨，果可以如此求否？謹録之以質諸左右。」

又有《與先生子二十三郎書》，有云：「追思在潁之樂，進趨文席，退講所聞，邈不可得。汝陽邇日所遊從者何人？所讀者何書？因書示及，未涯良會，惟希力學慎愛。」《元豐九域志》：汝陽，屬京西路蔡州。

按：先生子長端懿，汝陽主簿，即二十三郎。

七年甲子，五十三歲。

彭夫人卒。

先生夫人，故户部侍郎彭公思永之第三女，封仁和縣君。嚴正有禮，事舅以孝稱，善睦其族。生五子，三早卒，端愨其一也。曰端懿，蔡州汝陽縣主簿；曰端本，治進士業。四女：嬌兒、澶娘夭，一適假承務郎朱純之，公掞子。一擇配未得，其稱賢而未嫁，以母喪哀毁，於明年卒。伊川先生誌其墓，所謂孝女也。《明道行狀》，《伊川文集》。

先生嘗曰：熙甯初，王介甫行新法，並用君子小人。君子正直不合，介甫以爲俗學不通世務，斥去；小人苟容諂佞，介甫以爲有才知變通，適用之。君子如司馬君實不拜樞密以去，范堯夫辭修注得罪，張天祺以御史面折介甫被責。介甫性狠愎，衆人以爲不可，則執之愈堅。君子既去，所用小人爭爲刻薄，故害天下益深。使衆君子未與之敵，俟其勢久自緩，委曲平章，尚有聽從之理，則小人無隙可乘，其害不至如此之甚也。《邵氏聞見録》，下同。

先生謂伯溫曰：人之爲學，忌先立標準，若循循不已，自有所至矣。

李文定公爲舉子時，從种放明逸先生學。將試京師，攜明逸書見柳開仲塗，以文卷爲贄，與謁俱入。久之，仲塗出曰：「讀君之文，須沐浴乃敢見。」因留之門下。一日，仲塗自出題，令文定與其諸子及門下客同賦，賦成，驚曰：「君必魁天下，爲宰相。」令門下客與諸子拜之曰：「異日無忘也。」及文定爲宰相，仲塗門下客有柳某者，文定命長子柬之娶其女，不忘仲塗之言也。文定所擬賦題不傳，如王沂公曾初作《有物混成賦》，識者知其決爲宰相，蓋所養所學發爲言詞者，可以觀矣。先生爲伯溫云。《宋史》：李文定公名迪，字復古，濮州人。相真宗。仁宗慶曆七年卒，年七十七，謚文定。王沂公名曾，字孝先。咸平五年及第，相真宗。仁宗寶元元年卒，年六十一，封沂國公，謚文正。

八年乙丑，五十四歲。

三月，哲宗即位，改承議郎。五月庚子，召爲宗正寺丞。六月丁丑卒。

三月五日，神宗升遐，遺詔至洛，先生爲汝州酒官，以檄來舉哀府治。既罷，謂留守韓康公之子宗師兵部曰：「某以言新法不便忤大臣，同列皆謫官，某獨除監司，某不敢當。念先帝見知之恩，終無以報。」已而泣。兵部問今日朝廷之事如何，先生曰：「司馬君實、呂晦叔作相矣。」兵部曰：「二公果作相，當何如？」先生曰：「當與元豐大臣同，若先分黨與，他日可憂。」兵部曰：「何憂？」先生曰：「元豐大臣皆嗜利者，若使自變其已甚害民之法，則善矣，不然，衣冠之禍未艾也。君實忠直，難與議，晦叔解事，恐力不足耳。」既而皆驗。先生論此時，范醇夫、朱公掞、杜孝錫、伯溫同聞之。《邵氏聞見録》。《續通鑑長編》：韓康公絳以元豐六年復爲建雄軍節度使、知河南府。子宗師，字傳道，累官集賢殿修撰、知河中府。杜孝錫，名純，累擢侍御史，至兵部侍郎。《朱子文集》：明道言「當與元豐大臣共政」，此是聖賢之用義理之正，非姑爲權譎，苟濟事於一時也。蓋伊川氣象自與明道不同，而其論變化人材，亦有此意。見《外書·胡氏所記》。

陳忠肅公嘗作《責沈文》云：予元豐乙丑夏爲禮部貢院點檢官，適與校書范公淳夫同舍，公嘗謂顔子之不遷不貳，惟伯淳有之。予問公曰：「伯淳誰也？」公默然，久之曰：「不知有程伯淳耶？」予謝曰：「生長東南，實未知也。」時予年二十九矣。自是以來，嘗以寡陋自媿，每得先生之文，必冠帶而後讀之。《伊洛淵源録》。《宋史》：陳忠肅公，名瓘，字瑩中。《吕氏童蒙訓》云：所謂責沈者，葉公沈諸梁也。葉公，當世賢者，魯有仲尼而不知，宜乎子路之不對也。瑩中以謂世有伯淳而已不知，宜自責者也。朱子跋《責沈文》云：陳忠肅公剛方正直之操，得之天姿，而其燭理之益精，陳義之益切，則學問之功有不可誣者。觀於此帖，其克己尊賢、虚心服善之意，尚可識也。

胡文定公嘗見鄒志完，論近世人物，因問先生如何，志完曰：「此人得志，使萬物各得其所。」《胡氏集》。《宋史》：胡文定，名安國，字康侯。鄒志完，名浩，常州人，子德久，從伊川學。

哲宗嗣位，覃恩改承議郎。先生雖小官，賢士大夫視其進退以卜興衰。聖政方新，賢德登進，先生特爲時望所屬。五月，召爲宗正寺丞，未行，以疾終，六月十五日也。享年五十有四。士大夫識與不識，莫不哀傷，爲朝廷生民憾惜。《明道行狀》，下同。

先生資稟既異，而充養有道，純粹如精金，溫潤如良玉，寬而有制，和而不流，忠誠貫於金石，孝弟通於神明。視其色，其接物也，如春陽之溫；聽其言，其入人也，如時雨之潤。胸懷洞然，徹視無間。測其蘊，則浩乎若滄溟之無際；極其德，美言蓋不足以形容。先生行己，內主於敬，而行之以恕；見善若出於己，不欲勿施於人；居廣居而行大道，言有物而動有常。先生爲學，自十五六時，聞汝南周茂叔論道，遂厭科舉之業，慨然有求道之志。未知其要，泛濫於諸家，出入於老、釋者幾十年，返求諸六經而後得之。明於庶物，察於人倫。知盡性至命，必本於孝弟；窮神知化，由通於禮樂。辨異端似是之非，開百代未明之惑，秦、漢而下，未有臻斯理也。謂孟子沒而聖學不傳，以興起斯文爲己任。其言曰：「道之不明，異端害之也。昔之害近而易知，今之害深而難辨。昔之惑人也，乘其迷暗；今之入人也，因其高明。自謂窮神知化，而不足以開物成務。言爲無不周徧，實則外於倫理，窮深極微而不可以入堯、舜之道。天下之學，非淺陋固滯，則必入於此。自道之不明也，邪誕妖異之說競起，塗生民之耳目，溺天下於汙濁。雖高才明智，膠於見聞，醉生夢死，不自覺也。是皆正路之蓁蕪，聖門之蔽塞，闢之而後可以入道。」先生進將覺斯人，退將明之書，不幸早世，皆未及也。其辨析精微，稍見於世者，學者之所傳爾。先生之門，學者多矣。先生之言，平易易知，賢愚皆獲其益，如羣飲於河，各充其量。先生教人，自致知至於知止，誠意至於平天下，灑埽應對至於窮理盡性，循循有序，病世之學者舍近而趨遠，處下而窺高，所以輕自大而卒無得也。先生接物，辨而不間，感而能通。教人而人易從，怒人而人不怨，賢愚善惡咸得其心，狡僞者獻其誠，暴慢者致其恭，聞風者誠服，覿德者心醉。雖小人以趨向之異，顧於利害，時見排斥，退而省其私，未有不以先生爲君子也。先生爲政，治惡以寬，處煩而裕。當法令繁密之際，未嘗從衆，爲應文逃責之事。人皆病於拘礙，而先生處之綽然；衆憂以爲甚難，而先生爲之沛然。雖當倉卒，不動聲色。方監司競爲嚴急之時，其待先生，率皆寬厚，設施之際，有所賴焉。先生所爲綱條法度，人可效而爲也。至其道之而從，動之而和，不求物而物應，未施信而民信，則人不可及也。

先兄明道之葬，頤狀其實，以求誌銘，且備異日史氏采錄。既而門人朋友爲文以叙其事迹，述其道學者甚衆，其所以推尊稱美之意，人各用其所知，蓋不同也，而以孟子之後，傳聖人之道者，一人而已，是則同。《伊川文集·門人朋友叙述序》。

自孟子沒，聖學失傳，學者穿鑿妄作，

不知入德。先生傑然自立於千載之後，芟闢蓁穢，開示本原，聖人之庭戶曉然可入，學士大夫始知所向。然高才希世，能造其藩閫者蓋鮮，況堂奧乎？先生德性充完，粹和之氣盎於面背，樂易多恕，終日怡悦。立之從先生三十年，未嘗見其有忿厲之容。接人溫然，無賢不肖皆使之款曲自盡。聞人一善，咨嗟獎勞，惟恐其不篤；人有不及，開導誘掖，惟恐其不至。故雖桀傲不恭，見先生，莫不感悦而化服。風格高邁，不事標飾而自有畦畛。望其容色，聽其言教，則放心邪氣不復萌於胸中。先生抱經濟大器，有開物成務之才，雖不用於時，然至誠在天下，惟恐一物不得其所。見民疾苦，如在諸己，聞朝廷興作小失，則憂形顔色。嘗論所以致君堯、舜，措俗成、康之意，其言感激動人。千五百年一生斯人，時命不會如此，美志不行，利澤不施，惜哉！劉立之叙述。

先生得聖人之誠者也。自始學至於成德，雖天資穎徹，絶出等夷，然卓然之見，一本於誠。故推而事親則誠孝，事君則誠忠，友於兄弟則綽綽有裕，信於朋友則久要不忘，修身慎行則不愧於屋漏，臨政愛民則如保乎赤子。非得夫聖人之誠，孰能與於斯？才周萬物而不自以爲高，學際三才而不自以爲足，行貫神明而不自以爲異，識照古今而不自以爲得。至於六經之奧義、百家之異説，研窮搜抉，判然胸中。天下之事，雖萬變交於前，而燭之不失毫釐，權之不失輕重。凡貧賤富貴死生，皆不足以動其心，眞可謂大丈夫者。非所得之深，所養之厚，能至於是歟？自孟子以來千有餘歲，先王大道得先生而後傳，其補助天地之功，可謂盛矣！雖不得高位以澤天下，然而以斯道倡之於人，亦已較著其間，見而知之，尚能似之，先生爲不亡矣。朱光庭敘述。 陸世儀云：朱光庭謂明道得聖人之誠，此言雖似少過，然亦庶幾近之。明道平生論新法及待介甫，最爲得宜，只是胸中廓然大公，功不必己出，名不必己成，惟以朝廷天下爲心，故能如此，他人不能也。同爲君子，而有化與未化之分，只在此處看。

先生之材，大小左右內外，用之無不宜。蓋其所知，上極堯、舜、三代帝王之治，其所以包涵博大，悠遠纖悉，上下與天地同流，其化之如時雨者，先生固已默而識之。至於興造禮樂制度文爲，下至行師用兵戰陣之法，無所不備，皆造其極。外之夷狄情狀，山川道路之險易，邊鄙防戍，城寨斥堠，控帶之要，靡不究知。其吏事操決，文法簿書又皆精密詳練。若先生，可爲通儒全才矣。邢恕敘述。

先生爲人，清明端潔，內直外方。其學本於誠意正心，以聖賢之學可以必至，勇於力行，不爲空文。先生於經，不務解析爲枝詞，要其用在己而明於知天。其教人曰：「非孔子之道不可學也，蓋自孟子沒而《中庸》之學不傳，後世之士，不循其本，而用心於末，故不可與入堯、舜之道。」先生以獨智自得，去聖人千有餘歲，發其關鍵，直覩堂奧，一天地之理，盡事物之變。故其貌肅而氣和，志定而言厲，望之可畏，即之可親。叩之者無窮，從容以應之，其出愈新，眞學者之師也！成就人材，於時爲多。

范祖禹叙述。高景逸云：《大學》者，聖學也；《中庸》者，聖心也，匪由聖學，甯識聖心？發二書之秘，教萬世無窮者，先生也。淵乎微乎，非先生，學者不識天理爲何物矣。不識天理，不識性爲何物矣。是儒者至善極處，是佛氏毫釐差處。

先生雖不用，而未嘗一日忘朝廷。然久幽之操，確乎如石，胸中之氣，沖如也。所至，士大夫多棄官從之學，朝見而夕歸，飲其和，茹其實，既久而不能去。其徒有貧者，以單衣御冬，累年而志不變、身不屈。蓋先生之教，要出於爲己，而士之遊其門者，所學皆心到自得，無求於外。以故甚貧者忘飢寒，已仕者忘爵祿，魯重者敏，謹細者裕，強者無拂理，愿者有立志，可以修身，可以齊家，可以治國平天下。非若世之士，妄意空無，追詠昔人之糟粕而身不與焉，及措之事業，則倀然無據而已也。游酢《書行狀後》。

先生負特立之才，知《大學》之要，博聞強識，躬行力究，察倫明物，極其所止，渙然心釋，洞見道體。其造於約也，雖事變之感不一，知應以是心而不窮；雖天下之理至衆，知反之吾身而自足。其致於一也，異端並立而不能移，聖人復起而不與易。其養之成也，和氣充浹，見於聲容，然望之崇深，不可慢也。遇事優爲，從容不迫，然誠心懇惻，弗之措也。其自任之重也，甯學聖人而未至，不欲以一善成名；甯以一物不被澤爲己病，不欲以一時之利爲己功。其自信之篤也，吾志可行，不苟潔其去就；吾義所安，雖小官有所不屑。夫位天地育萬物者道也，傳斯道者，斯文也。振已墜之文，達未行之道者，先生也。使學不卒傳，志不卒行，至於此極者，天也。先生之德，可形容者猶可道也。其獨智自得，合乎天、契乎先聖者，不可得而道也。呂大臨《哀詞》。

元豐八年夏六月既望，河南承議先生以疾終於官。是月晦，邸報至彭城，其門人楊某聞知，爲位慟哭於寢門，而以書訃諸嘗同學者。嗚呼！道之無傳也久矣，孟子沒千有餘歲，更漢歷唐，士之名世，揚雄氏而止耳。雄之自擇，所處於義命，猶有未盡。自雄而下，其智足以窺聖學門牆者，蓋不可一二數也，況足與語道而傳之哉？宋興百年，士稍知師古，諸子百氏之籍與夫佛老荒唐謬悠之書，下逮戰國縱橫之論，幽人逸士浮誇詭異可喜之文章，皆雜出而並傳。世之任道者，日夜憊精勞思，深討博取，可謂勤矣，然其支離蔓延，不知愼擇而約守之，故其用志益勞，而去道彌遠。使天下靡然趨之，如適諸夏而棄通衢大道，犯荆棘之墟，行蒼崖之巔，眩然迷殆，而卒莫知自反者，其於世教何補哉！先生於是時，乃獨守遺經，合內外之道，默識而性成之。其學之淵源，蓋智者不能窺，而善言者所不能稱說也。自周衰以來，天下之學，其失如彼，而後之得聖人之道而傳之者，於吾先生可不獨任其責哉？嗚呼！道之傳亦難矣，夫由堯、舜而來至於湯、文、孔子，率皆百有餘歲而後得一人焉。孔子沒，其徒環天下，然猶積百年而後孟子出。由孟子而來迄漢唐，千有餘歲，卒未有一人傳之者。若孔、孟，又皆窮老於衰世，其道方不得一施於天下。夫聖賢之不世出，而時之難値也如此。今幸而有其人，又且遭時清明，朝廷方登崇俊良，而先生未及用而死。則予之慟哭，豈特以師弟之私恩而已哉？故爲辭以泄其哀而自慰云。余悲古人之不見兮，逢世德之險微。析道眞之純美兮，肆全體而分封。駕異端而並逐兮，騈支轂乎多歧。亘千歲其泯泯兮〔二〕，去聖遠而。卓彼先覺兮，惟德是仔。展斯文之在玆兮，萬世之師。勑棘蓁之荒穢兮，闢正路之孔夷。伏聖賢之軌躅兮，背世轍而疾馳。帶鉤距而負繩兮，紛萬變而莫窺。弛銜勒而弗厲兮，尙回旋其中規。嗟命之懸於天兮，匪予敢知。畜溟渤而載華岳兮，曾有塵之弗施。歎道之難行兮，孔、孟窮老以栖栖。伊時勢則然兮，此云胡其若玆。通闢闔於一息兮，尸者其誰？斡天樞而自爾兮，欲執咎其焉歸？齊生死於晝夜兮，天理之常。匪往匪來兮，雖壽夭兮何傷。想德音其未遠兮，儼若在旁。固誠之不可掩兮，何有何亡？日月逝兮形魂藏，嗚呼已矣兮斯亦難忘。楊時祭文哀詞，《龜山集》。

龜山《與翁好德書》：《明道行狀》計已讀之，惟吾先生道學行義足以澤世垂後，進不得行其志，退未及明之書而死，使其道將遂泯滅而無傳，則學者不忍焉，此行狀叙述所以作也。道廢千年，士不知所止，故物我異觀，天人殊歸，而高明中庸之學析爲二致，天下莫以爲非也。故行狀之末，深論吾先生之趨，以明世學之失，庶幾志道之士有聞風而起者，則《行狀》之傳蓋將以明道，非如長者所疑也。某向嘗作《哀辭》一篇，謾錄去，試一觀之何如耳。天生賢傑，必將濟時；胡屯其位，不俾設施。復奪之壽，天豈徒爲；伯淳之亡，理實難推。惟君之德，顔氏庶幾；惟君之道，孟軻無疵。嘉言遠識，後學所師。進爲御史，言直身危。退字畿民，如母憐兒。再謫筦庫，恬窶安卑。伯仲孝養，親顔怡怡。或禄或耕，如壎應箎。聖上繼明，政推母儀。選登俊賢，以輔邦基。君首被召，捧詔伸眉。畎畝愛君，心同商伊。如何遘厲，梁壞山頽。繄予不肖，辱君重知。夷吾多罪，鮑叔不疑。君今歿矣，吾道疇依。身縻窮邊，素車莫馳。遙陳薄奠，寓哀以詞。音容永隔，畢世長思。嗚呼哀哉！范堯夫《祭程宗丞文》。

綵衣方養志，諫省遽翹英。短命嗟顔子，長星喪孔明。臨津失舟楫，支廈闕梁楹。名節同伊水，滔滔萬古清。天乎喪吾道，命矣歎斯人。後學隳梁木，明時奪國珍。孔懷存愛弟，皓首奈慈親。惟有延陵志，斯文久愈新。素忝金蘭契，情由道義親。聖時方際遇，英氣忽沈淪。琴在無鍾子，斤存失郢人。遙聞歸葬日，清淚滿衣巾。范堯夫《挽詞三首》。

先生於書，無所不讀，自浮屠、老子、莊、列莫不思索究極以知其義，而卒宅於吾聖人之道。其持己清峻，若不可及，而與人甚恕而溫。論治道卓乎至於無能名，而應世接物莫不曲盡其宜。苟善於君矣，爵禄可舍也；苟利於民矣，法禁不避也。自元豐以來，論賢士大夫宜在天子左右者，君必與焉。銘曰：善乎孟軻之言義命也，蓋不知義不足以立命，不知命不足以存義。先生居官，不問內外大小，率所言所事，一出於正，雖貴勢豪力不爲少變。嗚呼！其處義命，可謂兼之矣。韓持國撰墓誌銘。

先生名顥，字伯淳，葬於伊川。潞國太師題其墓曰「明道先生」。弟頤序其所以而刻之石曰：周公沒，聖人之道不行；孟軻死，聖人之學不傳。道不行，百世無善治；學不傳，千載無眞儒。無善治，士猶得以明夫善治之道，以淑諸人，以傳諸後；無眞儒，天下貿貿焉莫知所之，人欲肆而天理滅矣。先生生千四百年之後，得不傳之學於遺經，志將以斯道覺斯民。天不慭遺，哲人早世。鄉人士大夫相與議曰：道之不明也久矣，先生出，揭聖學以示人，辨異端，闢邪說，開歷古之沈迷，聖人之道得先生而復明，爲功大矣。於是帝師采衆議而爲之稱，以表其墓。學者之於道，知所嚮然後知斯人之爲功，知所至然後見斯名之稱情。山可夷，谷可堙，明道之名亘萬古而長存。勒石墓傍，以詔後人。元豐乙丑十月戊子書。《明道先生墓表序》，《伊川文集》。

黃百家云：伊川之表先生墓，謂「孟軻死，聖人之學不傳，學不傳，千載無真儒，先生生於千四百年之後，一人而已」。自斯言出，後人羣然無異辭也。而要識先生之所以爲真儒，千四百年後之一人者何在，蓋由其學本於識仁，識仁斯可以定性。然仁何以識？先生曰：「存久自明，則存養之功爲要也。」又曰：「學者識得仁體，先實有諸己，只要義理栽培，如求經義，皆栽培之意。」又曰：「學以知爲本，且未說到持守，持守甚事須先？在致知。」又曰：「悟則一句句皆是這箇道理，己得後無不是此事也。」夫曰「存久則明」，曰「先實有諸己」，將經義只爲栽培。曰「學以知爲本」，曰「悟」，將論先生之學者，又疑爲禪矣。不知儒、釋之辨，只有理與無理而已。先生自道「天理二字是自家體貼出來」，而伊川亦云「性即理也」，又云「人只有箇天理，却不能存得，更做甚人」。兩先生之言，如出一口，此其爲學之宗主，所以克嗣續洙泗而迥異乎異氏之滅絶天理者也。至於先生之德性和粹，劉宗禮謂從先生三十餘年，未嘗見其忿厲之容，而於興造禮樂制度文爲，下及兵刑水利之事，無不悉心精練。使先生而得志有爲，三代之治不難幾也。顧裕陵亦有意於先生，而不容於安石之褊拗，且年壽亦不永。富鄭公曰：「伯淳無福，天下之人也無福。」信哉！

按：富鄭公卒在先生前二年，其言無福者，謂不得大用，非謂年壽不永也，黄氏誤解。

賢哉先生！始於孝弟，孝篤於親，弟友其弟。推以治人，不爲而化，民靡有爭，揖讓於野。移之事君，讜言忠謨，姦邪之言，感動欷歔。舉以教人，粹然王道，天下英材，躬服允蹈。本於正身，惟德溫溫，如冬之日，如夏之雲。終其默識，洞暢今古，鈎深窮微，該世之務。賢哉先生！超然絶倫，大用甚邇，胡奪之年！先生之道，不在其弟。方其初起，天下咸喜。今其西矣，天下懷矣。誰爲有力，進之君矣。俾行其道，覺斯民矣。陳恬贊。恬，字叔易。

揚休山立，玉色金聲。元氣之會，渾然天成。瑞日祥雲，和風甘雨。龍德正中，厥施斯普。《明道先生贊》，《朱子文集》。

〔一〕亘：原作「一旦」，據《楊龜山先生集》卷二八改。

程子年譜卷一

楚雄池生春籥庭
會稽諸星杓恕齋輯

伊川先生

宋仁宗明道二年癸酉，先生生。

先生名頤，字正叔，太中子，明道先生弟。生於黄州黄陂寓舍。《朱子文集》。

按：《南陽集·程伯純墓誌銘》云：「弟頤正道，樂道不仕。」是先生亦字正道。

景祐元年甲戌，二歲。

二年乙亥，三歲。

三年丙子，四歲。

四年丁丑，五歲。

寶元元年戊寅，六歲。

二年己卯，七歲。

康定元年庚辰，八歲。

慶曆元年辛巳，九歲。

二年壬午，十歲。

幼有高識，非禮不動。朱子《伊川年譜》。

按：《遺書》卷六「叔一生不曾看《莊》、《列》，非禮勿動、勿視，出於天與，從幼小有如是才識」，朱子本此。

三年癸未，十一歲。

四年甲申，十二歲。

五年乙酉，十三歲。

六年丙戌，十四歲。

始事周子。

與明道同受業於春陵周茂叔先生。見哲宗、徽宗《實録》。

先生曰：王拱辰君貺初見周茂叔，爲與茂叔世契，便受拜。及坐上大風起，説《大畜卦》，一作「風天小畜」。君貺乃起曰：「某適來，不知受卻公拜，今某卻當納拜。」茂叔走避，君貺此一事卻過人。《遺書·唐彥思録》，下同。

按：王拱辰，字君貺，天聖八年進士第一。周子父輔成大中祥符八年進士，伯父識天聖五年進士，惟叔父伯高舉進士不詳某年。君貺所云世契，疑與伯高同榜也。

嘗見李初平問周茂叔云：「吾欲讀書，如何？」茂叔曰：「公老矣，無及也。待某只說與公。」初平遂聽說話，二年乃覺悟。

按：周子以丙戌冬移郴州令，郴守李初平知其賢，不以屬吏遇之。皇祐己丑，初平卒。此云「嘗見」，疑先生從周子至郴矣。《元豐九域志》：郴州屬荆湖南路。

七年丁亥，十五歲。

至醴泉。

先生曰：少師卜居醴泉，第舍卑狹。某少時嘗到，宛然如舊，諸房門皆題誰居，先公太中所記也。後十年嘉祐丙申再到，則已爲四翁名逢堯。房子孫所賣，更易房室，不忍復觀矣。《家世舊事》。

八年戊子，十六歲。

皇祐元年己丑，十七歲。

先生曰：某自十七八讀《論語》，當時已曉文義，讀之愈久，但覺意味深長。《論語》有讀了後全無事者，有讀了後其中得一兩句喜者，有讀了後知好之者，有讀了後不知手之舞之足之蹈之者。《遺書·楊遵道録》。

二年庚寅，十八歲。

上書闕下，勸仁宗以王道爲心，生靈爲念，黜世俗之論，期非常之功，且乞召對面陳所學，不報。見《伊川文集》。陸世儀云：伊川《上仁宗書》，大概頗似《治安策》，猶未免少年氣，但所見不同，便能置身三代，高視叔季，儒者所以不同於縱横也。朱子《伊川年譜》：皇祐二年年十八，上書闕下。

按：是年九月，大饗明堂，太中以覃恩改殿中丞，自龔州代還，歷授知徐州沛縣事，始遷國子博士。而《上仁宗書》中以稱臣父珦今爲博士，食君祿四世一百年矣，自建隆至嘉祐二年，計九十八年，疑「皇祐」係「嘉祐」之誤。予友宗滌甫稷辰云：此必至太學，已受學職後所上，朱子文必誤刻，宜改正。今姑仍繫此以俟考。

三年辛卯，十九歲。

四年壬辰，二十歲。

母侯夫人卒。

二月二十八日，侯夫人終於江甯。《上谷郡君家傳》。

五月，儂智高攻陷二廣。十月，孫威敏沔奉命出征。見《明道文集》。

先生有《聞侯舅應辟南征》詩：辭華奔競至道離，茫茫學者爭驅馳。先生獨奮孟軻舌，扶持聖教增光輝。志期周禮制區夏，人稱孔子生闕西。當途聞聲交薦牘，蒼生無福徒爾爲。道大不爲當世用，著書將期來者知。今朝有客關內至，聞從大幕征南垂。南垂凶寇陷州郡，久張螳臂抗天威。聖皇赫怒捷書緩，虎侯秉鉞驅熊羆。宏才未得天下宰，良謀且作軍中師。蕞爾小蠻何足殄，庶幾聊吐胸中奇。《伊川文集》註「時年十八」，恐誤。孫沔，字元規，會稽人，謚威敏。

先生曰：某年二十時，解釋經義，與今無

異，然思今日覺得意味，與少時自別。《遺書·劉元承編》。

某年二十時，看《春秋》。黃聱隅問某如何看，答之曰：「有兩句法。」云以傳考經之事迹，以經別傳之眞僞。又問公、穀如何，曰：「又次於左氏。」「左氏即是邱明否？」曰：「傳中無邱明字，不可考。」《遺書·周伯忱録》。《宋儒學案》：黃聱隅名晞，字景微，建安人，少通經，自號聱隅子。慶曆中，石徂徠在太學遺諸生以禮聘，不出。嘉祐元年，韓魏公薦爲太學助教，受命一夕卒。見《澠水燕談》。《聱隅子跋》作蜀人，疑誤。《延平答問》云：伊川有看《春秋》之法，「以傳考經之事迹，以經別傳之真僞」，參考理義之長，求聖人所書之意，庶或得之。

五年癸巳，二十一歲。

至和元年甲午，二十二歲。

季夏，作《養魚記》：書齋之前有石盆池，家人買魚子食貓，見其煦沫也，不忍，因擇可生者，得百餘，養其中。大者如指，細者如箸，支頤而觀之者竟日。始舍之，洋洋然，魚之得其所也；終觀之，戚戚焉，吾之感於中也。吾讀古聖人書，觀古聖人之政，禁數罟不得入洿池，魚尾不盈尺不中取，市不得鬻，人不得食。聖人之仁，養物而不傷也如是。物獲如是，則吾人之樂其生，遂其性，宜何如哉？思是魚之於是時，寧有是困耶？推是魚，孰不可見耶？魚乎！魚乎！細鈎密網，吾不得禁之於彼，炮燔咀嚼，吾得免爾於此。吾知江海之大，足使爾遂其性，思置爾於彼，而未得其路，徒能以斗斛之水，生爾之命。生爾誠吾心，爾得生已多，萬類天地中，吾心將奈何？魚乎！魚乎！感吾心之戚戚者，豈止魚而已乎？因作《養魚記》。《伊川文集》。朱子云：先生平日不喜人説文字，如《易傳序》之類固是説道理，其他小小記文，今取而讀之，也不多一字，不少一字，如《養魚記》、《顔子好學論》之類。

二年乙未，二十三歲。

嘉祐元年丙申，二十四歲。

至京師。始居河南，再至醴泉。間遊太學，時海陵胡翼之先生方主教導，嘗以《顔子所好何學論》試諸生，得先生所試大驚，即延見，處以學職。《朱子文集》。

《論》曰：聖人之門，其徒三千，獨稱顔子爲好學。夫《詩》、《書》六藝，三千子非不習而通也，然則顔子所獨好者何學也？學以至聖人之道也。聖人可學而至歟？曰：然。學之道如何？曰：天地儲精，得五行之秀者爲人。其本也眞而靜，其未發也五性具焉，曰仁、義、禮、智、信。形既生矣，外物觸其形而動於中矣，其中動而七情出焉，曰喜、怒、哀、樂、愛、惡、欲。情既熾而益蕩，其性鑿矣。是故覺者約其情，使合於中，正其心，養其性，故曰性其情。愚者則不知制之，縱其情而至於邪僻，梏其性而亡之，故曰情其性。凡學之道，正其心，養其性而已。中正而誠，則聖矣。君子之學，必先明諸心，知所養，然後力行以求至，所謂自明而誠也。故學必盡其心。盡其心，則知其性，知其性，反而誠之，聖人也。故《洪範》曰：「思曰睿，睿作聖。」誠之之道，在乎信道篤。信道篤則行之果，行之果則守之固。仁義忠信不離乎心，「造次必於是，顛沛必於是」，出處語默必於是，久而弗失，則居之安，動容周旋中禮，而邪僻之心無自生矣。故顔子所事，則曰「非禮勿視，非禮勿聽，非禮勿言，非禮勿動」，仲尼稱之，則曰「得一善，則拳拳服膺而弗失之矣」，又曰「不遷怒，不貳過，有不善未嘗不知，知之未嘗復行也」，此其好之篤學之之道也。視聽言動皆禮矣，所異於聖人者，蓋聖人則不思而得，不勉而中，從容中道，顔子則必思而後得，必勉而後中，故曰：顔子之與聖人，相去一息。孟子曰：「充實而有光輝之謂大，大而化之之謂聖，聖而不可知之謂神。」顔子之德，可謂充實而有光輝矣，所未知者，守之也，非化之也。以其好學之心，假之以年，則不日而化矣。故仲尼曰：「不幸短命死矣。」蓋傷其不得至於聖人也。所謂化之者，入於神而自然不思而得，不勉而中之謂也。孔子曰「七十而從心所欲不踰矩」是也。或曰：「聖人，生而知之者也；今謂可學而至，其有稽乎？」曰：「然。孟子曰：『堯、舜性之也，湯、武反之也。』性之者，生而知之者也。反之者，學而知之者也。」又曰：「又曰」二字疑衍。「孔子則生而知也，孟子則學而知也。後人不達，以謂聖本生知，非學可至，而爲學之道遂失。不求諸己而求諸外，以博聞強記、巧文麗辭爲工，榮華其言，鮮有至於道者。則今之學，與顔子所好異矣。」《伊川文集》，下同。朱子云：先生《好學論》說得條理，只依此學，便可以終其身也。劉蕺山云：此伊川得統於濂溪處。

按：《好學論》一云十八歲作，一云始冠，但十八歲爲皇祐二年，胡安定尙未爲直講，若二十歲爲侯夫人卒年，皆不合。當在嘉祐初至京時，胡公以天章閣侍講仍治太學也。

《四箴》幷序：顏淵問克己復禮之目，夫子曰：「非禮勿視，非禮勿聽，非禮勿言，非禮勿動。」四者身之用也，由乎中而應乎外，制於外所以養其中也。顏淵事斯語，所以進於聖人。後之學聖人者，宜服膺而弗失也。因箴以自警。其《視箴》曰：「心兮本虛，應物無迹。操之有要，視爲之則。蔽交於前，其中則遷；制之於外，以安其內。克己復禮，久而誠矣。」其《聽箴》曰：「人有秉彝，本乎天性。知誘物化，遂亡其正。卓彼先覺，知止有定。閑邪存誠，非禮勿聽。」其《言箴》曰：「人心之動，因言以宣。發禁躁妄，內斯靜專。矧是樞機，興戎出好。吉凶榮辱，惟其所召。傷易則誕，傷煩則支。己肆物忤，出悖來違。非法不道，欽哉訓辭！」其《動箴》曰：「哲人知幾，誠之於思。志士厲行，守之於爲。順理則裕，從欲惟危。造次克念，戰兢自持。習與性成，聖賢同歸。」

按：黃勉齋云：周子以誠爲本，以欲爲戒，此繼孔孟不傳之緒也。至二程則曰「涵養須用敬，進學在致知」，又曰「非明則動無所之，非動則明無所用」，而爲《四箴》以著克己之義焉。此二程得統於周子者也，故附《好學論》後。

先生曰：「凡從安定先生學者，其醇厚和易之氣，望之可知也。」《聞見録》。

先生二十四五時，呂原明首師事之。《外書・

龜山語録》。

滎陽公年二十一時，正獻公使入太學，與先生鄰齋。先生長滎陽公纔數歲，公察其議論大異，首以師禮事之。其後楊應之國寶、邢和叔恕、年十九。左司公待制皆師尊之。自後學者遂衆，實自滎陽公發之也。《呂氏童蒙訓》，下同。

按：《續通鑑長編》：元祐七年，范祖禹言呂希哲可備勸講，今已五十四歲。據此，是滎陽公生於寶元二年己卯，少伊川六歲，至嘉祐元年年十八。《宋儒學案》：楊應之，名國寶，呂正獻公甥。左司待制名希純，字子進，希哲之弟。

先生嘗識楊應之於江南，常稱其偉度高識，絶人遠甚。

孫元忠朴嘗對滎陽公譏笑正叔，公云：「正叔有多少好事公都不說，只揀他疑似處非笑，何也？」元忠釋然心服，不敢復議。

滎陽公嘗言：「先生自小說話過人，嘗笑人專取有行，不論知見者。又說世人喜說某人，只是說得。先生言只說得好話亦大難，好話亦豈易說也。」公以爲二程遠過衆人者，學皆類此。《呂氏家傳》。

太中卜葬祖考於伊川，始居河南。《太中家傳》。

先生曰：「少師治醴泉，惠愛及人至深。嘉祐初某過邑，去少師時八十年矣，驢足病，呼醫治之。問知姓程，辭錢不受。昔時村婦多持香茶祈禱於冢，因掐取其土以乞靈，後禁止之。」《家世舊事》。

按：史稱少師治醴泉有政績，先生《上仁宗書》言：臣高祖羽太祖朝年八十餘爲縣令，一言遭遇，特加拔擢，攀附太宗，終於兵部侍郎。溯太平興國元年至嘉祐初，正八十年。

二年丁酉，二十五歲。

《與方元寀手帖》：聖人之道，坦如大路，學者病不得其門耳，得其門，無遠之不可到也。求入其門，不由於經乎？今之治經者亦衆矣，然而買櫝還珠之弊，人人皆是。經所以載道也，誦其言辭，解其訓詁，而不及道，乃無用之糟粕耳。覬足下由經以求道，勉之又勉，異日見卓爾有立於前，然後不知手之舞，足之蹈，不加勉而不能自止矣。《程氏遺文》。

朱子跋云：「先生與莆田方君元寀道輔帖乃嘉祐二年語，時先生之年纔二十有五爾。先生德性嚴重，不輕與人接，今觀與方公父子兄弟之間拳拳如此，則方公之賢可知矣。雖先生之所以書者，有非熹之所敢知，然觀於應舉耕田之語，可以決內外取舍之輕重；察於買櫝還珠之論，可以知讀書求道之要在此而不在彼也。」據此，則先生與方君有數帖，此其一也。又《宋儒學案》：「方元寀，字道輔，莆田人。父峻，聚徒講學，鑿井舍旁，禱曰：『願子孫居官如此水。』初官潤州，識太中珦。及卒，明道爲作行狀，范華陽祖禹爲墓道碑。道輔少與伊川遊，書問往來積數十帖，有云：『經所以載道也，誦其言辭，解其訓詁而不及道，乃無用之糟粕耳。覬足下由經以求道，勉之又勉，異日見卓爾有立於前，然後不知手之舞之足之蹈之。』又曰：『足下非混俗之流，其志道之士。』元祐三年，以特科出身，終威武軍節度推官。」註：參《道南源委》。按：太中自慶曆三年調潤州觀察支使，六年知虔州興國縣，方君峻官潤州，識太中當在此數年間。道輔少與伊川遊，疑亦在明道居庠序，寓丹陽時。明道爲峻作行狀，未詳何時。文集無之，俟考。

是年，先生再見周子於合州。《周子年譜》。傅伯成答書云：心朋遠寓名方。《道國志》註：謂二程。

三年戊戌，二十六歲。

四年己亥，二十七歲。

舉進士，廷試報罷。

先生舉進士，廷試報罷，遂不復試。太中公屢得任子恩，輒推與族人。見《涪陵記善録》。

先生曰：某兄弟幼時，夫人勉之讀書，因書綫帖上曰：「我惜勤讀書兒。」又並書二行，曰「殿前及第程延壽」，先兄幼時名也，次曰「處士」。及先兄登第，某以不才罷應科舉，方知夫人知之於童稚中矣。《上谷郡君家傳》。

按：《家傳》作於元祐五年，係追溯，故稱先兄。

五年庚子，二十八歲。

六年辛丑，二十九歲。

七年壬寅，三十歲。

先生叔父殿丞瑜卒於京師。見《明道文集》。

八年癸卯，三十一歲。

英宗治平元年甲辰，三十二歲。至京師。

呂申公判太學，命衆博士即先生之居，敦請爲太學正，先生固辭，公即命駕過之。見《呂申公家傳》。

《謝呂晦叔待制相見書》：竊以古之時，公卿大夫求於士，故士雖自守窮閻，名必聞，才必用。今之時，士求於公卿大夫，故干進者顯榮，守道者沉晦。頤處乎今之世，才微學寡，不敢枉道妄動，雖親戚鄉閭間，鮮克知其所存者，矧敢期知於公卿大夫乎？伏承閣下屈近侍之尊，下顧愚陋，仰荷厚禮，媿不足以當之。噫！公卿不下士久矣。頤晦於賤貧，世莫之顧，而公獨降禮以就之。非好賢樂善之深，孰能如是乎？幸甚幸甚。願閣下持是好賢之心，廣求之之方，盡待之之道，異日登廟堂，翊明天子治，以之自輔，以福天下，豈不厚與！鄙朴之人，不善文詞，姑竭其區區，少致謝懇。《伊川文集》。

按：《續通鑑長編》：是年四月，命天章閣待制兼侍講呂公著同修起居注，時蓋與先生初相見。又范淳甫奏稱「相知二十餘年，然後舉之」，是數此至元豐八年論薦於朝言也。

呂原明言：治平中見先生，云：「今之守令惟制民之產一事不得爲，其他在法度中甚有可爲者，患人不爲耳。《外書·呂氏家塾記》。

二年乙巳，三十三歲。

四月，詔議崇奉濮王典禮，先生《代彭中丞論濮王稱親疏》：「臣思永言：伏見近日以濮王稱親事，言事之臣奏章交上，中外論議沸騰。此蓋執政大臣違亂典禮，左右之臣不能開陳理道，而致陛下聖心疑惑，大義未明。臣待罪憲府，不得不爲陛下明辨其事。竊以濮王之生陛下，而仁宗皇帝以陛下爲嗣，承祖宗大統，則仁廟陛下之皇考，陛下仁廟之適子。濮王，陛下所生之父，於屬爲伯；陛下，濮王出繼之子，於屬爲姪。此天地大義，生人大倫，如乾坤定位，不可得而變易者也，固非人意所能推移。苟亂大倫，人理滅矣。陛下仁廟之子，則曰父、曰考、曰親，乃仁廟也。若更稱濮王爲親，是有二親。則是非之理，昭然自明，不待辨論而後見也。然而聖意必欲稱之者，豈非陛下大孝之心，義雖出繼，情厚本宗，以濮王實生聖躬，曰伯則無以異於諸父，稱王則不殊於臣列，思有以尊大，使絕其等倫，如此而已。此豈陛下之私心哉？蓋大義所當，典禮之正，天下之公論。而執政大臣不能將順陛下大孝之心，不知尊崇之道，乃以非禮不正之號上累濮王，致陛下於有過之地，失天下之心，貽亂倫之咎。言事之臣又不能詳據典禮，開明大義，雖知稱親之非，而不知爲陛下推所生之至恩，明尊崇之正禮，使濮王與諸父夷等，無有殊別。此陛下之心所以難安而重違也。臣以爲所生之義，至尊至大。雖當專意於正統，豈得盡絕於私恩？故所繼主於大義，所生存乎至情。至誠一心，盡父子之道，大義也；不忘本宗，盡其恩義，至情也。先王制禮，本緣人情，既明大義以正統緒，復存至情以盡人心。是故在喪服恩義，別其所生，蓋明至重，與伯叔不同也。此乃人情之順，義理之正，行於父母之前，亦無嫌間。至於名稱，統緒所繫，若其無別，斯亂大倫。今濮王陛下之所生，義極尊重，無以復加，以親爲稱，有損無益。何哉？親與父同，而所以不稱父者，陛下以身繼大統，仁廟父也，在於人倫，不可有貳，故避父而稱親，則是陛下明知稱父爲決不可也。既避父而稱親，則是親與父異。此乃姦人以邪説惑陛下，言親義非一，不止謂父。臣以謂取父義，則與稱父正同，決然不可；不取父義，則其稱甚輕。今宗室疎遠卑幼悉稱皇親，加於所生，深恐非當。孝者以誠爲本，乃以疑似無正定之名，黷於所尊，體屬不恭，義有大害。稱之於仁廟，乃有嚮背之嫌；去之於濮王，不損所生之重。絶無小益，徒亂大倫。臣料陛下之意，不必須要稱親，止謂不加殊名，無以別於臣列。臣以爲不然。推所生之義，則不臣自明；盡致恭之禮，則其尊可見。況當揆量事體，別立殊稱，要在得盡尊崇，不愆禮典。言者皆欲以高官大國加於濮王，此甚非知禮之言也。先朝之封，豈陛下之敢易？爵秩之命，豈陛下之敢加？臣以爲當以濮王之子襲爵奉祀，尊稱濮王爲濮國太王，如此則敻然殊號，絶異等倫。凡百禮數，必皆稱情，請舉一以爲率，借如既置嗣襲，必伸祭告，當曰『姪嗣皇帝名，敢昭告於皇伯父濮國太王』，自然在濮王極尊崇之道，於仁皇無嫌貳之失，天理人心，誠爲允合。不獨正今日之事，可以爲萬世之法。復恐議者以太字爲疑，此則不然。蓋繫於濮國下，自於大統無嫌。今親之稱，大義未安，言事者論列不已，前者既去，後者復然，雖使臺臣不言，百官在位亦必繼進，理不可奪，勢不可遏，事體如此，終難固持。仁宗皇帝在位日久，海宇億兆涵被仁恩。陛下嗣位之初，功德未及天下，而天下傾心愛戴者，以陛下仁廟之子也。今復聞以濮王爲親，含生之類，發憤痛心。蓋天下不知陛下孝事仁皇之心，格於天地，尊愛濮王之意，非肯以不義加之；但見誤致名稱，所以深懷疑慮，謂濮王既復稱親，則仁廟不言自絕。羣情洶懼，異論喧囂。夫王者之孝，在乎得四海之歡心，胡爲以不正無益之稱，使億兆之口指斥謗讟，致濮王之靈不安於上？臣料陛下仁孝，豈忍如斯，皆由左右之臣不能爲陛下開明此理。在於神道，不遠人情，故先聖謂事死如事生，事亡如事存。設如仁皇在位，濮王居藩，陛下既爲冢嗣，復以親稱濮王，則仁皇豈不震怒？濮王豈不側懼？是則君臣兄弟立致釁隙，其視陛下當如何也？神靈如在，亦豈不然。以此觀之，陛下雖加名稱，濮王安肯當受？伏願陛下深思此理，去稱親之文，以明示天下，則祖宗濮王之靈交歡於上，皆當垂祐陛下，享福無窮，率土之心，翕然慰悅，天下化德，人倫自正，大孝之名光於萬世矣。夫姦邪之人，希恩固寵，自爲身謀，害義傷孝，以陷陛下。今既公論如此，不無徊徨，百計搜求，務爲巧飾，欺罔聖聽，枝梧言者，徼冀得已，尚圖自安，正言未省而巧辯已至，使陛下之心無由而悟。伏乞將臣此章，省覽數遍，裁自宸衷，使無姦人與議。其措心用意，排拒人言，隱迹藏形，陰贊陛下者，皆姦人也。幸陛下察而辨之，勿用其說，則自然聖心開悟，至理明白，天下不勝大願。」《伊川文集》，下同。《彭侍郎行狀》：權御史中丞，時追崇濮王，諫官、御史以典禮未正，相繼論列者六七人，皆以罪去。公力陳其不可，且請召還言事者。上未之察，更爲疏極論其事，言益切至。英宗深加聽納，事幾施行，而大臣持之甚力，故不果。

八月，京師大水，詔求直言，先生爲太中上《應詔書》：「天下之勢所甚急者，在安危治亂之機。若夫指一政之闕失，陳一事之利病，徒爲小補，不足以救當世之弊，而副陛下勤求之意也。安危治亂之機，臣以爲所尤先者有三焉，請爲陛下陳之。一曰立志，二曰責任，三曰求賢。三者之中，復以立志爲本，君志立而天下治矣。所謂立志者，至誠一心，以道自任，以聖人之訓爲可必信，先王之治爲可必行，不狃滯於近規，不遷惑於衆口，必期致天下如三代之世也。夫以一夫之身，立志不篤，則不能自修，況天下之大，非（禮）〔體〕乾剛健，其能治乎？自昔人君，孰不欲天下之治？然而或欲爲而不知所措，或始銳而不克其終，或安於積久之弊而不能改爲，或惑於衆多之論而莫知適用。此皆上志不立故也。故臣願陛下以立志爲先，法先王之治，稽經典之訓，篤信而力行之，救天下深沉固結之弊，爲生民長久治安之計，勿以變舊爲難，勿以衆口爲惑，則三代之治可望於今日也。所謂責任者，海宇之廣，億兆之衆，一人不可以獨治，必賴輔弼之賢，然後能成天下之務。自古聖王，未有不以求任輔相爲先者也。在商王高宗之初，未得其人，則恭默不言，蓋事無當先者也。及其得說而命之，則曰濟川作舟楫，歲旱作霖雨，和羹作鹽梅，其相須倚賴之如是。此聖人任輔相之道也。夫圖任之道，以愼擇爲本。

擇之愼，故知之明；知之明，故信之篤；信之篤，故任之專；任之專，故禮之厚而責之重。擇之愼，則必得其賢；知之明，則仰成而不疑；信之篤，則人致其誠；任之專，則得盡其力；禮之厚，則體貌尊而其勢重；責之重，則其自任切而功有成。是故推誠任之，待以師傅之禮，坐而論道，責之以天下治，陰陽和；故當之者，自知禮尊而任專，責深而勢重，則挺然以天下爲己任，故能稱其職也。雖有姦諛巧佞，知其交深而不可間，勢重而不可搖，亦將息其邪謀，歸附於正矣。後之任相者異於是。其始也不愼擇，擇之不愼，故知之不明；知之不明，故信之不篤；信之不篤，故任之不專；任之不專，故禮之不厚，而責之亦不重矣。擇不愼，則不得其人；知不明，則用之猶豫；信不篤，則人懷疑慮；任不專，則不得盡其能；禮不厚，則其勢輕而易搖；責不重，則不稱其職。是故任之不盡其誠，待之不以其禮，僕僕趨走，若吏史然，文案紛冗，下行有司之事。當之者自知交不深而其勢輕，動懷顧慮，不肯自盡，上懼君心之疑，下虞羣議之奪，故蓄縮不敢有爲，苟循常以圖自安爾。君子不願處也，姦邪之人亦知其易搖，日伺間隙。如是其能自任以天下之重乎？若曰非任之艱，知之惟艱，且何以知其賢而任之？或失其人，治亂所係，此人君所以難之也。臣以爲知人誠難，亦繫取之之道如何耳。皋陶爲帝舜謨曰：『在知人。』禹吁而難之。及其陳九德，載采采，則曰底可績，蓋詢行考實，人焉廋哉？願陛下既堅求治之志，則以責任宰輔爲先，待之盡其禮，任之盡其誠，責之盡其職。不患其不爲，患其不能爲；不患其不能爲，患其不得爲。蓋不爲者可責之必爲，不能者可勉求而能，惟不得爲則已矣。所謂不得爲者，君臣之志不通，懷顧慮而不肯自盡，此由失待任之道也。所謂求賢者，古聖王之所以能致天下之治，無他術也。朝廷至於天下公卿大夫，百職羣僚，皆稱其任而已。何以得稱其任？賢者在位，能者在職而已。何以得賢能而任之？求之有道而已。今取士之弊，議者亦多矣。大概投名自薦，記誦聲律，非求賢之道。求不以道，則得非其賢，間或得才，適由偶幸，非知其才而取之也。以今選舉之科，用今進任之法，而欲得天下之賢，興天下之治，其猶北轅適越，不亦遠乎？願陛下既立求治之志，又思責任之道，則以求賢爲先。苟不先得賢，雖陛下焦心勞思，將安所施？誠得天下之賢，置之朝廷，則端拱無爲而天下治矣。此所謂勞於求賢，逸於得人也。若曰非不欲賢也，病求之之難也，臣以爲不然。夫以人主之勢，心之所嚮，天下風靡景從。設若珍禽異獸瓌寶奇玩之物，雖遐方殊域之所有，深山大海之所生，志所欲者，無不可致。蓋上心所好，奉之以天下之力也。若使存好賢之心如是，則何巖穴之幽不可求？山林之深不可致？所患好之不篤耳。夫人君用賢，亦賴公卿大臣推援薦達之力。今朝廷未嘗求賢，公卿大臣亦不以求賢取士爲意。相先引彙，世所罕聞；訪道求師，貴達所恥。欲其助皇明、燭幽隱，不可得也。然亦繫上之所爲而已。陛下誠能專心致志，孜孜不倦，以求賢爲事，常恐天下有遺棄之才，朝廷之上，推賢援能者登進之，蔽賢自任者疎遠之，自然天下嚮風。自下及上，孰不以相先爲善行，薦達爲急務？搜援既廣，雖小才片善，無所隱晦。如此則士益貴而守益堅，廉恥格而風教厚矣。既得天下之賢，則天下之治不足道也。今世人情淺近，積慣成俗，朝廷進人，苟循常法。則雖千百而取，羣伍而用，庸惡混雜，曾不以爲非。設或拔一賢，進一善，出於不次，則求摭小差，衆議囂沸。如眞廟擢种放，先朝用范仲淹是也。設非君心篤信，甯免疑惑，反自以爲過。此所以非常之舉，曠久不行也。臣前所陳三者，治天下之本也。臣非不知有興利除害之方，安國養民之術，邊境備禦之策，教化根本之論，可以爲陛下陳之。顧三者不先，徒虛言爾。三者既行，不患爲之無術也。願陛下以社稷爲心，以生民爲念，鑒苟安之弊，思永世之策，賜之省覽，察其深誠，萬一有毫髮之補於聖朝，臣雖被妄言之誅，無所悔恨。」依榕村講授節本

三年丙午，三十四歲。

九月，呂申公知蔡州，將行，言曰：「臣伏見南省進士程頤，年三十四，有特立之操，出羣之資，嘉祐四年已與殿試。自後絶意進取，往來太學，諸生願得以爲師。臣方領國子監，親往敦請，卒不能屈。臣嘗與之語，洞明經術，通古今治亂之要，實有經世濟物之才，非同拘士曲儒徒有偏長。使在朝廷，必爲國器。伏望特以不次旌用。」《呂氏雜記》。

先生自以爲學不足，不願仕也。《伊川文集》。

四年丁未，三十五歲。

隨侍太中至漢州。

先生爲太中上神宗《論薄葬書》：「具位臣程珦皇恐昧死，再拜上書皇帝陛下。臣聞孝莫大於安親，忠莫先於愛主，人倫之本，無越於斯。人無知愚，靡不知忠孝之爲美也，然而不得其道則反害之。故自古爲君者，莫不欲孝其親，而多獲不孝之譏；爲臣者莫不欲忠其君，而常負不忠之罪。何則？有其心，行之不得其道也。伏惟陛下以至德承洪業，以大孝奉先帝，聖心切至，天下共知。然臣以疎賤，復敢區區冒萬死以進其説者，願陛下以至孝之心盡至孝之道，鑑歷古之失，爲先帝深慮，則天下臣子之心無不慰安。所謂歷古之失，臣觀秦、漢而下，爲帝王者，居天下之尊，有四海之富，其生也奉養之如之何，其亡也安厝之如之何，然而鮮克保完其陵墓者，其故何哉？獨魏文帝、唐太宗所傳嗣君，能盡孝道，爲之遠慮，至今安全，事迹昭然，存諸簡策。嗚呼！二嗣君不苟爲崇侈以狥己意，乃以安親爲心，可謂至孝矣。漢武之葬，霍光秉政，暗於大體，奢侈過度，至使陵中不復容物，赤眉之亂，遂見發掘。識者謂赤眉之暴，無異光自爲之，爲其不能深慮以致後害也。二君從儉，後世不謂其不孝；霍光厚葬，千古不免爲罪人。自古以來，觀此明鑑而不能行之者，無他，衆議難違，人情所迫爾。苟若務合常情，遂亡遠慮，是乃厚於人情而薄於先君也，不亦惑乎！魏文帝所作終制，及唐虞世南所上封事，皆足取法。其指陳深切，非所忍言，願陛下取而觀之，可以見明君賢臣所慮深遠。古人有言曰：『死者無終極，國家有廢興。』自昔人臣當大事之際，乃以興廢之言爲忌諱，莫敢議及於此，苟循人情，辜負往者，不忠之大者也。臣竊慮陛下追念先帝，聖情罔極，必欲崇厚陵寢，以盡孝心。臣愚以爲：違先帝之儉德，損陛下之孝道，無益於實，有累於後，非所宜也。伏願陛下損抑至情，深爲永慮，承奉遺詔，嚴飭有司，凡百規模，盡依魏文之制，明器所須，皆以瓦木爲之，金銀銅鐵珍寶奇異之物無得入壙，然後昭示遐邇，刊之金石。如是則陛下之孝顯於無窮，陛下之明高於曠古。至於紈帛易朽之物，亦能爲患於數百年之後，漢薄后陵是也。或曰：山陵崇大，雖使無藏，安能信於後世？臣以爲不然。天下既知之，後世必知之。臣嘗遊秦中，歷觀漢、唐諸陵，無有完者，惟昭陵不犯。陵旁居人尚能道當日儉素之事，此所以歷數百年，屢經寇亂而獨全也。夫臣之於君，猶子之於父，豈有陛下欲厚其親，而臣反欲薄於其君乎？誠以厚於先帝，無厚於此者也。遺簪墜履，尚當保而藏之，不敢不恭，况於園陵，得不窮深極遠以慮之乎？陛下嗣位方初，羣臣畏威，臣苟不言，必慮無敢言者。陛下以臣言爲妄而罪之，則臣死且不悔；以臣言爲是而從之，則可以爲先帝之福，大陛下之孝，安天下之心，示萬世之法，所補豈不厚哉？臣哀誠內激，言意狂率，願陛下詳覽而深察之，天下不勝大願。臣無任踰越狂狷恐懼之極，臣昧死頓首謹言。」《伊川文集》。

按：是年正月丁巳，英宗崩。戊午，神宗即位。

先生之父嘗守廣漢，先生與兄皆隨侍遊成都，見治篋箍桶者挾冊，就視之則《易》也。欲擬議致詰，而篋者先曰：「若嘗學此乎？」因指《未濟》「男之窮」以發問。二程遜而問之，則曰：「三陽皆失位。」兄弟渙然有所省。翌日再過之，則去矣。《宋史·譙定傳》。《元豐九域志》：漢州屬成都府路。

先生過成都，坐於所館之堂讀《易》，有造桶者前視之，指《未濟卦》問，先生曰：「何也？」曰：「三陽皆失位？」先生異之，問其姓與居，則失之矣。《易傳》曰：「聞之成都隱者。」《外書·時紫芝集》。

楚雄池生春籥庭
會稽諸星杓恕齋 輯

程子年譜卷二

伊川先生

神宗熙甯元年戊申，三十六歲。

爲太中作《試漢州學生策問三首》。

問：士之所以貴乎人倫者，以明道也。若止於治聲律、爲祿利而已，則與夫工技之事，將何異乎？夫所謂道，固若大路然，人皆可勉而至也。如不可學而至，則古聖人何爲教人勤勤如是？豈其欺後世邪？然學之之道當如何？後之儒者莫不以爲文章、治經術爲務。文章則華靡其詞，新奇其意，取悅人耳目而已。經術則解釋辭訓，較先儒短長，立異說以爲己工而已。如是之學，果可至於道乎？仲尼之門，獨稱顏子爲好學，則曰

「不遷怒，不貳過」也。與今之學，不其異乎？或曰：如是則在修身謹行而已。夫檢於行者，設曰勉強之可也；通諸身者，姑謹修而可能乎？況無諸中不能強於外也，此爲儒之本，諒諸君之所素存也，幸明辨而詳著於篇。

問：聖人之道傳諸經，學者必以經爲本。然而諸經之奥，多所難明。今取其大要，各舉其一以言之。夫《易》卦之德，曰元亨利貞，或爲四：曰元也，亨也，利也，貞也。或爲二：曰大亨也，利於貞也。其詞既同，義可異乎？所以異者何謂？《春秋》垂褒貶之法，所貶則明矣，所褒者何事？《詩》之美刺，聖人取其止乎禮義者，以爲法於後世。晉武公身爲幷奪，《無衣》美之，其教安在？《書》爲王者軌範，不獨著聖王之事以爲法也，亦存其失以示戒爾，《五子之歌》是也。如盤庚之遷國，穆王之訓刑，爲是而可法耶？爲非而可戒耶？《禮記》雜出於漢諸儒所傳，謬亂多矣。考之，完合於聖人者，其篇有幾？夫古人之學貴專，不以泛濫爲賢。諸君之於經，必各有所治，人言其所學可也，惟毋泛毋略。

問：儒者積學於己，以待用也。當世之務，固當講明。若夫朝廷之治，君相謨之，斯無間矣。以一郡而言，守之職豈不以養人爲本？然而民產不制，何術以濟乎困窮？吏繇有數，何道以寬乎力役？比閭無法，教化何由而可行？衣食不足，風俗何緣而可厚？自唐而上，世有循吏，著之史冊，何今世獨無其人？豈古之治不可行於今耶？抑爲之者不得其道耶？思欲仰希前哲之爲，上副聖朝之寄，何所施設而能及斯？諸君從事於學，既勤且久，爲政之方，固當明其體要。至於民俗利病，皆耳目之所接也。願陳高論，得以矜式。《伊川文集》，下同。

爲太中《請宇文中允典漢州學書》：中允明公執事：竊以生民之道，以教爲本。故古者自家黨遂至於國，皆有教之之地。民生八年則入於小學，是天下無不教之民也。既天下之人莫不從教，小人修身，君子明道，故賢能羣聚於朝，良善成風於下，禮義大行，習俗粹美，刑罰雖設而不犯。此三代盛治由教而致也。後世不知爲治之本，不善其心而驅之以力，法令嚴於上，而教不明於下，民放僻而入於罪，然後從而刑之。噫！是可以美風俗而成善治乎？往者朝廷深念其然，究思治本，詔京師至於郡縣皆立學。雖未能如古之時，比屋人人而教之，可以教爲士者矣。誠能教之由士始，使爲士者明倫理而安德義，知治亂之道，政化之本，處足以爲鄉里法，出可以備朝廷用，如是，則雖未能詳備如古之教，亦得其大端，近古而有漸矣。是朝廷爲教之意，非不正也，顧州縣之吏奉承之何如爾。珣庸瑣之質，叨恩領郡，雖才不足以有爲，然少承父師之訓，久從士大夫之後，涉聞學古爲政之道，不敢斷斷如俗吏之爲，專以簿書期會爲事。勉思所以副朝廷明教化、育賢才之意，以學校爲先務。然念教道之職，非得豪傑之士，學術足以待問，行義足以率人，則何以爲衆人之矜式？竊聞執事懿文高行，爲時所推，仕不合則奉身而退，不爲榮利屈其志。歸安田間，道義爲鄉里重。

豈特今人之難能？古人所難能也。愚謂執事非甘於退處而樂於自善也，蓋道既不偶，去就之義，不得不然。在執事之心，諒無一日忘天下，不以行道濟物爲意也。蓋聞賢人君子未得其位，無所發施其素蘊，則推其道以淑諸人，講明聖人之學，開導後進，使其教益明，其傳益廣。故身雖隱而道光，跡雖處而教行，出處雖異，推己及人之心則一也。此鄉人所望於執事，而執事所（以）〔宜〕自任也。珣是以敢布其區區之意，願執事從鄉人之望，枉屈軒馭，來憩郡庠，俾後進子弟得所依歸。不獨一郡學者漸被善教，四方之士聞風慕義，亦將奔走門下。是執事之道雖未用於時，而所及人者固已博矣。孟子所謂「天下之樂也」，執事豈無意乎？或賜允從，不勝幸甚。

再書：近者書其鄙懇，陳於左右，輒欲邀致軒從。內省不度，方負媿惕，辱教之答，詞意甚厚，且承燕居休適，感慰深矣。然而過持謙巽，未許臨屈。區區之意，有所未盡，輒敢再浼聽覽。珣之郡之初，延見僚吏士民，首道朝廷所以憂念遠方、愛養元元之意；既則詢州郡之賢人，足以取則爲治者，於是聞執事之名於衆人之口。珣退而三思三省之，始曰：彼鄉先生也，吾將奉之以教郡人。既而曰：賢者以類至，惟賢能致賢，彼賢豈我屑耶？既又曰：賢者雖有爲而退，豈將自善其身耶？必將化導鄉里，教育後進。自古賢者，未有不然者也。豈特守之爲乎？於是決之不疑，以請於左右。豈意執事未賜深亮，拒而弗從。珣竊觀在《易·觀》之上九曰：「觀其生，君子無咎。」象曰：「觀其生，志未平也。」上九以陽剛之德，居無位之地，是賢人君子抱道德而不居其位，爲衆人仰觀法式者也。雖不當位，然爲衆人所觀，固不得安然放意，謂己無與於天下也；必觀其所生，君子矣乃得無咎。聖人又從而贊之，謂志當在此，固未得安然平定，無所慮也。觀聖人教示後賢如是之深，賢者存心如是之仁，與夫索隱行怪，獨善其身者異矣。今執事居是鄉，爲一鄉所宗仰，適當《觀》上九之義，豈得圖一身之安逸，而不以化導爲意乎？見諭「日近多微疾，憚於應接」，此大不然。古者庠序爲養老之地，所養皆眉壽之人；其禮有扶，有杖，有哽噎之祝，則其羸廢可知。蓋資其道德模範，豈尚其筋力也哉？幸執事觀《觀》爻之義，詳聖人贊之之意，思賢人君子所當用心，勉從鄉人之願，不勝幸甚！

《宋史》：宇文之邵，字公南，漢州綿竹人。爲文州曲水令，治平四年，神宗立，上疏論時政不報，以太子中允致仕，時年三十九。

二年己酉，三十七歲。

明道爲御史，上使推擇人才，所薦數十人，以父表弟張載暨弟頤爲稱首。《明道行狀》。

先生《答橫渠書》：累書所論，病倦不能詳說，試以鄙見道其略，幸不責其妄易。觀吾叔之見，至正而謹嚴。如「虛無即氣則虛無」之語，深探遠賾，豈後世學者所嘗慮及也？餘所論，以大概氣象言之，則有苦心極力之象，而無寬裕溫厚之氣。非明睿所照，而考索至此，故意屢偏而言多窒，小出入時有之。明所照者，如目所觀，纖微盡識之矣。考索至者，如揣料於物，約見髣髴爾，能無差乎？更願完養思慮，涵泳義理，他日自當條暢。何日得拜見，當以來書爲據，句句而論，字字而議，庶及精微。牽勉病軀，不能周悉。謝生佛祖禮樂之論，相知之淺者亦可料也。何吾叔更見問？大哥書中云「聖人之悟」，前後矛盾，不知謂何，莫不至此否？《伊川文集》，下同。

《再答》：昨書中所示之意，於愚意未安，敢再請於左右。今承盈幅之諭，詳味三反，鄙意益未安。此非侍坐之間，從容辨析，不能究也，豈尺書所可道哉？況十八叔、大哥皆在京師，相見且請熟議，異日當請問之。內一事，云已與大哥議而未合者，試以所見言之。所云「孟子曰：『必有事焉而勿正心，勿忘，勿助長也。』此信乎入神之奧。若欲以思慮求之，是既已自累其心於不神矣，惡得而求之哉？」頤以爲有所事，乃有思也，無思則無所事矣。孟子之是言，方言養氣之道如是，何遽及神乎？氣完則理正，理正則不私，不私之至則神。自養氣至此猶遠，不可驟同語也。以《孟子》觀之，自見其次第也。當以「必有事焉而勿正」爲句，「心」字屬下句。此說與大哥之言固無殊，但恐言之未詳爾。遠地未由拜見，豈勝傾戀之切？餘意未能具道。所諭「勿忘者，但不舍其虛明善應之心爾。」此言恐未便。既有存於心而不舍，則何謂虛明？安能善應耶？虛明善應，乃可存而不忘乎？

龜山《跋橫渠先生書》：「橫渠之學，其源出於程氏，而關中諸生尊其書，欲自爲一家，故余錄此簡以示學者，使知橫渠雖細務必資於二程，則其他故可知。」攷此跋書於大觀元年八月己卯餘杭，在伊川先生未歿前二十餘日。朱子云橫渠有一簡與先生，問其叔父葬事，未有提耳懇激之言，疑龜山所跋即此簡也。

侯世與云：某年十五六時，明道先生與某講《孟子》，至「勿正心，勿忘，勿助長」處，云：「二哥以『必有事焉而勿正』爲一句，『心勿忘，勿助長』爲一句，亦得。」因舉禪語爲況云：「事則不無，擬心則差。」某當時言下有省。《遺書·李端伯記》。

三年庚戌，三十八歲。

《謝傅耆伯壽手謁》：頤謹詣行館拜謝長官秘書。十月日。河南程頤狀。見《朱子文集》。

朱子云：度正言得此手狀於傅君光家，乃其祖大夫公嘉祐初實見濂溪周先生於合陽求教，先生手書《家人》、《艮》、《遇》等說贈之。其後太中公知漢州，大夫公時爲邑西川，又得交伊川兄弟間，手筆相問往往皆在，此狀殆伊川先生入蜀時手筆也。大夫公集爲日記冊，此版起六月，終七月十六日，附載王氏父子、呂氏兄弟遷擢。蓋熙甯間日報作細字，背面皆滿，先生字處闕之，獨得不漫。傅君周旋周、程師弟之間，知所主友，而伊川先生手刺謁謝，爲禮亦恭，則其人之賢，不問可知。

按：《周子年譜》：傅耆，一字伯成，遂甯人。嘉祐二年至合州，從學周子。及歸，有書謝所寄《姤》說。六年登第，相遇京師，周子有《賀新恩先輩傳弟手謁》。治平四年，傳知嘉州平羌縣，明年有《謝所寄改定同人説》。累官至朝議大夫、知漢州。

作《蜀守記》：成都人稱近時鎮蜀之善者，莫如田元鈞、文潞公，語不善者必曰蔣堂、程戡。故謠言曰：「彥博虧虧，猶言不如也。田況，程戡勝蔣堂。」言最善之中田更優，不善之中程猶差勝也。予嘗訪之士大夫，以至閭里間，察其善不善之迹。所謂善者，得民心之悦，固有可善焉。所謂最不善者，乃可謂至善者也。至今人言及蔣公時事，必有不樂之言。問其所不樂者，衆口所同，惟三事而已：減損遨樂，毁后土廟及諸淫祠，伐江瀆廟木修府舍也。其尤失人心者，節遨樂也。前蔣者數十年爲政。後闕

按：《宋史》及《續通鑑長編》，蔣堂，字希魯，宜興人。慶曆初代楊日嚴知益州，會詔天下建學，因廣文翁石室爲學宫，選屬官以教，士人翕然稱之。日嚴在蜀有能名，堂不喜之，頗變其政。四年，文彥博代堂知益州。田況，字元均，信都人，富鄭公妹壻，皇祐初知益州，逾二年，拊循教誨，蜀人尤愛之。程戡，字勝之，陽翟人，女嫁文彥博子，皇祐四年知益州。至和初，田況爲副樞密使，程戡參知政事。嘉祐四年，彥博封潞國公。《記》云近時，又稱潞公，蓋追叙十數年前事，當是入蜀時作，故繫此。

先生自少時未嘗乘轎，頃在蜀與二使者遊三峽，使者相强乘轎，不可。詰其故，語之曰：「某不忍乘，分明以人代畜，

若疾病及泥濘，則不得已也。」二使者亦將不乘，某語之曰：「使者安可不乘。」既至，留題壁間，先生曰：「毋書某名。」詰其故，曰：「以使者與一閒人遊，若錚客。」當時竟不乘轎，亦不留名。《外書》卷十。

邵康節《代書寄先生》詩，有「嚴親出守劍門西，色養歡深世表儀」之句。見《擊壤集》。

陳襄領國子監，薦先生。見《陳古靈集》。

四年辛亥，三十九歲。

范公堯夫攝帥成都，先生將告歸，一作「時先生隨侍過成都」。別焉。公曰：「願少留，某將別。」先生曰：「既別矣，何必復勞輿衛。」遂行。公使人要於路曰：「願一見也。」既見，曰：「先生何以教我？」先生曰：「公嘗言爲將帥當使士卒視己如父母，然後可用，然乎？」公曰：「如何？」先生曰：「公言是也。然公爲政不若是，何也？」公曰：「可得聞與？」先生曰：「舊帥新亡而公張樂，大饗將校於府門，是教之視帥如父母乎？」曰：「亦疑其不可，故使屬官攝主之也。」先生曰：「是尤不可也，公與舊帥同僚也，失同僚之義其過小，屬官於主帥其義重。」曰：「廢饗而頒之酒食，如何？」曰：「無頒也，武夫視酒食爲重事，弗頒則必思其所以而知事帥之義，乃因事而教也。」公曰：「若從先生言而不來，則不聞此矣。」其喜聞義如此。《遺書·張思叔録》，下同。

先生言：范公堯夫之寬大也，昔余過成都，公時攝帥，有言公於朝者，朝廷遣中使降香峨眉，實察之也。公一日訪予，款語，予問曰：「聞中使在此，公何暇也？」公曰：「不爾則拘束。」已而中使果怒，以鞭傷傳言者耳。屬官喜謂公曰：「此一事足以塞其謗，請聞於朝。」公既不折言者之爲非，又不奏中使之過也，其有量如此。

《續通鑑長編》：「熙甯四年二月，陳經爲成都府轉運使，仍令密體量監司范純仁、謝景初燕飲踰違事，以李元瑜言故也。」《范忠宣公行狀》：「公言新法不便，仍戒州縣不得遽行，以待報。安石怒，命其客李元瑜爲提舉常平官，且伺察公，將遂害之，卒無所得。元瑜以是年六月死。」按此則先生隨侍太中罷漢州，當在是年春，以《家傳》中有李元瑜爲使者一節也。

先生過成都時，轉運判官韓宗道綜子議減役，至三大戶亦減一人焉。先生曰：「只聞有三大戶，不聞兩也。」宗道曰：「三亦可，兩亦可，三之名不從天降地出也。」先生曰：「乃從天降地出也，古者朝有三公，國有三老。三人占則從二人之言，三人行則必得我師焉。若止二大戶，則一人以爲是，一人以爲非，何從而決，三則從二人之言矣。雖然，近年諸縣有使之分治者，亦失之意也。」

按：《韓宗道墓誌》：熙甯初知巴州，會叔父康公去相位，擢成都轉運判官兼管農田水利差役事。講議法制，凡有改爲，蜀人不知其擾。蓋即先生所論減役事也。《續通鑑長編》：宗道，范純仁姻家。

五年壬子，四十歲。

至醴泉。

先生曰：自少師貴顯，居京師，醴泉第宅大評事從高祖諸孫居之，後遂分而賣之，先公未嘗問也。劵契皆存，以其上有少師書字，故不忍毀去，然收藏甚密，家中子弟有未嘗見者。先公守鳳州時，四翁名逢堯問欲得宅否，先公答以「叔有之與某有之正同，當善守而已」。又出一少師小印合示頤曰：「祖物也，可收之。」頤曰：「翁能保之足矣。」不敢受者，所以安其疑心也。又如太宗皇帝御書及少監眞像皆在，亦未敢求見，不意纔數年四翁卒，比再至醴泉，則散失盡矣，思之痛傷。後又二十年，元祐辛未。頤到醴泉改葬少師，始求得少監段太君誥於三翁家，少師犀帶於長安太監簿家，少師綠玉枕於四翁女种家，鞍兀於三翁家。《家世舊事》。

富文忠公辭疾歸第，以其俸劵還府，府受之。先生曰：「受其納劵者，固無足議，然納者亦未爲得也，留之而無請可矣。」《遺書·附師説後》。

《續通鑑長編》：「熙甯四年，知汝州富弼許以西京養疾。五年，以司徒使相致仕。李中師知河南府，籍其戶，令與富民均出錢。」朱子《跋富公與洛尹帖》云：「在洛往還凡十三帖，李之事公不爲不謹，公之遇李亦不爲不厚。而其後李因奉行免役之令，乃籍公戶，使出泉同於編氓，以媚用事者。小人觀時狥勢，何世無之！」按此則受劵者即李中師也。

六年癸丑，四十一歲。

居洛。

韓持國帥許，先生往見，謂公曰：「適市

中聚浮圖，何也？」公曰：「爲民祈福也。」先生曰：「福斯民者，不在公乎？」《遺書·張思叔録》，下同。

韓持國使掾爲亭，成而蓮已生其前，蓋掾盆植而置之，公甚喜。先生曰：「斯可惡也，使之爲亭而更爲此以説公，非端人也。」公曰：「奈何人見之則喜。」

按《續通鑑長編》，韓持國知許州，當在六年二月知許州韓絳遷官之後，至七年三月，詔持國知開封矣。

先生年四十以後，記性愈進。今人年長則健忘，豈可不知其故哉。《外書·震澤語録》。

七年甲寅，四十二歲。

先生同朱公掞訪康節，因以論道。先生指面前食卓曰：「此卓安在地上，不知天地安在甚處？」康節爲之極論天地萬物之理以及六合之外。先生歎曰：「平生惟見周茂叔論至此。」《易學辨惑》，下同。

朱子云：「此康節之子伯溫所記。但云『極論』，而不言其所謂云何。」今按，康節之書有曰：「天何依？曰依乎地。曰地何附？曰附乎天。曰天地何所依附？曰自相依附。天依形，地附氣，其形也有涯，其氣也無涯。」竊恐當時康節所論，與伊川所聞於周先生者亦當如此，因附見之。

先生又同張子堅來，方春時，康節率同遊天門街看花。先生辭曰：「平生未嘗看花。」康節曰：「庸何傷乎？物物皆有至理，吾儕看花，異於常人，自可以觀造化之妙。」先生曰：「如是，則願從先生遊。」

邵堯夫謂先生曰：「子雖聰明，然天下之事亦衆矣，子能盡知耶。」先生曰：「天下之事，某所不知者固多，然堯夫所謂不知者何事？」是時適雷起，堯夫曰：「子知雷起處乎？」先生曰：「某知之，堯夫不知也。」堯夫愕然曰：「何謂也？」先生曰：「既知之，安用數推也，以其不知，故待推而後知。」堯夫曰：「子以爲起於何處？」先生曰：「起於起處。」堯夫瞿然稱善。《遺書·張思叔録》。

先生曰：公掞昨在洛有書室，兩旁各一牖，牖各三十六隔，一書「天道之要」，一書「仁義之道」，中以一牓書「毋不敬思無邪」，中處之，此意亦好。《遺書·呂與叔東見録》。

按《宋史》：朱光庭字公掞，偃師人，第進士，調萬年簿，歷修武、垣曲縣令。神宗召見，除簽判河陽。元祐初爲左正言，遷司諫，拜侍御史，轉給事中。是公掞在洛，在立朝前，故繫此。

八年乙卯，四十三歲。

先生叔父郎中瑶卒於河南。見《明道文集》。

十月，彗星見，詔求直言。先生《代呂申公應詔疏》：「伏覩今月十三日詔勅，以彗出東方，許中外臣僚直言朝廷闕失。臣自言事得罪，久去朝廷，無所補報，退就閑冗。尚敢區區以言自進者，誠見陛下寅畏天命，有恐懼修省之意。草萊之人，尚思效其忠懇，况臣世荷國恩，久忝近侍，雖罪釁之餘，敢不竭其愚誠，以應明詔？臣伏觀前史所載，彗之爲變多矣，鮮有無其應者，蓋上天之意，非徒然也。今陛下既有警畏之心，當思消弭之道。且以今日之變，孰從而來。《書》曰：『天視自我民視，天聽自我民聽。』豈非政之所致歟？如曰非政之由，則經爲誣矣，臣復何言？詔之所求，亦爲虛設。若以爲政之所致，則改以一作

「而」。順天，在陛下而已。晏子所謂『可祝而來，亦可禳而去』也。《傳》曰：『天之有彗，以除穢也。』又曰：『所以除舊布新。』臣願陛下祗若天戒，思當除者何事，而當新者何道。如曰舊政既善，無所可除，則天爲誣矣，臣復何言？若以爲當求自新，則在陛下思之而已。自非大無道之世，何嘗不遇災而懼？然而能自新者蓋寡，大率蔽於所欲，惑於所任，明不足以自辨也。視是而爲非，以邪而爲正，敗亡至而不寤，天亦不能戒也。豈其惡存而好亡，憎治而喜亂哉？亦惑而不能辨爾。臣以爲辨之非艱，顧不得其道也。誠能省己之存心，考己之任人，察己之爲政，思己之自處，然後質之人言，何惑之不可辨哉？能辨其惑，則知所以應天自新之道矣。臣請爲陛下辨之。所謂省己之存心者，人君因億兆以爲尊，其撫之治之之道，當盡其至誠惻怛之心。視之如傷，動敢不慎？兢兢然惟懼一政之不順於天，一事之不合於理。如此，王者之公心也。若乃恃所據之勢，肆求欲之心，以嚴法令、舉條綱爲可喜，以富國家、強兵甲爲自得，銳於作爲，快於自任，貪惑至於如此，迷錯豈能自知？若是者，以天下徇其私欲者也。勤身勞力，適足以致負一作「貪」。敗；夙興夜寐，適足以招後悔。以是而致善治者，未之聞也。願陛下內省於心，有近於是者乎。苟有之，則天之所戒也，當改而自新者也。所謂考己之任人者，夫王者之取人，以天下之公而不以己，求其見正而不求其從欲。逆心者求諸道，巽志者察其非，倘孜孜焉懼或失也。此王者任人之公也。若乃喜同而惡異，偏信而害明，謂彼所言者吾之所大欲也，悦而望之，信而惑之，至於甚惡而不察，恣欺而不悟。推是而往，鹿可以爲馬矣。願陛下考己之任人，有近於是者乎？苟有之，則天之所戒也，當改而自新者也。方陛下思治之初，未有所偏主，好惡取舍一以公議，天下謂之賢，陛下從而賢之者衆矣，進之於朝亦多矣。及乎既有爲也，皆以不合而去之，更用後來之人，皆昔未嘗以爲賢者也，然後議論無違。始之所賢者皆愚，始之未嘗賢者皆賢，此爲天下之公乎？己意之私乎？自論議無違之後，逆耳怫心之言亦罕聞矣。夫以居至尊之位，負出世之資，而不聞怫逆之言，可懼之大者也。知人之難，雖至明不能無失，然至於朝合則爲不世之賢，暮隙則有一作「爲」。無窮之罪，顛錯亦已甚矣。在任人之道當改亦明矣。所謂察己之爲政者，爲政之道，以順民心爲本，以厚民生爲本，以安而不擾爲本。陛下以今日之事，方於即位之初，民心爲歡悦乎？爲愁怨乎？民生爲阜足乎？爲窮蹙乎？政事爲安之乎？爲擾之乎？億兆之口非不能言也，顧恐察之不審爾。苟有不察，則天之所戒也，當改而自新者也。所謂思己之自處者，聖人謂『亡者保其存者也，亂者有其治者也』，陛下必不以斯言爲妄。自古以來，何嘗有以危亡爲憂而至危亡者乎？惟其自謂治安而危亡卒至者則多矣。不識陛下平日自處，以天下爲如何，聖心所自知也。苟有憂危恐懼之心，常慮所任者非其人，所由者非其道，唯恐不聞天下之言，如此則聖王保天下之心也，上帝其鑒之矣。或以爲已安且治，所任者當矣，所由者至矣，天下之言不足恤矣，如此則天之所戒也，當改而自新者也。所謂質之人言者，當有其方。欲詢之於衆人乎？衆人之言可使同也。欲訪之下民乎？下民之言亦可爲也。察之以一人之心，而蔽之以衆人之智，其可勝乎？是不足以辨惑，而足以固其蔽爾。臣以爲在外一二老臣，事先朝數十年，久當大任，天下共知其非欺妄人也，知其非覆敗邦家者也，臣願陛下禮而問之，宜可信也。及天下所謂賢人君子，陛下聞之於有爲之前，而不在今日利害之間者，亦可訪也。以是數者參考之，則所當改者何事，所當新者何道，固可見矣。天下之人一聞詔音，莫不鼓舞相慶，謂陛下必能上應天心，召迎和氣。臣以爲唯至誠可以動天，在陛下誠意而已。昔在商王中宗之時有桑穀之祥，高宗之時有雊雉之異，二王以爲懼而修政，遂致王道復興，皆爲商宗，百世之下頌其聖明。近世以來，引咎之詔，自新之言，亦常有之，倘人君不由於至誠，則天下徒以爲虛語，其能感天心弭災變乎？臣願陛下因此天戒，奮然改爲，思商宗之實休，鑑後代之虛飾，不獨消復災沴於今日，將永保丕基於無窮，天下幸甚！」《伊川文集》

按：《續通鑑長編》別載呂公著疏，是先屬先生代作，既而不用也。

九年丙辰，四十四歲。

張横渠先生弟御史戩卒，先生言天祺戩自然有德，氣似箇貴人氣象，只是卻有氣短處，規規太以事爲重，傷於周至，卻是氣局小。景庸薛昌朝字景庸，橫渠門人，嘗爲御史論新法。則只是才敏，須是天祺與景庸相濟乃爲得中也。《遺書·吕與叔東見録》，下同。

先生曰：天祺昔在司竹，嘗愛用一卒長，及將代，自見其人盗筍皮，遂治之無少貸。罪已正，待之復如初，略不介意，其德量如此。

《邵氏聞見録》云：天祺在司竹，舉家不食筍。

十年丁巳，四十五歲。

春三月，張橫渠先生應同知太常禮院召過洛。先生《與橫渠簡》曰：「堯夫説《易》好，今夜試來聽他説看。」一作「説《先天之圖》甚有理，可試往之，聽他説看。」《朱子語類》。

惠氏棟《易漢學·辨兩儀四象》：案，《朱子語類》言程子説《易》只云三畫上疊成六畫，八卦疊成六十四卦，與邵子説異。蓋康節不曾説與程子，程子亦不曾問之，故一向隨他所見去。又云《伊川易傳》有未盡處，當時康節傳得數甚佳，卻輕之不問。又云邵子所謂《易》，程子多理會他不得。棟謂邵子一分爲二，二分爲四，四分爲八之説，漢、唐言《易》者不聞有此，程子非不能理會邵《易》，但以之解《周易》，恐其説之未必然也。

七月，堯夫病且革，先生往視之，因警之曰：「堯夫平日所學，今日無事否？」他氣微不能答。次日見之，卻有聲如絲髮來，大答曰：「你道生薑樹上生，我亦只得依你説。」是時諸公都在廳上議後事，各欲遷葬城中，他在房間便聞得，令人唤大郎來，云不得遷葬，堯夫已自爲塋。衆議始定。又諸公恐喧他，盡出外說話，他皆聞得。一人云有新報云云，堯夫問有甚事，曰有某事，堯夫云：「我將謂收却幽州也。」以他人觀之，便以爲怪，此只是心虛而明，故聽得。《遺書·劉元承編》。

先生謂堯夫曰：「從此與先生永訣矣，更有可以見告者乎？」堯夫聲氣已微，舉張兩手以示之，先生曰：「何謂也？」曰：「前面路徑須常令寬，路徑窄則自無著身處，況能使人行也。」《易學辨惑》。

張子厚罷太常禮院，歸關中，過洛而見先生，先生曰：「比太常禮院所議，可得聞乎？」子厚曰：「大事皆爲禮房檢正所奪，所議惟小事爾。」先生曰：「小事謂何？」子厚曰：「如定謚及龍女衣冠。」先生曰：「龍女衣冠如何？」子厚曰：「當依夫人品秩，蓋龍女本封善濟夫人。」先生曰：「某則不能，既曰龍，則不當被人衣冠。矧大河之塞，本上天降祐，宗廟之靈，朝廷之德，而吏士之勞也，龍何功之有？又聞龍有五十三廟，皆曰『三娘子』，一龍耶？五十三龍耶？一龍則不當有五十三廟，五十三龍不當盡爲『三娘子』也。」子厚默然。《遺書·張思叔録》。

橫渠再移病西歸，過洛，見二程先生曰：「載病不起，尚可及長安也。」行至臨潼而歿。

先生謂：某接人治經論道者亦甚多，肯言及治體者，誠未有如子厚。《遺書·蘇季明録》，下同。

伯淳言：「井田，今取民田使貧富均，則願者衆不願者寡。」先生言：「亦未可言，民情怨怒，止論可不可爾。須使上下都無怨怒，方可行。議法既大備，卻在所以行之之道。」子厚言：「豈敢。某近欲成書，庶有取之者。」先生言：「不行於當時，行於後世一也。」朱子云：昔顧子敦嘗爲人言，欲就山間與程正叔讀《通典》十年。世之以是病先生之學者，蓋不獨今日也。先生之學，固非求子敦之知者，而爲先生之徒者，吾懼子敦之言遂得行其間，因取先生兄弟與横渠相與講明法度者録之篇首，而集其平居議論附之。

有人言今日士大夫未見賢者，先生言：「不可謂士大夫有不賢者，便謂朝廷之官人不用賢也。」

先生言：禮院者，天下之事無不關此。但得其人，則事儘可以考古立法；苟非其人，只是從俗而已。

先生説堯夫對上之詞言「陛下富國强兵後待做甚」，以爲非是，此言安足諭人主，如《周禮》，豈不是富國之術存焉。

按《范忠宣集》：熙甯間常對上言：「人主不當言利，但當務農桑，節用而已。」

先生言：永叔詩「笑殺潁陰常處士，十年騎馬聽朝雞」，夙興趨朝，非可笑之事，不必如此説。又言常秩晩爲利昏，元來便有在此，鄉黨莫之尊也。

按：是年二月，常秩卒。秩起處士，在朝廷碌碌無所發明，聞望日損，爲時譏笑。

彭汝礪懇辭臺職，先生言：「報上之效已了耶？上冒天下議論，顯拔至此，曾此爲報上之意已足。」《宋史》：彭汝礪，字器資，鄱陽人。治平二年進士第一，熙甯九年爲監察御史。鄧綰舉之，既而以安石不悦自劾失舉，上怒綰，即日除汝礪。

先生論安南事。當初邊上不便，令逐近點集，應急救援。其時雖將帥革兵，冒涉炎瘴，朝廷以赤子爲憂，亦有所不恤也。

其時不救應，放令縱恣戰殺至數萬。今既後時，又不（侯）〔候〕至秋涼迄冬，一直趨寇，亦可以前食嶺北，食積於嶺南搬運。今乃正於七月過嶺，以瘴死者自數分。及過境，又糧不繼，深至賊巢，以栰渡五百人過江，且砍且焚，破其竹寨幾重，不能得。復棹其空栰，續以救兵，反爲賊兵會合禽殺。吾衆無救，或死或逃，遂不成功。所爭者二十五里耳，欲再往，又無舟可渡，無糧以戍，此謬算未之有也。猶得賊辭差順，遂得有詞且承當了。若使其言猶未順，如何處之？運糧者死八萬，戰兵瘴死十一萬，餘得二萬八千人生還，尚多病者。又先爲賊戮數萬，都不下三十萬口，其昏謬無謀如此甚也。

按：是年七月，郭逵以安南失律貶。

先生言：郭逵新貴時，衆論喧然，未知其人如何。後聞人言欲買韓王宅，更不問可知也。如韓王者，當代功臣，一宅已致而欲有之，大煞不識好惡。

《宋史》：郭逵，字仲通，以兄遵蔭仕至太尉。韓王，趙普也。

先生言：管轄人亦須有法，徒嚴不濟事。今帥千人，能使千人依時及節得飯吃，亦能有幾人？嘗謂軍中夜驚，亞夫堅卧不起，不起善矣，然猶夜驚何也，亦是未盡善。

子厚言：「關中學者用《禮》漸成俗。」先生言：「自是關中人剛勁敢爲。」子厚言：「亦是自家規矩太寬。」

先生言：某家治喪，不用浮屠，在洛亦有一二人家化之。

呂進伯老而好學，理會直是到底。先生

謂：「老喜學者尤可愛，人少壯則自當勉，至於老矣，志力須倦，又慮學之不能及，又年數之不多，不曰『朝聞道，夕死可矣』乎。學不多，年數之不足，不猶愈於終不聞乎。」

按：《宋史》：呂進伯，名大忠，藍田人，比部郎中蕡之長子，皇祐中進士。弟大防長伊川六歲，則進伯時年五十餘矣，始從橫渠遊。元豐己未入洛，與弟和叔、與叔見二程問學。

子厚言：「十詩之作，止是欲驗天心於語默間耳。」先生謂：「若有他言語，又烏得已也？」子厚言：「十篇次序，固自有先後。」

按：朱高安軾校刊《張子全集》，內《送蘇修撰赴闕》詩有「聊驗天心語默間」句，下有《別館中諸公》、《聖心》、《老大》、《有喪》、《土牀》、《芭蕉》、《貝母》題解詩後，上堯夫先生兼寄伯淳、正叔諸詩，正合十篇之數，雖前有《鞠歌行》、《君子行》二首，是樂府，應不在內。

先生言：「洛俗恐難化於秦人。」子厚言：「秦俗之化，亦先自和叔有力焉。亦是士人敦厚，東方亦恐難肯向風。」

按：《伊洛淵源錄》：和叔，名大鈞，進伯之弟，嘉祐二年進士，於橫渠爲同年友。橫渠倡道關中，和叔心悅而好之，遂執弟子禮，於是學者靡然知所趨向。橫渠之教，以禮爲先，和叔條爲鄉約，關中風俗爲之一變。橫渠卒，入洛從二程卒業。《論中書》，其講授要旨也。

子厚言：「今日之往來俱無益，不如閒居

與學者講論，資養後生，卻成得事。」先生言：「何必然，義當來則來，當往則往爾。」

按：《綱目》：橫渠自崇文歸，與諸生講學。呂大防薦之，三月召同知太常禮院，議禮不合，七月罷歸。

先生謂子厚：「越獄以謂卿監以上不追攝之者以其貴，朝廷有旨追攝可也。」又謂：「枷項非也，不已太辱矣。貴貴以其近於君。」子厚謂：「若終不伏，則將奈何？」先生謂：「寧使公事勘不成則休，朝廷大義，不可虧也。」子厚以為然。《遺書·呂與叔東見錄》。

按：越獄即《明道文集》中《論子厚按浙東苗振獄事》。

八月丙申，太中葬弟殿丞瑜、郎中璠於伊川。先生經其役事。見《明道》、《伊川文集》。

程子年譜卷三

楚雄池生春籥庭
會稽諸星杓恕齋 輯

伊川先生

元豐元年戊午，四十六歲。

至扶溝。

明道知扶溝縣事，先生侍行。先生奉太中至扶溝，居數月而還。見《縣志》。又《黃涪翁集》有《寄扶溝程太丞之扶亭》詩「大丞伯淳父，平生執鞭所欣慕」之句(一)。

謝顯道將歸應舉，先生曰：「何不止試於太學。」顯道對曰：「蔡人尠習《禮記》，決科之利也。」先生曰：「汝之是心，已不可入於堯舜之道矣。夫子貢之高識，曷嘗規規於貨利哉，特於豐約之間不能無留情耳。且貧富有命，彼乃留情於其間，多見其不信道也。故聖人謂之不受命。有志於道者，要當去此心而後可語也。」顯道乃止，是歲登第。《遺書·游定夫録》并註。

按：《上蔡語錄》：「余初及第，歲前夢入內庭，不見神宗，而太子涕泣。及釋褐時，神宗晏駕，哲廟嗣位。」是顯道至元豐八年始登第，此云「是歲」，疑誤。又祁寬記和靖語：謝顯道久在太學，將還蔡州取解，先生問其故，曰：「太學多士所萃，未易得之，不若鄉中可必取也。」先生曰：「不意子不受命如此。」顯道復還，次年獲國學解。疑是元豐七年語，與至扶溝不合，或因久住大學，約始終言之。

先生以事至京師，一見游酢，謂其資可與適道。是時明道先生知扶溝，先生兄弟方以倡明道學爲己任，設庠序，聚邑人子弟教之，召游定夫來職學事。游欣然往從之，得其微言，於是盡棄其學而學焉。《楊龜山集》。

游酢初見先生，次日先生復禮，因問安下飯食穩便，因謂：「君子食無求飽，居無求安。顏子簞瓢陋巷，不改其樂，簞瓢陋巷何足樂，蓋別有所樂以勝之耳。」《外書·游氏本拾遺》。

先生曰：節嗜慾，定心氣。即是天氣下降，地氣上騰，便和無疾。《遺書》卷六，疑游定夫録，下同。

論性不論氣不備，論氣不論性不明，二之則不是。

無妄之謂誠，不欺其次矣。李邦直云：「不欺之謂誠，便以不欺爲誠。」徐仲車云：「不息之謂誠，《中庸》言至誠無息，非以無息能誠也。」或以問先生，故先生云云。

先生曰：李覯謂若教管仲身長在宮內，何

妨更六人。此語不然。管仲時，桓公之心特未蠱也，若已蠱，雖管仲可奈何，未有心蠱尚能用管仲之理。《遺書·謝顯道記》，下同。《宋史》：李覯，字泰伯，南城人。皇祐初，范文正公薦爲太學助教，嘉祐中爲太學説書，卒。

許渤與其子隔一牖而寢，乃不聞其子讀書與不讀書。先生謂此人持敬如此，曷嘗有如此聖人。許渤，見《明道年譜》。

先生曰：語學者以所見未到之理，不惟所聞不深徹，反將理低看了。

罪己責躬不可無，然亦不當長留在心胸爲悔。

入道莫如敬，未有能致知而不在敬者。

今人主心不定，視心如寇賊而不可制，不是事累心，乃是心累事。當知天下無一物合少得者，不可惡也。

大抵人有身便有自私之理，宜其與道難一。

二年己未，四十七歲。

正月戊戌，西齋南窗下書《養魚記》後：吾昔作《養魚記》，於茲幾三十年矣，故藁中偶見之。竊自歎少而有志，不忍毁去。觀昔日之所知，循今日之所至，愧負初心，不幾於自棄者乎？示諸小子，當以吾爲戒。《伊川文集》，下同。

三月，作《禊飲詩序》：上巳禊飲，風流遠矣，而蘭亭之會，最爲後人所稱慕者，何哉？蓋其遊多豪逸之才，而右軍之書，復爲好事者所重爾。事之顯晦，未嘗不在人也。潁川陳公廙始治洛居，則引流迴環〔三〕，爲泛觴之所。元豐己未，首修禊事。公廙好古重道，所命皆儒學之士。既樂嘉賓，形於咏歌，有「不媿山陰」

之句。諸君屬而和者，皆有高致。野人程頤不能賦詩，因論今昔之異，而爲之評曰：以我好賢方逐樂之心〔三〕，禮義爲疎曠之比，道藝當筆札之工，誠不媿矣。安知後日之視今日，不若今人之慕昔人也哉？

按：尹和靖《書禊帖後》云：陳公廙，予之舅氏也，元豐戊午卜居於此，後一年爲此會。少時嘗至其處，時先生在會中，有此文。

《上富鄭公書》：伊川程頤齋心裁書，再拜獻於致政司空相公閤下。頤鄙野之人，未嘗請謁有位，故不獲從鄉里士子趨進門下。今者來自山中，聞太皇太后厭代，心誠有所迫切，無路上達，敢以聞於左右，蓋非公無可告者，非公無肯爲者。頤頃歲見治昭陵，制度規畫，一出匠者之拙謀，中人之私意，宰執而下，受成而已，莫復置思。以巨木架石爲之屋，計不百年，必當損墜。既又觀陵中之物，見所謂鐵罩者，鐵幾萬斤，以木爲骨，大不及三寸，其相穿卯之處，厚纔寸餘，遠不過二三十年，決須摧朽，壓於梓宮。於是私心惶駭，不能自已。使人聞於魏公，魏公不以爲意。以魏公之忠孝，於仁皇非不盡心，惟其蔽於衆論，昧於遠慮。以天下之力，葬一人於至危之地，可不痛哉！陵土既復，固知無可奈何。然每一念之，心悸魄喪，或終夕不寐。今鄉鄰之間，有如是事，可謀爲而不以告人，必謂之不信，況仁皇天下父母乎？今也不幸太皇太后奄棄宮闈，因此事會，可爲之謀。夫合葬之禮，周公已來，未之有改，近取諸唐，帝后亦或同穴。至於乾陵，乃是再啓。太祖皇帝神謀遠慮，超越萬古，昭憲太后，亦合安陵。稽典禮則得尊親之道，徇俗法則皆享福之永。此爲可行，無足疑者。伏願公忠誠奮發，爲朝廷極論其事，請奉太皇太后合祔昭陵，因得撤去鐵罩，用厚陵石槨之制，仍更别加裁處，使異日雖木壞石墜，不能爲害。救仁皇必至之禍，成主上莫大之孝，任此事者，非公孰能？誠能爲之，天祐忠孝，必俾公熾昌壽臧，子孫保無疆之休。竊惟公事仁宗皇帝三十餘年，位極人臣，恩遇無比。料公之心，苟能使仁皇聖體保其安全，雖陷一作「蹈」。禍患，所不避也。況一言之易，肯顧慮而不發乎？事理至明，顧主上素未知爾。以公言之重，竭誠致懇，再三陳之，不憂朝廷之不悟，獨繫公爲不爲爾。哀誠憤激，語辭鄙直，内省狂易，戰灼無地。不宣。

《答富公小簡》：昨日妄有布聞，方懷煩瀆之懼，乃辱教誨，加賜酒食。仰荷台意之厚，不勝媿悚！尊者之賜，禮不敢辭。然頤方有言於左右。公若見取，雖執鞭門下，蓋所欣慕，況受賜乎？苟不見從，是忘忠義。公之賜也，實爲頤羞，未敢拜貺，謹復上納。瀆冒台嚴，第深戰慄。

《代富公上神宗論永昭陵疏》：臣弼伏覩太皇太后山陵有期，老臣之心有所甚切，不忍不言，昧死以聞，惟陛下深思而力行之，不勝大願！往者營奉昭陵時，英宗皇帝方不豫，未能聽事，朝廷罔然不知其制，失於迫卒，不復深慮博訪，凡百規畫，一出匠者之拙謀，中人之私意，以巨木架石爲之屋，計不百年，必當損墜。壙中又爲鐵罩，重且萬斤，以木爲骨，大止數寸，不過二三十年，決須摧毁。梓宫之厚度不盈尺，異日以億萬鈞之石，自高而墜，其將奈何？思之及此，骨寒膽喪。臣始則不知其詳，後則無以爲計。士民之間有知之者，無不痛心飲恨，况老臣之心乎？况陛下之心乎？其後厚陵始爲石藏，議者竊意主事大臣已悟昭陵之事，獨陛下未知之爾。今也不幸，太皇太后奄棄天下之養，因此事會，當爲之謀。竊以周公制合葬之禮，仲尼善魯人之祔，歷代諸陵，雖不盡用，亦多行之。太祖皇帝神謀聖慮，超越萬古，昭憲太后亦合安陵。夫以周公之制，仲尼之訓，歷代之舊，藝祖之法，循而行之，可無疑也。老臣願陛下思安親之道，

爲後日之慮，決於聖心，勿循浮議，奉太皇太后合祔昭陵，因得撤去鐵罩，用厚陵石藏之制，仍更别加裁處，使異日雖木壞石墜，不能爲害。救仁皇必至之禍〔四〕，成陛下莫大之孝。復何難哉？在陛下斷之而已。既合禮典，又順人情，雖無知之人必不敢以爲非是。但恐有以陰陽拘忌之説上惑聰明者，在陛下睿斷，不難辨也。不尊聖訓，不度事宜，而規規於拘忌者，爲賢乎？爲愚乎？且陰陽之説，設爲可信，吉凶之應，貴賤當同。今天下臣庶之家，夫婦莫不同穴，未聞以爲忌也，獨國家忌之，有何義理？唐中宗庸昏之主，尚能守禮法，盡孝心，責嚴善思愚惑之論，卒祔乾陵。其後高宗子孫歷世延永，是合葬非不利也。老臣位至三公，年將八十，復何求哉？所

保者名節而已，肯以不是事勸陛下，取譏於後世乎？復恐陛下謂臣心雖忠切，而識慮愚暗，不能曉達事理。臣誠至愚，然臣所言者，欲陛下守經典之訓，遵藝祖之規，使仁宗皇帝得安全之道，於太皇太后極崇奉之意。豈獨老臣之心哉？天下之心莫不然也。陛下不信，試以臣之所陳，訪於羣臣，必無以爲非者。若以臣言爲非，則是使仁宗遺骨聖體碎於巨石之下而不恤，乃爲是也。凡有血氣之類，孰肯爲此意乎？臣事仁宗皇帝三十餘年，位至宰相，聾瞽之蔽，不能早知而救之於始，已爲大罪。今遇可爲之時，若更惜情顧己，不能極言，天地神靈，必加誅殛，死何面目見仁宗於地下。且陛下不知則已，今既聞之，在常人之情，無可忍而不爲之理，況陛下至仁大孝乎？惟陛下深思而力行之，則天下不勝大願。

富公見託爲此奏，頤以拙於文辭，辭之再三，其意甚切，義不可拒。數日之間，遂生顧慮，不克上。惜乎其不果於義也，遂爲忠孝罪人！

按：是年太皇太后崩，明年葬永昭陵。《疏》中有「年將八十」語，時富公年七十六。

富公嘗語先生曰：「先生最天下閑人。」曰：「某做不得天下閑人。相公將誰作天下最忙人？」曰：「先生試爲我言之。」曰：「禪伯是也。」曰：「禪伯行住坐卧無不在道，何謂最忙？」曰：「相公所言乃忙也，今市井賈販人至夜亦息，若禪伯之心，何時休息。」《遺書·唐彦思録》。

呂與叔見先生，與叔學於橫渠，橫渠卒，己未入洛見先生。先生曰：「一人之心即天地之心，一物之理即萬物之理，一日之運即一歲之運。」《遺書·呂與叔東見錄》，下同。

志道懇切，固是誠意，若迫切不中理，則反爲不誠，蓋實理中自有緩急，不容如是之迫，觀天地之化乃可知。

學者須敬守此心，不可急迫，當栽培深厚，涵泳於其間，然後可以自得。但急迫求之，只是私己，終不足以達道。

賢者惟知義而已，命在其中。中人以下乃以命處義，如言求之有道，得之有命，是求無益於得。知命之不可求，故自處以不求。若賢者，則求之以道，得之以義，不必言命。朱子云：程子言義不言命之説，有功於學者，亦前聖所未發之一端。

人之於患難，只有一箇處置，盡人謀之後卻須泰然處之。有人遇一事，則心心念念不肯捨，畢竟何益。若不會處置了放下，便是無義無命也。

橫渠教人，本只是謂世學膠固，故說一箇清虛一大，只圖得人稍損得沒去就道理來，然而人又更別處走，今日且只道敬。

與叔所問，今日宜不在有疑，今尚差池者，蓋爲昔亦有雜學，故今日疑所進有相似處，則遂疑養氣爲有助，便休信此說。蓋爲前日思慮紛擾，今要虛靜，故以爲有助。其極欲得如槁木死灰，又卻不是，蓋人活物也，又安得爲槁木死灰？既活則須有動作，須有思慮，必欲以槁木死灰，除是死也。忠信所以進德者，何也？閑邪則誠自存，誠存斯爲忠信也。如何是閑邪？非禮而勿視、聽、言、動，邪斯閑矣。以此言之，又幾時要身如枯木，心如死灰。又如絕四後，畢竟如何，又幾時須如枯木死灰？敬以直内，則須君則是君，臣則是臣。凡事如此，大小大直截也。

巽之凡相見須窒礙，蓋有先定之意。和叔據理卻合滯礙，而不然者，只是他至誠便相信，心直篤信。《宋史》：范育，字巽之，横渠門人，嘗爲御史，仕至户部侍郎。

微仲之學雜，其愷悌嚴重寬大處多。惟心艱於取人，自以才高故爾。語近學則不過入於禪談，不常議論則以苟爲有，詰難亦不克易其言，不必信心，自以才高也。《宋史》：吕大防，字微仲，進伯之弟，封汲公。元祐名臣。

和叔常言：及相見則不復有疑，既相别則不能無疑，然亦未知果能終不疑。

和叔任道擔當，其風力甚勁，然深潛縝密有所不逮於與叔。

與叔以氣不足而養之，此猶只是自養求無疾，如道家修養亦何傷，若須要存想飛昇，此則不可。

《論語》爲書，傳道立言，深得聖人之學者矣。如《鄉黨》形容聖人，不知者豈能及是。

英宗欲改葬西陵，當是時，潞公對以禍福，遂止。其語雖若詭對，要之卻濟事。

與叔守横渠學甚固，每横渠無説處皆相從，纔有説了，更不肯回。《遺書·楊遵道録》。

三年庚申，四十八歲。

至關中。

先生至關中，作《遺金閑志》：元豐庚申歲，予行至雍、華間，關西學者相從者六七人。予以千錢掛馬鞍，比就舍則亡矣。僕夫曰：「非晨裝而亡之，則涉水而墜之矣。」予不覺歎曰：「千錢可惜。」坐中二人應聲曰：「千錢失去，甚可惜也。」次一人曰：「千錢微物，何足爲意？」後一人曰：「水中囊中可以一視，人亡人得，又何歎乎？」予曰：「人得之乃非亡也，吾歎夫有用之物若沉水中，則不復爲用矣。」至雍，以語與叔，曰：「人之器識固不同，自上聖至於下愚，不知有幾等。同行者數人耳，其不同如此也。」與叔曰：「夫數子者之言如何？」予曰：「最後者善。」與叔曰：「誠善矣，然觀先生之言，則見其有體而無用也。」予因書而志之。《伊川文集》，下同。

《上河東帥書》：頤荷德既深，思報宜異，輒以狂言，浼聞台聽。公到鎮之初，必多詢訪。衆人對公之語，頤能料之。當曰：「虜既再寇河外，必不復來，公可高枕矣。」是常言也，未知奇勝之道。兵法曰：「攻必取者，攻其所不守也。」謂其不來，乃其所以來也。又曰：「彼興大衆，豈徒然哉？河外空矣，復來何利？」是大不然。誠使彼得出不意，破蕩數壘，足以勞弊一道，爲利大矣，何必負載而歸，然後爲利也？竊恐謀士悅於寬憂，計司幸於緩責，衆論既一，公雖未信，而上下之心已懈矣，是可慮也。甯捐力於不用，毋惜功而致悔。莫若使彼聞嚴備而絶意，則疆埸安矣。豈獨使敵人知有備而不來，當使內地之人信可恃而願往，則一二年間，便可致完實，長久之策也。自古乘塞禦敵，必用驍猛；招徠撫養，多在儒將。今日之事則異矣，願公念之。

按：是年，文潞公判河東永興軍，復判河南。此書疑上潞公，所論皆河外事，故繫於入關時。

《答人示奏草書》：辱示奏藁，足以見仁人君子愛民之心深切如此。欽服！欽服！子弟當勉公以速且堅，何可已也？然於愚意有未安者，敢布左右。觀公之意，專以畏亂爲主。頤欲公以愛民爲先，力言百姓飢且死，丐朝廷哀憐，因懼將爲寇亂可也。不惟告君之體當如是，事勢亦宜爾。公方求財以活人，祈之以仁愛，則當輕財而重民；懼之以利害，則將恃財以自保。古之時得蓲民則得天下，財散則人聚。後世苟私利於目前，以兵制民，以財聚衆，聚財者能守，保民者爲迂。秦、漢而下，莫不然也。竊慮廟堂諸賢未能免此，惟當以誠意感動，覬其有不忍之心而已。淺見無取，惟公裁之！

按：書中自稱子弟，詞氣謙抑，疑亦與潞公諸賢，故類繫此。

先生之盩厔，時樞密趙公瞻持喪居邑中，杜門謝客，使侯隲語先生以釋氏之學，先生曰：「禍莫大於無類，釋氏使人無類，可乎？」隲以告趙公，公曰：「天下知道者少，不知道者衆，自相生養，何患乎無類也！若天下盡爲君子，則君子將誰使？」侯子以告，先生曰：「豈不欲人人盡爲君子哉，病不能耳，非利其爲使也。若然，則人類之存，不賴於聖賢而賴於下愚也。」趙公聞之，笑曰：「先生未知佛道宏大耳。」先生曰：「釋氏之道誠宏大，吾聞傳者以佛逃父入山，終能佛收。若儒者之道，則當逃父時已誅之矣，豈能俟其成佛也。」—《遺書·張思叔録》。

按：《宋史》：趙瞻，字大觀，盩厔人。爲御史，論濮王禮不合出。熙甯初又不附安石，以親老乞祠。元祐三年始爲樞密，蓋追述也。

先生曰：觀秦中氣豔衰，邊事所困，累歲不稔。昨來餽邊喪亡，今日事未可知，大有可憂者，以至士人相繼淪喪，爲足妝點關中者則遂化去，吁可怪也。凡言王氣者，實有此理。生一物須有此氣，不論美惡，須有許大氣豔，故生是人。至如闕里有許多氣豔，故此道之流以至今日。昔横渠説出此道理，至此幾乎衰矣，只介甫一箇氣豔大小大。《遺書·吕與叔東見録》，下同。

關中學者，以今日觀之，師死而遂倍之，卻未見其人，只是更不復講。

先生曰：與叔、季明以知思聞見爲患，某甚喜此論，邂逅卻正語及至要處。世之學者，大敝正在此。若得他折難堅叩，方能終其説，直須要明辨。《遺書·關中學者記入關語録》，下同。

按：《伊洛淵源錄》：蘇昞，字季明，武功人，横渠門人，後師二程先生。

天地之間只有一箇感與應而已，更有甚事。《近思録》作明道語，以《入關語録》注有「或云明道語也」。

公則一，私則萬殊，人心不同如面，只是私心。

沖漠無朕，萬象森然已具，未應不是先，已應不是後。如百尺之木，自根本至枝葉皆是一貫，不可道上面一段事無形無兆，卻待人旋安排引入來，教入塗轍。既是塗轍，卻只是一箇塗轍。近取諸身，百理皆具，屈伸往來之義，只於鼻息之間見之。屈伸往來只是理，不必將既屈之氣復爲方伸之氣，生生之理自然不息。如《復》卦言「七日來復」，其間元不斷續，陽已復生，物極必返，其理須如此。有生便有死，有始便有終。

古之學者，優柔厭飫，有先後次序。今之學者卻只做一場話說，務高而已。常愛杜元凱語，若江海之浸，膏澤之潤，渙然冰釋，怡然理順，然後爲得也。今之學者往往以游、夏爲小不足學，然游、夏一言一事卻總是實。後之學者好高，如人游心於千里之外，然自身卻只在此。脩養之所以引年，國祚之所以祈天永命，

常人之至於聖賢，皆工夫到這裏則有此應。

忠恕所以公平，造德則自忠恕，其致則公平。

仁之道，要之，只消道一公字。公只是仁之理，不可將公便喚做仁。公而以人體之，故爲仁。只爲公則物我兼照，故仁，所以能恕，所以能愛。恕則仁之施，愛則仁之用也。

學者爲氣所勝，習所奪，只可責志。

人不能祛思慮，只是吝吝，故無浩然之氣。

學者不學聖人則已，欲學之須熟玩味聖人之氣象，不可只於名上理會，如此只是講論文字。

涵養吾一。

閑邪則誠自存，不是外面捉一箇誠將來

存著。今人外面役役於不善，於不善中尋箇善來存著，如此則豈有入善之理？只是閑邪則誠自存，故孟子言性善皆由內出，只爲誠便存閑邪，更著甚工夫。但惟是動容貌，整思慮，則自然生敬。敬只是主一也，主一則既不之東，又不之西，如是則只是中；既不之此，又不之彼，如是則只是內，存此則自然天理明。學者須是將敬以直內，涵養此意，直內是本。朱子云：先生所以有功於學者，最是「敬」之一字有力。閑邪則固一矣，然主一則不消言閑邪。有以一爲難見，不可下工夫，如何一者？無他，只是整齊嚴肅，則心便一，一則自是無非僻之干。此意但涵養久，則天理自然明。學者先務固在心志，然有謂欲屏去聞見知思，則是絕聖棄智。有欲屏去思慮，患其紛亂，則是須坐禪入定。如明鑑在此，萬物畢照，是鑑之常難爲使之不照；人心不能不交感萬物，亦難爲使之不思慮。若欲免此，惟是心有主。如何爲主？敬而已矣。有主則虛，虛謂邪不能入；無主則實，實謂物來奪之。大凡人心不可二用，用於一事，則他事更不能入者，事爲之主也。事爲之主，尚無思慮紛擾之患，若主於敬，又焉有此患乎？所謂敬者，主一之謂敬。所謂一者，無適之謂一。且欲涵泳主一之義，一則無二三矣。至於不敢欺，不敢慢，尚不愧於屋漏，皆是敬之事也。朱子云：有主於中，外邪不能入，便是虛。有主於中，義理甚實，便是實有主，則實重在主字上。有主則虛，重在敬字上，言敬自虛静，故邪不得而干之。

做官奪人志。

先生與明道侍太中遊壽安山。《太中家傳》。

按：《續通鑑長編》註：建中靖國元年，邢恕《申實錄院狀》云「元豐三年，頤曾到京師與之相見，至今二十年，不曾相會」，則先生是年又至京師矣。

四年辛酉，四十九歲。

在潁昌。

先生曰：韓持國服義最不可得。一日某與持國、范夷叟泛舟於潁昌西湖，須臾客將去，有一官員上書謁見大資，某將謂有甚急切公事，乃是求知己。某云：「大資居位卻不求人，乃使人倒來求己，是甚道理。」夷叟云：「只爲正叔一作姨夫太執，求薦章，常事也。」某云：「不然，只爲曾有不求者不與，來求者與之，遂致人如此。」持國便服。《遺書·楊遵道録》。

按：《續通鑑長編》：韓持國於元豐三年九月知汝州，遷資政殿學士，四年四月知潁州，五年八月再任，六年三月提舉崇福宮。時二先生寓居潁昌。

韓持國與二先生善，韓在潁昌，欲屈致伊川、明道，預戒諸子姪，使置一室，至於修治窗戶，皆使親爲之。二先生到，暇日與持國同遊西湖，命諸子侍行。行次有言貌不莊敬者，伊川回視，厲聲叱之曰：「汝輩從長者行，敢笑語如此，韓氏孝謹之風衰矣。」持國遂皆逐去之。注：聞於持國之子彬叔，名宗質。《外書·祁寬記尹和靖語》。

韓持國維閑居潁，先生嘗自洛中往訪之。時范右丞彝叟純禮亦居潁昌，持國嘗戲作詩示二公云：「閉門讀《易》程夫子，清坐焚香范使君。顧我未能忘世味，綠樽紅妓一作「芰」。對西曛。」《呂氏童蒙訓》。

先生曰：楊時於新學極精，今日一有所問，能盡知其短而持之。《遺書·呂與叔東見録》，下同。

按：《楊龜山集》：是年，以師禮見明道於潁昌，有友二人焉：謝顯道及游定夫。

游酢、楊時先知學禪，已知向裏沒安泊處，故來此，卻恐不變也。

蔡州謝良佐雖時學中，因議州舉學試得失，便不復計較。建州游酢非昔日之游酢也，固是潁然，資質渾厚。南劍州楊時雖不逮酢，然煞潁悟。林大節雖差魯，然所問便能躬行。劉質夫久於其事，自小來便在此。李端伯相聚雖不久，未見佗操履，然才識潁悟，自是不能已也。《伊洛淵源録》：劉質夫，名絢，緱氏人，早師二程。《遺書》有「元豐壬戌癸亥，録明道語」。李端伯，名籲，緱氏人，質夫外兄弟，師二程，有《端伯傳師説》，爲《遺書》第一卷。林大節，不詳其鄉里。

新進游、楊輩數人入太學，不惟議論須異，且動作亦必有異，故爲學中以異類待之。又皆學《春秋》，愈駭俗矣。龜山《與陸思仲書》有云：「某自抵京師，與定夫從河南二程先生游，朝夕粗聞其緒言，雖未能窺聖學門墻，然亦不爲異端遷惑矣。」又有《與明道論春秋書》。

先生曰：「凡人家法，須月爲一會以合族，古人有花樹韋家宗會法可取也。每有族人遠來，亦一爲之。吉凶嫁娶之類，更須相與爲禮，使骨肉之意常相通。骨肉日疎者，只爲不相見，情不相接爾。」《遺書·李端伯記》，下同。

世人多愼於擇壻而忽於擇婦，其實壻易見，婦難知，所繫甚重，豈可忽哉。

有人勞先生曰：「先生謹於禮四五十年，應甚勞苦。」先生曰：「吾日履安地，何勞何苦。佗人日踐危地，此乃勞苦也。」

五年壬戌，五十歲。

在洛。

《上文潞公求龍門菴地小簡》：頤竊見勝善上方舊址，從來荒廢，爲無用之地。野人率易，敢有干聞，欲得葺幽居於其上，爲避暑著書之所。唐王龜構書堂於西谷，松齋之名，傳之至今。頤雖不才，亦能爲龍門山添勝跡於後代，爲門下之美事。可否，俟命。《伊川文集》，下同。《元豐九域志》：龍門在河南縣。

按：史稱潞公尊德樂善，二程以道自重，賓接之如布衣交。先生小簡雖無年月，而潞公自元豐二年復判河南，六年十一月以太師致仕，故繫於居洛之年。

《答朱長文書》：相去之遠，未知何日復爲會合，人事固難前期也。中前奉書，以足下心虛氣損，奉勸勿多作詩文。而見答之辭，乃曰：「爲學上能探古先之陳迹，綜羣言之是非，欲其心通而默識之，固未能也。」又曰：「使後人見之，猶庶幾曰不忘乎善也。苟不如是，誠懼沒而無聞焉。此爲學之末，宜兄之見責也。使吾日聞夫子之道而忘乎此，豈不善哉？」此疑未得爲至當之言也。某於朋友間，其問不切者，未嘗敢語也。以足下處疾，罕與人接，渴聞議論之益，故因此可論，而爲吾弟盡其說，庶幾有小補也。向之云無多爲文與詩者，非止爲傷心氣也，直以不當輕作爾。聖賢之言，不得已也。蓋有是言，則是理明；無是言，則天下之理有闕焉。如彼耒耜陶冶之器，一不制，則生人之道有不足矣。聖人之言，雖欲已，得乎？然其包涵盡天下之理，亦甚約也。後之人，始執卷，則以文章爲先，平生所爲，動多於聖人。然有之無所補，無之靡所闕，乃無用之贅言也。不止贅而已，既不得其要，則離眞失正，反害於道必矣。詩之盛莫如唐，唐人善論文莫如韓愈。愈之所稱，獨高李、杜。二子之詩，存者千篇，皆吾弟所見也，可考而知矣。苟足下所作皆合於道，足以輔翼聖人，爲教於後，乃聖賢事業，何得爲學之末乎？某何敢以此奉責？又言欲使後人見其不忘乎善。人能爲合道之文者，知道者也。在知道者，所以爲文之心，乃非區區懼其無聞於後，欲使後人見其不忘乎善而已。此乃世人之私心也。夫子「疾沒世而名不稱」焉者，疾沒身無善可稱云爾，非謂疾無名也。名者可以厲中人，君子所存，非所汲汲。又云：「上能探古先之陳迹，綜羣言之是非，欲其心通默識，固未能也。」夫心通乎道，然後能辨是非，如持權衡以較輕重，孟子所謂知言是也。揆之以道，則是非了然，不待精思而後見也。學者當以道爲本。心不通乎道，而較古人之是非，猶不持權衡而酌輕重，竭其目力，勞其心智，雖使時中，亦古人所謂「億則屢中」，君子不貴也。臨紙遽書，不復思繹，故言無次序，多註改，勿訝。辭過煩矣，理或未安，卻請示下，足以代面語。

按：《宋史》及《吳郡志》：朱長文，字伯原，吳人。年未冠，舉嘉祐進士，以病足不仕，築室樂圃坊，著書閱古。吳人化其賢，士大夫以不到樂圃爲恥。元祐二年，范純禮制置江淮，延掌教事，召爲太學博士，遷祕書省正字，元符初卒。有文三百卷，六經皆爲辨說，又著《琴史》。初從泰山孫明復學《春秋》，得發微深旨。又元祐元年六月，蘇軾薦劄稱「許州司戶參軍朱長文，經明行修，嘉祐四年乙科登第。隱居不仕，積三十年，安貧樂道，闔門著書。」今答書中論爲文在知道，非汲汲於後世之名，似在未仕時，故繫此。

問：「作文害道否？」曰：「害也。凡爲文，不專意則不工，若專意則志局於此，又安能與天地同其大也。《書》云『玩物喪志』，爲文亦玩物也。呂與叔有詩云：『學如元凱方成癖，文似相如始類俳。獨立孔門無一事，只輸顏氏得心齋。』此詩甚好。古之學者惟務養情性，其他則不學。今爲文者專務章句，悅人耳目，既務悅人，非俳優而何？」曰：「古者學爲文否？」曰：「人見六經，便以謂聖人亦作文。不知聖人亦攄發胸中所蘊，自成文耳。所謂有德者必有言也。」曰：「游、夏稱文學，何也？」曰：「游、夏亦何嘗秉筆學爲詞章也。且如觀乎天文以察時變，觀乎人文以化成天下，此豈詞章之文也？」《遺書·劉元承編》。 朱子云：道者文之根本，文者道之枝葉。惟其根本乎道，所以發之於文者皆道也。三代聖賢文章，皆從此心寫出，文便是道。

按：此與《答朱長文書》同意，故類附焉。

《游嵩山》詩：鞭羸百里遠來遊，巖谷陰雲暝不收。遮斷好山敎不見，如何天意異人謀。《伊川文集》，下同。《元豐九域志》：嵩山在河南府登封縣。

謝王佺期寄藥。按：王伯厚《困學記聞》：子真名筌，岐下陽平人。元豐中賜號沖熙處士。張芸叟爲功行碑，謂超世之資，與陳圖南侔。此作佺期，傳聞偶異。先生嘗說：「王子眞曾寄藥來，某無以答他。某素不作詩，亦非是禁止不作，但不欲爲此閑言語，某所以不嘗作詩。」今《寄謝王子眞》詩云：「至誠通化藥通神，遠寄衰翁濟病身。我亦有丹君信否，用時還解壽斯民。」子眞所學，只是獨善。雖至誠潔行，然大抵只是爲長生久視之術，止濟一身，因有是句。《遺書·劉元承編》。

按：先生集中祇有《聞侯舅應辟南征游嵩山謝王佺期寄藥三首》。

王子眞來洛中，居於劉壽臣園亭中。一日出，謂園丁曰：「或人來尋，愼勿言我所向。」是日，富鄭公來見焉，不遇而還，子眞晚歸。又一日忽戒灑掃，又於劉丐茶二杯，炷香以待。是日先生來，款語終日。蓋初未嘗夙告也，劉詰之，子眞曰：「正叔欲來，信息甚大。」又嵩山前有董五經，隱者也。先生聞其名，謂其爲窮經之士，特往造焉。董平日未嘗出菴，是日不値，還至中途，遇一老人負茶果以歸，且曰：「君非程先生乎？」先生異之，曰：「先生欲來，信息甚大，某特入城置少茶果，將以奉待也。」先生以其誠意，復與之同至其舍，語甚款，亦無大過人者，但久不與物接，心靜而明也。《外書·祁寬記尹和靖語》。

鮮于侁問先生曰：「顏子何以能不改其樂？」先生曰：「顏子所樂者何事？」侁對曰：「樂道而已。」先生曰：「使顏子而樂道，不爲顏子矣。」侁未達，以告鄒浩，浩曰：「夫人所造如是之深，吾今日始識伊川面。」《外書》卷七。《宋史》：鮮于侁，字子駿，閬州人，第進士。熙甯四年，轉運副使兼提舉。元豐二年，知揚州，罷主管西京御史臺。哲宗立，復以侁使京東。元祐初，拜諫議大夫，以疾去，知陳州，進待制，卒年六十九。

按：子駿主西京留臺，當在元豐間(五)，故類繫於先生居洛時。

浩昔在潁昌，有趙均國者自洛中來，浩問曾見先生有何語，均國曰：「先生語學者曰：『除卻神祠廟宇，人始知爲善，古人觀象作服便是爲善之具。』」《外書》卷七註。《宋史》：鄒浩，字志完，晉陵人，元豐進士。歷揚州、潁昌教授，呂公著、范純仁爲守，皆禮遇之。元祐中，薦爲太常博士。哲宗親政，除右正言，抗疏諫立劉后，羈管新州。徽宗立，復官。蔡京用事，竄昭州。卒年五十二，自號道鄉。

按：浩在潁昌，當在元豐間，故類繫於此。

六年癸亥，五十一歲。

明道監汝州酒稅。《明道行狀》。

先生曰：汝之多癭，以地氣壅滯，嘗有人以器雜貯州中諸處水，例皆重濁，至有水腳如膠者，食之安得無癭。治之之術，於中開鑿數道溝渠，洩地之氣，然後少可也。《外書》卷十，下同。《元豐九域志》：汝州屬京西路北路。

井泉之異，全由地脈一溜之別。伯淳在扶溝，扶溝水皆鹹，惟僧舍井小甘，不欲令婦女往汲之，乃禁之。既禁之，又一縣無水，乃相一端鑿一井，其味適別，地脈是一溜也。又如在襄城，汝州舊名。寺中水鹹，寺外即甘，一日觀其牆下，有地皮一旋裂，於是試令近牆鑿井，遂亦甘，只是要相地脈如何。

朱公掞在汝，《侯子雅言》。先生曰：「凡下學人事，便是上達天理。」《外書·朱公掞録》，下同。

忠者，天下大公之道，恕所以行之也。忠言其體，天道也；恕言其用，人道也。致知在所養，養知莫過於寡欲。

劉質夫過汝，《遺書·目録》。質夫曰：「盡心知性，佛亦有至此者；存心養性，佛本不至此。」先生曰：「盡心知性，不假存養，其惟聖人乎？」《外書·李參録》。

按：參，端伯之弟，學於伊川。

是年，太中與文潞公、席君從、司馬康爲同甲會，洛中圖畫，傳爲盛事。《太中家傳》。

按：《墨客揮犀》：文潞公居洛日年七十八，同時有太中大夫程珦、朝議大夫司馬旦、司封郎中席汝言，皆七十八，爲同甲會，各賦一詩。潞公曰「四人三百二十歲，況是同生丙午年」，正在元豐六年。

七年甲子，五十二歲。

先生嘗說：某於《易傳》，今卻已自成書，但逐旋修改，期以七十，其書可出。韓退之稱「聰明不及於前時，道德日負於初心」。然某於《易傳》，後來所改者無幾，不知如何，故且更期之以十年之功看如何。《春秋》之書，待劉絢文字到，卻用功亦不多也。今人解《詩》，全無意思，此卻待出些文字。《中庸》書卻已成。今農夫祁寒暑雨，深耕易耨，播種五穀，吾得而食之；今百工技藝作爲器用，吾得而用之；甲冑之士披堅執鋭，以守土宇，吾得而安之。卻如此閑過了日月，即是天地間一蠹也，功澤又不及民，別事又做不得，惟有補緝聖人遺書，庶幾有補爾。《遺書》卷十七。

按：質夫以元祐二年丁卯卒，此云待劉絢文字到，則在未仕前可知(六)。

司馬溫公脩《通鑑》，先生一日問修至何代，溫公曰：「唐初也。」先生曰：「太宗、肅宗端的如何？」溫公曰：「皆簒也。」先生曰：「此復何疑？」先生曰：「魏徵如何？」溫公曰：「管仲，孔子與之，某於魏徵亦然。」先生曰：「管仲知非而反正，忍死以成功業，此聖人所取其反正也。魏徵只是事讎，何所取耶？」溫公竟如舊說。《外書·祁寬記尹和靖語》。

按：是年上《資治通鑑》。

先生曰：曹彬攻金陵垂克，忽稱疾不視事，諸將皆來問疾，彬曰：「余之病非藥石所愈，惟須諸公共發誠心，自誓以克城之日不妄殺一人，則自愈矣。」諸將許諾，共焚香爲誓，明日稍愈。及克金陵，城中皆安堵如故。曹翰克江州，忿其久不下，屠戮無遺。彬之子孫貴盛，至今不絶；翰卒不三十年，子孫有乞丐於海上者矣。《涑水記聞》。《宋史》：曹彬，字國華，靈壽人，謚武惠，爲良將第一。曹翰，大名人，陰狡多智，數貪貨賂，多殺降卒。

八年乙丑，五十三歲。

六月，明道先生卒。九月，司馬光、呂公著同薦先生。十一月，授汝州團練推官，充西京國子監教授，辭至再，召赴闕。三月戊戌，神宗崩，哲宗即位。明道召爲宗正寺丞，未行，以疾卒。六月十五。

八月，先生作《明道行狀》。見《伊川文集》，下同。

九月，《上韓持國資政求譔墓誌書》：頤輒恃顧遇之厚，敢以哀誠，上煩台聽。家兄學術才行，爲世所重，自朝廷至於草野，相知何啻千數。今將歸葬伊川，當求誌述，以傳不朽。然念相知者雖多也，能知其道者則鮮矣；有文者亦衆也，而其文足以發明其志意，形容其德美者則鮮矣；能言者非少也，而名尊德重，足以取信於人者則鮮矣。如是，誌之作豈易哉！頤竊謂智足以知其道學，文足以彰其才德，言足以取信後世，莫如閣下。家兄素出門下，受知最深，不幸早世，當蒙哀惻。顧其道不得施於時，學不及傳之書，遂將泯沒無聞，此尤深可哀也。恭惟閣下至誠待物，與人有終，知其生必當念其死，愛其人必欲成其名。願丐雄文，以光窀穸，俾伯夷不泯於西山，展季得顯於東國，則死生受賜，子孫敢忘？捐軀殞命，未足爲報。率妄之罪，非所敢逃。

《上孫曼叔侍郎求寫兄墓誌書》：頤輒恃垂顧，敢以哀誠，上煩台聽。家兄學術才行，爲時所重，出入門下，受知最深，不幸短命，天下孰不哀之？又其功業不得施於時，道學不及傳之書，遂將泯沒無聞，此尤深可哀也。切惟自昔有道之士，名或未彰，賢人君子爲之發揚而後顯於後世者多矣。今將歸葬伊川，太一資政韓公爲誌其墓，思得大賢之筆，共久其傳。恭惟閣下名足以取重將來，道足以流光後世，至誠待物，與人有終，知其生必當念其死，愛其人必欲成其名。頤求眞蹟，以賁窀穸。倘蒙哀矜，曲賜開允，則死生受賜，子孫敢忘！內循率妄，戰越無地。《宋史》：孫永，字曼叔，趙州人。元豐中進端明殿學士知潁昌，元祐初歷拜尚書，改資政殿學士。卒年六十八，謚康簡。

《答楊時慰書》：頤泣啓：頤罪惡不弟，感招禍變，不自死滅，兄長喪亡，哀苦怨痛，肝心摧裂。日月迅速，忽將三月，追思痛切，不可堪處。遠承慰問，及寄示祭文哀辭，足見歲寒之意。家兄道學行義，足以澤世垂後，不幸至此，天乎奈何！頤悲苦之餘，僅存氣息，筋骸支離，尤倦執筆，況哀誠非書所能盡。所幸老父經此煩惱，飲食起居如常，不煩深慮。伏紙摧咽，言不倫次。頤泣啓楊君法曹。九月二十日。十月二十四日葬，韓持國爲誌，行狀頤自作，徐當寄去。

九月丙申，司馬溫公與呂申公及韓康公上其行義於朝，奏曰：「臣竊見河南處士程頤，力學好古，安貧守節，言必忠信，動遵禮義。年逾五十，不求仕進，眞儒者之高蹈，聖世之逸民。伏望擢以不次，以矜式士類，裨益風化。」《家傳集》。時溫公諸人既薦，而蔡確猶爲左僕射，未即行也。《道命録》。《宋史》：蔡確，字持正，泉州人。善伺人意，與時高下，自知制誥、御史中丞、參知政事皆以起獄擠奪其位。哲宗初，轉左僕射兼門下侍郎。及爲永裕山陵使，不宿於次，又不扈從，御史連劾之。元祐元年罷。責新州，卒於貶所。

十月二十四日乙酉，葬明道於伊川先塋。

同日，葬孝女於伊川先塋之東，有《孝女程氏墓誌》。見《伊川文集》，下同。按：明道長女生於嘉祐辛丑九月庚戌，卒於元豐乙丑二月丙寅，年二十五。即劉立之叙述云：「女長過期，至無貲以遣也。母亡，以哀毁死，伊川誌其墓。」

戊子，書明道先生墓表序。

先生視伯淳墳，顯道嘗侍行，問佛儒之辨，先生指牆圍曰：「吾儒從裏面做，豈有不是？佛氏只從牆外見了，卻不肯入來做，不可謂佛氏無見處。」《外書·上蔡語録》，下同。

顯道曾歷舉佛説與吾儒同處，先生曰：「恁地同處雖多，只是本領，不是一齊差卻。」

謝子與先生別一年，往見之，先生曰：「相別又一年，做得甚工夫？」謝曰：「也只去箇『矜』字。」曰：「何故？」曰：「子細檢點，得來病痛盡在這裏，若按伏得這箇罪過，方有向進處。」先生點頭，因語在坐同志者曰：「此人爲學，切問近思者也。」

冬十月，《續通鑑長編》。朱公掞以諫官召，過洛見先生。顯道在坐，公掞不語，先生指顯道謂之曰：「此人爲切問近思之學。」《外書·時紫芝集》。

十一月丁巳，授汝州團練推官、西京國子監敎授。見《實録》。

先生表辭，不許，再辭。尋召赴闕。見《伊川文集》。

[二]此處編者所擬黄庭堅詩題及所引詩文，皆有誤。據《宋黄文節公全集·外集》卷一六所

載，此詩題作《奉和慎思寺丞太康傳舍相逢并寄扶溝程太丞尉氏孫著作二十韻》，而其詩首云「扶亭大夫伯淳父，平生執鞭所欣慕」。而編者誤以詩首句「扶亭」二字入詩題，又「大夫」誤作「大丞」，皆當改正。

〔二〕迴：原作「迴」，據《河南程氏文集》改。

〔三〕「以」下原有「我」字，據同上刪。

〔四〕「仁皇」下原有「帝」字，據同上刪。

〔五〕編者稱「（鄒浩）在潁昌，當在元豐間」，實誤。鄒浩登元豐五年進士第，歷揚州教授，方爲潁昌府教授，必在若干年後。且據《宋史·宰輔表》，范純仁知潁昌府在元祐四年六月至八年七月間，鄒浩事當繫於此時限內。

〔六〕未仕：「仕」字誤。據《宋史》，劉絢分明出仕，且卒於官，故不得云「未仕」。

程子年譜卷四

伊川先生

楚雄池生春籥庭
會稽諸星杓恕齋 輯

哲宗元祐元年丙寅，五十四歲。

二月，至京師，除宣德郎、祕書省校書郎，辭不許。三月召對，除通直郎，充崇政殿說書，再辭，始受命。五月，命同脩學制。六月，上疏論輔養君德。八月，差登聞鼓院，再辭。

二月庚午，左正言朱光庭奏乞以程頤爲講官，《續通鑑長編》。言：「頤道德純備，學問淵博。材資勁正，有中立不倚之風；識慮明徹，至知幾其神之妙。言行相顧而無擇，仁義在躬而不矜。若用斯人，俾當勸講，必能輔養聖德，啓迪天聰，一正君心，爲天下福。」又謂：「頤究先王之蘊，達當世之務，乃天民之先覺，聖代之眞儒。俾之日侍經筵，足以發揚聖訓；兼掌學校，足以丕變斯文。」又論：「祖宗時起陳摶、种放，高風素節聞於天下。揆頤之賢，摶、放未必能過之，頤之道則有摶、放所不及知者。觀其所學，眞得聖人之傳，致思力行非一日之積。有經天緯地之才，有制禮作樂之具，乞訪問其至言正論所以平治天下之道。」又謂：「頤以言乎道則貫徹三才，而無一毫之或間；以言乎德則并包衆美，而無一善之或遺；以言乎學則博古通今，而無一物之不知；以言乎才則開物成務，而無一理之不總。是以聖人之道至此而傳。况當天子進學之初，若俾眞儒得專經席，豈不盛哉。」《胡文定集》。

先生至京師，王巖叟奏云：「伏見程頤學極聖人之精微，行全君子之純粹。早與其兄顥俱以德名顯於時，陛下復起頤而用之。頤趨召以來，待詔闕下，四方俊乂莫不翹首向風，以觀朝廷所以待之者如何，處之者當否，而將議焉，則陛下此舉繫天下之心。臣願陛下加所以待之之禮，擇所以處之之方，而使高賢得爲陛下盡其用，則所得不獨頤一人而已，四海潛光隱德之士，皆將相招而爲朝廷出矣。」

《續通鑑長編》註：「巖叟薦先生，不得其月日，太皇太后嘗諭巖叟云：『卿累薦程頤，已除校書郎，來日待行文字召對。』今附二月二十八日。」然則巖叟薦頤，不但此一事也。

閏二月十八日，除承奉郎，再授宣德郎、

祕書省校書郎。《續通鑑長編》。

二十四日，先生《辭免館職狀》言：蒙恩授宣德郎、校書郎，自昨蒙授西京國子監教授，方再辭免，準朝旨令乘遞馬赴闕。祗命而來，未獲進見，遽有此除，義理未安。況祖宗朝布衣被召，自有故事，今臣未得入見，未敢祗命。《伊川文集》。

王巖叟奏云：臣伏聞聖恩特除程頤京官，仍與校書郎，足以見陛下優禮高賢，而使天下之人歸心於盛德也。然臣區區之誠，尚有以爲陛下言者，願陛下一召見之，試以一言，問爲國之要。陛下至明，遂可自觀其人。臣以頤抱道養德之日久，而潛神積慮之功深，靜而閱天下之義理者多，必有嘉言，以新聖聽。此臣所以區區而進頤，然非爲頤也，欲成陛下之美耳。陛下一見而後命之以官，則頤當之而無愧，陛下與之而不悔，授受之間兩得之矣。《伊洛淵源録》。

詔特許朝見，仍令上殿。《續通鑑長編》。

三月十四日召對，太皇太后面諭，將以爲崇政殿說書，先生面辭，不許。

《乞再上殿論經筵事劄子》：新授汝州團練推官、西京國子監教授臣程頤。右臣昨日上殿，辭免前降恩命。面奉德音，除臣崇政殿說書。臣雖瀝懇辭避，不蒙（愈）〔俞〕允。臣輒有愚誠，昧死上聞天聽。竊以知人則哲，帝堯所難。雖陛下聖鑒之明，然臣方獲進對，於頃刻之間，陛下見其何者，遽加擢任？今取臣於畎畝之中，驟置經筵，蓋非常之舉，朝廷責其報效，天下之所觀矚。苟或不當，則失望於今而貽譏於後，可不慎哉？臣亦未敢必辭，只乞再令臣上殿，進劄子三道，言經筵事。所言而是，則陛下用臣爲不誤，臣之受命爲無愧；所言而非，是其才不足用也，固可聽其辭避。如此，則朝廷無舉動之過，愚臣得去就之宜。

又言：臣不候命下，便有奏陳。蓋欲朝廷審處於未授之前，免煩回改成命。

又言：如以臣昨日已上殿，只乞指揮，許臣實封劄子進呈，逐一分明貼黃，亦與口陳無異。《伊川文集》，下同。

《論經筵第一劄子》：臣伏觀自古人君守成而致盛治者，莫如周成王。成王之所以成德，由周公之輔養。昔者周公輔成王，幼而習之，所見必正事，所聞必正言，左右前後皆正人，故習與智長，化與心成。今士大夫家善教子弟者，亦必延名德端方之士，與之居處，使之薰染成性，故曰：「少成若天性，習慣如自然。」伏以皇帝陛下春秋之富，雖睿聖之資得於天稟，而輔養之道不可不至。所謂輔養之道，非謂告詔以言，過而後諫也，在涵養薰陶而已。大率一日之中，親賢士大夫之時多，親寺人宮女之時少，則自然氣質變化，德器成就。欲乞朝廷愼選賢德之士，以侍勸講。講讀既罷，當留二人直日，夜則一人直宿，以備訪問。皇帝習讀之暇，游息之間，時於內殿朝見，從容宴語。不獨漸磨道義，至於人情物態，稼穡艱難，積久自然通達。比之常在深宮之中，爲益豈不甚大？竊聞間日一開經筵，講讀數行，羣官列侍，儼然而退，情意略不相接。如此而責輔養之功，不亦難乎？今主上冲幼，太皇太后慈愛，亦未敢便乞頻出。但時見講官，久則自然接熟。大抵與近習處久熟則生褻慢，與賢士大夫處久熟則生愛敬，此所以養成聖德，爲宗社生靈之福。天下之事，無急於此。取進止。朱子云：先生嘗進言於朝，以爲人主常使一日之中親賢士大夫之時多，親宦官宮女之時少，則可涵養氣質，薰陶德性，此皆至切之言也。元祐大臣不能白用其說，故紹聖、元符之禍，至今言之，猶可痛憾。

第二：臣聞三代之時，人君必有師傅保之官：師，道之教訓；傅，傅其德義；保，保其身體。後世作事無本，知求治而不知正君，知規過而不知養德，傅德義之道固已踈矣，保身體之法復無聞焉。伏惟太皇太后陛下聰明睿哲，超越千古，皇帝陛下春秋之富，輔養之道，當法先王。臣以爲傅德義者，在乎防見聞之非，節嗜好之過；保身體者，在乎適起居之宜，存畏愼之心。臣欲乞皇帝左右扶持祗應宮人內臣，並選年四十五十以上，厚重小心之人；服用器翫皆須質樸，一應華巧奢麗之物，不得至於上前。要在侈靡之物不接於目，淺俗之言不入於耳。及乞擇內臣十人，充經筵祗應，以伺候皇帝起居，凡動息必使經筵官知之，有翦桐之戲則隨事箴規，違持養之方則應時諫止。調護聖躬，莫過於此。取進止。

第三：臣竊以人主居崇高之位，持威福之柄，百官畏懼，莫敢仰視，萬方承奉，所欲隨得。苟非知道畏義，所養如此，其惑可知。中常之君，無不驕肆；英明之主，自然滿假。此自古同患，治亂所繫也。故周公告成王，稱前王之德，以寅畏祗懼爲首。從古以來，未有不尊賢畏相而能成其聖者也。皇帝陛下未親庶政，方專問學。臣以爲輔養聖德，莫先寅恭，動容周旋，當主於此，歲月積習，自成聖性。臣竊聞經筵臣寮侍者皆坐，而講者獨立，於禮爲悖。欲乞今後特令坐講，不惟義理爲順，所以養主上尊儒重道之心。取進止。

又言：臣以爲，天下重任，唯宰相與經筵，天下治亂繫宰相，君德成就責經筵。由此言之，安得不以爲重？朱子云：劉摯論先生辭卑居尊，未被命而先論事爲非，是蓋不知先生出處語默之際，其義固已精矣。 薛敬軒云：先生經筵疏皆格心之論，三代已下，爲人臣者但論政事、人才而已，未有直從本原，如程子之論也。

三月二十四日命下，以通直郎充崇政殿說書。見《實録》。先生再辭而後受命。四月三日。有《辭免崇政殿說書表》、《再辭免狀》。見《伊川文集》，下同。《續通鑑長編》：司馬光言：「今月二十一日，中使宣問臣程頤上殿，若奏對有取，當授以何官職；若令在經筵，當令何名目。臣竊惟程頤本以布衣守道不仕，昨朝廷除西京教授，曾固辭。及召赴闕，除宣德郎、校書郎，又辭。卑官在經筵者惟崇政殿說書，若以新所授官充崇政殿說書，足爲超擢，但恐堅辭不受耳。」此據《元祐實録·司馬光三月二十一日親書劄子》。

四月，例以暑熱罷講，先生奏言：輔導少主，不宜疏略如此，乞令講官以六參日上殿問起居，因得從容納誨，以輔上德。

五月十二日戊辰，差同孫覺、顧臨及國子監長貳看詳三學條制。見《實録》。先生所定，大概以爲：學校，禮義相先之地，而月使之爭，殊非教養之道，請改試爲課。有所未至，則學官召而教之，更不考定高下。制尊賢堂以延天下道德之士，鐫解額以去利誘，省繁文以專委任，勵行檢以厚風教，及置待賓、吏師齋，立觀光法，如是亦數十條。

又曰：自元豐後設利誘之法，增國學解額至五百人，來者奔湊，捨父母之養，忘骨肉之愛，往來道路，旅寓他土，人心日偷，士風日薄。今欲量留一百人，餘四百人分在州郡解額窄處，自然人心各安鄉土，養其孝愛之心，息其奔趨流浪之志，風俗亦當稍厚。

又曰：三舍升補之法，皆案文責跡，有司之事，非庠序育材論秀之道。蓋朝廷授法必達於下，長官守法而不得有爲，是以事成於下而下得以制其上，此後世所以不治也。或曰長貳得人則善矣，或非其人，不若防閑詳密，可循守也。殊不知先王制法，待人而行，未聞立不得人之法也。苟長貳非人，不知教育之道，徒守虛文密法，果足以成人才乎？朱子云：舊《實録》，胡宗愈謂先帝聚士以學，教人以經，三舍科條固已精密，宜一切仍舊，固是深詆先生，謂不宜使在朝廷。

《謝韓康公啓》：竊以朝廷取士，所以爲致治之先；公卿薦賢，固必有知人之哲。允諧公議，始厭衆聞。頤也不才，少而從學。致知格物，粗窺聖道之端倪；明善誠身，未得古人之髣髴。徒忘懷於白首，竊有志於斯文。時和歲豐，已足素望；言揚德進，敢有覬心？屬嗣皇訪落之初，乃元老告猷之會。豈虞過聽，猥被明揚？文陛進登，被德音之溫厚；西清入侍，密宸扆之光輝。考於近世以來，可謂非常之遇。荷恩爲愧，揣分則逾。若何行爲，可以報稱？惟殫素學，勉副厚知，過此以還，不知所措。未緣望履，徒切向風。悃愊所懷，敷宣罔既。

又《謝簡》：頤惶恐再拜啓。仲夏毒熱，伏惟（臺候）〔台候〕動止萬福。頤執耕畎畝，於門下未嘗有一日之素，猥蒙過聽，薦之於朝，沾被恩命，何以報稱？末由展覿，伏冀上爲宗社，善護寢興。下情區區之至。

按：《啓》中有「屬嗣皇訪落之初，乃元老告猷之會」，又「仲夏毒熱」等語，則在受職後五月間也。

《答吕進伯簡》三：相別累年，區區企渴之深，言不盡意。按部往來，想在勞止。秦人瘡瘵未復，而偶此旱暵，賴賢使者措置，受賜何涯！儒者逢時，生靈之幸。勉成休功，乃所願望。頤備員於此，夙夜自竭，未見其補，時望賜書，開諭不逮。與叔每過從，至慰至幸。引素門牆，坐馳神爽。所欲道者，非面不盡。惟千萬自愛。

別紙見諭，持法爲要，其來已久矣。既爲今日官，當於今日事中，圖所設施。舊法之拘，不得有爲者，舉世皆是也。以頤觀之，苟遷就於法中，所可爲者尚多。先兄明道之爲邑，及民之事多。衆人所謂法所拘者，然爲之未嘗大戾於法，衆亦不甚駭。謂之得伸其志則不可，求小補，則過今之爲政者遠矣。人雖異之，不至指爲狂也。至謂之狂，則大駭矣。盡誠爲之，不容而後去，又何嫌乎？鄙見如此，進伯以爲如何？

荷公知遇之厚，輒有少見，上補聰明；亦久懷憤鬱，無所控告，遇公而伸爾。王者父天母地，昭事之道，當極嚴恭。漢武遠祀地祇於汾脽，既爲非禮，後世復建祠宇，其失已甚。因唐妖人作《韋安道傳》，遂爲塑像以配食，誣瀆天地。天下之妄，天下之惡，有大於此者乎？公爲使者，此而不正，將正何事？願以其像投之河流。愼勿先露，先露則傳駭觀聽矣。勿請勿議，必見沮矣。毋虞後患，典憲不能相及，亦可料也，願公勿疑。

按：進伯以元祐初知秦州，與叔時爲太學博士，與簡中「秦人瘡瘵未復，偶此旱暵，賴賢使者措置」、「某備員於此」、「與叔每過從」等語合。予友陶槎仙際堯云：汾脽，據《漢書》應是汾陰脽上。

《與呂大臨論中書》：大臨問：「中者道之所由出？」先生曰：「『中者道之所由出』，此語有病。」大臨云：「謂『中者道之所由出』，此語有病』，已悉所諭。但論其所同，不容更有二名，別而言之，亦不可混爲一事。如所謂『天命之謂性，率性之謂道』，又曰『中者天下之大本，和者天下之達道』，則性與道，大本與達道，豈有二乎？」先生曰：「中即道也。若謂道出於中，則道在中，外別爲一物矣。所謂『論其所同，不容更有二名，別而言之，亦不可混爲一事』，此語固無病。若謂性與道，大本與達道，可混而爲一，即未安。在天曰命，在人曰性，循性曰道。性也，命也，道也，各有所當。大本言其體，達道言其用，體用自殊，安得不爲二乎？」大臨云：「既云『率性之謂道』，則循性而行莫非道。此非性中別有道也，中即性也。在天爲命，在人爲性，由中而出者莫非道，所以言道之所由出也，與『率性之謂道』之義同，亦非道中別有中也。」先生曰：

『中即性也』，此語極未安。中也者，所以狀性之體段。若謂性有體段亦不可。姑假此以明彼。如稱天圓地方，遂謂方圓（而）〔即〕天地，可乎？方圓既不可謂之天地，則萬物決非方圓之所出。如中既不可謂之性，則道何從稱出於中？蓋中之爲義，自『過』『不及』而立名。若只以中爲性，則中與性不合，與『率性之謂道』其義自異。性道不可一作「可以」。合一而言。中止可言體，而不可與性同德。」又曰：「觀此義，一作「語」。謂不可與性同德，字亦未安。子居對以中者性之德，卻爲近之。」子居，和叔之子，一云義山之字。又曰：「不偏之謂中，道無不中，故以中形道。若謂道出於中，則天圓地方，謂方圓者天地所自出，可乎？」大臨云：「不倚之謂中，不雜之謂和。」

先生曰：「不倚之謂中，甚善。語猶未瑩。不雜之謂和，未當。」大臨云：「喜怒哀樂之未發，則赤子之心。當其未發，此心至虛，無所偏倚，故謂之中。以此心應萬物之變，無往而非中矣。孟子曰：『權然後知輕重，度然後知長短，物皆然，心爲甚。』此心度物，所以甚於權衡之審者，正以至虛無所偏倚故也。有一物存乎其間，則輕重長短皆失其中矣，又安得如權如度乎？故大人不失其赤子之心，乃所謂『允執其中』也。大臨始者有見於此，便指此心名爲中，故前言中者道之所由出也。今細思之，乃命名未當爾。此心之狀，可以言中，未可便指此心名之曰中。所謂以中形道，正此意也。『率性之謂道』者，循性而行，無往而非理義也。以此心應萬物之變，亦無往而非理義也。皆非指道體而言也。若論道體，又安可言由中而出乎？」先生以爲此言未是。先生曰：「喜怒哀樂未發謂之中。赤子之心，發而未遠於中，若便謂之中，是不識大本也。」大臨云：「聖人智周萬物，赤子全未有知，其心固有不同矣。然推孟子所云，豈非止取純一無僞，可與聖人同乎？非謂無毫髮之異也。大臨前日所云，亦取諸此而已。此義，大臨昔者既聞先生君子之教，反求諸己，若有所自得，參之前言往行，將無所不合。由是而之焉，似得其所安，以是自信不疑，拳拳服膺，不敢失墜。今承教，乃云已失大本，茫然不知所向。竊恐辭命不明，言不逮意，致高明或未深喻，輒露所見，求益左右。卒爲賜教，指其迷謬，幸甚。聖人之學，以中爲大本。雖堯舜相授以天下，亦云『允執其中』。中者，無過不及之謂也。何所準則而知過不及乎？求之此心而已。此心之動，出入無時，何從而守之乎？求之於喜怒哀樂未發之際而已。當是時也，此心即赤子之心，純一無僞。即天地之心，神明不測。即孔子之絕四，四者，有一物存乎其間，則不得其中。即孟子所謂『物皆然，心爲甚』，心無偏倚，則至明至平，其察物甚於權度之審。即《易》所謂『寂然不動，感而遂通天下之故』。此心所發，純是義理，與天下之所同然，安得不和？大臨前日敢指赤子之心爲中者，其說如此。來教云：『赤子之心可謂之和，不可謂之中。』大臨思之，所謂和者，指已發而言之。今言赤子之心，乃論其未發之際，一有竊謂字。純一無僞，無所偏倚，可以言中。若謂已發，恐不可言心。來教云：『所謂循性而行，無往而非理義，言雖無病，而聖人氣味殊少。』大臨反而思之，方覺辭氣迫窘，無沉浸醲厚之風，此則淺陋之罪，敢不承教？大臨更不敢拜書先生左右，恐煩往答，只令義山持此請教。蒙塞未達，不免再三浼瀆，惟望乘間口諭義山，傳誨一二。幸甚！幸甚！」先生曰：「所云非謂無毫髮之異，是有異也，有異者得爲大本乎？推此一言，餘皆可見。」大臨云：「大臨以赤子之心爲未發，先生以赤子之心爲已發。所謂大本之實，則先生與大臨之言未有異也，但解赤子之心一句不同爾。大臨初謂赤子之心，止取純一無僞，與聖人同。一有處字。恐孟子之義亦然，更不曲折一一較其同異，故指以爲言，固未嘗以已發不同處爲大本也。先生謂凡言心者，皆指已發而言，然則未發之前，謂之無心可乎？竊謂未發之前，心體昭昭具在，已發乃心之用也。此所深疑未喻，又恐傳言者失指，切望指教。」先生曰：「所論意雖以已發者爲未發，反一作「及」。求諸言，卻是認已發者爲說。詞之未瑩，乃是擇之未精爾。凡言心者，指已發而言，此固未當。心一也，有指體而言者，寂然不動是也。有指用而言者，感而遂通天下之故是也。惟觀其所見如何耳。大抵論愈精微，言愈易差。所謂傳言者失指，及反覆觀之，雖曰有差，亦不失大意。又如前論『中即性也』，已是分而爲二，不若謂之性中。性中語未甚瑩。以謂聖人氣味殊少，亦不須言聖人。第二書所以答去者，極分明矣。」黃百家云：此條即豫章、延平看未發以前氣象宗旨。劉蕺山云：夫所謂未發以前氣象，即是獨中真消息也。自喜怒哀樂之存諸中者言，謂之中不必其未發之前別有氣象也，即天道之元亨利貞運於穆者是也。自其喜怒哀樂之發於外者言，謂之和不必其已發之時又有氣象也，即天道之元亨利貞呈於化育者是也。惟存發總是一機，故中和渾是一性，推之一動一靜、一語一默，莫不皆然。此獨體之妙，所以即微即顯，即隱即見，而慎獨之學，即中和，即位育，此千聖學脉也。自喜怒哀樂之說不明於後世，而聖學晦矣。

按：龜山輯《粹言》論中書，最得心傳之妙，可參觀。

蘇季明問：「於喜怒哀樂未發之前求中，可否？」先生曰：「不可。既思於喜怒哀樂未發之前，求之又卻是思也。既思即是已發，思與喜怒哀樂一般。纔發便謂之和，不可謂之中也。」又問：「呂學士言當求於喜怒哀樂未發之前，如何？」曰：「若言存養於喜怒哀樂未發之前則可，若言求中於喜怒哀樂未發之前則不可。」又問：「學者於喜怒哀樂發時，固當勉強裁抑。於未發之前，當如何用功？」曰：「於喜怒哀樂未發之時，更怎生求？只平日涵養便是。涵養久，則喜怒哀樂發自中節。」曰：「當中之時，耳無聞，目無見否？」曰：「雖耳無聞，目無見，然見聞之理，在始得賢。」「且說靜時如何？」曰：「謂之無物則不可，然自有知覺處。」曰：「既有知覺，卻是動也，怎生言靜？人說復其見天地之心，皆以謂至靜能見天地之心，非也。《復》之卦下面一畫便是動也，安得謂之靜。」或曰：「莫是於動上求靜否？」曰：「固是，然最難。釋氏多言定，聖人便言止，如人君止於仁，人臣止於敬之類是也。《易》之《艮》言止之義曰『艮其止，止其所也』。人多不能止，蓋人萬物皆備，遇事時各因其心之所重者，更互而出，纔見得這事重，便有這事出，若能物各付物，便自不出來也。」或曰：「先生於喜怒哀樂未發之前，下動字，下靜字。」曰：「謂之靜則可，然靜中須有物始得，這裏便是難處，學者莫若且先理會得敬，能敬則自知此矣。」或曰：「敬何以用功？」曰：「莫若主一。」季明曰：「昞嘗患思慮不定，或思一事未了，他事如麻，又生如何？」曰：「不可，此不誠之本也。須是習，習能專一時便好，不拘思慮與應事，皆要求一。」《遺書·劉元承編》。　李遜齋《道南講授》云：楊文靖公嘗言，熙甯以來，士於諸經無所不究，獨於《中庸》闕而不講，蓋聖賢所傳具在此書，學者宜盡心焉。今竊照《近思録》編目，標出「中」字，庶見伊洛開來學、繼往聖者在此，而道南一脉於此轉相授受，講論尤深切著明。故録程門諸公語中大略，使尚論淵源所漸者有所考證。所謂李先生論此最詳者，信乎其言之不誣也。

六月，上太皇太后書：臣鄙野之人，自少不喜進取，以讀書求道爲事，於兹幾三十年矣。當英祖朝暨神宗之初，屢爲當塗者稱薦。臣於斯時，自顧學之不足，不願仕也。及皇帝陛下嗣位，太皇太后陛下臨朝，求賢願治，大臣上體聖意，搜揚巖穴，首及微賤，蒙恩除西京學官。臣於斯時，未有意於仕也。辭避方再，而遽有召命，臣門下學者，促臣行者半，勸臣勿行者半。促臣行者則曰：「君命召，禮不俟駕。」勸臣勿行者則曰：「古之儒者，召之則不往。」臣以爲召而不往，惟子思、孟軻則可。蓋二人者處賓師之位，不往所以規其君也。己之微賤，食土之毛而爲王民，召而不至，邦有常憲，是以奔走應命。到闕，蒙恩授館職，方以義辭，遂蒙召對。臣於斯時，尙未有意於仕也。進至簾前，咫尺天光，未嘗敢以一言及朝政。陛下視臣，豈求進者哉？既而親奉德音，擢至經筵，事出望外，惘然驚惕。臣竊內思，儒者得以道學輔人主，蓋非常之遇，使臣自擇所處，亦無過於此矣。臣以斯時，雖以不才而辭，然許國之心，實已萌矣。尙慮陛下貪賢樂善，果於取人，知之或未審也，故又進其狂言，以覬詳察。曰如小有可用，則敢不就職？或狂妄無取，則乞聽辭避。章再上，再命祗受，是陛下不以爲妄也，臣於是受命。供職而來，夙夜畢精竭慮，惟欲主上德如堯、舜，

異日天下享堯、舜之治，廟社固無窮之基，乃臣之心也。臣本山野之人，稟性樸直，言辭鄙拙，則有之矣；至於愛君之心，事君之禮，告君之道，敢有不盡？上賴聖明，可以昭鑒。臣自惟至愚，蒙陛下特達之知，遭遇如此，願效區區之誠，庶幾毫髮之補。惟陛下留意省覽，不勝幸甚。伏以太皇太后陛下，心存至公，躬行大道，開納忠言，委用耆德，不止維持大業，且欲興致太平，前代英主所不及也。但能日愼一日，天下之事不足慮也。臣以爲天下至大至急，爲宗社生靈長久之計，惟是輔養上德而已。歷觀前古，輔養幼主之道，莫備於周公。周公之爲，萬世之法也。臣願陛下擴高世之見，以聖人之言爲可必信，先王之道爲可必行，勿狃滯於近規，勿遷惑於

衆口。古人所謂「周公豈欺我哉」，周公作《立政》之書，舉言常伯，至於綴衣虎賁，以爲知恤茲者鮮。一篇之中，丁寧重複，惟在此一事而已。又曰「僕臣正，厥后克正」，又曰「后德惟臣，不德惟臣」，又曰「侍御僕從，罔非正人，以旦夕承弼厥辟，出入起居，罔有不欽」。是古人之意，人主跬步不可離正人也。蓋所以涵養氣質，薰陶德性，故能習與智長，化與心成。後世不復知此，以爲人主就學，所以涉書史，覽古今也，不知涉書史、覽古今乃一端爾。若止於如是，則能文宮人可以備勸講，知書內侍可以充輔導，何用置官設職，精求賢德哉？大抵人主受天之命，稟賦自殊。歷考前史，帝王才質，鮮不過人。然而完德有道之君至少，其故何哉？皆輔養不得其道，而位勢使之然也。伏惟皇帝陛下天資粹美，德性仁厚，必爲有宋令主，但恨輔養之道有未至爾。臣供職以來，六侍講筵，但見諸臣拱手默坐，當講者立案傍，解釋數行而退。如此，雖彌年積歲，所益幾何？與周公輔養成王之道，殊不同矣。或以爲主上方幼，且當如此。此不知本之論也。古人生子，能食能言而教之。大學之法，以豫爲先。人之幼也，知思未有所主，便當以格言至論日陳於前。雖未曉知，且當薰聒，使盈耳充腹，久自安習，若固有之，雖以他言惑之，不能入也。若爲之不豫，及乎稍長，私意偏好生於內，衆口辨言鑠於外，欲其純完，不可得也。故所急在先入，豈有太早者乎？或又以爲主上天資至美，自無違道，不須過慮，此尤非至論。夫聖莫聖於舜，而禹、臯陶未嘗忘規戒，至曰「無若丹朱好慢遊，作傲虐」。且舜之不爲慢遊傲虐，雖至愚亦當知之，豈禹而不知乎？蓋處崇高之位，儆戒之道，不得不如是也。且人心豈有常哉？以唐太宗之英睿，躬歷艱難，力平禍亂，年亦長矣，始惡隋煬侈麗，毁其層觀廣殿，不六七年，復欲治乾陽殿。是人心果可常乎？所以聖賢雖明盛之際，不廢規戒，爲慮豈不深遠也哉？况沖幼之君，閑邪拂違之道，可少懈乎？伏自四月末間，以暑熱罷講，比至中秋，蓋踰三月。古人欲旦夕承弼，出入起居，而今乃三月不一見儒臣，何其與古人之意異也？今士大夫家子弟，亦不肯使經時累月不親儒士。初秋漸涼，臣欲乞於內殿或後苑清涼處，召見當日講官，俾陳説道義。

縱然未有深益，亦使天下知太皇太后用意如此。又一人獨對，與衆見不同，自然情意易通，不三五次，便當習熟。若不如此漸致，待其自然，是輔導官都不爲力，將安用之？將來伏假既開，且乞依舊輪次直日，所貴常得一員獨對。開發之道，蓋自有方，朋習之益，最爲至切。故周公輔成王，使伯禽與之處。聖人所爲，必無不當。眞廟使蔡伯希侍仁宗，乃師古也。臣欲乞擇臣寮家子弟，十歲已上、十二已下，端謹穎悟者三人，侍上左右。上所讀之書，亦使讀之，辨色則入，昏而罷歸。常令二人入侍，一人更休。每人擇有年宮人、內臣二人，隨逐看承，不得暫離。常情笑語，亦勿禁止，唯須言語必正，舉動必莊。仍使日至資善堂，呈所習業。講官常加教勸，使知嚴憚。年纔十三，便令罷去。歲月之間，自覺其益。自來宰臣十日一至經筵，亦止於默坐而已，又間日講讀，則史官一人立侍。史官之職，言動必書，施於視政之時則可。經筵講疑一作「肆」。之所，乃燕處也。主上方問學之初，宜心泰體舒，乃能悅懌。今則前對大臣，動虞有失，旁立史官，言出輒書。使上欲游其志，得乎？欲發於言，敢乎？深妨問學，不得不改。欲乞特降指揮，宰臣一月兩次，與文彥博同赴經筵。遇宰臣赴日，即乞就崇政殿講說，因令史官入侍。崇政殿說書之職，置來已久，乃是講說之所。漢、唐命儒士講論，亦多在殿上，蓋故事也。邇英迫狹，講讀官、內臣近三十人在其中。四月間尚未甚熱，而講官已流汗。况主上氣體嫩弱，豈得爲便？春夏之際，人氣蒸薄，深可慮也。祖宗之時，偶然在彼，執爲典故，殊無義理。欲乞今後只於延和殿講讀。後楹垂簾，簾前置御座。太皇太后每遇政事稀簡，聖體康和時，至簾下觀講官進說。不惟省察主上進業，於陛下聖聰，未必無補。兼講官輔導之間，事意不少，有當奏稟，便得上聞。亦不可煩勞聖躬，限以日數，但旬日之間，意適則往可也。今講讀官共五人，四人皆兼要職，獨臣不領別官，近復差修國子監太學條制，是亦兼他職也，乃無一人專職輔導者，執政之意可見也。蓋惜人才，不欲使之閑爾。又以爲雖兼他職，不妨講讀，此尤不思之甚也。不敢言告君之道，只以告衆人言之。夫告於人者，非積其誠意，不能感而入也。故聖人以蒲盧喻教，謂以誠化之也。今夫鐘，怒而擊之則武，悲而繫之則哀，誠意之感而入也。告於人亦如是。古人所以齋戒而告君者，何謂也？臣前後兩得進講，未嘗敢不宿齋豫戒，潛思存誠，覬感動於上心。若使營營於職事，紛紛其思慮，待至上前，然後善其辭説，徒以頰舌感人，不亦淺乎？此理，非知學者不能曉也。道衰學廢，世俗何嘗聞此？雖聞之，必以爲迂誕。陛下高識遠見，當蒙鑒知。以朝廷之大，人主之重，置二三臣專職輔導，極非過當。今諸臣所兼皆要官，若未能遽罷，且乞免臣脩國子監條制，俾臣夙夜精思竭誠，專在輔導。不惟事理當然，且使天下知朝廷以爲重事，不以爲閑所也。陛下擢臣於草野之中，蓋以其讀聖人書，聞聖人道。臣敢不以其所學，上

報聖明？竊以聖人之學不傳久矣，臣幸得之於遺經，不自度量，以身任道。天下駭笑者雖多，而近年信從者亦衆。方將區區駕其説以示學者，覬能傳於後世，不虞天幸之至，得備講説於人主之側，使臣得以聖人之學，上沃聖聰，則聖人之道有可行之望，豈特臣之幸哉？如陛下未以臣言爲信，何不一賜訪問？臣當陳聖學之端緒，發至道之淵微。陛下聖鑒高明，必蒙照納。如其妄僞，願從誅殛。臣愚不任懇悃惶懼待罪之至。黄東發云：伊川十八（十）〔上〕仁宗書，謂應時而出，自比諸葛。及後應聘爲哲宗講官，則自講讀之外無他説，不特其時至慮易而然，蓋時與位既不同，而哲宗尙幼，惟以培養爲急耳。其他《論濮議》、《論薄葬》、《代呂公著上神宗書》，無不深切著明。然則天下事非得其位，當其可，則固未易輕言也。若三學看詳，反爲禮部所駁，則本朝文密之弊，固難

與俗吏言矣。陸世儀云：經筵是人主莫大事，從來視爲具文，惟伊川能克稱其職。上太皇太后及經筵三劄，眞可爲古今作則，彼以坐講爲嫌者，俗儒之見，諛臣之習。講官坐講，所以重聖人，所以重道，非以是夸大也。

八月，差兼判登聞鼓院。先生引前説，且言入談道德，出領訴訟，非用人之體，再辭不受。楊龜山云：事道與禄仕不同，常夷甫以布衣入朝，神宗欲優其禄，令兼數局，如鼓院、染院之類，夷甫一切受之。及伊川先生爲講官，朝廷亦欲使兼他職，則固辭。蓋前日所以不仕者爲道也，則今日之仕，須其官足以行道乃可受，不然是苟禄也。然後世道學不明，君子辭受取舍，人鮮知之。故常公之受，人不以爲非，而先生之辭，人亦不以爲是也。

先生居經筵，建言：「今之經筵，實古保傅之任，欲便人君舉動，必使經筵知之，有翦桐之戲，則隨事箴規，違養生之方，則應時諫止。」呂申公曰：「主少，非可爲之時也。」先生曰：「正可爲也。責不在人主，而人臣當任之耳。」《庭聞藁録》。

在經筵時，曾説與溫公云：「更得范純夫在筵中尤好。」溫公彼時一言亦失，卻道他見脩史，自有門路，某應之曰：「不問有無門路，但筵中須得他。」溫公問何故，某曰：「自度少溫潤之氣，純夫色溫而氣和，尤可以開陳是非，道人主之意。」後來遂除侍講。《遺書·唐彦思録》

《續通鑑長編》：八月，司馬光請用著作郎范祖禹兼侍講。祖禹，呂公著之壻，請避嫌，光奏宰相不當以私嫌廢公議，遂以祖禹兼侍講。

先生在經筵，不曾請俸，諸公遂牒户部問不支俸錢。户部索前任歷子，先生云：「某起自草萊，無前任歷子。」舊例，初入京官時，用下狀出給料錢歷，先生不請，其意謂朝廷起我，便當廩人繼粟，庖人繼肉也。遂令户部自爲出券歷。又不爲妻求封，范純夫問其故，先生曰：「某當時起自草萊，三辭然後受命，豈有今日乃爲妻求封之理。」問：「今人陳乞恩例，義當然否，人皆以爲本分，不爲害。」先生曰：「只爲而今士大夫道得箇『乞』字慣，卻動不動又是乞也。」因問：「陳乞封父祖如何？」先生曰：「此事體又別。」再三請益，但云其說甚長，待別時說。《遺書·楊遵道録》，下同。《（讀）〔續〕通鑑長編》：八月，通直郎、充崇政殿説書程頤兼權判登聞鼓，再辭。詔不帶職官充侍讀、侍講、崇政殿説書，其請俸依職事官例支見錢。先生在經筵嘗質錢使，自供職後不曾請俸。户部初欲折支，執政奏請館閣官皆請見錢，豈有經筵反折支。又檢例，久無崇政殿説書，故户部只與折支，久之始與見錢。

按：先生不爲妻請封，至今氏族莫考。及檢《續通鑑長編》元祐七年，吳立禮劾先生有「娶甥女爲妻」一語，質之杜尺莊煦，以爲小人含沙射影，醜詆賢者，無所不有，若不明白辨正，則惑滋甚。謹攷程氏惟太中族兄文簡公琳以女妻韓忠憲億子縝，縝生於天禧三年，僅長先生十五歲，其女即年長，配必不合。且元祐初先生《謝韓康公絳簡》云「某於門下未嘗有一日之素」，豈有素與連親而言若此？韓氏弟兄惟持國維與二先生最善，一日同遊潁昌西湖，命諸子侍行次，有言貌不莊敬者，先生厲聲叱之曰：「汝輩從長者行，敢笑言如此，韓氏孝謹之風衰矣。」自稱長者，察其辭氣必非妻之近屬昆弟明甚。至太中二壻席延年、李正臣，其子皆先生壻，更不待辨而明。無根之語，獨出於吳立禮。當時蜀黨諸公，亦不敢以此誣先生，其又何傷日月乎。

先生每與司馬君實說話，不曾放過；如范堯夫，十件事只爭得三四件便已。先生曰：「君實只爲能受盡言，儘人忤逆終不怒，便是好處。」

君實嘗問先生云：「欲除一人給事中，誰可爲者，願爲光說一人。」先生曰：「相公何爲若此言也，如當初泛論人才卻可。今既如此，某雖有其人，何可言！」君實曰：「出於公口，入於光耳，又何害。」先生終不言。

先生在經筵日，有二同列論武侯事業，謂戰伐所喪亦多，非殺一不辜而得天下不爲之事。先生謂：「二公語過矣，殺一不辜而得天下不爲，謂殺不辜以私己。武侯以天子之命討天下之賊，何害？」《遺書·謝顯道記》。

按劉元承編，先生謂孫覺曰：「武侯有儒者氣象。」孫覺云云。

范堯夫經筵坐睡，先生語人曰：「堯夫胸中無事如此。」有朝士入朝倒執手板，先生曰：「此人胸中不見無事。」《外書·時紫芝集》。

先生議請封建，欲自封孔子後始，滎陽公曰：「方今母后臨朝，衆議不一，扶傷敗如是足矣，此豈大有爲時耶？」先生默然而去。《伊洛淵源録》。朱子云：按《伊川文集·脩立孔氏條制》，但云添賜田，并舊賜爲五百頃，設溝封爲奉聖鄉，世襲奉聖公爵，以奉祭祀，未嘗遽請行封建也。

九月丙辰朔，溫公薨。朝廷命先生主其喪事。是日也，祀明堂禮成，而二蘇往哭溫公，道遇朱公掞問之，公掞曰：「往哭溫公，而程先生以爲慶弔不同日。」二蘇悵然而返，曰：「鏖糟陂裏叔孫通也。」言其山野。自是時時謔先生。他日國忌，禱於相國寺，先生令供素饌，子瞻詰之曰：「正叔不好佛，胡爲食素？」先生曰：「禮，居喪不飲酒食肉。忌日，喪之餘也。」子瞻令具肉食，曰：「爲劉氏者左袒。」於是范淳夫輩食素，秦、黄輩食肉。呂申公爲相，凡事有疑必質於先生，進退人才，二蘇疑先生有力，故極口詆之云。《外書·時紫芝集》，下同。

先生主溫公喪事，子瞻周視無闕禮，乃曰：「正叔喪禮何其熟也。」又曰：「軾聞居喪未葬讀喪禮，太中康甯，何爲讀喪禮乎？」先生不答。鄒至完聞之，曰：「先生之母先亡，獨不可以治喪禮乎？」

溫公薨，門人或欲遺表中入規諫語，先生云：「是公平生未嘗欺人，可死後欺君乎？」《外書·呂氏記》。

爲太中祭司馬溫公文：嗚呼公乎！誠貫天地，行通神明。狥己者私，衆口爲容於異論；合聽則聖，百姓曾無於間言。老始逢時，心期行道。致君澤物，雖有志而未終；救弊除煩，則爲功而已大。何天乎之不弔，斯人也而遽亡！溥天興殄瘁之悲，明主失倚毗之望。如其可贖，人百其身。死生既極於哀榮，名德永高於今古。藐茲羸老，夙被深知；撫柩慟哀，聊陳薄奠。《伊川文集》，下同。

十一月冬至，神宗之喪未除，百官表賀。先生言：「節序變遷，時思方切，請改賀爲慰。」有《論冬至稱賀劄子》。

冬至，與諸友賀，先生不出，云有司法服慰乃出。《外書》卷十。

楚雄池生春籥庭
會稽諸星杓恕齋 輯

程子年譜卷五

伊川先生

二年丁卯，五十五歲。

八月，罷說書，權管勾西京國子監。十一月，乞歸田里。十二月，乞歸田里。

先生又上太皇太后疏，論延和講讀垂簾事，且乞時召講官至簾前，問（土）〔上〕進學次第。見《伊川文集》。

正月二十五日戊寅，內侍至資善傳旨，權罷講一日。二十七日庚辰，資善吏馬宗道云：「上前日微傷食物，會取勤藥，恐未能久坐，令講讀少進說。」是日，先生略講畢，奏云：「臣等前日臨赴講筵，忽傳聖旨權罷講，臣等共驚，聖躬別無事否？」上曰：「別無事。」自初御邇英，至是始發德音。《外書·范太史日記》，下同。

二月十五日戊戌，先生講「一言可終身行之，其恕乎」，因言人君當推己欲惡，知小民飢寒稼穡艱難。明宗年六十餘即位，猶書《田家》詩二首於殿壁，其詩云云，進說甚多。

三月二十六日戊寅，先生獨奏乞自四月就寬涼處講讀。二十八日，移講讀就延和。

四月六日丁亥，講讀依舊邇英閣。顧子敦封駁，以爲延和執政得一賜坐啜茶，已爲至榮，豈可使講讀小臣坐殿上，違咸造勿褻之義。持國、微仲進呈，令脩邇英閣，多置軒窗。已得旨，而呂公方入，令脩延義閣，簾內云：「此待別有擘畫，未知何所也。」十五日丙申，邇英進講，文公以下預焉。邇英新脩展，御座比舊近後數尺，門南北皆朱漆，釣窗前簾設青幕障日，殊寬涼矣。

先生又上疏，以爲脩展邇英，則臣所請遂矣，然祖宗以來並是殿上坐講，自仁宗始就邇英，而講官立侍，蓋從一日之便爾，非若臨之意也。今臨之意不過以尊君爲說，而不知尊君之道，若以其言爲是，則誤主上知見。臣職當輔導，不得不辨。見《伊川文集》。

先生在經筵，每當進上，必宿齋豫戒，潛思存誠，冀以感動上意。見《伊川文集》。而其爲說，常於文義之外，反覆推明，歸之人主。一日當講「顏子不改其樂」章，門人或疑此章非有人君事也，將何以爲說？及講，既畢文義，乃復言曰：「陋巷之士，仁義在躬，忘其貧賤。人主崇高，奉養備極，苟不知學，安能不爲富貴所移？」曰：「顏子，王佐之才也，而簞食瓢飲；季氏，魯國之蠹也，而富於周公。魯公用舍如此，非後世之監乎？」聞者歎服，胡氏《論語詳説》。哲宗亦首肯之。見《伊川文集》。不知者或誚其委曲已甚，先生曰：「不於此盡心竭力，而於何所乎？」《外書·胡氏拾遺》。

上或服藥，即日就醫官問起居。《遺書·鄒德久録》。然入侍之際，容貌極莊。時文潞公以太師平章軍國重事，或侍立終日不懈，上雖喩以少休，不去也。人或以問先生曰：「君之嚴，視潞公之恭，孰爲得失？」先生曰：「潞公四朝大臣，事幼主不得不恭。吾以布衣職輔導，亦不敢不自重也。」《聞見録》。

嘗聞上在宮中，起行漱水，必避螻蟻，因請之曰：「有是乎？」上曰：「然，誠恐傷之耳。」先生曰：「願陛下推此心以及四海，則天下幸甚。」《外書·胡氏拾遺》。

一日講罷未退，上忽起憑檻，喜折柳枝，先生進曰：「方春發生，不可無故摧折。」上不悅。見《劉諫議語録》，云温公聞之亦不悦，或云恐無此事。

按：《道命録》辨之甚晰，謂元年春先生未爲講官，二年春則溫公已卒。

所講書有「容」字，中人以黃覆之，曰：「上藩邸嫌名也。」先生講罷，進言曰：「人主之勢不患不尊，患臣下尊之過甚而驕心生爾，此皆近習輩養成之，不可以不戒。請自今舊名、嫌名皆勿復避。」次日孫莘老講《論語》，讀子畏於「匡」爲「正」，先生云：「且著箇地名也得，子畏於正，是甚義理？」又講君祭先飯處，因說古人飲食必祭，食穀必思始耕者，食菜必思始圃者，先王無德不報如此。夫爲人臣者居其位食其祿，必思何所得爵祿來處，乃得於君也，必思所以報其君，凡勤勤盡忠者爲報君也。如人主所以有崇高之位者，蓋得之於天，與天下之人共戴也，必思所以報民。古之人視民如傷，若保赤子，皆是報民也。每講一書，有以開導人主處，必懇懇言之，始初內臣、宮嬪皆攜筆在後抄錄，後來見說著佞人之類，皆惡之。呂微仲使人言：「今後且刻，可傷觸人。」范堯夫云：「但不道著名字，儘說不妨。」《遺書·楊遵道録》，下同。

嘗聞後苑以金製水桶，問之，曰：「崇慶宮物也。」先生曰：「若上所御，則吾不敢不諫。」

時神宗之喪既除，有司將以開樂致宴，先

生奏請罷宴曰：「除喪而用吉禮，則因事用樂可矣，今特設宴，是喜之也。」見《伊川文集》。

按《續通鑑長編》，除喪是六月事。

經筵承受張茂則嘗招諸講官啜茶觀畫，先生曰：「吾平生不啜茶，亦不觀畫。」竟不往。《龜山語録》：張茂則，宦之賢者也，元祐間曾請諸公啜茶觀畫，惟正叔不往。

人或勸先生以加禮近貴。先生曰：「何不見責以盡禮，禮盡則已，豈有加也。」《遺書》卷十七。

先生在經筵，執政有欲用之爲諫官者。先生聞之，以書謝曰：「公知射乎，有人執弓於此，發而多中，人皆以爲善射矣。一日，使羿立於其傍，道之以彀率之法，不從，羿且怒而去矣。從之則戾其故習，而失多中之巧，故不若處羿於無事之地，則羿得盡其言，而用舍羿不恤也。某才非羿也，然嘗聞羿之道矣，慮其害公之多中也。」《遺書·張思叔録》。

先生在經筵，每進講，必博引廣喻以曉悟人主。講退，范堯夫曰：「先生怎生記得許多？」先生曰：「只爲不記，故有許多，若還記卻無許多也。」《外書·侯子雅言》。

文潞公嘗與呂、范諸公入侍經筵，聞先生講説，退相與歎曰：「眞侍講也。」一時人士歸其門者甚盛，而先生亦以天下自任，論議褒貶無所顧避。由是同朝之士有以文章名世者，疾之如讎，與其黨類巧爲詆謗。見《龜山語録》、《王公繫年録》、《呂申公家傳》。

一日赴講，會上瘡疹，不坐已累日。先生退詣宰臣，問：「上不御殿，知否？」

曰：「不知。」先生曰：「二聖臨朝，上不御殿，太皇太后不當獨坐。且人主有疾，而大臣不知，可乎？」翌日，宰臣以先生言奏請問疾，由是大臣亦多不悅。而諫議大夫孔文仲因奏先生汙下憸巧，素無鄉行，經筵陳說，僭横忘分，遍謁貴臣，歷造臺諫，騰口間亂，以償恩讎，致市井目爲五鬼之魁，請放還田里，以示典刑。見舊《實録》。《呂申公家傳》云：文仲本以伉直稱，然惷不曉事，爲法薄輩所使，以害善良。晚乃自知爲小人所紿，憤鬱嘔血而死。

按：文仲字經父，新喻人，卒於元祐三年。

伯溫初入仕，先生曰：「凡所部公吏雖有罪，亦當立案而後決。或出於私怒，比具案，怒亦散，不至倉卒傷人。每決人，未經杖責者，宜愼之，恐其或有立也。」《外書·聞見録》。

按：伯溫，元祐中以薦授大名助教，調潞州長子縣尉。

六月十二日，劉質夫卒，有祭文。見《伊川文集》。

按：《續通鑑長編》元祐元年九月，新授京兆府教授劉絢除《春秋》博士，從王巖叟薦也。卒年四十三。

質夫自髫齡時，已有老成器，結髮即事二程先生。明道常謂人曰：「他人之學，敏則有矣，未易保也。斯人之志，吾無疑矣。」《伊洛淵源録》。一作伊川先生語。先生曰：「質夫沛然。」《遺書》卷六。又曰：「明道平和簡易，惟劉絢庶幾似之。」《侯子雅言》。

七月，韓持國罷門下侍郎，出帥南陽。已出國門，先生往見之。先生時在經筵，公驚曰：「子來見我乎，子亦危矣！」先生曰：「只知履安地，不知其危。」坐頃之，公不言。先生曰：「公有不豫色，何也？」公曰：「在維固無足道，所慮者貽兄姊之憂耳。」先生曰：「領帥南陽，兄姊何所憂？」公悟曰：「正爲定力不固耳。」《遺書·張思叔録》。《續通鑑長編》：七月壬戌，詔罷韓維門下侍郎。甲子，詔知鄧州，以吕陶言故也。

八月二日，罷說書，差管勾西京國子監。先生以爲責命，禮當奔走就職，到任訖。見《伊川文集》，下同。

十一月初六日，上奏乞歸田里曰：「臣本布衣，因說書得朝官。今以罪罷，則所授官不當得。」不許。十二月十八日，又上第二狀，不許。

先生離京，曾面言令光庭說與淳夫：「爲資善堂見畜小魚，恐近冬難畜，託淳夫取來，投之河中。」數次，朝中不遇，故因循至此。專奉手啓，幸便爲之。《外書·朱給事與范太史帖》。

冬，李端伯卒，有祭文。見《伊川文集》。《續通鑑長編》：元祐元年六月，吕大防奏黄陂縣令李籲堪館閣之選。《伊洛淵源録》：籲，字端伯，緱氏人。元祐中爲祕書省校書郎。嘗記二先生語，伊川稱之，祭文亦有「傳學」之語，蓋自劉博士外，他人無此言也。

尹焞嘗言：某纔十七八歲，元祐二三年見蘇季明教授，《續通鑑長編》：蘇昞以元祐元年十月詔除教授。時某亦習舉業，蘇曰：「子脩舉業，得狀元及第，便是了也。」和靖曰：「不敢望此。」蘇曰：「子謂狀元及第，便是了否？唯復這學更有裏？」和靖疑之，日去見蘇，乃指和靖見先生。後半年，方得《大學》、《西銘》看。《外書·祁寬記尹和靖語》。

三年戊辰，五十六歲。

正月，乞歸田里，皆不報。二月，乞致仕至再，又不報。

先生三上奏乞歸田里，以爲：「信其惡而使之在官，恐非黜陟之當；道不用而徒茲苟祿，殊乖進退之義。皆不報，乃乞致仕至再，以爲陛下前日招延，雖不得獲上有道、明哲保身之士，猶不失行己有恥、進退顧義之人，則朝廷之舉未爲大過，二三大臣之薦未爲甚欺。故臣之累請，不止自爲，亦所以爲朝廷也。不知臣者，不以臣爲忿躁，必以臣爲沽名，臣豈然哉。臣身傳至學，心存事道，不得行於時，尙當行於己，不見信於今，尙期信於後，安肯失理害義，以自毁於後世乎！蓋質之聖賢，考之經義，爲當然爾。况去就之義，豈獨臣知之，學道者所共知也。或朝廷顧惜事體，不欲使歸田里，只乞令臣致仕。」又不報。見《伊川文集》，下同。

爲太中祭韓康公文：嗚呼！惟公天賦忠義，世推孝友。忠以事君，完始終之大節；孝施有政，作儀型於四方。樂善本乎至誠，好學至於沒齒。故有識之士，無思不服。垂老之年，其猷益壯，位雖極於將相，志則歉於施爲。恢宏之度，若海瀆之難量；高邈之風，非世俗之可企。推賢奬善，惟日不足；周急樂施，室幾屢空。方逢時之尙年，遽奉身而勇退。如何不弔，奄及云亡。忠義之表，天不憖遺；孝友之規，世將安倣？寒族有姻家之契，二男蒙國士之知，感恩德而未酬，痛音容之遽隔。茲焉歸葬，復阻臨穴，恭陳薄奠，以寫哀誠。《續通鑑長編》：三月，守司徒致仕、康國公韓絳卒，知汝州韓維提舉崇福宮，以營葬兄絳，自請也。

代人上宰相論鄭白渠書：某聞天下之事，有甚難而易者，有甚易而難者，獨繫在上之人，爲與不爲而已。昔韓欲罷秦兵，使鄭國説以鑿涇水溉田，注塡閼之水，溉瀉鹵之地四萬頃，畝收常一鍾，關中遂爲沃壤，無凶年，秦以富強。至漢，白公復引涇水以溉田，民得其饒，歌之曰：「田於何所？池陽谷口。鄭國在前，白渠起後。衣食關中，億萬之口。」此兩渠之功也。秦、漢而下，皆獲其利。熙甯中，神宗皇帝講求治功，興葺遺利。時先祖殿丞建明鄭、白之利，神宗皇帝賜對便殿，大稱聖心，付以其事。興役踰年，功已有叙，而害能者巧爲沮止，不終厥功，陝右之人至今爲恨。某每思神宗皇帝知其利而欲興之意，與先祖盡其力而被阻之恨，某未嘗不憤歎至於流涕也。閣下嘗尹長安矣，必聞其事。今則又非昔年之比也。涇水低下，渠口高仰，灌溉之功，幾盡廢矣。民用困乏，物斛湧貴，職此之由。今方外有不順之羌，師旅之興，儲偫爲急。誠使秦中歲增穀數百千萬斛，所濟豈不甚大？某，關西陋儒也，自幼小稔知其事，人微處遠，無由自伸其憤鬱。幸遇僕射相公以經緯之才，逢時得君，以天下事爲己任。某是以敢不避狂妄之誅，塵瀆鈞聽。倘蒙采錄，或致成功，不使先祖抱憾泉下，則某平生志願足矣。

按：書中云「某，關西陋儒」、「熙甯中，先祖殿丞建明鄭、白之利，神宗賜對便殿，大稱聖心，付以其事，與役逾年，功已有叙，而害能者沮止，不終厥功」，與明道誌侯先生情事脗合，決爲代侯仲良無疑，惟宰相不知何人。書中有云「閣下嘗尹長安」，又云「僕射相公，以經緯之才，逢時得君，以天下爲己任」，是在宣仁聽斷之時。攷《宋史》，呂汲公在元豐初，嘗自知秦州徙永興軍，在爲相之先。元祐三年，以呂公著告老，汲公超拜左僕射。則《上宰相書》其爲汲公可知，故繫於是年末。

四年己巳，五十七歲。

判西京國子監。

文潞公尹洛，先生時爲判監。一日府會，先生往赴。到客次，見樂人來呈樂語曲詞，先生訝之，問故，對曰：「昨日得太師鈞旨，明日請程侍講，詞曲並要嚴謹依禮法，故先來呈。」富鄭公、司馬温公居鄉里，尤所尊禮，呂正獻公、范忠宣公過洛，必先來見。呂滎公兄弟與先生書，必滌筆硯，正衣冠，然後寫。其爲當時敬禮如此。《涪陵記善録》。

按：《宋史》：潞公以元豐三年判河南，六年，太師致仕，居洛陽。元祐初，命同平章軍國重事，六日一朝，一月兩赴經筵。五年二月，復致仕。是尹洛時，伊川猶未仕，及伊川爲判監，潞公猶在朝也，疑「尹洛」或「居洛」之誤。今姑繫於判監之年。

先生既歸洛中，寄范公淳夫書曰：丞相謂呂申公久留，左右所助一意正道者，實在原明爾。《呂氏童蒙訓》。

元祐中，客有見先生者，几案間無他書，

惟印行《唐鑑》一部。先生曰：「近方見此書，三代以後，無此議論。」《外書·晁氏客語》。

范淳夫嘗與先生論唐事，及爲《唐鑑》，盡用先生之論。先生謂門人曰：「淳夫乃能相信如此。」《外書·時紫芝集》。

二月，爲太中祭呂申公文：嗚呼！公稟則異，得天之粹。遭茲昌辰，出爲嘉瑞。生而富貴，處之無累；幼而聰明，充之能至。學既知眞，仕則爲道。出入屢更，夷險一操。二聖臨御，人望是從。起藩入輔，命相冊公。平日視公，靜密恂恂；國論所斷，一言萬鈞。謂公無位，位爲相臣；謂公得志，志存未伸。然公心如權衡，所以無間言於率土；德如山嶽，所以致敬心於人主。從容語默之間，人孰量其所補？胡上天之不弔，不一老之憖遺？淵水無涯，將孰求於攸濟？百身莫贖，爲有識之同悲。嗚呼哀哉！羸老餘生，辱知有素。二男論忘勢之交，不偶無酬知之路。阻臨穴以伸哀，姑託文而披露。想英靈兮如在，監丹誠而來顧！《伊川文集》，下同。《續通鑑長編》：元祐四年二月，司空同平章軍國事呂公著卒。

十一月癸未，爲太中書家藏太宗寶字後：先臣少師以府僚事太宗皇帝於開封，被眷特異，前後所賜親筆多矣。天聖中，遭家難，諸父繼亡。臣時未冠，復在遠方，京師賜第，外姻守之，寶藏之物，既於盜手，於今在者，乃其遺也。故太宗親書，惟存十三字，其六乃開封文移，皆緣祭祀及貢舉事。臣恭思太宗皇帝以介弟之貴，晉王之重，尹正天府，而常事之小者，皆親書之，聖心可見矣。蓋於祀事之嚴，取士之重，雖細故必親，誠孝恭虔之心也，急賢好士之心也。嗚呼！成萬世無窮之基，豈不由是心乎？愚臣竊謂是心也，宜爲後聖法。

先生言：今日供職，只第一件便做底不得，吏人押申轉運司狀，某不曾簽。國子監自係臺省，臺省係朝廷官，外司有事，合行申狀，豈有臺省倒申外司之理？只爲從前人只計較利害，不計較事體，直得恁地。須看聖人欲正名處，見得道名不正時，便至禮樂不興，自然住不得。《遺書·楊遵道録》。朱子云：先生所論西監申狀之事，尤足以驗聖言於日用之（閑）（間）。

趙景平問：「子罕言利與命與仁，所謂利者何利？」曰：「不獨財利之利。凡有利心便不可。如作差事，須求尋自家穩便處，皆利心也。聖人以義爲利，義安處便爲利。如釋氏之學，皆本於利，故便不是。」又問：「未見蹈仁而死者，何謂蹈仁而死？」曰：「赴水火而死者，有矣；殺身成仁者，未之有也。」《遺書·己巳冬所聞》。

五年庚午，五十八歲。

正月，太中卒於西監。四月，葬伊川塋。

正月十三日，太中以疾終於西京國子監公舍，享年八十有五。四月十五日，葬伊川先塋之次，作《太中家傳》、《上谷郡君家傳》。見《伊川文集》。《續通鑑長編》：文彥博言：「太中大夫致仕程珦身亡，一子頤，素蘊學行，嘗爲講官，窘於襄事。伏望特賜矜憫，優其賻卹。」知河南府韓縝、翰林學士承旨蘇頌相繼有請，詔賜絹二百疋，下所屬，葬日量行應副。三月，韓縝言：「程珦身亡，請以其弟琉特權管西京國子監。」從之。

先生葬父，使周恭叔主客，客欲酒，恭叔

以告，先生曰：「勿陷人於惡。」《外書》卷七。

周恭叔行己自太學早年登科，未三十，見先生，持身艱苦，塊然一室，未嘗窺牖。幼議母黨之女，登科後，其女雙瞽，遂娶焉，愛過常人。先生曰：「某未三十時，亦做不得此事。然其進鋭者，其退速。」每歎惜之。周以官事求來洛中監水南羅場，以就先生。《外書·祁寬記和靖語》。

《宋儒學案》：恭叔，永嘉人。在元豐太學時，新經之説方盛，獨之西京，從伊川遊。吕與叔時在同門，恭叔亦師事之。成元祐進士，崇甯中官太學博士，尋教授齊州。

周恭叔説：先生教人，爲學當自格物始。格物者，窮理之謂也。欲窮理，直須思始得，思之有悟處始可。不然，所學恐有限也。《吕氏童蒙訓》。

焞年二十，熙甯四年生。方登先生之門，被教誨諄諄。嘗得朱公掞所抄《雜説》呈先生，問此書可觀否。先生留半月，一日請曰：「前日所呈《雜説》如何？」先生曰：「某在，何必觀此？若不得某心，只是記得他意。」焞自是不敢復讀。《涪陵記善録》。

按：和靖奏狀有「焞師程某之學，垂二十年」，則初見，當從《墓誌銘》「年二十」者近是。

焞初到，問爲學之方，先生曰：「公要知爲學，須是讀書，書不必多看，要知其約；多看而不知其約，書肆耳。某緣少時讀書貪多，如今多忘了，須是將聖人言語玩味入心，記著然後力去行之，自有所得。」《近思録》。

和靖云：先生嘗言：「《中庸》乃孔門傳授心法。」《外書·時紫芝集》。

和靖言：初見先生時，教焞看「敬」字。焞請益，先生曰：「主一則是敬。」當時雖領此語，然不若近時看得更親切。敬有甚形影，只收斂身心便是主一。且如人到神祠中致敬時，其心收斂，更著不得毫髮事，非主一而何？」《外書·祁寬記尹和靖語》，下同。

和靖一日看《大學》有所得，欲舉似先生。先生問之，和靖曰：「心廣體胖，只是自樂。」先生曰：「到這裏，連『樂』字也著不得。」

和靖初見先生，一日有江南人鮑某守官西京，見先生，問仁曰：「仁者愛人，便是仁乎？」先生曰：「愛人，仁之事耳。」和靖時侍坐，歸取《論語》中說仁事，致思久之，忽有所得，遂見先生，請益曰：「某以仁惟公可盡之。」先生沈思久之，曰：「思而至此，學者所難及也。天心所以至仁者，惟公爾，人能至公，便是仁。」《外書·吕堅中記尹和靖語》。

鮑若雨、劉安世、劉安節數人，自太學謁告來洛見先生，問：「堯舜之道，孝弟而已矣。堯舜之道，何故止於孝弟？」先生曰：「曾見尹焞否？」曰：「未也。」「請往問之。」諸公遂來見和靖，以此爲問，和靖曰：「堯舜之道，止於孝弟。孝弟非堯舜不能盡。自冬溫夏凊，昏定晨省，以至聽於無聲，視於無形。又如事父孝，故事天明；事母孝，故事地察。天地明察，神明彰矣，直至通於神明，光於四海，非堯舜大聖人不能盡此。」復以此語白先生，先生曰：「極是。縱使某說，亦不過此。」《外書·涪陵記善録》。

按：《宋儒學案》：鮑若雨，字商霖，永嘉人。學者稱敬亭先生。張思叔稱其從學伊川，勤苦自勵，早夜不息，爲同門之畏友。伊川嘗令與和靖講明。有《伊川答問》及語錄一卷。劉安世，字器之，大名人。學於溫公，稱元城先生，非伊川弟子。疑係安上之誤。劉安節，字元承，永嘉人。少與從弟安上師事伊川。遊太學，與周行己、許景衡諸君稱元豐太學九先生。成元符進士，累官至監察御史。自學禁起，伊川弟子無顯者，至元承與景衡始見用。後守饒州，知宣州，皆有政績，伊川稱其有守。政和六年卒。跡其從學，蓋在元祐間，與周行己同時，不及見明道先生也。手編《語錄》一卷，所記有元祐五年遭喪後、紹聖四年遷謫前事。

南方學者從先生既久，有歸者，或問曰：「學者久從學於門，誰最是有得者？」先生曰：「豈便敢道他有得處，且只是指與得箇歧徑，令他尋將去不錯了，已是忒大煞。若夫自得，尤難其人。謂之得者，便是己有也，豈不難哉？若論隨力量而有見處，則不無其人也。」《外書・祁寬記和靖語》，下同。

郭忠孝每見先生問《論語》，先生皆不答，一日語之曰：「子從事於此多少時，所問皆大，且須切問而近思。」

按：郭雍《傳家易序》言其父忠孝受業伊川先生二十餘年，則從學當在元祐初。此云「子從事於此多少時」，則初見後之語可知，故類繫於和靖初到之後。

問：「人之燕居，形體怠惰，心不慢，可否？」先生曰：「安有箕踞而心不慢者？昔呂與叔六月中來緱氏，閒居中，某嘗窺之，必見其儼然危坐，可謂敦篤矣。學者須恭敬，但不可令拘迫，拘迫則難久矣。」《遺書·劉元承編》，下同。《元豐九域志》：緱氏在偃師縣。

原註：尹子曰「嘗親聞此」，乃謂劉質夫也。按：質夫卒於元祐二年，和靖從先生在元祐五年，此編所記有「五年遭喪事」，蓋追憶也。

問仁，先生曰：「此在諸公自思之。將聖賢所言仁處，類聚觀之，體認出來。孟子曰『惻隱之心，仁也』，後人遂以愛爲仁。〔測〕〔惻〕隱固是愛也，愛自是情，仁自是性，豈可專以愛爲仁？孟子言惻隱爲仁，蓋爲前已言『惻隱之心，仁之端也』。既曰『仁之端』，則不可便謂之仁。退之言博愛之謂仁，非也。仁者固博愛，然便以博愛謂仁則不可。」問仁與心何異，曰：「心譬如穀種，生之性便是仁，陽氣發處乃情也。」問心有善惡否，曰：「在天爲命，在義爲理，在人爲性，主於身爲心，其實一也。心本善，發於思慮，則有善有不善。若既發，則可謂之情，不可謂之心。譬如水只可謂之水，至如流而爲派，或行於東，或行於西，卻謂之流也。」

人多說某不教人習舉業，某何嘗不教人習舉業也？人若不習舉業而望及第，卻是責天理而不修人事。但舉業既可以及第即已，若更去上面盡力求必得之道，是惑也。

古之學者一，今之學者三，異端不與

焉：一曰文章之學，二曰訓詁之學，三曰儒者之學。欲趨道，舍儒者之學不可。

涵養須用敬，進學則在致知。

問：「學者須志於大，如何？」曰：「志無大小，且莫說道。將第一等讓與別人，且做第二等，才如此說，便是自棄，雖與不能居仁由義者差等不同，其自小一也。言學便以道爲志，言人便以聖爲志。」

人纔有意於爲公，便是私心。昔有人典選，其子弟係磨勘，皆不爲理，此乃是私心。人多言古時用直不避嫌得，後世用此不得，自是無人，豈是無時？因言少師典舉、明道薦才事。

按：太平興國五年，少師羽典舉，從孫元白中第。明道爲御史，首薦弟頤暨表叔張載。

問：「家貧親老，應舉求仕，不免有得失之累，何修可以免此？」曰：「此只是志不勝氣，若志勝，自無此累。家貧親老，須用祿仕，然得之不得爲有命。」曰：「在己固可，爲親柰何？」曰：「爲己爲親，也只是一事。」

人心惟要定，使佗思時方思乃是，今人都由心。曰：「心誰使之？」曰：「以心使心則可，人心自由，便放去也。」問王通，曰：「隱德君子也，當時有些言語，後來被人傅會，不可謂全書。若論其粹處，殆非荀、揚所及也。若續經之類，皆非其作。」

荀卿才高，其過多；揚雄才短，其過少。韓子稱其大醇，非也。若二子可謂大駁矣，然韓子責人甚恕。

退之晚來爲文，所得處甚少。學本是修

德，有德然後有言，退之卻倒學了。因學文，日求所未至，遂有所得。如曰「軻之死，不得其傳」，似此言語，非是蹈襲前人，又非鑿空撰得出，必有所見。若無所見，不知言所傳者何事？

諸葛武侯有儒者氣象。

劉元承、元禮嘗師事先生，說「紀侯大去其國」：「大者，紀侯之名也，齊師未入境而已去之，則罪不在齊侯也，故不言齊侯焉。」又見先生，說「仲尼曰惜乎出境乃免」：「須終身不反，始可免罪。」《呂氏童蒙訓》，下同。

宿州高朝奉說他師事先生，嘗見先生，說「義者宜也，知者知此者也」：禮者節文，此「者也」皆訓詁得盡。惟仁字，古今人訓詁不盡。或以謂仁者愛也，愛雖仁之一端，然喜怒哀懼愛惡欲，情也，非性也，故孟子云「仁者，人也」。

按：此條與《遺書》鄒德久本小異。

高朝奉，未詳其名，姑類附此。

六年辛未，五十九歲。

至醴泉，改葬少師羽。

先生至關中。二月癸卯，有《改葬告少監諱僴，少師父。文》。見《伊川文集》，下同。述家世舊事：少師厭河北五代兵戈，及宰醴泉，遂謀居焉，徙葬少監於縣城之西。既顯，雖賜第居京師，囊槖至於御書誥勅，皆多在醴泉。從高祖大評事四評事治生事，皆淳儉嚴整。大評事，家人未嘗見笑。惟長孫始生，長安虞部也。一老嫗白曰：「承旨將軍也。新婦生男。」微開顏曰：「善視之。」曾祖母崔夫人亦留醴泉，與從祖母雷氏將軍之室。奉事二叔姑晨夕敬畏，平居必曳之長裾。烹飪少有失節則不食，拱手而起。二婦恐懼，不敢問所由。伺其食美，取所餘嘗之，然後知所嗜。太高祖母楊氏前卒，四高祖母李氏主內事，性尤嚴峻。二婦晝則供侍，夜復課以女工之事。雷氏不堪其勞，有間則泣於後庭，崔夫人每勸勉之，竟得羸疾而終。崔夫人怡怡如也，叔舅姑遂加愛之。後外祖崔駕部過雍，見其艱苦之甚，屬少師取至京師，不撤帷帳，盡置囊篋，云暫往省覲，叔舅姑方聽其來。少師之待兄弟，崔夫人之事叔舅姑，後世所當法也。

族父文簡公應舉來京師，館於廳旁書室，唯乘一驢，更無餘資，至則賣驢，得錢數千。伯祖殿直輕財好義，待族人甚厚，日責文簡公具酒餚，欲觀其器度。文簡公訴曰：「驢兒已喫至尾矣。」文簡公一夕夢紫衣持箱幞，其中若勑書，授之曰：「壽州陳氏。」不測所謂，以問伯祖殿直，亦莫能曉。後登科，有媒氏來告，有陳氏求壻，必欲得高第者。問其鄉里，乃壽州人。文簡公年少才高，欲壻名家，弗許。伯祖曰：「爾夢如是，蓋默定矣，豈可違也？」強之使就，後累年猶怏怏。陳夫人賢德宜家，夫婦偕老，享封大國，子孫相繼，豈偶然哉？

叔祖寺丞有知人之鑒，常謂文簡公公輔之器。文簡公爲著作佐郎時，賈文元尚少，一日侍叔祖坐，曰：「某昨夜夢坐此，有一人乘驢而來，索紙寫門狀，復乘驢而去。坐中有一人指之曰：『此將來宰相也。』」頃之，文簡公乘驢而來，索紙寫門狀，復乘驢而去，正如所說之夢。賈文元曰：「程六當爲宰相。」歎羨不已。叔祖謂曰：「爾無羨彼，爾作相當在先。」及文簡公爲兩制，賈方小官。及參大政，風望傾朝，衆謂旦夕爰立，俄以事罷去。比三易藩郡，而賈已登庸，方拜使相，雖古之精於術者，無以過也。

《宋史》：賈昌朝，字子明，真定人。慶曆五年拜中書門下平章事，以大學士兼樞密使。治平四年卒，年六十八。謚文元。

按：程文簡公琳，大中祥符四年登第。明道元年，尹開封。景祐元年，爲三司使。四年，參知政事。寶元三年，出知潁州，已而徙青州，又徙大名府。康定元年，遷資政殿學士。慶曆七年，判延州、兼陝西安撫使。皇祐元年，同平章事，留守北京。嘉祐元年，卒於陳州。是爲使相，在賈登庸後也。

伯祖殿直喜施而與人周。一日苦寒，有儒生造門，即持綿袴與之，其人大驚曰：「何以知我無袴也。」蓋於遊從間，嘗察其不足也。至晚年，家資懸罄，而爲義不衰。有儒生以講說釀錢，時家無所有，偶伯祖母有珠子裝抹胸，賣得十三千，盡以與之。

先生《記葬用柏棺事》曰：吾自少時，謀葬曾祖虞部以下，積年累歲，精意思索，欲知何物能後骨而朽。後咸陽原上有人發東漢時墓，柏棺猶在。又修韓王城圮，得古柏木，皆堅潤如新。諺有松千柏萬之說，於是知柏最可以久。然意猶未已，因觀雜書，有柏脂入地，千年爲茯苓，萬年爲琥珀之說。疑物莫久於此，遂以柏爲棺，而塗以松脂，特出臆計，非有稽也。不數月，嵩山法王寺下鄉民，穿地得古棺，裹以松柏，乃知古人已用之矣。自是三十四年，七經葬事。求安之道，思之至矣。地中之事，察之詳矣。地中之患有二，惟蟲與水而已。所謂毋使土親膚，不惟以土爲汙，有土則有蟲，蟲之侵骨，甚可畏也。世人墓中多置鐵以辟土獸。土獸希有之物，尙知備之，蟲爲必有，而不知備，何也？惟木堅縫完，則不能入。求堅莫如柏，求完莫如漆。然二物亦不可保，柏有入土處數百年而不朽者，有數十年而朽者。人多以爲柏心不朽，而心之朽者，見亦多矣。《葬說》：卜其宅兆，卜其地之美惡也，非陰陽家所謂禍福者也。地之美者，則其神靈安，其子孫盛。若培壅其根而枝葉茂，理固然矣。地之惡者則反是。然則曷謂地之美者？土色之光潤，草木之茂盛，乃其驗也。父祖子孫同氣，彼安則此安，彼危則此危，亦其理也。而拘忌者惑以擇地之方位，決日之吉凶，不亦泥乎？甚者不以奉先爲計，而專以利後爲慮，尤非孝子安厝之用心也。惟五患者不得不愼，須使異日不爲道路，不爲城郭，不爲溝池，不爲貴勢所奪，不爲耕犂所及。一本「所謂五患者，溝渠道路，避村落，遠井窰」。五患既愼，則又鑿地必至四五丈，遇石必更穿之，防水潤也。既葬，則以松脂塗棺槨，石灰封墓門。此其大略也，若夫精畫，則又在審思慮矣。其火葬者，出不得已，後不可遷就同葬矣。至於年祀寖遠，曾高不辨，亦在盡誠，各具棺槨葬之。不須假夢寐蓍龜而決也。葬之穴，尊者居中，左昭右穆而次。後則或東或西，亦左右相對而啓穴也。出母不合葬，亦不合祭。棄女還家，以殤穴葬之。

程氏自先生兄弟，所葬以昭穆定穴，不用墓師，以五色帛埋旬日，視色明暗卜地氣善否。《外書·時紫芝集》。

和靖學《易》於先生。見《和靖年譜》。

七年壬申，六十歲。

三月，除左通直郎、直祕閣、權判西京國子監。再辭。五月，管勾崇福宮。八月，申河南府，乞尋醫。

三月四日，延和奏事，三省進呈程頤服除，欲與館職、判檢院。蘇轍進曰：「頤入朝，恐不肯靜。」簾中納之，令只與西監。遂除直祕閣、判西京國子監。《王公繫年録》，詳《續通鑑長編》。朱子云：初，先生在經筵，歸其門下者甚盛，而蘇軾在翰林亦多附之者，遂有洛黨、蜀黨之論。二黨道不同，互相非毁，先生竟爲蜀黨所擠。今又適軾弟轍執政，纔進稟便云但恐不肯靖。簾中入其說，故先生不復得召。

四月，先生《辭免判國子監狀》。《再辭免狀》：伏念臣力學有年，以身任道，唯知耕養以求志，不希聞達以干時。皇帝陛下詔起臣於草野之中，而授臣以講說之職。臣切思之，得以講學侍人主，苟能致人主得堯、舜、禹、湯、文、武之道，則天下享唐、虞、夏、商、周之治，儒者逢時，孰過於此？臣是以躍然有許國之心。在職歲餘，夙夜畢精竭慮，蓋非徒爲辯辭解釋文義，惟欲積其誠意，感通聖心。徯交發志之孚，方進沃心之論，實覬不傳之學，復明於今日，作聖之效，遠繼於先王。自二年春後來，臣每進說，陛下常首肯應臣。臣知陛下聖資樂學，誠自以謂千載之遇也，而不思夫道大則難容，跡孤者易躓。入朝見嫉，世俗之常態，名高毀甚，史冊之明言。如臣至愚，豈免衆口？不能取信於上，而欲爲繼古之事，成希世之功，人皆知其難也。臣何狂簡，敢爾覬幸，宜其獲罪明時，見嗟公論，志既乖於事道，義當致於爲臣。屢懇請而未從，俄遭憂而罷去。銜恤既終於喪制，退身當遂於初心。豈舍王哉？忠戀之誠雖至；不得已也，去就之義當然。自惟衰邁之軀，得就安閑之地。聞今傳後，更有望於殘年；行道致君，甘息心於聖世。豈期矜貸，尙俾甄升？恩雖甚隆，義則難處。前日朝廷不知其不肖，使之勸學，人主不用，則亦已矣。若復無恥以苟祿位，孟子所謂「是爲壟斷」也。儒者進退，當如是乎？臣非苟自重，實懼上累聖明，使天下後世謂朝廷特起之士，乃貪利苟得之人，甚可羞也。臣猶羞之，況朝廷乎！在臣無可受之理，敢冒萬死，上還恩命。伏乞檢會臣前後累奏，特賜指揮。《伊川文集》。朱子云：明道德性寬大，規模廣闊；伊川氣質剛方，文理密察。其道雖同，而造德各異。故明道嘗爲條例司官，不以爲浼，而伊川所作行狀，乃獨不載其事。明道猶謂青苗可且放過，而伊川乃於西監一狀，較計如此，可謂不同矣。然明道之放過，乃孔子之獵較爲兆，而伊川之一一理會，乃孟子之不見諸侯也。然此亦何害其爲同耶？但明道所處，是大賢以上事，學者未至而輕議之，恐失所守。伊川所處雖高，然實中人皆可跂及，學者只當以此爲法則，庶乎寡過矣。

四月己卯，禮部侍郎兼侍講范祖禹言程頤本末，別具論列。又奏云：「臣伏見元祐之初，陛下召程頤對便殿，自布衣除崇政殿說書，天下之士皆謂得人，實爲希闊之美事。而纔及歲餘，即以人言罷之。頤之經術行誼，天下共知。司馬光、呂公著皆與頤相知二十餘年，然後舉之，此二人者，非爲欺罔以誤聖聰也。頤在經筵，切於皇帝陛下進學，故其講說，語常繁多。草茅之人，一旦入朝，與人相接，不爲關防，未習朝廷事體。而言者謂頤大佞大邪，貪黷請求，奔走交結；又謂頤欲以故舊傾大臣，以意氣役臺諫。其言皆誣罔非實也。蓋當時臺諫官王巖叟、朱光庭、賈易皆素推服頤之經術，故不知者指以爲頤黨。陛下愼擇經筵之官，如頤之賢，乃足以輔導聖學。至如臣輩，叨備講職，實非敢望頤也。臣久欲爲頤一言，懷之累年，猶豫不果，使頤受誣罔之謗於公正之朝，臣每思之，不無愧也。今臣已乞去職，若復召頤勸講，必有補聖明。臣雖終老在外，亦無憾矣。」《范太史家傳》。《續通鑑長編》：祖禹屢請知梓州，執政擬從其請。太皇太后曰：「皇帝未欲令去，且爲皇帝留之。」執政諭旨，祖禹不敢復請。朱子云：范公雖不純師程氏，而實尊仰取法焉。其於東坡，則但以鄉黨遊從之好素相親厚，而立朝議論，趣向略同，至其制行之殊，則迥然水火之不相入。且觀其辨理伊川之奏，則其心豈盡以東坡爲是哉？但不能辨之於當時，而發之數年之後，此剛强不足，不免乎兩狥之私者，而其所重在此，故卒不能勝其義理之心也。《宋史》：賈易，字明叔，無爲人。元祐初爲左司諫。

四月戊午，立孟后，詔云「孟元孫女」。后，孟在女也，而以「孟元孫女」詔者，先生云：自古天子不娶小國。蓋孟元將校，曾隨文潞公貝州獲功，官至團練使，而在是時止是小使臣耳。《遺書·東見録》註：此一段非元豐時事，疑後人記。《續通鑑長編》：元祐七年四月戊午，太皇太后手書曰：「吾近以皇帝年長，中宮未建，歷選諸臣之家，參求賢德。故馬軍都虞候贈太尉孟元孫女，閥閱之後，以禮自持，天姿端靖，雅合法相，宜立爲皇后。付學士院降制施行。」《宋史》：元，字善長，洛州人。眉州防禦使、馬軍都虞候，子在閤門祗候。

五月甲申，監察御史董敦逸奏，以爲有怨望輕躁語。見舊《實録》。《續通鑑長編》：三月二十二日，吴立禮言，四月十四日，又言。五月，董敦逸言：「程某辭免職名，表辭云『不用則已，獲罪明時，不能取信於上』，又有『道大難容，名高毁甚』之語，怨躁輕妄，不可縷數。至引孔、孟、伊尹以爲比，又自謂得儒者進退之義。惑衆慢上，無甚於此。伏乞朝廷，追寢新命。」

五月，《謝管勾崇福宫狀》。改授管勾崇福宫。見《實録》。

先生具奏，以爲見患腰跨，拜受未得，候痊損日，謝恩受職次。見《伊川文集》，下同。《續通鑑長編》：五月，詔許辭免直祕閣、權判西京國子監，差管勾嵩山崇福宫。

八月，《申河南府乞尋醫狀》。朝廷議授游定夫以正言，蘇右丞沮止，毁及伊川。宰相蘇子容曰：「公未可如此。頌觀過其門者，無不肅也。」《外書·時紫芝集》。

按：楊文靖《游察院墓誌》，皇上即位，召爲監察御史，是在元符三年。此云議授正言，未詳何時。元祐六年二月，蘇轍爲尚書右丞，沮先生除官職，而蘇子容拜僕射，故類附於此。

八年癸酉，六十一歲。

九月，哲宗親政，申祕閣、西監之命。再辭。

哲宗初親政，申祕閣西監之命，先生再辭不就。見《伊川文集》。

有人云：先生除國子監之命不受，是固也。先生因言：「近煞有人以此相勉。某答云：待飢餓不能出門戸時，當別相度。」《遺書·楊遵道録》。

宣仁山陵，太皇太后。九月崩。先生往赴。呂汲公爲使，時朝廷以館職授先生，先生固辭。公謂先生曰：「仲尼亦不如是。」先生對曰：「公何言哉？某何人而敢比仲尼？雖然，某學仲尼者，於仲尼之道固不敢異。公以謂仲尼不如是，何也？」公曰：「陳恆弑其君，請討之，魯不用，則亦已矣。」先生未及對，會殿帥苗公至，先生辟之幕府，見公壻王讜，讜曰：「先生不亦甚乎？欲朝廷如何處先生也？」先生曰：「且如朝廷議北郊，所議不合禮，取笑天下，後世豈不知有一程某亦嘗學禮，何爲而不問也？」讜曰：「北郊如何？」曰：「此朝廷事，朝廷不問，而子問之，非可言之所也。」其後有問汲公所言陳恆之事是與，曰：「於《傳》，仲尼是時已不爲大夫，公言誤也。」《遺書·張思叔録》，下同。

按：蘇文忠《王大年哀詞》：「（大）〔太〕原王君彭，字大年，故甯武軍節度使諱全斌之曾孫，武勝軍節度觀察留後諱凱之子也。爲將日有聞，其子讜以文學議論有聞於世，亦從予游。」是否即汲公壻，俟考。

呂汲公以百縑遺先生，先生辭之。時先生族兄子公孫在旁，謂先生曰：「勿爲已甚，姑受之。」先生曰：「公之所以遺某者，以某貧也。公位宰相，能進天下之賢，隨才而任之，則天下受其賜也。何獨某貧也，天下貧者亦衆矣，公帛固多，恐公不能周也。」殿（師）〔帥〕苗公問先生曰：「朝廷處先生如何則可？」先生對曰：「且如山陵事，苟得專處，雖永安尉可也。」《元豐九域志》：永安屬河南府。

《宋儒學案》：苗授，字受之，上黨人。少從胡安定學。元祐三年，遷武（秦）〔泰〕軍節度使、殿前副都指揮使。卒年六十七。謚莊敏。子履，時爲閤門祇候。

宣仁山陵時，會呂汲公於陵下，公曰：「國家養兵，乃良策，凡四方有警，百姓皆不知。」先生曰：「相公豈不見景德中事耶？驅良民刺面，以至及士人，蓋有限之兵忽損三五千人，將何自而補？要知兵須是出於民可也。」《遺書·附雜録後》。

苗履見先生，語及一武帥，曰：「此人舊日宣力至多，今官高，而自愛不肯向前。」先生曰：「何自待之輕乎？位愈高，則當愈思所以報國者。飢則爲用，飽則颺去，是以鷹犬自期也。」《外書·上蔡語録》。

是年五月，楊中立以師禮見先生於洛。《龜山年譜》。時年已四十一。先生偶瞑坐，時與游酢侍立不去，既覺，門外雪深一尺矣。《宋史》本傳。李遜齋《道南講授》云：

龜山受業於程純公，在元豐四年。閱十有二年，爲元祐八年，復受業於伊川先生。時龜山授瀏陽縣，出京遂往西洛，見先生於長壽寺拜表院，留側十日，往訪游定夫，復同游返洛，再留數日而去。明年紹聖改元，章惇拜相。游定夫守太學博士，龜山貽書與之，定夫得書即乞出爲齊州簽判。

游定夫問：「陰陽不測之謂神？」先生曰：「賢是疑了，問是揀難底問。」《外書·晁氏客語》。

游定夫問先生：「戒愼乎其所不覩，恐懼乎其所不聞，及其至也，至於無聲無臭乎？」先生曰：「馴此可以至矣。」後和靖與周恭叔以此語問先生，先生曰：「然其間亦豈無事。」恭叔請問，先生曰：「如荀子云『學者始乎爲士，終乎聖人』，可以明之。」《外書·呂堅中記和靖語》。

問：「佛戒殺生之說如何？」先生曰：「儒者有兩說，一說天生禽獸本爲人食，此說不是，豈有人爲蟣蝨而生耶？一說禽獸待人而生，殺之則不仁，此說亦不然。大抵力能勝之者，皆可食，但君子有不忍之心爾。故曰見其生，不忍見其死，聞其聲，不忍食其肉，是以君子遠庖廚也。舊先兄嘗見一蝎，不忍殺，放去。頌中有二句云『殺之則傷仁，放之則害義』。」《外書》卷八

按：龜山紹聖元年《與定夫書》有云「去年相別時，定夫亦讀《易》，計須精到，有便願以所得見教，不宜有吝也」，故類繫此。

程子年譜卷六

楚雄池生春籥庭
會稽諸星杓昶齋　輯

伊川先生

紹聖元年甲戌，六十二歲。

居洛。

楊應之卒，先生有祭文，云：「昔予與君，邂逅相遇於大江之南，言契氣合，遂從予遊。歲時三紀，情均骨肉。忽聞來赴，何痛如之。」《伊洛淵源録》註：蓋先生交遊，非門人之列也。呂氏言其元豐中已老，則年與先生亦相若云。

先生嘗言：楊應之在交遊中，英氣偉度，過絕於人，未見其比，可望以託吾道者。《呂氏童蒙訓》。

三月辛丑晦，朱公掞卒，有祭文，云：「自予兄弟倡學之初，衆方驚異，君時甚少，景祐四年生，少先生四歲。獨信不疑。非

夫豪傑特立之士，能如是乎？不幸七八年之間，同志共學之人，相繼而逝；劉質夫、李端伯、吕與叔、范巽之、楊應之相繼而死也。今君復往，使予踽踽於世，憂道學之寡助。則予之哭君，豈獨交朋之情而已？」見《伊川文集》。

三月，策進士。侍郎李清臣發策，意絀元祐之政，河南尹焞應舉，乃歎曰：「尚可以干祿乎哉？」不對而出，告先生曰：「吾不復應進士舉矣。」先生曰：「子有母在。」歸告其母陳，陳曰：「吾知汝以善養，不知汝以祿養。」先生聞之曰：「賢哉母也。」於是終身不就舉。《伊洛淵源録》。《宋史》：李清臣，字邦直，魏人。哲宗親政，拜中書侍郎。紹聖元年，廷試進士，發策問曰：「今復詞賦之選，而士不知勸；罷常平之官，而農不加富。可差可募之説雜，而役法病；或東或北之論異，而河患滋。賜士以柔遠，而羌戎之患未息；弛利以便民，而商賈之路不通。夫可則因，否則革，惟是之爲當。聖人亦何取必哉？」策士悟其旨，於是紹述之論大興，國是一變。范純仁去位，清臣獨專中書，亟復青苗、免役，除諸路提舉，以覬相位。及章惇相，復與爲異，尋爲曾布所陷，出知大名。卒年七十一。

按：《尹和靖年譜》，發策編在元祐五年，疑考之未詳。

章惇爲相，欲起用邵伯溫，伯溫不往。會法當赴吏部銓，先生謂伯溫曰：「吾危子之行也。」伯溫曰：「豈不欲見先公於地下耶？」見《宋史》。《宋史》：章惇，字子厚，浦城人。哲宗親政，楊畏倡議起惇，拜左僕射、兼門下侍郎，專以紹述爲名，凡元祐所革政事，一切復之，力引其黨，報復仇怨，小大之臣，無一得免。復動摇宣仁，自皇太后、太妃力争，上乃悟。徽宗立，爲山陵使，言者劾其不恭，再貶雷州，尋死睦州。窮凶稔惡，流毒海内，子孫訖無顯者。

二年乙亥，六十三歲。

在洛。

元豐庚申歲，作《遺金閑志》。後十五年，紹聖乙亥秋九月，因閱故編，偶見之，思與叔之不幸早死，爲之涕下。見《伊川文集》。

按：《遺書》註：辛未，與叔卒。今檢《續通鑑長編》，元祐七年壬申五月，范純夫奏舉與叔，則辛未尚無恙。又按《蘇文忠集·呂與叔輓詞》註：「元祐間，從官薦除太學博士，遷祕書省正字。范淳甫乞以備勸講，未及用而卒。」蓋在壬申五月後也。

先生曰：吾四十歲以前讀誦，五十以前研究其義，六十以前反覆紬繹，六十以後著書，著書不得已。《遺書·鄒德久録》。

問：「先生曾定六禮，今已成未？」曰：「舊日作此，已及七分，後來被召入朝，既在朝廷，則當行之朝廷，不當爲私書。既而遭憂，又疾病數年，今始無事，更一二年可成也。」曰：「聞有五經解，已成否？」曰：「惟《易》須親撰，諸經則關中諸公分去，以某說撰成之。《禮》之名數，陝西諸公删定，已送與呂與叔，與叔今死矣，不知其書安在也。然所定只《禮》之名數，若《禮》之文，亦非親作不可也。」《遺書·劉元承編》。

《禮序》：經禮三百，威儀三千，皆出於性，非僞貌飾情也。鄙夫野人卒然加敬，逡巡遜卻而不敢受；三尺童子拱而趨市，暴夫悍卒莫敢狎焉。彼非素有於敎與邀譽於人而然也，蓋其所有於性，物感而出者如此。故天尊地卑，禮固立矣；類聚羣分，禮固行矣。人者，位乎天地之問，立乎萬物之上，天地與吾同體，萬物與吾同氣，尊卑分類，不設而彰。聖人循此，制爲冠、婚、喪、祭、朝、聘、燕饗之禮，以行君臣、父子、兄弟、夫婦、朋友之義。其形而下者，具於飲食器服之用；其形而上者，極於無聲無臭之微；衆人勉之，賢人行之，聖人由之。故所以行其身與其家與其國與其天下，禮治則治，禮亂則亂，禮存則存，禮亡則亡。上自古始，下逮五季，質文不同，罔不由是。然而世有損益，惟周爲備。是以夫子嘗曰：「郁郁乎文哉！吾從周。」逮其弊也，忠義之薄，情文之繁，林放有禮本之問，而孔子欲先進之從，蓋所以矯正反弊也。然豈禮之過哉？爲禮者之過也。秦氏焚滅典籍，三代禮文大壞。漢興購書，《禮記》四十九篇，雜出諸家傳記，不能悉得聖人之旨。考其文義，時有牴牾。然而其文繁，其義博。學者觀之，如適大通之衢，珠珍器帛隨其所取；如游阿房之宮，千門萬戶隨其所入。博而約之，亦可以弗畔。蓋其說也，粗在應對進退之間，而精在道德性命之要；始於童幼之習，而終於聖人之歸。惟達於道者，然後能知其言；能知其言，然後能得於禮。然則禮之所以爲禮，其則不遠矣。昔者顏子之所從事，不出乎視聽言動之間，而《鄉黨》之記孔子，多在於動容周旋之際，此學者所當致疑以思，致思以達也。《性理羣書》。

龍川陳氏《伊洛禮書補亡序》云：吾友陳君舉爲予言「季宣士隆，嘗從袁道潔游。道潔及事伊川，自言得《伊洛禮書》，不及授士隆而死，今不知其書在何處。伊川嘗言舊脩六禮，已及七分，及被召乃止，今更一年可成。則信有其書矣。道潔之所藏近是，惜其書之散亡不可見也。因集其遺言中，凡參考禮儀，而是正其可行與不可行者，以爲《伊洛禮書補亡》，庶幾遺意未泯，而或者其書尚可訪也。又《遺禮通考序》曰：《伊洛遺禮》，其可見者惟《婚》與《喪禮》，僅存其一二，以附諸《禮書補亡》之後。

呂與叔作《横渠行狀》，有「見二程，盡棄其學」之語，尹子言之先生，曰：「表叔平生議論，謂某兄弟有同處則可；若謂學於某兄弟，則無是事。頃年，屬與叔删去，不謂尚存斯言，幾於無忌憚。」《外書·時紫芝集》。

三年丙子，六十四歲。

在洛。

先生與韓持國善，約（侯）〔候〕韓年八十一，往見之。是歲元日，因子弟賀正，乃曰：「某今年有一債未還，春中當暫往潁昌見韓持國。」乃往造焉，久留潁昌。韓早晚伴食，禮貌加敬。一日，韓密謂其子彬叔曰：「先生遠來，無以爲意，我有黄金藥楪一，重三十兩，似可爲先生壽。然未敢遽言之，我當以他事使汝侍食，因從容道吾意。」彬叔侍食，如所戒試啓之，先生曰：「某與乃翁道義交，故不遠而來，奚以此爲！」詰朝遂歸。持國謂其子曰：「我不敢言，正爲此耳。」再三謝過而別。《外書·祁寬記尹和靖語》。

韓持國與先生語，歎曰：「今日又暮矣。」先生曰：「此常理，從來如是，何歎爲？」公曰：「老者行去矣。」曰：「公勿去可也。」公曰：「如何能勿去。」先生曰：「不能，則去可也。」《遺書·張思叔録》。

先生答楊時論《西銘》書：前所寄史論十篇，其意甚正。纔一觀，便爲人借去，俟更子細看。《西銘》之論，則未然。橫渠立言，誠有過者，乃在《正蒙》。《西銘》之爲書，推理以存義，擴前聖所未發，與孟子性善養氣之論同功，二者亦前聖所未發。豈墨氏之比哉？《西銘》明理一而分殊，墨氏則二本而無分。老幼及人，理一也。愛無差等，本二也。分殊之蔽，私勝而失仁；無分之罪，兼愛而無義。分立而推理一，以止私勝之流，仁之方也。無別而迷兼愛，至於無父之極，義之賊也。子比而同之，過矣。且謂言體而不及用，彼欲使人推而行之，本爲用也，反謂不及，不亦異乎？《伊川文集》。《龜山年譜》：紹聖丙子，官瀏陽，有再與先生書，論《西銘》，又寄所著史論。朱子云：天地之間，理一而已，然乾道成男，坤道成女，二氣交感，化生萬物，則其大小之分，親疏之等，至於十百千萬而不能齊也。不有聖賢者出，孰能合其異而反其同哉？《西銘》之作，意蓋如此。程子以爲明理一而分殊，可謂一言以蔽之矣。蓋以乾爲父，以坤爲母，有生之類，無物不然，所謂理一也。而人物之生，血脉之屬，各親其親，各子其子，則其分亦安得而不殊哉！一本而萬殊，則雖天下一家，中國一人，而不流於兼愛之弊；萬殊而一貫，則雖親疏異情，貴賤異等，而不牿於爲我之私。此《西銘》之大旨也。觀其推親親之厚，以大無我之公，因事親之誠，以明事天之道，蓋無適而非，所謂分立而推理一也。夫豈專以民吾同胞，長長幼幼爲理一，而必默識於言意之表，然後知其分之殊哉。

先生答楊中立論《西銘》，中立書尾云：「判然無疑。」先生曰：「楊時也，未判然。」《外書·祁寬記尹和靖語》。《龜山集·答伊川先生第二書》云：昔從明道，即授以《西銘》使讀之。尋繹累日，乃有所得，始知爲學之大方。是將終身佩服，豈敢妄疑其失，比同於墨氏？前書所論，竊謂過之者，特疑其辭有未達耳。今得先生開論丁甯，傳之學者，自當釋然無惑也。朱子云：

《龜山語録》有曰：《西銘》理一而分殊，知其理一所以爲仁，知其分殊所以爲義。所謂分殊，猶孟子言親親而仁民，仁民而愛物，其分不同，故所施不無差等耳。或曰：如是則體用果離而爲二矣。曰：用未嘗離體也。以人觀之，四肢百骸具於一身者，體也。至於用處，則首不可以加屨，足不可以納冠，蓋即體而言，而分已在其中矣。此論分別異同，各有歸趣，大非答書之比。豈其年高德盛，而所見始益精與？因表而出之，以明答書之説，誠有未釋然者，而龜山所見，蓋不終於此而已也。

按《龜山集》，此條係崇甯丙戌京師所聞，龜山年五十四，故云年高德盛。

問：「《西銘》何如？」曰：「此横渠文之粹者也。」曰：「充得盡時如何？」曰：「聖人也。」「横渠能充盡否？」曰：「言有多端，有有德之言，有造道之言。有德之言説自己事，如聖人言聖人事也；造道之言則知足以知此，如賢人説聖人事也。横渠道儘高，言儘醇，自孟子後，儒者都無他見識。」《遺書·劉元承編》。李安溪《程子遺書纂》云：程子於《明道墓表》，既以之接孟子之傳，於横渠則曰「自孟子後，只有《原道》一篇，《西銘》則原道之宗祖也」，又曰「自孟子後，儒者都無他見識」，或疑程子所以尊濂溪者，反横渠之不如。然其所以表章《西銘》，而不及《太極》，原有深指存焉。朱子言之悉矣。其評論語次，雖未聞以孟氏以後之統歸之，然孔、顔之樂，乃程子自言授受之要，非其實到仲尼、顔子樂處，則豈能開端指示，而使學者尋之哉？夫得孔、顔之心而不傳孔、顔之道，未之有也。濂溪之心得者深，明道、横渠之友教者廣，亦猶顔子潛德於孔子之門，孟子修業於戰國之世，故推尊之論，各有攸當，未可執一以疑其二也。如後世多稱孔孟，然未聞有以是掩顔子者。推是，可以論伊洛淵源之際矣。

舊在二先生之門者，明道最愛中立，先生最愛定夫。觀二人氣象亦相似。《上蔡語録》。

先生曰：「游酢於《西銘》，讀之已能不逆

於心，言語之外別立得這箇意思，便道一作「到」。中庸矣。《伊洛淵源録》。

李朴先之說：臨離洛時，請教於先生，先生言當養浩然之氣，語先之曰：「觀張子厚所作《西銘》，能養浩然之氣者也。」《呂氏童蒙訓》。《宋儒學案》：李朴，字先之，興國人。登紹聖進士，爲西京國子教授，因受學焉，伊川器許之。以嘗言孟后不當廢，追官。徽宗即位，陳瓘薦召對，蔡京惡其骾直，指爲元祐學術。欽宗立，除著作郎，五遷至國子祭酒，以疾辭。高宗除祕書監，趣召未至，卒，年六十五。

四年丁丑，六十五歲。

二月，追毀出身文字，放歸田里。十一月，編管涪州。

二月，追毀出身以來文字，放歸田里。《道命録》。

六月乙丑，叔父朝奉琥卒。十月，葬伊川先塋。作《墓誌銘》。見《伊川文集》。

某時放歸田里。帝一時與輔臣語及元祐政事，曰：「程頤妄自尊大，在經筵多不遜。」於是言者論某與司馬光同惡相濟，削籍竄涪州。《道命録》。《元豐九域志》：涪州，屬夔州路。

十一月，送涪州編管。見《實録》。

謝某顯道曾問涪州之行，知其由來，乃族子與故人耳。族子謂程公孫，故人謂邢恕。《續通鑑長編》：程公孫乃呂公著男希純之妻兄。先生答曰：「族子至愚不足責，故人情厚不敢疑。孟子既知天，焉用尤臧氏。」因問：「邢七雖爲惡，然必不到更傾先生也。」先生曰：「然。邢七亦有書到某，云屢於權宰處言之。不知身爲言官，卻說此話，未知傾與不傾，只合救與不救，便在其間。」又問：「邢七久從先生，想都無知識，後來極狼狽。」先生曰：「謂之全無知則不可，只是義理不能勝利欲之心，便至如此也。」《遺書·楊遵道録》。

《續通鑑長編》：先生素與邢恕善，而恕雅不樂林希，希謀與諫官共攻之。先生編管，蓋希力。希意恕必救，因以傾恕。恕語人曰：「便斬某萬段，恕亦不救。」聞者笑之。

先生被謫時，李邦直尹洛，令都監來見先生，才出見之，便請上轎，先生欲略見叔母，亦不許，莫知朝命云何？是夜，宿於都監廳。明日，差人管押成行。至龍門，邦直遣人贐金百星，先生不受。既歸，門人問：「先生臨行時，諸公贐行皆受，邦直亦是親戚，何爲不受？」先生曰：「與某相知即可受，渠是時已與某不相知，豈可受耶？」《伊洛淵源録》。

先生貶涪州，渡漢江中流，船幾覆，舟中人皆號哭，先生獨正襟安坐如常。已而及岸，同舟有老父問曰：「當船危時，君正坐，色甚莊，何也？」先生曰：「心存誠敬耳。」老父曰：「心存誠敬固善，然不若無心？」先生欲與之言，而老父徑去。《外書·聞見録》。

翟霖送先生西遷，道宿僧舍，坐處背塑像，先生令將倚勿背。霖問曰：「豈以其徒敬之，故亦當敬耶？」先生曰：「但具人形貌，便不當慢。」《龜山語録》。

元符元年戊寅，六十六歲。

在涪。

《上謝帥師直書》略云：某至愚，學道幾五十年，惟是自信，行（某）〔其〕所知，不敢爲世俗所移。知之罪之，則繫乎人焉。

又云：姪子某爲令醴泉，病陰證傷寒，而邑之醫者乃大下之，又與洗心散，遂至冤死，今有狀披訴。伏惟明公居大帥之任，操勸懲之柄，法之所無者，尚可權其宜而行之，況有法可依者乎？誠能行之，使庸醫之輩皆知戒懼，不敢輕視人命，則公及人之功，豈細也哉？見《伊川文集》，下同。

按《宋史》：謝師直以元祐初進寶文閣直學士、知開封府。三年，劉安世論改知鄆州，歷永興軍。書稱「安撫寶文，居大帥之任」，指此。

《祭四十一郎文》略云：吾方以罪戾，竄縶遠方，生不獲視汝疾，死不獲撫汝柩，冤痛之深，衷腸如割。吾知汝有未伸之志，抱無窮之憾，吾當致力，慰爾心於泉下。又汝婦盛年，自今當待之加厚，冀其安室。嗣子循良，今已可見，當教誨之，期於成立，則汝爲有後矣。嗚呼！吾將七十，望汝收我，而我反哭汝。天乎！冤哉！

按：四十一郎，疑即明道子端本，舉進士第，令醴泉。

《與金堂謝君書》云：某啓。前月末，吳齋郎送到書信，即遞中奉報，計半月方達。冬寒，遠想雅履安和。僑居旋爲客次，日以延望，乃知止行，甚悒悒也。來春江水穩善，候有所授，能一訪甚佳。只云忠、涪間看親，人必不疑也。某偕小子甚安。來春本欲作《春秋》文字，以此無書，故未能，卻先了《論》、《孟》或《禮記》也。《春秋》文義數十，皎如日星，不容遺忘，只恐細微義例，老年精神有所漏落。且請推官用意尋究，後日見助，如往年所說，許止、蔡般書葬類是也。若欲治《易》，先尋繹令熟，只看王弼、胡先生、王介甫三家文字，令通貫，餘人《易》説無取，枉費功。年亦長矣，宜汲汲也。未相見間，千百慎愛。十一月初九日，某啓知縣推官。《元豐九域志》：金堂縣，屬梓州路懷安軍。　朱子跋云：近世學者閱理不精，正坐讀書草草耳。況《春秋》大義數十，炳若日星，固已見於傳序，而此所謂不容遺忘者，又非先生決不能道也。夫三綱五常，大倫大法，有識以上即能言之，而臨小利害，輒已失其守，正以學不足以全其本心之正，是以無所根著而忘之耳。既有以自信，其不容遺忘，又不覺因事而形於筆札之間，非先生之德盛仁熟，左右逢原，能及是耶？謝君（各）〔名〕見張思叔所記師説，而崇、觀間久官太學，未知果能尊所聞否？其家尚藏此帖，因識其後，使覽者有以知夫學之有統，道之有歸，而不但爲文字之空言，以譁取世寵已也。

按此跋，謝君名湜，字持正，金堂人。黄梨州《學案》云：登元豐進士，官至國子博士。全謝山謂湜以所著《春秋》呈正，先生答以更二十年方可作，則當與劉絢同時。又謂其試學官不行，當以布衣終。則未見朱子跋語也。

二年己卯，六十七歲。

在涪。序《周易傳》。

正月庚申，《易傳》成而序之曰：《易》，變易也，隨時變易以從道也。其爲書也，廣大悉備，將以順性命之理，通幽明之故，盡事物之情，而示開物成務之道也。聖人之憂患後世，可謂至矣。去古雖遠，遺經尚存。然而前儒失意以傳言，後學誦言而忘味，自秦而下，蓋無傳矣。予生千載之後，悼斯文之湮晦，將俾後人沿流而求源，此《傳》所以作也。《易》有聖人之道四焉：以言者尚其辭，以動者尚其變，以制器者尚其象，以卜筮者尙其占。吉凶消長之理，進退存亡之道，備於辭。推辭考卦，可以知變，象與占在其中矣。君子居則觀其象而玩其辭，動則觀其變而玩其占。得於辭不達其意者有矣，未有不得於辭而能通其意者也。至微者理也，至著者象也。體用一源，顯微無間。觀會通以行其典禮，則辭無所不備。故善學者，求言必自近。易於近者，非知言者也。予所傳者辭也，由辭以得其意，則在乎人焉。《伊川易傳》。

朱子云：伊川晚年文字，直是盛得水住。晚年所見甚實，觀《易傳》可見，何嘗有一語不著實？又云「求言必自近。易於近者，非知言者也」，此伊川喫力爲人處。

《易序》：《易》之爲書，卦爻彖象之義備，而天地萬物之情見，聖人之憂天下來世，其至矣：先天下而開其物，後天下而成其務。是故極其數以定天下之象，著其象以定天下之吉凶。六十四卦，三百八十四爻，皆所以順性命之理，盡變化之道也。散之在理，則有萬殊；統之在道，則無二致。所以「《易》有太極，是生兩儀」。太極者道也，兩儀者陰陽也。陰陽，一道也。太極，無極也。萬物之生，負陰而抱陽，莫不有太極，莫不有兩儀，絪緼交感，變化不窮。形一受其生，神一發其智，情僞出焉，萬緒起焉。《易》，所以定吉凶而生大業。故《易》者陰陽之道也，卦者陰陽之物也，爻者陰陽之動也。卦雖不同，所同者奇偶；爻雖不同，所同者九六。是以六十四卦爲其體，三百八十四爻互爲其用。遠在六合之外，近在一身之中，暫於瞬息，微於動靜，莫不有卦之象焉，莫不有爻之義焉。至哉《易》乎！其道至大而無不包，其用至神而無不有。時固未始有一，而卦亦未始有定象；事固未始有窮，而爻亦未始有定位。以一時而索卦，則拘於無變，非《易》也；以一事而明爻，則窒而不通，非《易》也。知所謂卦爻彖象之義，而不知有卦爻彖象之用，亦非《易》也。故得之於精神之運，心術之動，與天地合其德，與日月合其明，與四時合其序，與鬼神合其吉凶，然後可以謂之知《易》也。雖然，《易》之有卦，《易》之已形者也；卦之有爻，卦之已見者也。已形已見者可以言知，未形未見者不可以名求。則所謂《易》者，果何如哉？此學者所當知也。《伊川易傳序》。 竇克勤云：周子《太極圖》原本於《易》，程子《易序》又原本於《太極圖》。熟讀《易序》，見得程子只看得《太極圖》通透，有心解神會之妙，故言言皆拍合耳。

先生以《易傳》示門人曰：「只說得七分，後人更須自體究。」《外書·時紫芝集》，下同。

郭忠孝議《易傳序》曰：易即道也，又何從道？或以問先生，先生曰：「人隨時變易爲何？爲從道也。」

門弟子請問《易傳》，事雖有一字之疑，先生必再三喩之，蓋其潛心甚久，未嘗容易下一字也。《外書·呂堅中記尹和靖語》。

尹焞言：「先生踐履盡《易》，其作傳，只是因而寫成，熟讀玩味即可見矣。」又云：「先生平生用意，惟在《易傳》，求先生之學者，觀此足矣。語錄之類，出於學者所記，所見有淺深，故所記有工拙，蓋未能無失也。」《和靖語錄》。 龜山《與游定夫書》：《易傳後序》，顯道爲之，某跋尾已削去不用。前年在京師，與顥道議，云先生亦嘗有意自門人成之，故其序述如此。蓋舊本，西人傳之已多，惟東南未有此書，欲以傳東南學者，不叙其所以，恐異時見其文有異同，不足傳信也。與顥道初議如此，恐此書方祕藏，未敢出以示人，或未安，更希示諭。

譙定少學《易》於郭曩氏。後至京，聞先生講道於洛，特潔衣往見，得聞精義，造詣深至，浩然而歸。先生貶涪陵，相與游泳北山之巖。《宋史》、《邵氏宏簡録》。

《宋儒學案》：定，字天授，涪陵人。後以《易》學授劉勉之、胡憲。

范淳夫之葬，先生爲之經理，掘地深數丈，不置一物。葬之日，招左近父老，犒以酒食示之。其後發塚者相繼，而淳夫墓獨完。《外書·時紫芝集》，下同。

按：《續通鑑長編》：范淳夫以元符元年十月甲午，卒松江。姚樗寮椿云：「范淳夫卒於化州，與涪州地不相接，伊川不能經理其終事，此係疑誤，當再詳考。」謹按，全謝山《學案補》云：「化州城外寺，一夕見大星隕，中夜聞傳呼開門，是夕淳夫先生卒，殯於寺中。次年許歸葬，化人祀之。」據此，則歸葬應在華陽，與涪州接壤(一)，先生爲之經理，宜矣。

尹焞問范淳夫之爲人，先生曰：「其人如玉。」

三年庚辰，六十八歲。

正月，徽宗即位。移峽州。四月，復宣德郎，還洛。十月，復通直郎、權判西京國子監。

正月己卯，帝崩，端王佶即位。移峽州。四月，以赦復宣德郎，任便居住。制見《曲阜集》。

先生自涪州歸，過襄州，楊畏爲守，待之甚厚。先生曰：「某罪戾之餘，安敢當此？」畏曰：「今時事已變。」先生曰：「時事雖變，某安敢變。」《外書·汪端明記》。《宋史》：楊畏，字子安，遂甯人。徙洛陽。爲御史，傾危反覆，初助吕大防攻劉摯，罷之，極意附蘇轍攻范純仁，復詆轍。太后崩，首謀紹述，薦章惇入相，徙吏部侍郎。又陰附李清臣、安燾，天下言其無恥已極，目爲楊三變，其究爲縉紳極禍。

先生自涪陵歸，過襄陽，楊子安在焉，子安問：「《易》從甚處起？」時方揮扇，先生以扇柄畫地一下，曰：「從這裏起。」子安無語。後至洛中，子安舉以告和靖，且曰：「某當時悔不更問此畫從甚處起？」和靖以告先生，曰：「待他問時，只與默然，得似箇子安更喜歡也。」和靖舉似子安，子安由此遂服。《外書·祁寬記尹和靖語》。

先生歸自涪州，氣貌容色、髭髮皆勝平昔。門人問何以得此？先生曰：「學之力也。大凡學者學處患難貧賤，若富貴榮達，不須學也。」《外書·涪陵記善録》。

先生責涪州，註《周易》，與門弟子講學，不以爲憂；赦得歸，不以爲喜。《聞見録》。

先生歸自涪陵，思叔始見先生時，從學者甚衆，先生獨許思叔，因讀孟子「志士不忘在溝壑，勇士不忘喪其元」，始有自得處。《吕氏雜志》。

和靖言：「焞與思叔既相友善，先生歸自涪陵，思叔始見先生。思叔穎悟疏通，先生亦便喜之，自此同遊處。先生以族女妻之，甚相敬待。家居壽安，學者從之漸衆。和靖嘗因侍坐，稟先生曰：「張繹每聞先生語，往往言下解悟；焞聞先生語，須再三尋思，或更請問然後解悟。然他日持守，恐思叔不及焞。」先生以爲然。思叔長於爲文，又善辨事。先生嘗言晚得二士。《涪陵記善録》。

先生謂尹焞魯、張繹俊，俊恐他日過之，魯者終有守也。《外書·時紫芝集》，下同。

和靖、思叔見先生，曰：「二子於某言如何？」和靖對曰：「聞先生之言，言下領意，焞不如繹；能終守先生之學，繹亦不如焞。」先生欣然曰：「各中其病。」張思叔請問，其論或太高，先生不答，良久曰：「累高必自下。」

和靖云：馮理自號東皐居士，曰：「二十年聞先生教誨，今有一奇特事。」先生曰：「何如？」理曰：「夜間宴坐，室中有光。」先生曰：「某亦有奇特事。」理請問之，先生曰：「每食必飽。」

按：《宋儒學案》：馮理，字聖先，汝州人。與和靖同學於洛，至必同處。子忠恕從和靖學，《涪陵記善》録者也。聖先自云「二十年聞先生教」，則從學在和靖先矣。

和靖曰：「先生謂侯師聖議論只好隔壁聽。」

按：《伊洛淵源録》、《宋儒學案》：侯師聖，名仲良，華陰先生之孫。初從伊川，未悟，乃訪濂溪，自謂有得。但濂溪卒於熙甯六年，而侯子靖康、建炎之間尚在，其年輩不相接明矣。晚居三川，多識賢公卿大夫，而熟觀二先生之德行，安心羈苦，守節不移。至於講論經術，通貫不窮，商略時事，纖微必察。有《論語說》及《雅言》一篇。

思叔三十歲熙甯四年生。方見先生，後先生

一年卒，年三十八。初以文聞於鄉曲，後來作文字甚少。先生每云張繹朴茂。《外書·祁寬記尹和靖語》，下同。

和靖言：昔與范元長同見先生，偶有幹先起下階，先生謂范曰：「君看尹彦明，他時必有用於世。」《宋儒學案》：范沖，字元長，正獻蜀公長子。登紹聖進士第。高宗即位，召爲宗正少卿、兼直史館，脩神、哲兩朝實録。張浚學士奉祠。卒年七十五。

孟敦夫厚來從先生，又爲王氏學，舉業特精，獨處一室，糞穢不治。嘗獻書於先生，先生云：「孟厚初時說得也似，其後須沒事生事。」一日語之曰：「子胡不見尹焞、張繹？朋友間最好講學。」然三公皆同齒也。敦夫見和靖曰：「先生令厚來見二公，若彦明所願見，如思叔，莫不消見否？」和靖曰：「只不消見思叔之心，便是不消見焞之心也。」先生嘗謂學者曰：「孟厚不治一室，亦何益？學不在此，假使灑埽得潔淨，莫更快人意否？」

暇日靜坐，和靖、孟敦夫、張思叔侍，先生指面前水盆語曰：「清靜中一物不可著，才著物便搖動。」《涪陵記善録》，下同。

和靖偶學《虞書》，先生曰：「賢那得許多工夫。」思叔詬詈僕夫，先生曰：「何不動心忍性。」思叔慙謝。

繹曰：「鄒浩以極諫得罪，世疑其賣直也。」先生曰：「君子之於人也，當於有過中求無過，不當於無過中求有過。」《遺書·張思叔録》。

按：《宋史》，鄒浩以論劉氏不當立，元符二年九月除名，新州覊管。

元符末，徽宗即位，皇太后垂簾聽政。五

月，有旨復哲宗元祐皇后孟氏位號，時有論不可者，曰：「上於元祐后，叔嫂也，叔無復嫂之禮。」先生謂邵伯溫曰：「元祐后之賢固也，論者之言亦未爲無理。」伯溫曰：「子甚宜其妻，父母不悅出。子不宜其妻，父母曰：『是善事我，子行夫婦之禮焉。』太后於哲廟，母也；於元祐后，姑也。母之命、姑之命，何爲不可？非上以叔復嫂也。」先生喜曰：「子之言得之矣。」《外書・聞見録》。

十月，復通直郎、權判西京國子監。見《伊川文集》。

先生既受命，即謁告，欲遷延爲尋醫計，既而供職。門人尹焞深疑之。先生曰：「上初即位，首被大恩，不如是則何以仰承德意？然吾之不能仕，蓋已決矣，受一月之俸焉，然後惟吾所欲爾。」《遺書・楊遵道録》。又《劉忠肅公家私記》：此除乃李邦直、范彝叟之意。《呂氏童蒙訓》：李君行先生紹聖中致仕，歸虔州。元符庚辰歲，諸公既還朝廷，君行驛召賜對，管勾宗子學，比國子司業，蓋有陰沮止之，恐在要地者。伊川先生嘗問從學者，李君行何以復出？從學者對曰：「李司業承朝廷美意，不得不出，然且歸矣。」君行既至京師，即引疾得歸。君行，名潛，虔州人。篤行自守，不交當世。范彝叟力薦於朝，除太學博士、校書郎。紹聖中，力求去，知蘄州，遂請老。

按：此條與先生意同，故附註此。

《謝復官表》。見《伊川文集》。

十二月，提舉京西路常平公事，方宙請還先年所奪先生田土，此奏雖未行，士論韙之。《道命録》。

先生與侯仲良語及牛、李事，因言溫公在朝，欲盡去元豐間人。先生曰：「作新人才難，變化人才易。今諸人之才皆可用，且人豈肯甘爲小人，在君相變化如何耳。若宰相用之爲君子，孰不爲君子？此等事，教他們自做，未必不勝如吾曹。」仲良曰：「若然，則無紹聖間事也。」《外書》卷七。黄東發云：尹子親註云「此段可疑」，蓋意其非程子語也。然《邵氏聞見録》亦載伯淳與韓宗師語云：「當與元豐大臣同，若先分黨與，他日可憂。」則胡氏本所載，未以爲可疑也。豈程氏自有此論，尹子鑒後來調停之禍而疑之耶？然自古亦有君子小人共事而可成功者，第惟伯淳自足以服熙甯諸人之心，必又有以處之。

羅從彦從楊時學，講《易》至《乾》九四爻云：「伊川説甚善。」從彦即鬻田走洛，見先生。先生反復以告，從彦謝曰：「聞之龜山具是矣。」歸而卒業。《宋史·道學傳》。李遜齋《道南講授》云：黄梨洲《宋儒學案》：考《龜山集》，丁亥知餘杭，壬辰知蕭山，相去六年。而餘杭所聞，已有豫章之問答，則其從學非始於蕭山明矣。其言豫章之見伊川，在見龜山之後，伊川卒於丁亥，若見龜山始於壬辰，則伊川之卒已六年矣，又何從見之乎？以上辨析，殊有所據，獨《學案》載崇甯豫章見龜山於將樂，余求其考證未得。考《龜山年譜》：自元符二年己卯歸家，三年庚辰講學於舍雲寺，作《勉學》詩以示諸生。與訓豫章語同一意。意龜山歸後，學成道尊，羣從蔚萃。較其時，考其地，似有足證。蓋自紹聖四年，伊川先生以黨論送涪州編管，越兩年，龜山歸自瀏陽，正值洛學黨禁之餘。《傳》所謂「杜門累年，沈浸經書，推廣師説」者，此其時也。

按：此條辨析精詳，時黄梨洲《宋儒學案》未刊，李遜齋已見及此。則豫章見龜山，自當以元符三年爲正。

徽宗建中靖國元年辛巳，六十九歲。

五月，追所復官。冬，居伊川。

五月，追所復官，依舊致仕。見《伊川文集》。

前此未嘗致仕，而云「依舊致仕」，疑西監供職不久，即嘗致仕也。未詳。

先生自涪陵歸，復官半年，不曾請俸，糧料院吏人忽來索請劵狀子，先生云自來不會寫狀子，受事人不去，只令弟子錄與受官日月。《遺書·楊遵道錄》。

謝顯道上殿不稱旨，先生聞之喜，已而就監門之職。陳貴一問顯道如何人？先生曰：「由、求之徒。」《外書·時紫芝集》。

《宋儒學案》：陳貴一，名經正，平陽人。與其弟經邦從伊川遊。謝持正之見伊川，貴一實介紹之。經邦，字貴新，成大觀進士。皆有問答，見語錄。平陽學統自貴一兄弟始。嘗曰：「盈天地之間，皆我之性，不復知我之爲我。」

按：原本作「崇甯間」，《伊洛淵源錄》註作建中召對，除書局官。

先生歸自涪陵，謝顯道自蔡州來洛中，一作授澠池令，來洛見先生。再親炙焉。久之，先生謂尹和靖、張思叔曰：「可同去見謝良佐問之，此回見吾有何所得。」尹、張如所戒，謝曰：「此會方會得先生說話也。」張以告先生，先生然之。《外書·祁寬記尹和靖語》。

顯道言：二十年前，往見先生，先生曰：「近日事如何？」某對曰：「天下何思何慮？」先生曰：「是則是有此理，賢卻發得太早。」在先生直是會鍛鍊得人說了，又恰道恰好著工夫也。《外書·上蔡語錄》，下同。 朱子云：上蔡爲人，英果明決，強力不倦，先生嘗稱其有切問近思之功。如以生意論仁，以實理論誠，以常惺論敬，以求是論窮理，其命理皆精當，而直指窮理居敬爲入德之門，則於先生教人之法，又最爲得其綱領。建中靖國中詔對，不合，得官書局，後復轉徙州縣，沈淪卑冗以沒其身，而處之浩然，未嘗少挫。其歿也，游定夫實誌其墓，而喪亂之餘，兩家文字皆不可見。熹少時妄意爲學，即賴其言以發其趣，而生平行事，又皆高邁卓絕，使人起興。

按：顯道自元豐初見二先生，至建中靖國已二十四年。

謝子見先生，辭而歸，尹子送焉，問曰：「何以教我？」謝子曰：「吾徒朝夕從先生，見行則學，聞言則識，譬如有人服烏頭者，方其服也，顏色悅懌，筋力強盛，一旦烏頭力去，將如之何？」尹子反以告先生，先生曰：「可謂益友矣。」

先生自涪歸，見學者凋落，多從佛學，獨楊、謝不變，因歎曰：「學者皆流於夷狄矣，惟有楊、謝二君長進。」《外書·龜山語錄》。

先生自涪陵歸，《易傳》已成，未嘗示人。門弟子請益，有及《易》書者，方命小奴取書篋以出，身自發之，以示門弟子。非所請，不敢多閱。一日出《易傳序》示門弟子，和靖受之，歸伏讀。數日後見先生，先生問所見，和靖曰：「某固欲有所問，然不敢發。」先生曰：「何事也？」和靖曰：「『至微者，理也；至著者，象也；體用一源，顯微無間』，似太露天機也。」先生歎美曰：「近日學者何嘗及此，某亦不得已而言焉耳。」《外書·呂堅中記尹和靖語》。

彥明嘗言：「先生教人，只是專令用敬以直內。若用此理，則百事不敢輕爲，不敢妄作，不愧屋漏矣。習之既久，自然有所得也。」因說往年先生歸自涪陵，日日見之，一日因讀《易》至「敬以直內」處，因問先生：「不習無不利時，則更無睹，當更無計較也耶？」先生深以爲然，且曰：「不易見得如此，且更涵養，不要輕說。」《外書·呂氏雜志》，下同。 朱子云：程子有言：「涵養須用敬，進學在致知。」二言者，所以教人造道入德之大端，而不可以偏廢也。若和靖者，其學而有得於敬之云乎？何其説之約，而居之安也！其門人記其緒言，各爲一書，嘗得而伏讀之，所以收放心而伐邪氣者，幾微之際，所助深矣。

晁以道嘗以書問先生云：「某平生所願學者，康節先生也。康節先生殁不可見，康節之友惟先生在，願因先生問康節之學。」先生答書云：「某與堯夫同里巷居三十年餘，世間事無所不論，惟未嘗一字及數耳。」《宋儒學案》：晁説之以道元豐五年進士，慕司馬文正公之爲人，自號景迂生。又從康節弟子楊賢實傳其先天之學。元符三年，知無極縣，應詔上書，入邪等，奉嵩嶽祠。

按：嘉祐元年丙申，太中卜葬祖考於伊川，始居河南，是時康節亦始遷河南。至熙甯十年丁巳卒，只二十二年。明道作墓誌云「在洛幾三十年」，張峋作行狀，略云「年三十餘，來洛定居」，應在皇祐初，與二程始居河南不合，大抵皆約略言之。

〔一〕此條原編者誤。「華陽」在今成都，「涪州」即今涪陵，兩地並不接壤。

程子年譜卷七

楚雄池生春籥庭
會稽諸星杓恕齋　輯

伊川先生

崇甯元年壬午，七十歲。

五月，入黨籍。在伊川。

答周孚先問。見《伊川文集》。　跋云：孚先舊習太學，建中靖國庚辰冬，過洛陽，游先生之門，預羣弟子之列，親炙模範，時聞誨語。越明年暮春，歸省庭闈。期年復入學，以所疑爲書，請質於先生，皆得親筆開諭。逮今幾四十年矣。以今日視前日，固知學之不博，問之不切，日月逝矣；功不加倍，祇益自歉。《宋儒學案》：周孚先，字伯忱，晉陵人。與弟伯温恭先從伊川學，伊川稱其兄弟氣質純明，可以入道。伯忱授建德尉，伯温終坑冶官。

答張閎中書：《易傳》未傳，自量精力未衰，尚冀有少進爾。然亦不必直待身後，覺耄則傳矣。書雖未出，學未嘗不傳也，第患無受之者爾。來書云「《易》之義本起於數」，謂義起於數則非也。有理而後有象，有象而後有數。《易》因象以明理，由象而知數，得其義，則象數在其中矣。必欲窮象之隱微，盡數之毫忽，乃尋流逐末，術家之所尚，非儒者之所務也。管輅、郭璞之徒是也。又曰理無形也，故因象以明理。理既見乎辭矣，則可由辭以觀象。故曰：得其義，則象數在其中矣。《伊川文集》，下同。又《遺書·張思叔録》。

答楊時書：某啓。相別多年，常深渴想。前日自伊川歸，得十一月十五日南康發來書，知赴新任，體況安佳，甚慰遠懷。頤如常，自去冬來，多在伊川。見謀居伊，力薄未能遽成耳。朝廷設教官，蓋欲教人修身齊家治國平天下之道。苟能修職，則「不素餐兮」，孰大於是？赴省試令子，不知其名，中第可喻及也。名迪者好學質美，當成遠器，應未有北來期。兩小子大者項城尉，小者鄢陵尉。承問，故及之。此獨與諸孫處，歲計稔則自餘無足道。春暄，惟進學自愛，不宣。頤啓楊君教授。三月六日

按《龜山年譜》：崇甯元年，赴荆州教授任。此書云得十一月十五日南康發來書，蓋在上年途中也。先生子長端中，次端彥。《元豐九域志》：項城屬京西路陳州郡，鄢陵屬東京開封府，南康屬江南東路，伊陽屬西京河南府。

答楊迪書：相別累月，思渴。前承惠書，恐已出京，故不復奉答。近又收書，乃知未行。喜聞夏暑安佳。前書所問心迹之說，固知未能無疑也。若以心迹有判，則象憂亦憂，乃僞矣。是宜精索，未易曉也。又云：「有道，又有易，何如？」此語全未是。更將《傳序》詳思，當自通矣。變易而後合道，易字與道字不相合也。大率所論，辭與意太多。孔、孟之門人，豈能盡與孔、孟同？唯其不敢信己而信其師之說，是以能思而卒同也。若紛然致疑，終亦必亡而已。勉之！勉之！盛暑在途，千百自愛。

末云「盛暑在途」，蓋自夏出京也。按《宋儒學案》：楊迪，字遵道，龜山長子。師事伊川，錄先生語一卷。崇甯三年卒，年二十三。其從學，蓋在紹聖、元符間。朱韋齋所謂「以藐然少年，周旋羣公之間也」。

答門人書：孔、孟之門，豈皆賢哲，固多

衆人。以衆人觀聖賢，弗識者多矣。惟其不敢信己而信其師，是故求而後得。今諸君於頤言，纔不合則置不復思，所以終異也。不可便放下，更且思之，致知之方也。姑求自曉，無庸他恤。深尤不知者，甚無謂也。

棣初見先生，問初學如何。曰：「入德之門，無如《大學》。今之學者，賴有此一篇書存。其他莫如《論》、《孟》。」《遺書·唐彥思録》，下同。

按：《伊洛淵源録》：唐棣，字彥思，宜興人。官祕書丞。有語録一卷，所記周伯溫諸人問語爲多，疑與孚先同時從學。

先生曰：凡看《語》、《孟》，且須熟玩味，將聖人之言語切己，不可只作一場話說人。只看得此二書切己，終身儘多也。

伯溫問：「學者如何可以有所得？」曰：「但將聖人言語玩味久，則自有所得。當深求於《論語》，將諸弟子問處便作己問，將聖人答處便作今日耳聞，自然有得。孔、孟復生，不過以此教人耳。若能於《論》、《孟》中深求玩味，將來涵養成，甚生氣質。」

亨仲問：「如何是近思？」曰：「以類而推。」

周伯溫問：「回也，三月不違仁，如何？」曰：「不違處，只是無纖毫私意，一作「欲」。有少私意，便是不仁。昔有朱定，亦嘗來問學，但非信道篤者。曾在泗州守官，値城中火，定遂使兵士舁僧伽避火。某後語定曰：『何不舁僧伽在火中，若爲火所焚，即是無靈驗，遂可解天下之惑；若火遂滅，因使天下人尊敬可也。此時不做事，待何時邪？』」惜乎定識不至此。」

凡看文字，如七年、一世、百年之事，皆當思其如何作爲，乃有益。

凡看文字，先須曉其文義，然後可求其意。未有文義不曉，而見意者也。學者看一部《論語》，見聖人所以與弟子許多議論，而無所得，是不易得也。讀書雖多，亦奚以爲？

周伯溫見先生，先生曰：「從來覺有所得否？學者要自得。六經浩渺，乍來難盡曉，且見得路逕後，各自立得一箇門庭，歸而求之可矣。」

問：「孀婦於理似不可取，如何？」曰：「然。凡取以配身也。若取失節者以配身，是己失節也。」又問：「或有孤孀貧窮無託者，可再嫁否？」曰：「只是後世怕寒餓死，故有是說。然餓死事極小，失節事極大。」《遺書》二十二下附《雜録》後，下同。

學者不可不通世務。天下事譬如一家，非我爲則彼爲，非甲爲則乙爲。

答鮑若雨書并答問云：示及所疑，百忙中謝君告行，不暇周悉，略奉答，思之可也。夏暑，千百善愛。五月十日，頤咨鮑君秀才。《伊川文集》。《伊洛淵源録》：鮑若雨，字汝霖，一云商霖，永嘉人。《遺書》有鮑若雨録。

先生曰：公孫宏謂「三年有成，臣切遲之」。唐文宗時，李石責以宰相之職，謂臣猶以謂太速。二者皆不是，須是知得遲速之理。昔嘗對哲宗說此事，曰：「陛下若問如何措置，三年有成，臣即陳三年有成之事；若問如何措置，期月而已，臣即陳期月之事。」當時朝廷無一人問著，只李邦直但云稱職。稱職亦不曾問著一句。《遺書·鮑若雨録》，下同。

《春秋》書「隕石」「隕霜」，何故不言「石隕」「霜隕」？此便見得天人一處。昔嘗對哲宗説：「天人之間，甚可畏。作善，則千里之外應之；作惡，則千里之外違之。昔子陵與漢光武同寢，太史奏客星侵帝座甚急。子陵匹夫，天應如此。況一人之尊，舉措用心，可不戒慎？」

謝湜自蜀之京師，過洛而見先生。先生曰：「爾將何之？」曰：「將試教官。」先生弗答。湜曰：「何如？」先生曰：「吾嘗買婢，欲試之，其母怒而弗許，曰：『吾女非可試者也。』今爾求爲人師而試之，必爲此媪笑也。」湜遂不行。《遺書·張思叔録》。一本云：「湜不能用。」又云：「謝湜求見者三，不許，因陳經正以請。先生曰：『聞其來問《易》，遂爲説以獻貴人。』」註云獻蔡卞。如用説桎梏之類。

五月，入黨籍。《道命録》：九月，立黨人碑。

崇甯初，呂舜從原明子。以黨人子弟補外官，知河南府鞏縣，請見先生，問：「當今新法初行，當如何做？」先生云：「只有義命兩字。當行不當行者，義也；得失禍福，命也。君子所處，只説義如何耳。」《外書·呂氏雜志》，下同。

舜從至洛中，請見。先生召食，食五品，亦甚豐潔。坐間問事甚衆，先生一一酬答。臨行又請教，語甚詳。既而微笑云：「只被公家學佛。」

蘇季明以上章得罪，貶饒州，過洛，和靖館之，先生訪焉。既行，先生謂季明殊以遷貶爲意。和靖曰：「然也。焞嘗問季明，當初上書爲國家計耶，爲身計耶。若爲國家計，自當欣然赴饒州；若爲進取計，則饒州之貶猶爲輕典。季明以焞言爲然。」先生曰：「名言！名言！」《涪陵記善録》。

按：《續通鑑長編》，季明以元祐元年丙寅，除教授。呂進伯奏稱：行年四十，不求仕進。是生於皇祐元年己丑。而龜山《與定夫書》有云：「蘇季明向除博士，曾到任否？」蓋紹聖元年也。和靖初爲科舉之學，季明令詣先生受學。孫鍾元曰：「季明能成彥明於始，彥明能成季明於終，朋友之益大矣哉！」按史，是年九月，詔中書籍元符三年臣僚章疏姓名，爲正上、正中、正下三等，邪上、邪中、邪下三等。

二年癸未，七十一歲。

四月，追毀出身文字。序《春秋傳》。七月，禁學術。十一月，遷居龍門之南，止四方學者。

二月丁卯，作《印銘》，有序。碧玉琢傳宗印「程伯之後」四字，其旁小字銘之曰：「我祖喬伯，始封於程；及其後世，以國爲姓。惟我皇考，卜居近程，復爵爲伯，子孫是稱，程伯之後。」《伊川文集》。

四月乙亥，作《春秋傳序》：天之生民，必有出類之才，起而君長之，治之而爭奪息，道之而生養遂，教之而倫理明，然後人道立，天道成，地道平。二帝而上，聖賢世出，隨時有作，順乎風氣之宜，不先天以開人，各因時而立政。暨乎三王迭興，三重既備，子丑寅之建正，忠質文之更尙，人道備矣，天運周矣。聖人旣不復作，有天下者雖欲倣古之迹，亦私意妄爲而已。事之謬，秦至以建亥爲正；道之悖，漢專以智力持世。豈復知先王之道也？夫子當周之末，以聖人不復作也，順天應時之治不復有也，於是作《春秋》，爲百王不易之大法。所謂考諸三王而不謬，建諸天地而不悖，質諸鬼神而無疑，百世以俟聖人而不惑者也。先儒之論曰：游、夏不能贊一辭。辭不待贊也，言不能與於斯耳。斯道也，惟顔子嘗聞之矣。「行夏之時，乘殷之輅，服周之冕，樂則《韶》舞」，此其準的也。後世以史視《春秋》，謂褒善貶惡而已，至於經世之大法，則不知也。《春秋》大義數十，炳如日星，乃易見也；惟其微辭奥義，時措從宜者爲難知也。

或抑或縱，或予或奪，或進或退，或微或顯，而得乎義理之安，文質之中，寬猛之宜，是非之公，乃制事之權衡，揆道之模範也。夫觀百物然後識化工之神，聚衆材然後知作室之用。於一事一義而欲窺聖人之用，非上智不能也。故學《春秋》者，必優游涵泳，默識心通，然後能造其微也。後王知《春秋》之義，則雖德非禹、湯，尙可以法三代之治。自秦而下，其學不傳。予悼夫聖人之志不明於後世也，故作《傳》以明之，俾後之人通其文而求其義，得其意而法其用，則三代可復也。是《傳》也，雖未能極聖人之藴奥，庶幾學者得其門而入矣。《伊川經説》。陳亮跋：伊川先生之序此書也，蓋年七十有一矣，四年而先生歿。今其書之可見者，纔二十年，世咸惜其缺也，予以爲不然。先生嘗稱杜預之言曰：「優而柔之，使自得之；饜而飫之，使自趨之。渙然冰釋，怡然理順，然後爲得也。」先生於是二十年之間，其義甚精，其類例博矣。學者苟精考其書，優游饜飫，自得於言意之外，而達之其餘，則精義之切在我矣。較之終日讀其全書，而於我無與者，其得失何如也？

昔劉質夫作《春秋傳》未成，每有人問，先生必對曰：「已令劉絢作之，自不須某費工夫也。」劉傳已成，來呈先生，門人請觀，先生曰：「却須著某親作。」竟不以劉傳示人。先生沒後，方得見，今世傳解至閔公者。昔又有蜀人謝湜提學，字持正，解《春秋》成，來呈先生。先生曰：「更二十年後，子方可作。」謝久從先生學，其傳竟不曾敢出。《外書·祁寬記尹和靖語》，下同。《春秋》自涪陵歸方下筆，竟不能成書，劉傳終亦不出。

先生曰：「《春秋》大抵重嫡妾之分，及用兵土功。嘗因說伐顓臾事，對上言：「《春秋》重兵，如來戰于郎。」潞公甚喜。《外書·王信伯録》。

王信伯問學於先生，曰：「願聞一言。」先生曰：「勿信吾言，但信取理。」《外書·時紫芝集》。全謝山云：信伯，名蘋，世居福清。其父徙吴。師事伊川，其於同門楊龜山輩爲後進，而龜山最許可之，以爲師門後來成就者，惟信伯也。蓋亦和靖之亞，故與和靖最相得。其才氣遠不逮文定，然如范伯達、曾吉甫，皆文定高弟，而請益於信伯惟謹，可知其所造之粹。吕居仁亦亟推之。惟朱子謂其不過一識伊川之面，而所記都差，得無太過耶？

四月三十日，言者論其本因姦黨論薦得官，雖嘗明正罪罰，而叙復過優，已追所復官，又云叙復過優，亦未詳。今復著書非毁朝政。於是有旨，追毁出身以來文字，其所著書，令監司覺察。《伊洛淵源録》。

范致虚言程頤以邪説詖行惑亂衆聽，尹焞、張繹爲之羽翼，遂下河南府體究。學者往別，因言世故。先生曰：「三代之治不可復也，有賢君作，能致小康，則有之。」《外書·時紫芝集》。

七月，下元祐學術政事之禁。《道命録》。

乙巳，吏部言程頤子端彦見任鄢陵縣尉，係在京府界，宜放罷，從之。《河南志》。

八月，頒黨人姓名，下監司長吏廳刻石，凡九十有八，而先生於「餘官」爲二十三人。十一月四日，言者論先生聚徒傳授，乞禁絶。後四日，范致虚知河南府，實奉行之。見《宋史》。《宋史》：范致虚，建陽人。崇甯初，爲右司諫，與蔡京相結。

先生於是遷居龍門之南，止四方學者，曰：「尊所聞，行所知，可矣，不必及吾門也。」《外書》卷七。

按：文集有《上文潞公求龍門菴地》，疑即此。

范致虚攻先生爲元祐邪説，朝廷下河南府，盡逐學徒。後數月，馬伸及門求見，先生辭之。伸欲先棄官而來，先生曰：「近日盡逐學徒，恐非公仕進所利。公能棄官，則官不必棄也。」建炎間，伸爲御史，論事公論與之。《外書·時紫芝集》。《宋史》：馬伸，字時舉，東平人。登進士。崇甯初，因張繹求見先生，公暇日一造請，得受《中庸》以歸。爲監察御史，靖康之難，以書責張邦昌，遂迎孟后垂簾，遣使迎康王。上知其忠，（推）［擢］侍御史，論黄潛善、汪伯彦誤國，貶濮州監酒税卒，天下冤之。

元祐學有禁，姦人用事，出其黨爲諸路學使，專糾其事。先生之門，學者無幾，雖宿素從遊，間以趨利叛去。伸方自吏部求爲西京司法曹事，銳然爲親依之計。至則因先生高弟張繹以求見。先生初以非其時，恐貽公累。仲執贄凡十，反愈恭，且曰：「使伸得聞道，雖死何憾？況不至於死者乎！」先生聞而歎曰：「此眞有志者。」遂引而進之。自爾出入凡三年。公暇，雖風雨必日一造焉。同僚相忌，至以飛語中傷之，不顧也。《伊洛淵源録》馬伸狀。

按：先生門人，從學先後可考者：嘉祐初，呂希哲首以師禮事先生；其後楊國寶、邢恕、呂希純皆師之；朱光庭、劉絢、李籲、呂大忠、大鈞、大臨、謝良佐、游酢、楊時、田述古、邵伯溫、周純明、林志甯、侯仲良諸君從游，與明道同；明道歿，楊時以師禮見先生於洛，卒業則元祐八年也；尹焞年二十登先生之門，則元祐五年也；周行己未三十見先生；劉安節、安上與周行己、許景衡、戴述、沈躬行在太學稱元豐九先生，其六人及程門不出元祐間；馮理自謂「二十年間，先生教誨」，嘗與和靖同學；郭忠孝受業先生二十餘年，當先於和靖；謝湜因陳經正見先生，以所作《春秋》呈正，先生答以「更二十年方可作」，疑與劉絢同時；鮑若雨輩七人，其五人同時及門，謝天申、潘閔、陳經正、經邦也；范冲、邵溥、李朴皆在洛從游；王蘋於龜山爲後進；楊迪以藐然年少周旋羣公之間，在紹聖、元符間；譙定聞先生講道，特往見於洛；羅從彥聞先生説《易》甚善，鬻田走洛見先生，蓋在元符二、三年問，張繹年三十，始見先生自涪陵歸後，則元符三年也；孟厚、范域又在張繹後；周孚先、恭先，建中靖國時始游先生之門；馬伸當崇寧二年禁學術時，因張繹求見，出入三年，至先生垂歿，爲師門後勁。至姓名僅見《遺書》，如林大節、張閎中、唐棣、暢大隱、范文甫、暢中伯、李參、呂義山，皆無言行可考。又如袁溉、陳淵、吳給、蕭楚、晏敦復、焦瑗見於《學案》，卓卓可述。又《童蒙訓》載宿州高朝奉，自謂師事先生，并其名不傳。甚矣！淵源所漸，其所及者廣矣。

三年甲申，七十二歲。

先生謂繹曰：「吾受氣甚薄，三十而浸盛，四十、五十而後完，今生七十二年矣，校其筋骨，於盛年無損也。」又曰：「人待老而求保生，是猶貧而後蓄積，雖勤亦無補矣。」繹曰：「先生豈以受氣之薄，而厚爲保生耶？」先生默然曰：「吾以忘行徇欲爲深恥。」《遺書·張思叔録》。

陳貴一問：「人之壽數可以力移否？」曰：「蓋有之。」棣問：「如今人有養形者，是否？」曰：「然。但甚難。世間有三件事至難，可以奪造化之力：爲國而至於祈天永命，養形而至於長生，學而至於聖人。此三事，功夫一般，分明人力可以勝造化，自是人不爲耳。」《遺書·唐彦思録》。

崇甯以來，非王氏學術皆禁止，而士人罕言其學者，號伊川學，往往自相傳道。舉子之得第者，亦有棄所學而從之者，建安尤盛。先生一日對羣弟子取《毛詩》

讀一二篇，掩卷曰：「詩人託興立言，引物連類，其義理炳然如此，其文章渾然如此，君尚何疑耶？若勞苦旁求，謂我所自得，以眩惑後生，吾不忍也。非獨《詩》爲然，凡聖人書，熟讀之，其義自見，藏之於心，終身可行，患在信之不篤耳。」《曲洧舊聞》。

先生曰：「《詩》大序，孔子所爲，其文似《繫辭》，其義非子夏所能言也。小序，國史所爲，非後世所能知也。」《遺書·鄒德久録》。

又曰：《周南》、《召南》如乾坤。《遺書》卷六。

先生作《詩序》二篇，昔人傳之不眞。和靖一日問曾作否，先生曰：「有之，但不欲示人。」再三請，乃得之，曰：「爲子出此二篇。」今傳之者是也。《外書·祁寬記尹和靖語》。

先生曰：「看書須要見二帝三王之道，如二《典》，即求堯所以治民，舜所以事君。」《遺書·鄒德久録》，下同。

孔明有王佐之心，道則未盡。王者，如天地之無私心焉，行一不義而得天下不爲，孔明必求有成而取劉璋。聖人寧無成耳，此不可爲也。若劉表子琮將爲曹公所并，取而興劉氏可也。

孔明不死，三年可以取魏，且宣王有英氣，久不得伸，必沮，死不久也。

孔明庶幾禮樂。

西漢儒者有風度，惟董仲舒、毛萇、揚雄。萇解經未必皆當，然味其言，大槩然矣。

義訓宜，禮訓別，智訓知，仁當何訓？說者謂訓覺、訓人，皆非也，當合孔、孟言仁處，大槩研窮之二三歲，得之未晚也。

按：此條較劉元承編爲詳，故並存之。

四年乙酉，七十三歲。

有《祭李邦直文》。見《伊川文集》。

按：先生紹聖四年被謫，邦直尹洛，至是時知大名府，卒，故有「自與公別，於茲九年」之語。

張思叔作《商稅院題名記》，先生以爲得體。李邦直卒，委思叔作祭文，多溢美。先生顧思叔曰：「《商稅院題名記》是公所爲乎？」思叔唯唯。他日別製祭文用之。曰：「世推文章，位登丞輔，編簡見其才華，廊廟存其步武。」《外書·時紫芝集》。

思叔告先生曰：「前日見教授夏侯旄，甚歎服。」曰：「前時來相見問，後極說與他。既問，卻不管他好惡，須與盡說與之。學之久，染習深，不是盡說。力詆介甫，無緣得他覺悟。亦曾說介甫不知事君道理。觀他意思，只是要樂子之無知，如上表言『秋水既至，因知海若之無窮；大明既升，豈有爝火之不熄』，皆是意思常要己在人主上。自古主聖臣賢，乃常理，何至如此？又觀其說魯用天子禮樂，云周公有人臣所不能爲之功，故得用人臣所不得用之禮樂。此乃大段不知事君。大凡人臣身上豈有過分之事，凡有所爲，皆是臣職所當爲之事也。介甫平居事親最孝，觀其言如此，其事親之際，想亦洋洋自得，以爲孝有餘也。臣子身上皆無過分事，惟是孟子知之，如說曾子，只言事親若曾子可矣，不言有餘，只言可矣。唐子方作一事後無聞焉，亦自以爲報君足矣，當時所爲，蓋不誠意。」嘉仲曰：「陳瓘亦可謂難得矣。」先生曰：「陳瓘卻未見其已。」《遺書·唐彦思録》。夏侯旄，字節夫，京師人。崇甯初，任諸州教授。學制既盼，即日尋醫去。後任西京幕官，罷任當改官，以舉將一人安惇也，不肯用，卒不改官，浮湛京師，至死不屈。見《呂氏童蒙訓》。李處遯，字嘉仲，見《伊洛淵源録》。陳瓘，字瑩中。徽宗即位，召爲右正言，累權給事中，除名竄袁、廉、郴州，安置通州，又徙台州。見《宋史》。

按：先生講學友，自張横渠、邵康節外，如司馬溫公、范堯夫、韓持國、富鄭公、文潞公、呂申公、范彝叟、呂微仲、范淳夫、王彦霖，皆一時名公，虛心咨訪，如布衣交。其他如黄鼇隅、宇文公南、方道輔、朱伯原、傅伯壽、韓宗道、陳公廙、張子堅、趙大觀、王子眞、董五經、鮮于侁、鄒志完、孫曼叔、孫莘老、顧子敦、趙均國、范巽之、苗授、苗履、王讜、李清臣、翟霖、謝師直、李君行、夏侯旄、晁以道、呂舜從，或以文學，或以高節，或以治術，雖顯晦不一，而因先生論説，其人皆可知也。

五年丙戌，七十四歲。

復承務郎。尋以通直郎致仕。

正月乙巳，以星變毁黨碑。庚戌，劉忠肅以下二百有七人，叙復有差，而先生復承務郎，依舊致仕。三月戊戌，詔黨人許到畿縣，先生尋以通直郎致仕。《道命録》。《宋史》：劉忠肅，名摯，字莘老，東光人。元祐六年，拜右僕射。〔字〕〔謚〕忠肅。一云復宣義郎致仕。見《實録》。

時《易傳》成書已久，學者莫得傳授，或

以爲請。先生曰：「自量精力未衰，尙覬有少進耳。」其後寢疾，始以授尹焞、張繹。《伊洛淵源録》。

是年，先生得風痺疾。《外書·時紫芝集》。

大觀元年丁亥，七十五歲。

九月庚午，卒於家。

先生年七十四，得風痺疾，服大承氣湯，則小愈。是年九月，服之輒利，醫者語家人曰：「侍講病不比常時。」時大觀元年九月也。十六日，尹焞入視，先生以白夾被被體，坐竹牀，舉手相揖，焞喜，以爲疾去。先生曰：「疾去而氣復者，安候也，某愈覺羸劣。」焞既還，十七日，有叩門者，報先生頃殂。《外書·時紫芝集》。

先生病革，門人郭忠孝往視之，先生瞑目而卧。忠孝曰：「先生平日所學，正要此時用。」先生曰：「道著用便不是。」忠孝未出寢門，而先生卒。《遺書》附師説後，一作或人，尹子云「非忠孝也」。忠孝自黨事起，不與先生往來，及卒，亦不致奠。

先生將屬纊時，顧謂端中曰「立子」，蓋指其適子端彦也。語絶而沒。既除喪，明道之長孫昂自以當立，侯師聖侯舅之孫。明不可，昂曰：「明道不得入廟耶？」師聖曰：「我不敢容私，明道先太中而卒，繼太中主祭者伊川也。今繼伊川，非端彦而何？」議始定。或謂師聖曰：「明道既死，其長子不當立乎？」曰：「立廟自伊川始，又明道長子死已久，況古者有諸侯奪宗、庶姓奪嫡之説，可以義起矣，況立廟自伊川始乎？」《外書》卷七尹子親註云：此一段差誤。

初，明道先生嘗謂先生曰：「異日能使人

尊嚴師道者，吾弟也；若接引後學，隨人材而成就之，則予不得讓焉。」《伊洛淵源録》。　黄梨洲云：二程子大旨雖同，而其所以接人，伊川已大變其説，故朱子云明道宏大，伊川親切。大程夫子當識其明快中和處，小程夫子當識其初年之嚴毅，晚年又濟以寬平處。是自周元公主静立人極開宗，明道以静字稍偏，不若專主於敬，然亦惟恐以把持爲敬，有傷於静，故時時提起。伊川則以敬字未盡，益之以窮理之説，而曰「涵養須用敬，進學在致知」，又曰「只守一箇敬字，不知集義，却是都無事也」。然隨曰「敬以直内，義以方外」，合内外之道，蓋恐學者作兩項工夫用也。舍敬無以爲義，義是敬之著，敬是義之體，實非有二。自此旨一立，至朱子又加詳焉，於是窮理主敬，若水火相濟，非是則隻輪孤翼，有一偏之義矣。後之學者不得其要，從事於零星補湊，而支離之患生，故使明道而在，必不爲此言也。兩程子接人之異，學者不可不審焉。黄百家按：黄東發。云：「自孔、孟殁後，異端紛擾者千四百年，中間惟董仲舒『正誼』、『明道』二語與韓文公《原道》一篇爲得議論之正。逮二程，得周子之傳，然後有以窮極性命之根柢，發揮義理之精微，風氣日開，議論日精。濂洛之言，雖孔、孟亦所未發，特推其旨，要不越於孔、孟云耳。」此評論之得當者。而唐一菴樞謂：「明道之學，一天人，合内外，已打成一片。而伊川居敬，又要窮理，工夫似未合併，尚欠一格。」此但知先生「涵養須用敬，進學在致知」，而忘却先生未有致知而不在敬者之語，恐未是深知先生者也。蓋語學至二程，諸儒之中，更醇乎其醇矣，第大程質性高明，而先生從踐履入，非聖人之書不觀，其功在於密察邊耳。至於大程之表《大學》、《中庸》，先生之《易傳》，更足爲萬世經術斗杓也。

明道先生每與門人講論，有不合者則曰「更有商量」，先生則直曰「不然」。《外書·時紫芝集》。

游定夫、楊中立來見先生。一日，先生坐而瞑目，二子立侍不敢去。久之，先生乃顧曰：「二子猶在此乎？日暮矣，姑就舍。」二子者退，則門外雪深尺餘矣，其嚴厲如此。晚年接學者乃更平易，蓋其學已到至處，但於聖人氣象差少從容爾。明道則已從容，惜其早死，不及用也，使及用於元祐間，則不至有今日事矣。侯仲良語。

或問先生：「量可學否？」曰：「可。學進則識進，識進則量進。」曰：「如魏公可學否？」曰：「魏公是間氣。」《胡氏傳家録》。《宋史》：韓魏公，名琦，字稺圭，相州人。天聖五年進士第二，太史奏日下五色雲見。歷事仁宗、英宗、神宗，官至丞相，封魏國公。熙寧八年卒，年六十八。謚忠獻。

先生之學，本於至誠，其見於言動視爲之間，處中有常，疏通簡易，不爲矯異，不爲狷介，寬猛合宜，莊重有體。或說匍匐以弔喪，誦《孝經》以追薦，皆無此事。衣雖紬素，冠襟必正；食雖簡儉，蔬飯必潔。太中年老，左右致養無違。以家事自任，悉力營辦，細事必親，贍給内外親族八十餘口。先生於書無所不讀，於事無所不能。尹和靖語。

先生才大，以之處大事，必不動聲色，指顧而集矣。或謂：「先生守正則盡，通變不足。子之言若是，何也？」謝子曰：「陝右錢以鐵舊矣，有議更以銅者，已而會所鑄子不踰母，謂無利也，遂止之。先生聞之，曰：『此乃國家之大利也。利多費省，私鑄者衆；費多利少，盜鑄者息。民不敢盜鑄，則權歸公上，非國家之大利乎？』又有議增解鹽之直者，先生曰：『價卑則鹽易泄，人人得食，無積而不售者，歲入必倍矣。增價則反是。』已而果然。司馬公既相，薦先生而起之。先生曰：『將累人矣，使韓、富當國時，吾猶可以有行也。』及司馬公大變熙豐，復祖宗之舊，先生曰：『役法當討論，未可輕改也。』公不然之，既而數年紛紛不能定。由是觀之，亦可以見其梗槩矣。』謝顯道語。

按《續通鑑長編》：禁銅錢，專行鐵錢，在元符二年閏九月。

天下之習不能蔽，先生一人而已，只一箇是自然不墮流俗。《龜山語録》。

嗚呼！利害生於身，禮義根於心，伊此心喪於利害，而禮義以爲虚也。故先生踽踽獨行斯世，而衆乃以爲迂也。惟尚德者以爲卓絶之行，而忠信者以爲孚也；立義者以爲不可犯，而達權者以爲不可拘也。在吾先生，曾何有意？心與道合，泯然無際。無欲可以繫羈兮，自克者知其難也；不立意以爲言兮，知言者識其要也。德輶如毛，毛猶有倫，無聲無臭，夫何可親？嗚呼！先生之道，不可得而名也。伊言者反以爲病兮，此心終不得而形也。惟泰山以爲高兮，日月以爲明也；春風以爲和兮，嚴霜以爲清也。在昔諸儒，各行其志，或得於數，或觀於禮。學者趨之，世濟其美。獨吾先生，淡乎無味，得味之眞，死其乃已。自某之見，七年元符三年。於兹，含孕化育，以蕃以滋。天地其容我兮，父母其生之；君親其臨我兮，夫子其成之。欲報之心，何日忘之！先生有言，見於文字者，有七分之心；繪於丹青者，有七分之儀。七分之儀固不可益，七分之心猶或可推。而今而後，將築室於伊雒之濱，望先生之墓，以畢吾此生也。嗚呼！夫子沒而微言絶，則固不可得而聞也。然天不言而四時行，地不言而百物生，惟與二三子洗心去智，格物去意，期默契斯道，在先生爲未亡也。嗚呼！二三子之志，不待物而後見；先生之行，不待誄而後徵。然而山頽梁壞，何以寄情。凄然一奠，敬祀於庭。百年之憾，併此以傾。張思叔祭文。《北窗炙輠》云：伊川祭文十許首，惟思叔之文，理極精微，卓乎在諸公之上。

先生之葬，洛人畏入黨，無敢送者。故祭文惟張繹、范域、孟厚及焞四人。乙夜，有素衣白馬至者，視之邵溥也，乃附名焉。蓋溥亦有所畏，而薄暮出城，是以後。《伊洛淵源録·尹和靖語》。《宋史》：邵溥，字澤民，康節之孫。范域，洛陽人，子文之子，官至待制。

道之在天下，民日用之。聖人慮後世不足以知之，載之六經，丁甯教告，纖悉具備，宜若人人見而知之。然自秦、漢以下，泯沒無傳，惟伊川先生，以出類之才，獨立乎百世之後，天下學士大夫翕然宗師之。聖人之道蔽曀千四百年，至先生而復明。昔之論者，謂孟子之功可同於禹，以其辨異端闢邪說也。當是時，去聖人未遠，異端之害教也未深，豈若後世沉深固結，雖豪傑之士，亦無以自脱。先生獨能如醉之醒，如夢之覺，其功豈不優於孟子哉？元祐初，大臣以先生道義薦諸朝，召爲崇政講官，哲宗信而敬之。既而同朝之士，有以文章重於時者，忌先生名出己右，與其黨類巧爲謗詆，遂以罷去。其後朝命屢加，終不復起。居於洛陽，天下尊仰之。紹聖治元祐諸臣罪，先生坐嘗爲所薦，責涪州。今上嗣聖，得歸，遂居伊川，建中靖國元年。後七年而終。先生既沒，昔之門人高弟皆已先亡，無有能形容其德美者。然先生嘗謂門人張繹曰：「我昔狀明道先生之行，我之道蓋與明道同，異時欲知我者，求之於此文可也。」不肖孤既無以嗣聞斯道，姑用記其言，且又使姪㫤編次其遺文，俾後之學者觀其經術之通明，論議之純一，謀慮之宏深，出處之完潔。雖於先生之道未能備見其純全，亦將庶幾焉。右《伊川先生文》八卷，政和二年壬辰七月，孤端中序。

靖康之難，先生諸孫避狄流徙，寓居池州。先生二子：長端中，故知六安軍，金人入寇，死其官；次端彥，其嫡也，以太中公任入官，任至從政郎、會州司戶參軍。紹興十年四月二十九日，端彥之子昜勅補將仕郎。《道命録》。按《一統志》：端中，伊川長子。舉進士。南渡後，徙家池州。建炎中，知六安軍，金人攻六安，固守，城破死之，池州都統制程全收其骨葬於池。《元豐九域志》：池州，屬江南路池陽郡。

先生孫：易，紹興初分甯令；見《元祐黨籍碑》。晟，紹興元年召赴行在；見《元祐黨案表》。暐，桐廬令，尹和靖壻。見《宋儒學案》。

伏見元祐之初，宰臣司馬光、吕公著秉政當國，急於得人，首薦河南處士程頤，乞加召命，擢以不次。遂起韋布，超居講筵，自司勸講，不爲辨辭，解釋文義，所以積其誠意，感通聖心者，固不可得而聞也。及當官而行，舉動必由乎禮；奉身而去，進退必合乎義。其修身行法，規矩準繩，獨出諸儒之表，門人高弟莫獲繼焉。雖崇甯間曲加防禁，學者向之，私相傳習，不可遏也。其後，頤之門人如楊時、劉安節、許景衡、馬伸、吴給等，稍稍進用，於是士大夫爭相淬礪。而其間志於利祿者，託其説以自售，學者莫能别其眞僞，而河洛之學幾絶矣。壬子年，臣嘗至行闕，有仲幷者言伊川之學近日盛行，臣語之曰：「伊川之學不絶如綫，可謂孤立，而以爲盛行，何也？豈以其説滿門，人人傳寫，耳納口出，而以爲盛乎？」自是服儒冠者，以伊川門人妄自標榜，無以屈服士人之心，故衆論洶洶，深加詆誚。夫有爲伊洛之學者，皆欲屏絶其徒，而乃上及於伊川，臣竊以爲過矣。夫聖人之道，所以垂訓萬世，無非中庸，非有甚高難行之説。此誠不可易之至論也。然中庸之義不明久矣，自頤兄弟始發明之，然後其義可思而得。不然，則或謂「高明所以處己，中庸所以接物」，本末上下，析爲二途，而其義愈不明矣。士大夫之學，宜以孔孟爲師，庶幾言行相稱，可濟時用，此亦不可易之至論也。然孔孟之道不傳久矣，自頤兄弟始發明之，而後其道可學而至也。不然，則或以六經、《語》、《孟》之書，資口耳、取世資而干利祿，愈不得其門而入矣。今欲使學者蹈中庸，師孔、孟，而禁使不得從頤之學，是入室而不由户也，不亦誤乎？夫頤之文，於《易》則因理以明象，而知體用之一源；於《春秋》則見諸行事，而知聖人之大用；於諸經、《語》、《孟》，則發明其旨，而知求仁之方，入德之序。然則狂言怪語，淫說鄙論，豈其文也哉？頤之行，其行己接物，則忠誠動於州里；其事親從兄，則孝弟顯於家庭；其辭受取捨，非其道養則一介不以取；與諸人雖祿之千鍾，有必不顧也；其餘則亦與人同爾。然則幅巾大袖，高視闊步，豈其行也哉？昔者伯夷、柳下惠之賢，微仲尼，則西山之餓夫、魯國之黜臣爾。本朝自嘉祐以來，西都有邵雍、程顥及弟頤，關中有張載，此四人者，皆道學德行名於當世。會王安石當路，重以蔡京得政，曲加排抑，故有西山東國之阨，其道不行，深可惜也。今雍所著有《皇極經世》書，載有《正蒙》書，頤有《易》、《春秋傳》，顥雖未及著述，而門弟子質疑請益答問之語，存於世者甚多，又有書、疏、銘、詩並行於世，而傳者多失其眞。臣愚伏望陛下特降指揮，下禮官討論故事，以此四人加之封號，載在祀典，以見聖世雖當禁暴誅亂奉辭伐罪之時，猶有崇儒重道、尊德樂義之意。仍詔館閣裒集四人之遺書，委官校正，取旨施行，便於學者傳習，羽翼六經，以推尊仲尼、孟子之道，使邪說者不得乘間而作，而天下之道術定，豈曰小補之哉？胡安國奏狀。

規員矩方，繩直準平。允矣君子，展也大成。布帛之文，菽粟之味。知德者希，孰識其貴。《伊川先生贊》，《朱子文集》。

先生之身貶於紹聖，先生之學禁於崇甯，然貶其身而身愈强，禁其學而學愈盛。困而不失其所亨，先生有焉。彼董敦逸、范致虚輩雖欲自絶，何傷於日月乎？先生一生，不獨處窮爲不遇，即處達猶爲不遇也。跡其立朝，纔及歲餘，即以人言罷之。言乎盡心勸講則有之，言乎得時行道則未也。道之行廢，身之用舍，關時運之盛衰，誠有非人力所能爲者乎？然身雖困，而道則亨。就一時而觀，則謂之不遇；統百世以觀，所成孰有如先生者？見其大，則心泰。有志之士三復斯編，夫亦可以自得矣。道光乙未仲冬，録《伊川先生年譜》成，謹誌於後。諸星杓。

池籥庭商訂《二程年譜》手簡

按：彭夫人之歸雖不可考，然以周子《作彭推官詩序》推之，彭公以至和二年爲益州轉運使，而先生行狀云彭夫人事舅以孝稱，而不及姑，時太中正在鳳州，疑先生之娶亦在服闋後也。己五八月八日。

年譜一書，年月本難於考據精詳，若體例盡善，即吾二人所得者，亦足以成書，繼有所考，逐漸補入，久之自可以傳信。弟又欲另爲一稿本，自大中祥符四年辛亥起，至大觀元年丁亥止。凡周、邵、張、程五夫子言行事實及各門人仕宦出處、受學年月，俱按年纂入，倣史傳中表例，庶眉目清晰。積累既多，可分可合也。必俟兄來面商。如蒙過我，祈將程、朱年譜及《宋名臣言行録》俱帶來。《司馬文正公年譜》若得借觀，更妙。《游景叔碑》，弟無此種。近日校《正蒙》未畢，《龜山集》尚未暇看，俗事分心，流光虛擲。奈何！庚寅十一月二十七日。

承諭數條，蒐羅剔抉，精到之至。鄭白渠一節，《上宰相書》與侯先生誌情事脗合，決爲代侯仲良無疑。惟宰相仍須考訂，若以爲吕大防，則上書應在元祐三年四月以後、紹聖元年三月以前，此六年中，不知的係何年。來示謂應在紹聖元、二年間，恐不然也。汲公以元年三月罷知永興軍，此後不復登朝矣。書中所云「閣下嘗尹長安」，事在爲相之前，又云「僕射相公以經緯之才，逢時得君，以天下事爲己任」，是又在宣仁聽斷之時。若泰陵親政，則紹述論興，時事遂變，安能有爲乎？弟意謂須兼攷呂公著、范純仁、劉摯、蘇頌諸賢，在元祐入相之先，何人曾尹長安否。至書中「方外不順」、「師旅之興」等語，亦有端倪可尋。祈再將《宋史》暨《忠宣公集》檢查。《殿丞誌》「二年」，「三」字係「十年」之誤，此段考證精確不差，其爲傳刻之誤無疑，得兄摘出，豁然貫通，暢快之至。伊川著《家世舊事》在元祐年間，此亦近是。簡册至今流傳已尠，吾輩旁搜遠紹，亦不過於此數書中，每見每知所益。若其不可强通處，只得闕疑，以待隨時隨地觸發耳。今早濃陰，令人望雲思雪，旋又開霽，暄暖如故，祈善爲調攝，餘容面罄。庚寅十二月初五日。

按《宋史》，汲公在元豐初已嘗知秦州，徙永興則在入相之先矣。初札未細核，故籥庭駁之。今據史，則代人上宰相書，宰相仍係汲公，當在元祐三年四月汲公超拜左僕射時，惜無由起籥庭而辨正也。己酉閏四月，星杓記。

來示四條，一以代人上宰相書指温公，一以明道避親指彭中丞，俱明確可信。其尤辨證精細，指魯魚之誤而釋千古之疑者，在十八歲上書一條，以「皇」字爲「嘉」字之僞，發前人所未發，可謂目明如炬，心細如髮。得兄指示，令人暢然意滿，真益友也。至師直尹洛，以元祐二年知蔡州當之，仍恐不然。洛與蔡州顯然兩地，且細按《家世舊事》所載云，師直尹洛時，嘗談經與鄙意不合，因曰「伯淳亦然」，尚稱伯淳，則尹洛談經應在元祐以前。伊川蓋述舊事而連類追記之耳。然則師直尹洛，當在元豐年間考之，而《家世舊事》之述，可否編入元祐五年宅憂之時，祈再詳查指示。來示偶有抑塞之感，此亦天理人情之至。然士之所争，在千古而不在一日，潛見待之，時數仁義，飽乎膏粱。兄任重致遠之力，百倍於弟，願益勉之，並時指弟之愚昧而警覺之，蘄相與於有成也。庚寅十二月初七日。

奉到《年譜提綱》一本，暢慰之至，敏則有功，於兄益信。篇中應加按語之處，弟當悉心綴屬，以待訂正。所云不難於比屬，而難於大綱，此至當之言。後人著書好繁，此一大弊，然簡而明，豈易言哉？兄步而弟趨，不敢不竭力也。奉議一節，弟意亦以爲應在元豐三年。手册留下，總於三日後呈閲。明日擬城外一行，餘日在庽，過我爲慰。庚寅十二月初九日。

細翫《提綱》數紙，其中不合體裁者頗多。蓋牽引太中，已不免有窒礙，又雜入文簡諸公仕履，更無眉目。以爲家譜，則書闕有間，嫌其挂漏；以爲年譜，則主客不分，雜然並舉，終不免著書好繁之失。不得已，或取《太中家傳》年月可稽處注於句下，冠之篇端。年譜專載二先生，綱如《春秋》，目如《左氏》，非僭擬也，竊師古也。另録數頁附呈訂正，目中按語亦不宜繁。文省事增，此編書之大要。後人著書，指千證百，究其所證，未必可信，徒多辭説，至義反蕪。率呈臆見，以俟裁示。有須面商，非筆所罄，擬即過我，藉釋羣疑。即請文安，寒節珍重。庚寅十二月十一日。

承示安溪《正蒙注》，語意精簡，能發張子之奥義，洵善本也。安宜之書《石經記》，容細看畢奉上。所稱汲郡吕公似進伯微仲，兩無所屬，恐别有其人，闕疑俟考可也。吴充薦明道以下數條，宜載入，誠如明諭。胃氣作痛，祈於動息節宣之理加意。書年譜亦不必太急，總以養身爲要，餘俟面罄。庚寅十二月十五日。

《金石粹編》云：汲郡吕公者，宣公大防之兄，以直龍圖閣知秦州，大忠也。方是時，宣公在朝，二三執政罔非正人，監司長吏咸以興起學校、褒集經史爲務。至紹聖、元符之際，小人一柄政，諸君子咸被重罪以去，宣公竄死虔州。未幾，大忠亦降官。按此，則汲郡呂公確係進伯，籥庭偶未檢耳。己酉閏四月，星杓記。

先後兩奉手書，具見讀書精密，不肯一字放過。年譜得兄如此推勘，其爲功於先民不小。弟近日塵事愈擾，讀年譜尚未終篇，太約初五六日方能摒擋一切，抽兩半日之間悉心考訂。並迎吾兄過寓，面質所疑也。現纂國史館列傳，亦爲賓客所擾，或作或輟。奈何！奈何！庚寅十二月十七日。

昨承示手校李遜齋《道南講授》，於程門淵源考訂精詳。頃語祁春浦學士，知《李文貞公集》陳碩士侍郎自閩刻携歸，已全部相贈。日來服膺此書，精深博大，紫陽以後一人而已。來示勗以慎交遊，並以醇儒之道自律，深媿薄植，無所成就，然不敢不自勉，以無負愛我者之期望。仍祈始終訓迪，愈賜箴砭。至於道義之交，近時誠不可多得，惟節其長而棄其短，庶規模不至於狹隘耳。秋色澄清，頗有停雲之思，擬於月中奉訪也。辛卯八月望前。

伻來，讀手書，所論處旅貴内外之正，舍此無心亨之道，惟同心可共語此。精義入神之學，利用安身，即在於此。兄之自得深矣，惠我亦深矣。昨夜夢中有人問云：「世間何處最險？」應之曰：「平處最險。」又問：「何處最平？」應之曰：「險處最平。」覺而憶之，此語似有意味，可作生於憂患注脚，不知先儒有此説否？抑積思之久，閲歷之多，而通於夢耶？此亦惟同心可共語也。《程子年譜》清本，弟携去，容公暇手訂一過，俟兄來粵商定付梓。此别數月，善自愛。癸巳正月二十八日。

癸巳九月十六日，於太平試院奉到手書，所以慰存之者至殷且摯。却憾明日清風不來嶺外，久欲奉書速駕，因天涯地角，郵遞爲艱。且慮海内士大夫聞風傾慕者早已延而致之，則雙鯉浮沉，徒勞悵望。本年賈運生試使來粤，復奉賜函，頓解調饑，如聆謦欬。惟是雁塔瓊林，屢困昭諫，在仁人君子固安之有素，而同舟者不能不詠「文章憎命達」之句，而氣爲之不平也。既厲恩少寇府中，賢主嘉賓必非泛泛，此時不但都門館地可有可無，即弟亦不欲勞兄遠行，何也？轉瞋又是春闈，兄之文行，理無終屈，高堂之期望在此，弟之所昕夕禱祝者亦在此。惟甘旨之需，不可久缺，兹借星使還軺，奉上紋銀百兩。同年中弟亦有菲意，前曾彙寄許玉叔侍御處，因其中小有周折，故稍遲遲。家嚴於本年四月初八日抵桂林，不服水土，又爲家事所牽，已於八月二十八日嚴慈同行，携三舍弟回滇，一切俱叨平順至在。弟嶺右三載於今，此中山水之奇甲於天下，士生其間，得靈秀之氣，頗不乏明穎者。惟家無藏書，人無教法，求一根柢盤深者，未之見焉。大約童子開筆未久，塾師遽授以庸俗墨卷，臨文不過摹其腔調，以希速售，變化之方，愧勵之法，文告固不可廢，然已末矣。弟讌間時，進諸生而面訓之，稍有所進，即破格以獎勵之，敏者頗能信從，仍以不能遍及爲憾。《小學》則已風行一時矣，《近思録》現尚不能刊發。此有二焉，一則諸生初聞端緒，先沈潛於四子六經、《孝經》、《小學》，而後啓其門徑，則有實功而無流弊。間有一二好學之士，已自能購是書而讀之矣。一則考試匆匆，無暇校勘。《小學》之所以成功者，皆泗舸先生之力也。且現又窘於資力，故不能爲。至場屋弊端逐漸清釐，士論頗以爲嚴。然夙興夜寐，惟求真才，故不畏人之怨。其知我者，則自不怨也。年來公行文字皆殫心力而爲之，現已不少，然不欲寄，近於好名者之所爲，他日尚求教也。此中有可以惠吾士子而裨益弟之所不及者，望悉心指示。兄能言之，弟能行之，此正朋友之大義。若但有嘉許，則非弟之所望於兄也。《程子年譜》亦非百冗中所能卒業，蓋一入宦途，則一切無益而不能廢之，虚文故套，又耗去精神大半。天假之緣，異日燕山風雨，重理巾箱，則平生之志慰矣。千里神交，情長紙短，計此信到京，長安太平鼓又已聲滿六街矣。《小學》一部附呈，其中必多舛誤之處，望簽出，他日面訂，尚可重刊也。弟履任以來，搜採通省孝子順孫、義夫節婦，給匾者已千有餘人，會題者現有一百八十餘人，凡前明、國初之湮没不彰者，俱已表揚，此事差堪告慰也。泐此順候元安，爲道珍攝，不盡欲言。弟生春頓首。乙未九月七日。

曾子宣年譜稿

（近）周明泰 編

李春梅校點

民國二十一年排印三曾年譜本

曾布（一〇三六—一一〇七），字子宣，南豐（今屬江西）人，曾鞏弟。嘉祐二年與兄同登第，歷宣州司户，知懷仁、開封二縣，熙寧間召爲崇政殿説書，判司農寺，檢正中書五房，與吕惠卿共創青苗、助役、保甲、農田法。擢修起居注，知制誥，爲翰林學士兼三司使。忤王安石，黜知饒州，徙潭、廣二州。元豐初，知桂州，歷知秦、陳、蔡、慶諸州。元豐末年，復翰林學士，遷户部尚書。元祐間，歷知太原、真定、河陽、青、瀛等州府。紹聖初爲翰林學士，遷承旨兼侍讀，知樞密院。徽宗立，拜右僕射。建中靖國初，獨當國，漸進紹述之説。崇寧元年，爲蔡京所擠，出知潤州。復落職，居太平州、衡州，累貶賀州别駕、廉州司户，徙舒州。大觀元年卒於潤州，年七十二，謚文肅。著有《紹聖甲戌日録》一卷、《元符庚辰日録》一卷、《三朝正論》二卷、《熙寧新編常平敕》二卷、《曾布集》三十卷，均已散佚。《全宋詩》、《全宋文》録有其散存詩文。事蹟見《曾布傳》（《名臣碑傳琬琰集》下卷二〇）、《宋史》卷四七一本傳。

曾布久在文苑，官至宰相，在北宋後期政壇有較大影響。但由於其在熙豐變法及紹聖紹述中的作用，在歷史上曾被視爲「姦臣」，致其文集、碑銘等在後世散失，因而可供研究曾布的文獻也相對較少。近人周明泰據史傳、宋人文集及碑刻題名、《曾公遺録》等，輯爲此譜，與其兄曾鞏、弟曾肇年譜，合刊爲《三曾年譜》，有民國十九年文嵐簃書局排印本及民國二十一年再版本。

宋仁宗景祐二年乙亥，公生。

公姓曾氏，諱布，字子宣，南豐人。

四世祖延鐸，散騎常侍，始爲南豐人。

曾祖仁旺，贈尙書水部員外郎。曾祖妣陳氏。

祖致堯，字正臣，累贈太子太師、密國公。

祖妣黃氏。

考易占，字不疑，追封魯國公，時年四十有七。妣周氏、吳氏、朱氏。

兄曄，周出，時年二十有七；兄鞏，吳出，時年十有七；兄牟，吳出，時年未詳；

兄宰，吳出，時年十有四；弟肇，朱出。

長姊，吳出，時年十歲；次姊，吳出，時年九歲。

兄曄子覺，時年二歲。

魯公是年治信州之玉山，既除其大惡，至於橋梁廨驛，無所不治。《臨川集·太常博士曾公墓誌銘》。

景祐三年丙子，二歲。

魯公在玉山，知信州錢仙芝者有所丐於玉山，公不與，即誣公。吏治之，得所以誣公者，仙芝則請出御史。當是時，仙芝蓋有所挾，故雖坐誣公抵罪，而公亦卒失博士，歸。《臨川集·太常博士曾公墓誌銘》。

景祐四年丁丑，三歲。

寶元元年戊寅，四歲。

寶元二年己卯，五歲。

康定元年庚辰，六歲。

從魯公寓南康。

慶曆元年辛巳，七歲。

慶曆二年壬午，八歲。

第八妹德耀生。

慶曆三年癸未，九歲。

慶曆四年甲申，十歲。

祖母黄氏卒於撫州，年九十有二。

第九妹德操生。

慶曆五年乙酉，十一歲。

祖母黄氏葬於南豐。

慶曆六年丙戌，十二歲。

族兄叔卿登進士第。

慶曆七年丁亥，十三歲。

弟肇生。

魯公復如京師，至南京，病，遂卒。《臨川集·太常博士曾公墓誌銘》。

公年十三而孤，學於兄鞏。《宋史》本傳。

慶曆八年戊子，十四歲。

父憂。

皇祐元年己丑，十五歲。

父憂。

魯公葬於南豐龍池鄉清風里源頭。

皇祐二年庚寅，十六歲。

皇祐三年辛卯，十七歲。

皇祐四年壬辰，十八歲。

皇祐五年癸巳，十九歲。

兄曄卒，年四十有五。十二月，葬。

至和元年甲午，二十歲。

兄鞏退休於家，專以學爲事。

按：《宋史》稱公學於兄鞏，蓋指此時也。

至和二年乙未，二十一歲。

嘉祐元年丙申，二十二歲。

嘉祐二年丁酉，二十三歲。

三月，公及兄鞏、牟、從弟阜、姊夫王補之俱中進士第。

七月，長姊卒，年三十有二。適關景暉。

嘉祐三年戊戌，二十四歲。

調宣州司戶參軍、懷仁令。《宋史》本傳。

按：兄鞏於是年調太平州司法參軍，意公之調宣州亦在是年，而其改令懷仁，則不知何時矣。

嘉祐四年己亥，二十五歲。

五月，次姊卒，年三十有三。適王補之。

從兄庠中進士第。

嘉祐五年庚子，二十六歲。

第七妹歸王補之。

按：兄鞏《與王深甫書》有云：「補之之欲繼舊好，遂以第七妹歸之。」以公小於次姊八歲，而長於第八妹德耀七歲推之，知此時歸補之者亦公妹也。

嘉祐六年辛丑，二十七歲。

兄宰進士及第。

九月，妹德耀卒，年二十，許字王幾，未嫁。

十月，長姊葬於杭州錢塘縣履泰鄉龍升原。

嘉祐七年壬寅，二十八歲。

嘉祐八年癸卯，二十九歲。

三月二十九日，仁宗崩。

四月一日，英宗立。

英宗治平元年甲辰，三十歲。

治平二年乙巳，三十一歲。

在懷仁，兄牟卒，母朱太夫人如京師。

按：兄鞏《與王介甫第三書》云：「子進弟奄喪已易三時矣，悲苦何可以堪？二姪年可教者，近已隨老親到此。二尤小者，六舍弟尚且留在懷仁。視此痛割，何可以言？」知公今年適在懷仁，爲令弟肇攜兩姪依之，而子進當係兄牟之字也。

治平三年丙午，三十二歲。

兄子覺中進士第。

治平四年丁未，三十三歲。

正月，英宗崩，神宗立。弟肇中進士第。

神宗熙寧元年戊申，三十四歲。

四月乙巳，兄宰卒，年四十有七。

熙寧二年己酉，三十五歲。

徙開封。以韓維、王安石薦，上書言爲政之本有二，曰厲風俗、擇人才，其要有八，曰勸農桑、理財賦、興學校、審選舉、責吏課、叙宗室、修武備、制遠人，大率皆安石意也。《宋史》本傳。

韓維知開封府。自海州懷仁縣令辟監本府檢校庫。《琬琰集》本傳。

閏十一月，姊夫王補之卒，年四十有六。

熙寧三年庚戌，三十六歲。

在京師。

神宗召見，論建合意，授太子中允、崇政殿説書，加集賢校理，判司農寺，檢正中書五房。凡三日，五受敕告。與呂惠卿共創青苗、助役、保甲、農田之法，一時故臣及朝士多爭之。布疏言：「陛下以不世出之資，登延碩學遠識之臣，思大有爲於天下，而大臣玩令倡之於上，小臣横議和之於下。人人窺伺間隙，巧言醜詆以譁衆罔上，是勸沮之術未明而威福之用未果也。陛下誠推赤心以待遇君子而厲其氣，奮威斷以屏斥小人而消其萌，使四方曉然皆知主不可抗，法不可侮，則何爲而不可，何欲而不成哉？」布欲堅神宗意，使專任安石，以威脅衆使無敢言政。驟見拔用，遂修起居注、知制誥，爲翰林學士兼三司使。韓琦上疏極論新法之害，神宗頗悟，布遂爲安石條析而駁之，持之愈固。《宋史》本傳。

按：吳榮光《歷代名人年譜》以公爲

崇政殿說書、判司農寺在熙寧三年九月，今從之。

十一月，兄子覺卒，年三十有七。

熙寧四年辛亥，三十七歲。

在京師。

八月壬申，兄子覺葬於南豐龍池鄉之源頭。

熙寧五年壬子，三十八歲。

在京師。

熙寧六年癸丑，三十九歲。

在京師。

熙寧七年甲寅，四十歲。

三月，妹德操卒，年三十有一。適王幾。

五月，免，出知饒州。《歷代名人年譜》。

大旱，詔求直言，公論判官呂嘉問市易掊克之虐，大槩以爲：「天下之財匱乏，良由貨不流通；貨不流通，由商賈不行；商賈不行，由兼幷之家巧爲摧抑。故設市易於京師，以售四方之貨。常低卬其價，使高於兼幷之家，而低於倍蓰之直，官不失二分之息，則商賈自然無滯矣。今嘉問乃差官於四方買物貨，禁客旅無得先交易，以息多寡爲誅賞殿最，故官吏牙駔惟恐裒之不盡而息之不夥，則是官自爲兼幷，殊非市易本意也。」事下兩制議，惠卿以爲沮新法，安石怒，公遂去位。惠卿參大政，置獄舉劾，黜公知饒州。《宋史》本傳。

八月，妹夫王平甫卒。

熙寧八年乙卯，四十一歲。

知饒州。

熙寧九年丙辰，四十二歲。

徙知江陵，未赴，改知潭州。《琬琰集》本傳。

十月，從兄庠卒，年五十有九。十一月，葬於南豐龍池鄉之原頭。

熙寧十年丁巳，四十三歲。

三月庚申，兄宰葬於南豐龍池鄉之源頭。

復集賢院學士，知廣州。《宋史》本傳。

按：兄鞏是年有《辭直龍圖閣知福州狀》云：「臣弟布已移知廣州，見赴本任。」

元豐元年戊午，四十四歲。

正月晦，題名於九曜石。在廣東南海，行書。

文曰：「廣東經略安撫使、起居舍人、龍圖閣待制曾布子宣[二]，轉運副使、都官員外郎向宗旦公美，轉運副使、屯田員外郎□通道濟，前廣西轉運判官、太常□□賡聲叔，元豐元年正月晦日遊。」長洲葉昌熾曰：「邢和叔、張天覺、曾子宣皆以熱中比匪，雖蒙惡名，要非檮杌窮奇，無從湔洗。況翰墨之妙，不減蘇黃諸公乎？中略。曾子宣爲子固之弟，文章名位輝映一時，官轍所至，到處留題，余收得其題名最多。益都之雲門山、太原之晉祠、方山之李長者舊居、廣南之九曜石、廣西之臨桂諸山，摩厓纍纍，風流好事，可見一斑。《宋史》入之《奸臣傳》，未敢以爲定論也。故別論列之，此非余一人之私言也，竹汀先生之說也。《語石》卷八。

以龍圖閣待制知桂州。《宋史》本傳。

按：兄鞏是年有福州奏，乞在京主判閒慢曹局或近京一便郡，狀云：「臣母老多病，見居京師。臣在福州，臣弟布任廣州，相去皆數千里。」又云：「況臣到任，今年八月已及一年，遠去庭闈，爲日已久。」又有《福州上執政書》云：「鞏年六十，老母年八十有八。老母寓食京師，而鞏守閩越，仲弟守南越，二越者天下之遠處也。」由此二者推之，公之改知桂州，當在八月後也。

元豐二年己未，四十五歲。

知桂州。

三月初三日，題名於雉山。在廣西臨桂，篆書。

文曰：「南豐曾布，己未上巳，盡室泛舟歷覽東觀嵒穴之勝，遂巡雉山。」

六月初三日，題名於伏波山。在廣西臨桂，正書。

文曰：「起居舍人、龍圖閣待制、知桂州曾布子宣，轉運使、尚書度支郎中、直集賢院陳倩君美，副使、殿中丞苗時中子居，提點刑獄、太常博士劉宗傑唐輔，提舉常平、秘書丞齊諶子期，管勾常平、前江山縣丞劉誼宜父，元豐二年六月初三日，自風洞遊伏波巖。」

元豐三年庚申，四十六歲。

進直學士，徙知秦州。《宋史》本傳。

官制行，爲朝奉大夫。《琬琰集》本傳。

十月十三日，題名於九龍巖。在湖南東安蘆洪砦，行書。

文曰：「龍圖閣直學士、朝奉大夫曾布自廣西移帥隴右，元豐三年十月十三日過此。男紘、纓、繅、紆、絢，壻王良肱、甥王絪緼侍行。」

元豐四年辛酉，四十七歲。

過闕，留判將作監。未幾，復出知陳州。《琬琰集》本傳。

按：兄鞏是年有《乞出知潁州狀》云：「臣母今年九十有一，比嬰疾疹，舉動步履，日更艱難。中略。今臣弟布得守陳州，臣母憐其久別，欲與俱行。」

元豐五年壬戌，四十八歲。

歷知蔡、慶州。《宋史》本傳。

按：公於今年秋以母憂去職，至元豐末復翰林學士。則史所載歷知諸州，皆在此數月間也。

九月，丁母憂。

母朱太夫人卒，年九十有二。

元豐六年癸亥，四十九歲。

母憂。

四月丙辰，兄鞏卒於江寧府，年六十有五。

元豐七年甲子，五十歲。

母憂。

六月丁酉，兄鞏葬於南豐從周鄉之源頭。

元豐八年乙丑，五十一歲。

復翰林學士，遷戶部尚書。司馬光爲政，諭令增損役法，布辭曰：「免役一事，法令纖悉皆出己手，遽自改易，義不可爲。」《宋史》本傳。

按：《捫虱新話》云：「王荆公嘗曰：『吾行新法，終始以爲不可者司馬光也，終始以爲可者曾布也，其餘皆出入之徒也。』免役法至今行之，民以爲便，何疑不可乎？」

三月戊戌，神宗崩，哲宗立。

哲宗元祐元年丙寅，五十二歲。

以龍圖閣學士知太原府。《宋史》本傳。

七月十三日，題名於晉祠。在山西太原，正書。

文曰：「龍圖閣學士、河東經略安撫使曾布，提點刑獄、朝奉大夫范子諒，躬率寮吏，禱雨祠下。通判太原軍府事田盛、高復，簽書河東節度判官盧訥，知陽曲縣馬忱之，走馬承受王演，檢法官史辯從行。元祐丙寅歲七月十三日，訥謹題。刊者任晛。」

元祐二年丁卯，五十三歲。

知太原府。

元祐三年戊辰，五十四歲。

知太原府。

元祐四年己巳，五十五歲。

徙知眞定府。

按：《揮麈前錄》曰：「曾文肅帥定，一日晨起，忽語諸子曰：『吾必爲宰相，然須南遷。』啓其所以，公曰：『吾昨夕夢衣十郎綠袍北向謝恩。』豈非它日貶司戶之徵乎。後十年，果登庸。既爲蔡元長所擠，徙居衡陽，已而就降廉州司戶參軍，勅到取幼子綼朝服以拜命，果符前夢。十郎即綼排行也。」

五月，題名於晉祠。在山西太原，正書。

文曰：「魯郡侯曾布以元祐丙寅歲閏二月庚戌出帥河東，四月丙辰至太原視事。己巳四月丙午，易守眞定。五月辛卯，率僚吏告違于晉祠之神。丙申，受代而東。子壻興國吳則禮書。」

六月辛丑日，謁李長者像，題名。在山西壽陽，正書。

文曰：「魯郡侯曾布（缺）帥眞定，道過壽陽（缺）方山，謁李長者像。餘杭錢景山、樂平潘璟、丹陽邵壎、開封張元淳、長葛李毅、禹城李良臣、舒城李乘偕行。元祐己巳歲六月辛丑日題。」

元祐五年庚午，五十六歲。

歷河陽及青、瀛二州。《宋史》本傳。

按：公於四年在眞定，紹聖初則徙江

寧，是所歷河陽等三處，當在五年至八年之間，姑記於此。

元祐六年辛未，五十七歲。

元祐七年壬申，五十八歲。

元祐八年癸酉，五十九歲。

紹聖元年甲戌，六十歲。

徙江寧，過京，留爲翰林學士，遷承旨兼侍讀。《宋史》本傳。弟肇自江寧府出知瀛州，與公易地。《宋史·曾肇傳》。

五月，公請以王安石《日録》載之《神宗實録》。《宋史·哲宗本紀》。

六月癸未，同知樞密院事。《宋史·哲宗本紀》。

紹聖二年乙亥，六十一歲。

同知樞密院事。

紹聖三年丙子，六十二歲。

同知樞密院事。

紹聖四年丁丑，六十三歲。

閏二月壬寅，知樞密院事。《宋史·哲宗本紀》。

初，章惇爲相，布草制極其稱美，冀惇引爲同省執政。惇忌之，止薦居樞府，故稍不相能。布贊惇紹述甚力，請甄賞元祐臣庶論更役法不便者，以勸敢言。惇遂興大獄，陷正人，流貶鐫廢，略無虛日，布多陰擠之。掖庭詔獄成，付執政蔽罪，法官謂厭魅事未成，不當處極典，布曰：「驢媚蛇霧，是未成否？」衆皆瞿然，於是死者三人。惇以士心不附，詭情飾過，薦引名士彭汝礪、陳瓘、張庭堅等，乞正所奪司馬光、呂公著贈謚，勿毁墓仆碑，布以爲無益之事。又奏：「人主操柄，不可倒持，今自丞弼以至言者，知畏宰相不知畏陛下。臣如不言，孰敢言者。」其意蓋欲傾惇而未能。《宋史》本傳。

按：《琬琰集》本傳曰：「時章惇爲相，斥元祐臣寮，士心不附。布詭情辟致名士，如陳瓘、張庭堅，居門下，欲以傾惇。」所載與史作「惇薦引名士，而布以爲無益者」不同。

元符元年戊寅，六十四歲。

知樞密院事。

四月丁未，上《刪修軍馬敕例》。《宋史·哲宗本紀》。

元符二年己卯，六十五歲。

知樞密院事。

三月辛酉，再對，遂呈陳瓘書，皆條暢有理。然終以先入之言不甚激賞，因言：「陳瓘、王渙之、張庭堅之徒皆衆論所稱。此等人進擢與否，於臣何所利害？但欲陛下知公議所在，不爲無人材爾。」又言彭汝礪可用，蔡卞亦知之，獨章惇以爲不曉。《曾公遺録》。

按：江陰繆荃孫刻《藕香零拾》中有《曾公遺録》三卷，録自《永樂大典》。繆氏跋曰：「按：曾子宣，《宋史》在《姦臣傳》。子宣於哲宗元祐八年六月同知樞密院事，元祐八年誤，應作紹聖元年。元符三年十月入相，崇寧元年六月罷相，先後在政府九年。九年誤，祇七年。此録記在政府奏對之事，世無傳本，於《永樂大典》『録』字韻中鈔出，止存七、八、九三卷，實元符二年三月起至元符三年七月止一年四月中事，不知原書幾卷。按晁氏《讀書記》有《曾相手記》三卷：『紹聖初，元祐黨禍起，曾布知公論所在，故對上之語多持兩端，又輒增損以著此書。」陳氏《書目》有《紹聖甲戌日錄》一卷、《庚辰日錄》一卷：『南豐曾布子宣撰。記在政府奏對施行及宮禁朝廷。』均非九卷。此後至罷相尚有兩年，恐不止三卷。布權譎自喜，議論多偏，然時以元祐、紹聖均有所失，欲以大公至正消釋黨禍，較之惇、卞之徒，究屬天良未昧。李仁甫《長編》每據以刪潤，錢潛研謂《宋史·姦臣傳》宜進史彌遠、史嵩之而出曾布，其論至公。所載多當時語氣，夔指章惇，朴指韓忠彥，左轄指蔡卞，右轄指黃履，鳳指許將，文筆亦爾雅。《長編》盡於元符三年二月，以後五閱月，皆《長編》所無。浙局補《長編》，未見此書，不詳者多。雖零璣斷璧，亦天壤內罕見之書也。」

五月乙丑，進官二等。《宋史·哲宗本紀》。

十一月辛巳，再對。上云：「安石性強。」公云：「安石以義理、名節、忠信自任，不肯為非。至於性強，自是以此驕人，故時有過舉，豈他人可比？」上云：「安石誠近世之所未有。」公云：「此非可與章惇、蔡卞同日而語。其孳孳於國事，寢食不忘。士人有一善可稱，不問疏遠，識與不識，即日召用，誠近世所無也。」《曾公遺錄》。

元符三年庚辰，六十六歲。

知樞密院事。

正月己卯，哲宗崩。

皇太后召宰執問誰可立，惇章惇有異議，公叱使從皇太后命。徽宗立，惇得罪罷遣，中使召蔡京鏁院，拜韓忠彥左僕射。京欲探徽宗意，徐請曰：「痲詞未審合作專任一相，或作分命兩相之意。」徽宗曰：「專任一相。」京出，宣言曰：「子宣不復相矣。」已而復召曾肇草制，拜公右僕射。其制曰：「東西分臺，左右建輔。」忠彥雖居上，然柔懦，事多決於公，公猶不能容。時議以元祐、紹聖均爲有失，欲以大公至正消釋朋黨。《宋史》本傳。

正月己卯，太后坐簾下，微出聲發哭，宣諭云：「皇帝已棄天下，未有皇子，當如何？」衆未及對。章惇厲聲：「依禮典律令，簡王乃母弟之親，當立。」公愕然未及對，太后云：「申王以下俱神宗之子，莫難更分別。申王病眼，次當立端王。兼先皇帝曾言端王生得有福壽，嘗答云：『官家方偶不快，有甚事。』」公即應聲云：「章惇並不曾與衆商理，皇太后聖諭極允當。」蔡卞亦云：「在皇太后聖旨。」許將亦唯唯，夔遂嘿然。是時，都知押班、御藥以下百餘人羅立簾外，莫不聞此語，議定遂退。《曾公遺録》

二月戊午，朝垂拱，百官四拜起居。公言：「陛下踐祚以來，收用人材，以至號令政事，深合人望，中外無不欣悅。然臣嘗論今日先務，莫如言路闕人。若此地得人，則耳目寖廣，何所不聞？中外大小之吏不敢爲姦欺，則可以垂拱無爲而治矣。願更留聖意。兼登極大赦，非常赦之比，竄謫之人延頸以望生還，方春夏瘴癘之時，早得遷徙，爲賜實大。」中略。公因言：「惇美議論，誤朝廷舉措非一事。如貶竄元祐人過當，雖以詆訾神宗政事爲言，其實多報私怨。兼祖宗以來，以一相當國者有幾人？」

上云：「終不置右僕射，何也？」公云：「臣以地勢有嫌，固不敢及此。然每見朝廷政事未厭物議，亦不能自已，未嘗不反復開陳，大行亦無所不優容，亦深知惇等欺罔，但一切涵容爾。」《曾公遺録》。

六月甲辰，公爲上言：「元祐之人憤嫉熙寧、元豐之人，一切屏斥，已失之偏。紹聖用事者又深怨元祐之人，故竄斥廢黜，無不過當，其偏則又甚矣。今日陛下方欲以大中至正之道，調一兩黨，則但當區別邪正是非，處之各得其所，則天下孰敢以爲非者？若今日但知收復元祐之人，退黜紹聖之人，則不免又偏矣。如此，則與元祐、紹聖何以異？非陛下所欲扶偏救𡚁、持平近厚之意也。兼臣累聞聖諭及皇太后亦曾宣諭，以謂有甚熙寧、元豐、元祐、紹聖，但是者則用，不是者則不用，更不必分別此時彼時。若人臣皆能體行此意，則無不當矣。」《曾公遺録》。

十月丁酉，以韓忠彦爲尚書左僕射兼門下侍郎。壬寅，以曾布爲尚書右僕射兼中書侍郎。《宋史·徽宗本紀》。

弟肇復爲中書舍人。元祐臣僚被譴者，咸以赦恩甄叙。肇請併録死者，作訓詞哀厚惻怛，讀者爲之感愴，遷翰林學士兼侍讀。時論者謂元祐、紹聖均爲有失，公傳帝命，使肇作詔諭天下。肇見帝言：「陛下思建皇極以消弭朋黨，須先分別君子小人。賞善罰惡，不可偏廢。」開説備至，已而詔從中出。公之拜相，肇適當制。國朝學士，弟草兄制，唯韓維與肇，爲衣冠榮。《宋史·曾肇傳》。

按：《揮麈前録》云：「元符末曾文肅自知樞拜相，公弟文昭爲翰林，鎖宿禁中。面對，諭旨草麻，文昭力辭。上云：『弟草兄麻，太平美事，禁中已檢見韓絳故事矣。不須辭。』文昭始拜命。」

徽宗建中靖國元年辛巳，六十七歲。

爲尚書右僕射兼中書侍郎。

崇寧元年壬午，六十八歲。

五月庚申，韓忠彦罷。閏六月壬戌，曾布罷。《宋史·徽宗本紀》。

邪正雜用，忠彦遂罷。公獨當國，漸進紹述之説。召蔡京爲左丞。京與公異，會公擬陳佑甫爲户部侍郎，京奏曰：「爵禄者陛下之爵禄，奈何使宰相私其親？」公婿陳迪，佑甫子也。公忿然，争辨久之，聲色稍厲，温益叱公曰：「曾布，上前安得失禮？」徽宗不悦而罷。御史遂攻之，罷爲觀文殿大學士，知潤州。京積憾未已，加公以贓賄，令開封吕嘉問逮捕其諸子，鍛鍊訊鞫，誘左證使自誣而貸其罪。布落職，提舉太清宫，太平州居住。又降司農卿，分司南京。又以嘗薦學官趙諗，而諗叛，責散官，衡州安置。又以棄湟州，責賀州别駕，又責廉州司户，凡四年。《宋史》本傳。

九月丁酉，治臣僚議復元祐皇后及謀廢元符皇后者罪，降韓忠彦、曾布官，竄曾肇以下十七人。壬寅，貶曾布爲武泰軍節度使。十二月，論棄湟州罪，貶曾布爲賀州别駕。《宋史·徽宗本紀》。

九月，落職，提舉亳州太清宫，太平州居住。十月，降授中大夫、守司農卿，分司南京，依舊太平州居住。十二月，責授武泰軍節度副使，衡州安置。《琬琰集》本傳。

按：《琬琰集》本傳，貶武泰軍在十二月，貶賀州、廉州在二年，與史異。然史作節度使，集傳作節度副使，似以集傳爲是。

自熙寧以來四十年，大臣更用事，邪正相軋，黨論屢起。肇身更其間，數不合，公與韓忠彥並相，日夕傾危之。肇既居外，移書告公曰：「兄方得君，當引用善人，翊正道，以杜惇、卞復起之萌。而數月以來，所謂端人吉士繼跡去朝，所進以爲輔佐、侍從、臺諫往往皆前日事惇、卞者，一旦勢異今日，必首引之以爲固位計，思之可爲慟哭。比來主意已移，小人道長，進則必論元祐人於帝前，退則盡排元祐者於要路。異時惇、卞縱未至，一蔡京足以兼二人，可不深慮？」公不能從。未幾，京得政。公與肇俱不免。《宋史·曾肇傳》。

按：《揮麈後錄》記曾文肅爲相首末云：「曾文肅元符末以定策功爰立作相，壹意信任，建言改元建中靖國，收召元祐諸賢而用之。首逐二蔡，而元長先已交結中禁，膠固久矣。雖云去國，而眷注方濃。自是屢欲召用，而文肅輒尼之。一日，徽宗忽顧首相韓文定云：『北方帥藩有闕人處否？』文定對以大名府未除人。少刻批出蔡京除端明殿學士知大名府，仍過闕朝見。文肅在朝堂，一覽愕然。忽字呼文定云：『師朴可謂鬼劈口矣。』翌日，白上以爲不可。上乾笑曰：『朕嘗夢見蔡京作宰相，卿焉能遏邪？』數日後，臺諫王能甫、吳材希旨攻文肅。上爲罷二人，文肅自恃以安，然元長來意甚鋭，如蔡澤之代范睢也。甫次國門，除尚書右丞。踰月之後，文肅擬陳祐甫守南都，元長以爲祐甫、文肅姻家，訐之于上前，因遂忿爭。次日入都堂，方下馬，則一頂帽之卒喏于庭，云：『錢殿丞有狀申啓。』視之，乃殿中侍御史錢遹論文肅章疏副本。文肅即上馬，徑出城外觀音院。蓋承平時執政丐外待罪之地也。是晚，鎖院宣翰林學士郭知章草免文肅相制。知章啓上：『未審詞意褒貶如何？』上云：『當用美詞，以全體貌。』詰旦告廷，以觀文殿學士知潤州，尋即元長爲相，時崇寧元年六月也。陛辭之際，慰藉甚渥，云秋晚相見。抵潤未久，而詔獄興矣。臺諫納副本，始於此。」

崇寧二年癸未，六十九歲。

在衡州。

崇寧三年甲申，七十歲。

在衡州。

崇寧四年乙酉，七十一歲。

在衡州。

崇寧五年丙戌，七十二歲。

徙舒州，復太中大夫，提舉崇福宮。《宋史》本傳。

復太中大夫，提舉西京嵩山崇福宮。《琬琰集》本傳。

與弟肇還居潤州里第。

大觀元年丁亥，七十三歲。

八月乙卯，卒於潤州。

按：《琬琰集》本傳作六月乙卯。後贈觀文殿大學士，謚曰文肅。《宋史》本傳。

《宋史》本傳云：「公年十三歲而孤。」又云：「大觀元年卒於潤州，年七十二。」按魯公卒於慶曆四年丁亥，使公於是時爲十三歲，則公應生於景祐二年乙亥，而大觀元年丁亥公年已七十有三矣。若是年七十有二，則應生於景祐三年丙子，而魯公卒時公才十二歲也。二者必有一誤，今姑從其生年，而以卒年增爲七十三云。

弟肇翌日卒，年六十有一。紹興初，謚曰文昭。

〔一〕廣、待：原闕，據《羊城古鈔》卷七、《廣東通志》卷二〇八補。

予既草《曾子固年譜》成，又欲爲其弟布編訂之。然苦於史傳語焉不詳，其官階年月尤難鈎稽。既而見宋人題名拓本中有布題名數種，皆足補史闕文，遂一一分隸。復以他書尋繹之，於是稍有條理矣。然宋時人筆記，亦往往記布在朝瑣事，但未能遍録也。刊誤、拾遺，俟諸異日好學深思之士可已。秋浦周明泰。

東坡先生年譜

（宋）王宗稷　編
吴洪澤校點

影印明成化四年程宗刻《蘇文忠公全集》本

蘇軾（一〇三六—一一〇一），字子瞻，一字和仲，號東坡居士，眉山（今屬四川）人。嘉祐二年進士，歷鳳翔府簽判、直史館、杭州通判，知密、徐、湖、登、杭、潁、揚、定州，累官翰林學士知制誥，擢禮部尚書。他一生曲折，嘗因烏臺詩案被捕入獄，先後貶官至黄州、惠州、儋州，建中靖國元年卒於常州，謚文忠。

蘇軾是宋代大文學家，詩文詞均有極高的成就，而且兼擅書法、繪畫等，極受後人推崇和喜愛。其著述經歷代反復刊刻，年譜也經後人反復編纂，多達五十餘種。其中宋人所編即有十種：李燾《蘇東坡年譜》（見周必大《李文簡公神道碑銘》）、羅良弼《歐陽三蘇年譜》（胡銓《會昌縣東尉羅迪功墓誌銘》）、程子益《東坡詩譜》（見魏了翁《程氏東坡詩譜序》）、孫汝聽《蘇東坡年表》（《直齋書録解題》卷一七）、段仲謀《行紀》、黄德粹《系譜》（並見傅藻《東坡紀年録跋》）等六種久已失傳，何掄《三蘇先生年譜》原本也已失傳（王水照有輯本《眉陽三蘇先生年譜》），而施宿《東坡先生年譜》、王宗稷《東坡先生年譜》、傅藻《東坡紀年録》則幸存下來，今一并點校付梓。

此譜爲王宗稷編。據《四庫全書總目》卷五九載：「宗稷字伯言，五羊人。自記稱『紹興庚申隨外祖守黄州，到郡首訪東坡先生遺蹟，甲子一周矣。思諸家詩文皆有年譜，獨此尚闕，謹編次先生出處大略，叙其歲月先後爲年譜』云云。今刻於《東坡集》首者，即此本也。迨國朝查慎行補註蘇詩，於此譜多所駁正，皆中其失，蓋創始者難工，踵事者易密，固事理之自然耳。」據此，則此譜成於紹興十年（一一四〇），是現存東坡年譜中最早的一種。

東坡先生年譜

五羊王宗稷編

仁宗皇帝景祐三年丙子

先生生于是年十二月十九日乙卯時。

按：先生送沈逵詩云：「嗟我與君皆丙子。」又有《贈長蘆長老》詩云：「與公同丙子，三萬六千日。」又按《玉局文》云：「十二月十九日，東坡生日，置酒赤壁磯上。」又按《志林》云：「退之以磨蝎爲身宮，而僕以磨蝎爲命。」若以磨蝎爲命推之，則爲卯時生。議者以先生十二月爲辛丑，十九日爲癸亥日。丙子癸亥，水向東流，故才汗漫而澄清。子卯相刑，晚年多難。

四年丁丑

寶元元年戊寅

二年己卯

康定元年庚辰

慶曆元年辛巳

二年壬午，是年先生七歲。

已知讀書。

按：先生上韓魏公、梅直講書云：「自七八歲知讀書。」又按先生《長短句集·洞仙歌自序》云：「僕七歲時，見眉州老尼，姓朱，年九十餘，能知孟昶宮中事。」又考《冷齋夜話》載先生云：「某七八歲時，嘗夢游陝右。」

三年癸未，是年先生八歲。

入小學。

按：《志林》云：「吾八歲入小學，以道士張易簡爲師。師獨稱吾與陳太初者。」

又按：先生作《范文正公文集序》

云：慶曆三年，某始入鄉校。士有自京師來，以魯人石守道《慶曆聖德詩》示鄉先生。某從旁竊觀，問先生十一人何人也，先生曰：「童子何用知之？」某曰：「此天人也耶，則不敢知；若亦人耳，何爲其不可？」

四年甲申

五年乙酉

按：子由作先生墓誌云：公生十年，而先君宦學四方。太夫人親授以書，問古今成敗，輒能語其要。太夫人讀東漢史，至《范滂傳》，慨然太息。公侍側，曰：「某若爲滂，夫人亦許之否乎？」夫人曰：「汝能爲滂，吾顧不能爲滂母耶？」公亦奮厲有當世志。太夫人喜曰：「吾有子矣！」

又按：《大全集》載東坡少時語云：秦少章言東坡十來歲，〔老〕蘇曾令作《夏侯太初論》，有「人能碎千金之璧，不能無失聲於破釜；能搏猛虎，不能無變色於蜂蠆」之語。老蘇愛此論。年少所作，故不傳。

又按：趙德麟所編《侯鯖錄》云：東坡年十歲，在鄉里，見老蘇誦歐公《謝宣召赴學士院仍謝賜對衣金帶及馬表》。老蘇令坡擬之，其間有「匪伊垂之，帶有餘；非敢後也，馬不進」，老蘇喜曰：「此子他日當自用之。」

六年丙戌

七年丁亥，先生年十二。

按：先生所作《天石硯銘》曰：某年十二時，於所居紗縠行宅隙地中，與羣兒鑿地爲戲，得異石鏗然，扣之有聲。

又按：先生作《鍾子翼哀詞》云：某年十二，先君宮師歸自江南。

又按：先生《與曾子固書》云：祖父之沒，某年十二矣。

八年戊子

皇祐元年己丑

二年庚寅

三年辛卯

四年壬辰，先生年十七。

按：《長短句·滿庭芳序》云：余年十七，始與劉仲達往來於眉山。

五年癸巳

至和元年甲午，先生年十九。

始娶眉州青神王方女。

按：先生作《王氏墓誌》云：「生十有九歲而歸於某。」至治平二年王氏卒，年二十有七，以王氏年數考之，則甲午年歸於先生明矣。

二年乙未，是歲先生年二十。

游成都，謁張安道。

按：先生作《樂全先生文集序》云：某年二十，以諸生見公成都，一見待以國士。

有晁美叔，是年求交於先生。

按：《送美叔詩》云：我生二十無朋儔，當時四海一子由，君來叩門若有求。

嘉祐元年丙申，先生年二十一。

舉進士。

按：《鳳鳴驛記》云：始余丙申歲舉進士，過扶風，求舍於館人，不可而出，次於逆旅。

又有寫老蘇《送石舍人序》。

二年丁酉，先生年二十二。

赴試禮部，館於興國寺浴室院。

按：先生作《興國六祖畫贊》云：余嘉祐初舉進士，館于興國浴室院。時歐陽文忠公考試，得先生《刑賞忠厚之至論》，以爲異人，欲冠多士，疑曾子固所爲，子固文忠門下士也，乃寘先生第二。復以《春秋》對義居第一。及殿試，章衡牓中進士乙科，始見知于歐陽公及韓魏公、富鄭公，皆待以國士。

又按：先生作《太息一篇送秦少章歸京》云：昔吾舉進士，試名於禮部。歐陽文忠公見吾文，且曰：「此我輩人也，吾當避之。」是時士以剽裂爲文，訕公者成市。

又有《上韓太尉書》云：「某年二十有二矣。」及有《上梅直講書》。

是年先生登第之後，四月，丁太夫人武陽君程氏憂。

按：司馬溫公作《程夫人墓誌》云：「夫人以嘉祐二年四月癸丑終於鄉里。」

又按：老蘇寄文忠公書云：「二子不免丁憂，今已到家。」

三年戊戌

四年己亥，是歲先生年二十四。

服除。十二月，侍老蘇舟行適楚。

按：先生《南行前集序》云：己亥之歲，侍行適楚。舟中無事，雜然有觸於中，而發於詠嘆。蓋家君之作與弟轍之文皆在焉，謂之《南行集》。

五年庚子，是歲先生年二十五。

授河南府福昌縣主簿。有《新渠》詩，其序云：「庚子正月，予過唐州，太守趙侯始復三陂〔二〕，疏召渠，爲《新渠》詩五章，以告於道路，致侯之意。

六年辛丑，是年先生二十六。

應中制科，入第三等。有《應制科上兩制書》及《上富丞相書》，又有《謝應中制科啓》。

授大理評事、鳳翔府僉判。

按：先生有《感舊詩》序云：嘉祐中，予與子由奉制策，寓居懷遠驛。時年二十六，子由年二十三耳。

是年十二月赴鳳翔任，與子由別，馬上賦詩。到任有《石鼓》詩云：「冬十二月歲辛丑，我初從政見魯叟。」及有《鳳翔八觀》及《鳳鳴驛記》。

七年壬寅，先生年二十七。

官于鳳翔。二月，有詔郡吏分往屬縣決囚，作詩五百言寄子由。又有《壬寅重九不預會遊普門寺僧閣有懷子由》詩。及按《志林》，有論太白山舊封公爵，爲文記之，是歲嘉祐七年也。又有《記歲暮鄉俗三首》，以子由和《守歲》詩考之，云「顧兔追龍蛇」，子由注云「是歲壬寅」，乃知《記歲暮鄉俗》三詩作於壬寅歲矣。

八年癸卯，先生年二十八。

官於鳳翔。作《思治論》。

英宗皇帝治平元年甲辰，先生年二十九。

官於鳳翔。

二年乙巳，先生年三十。

自鳳翔罷任。

按：子由作先生墓誌云：治平二年，罷還，判登聞鼓院。英宗皇帝在藩邸，聞先生名，欲以唐故事召入翰林。宰相限以近例，召試祕閣，皆入三等，得直史館。

是年，通義郡君王氏卒於京師。

三年丙午，先生年三十一。

在京師，直史館。丁老蘇憂，扶護歸蜀。

按：歐陽文忠公作老蘇墓誌云：明允《太常因革禮書》一百卷，書成，方奏未報，君以疾卒，實治平三年四月戊申也。

又按：張安道作老蘇文安先生墓表云：《太常禮書》成，未報，以疾卒，實治平三年四月也。英宗皇帝聞而傷之，命有司具舟載其喪，歸葬於蜀。

四年丁未，先生年三十二。

居服制中，以八月壬辰葬老蘇於眉州。

神宗皇帝熙寧元年戊申，先生年三十三。

免喪。

按：《四菩薩閣記》云：載四菩薩版以歸。既免喪，嘗與往來浮屠人勸某爲先君捨施，爲大閣以藏之，作記乃熙寧元年十月。

二年己酉，先生年三十四。

還朝，監官告院。

按：《烏臺詩話》云：熙寧二年，某在京授差遣，與王詵寫詩賦及《蓮華經》。

三年庚戌，先生年三十五。

監官告院。

有《送章子平》詩。其序云：熙寧三年，子平自右司諫直集賢院出牧鄭州，賦詩餞之。

又有《送錢藻知婺州》詩、《分韻得英字送曾子固倅越》詩、《分韻得燕字》。

《烏臺詩話》云：舊例館閣補外，同舍餞送必分韻。

又有《寄劉貢甫詩》。

是年，范景仁嘗舉先生充諫官。

四年辛亥，先生年三十六。

任監官告院兼判尚書祠部。王荆公欲變科舉，上疑焉，使兩制三館議之。先生獻三言，荆公之黨不悅，命攝開封府推官。有《奏罷買燈疏》，御史知雜事誣奏先生過失，未嘗一言以自辯，乞外任避之。除通判杭州。有赴任過揚州，與劉貢甫、孫巨源、劉莘老相聚數月，用逐人字作詩。

十一月到任。有《初到杭州寄子由》兩絕。除夕，先生以通判職事直都廳，日暮返舍，題一詩于壁。

五年壬子，先生年三十七。

在杭州通判任。是歲有《牡丹記》，其序云：「熙寧五年三月二十三日，余從太守沈公觀花於吉祥寺。」是年科場，先生監試，有《呈試官》詩及《試院煎茶》詩、《催試官考較試作》。

八月十七日，登望湖樓。是日榜出，與試官兩人復留，有五絶句。又有《送杭州進士》詩，序云：「熙寧五年，錢塘之士貢於禮部者九人。十月乙酉，宴於中和堂，作是詩以勉之。」

十二月[三]，運司差先生往湖州相度堤岸利害，與湖州太守孫莘老相見，有《贈莘老》七絶及作《山村五絶》。是歲又作《送杜子方》詩及《臘月遊孤山訪惠勤惠恩二僧》有詩。

六年癸丑，先生年三十八。

在杭州通判任。有《八月十五觀湖》詩，寫於安濟亭上。及作《仁宗皇帝飛白記》，其略云：「熙寧六年冬，以事至姑蘇，安簡王公子誨出所賜公端敏二字。」又有作《錢塘六井記》，其略云：「熙寧五年，太守陳公述古至，問民之利病。

明年春，六井畢修，故詳其語以告後人。」

運司又差先生往潤州，道出秀州，錢安道送茶，和詩。

是歲有《次韻章傳道》詩、《和劉貢甫秦字韻》詩、《寄劉道原》詩及《和陳述古冬日牡丹詩》四絕，又有《題贈法惠師小童思聰》。

七年甲寅，先生年三十九。

在杭州通判任。正月，遊風水洞。推官李泌先行三日，留風水洞相待，有詩題壁。

是年納侍妾朝雲。

墓誌云：「朝雲姓王氏，錢塘人。事先生二十有三年，紹聖三年卒於惠州，年三十四。」以歲月考之，熙寧之甲寅至紹聖之丙子，恰二十三年，乃知納朝雲在是年明矣。朝雲年三十四，是爲癸卯生。來事先生，方十二云。

先生以子由在濟南，求爲東州守。

按：子由《超然臺賦》序云：「子瞻通守餘杭，三年不得代。以轍之在濟南也，求爲東州守。既得請高密，五月乃有移知密州之命。」按先生作《勤上人詩集序》云「熙寧七年，余自錢塘赴高密」，又按先生《辛未別天竺觀音詩》序云「余昔通守錢塘，移莅膠西，以九月二十日來別南北山道友」，乃知先生以秋末去杭。按先生記游松江說云：「吾昔自杭移高密，與楊元素同舟，而陳令舉、張子野皆從余過李公擇於湖，遂與劉孝叔俱至松江。夜半月出，置酒垂虹亭上。子野年八十五，以歌詞聞於天下，作《定風波》令。」

及道過常州，爲錢公輔作哀辭，及有《與段屯田》詩云：「龍鍾三十九，勞生已強半。歲暮日斜時，還爲昔人嘆。」

是年又作《鳧繹先生文集序》。又有《師子屏風贊》云：「潤州甘露寺有唐李衛公所留陸探微畫師子版，余自錢塘移守膠西，過而觀焉。」是年先生在潤州道上過除夜，則《師子贊》必在是年矣。又有《潤州道上過除夜》詩兩絕。

八年乙卯，先生年四十。

到密州任。有《上韓丞相論災傷書》。其到郡二十餘日矣，又論密州鹽稅。又作《後杞菊賦》，其序云：「予仕宦十有九年，家日益貧，移守膠西，而齋廚索然。」

按：先生丁酉年登第，至是恰十九年矣。

是年有《送劉孝叔吏部》詩及《和李公擇來字韻》詩。

及常山，祈雨感應，立雩泉。

九年丙辰，先生年四十一。

在密州任。作《刻秦篆記》云：熙寧九年丙辰，蜀人蘇某來守高密。

是年中秋，歡飲達旦，作《水調歌頭·懷子由》。及作《薄薄酒》二章。又寫《超然臺記》寄李清臣，又《祭常山神文》、《書膠西蓋公堂照壁畫贊》，及作《山堂銘》，作《表忠觀碑》。

十年丁巳，先生年四十二。

在密州任。就差知河中府，已而改知徐州。四月，赴徐州任。有《留別釋迦院牡丹呈趙倅》詩。

按：子由作先生墓誌云：「自密徙徐，是歲河決曹村。」乃知是丁巳自密改東徐。

又與子由相會於澶濮之間，相約赴彭城，留百餘日，宿於逍遙堂。子由有兩絶，先生和之。

徐州水患大作，七月十七日河決澶州曹村埽，八月二十一日及徐州城下。先生治水有功，至十月五日，水漸退，城以全，朝廷降詔獎諭。作《河復》詩、《韓幹畫馬歌》、《司馬君實獨樂園》詩及《送范蜀公往西京》詩，又有和子由《水調歌頭》詞，及有《與王定國顔長道泛舟》詩，有「回頭四十二年非」之句。

元豐元年戊午，先生年四十三。

在徐州任。適値春旱。徐州城東二十里有石潭，置虎頭其中，可致雷雨，作起伏龍行。是年三月，始識王迥子高，聞與仙人周瑤英遊，作《芙蓉城》詩。

二月，有旨賜錢二千四百一十萬，起夫四千二十三人，及發常平錢米，改築徐州外小城，創木岸四。以獎諭敕記併刻諸石，爲《熙寧防河錄》云。迺即徐州城之東門爲大樓，堊以黃土，名之曰黃樓，以土實勝水故也。子由作《黃樓賦》，先生跋云：「元豐元年八月癸丑樓成，九月庚辰大合樂以落之。」

又有《中秋月》三首云：「六年逢此月，五年照離別。」先生注云：「中秋有月，凡六年矣。惟去歲與子由會於此。」去歲之會，乃逍遙堂和詩之時也。

又有《九日黃樓作》古詩一首，云「去年重陽不可說，南城夜半千漚發」之句，以去年九月大水未退，故有是語。

又作《放鶴亭記》、《滕縣公堂記》、《鹿鳴燕詩序》、《和魯直古風二首》及《次韻潛師放魚》、《和舒堯文祈雪》詩、《祭文與可》及作《石炭》詩，又作《日喻》一篇。

二年己未，先生年四十四。

在徐州任。正月己亥，同畢仲孫、舒煥八人游泗之上，登石室，使道士戴日祥鼓雷氏琴，先生有記。

按：玉局文云：僕在徐州，王子立、子敏皆館於官舍，而蜀人張師厚來過。二王方年少，吹洞簫，飲酒杏花下。

三月，自徐州移知湖州。

按：先生作《張氏園亭記》云：「余自彭城移守吳興，由宋登舟，三宿而至。」其記乃三月二十七日所作，乃知三月移湖州明矣。

是年以四月二十九日到湖州任，作《送通教大師還杭州序》及爲章質夫作《思堂記》、王定國作《三槐堂記》，《跋歐陽文忠公家書後》。

在湖州，王子立、子敏皆從。先生作《子立墓誌》云：「子立、子敏皆從余學於吳興，學道日進，東南之士稱之。」有《與王郎昆仲及兒子邁遶城觀荷花，登峴山亭，晚入飛英寺，分韻得月明星稀四首》，又有《泛舟城西，會者五人，分韻得人皆苦炎字四首》。又作《文與可畫篔簹谷偃竹記》，其末云：「元豐二年七月七日，予在湖州曝書見畫，廢卷而哭失聲。」

是歲，言事者以先生《湖州到任謝表》以爲謗，七月二十八日，中使皇甫遵到湖追攝。

按：《子立墓誌》云：予得罪於吳興，親戚故人皆驚散，獨兩王子不去，送予出郊，曰：「死生禍福，天也，公其如天何！」返取予家，致之南都。又按：先生《上文潞公書》云：某始就逮赴獄，有一子稍長，徒步相隨。其餘守舍，皆婦女幼稚。至宿州，御史符下，就家取書，州郡望風，遣吏發卒，圍船搜取，長幼幾怖死。既去，婦女恚駡曰：「是好著書！書成何所得，而怖我如此！」悉取焚之。

八月十八日，赴臺獄中，有《寄子由詩二首》及賦檜、槐、竹、栢四詩，又有《十二月二十日恭聞太皇太后升遐，吏以某罪人，不許成服，欲哭則不可，欲泣則不敢，作挽詩二首》。

已而獄具，十二月二十九日，責授黃州團練副使，本州安置。

是年子由聞先生下獄，上書乞以見任官職贖先生罪，責筠州酒官。出獄，再次《寄子由二詩》韻，有「百日歸期恰及春」之句。先生自八月坐獄，至是踰百日矣。

三年庚申，先生年四十五。

責黃州。自京師道出陳州，子由自南郡來陳相見，三日而別。先生有古詩，有「便爲齊安民」之句。又與文逸民飲別，攜手河堤上，作詩與子由別，乃正月十有四日也。至十八日，蔡州道上遇雪，有《次子由韻》古詩二首。過新息縣，有《示鄉人任師中》一首。任伋字師中，眉州人，嘗倅黃州，卜居新息，先生以詩示之。又有《過淮》詩、《游淨居寺》詩。至岐亭，訪故人陳慥季常，爲留五日，賦詩一首而去。乃以二月一日至黃州，寓居定惠院。有《初到黃州》詩。

按：先生《别王文甫子辯》云：僕以元豐三年二月一日到黄州，家在南都，獨與兒子邁來。

是年五月，子由來齊安，先生有詩迎之。又有《曉至巴河迎子由》詩，乃與子由同遊武昌西山寒溪寺，有古詩一首。定惠顒師爲先生竹下開嘯軒，作詩記其事。又作《五禽言》，又有《定惠寺寓居月夜偶出》詩云：「去年花落在徐州，對月酣歌美清夜。今年黄州見花發，小院閉門風露下。」蓋懷在徐州與張師厚、王子立、子敏飲酒杏花下時也。定惠有海棠一株，土人不知其貴，先生作詩，有「也知造物有深意，故遣佳人在幽谷」之句。

按：近日《黄州東坡圖》云：先生寓居定惠未久，以是春遷臨臯亭，乃舊日之回車院也。

又有《遷居臨臯亭》詩。先生就臨臯亭立南堂，有詩五絶。又有《讀戰國策》及作《石芝》詩。先生是歲又有《荅秦太虚書》。借得本州天慶觀道士堂，冬至後坐四十九日。

先生乳母王氏，八月卒於臨臯亭。

按：先生《上文潞公書》云：「到黄州，無所用心，覃思《易》、《論語》，若有所得。」由是言之，先生到黄定居之後，即作《易傳》九卷、《論語》五卷，必始於是歲矣。

四年辛酉，先生年四十六。

在黄州，寓居臨臯亭。正月往岐亭，訪陳季常。

以《岐亭五首》考之，云：元豐三年正月，岐亭爲留五日。明年正月，復往見之。

過古黃州，獲一鑑，周尺有二寸，有《鑑銘》云：「元豐四年正月，余自齊安往岐亭，泛舟而還。過古黃州，獲一鑑，周尺有二寸。」

是年，先生請故營地之東，名之以東坡。

考《東坡八首》序云：「余至黃二年，日以困匱，故人馬正卿哀予乏食，於郡請故營地，使躬耕其中。」蓋先生庚申來黃，至辛酉爲二年矣。以《東坡圖》考之，辛酉方營東坡，次年始築雪堂。以《贈孔毅甫》詩觀之：「去年東坡拾瓦礫，今年刈草蓋雪堂。」則雪堂作於壬戌歲明矣。

又有《中秋日飲酒江亭上有贈鄭君求字》及《記游松江說》、《聞捷說》。

按：《大全集·雜說》云：「元豐辛酉冬至，僕在黃州，姪安節遠來，飲酒樂甚，以識一時盛事。」

又有《冬至贈安節》詩云：「平生幾冬至，少小如昨日。」又有《與安節夜坐賦槩字韻詩三首》及正月過岐亭作《應夢羅漢記》。

五年壬戌，先生年四十七。

在黃州，寓居臨皋亭。就東坡築雪堂，自號東坡居士。

以《東坡圖》考之，自黃州門南至雪堂四百三十步。《雪堂問》云：「蘇子得廢圃於東坡之脇，號其正曰雪堂。以大雪中爲之，因繪雪於四壁之間無容隙。」其名蓋起於此。先生自書「東坡雪堂」四字以榜之。試以《東坡圖》考雪堂之景，堂之前則有細柳，前有浚井，西有微泉，堂之下則有大冶長老桃花茶、巢元脩菜、何氏叢橘，種秔稌，蒔棗栗，有松期爲可斲，種麥以爲奇事，作陂塘，植黄桑，皆是以供先生之歲用而爲雪堂之勝景云耳。以《長短句·擬斜川》觀之：「元豐壬戌之春，予躬耕東坡，築雪堂以居之。南挹四望亭之後，西控北山之微泉，慨然而歎，此亦斜川之遊也。作《江城子》詞。」

是年三月，先生以事至蘄水觀，《悼徐德占》詩序云：「元豐五年三月，余以事至蘄水，德占惠然見訪。」又有春夜行蘄水，過酒家飲酒，乘月至一橋上，曲肱少休，作《西江月》詞。又遊蘄水清泉寺，作《浣溪沙》詞。又作《寒食》詩二首云：「自我來黄州，已見三寒食。」先生庚申二月來黄，至是三寒食矣。

太守徐君猷分新火，先生有詩謝之，有「臨臯亭中一危坐，三見清明改新火」之句。

七月，游赤壁。有《赤壁賦》云：「壬戌之秋，七月既望，蘇子與客泛舟遊于赤壁之下。」十月又遊之，有《後赤壁賦》。以《東坡圖》考之，《後赤壁賦》云「十月既望，蘇子步自雪堂，將歸于臨臯」，則壬戌之冬未遷，而先生以甲子六月過汝，則居雪堂止年餘。由是推之，先生自臨臯遷雪堂，必在壬戌十月之後明矣。又有《和孔毅甫久旱已甚雨》三首云「去年太歲空在酉」，乃知指去年辛酉而言之也。又按《長短句》有飲王文甫家集古句作墨竹《定風波》，及夢扁舟望棲霞作《鼓笛慢》，及記單驤、孫兆事迹，作《怪石供》，及重九作《醉蓬萊》示黄守徐君猷有「羈旅三年」之句，先生庚申來黃，至是恰三年矣。

六年癸亥，先生年四十八。

在黃州，爲通判孟亨之跋《子由君子泉銘》及有《題唐林父筆》文。閏八月，有詩與武昌主簿吳亮工。又有《記承天夜遊》云：「十月十二夜，至承天寺，尋張懷民，相與步於中庭。庭中如積水空明，水中藻荇蓋竹栢影也。」及作一絕送曹煥往筠州，序云：「明年，余過圓通，始得其詳。」先生甲子歲自黃之汝，遊廬山，則送曹煥詩必在是年矣。又《夢中作祭春牛文》云：「元豐六年十二月二十七日，天欲明，夢數吏人持紙請祭春牛文，予取筆疾書其上。」

七年甲子，先生年四十九。

在黃州。二月，與徐得之、參寥子步自雪堂，至乾明寺。有《師中菴題名》，又有《記定惠寺海棠說》。

四月，乃有量移汝州之命。

按：先生《長短句·滿庭芳》序云：四月一日，余將自黃移汝，留別雪堂鄰里二三君子。李仲覽來，書以遺之。」詞中有「坐見黃州再閏」之句。按《東坡圖》云：「郡人潘邠老及弟大觀俱以詩知名，多從先生遊。先生去，以雪堂付之，邠老因以居焉。」

四月六日，又作《安國寺記》。有《別黃州》詩，有《過江夜行武昌山上聞黃州鼓角》詩。

黃州送先生者，皆至於慈湖，陳季常獨至九江。既到江州，和李太白《潯陽宮》詩，其序云：「今予亦四十九，感之，次其韻，因游廬山。」有《記遊廬山說》

云：「僕初入廬山，山谷奇秀，平生所欲見，應接不暇，不欲作詩。已而山中僧俗皆曰蘇子瞻來矣，不覺作一絕。入開先寺，主僧求詩，作《瀑布》一絕。往來十餘日，作《漱玉亭》、《三峽橋》詩。與揔老同遊西林，有《贈揔老》及《題西林壁》，皆絕句也。又有《寫寶蓋頌與僊長老》，其序云：「圓通禪院，先君舊遊也。四月二十四日晚至，宿焉。明日先君忌日，寫《寶蓋頌》以贈長老僊公。」蓋先生端午已在筠州，計程必作宮師忌日之後，即爲高安之行矣。途中又有《題李公擇山房》及《過建昌李野夫公擇故居》，有古詩一首。

按：《跋李志中文》云：「元豐七年，某舟行赴汝，乃自富川陸走高安，別家弟子由。」以《冷齋夜話》考之，子由在筠州，雲庵居、洞山聰禪師亦蜀人，居壽聖寺，一夕，三人同夢迎五祖戒和尙，拊手大笑曰：「世間果有同夢者，異哉！」久之，東坡書至，曰：「已至奉新，旦夕相見。」三人同出二十里建山寺，而東坡至，各追繹所夢，坡曰：「某年七八歲時，嘗夢某身是僧，往來陝右。」雲菴驚曰：「戒，陝右人也。暮年棄五祖，來遊高安，終於大愚。」逆數蓋五十年，而坡時年四十九矣。又以先生古詩考之，有《自興國往筠宿石田驛》詩及《將至筠州先寄遲适遠三猶子》詩、《端午遊眞如寺》及《別子由三首》。在筠州，爲留十日，又有《初別子由至奉新作》，皆先生筠州之作也。

七月，過金陵，有與葉致遠唱和詩。途中

又有《送沈逵赴廣南》詩云：「嗟我與君皆丙子，四十九年窮不死。」又云：「我方北渡脱重江，君復南行輕萬里。」逼歲到泗州，十二月十八日，浴雍熙塔下，作《如夢令》兩闋。又作《滿庭芳》與劉元達，序云：「余年十七，與仲達往來於眉山。四十九相逢於泗上，晦日同遊南山，話舊感嘆。」又有《跋李志中文》、《天石硯銘》。又作《水龍吟》及有《謝黄師是除夜送酥酒》詩。

先生上表乞於常州居住，其略云：「今雖已至泗州，而貲用罄竭。見一面前去南京，聽候朝旨。」又考《騾馱鐸試筆》云「正月四日離泗州」，則是除夜在泗州明矣。

八年乙丑，先生年五十。

按：《大全集·雜説·騾馱鐸試筆》云「今日離泗州，然吾方上書求居常州」，乃正月四日書。及到南京，有放歸陽羨之命，遂居常州。

五月内復朝奉郎，知登州。再過密州，有《贈太守霍翔》詩云「十年不赴竹馬約」，蓋先生丁巳歲去密，至是以成數爲十年矣。

過海州，嘆高麗館壯麗，作一絶。

到郡五日，以禮部郎官召。到省半月，除起居舍人。在登州，有《海市》詩，又有《别登州舉人》詩，有「〔莫〕嫌五日匆匆守」之句。又有《贈杜介》詩及《題楞伽》、《跋多寶院文》，又有《題登州蓬萊閣》及《跋起居錢公文後》。

哲宗皇帝元祐元年丙寅，先生年五十一。

以七品服入侍延和，改賜銀緋，尋除中書舍人。

按：《志林》云：元祐元年，余爲中書舍人，復遷翰林學士、知制誥。

是年有《法雲寺鐘銘》，又作《眞相院釋迦舍利塔銘》，及作《元祐元年九月六日明堂赦文》，又有《內中告遷神御於新添修殿奉安祝文》及《奉告天地社稷宗廟宮觀寺院祈雪祝文》、《五嶽四瀆祈雪祝文》。及任中書舍人日，舉江寧府司理周穜充學官。及除內翰，又有舉魯直自代狀。

二年丁卯，先生年五十二。

爲翰林學士，復除侍讀。有《書石舍人北使序後》，及有《與喬仝寄賀君詩》，其序云：「元祐二年，仝來京師十數日，予留之不可。」

又有《二月八日朝退起居院感中公故事作一絶》，又有《書子由日本扇後》，及作《祭王宜甫文》。

又作《興國寺六祖畫贊》：至嘉祐初，舉進士，館於興國浴室院。予去三十一年，而中書舍人彭器資亦館於是，余往見之。

按：先生嘉祐丁酉舉進士，至元祐丁卯恰三十一年矣。

是年，又作《西京應天院修神御畢告遷諸神祝文》及《奉安神宗皇帝神御祝文》及《景靈宮宣光殿奉安神宗皇帝御容祝文》、《五嶽四瀆祈雨祝文》、《天地宗廟社稷祈雨祝文》、《景靈宮天興殿開淘井眼祭告里域眞官祝文》。

三年戊辰，先生年五十三。

任翰林學士。有《和子由元日省宿致齋》，有「白髮蒼顏五十三」之句。

是年省試，先生知貢舉。開院日，有與《李方叔詩》，序云：「僕與李廌方叔相知久矣。僕領貢舉事，李不得第，愧甚，作詩謝之。」又《和錢穆父雪中見及》有「行避門生時小飲」之句。

又充館伴北使。

按：先生《與陳傳道書》云：「某頃伴虜使，頗能誦某文。」乃知先生高文大冊，傳播夷夏，又豈止及於鷄林行賈而已哉。

是年作呂大防、范純仁左右相制、《端午帖子詞》、《元祐三年六月德音赦文》，及作《西路闕雨祈雨祝文》。

按：趙德麟《侯鯖錄》云：東坡云：元祐三年二月二十一日，與魯直、蔡天啓會於伯時舍，錄《鬼仙》詩。(文)〔又〕有議論，作詩付過。又有論樂等說，及與王晉卿論雪堂義墨，及爲文驥作《字說》，又十二月二十一日立延和殿中，論盛度誥詞。

四年己巳，先生年五十四。

任翰林學士。有《東太一宮修殿告十神太一眞君祝文》。

三月內，累章請郡，除龍圖閣學士知杭州。

按：子由作先生墓誌云：宣仁心善先生，辨蔡持正之謗，出郊，遣內侍賜龍茶銀合，用前執政恩例。

先生以七月三日到杭州任，謝表云：「江山故國，所至如歸；父老遺民，與臣相問。」以先生去杭州十六年，故有是語爾。到任，有《謁文宣王廟祝文》云：「昔自太史，通守是邦。今由禁林，出使浙右。」又有《謁諸廟祝文》。先生之帥杭也，替林子中。先生有和子中詩，有「江邊遺愛啼斑白」之句。

是年，過吳興，又作《定風波》，爲六客

詞。作《范文正公文集序》及《跋邢惇夫賦》、《書米元章（藏帖）》。又有己巳重九和蘇伯固《點絳唇》。

是歲，子由使契丹，先生有詩送之，有「單于若問君家世，莫道中朝第一人」之句。先生出牧餘杭，子由代先生爲學士。

五年庚午，先生年五十五。

在杭州任。有《論西湖狀》及《論高麗公案》。有《謝元祐五年曆日表》，有《與劉景文、蘇伯固遊七寶寺題竹上》絕句，又有庚午重九《點絳唇》。

十月二十六日，與晦老、全翁、元之、敦夫遊南屏寺，記點茶試墨說。

十二月，遊小靈隱，聽林道人彈琴，及有《乞僧子珪師號狀》。除夜，有《和熙寧中題都廳詩》，序云：「熙寧中，某通守此邦，除夜題一詩於壁。今二十年矣。」蓋熙寧辛亥至元祐庚午，恰二十年。

是年又有《書朱象先畫後》及《問淵明說》。

六年辛未，先生年五十六。

在杭州任被召。

按：先生作《別天竺觀音》三絕，序云「以三月九日被旨赴闕」，又按先生作《參寥泉銘》云「予以寒食去郡」。

又上元作，會有獻剪綵花者，作《浣溪沙·寄袁公濟》。

先生之去杭也，林子中復來替先生，是以先生與子中啓，有「適相先後」之說。

過潤州，作《臨江仙》別張秉道。

既到京師，除翰林承旨，復侍邇英。

按：子由所作《潁濱遺老傳》云：先生召還，本除吏部尙書，復以臣故改翰林承旨。臣之私意，元不遑安，乞寢臣新命，與兄同備從官。不報。

六月，作《上清儲祥宮碑》，其略云：「元祐六年六月丙午，制詔臣某上清儲祥宮成，當書之石。臣待罪北門，記事之成，職也。」按趙德麟《侯鯖錄》云：先生元祐中再召入院，作承旨，乃益舊擬作《衣帶馬表》云：「枯羸之質，匪伊垂之帶有餘；斂退之心，非敢後也馬不進。」

數月，以弟嫌請郡，復以舊職知潁州。

按：先生《懷舊別子由》詩云：元祐六年，予自杭州召還，寓居子由東府。數月復出領汝陰，時予年五十六矣。

到任，有謁文宣王及諸廟文，有《祭歐陽文忠文》，及有《到潁未幾公帑已竭齋廚索然戲作數句》。

按：趙德麟《侯鯖錄》云：元祐六年冬，汝陰久雪，人饑。一日天未明，東坡先生簡召議事，曰：「某一夕不寐，念潁人之饑，欲出百餘千造炊餅救之。老妻謂某曰：『子昨過陳，見傅欽之，言簽判在陳賑濟有功，不問其賑濟之法。』某遂相招令時面議。」曰：「已備之矣。今細民之困，不過食與火耳。義倉之積穀數千石，便可支散，以救下民。作院有炭數萬秤，酒務有柴數十萬秤，依元價賣之，可濟中民。」先生曰：「吾事濟矣。」遂草《放積欠賑濟奏》。陳履常有詩，先生次韻，有「可憐擾擾雪中人」之句，爲是故也。由此觀之，先生善政救民之饑，眞得循吏之體矣。

又有《聚星堂雪》詩、《祭辯才文》、《跋張乖崖文後》及《志林》載夢中論《左傳》說，及論子厚《瓶賦》，又有十二月二日與歐陽叔弼、季默夜坐《記道人問眞說》。

是年，潁州災傷，先生奏乞罷黃河夫萬人，開本州溝瀆。從之。

七年壬申，先生年五十七。

在潁州任。

按：趙德麟《侯鯖錄》云：元祐七年正月，東坡在汝陰，州堂前梅花大開，月色鮮霽。先生王夫人曰：「春月色勝，如秋月色。秋月令人慘悽，春月令人和悅。何如召趙德麟輩來，飲此花下。」先生大喜曰：「吾不知子亦能詩耶？此眞詩家語耳。」遂召與二歐飲。先生用是語作《減字木蘭花》，有「不似秋光，只與離人照斷腸」之句。

已而改知揚州。

先生之在潁也，與趙德麟同治西湖，未幾有維揚之命。三月十六日，湖成，德麟有詩見懷，先生次韻，又再和之，及作《雙石》詩示僚友。

按：《冷齋夜話》云：東坡鎭維揚，幕下皆奇豪。一日石塔長老求解院歸西湖，坡將僚佐，袖中出疏，使晁無咎讀之，其詞有「爲東坡而少留」之句。

已而以兵部尚書召，有《召還至都門先寄子由》詩，有「一味豐年說淮潁」之句。復兼侍讀。是年南郊，先生爲鹵簿使，尋遷禮部尚書，遷端明侍讀學士。有《讀朱暉傳》、《題文潛語後》及作《醉翁操》。任兵部尚書日，有薦趙德麟狀。

八年癸酉，先生年五十八。

任端明、侍讀二學士。是年先生繼室同安郡君王氏卒於京師。

按：先生作《西方阿彌陀贊》序云：「蘇某之妻王氏，元祐八年八月一日卒于京師。」謹按：先生初娶通義郡君王氏，乃同安之堂姊也。先生《祭王君錫丈人》云：「某始婚姻，公之猶子。允有令德，夭閼莫遂。惟公幼女，嗣執罍篚。」由是推之，通義爲同安之堂姊明矣。但未能究先生再娶之歲月耳。

又有《八月二十七日建隆章淨館成》一絕，有「坐待宮人畫詔回」之句。復以二學士出知定州。九月十四日，《東府雨中作示子由》云：「去年秋雨時，我在廣陵歸。今年中山去，白首歸無期。」蓋定州之除，必在九月內矣。

到定州任，有《祭韓魏公文》、《書定州學生硯蓋》，作《中山松醪賦》。

是年，又作《杜輿子師字說》及論子方蟲，有《夢南軒》（語）〔詩〕。

紹聖元年甲戌，先生年五十九。

知定州，就任，落兩職，追一官，知英州。有《辭宣聖文》。行至滑州，有《乞舟行赴英州狀》云：「帶家屬數人，前去汴泗之間，乘舟泛江，倍道而行。」

至南康軍，出陸赴任。未到任間，再貶寧遠軍節度副使，惠州安置。過虔州，有《記眞君籤說》云：「八月二十一日過虔州，與王巖翁同謁祥符宮。」又有《鬱孤臺》游字韻詩，與霍守、李倅更和數首。又有《初入贛作》，又有《題天竺樂天石刻》：「余年幼時，先君自虔州歸，言天竺有樂天詩。今四十（九）〔七〕年矣。」蓋先生年十二，老蘇歸自江南，至是恰四十七年矣。

是年以十月三日到惠州，寓居嘉祐寺。有

《初到惠州》詩。當月十二日，與幼子過同遊白水佛迹，浴於湯池，有古詩。又按《長短句·浣溪沙》序云：「紹聖元年十月十三日，與程鄉令侯晉叔、歸善簿譚汲游大雲寺〔三〕，野飲松下，設松黄湯，作此闋。余家近釀酒，名曰萬家春。」

時有虔州鶴田處士王原子直不遠千里來訪先生，留七十日而去。

至十一月，有《戲贈朝雲》詩。朝雲，先生侍妾也。又錄三十九歲《潤州道上過除夜》兩絶付過，及有《跋朱表臣藏文忠公帖》。又有《與吳秀才書》，吳乃子野之子。其書云：「過廣州，買得檀香數斤。定居之後，杜門燒香，深念五十九年之非矣。」

是年九月，過廣州，訪道士何德順，又有《記仙帖》，又作《雪浪石盆銘》。又就嘉祐寺所居立思無邪齋，有贊，乃紹聖元年十月二十日所作也。

二年乙亥，先生年六十。

在惠州。有《惠州上元夜》詩，詩云：「去年中山府，老病亦宵興。今年江海上，雲房寄山僧。」以歲月考之，去年甲戌上元先生知定州，今歲乙亥寓嘉祐僧舍，故有「雲房寄山僧」之句。

是年遷居於合江亭。以先生《別王子直》語觀之：「紹聖元年十月三日，始至惠州，寓於嘉祐寺，明年遷於合江之行館，得江樓豁徹之觀，忘幽谷窈窕之趣。」乃知乙亥歲遷居合江樓明矣。

仍有《松江亭上賦梅花》詩三首，及有「先生行年六十化」之句。

三月四日，同太守詹範器之、柯常、林抃、

王原、賴仙芝同遊白水山。又有《與陳季常書》，云「到惠州將半年矣」，先生以去年十月三日到惠州，三月恰半年矣。又有九月二十七日惠州星華館思無邪齋書記《外祖程公逸事》，又有《朝斗記》、《讀管幼安傳》、《書魯直跋遠景圖北齋校書圖後》，又有《爲幼子過書金光明經後》，及《付僧惠誠遊吳中代書》，及《祭妹德化縣君文》。

有《葬枯骨銘》，時詹守議葬暴骨，先生詩有「江干白骨已銜恩」之句。

三年丙子，先生年六十一。

在惠州。有《和陶淵明移居》詩云：「余去歲三月，自水東嘉祐寺遷去合江樓，迨今一年，得歸善後隙地數畝，父老云古白鶴觀也。意欣然居之。」營白鶴新居始於是矣。詩中乃有「葺思無邪齋」之句，先生甲戌寓居嘉祐寺，已有《思無邪齋贊》矣。乙亥遷合江樓，先有《書程公逸事》於星華館思無邪齋。今丙子欲營新居，又曰葺爲無邪齋。雖三年之間，遷居不常，意其思無邪齋之名亦隨寓而安矣。

當年，惠州修東西新橋，先生助以犀帶，而子由亦以史夫人頃入內所賜金錢數千爲助。及橋成日，先生有詩落之，乃有「嘆我捐腰犀」及有「探囊賴故侯，寶錢出金閨」之句。

又有曇秀道人來訪先生，而先生題其詩卷云：「予在廣陵，曇秀作詩，予和之。後五年，曇秀來惠州見予。」且先生以壬申知揚州，至是恰五年矣。

時吳遠遊、陸道士客於先生，歲暮以無酒爲嘆，先生《和淵明和張常侍詩》云：

「我年六十一，頽景薄西山。」

是年，又有《丙子重九》詩二首及《書東皐子傳後》、《祭寶月大師文》。

七月，朝雲卒，先生有詩悼之及作墓誌，又於惠州栖禪寺大聖塔葬處作亭覆之，名之六如亭。又除夜前兩日，與吳遠遊有《記食芋説》。

按：先生《和淵明時運》詩：「丁丑二月十四日，白鶴峰新居成。」計其營新居之棟宇，必在丙子秋冬之交。有《白鶴峰上梁文》。

四年丁丑，先生年六十二。

在惠州。正月六日，有《題劉景文詩後》。

按：先生《和淵明時運》詩云：「丁丑二月十四日，白鶴峰新居成。」又按先生《與張天和長官書》云：「賤累閏月初可到。」又云：「承問賤累，正月末已到贛上矣，閏月上旬到此也。」又按：先生丙子年《與毛澤民書》云：「長子授韶州仁化令，中冬當挈家至此。某已買得數畝地，在白鶴峰上，古白鶴觀基也。已令斫木陶瓦，作屋二十間。」以此考之，先生長子自冬挈家至閏二月方到惠州。按《和時運詩序》：「長子邁與予別三年矣，般挈諸孫，萬里遠來，不能無欣然。」先生長子挈家必於丁丑閏二月上旬到惠州明矣，所謂二月十四日新居成，必閏二月也。

三月，先生作《三馬圖》及作《陸道士墓誌》。

五月，先生責授瓊州別駕，昌化軍安置。

按：《志林》云：余在惠州，忽被命責儋耳。太守方子容自攜告身來，弔余曰：「此固前定，吾妻沈事僧伽甚誠，一夕夢和尚來辭云：『當與蘇子瞻同行，後七十二日有命。』今適七十二日矣，豈非前定乎？」

遂寄家於惠州，獨與幼子過渡海。

按：子由作先生《追和淵明詩序》云：東坡先生謫居儋耳，寘家羅浮之下，獨與幼子過負擔過海。

又《至梧州寄子由》詩序云：「吾謫雷，被命即行，了不相知。至梧乃聞其尚在藤也，且夕當追及。至五月間，果遇子由於藤州。」有《藤州城下夜起望月寄邵道士》詩。自藤出陸，六月，與子由相別。

按：先生《和淵明移居詩序》云：丁丑歲，余謫海南，子由亦謫雷州。五月十一，相遇於藤，同行至雷。六月十一日，相別渡海。

有《雷州》詩八首。有《行瓊州儋耳肩輿坐睡中得句〔覺〕而遇清風急雨故作是詩》，有古詩一首。

以七月十三日到儋州，有《儋州謝表》。

按：先生《夜夢》詩序云：「七月十三日至儋州，十餘日矣。」按：子由作先生墓誌云：「紹聖四年，先生安置昌化。初僦官屋以庇風雨，有司猶謂不可，則買地築室。昌化士人畚土運甓以助之，爲屋三間。」

又按：先生《與程全父推官書》云：「初至，僦官屋數椽，近復遭迫逐，不免買地結茆。」

又按：先生《與程儒書》云：「近與兒子結茅數椽居之，勞費不貲矣。賴十數學者助作，躬泥水之役。」又云：

「新居在軍城南，極湫隘。」以意測之，先生居在軍城南，鄰於天慶觀。以先生《天慶觀乳泉賦》考之：「吾索居儋耳，卜築城南，鄰于司命之宫。」先生又有《桄榔庵銘》云：「東坡居士謫居儋耳，無地可居，偃息于桄榔林中，摘葉書銘，以記其處。」

是歲又〔有〕《過海得子由書》律詩一首。

元符元年戊寅，先生年六十三。

在儋州。有《過子上元夜赴郡會守舍作違字韻》詩，及有《讀晉書隱逸傳》、《嶺南氣候說》、《錄溫嶠問郭文語》。又於九月四日遊天慶觀，有《信道法智說》。

是年，吴子野來訪先生，而先生以詩贈之，其序云：「去歲與子野遊逍遥堂，因往西山叩羅浮道院，宿於西堂。今歲索居儋耳，子野復來相見，作詩贈之。」

又有《記筮卦》云：戊寅十月五日，以久不得子由書，憂不去心，以《周易》筮之，得《渙》六三。

又有《記藷說》云：「海南以藷爲糧，幾米之十六。今歲藷菜不熟，以客船方至，市有米也。」乃戊寅十月二十一日書。又有戊寅十一月一日《記海漆說》。

二年己卯，先生年六十四。

在儋州。有《己卯正月十三日錄盧仝杜子美詩遺懣》。是時久旱無雨，陰翳未快，至上元夜，老書生數人相過曰：「良月佳夜，先生能一出乎？」先生欣然從之，步城西，入僧舍，歷小巷，民夷雜揉，屠沽紛然，歸舍已三鼓矣。歸錄其事爲《己卯夜書》。又有二月望日《書蒼耳說》。又有《儋州》詩二首，有「萬戶不禁酒，三年夷識翁」之句。先生丁丑來儋，至是將三年矣。

是歲閏九月，有瓊州進士姜君弼唐佐自瓊州來儋耳，從先生學。又有《作墨說》及《題程全父詩卷後》，及有《辟穀說》。又有《與姜唐佐簡》云：「已取天慶觀乳泉，潑建茶之精者，念非君莫與共之。」又有十月十五日《與姜君簡》。

三年庚辰，先生年六十五歲。

在儋州。人日聞黄河復，作詩二首。至上元，又和戊寅違字韻詩，題後云：「戊寅上元，余在儋耳，過子夜出守舍作違字韻詩。今庚辰上元，已再期矣。家在惠州白鶴峰下，過子并婦從余來此。」又有《五穀耗地說》、《記唐村老人言》及《養黄中說》。

姜君弼去年閏九月自瓊州來從先生學，三月還瓊州。有《跋姜君弼課策》及有《書柳子厚飲酒讀書二說以贈姜君之行》。按：子由《欒城集》有《贈姜君》詩，序云：「子瞻嘗贈姜君弼兩句詩云：『滄海何曾斷地脈，白袍端爲破天荒。』它日登科，當爲子足之。」必是行以遺之也。

五月，大赦，量移廉州安置。且先生之在儋也，食芋飲水，著書以爲樂，作《書傳》以推明上古之絶學。又且謙冲下士，情及疏賤，日與諸黎遊無間也。嘗與軍使張中同訪黎子雲，欲釀錢作屋，名之曰載酒堂矣；又嘗上巳日尋諸生皆出，獨與老符秀才飲矣；又嘗用過韻與諸生冬至飲酒，有「愁顔解符老，壽耳鬭吴公」之句矣；注云：「符、吴皆坐客。」必老符秀才與吴子野也。又嘗以詩紀春夢婆矣。按：趙德麟《侯鯖録》云：東坡老人在昌化，嘗負大瓢行歌田畝間，所歌者蓋《哨遍》也。饁婦年七十，云：「內翰昔日富貴，一場春夢。」坡然之，里人呼此媼爲春夢婆。坡一日被酒獨行，遍至子雲諸黎之舍，作詩云：「符老風流可奈何，朱顏減盡鬢絲多。投梭每困東鄰女，換扇惟逢春夢婆。」是日復見老符秀才，言此春夢婆之實也。凡此數事，皆先生海外之逸事也。雖三年居儋耳，未知在甚年中。今附于庚辰之歲，庶以備觀閱云耳。

又有《儋州與姜君弼書》，「某已得合浦文字」。又有《與少游書》。

自儋之瓊，作《峻靈王廟碑》，云「元符三年，有詔徙廉州，向西而辭」。

六月，過瓊州，作《惠通泉記》。遂渡海，有《過海》詩。又有《烏喙》詩，序云：「余來儋耳，得犬曰烏喙。予遷合浦，過澄邁，泅而濟，戲作是詩。」渡海到廉州，謝表有「許承恩而內徙」之句。

在廉州，有《廉州龍眼質味殊絕可敵荔枝》詩，又有《題少游學書》，乃云「庚辰八月二十四日書於合浦清樂軒」，及《記蘇佛兒語》、《別廉守張左藏》詩，此皆在廉州所作之詩也。又有《餅笙》詩，序云：「庚辰八月二十八日，劉幾仲餞別東坡，中觴聞笙簫聲。」又有《與鄭靖老書》云：「到廉，廉守云公已行矣。《志林》未成，草得《書傳》十三卷。某留此過中秋，或至月末乃行。作木栰下水，歷容、藤至梧，與邁約般家，至梧相會。迨亦至惠矣。」

是歲又有移永州之命。

按：先生《謝提舉成都府玉局觀表》云：先自昌化貶所移廉州，又自廉州移舒州節度副使，永州居住。行至英州，復朝奉郎，提舉成都府玉局觀，任便居住。

經由廣州，有《將至廣州用過字韻寄迨邁二子》詩。時朱行中舍人知廣州，先生有簡與朱行中云：「欲服帽請見，先令咨稟。」

廣州少留而行。考先生《題廣慶寺》云：「東坡居士渡海北還，吳子野、何崇道、穎堂通三長老、黃明達、李公弼、林子中自番禺追餞至淸遠峽，同遊廣陵寺，乃元符三年十一月十五日。自此舟行淸遠，見顧秀才，談惠州之美，遂作詩。」

過英州，拜玉局之除。有《何公橋》詩。

過韶州，有次韻狄守、李倅詩及作《九成臺銘》。

是年過嶺，作詩二首寄子由，有「七年來往我何堪」之語。蓋先生甲戌責惠州，已而過海，至是爲七年矣。次年正月五日過南安軍，計先生度嶺必已歲除。

徽宗皇帝建中靖國元年辛巳，先生年六十六。

度嶺北歸，作《南華長老題名記》。

按：《題中載石鍾山記》云：「建中靖國元年正月五日，自南陵還，過南安軍，舊法掾吳君示舊所作《石鍾山銘》，爲題其末。」乃知先生首正過南安必矣。

又有《過嶺至南安作》一首。

正月到虔州，有《與錢濟明書》云：「某已到虔州，二月十間方離此。」又和舊所作《鬱孤臺》詩。

有虔州士人孫志舉從先生遊，先生有《和遲韻贈志舉先輩》云：「我從海外歸，喜及崆峒春。」又有《和志舉見贈》云：「灑掃古玉局，香火通帝閫。」又《用前韻謝崔次之見過》云：「自我遷嶺外，七見槐火春。」

及發虔州，過吉州永和鎮清都觀，有謝道士自言丙子生，求詩，爲賦一首，及爲作贊，并寫「清都臺」三字。中途又爲南安軍作學記，寫海外所作《天慶觀乳泉賦》。

四月，舟行至豫章、彭蠡之間，遇成國程夫人忌日，洒寫《圓通偈》云：「行當施廬山有道者。」又有《與胡仁修書》云：「旦夕到儀眞，暫令邁一至常。」

五月，行至眞州，瘴毒大作，病暴下，中止於常州。

按：先生《寄朱行中》詩，有「至今不貪寶，凜然照塵寰」之句。先生注云：「前一日夢中作此詩寄行中，覺而記之，自不曉。」按近日曾端伯《百家詩選》，至朱行中事迹云：「東坡《夢中寄朱行中》一篇，南遷絕筆也。」嗟乎！先生之文如萬斛泉源，而乃止於《夢中寄行中》之作，此正絕筆獲麟之義，惜哉！

六月，上表請老，以本官致仕。

七月丁亥，卒於常州，實七月二十八日也。

子由作先生墓誌云：先生七月被病，卒于毗陵。吳越之民相與哭于市，其君子相與弔于家。訃聞于四方，無賢愚皆咨嗟出涕。太學之士數百人，相率飯僧惠林佛舍。嗚呼！先生文章爲百世之師，而忠義尤爲天下大閑，加之好賢樂善常若不及，是宜訃聞之日，士民惜哲人之萎，朝野嗟一鑑之逝，皆出于自然之誠，不可以強而致也。

以次年閏六月，葬于汝州郟城縣釣臺鄉上瑞里。

〔一〕三陂：原作「之陂」，據《蘇軾詩集》卷二改。

〔二〕十二月：原作「十二日」，據施宿《東坡先生年譜》、傅藻《東坡紀年録》改。

〔三〕譚汲：原作「覃汲」，據傅幹《注坡詞》卷一一改。